# NORD
# PAS-DE-CALAIS
# PICARDIE

**Collection sous la responsabilité d'Anne Teffo**

Ont contribué à l'élaboration de ce guide :

| | |
|---|---|
| **Édition** | Anne Duquénoy |
| **Rédaction** | Martin Balédent, Grace Coston, Sophie Fréret |
| **Cartographie** | Véronique Aissani, Stéphane Anton, Michèle Cana, Philippe Cochard, Marie-Christine Defait, Thierry Lemasson, Denis Rasse, Jean-Daniel Spies |
| **Informations pratiques** | www.insee.fr (chiffres de population) |
| **Conception graphique** | Laurent Muller (couverture), Agence Rampazzo (maquette intérieure) |
| **Régie publicitaire et partenariats** | michelin-cartesetguides-btob@fr.michelin.com *Le contenu des pages de publicité insérées dans ce guide n'engage que la responsabilité des annonceurs.* |
| **Remerciements** | Marie Thomas (iconographie), Anne Dessery (CDT de la Somme) |
| **Contacts** | Michelin Cartes et Guides<br>Le Guide Vert<br>46, avenue de Breteuil<br>75324 Paris Cedex 07<br>✆ 01 45 66 12 34 – Fax : 01 45 66 13 75<br>LeGuideVert@fr.michelin.com<br>www.cartesetguides.michelin.fr<br>www.ViaMichelin.com |

**Parution 2010**

## Et en complément de notre guide

Créez votre voyage sur **Voyage.ViaMichelin.fr**

### Votre avis nous intéresse

Vous souhaitez donner votre avis sur nos publications ou nous faire part de vos expériences ?
Rendez-vous sur **www.votreaviscartesetguides.michelin.fr**

**Note au lecteur**

L'équipe éditoriale a apporté le plus grand soin à la rédaction de ce guide et à sa vérification. Toutefois, les informations pratiques (prix, adresses, conditions de visite, numéros de téléphone, sites et adresses Internet…) doivent être considérées comme des indications du fait de l'évolution constante des données. Il n'est pas totalement exclu que certaines d'entre elles ne soient plus, à la date de parution du guide, tout à fait exactes ou exhaustives. Elles ne sauraient de ce fait engager notre responsabilité.

# Le Guide Vert,

## la culture en mouvement

Vous avez envie de bouger pendant vos vacances, le week-end ou simplement quelques heures pour changer d'air ? Le Guide Vert vous apporte des idées, des conseils et une connaissance récente, indispensable, de votre destination.

Tout d'abord, **sachez que tout change.** Toutes les informations pratiques du voyage évoluent rapidement : nouveaux hôtels et restaurants, nouveaux tarifs, nouveaux horaires d'ouverture... Le patrimoine aussi est en perpétuelle évolution qu'il soit artistique, industriel ou artisanal… Des initiatives surgissent partout pour rénover, améliorer, surprendre, instruire, divertir. Même les lieux les plus connus innovent : nouveaux aménagements, nouvelles acquisitions ou animations, nouvelles découvertes enrichissent les circuits de visite.

Le Guide Vert **recense** et **présente ces changements** ; il réévalue en permanence le niveau d'intérêt de chaque curiosité afin de bien mesurer ce qui aujourd'hui vaut le voyage (distingué par ses fameuses 3 étoiles), mérite un détour (2 étoiles), est intéressant (1 étoile). Actualisation, sélection et évaluation sur le terrain sont les maîtres mots de la collection, afin que Le Guide Vert soit à chaque édition le reflet de la réalité touristique du moment.

Créé dès l'origine pour **faciliter et enrichir vos déplacements**, Le Guide Vert s'adresse encore aujourd'hui à tous ceux qui aiment connaître et comprendre ce qui fait l'identité d'une région. Simple, clair et facile à utiliser, il est aussi idéal pour voyager en famille. Le symbole 👪 signale tout ce qui est intéressant pour les enfants : zoos, parcs d'attractions, musées insolites, mais également animations pédagogiques pour découvrir les grands sites.

Ce guide vit pour vous et par vous. N'hésitez pas à nous faire part de vos remarques, suggestions ou découvertes ; elles viendront enrichir la prochaine édition de ce guide.

**Anne Teffo**
**Responsable de la collection**
**Le Guide Vert Michelin**

# ORGANISER SON VOYAGE

## OÙ ET QUAND PARTIR



## S'Y RENDRE ET CHOISIR SES ADRESSES



## À FAIRE ET À VOIR



# COMPRENDRE LA RÉGION

## NATURE



## HISTOIRE



## ART ET CULTURE



## LA DESTINATION AUJOURD'HUI



## VILLES ET SITES

Dans le premier rabat de couverture, la **carte des plus beaux sites** donne :

**une vision synthétique** de tous les lieux traités ;
**les sites étoilés** visibles en un coup d'œil ;
**les circuits de découverte,** dessinés en vert, aux environs des destinations principales.

Dans la partie **«Découvrir les sites» :**

les **destinations principales** sont classées par ordre alphabétique ;
les **destinations moins importantes** leurs sont rattachées sous les rubriques « Aux alentours » ou « Circuits de découverte » ;
les informations pratiques sont regroupées dans les **carnets pratiques** sous un fond vert.

**L'index** permet de retrouver rapidement la description de chaque lieu.

# SOMMAIRE

## DÉCOUVRIR LES SITES

*Cayeux sur Mer, pêcheurs de crevettes à marée basse.*
Nicolas Thibaut / PHOTONONSTOP

# ORGANISER SON VOYAGE

# OÙ ET QUAND PARTIR

Que l'on hésite entre le littoral ou l'intérieur des terres et quelle que soit l'ambiance de vacances privilégiée – nature, culture, farniente… –, la Picardie et le Nord-Pas-de-Calais offrent un large éventail de propositions attrayantes. Pour s'évader, se ressourcer, faire du sport ou se divertir, mais aussi pour profiter de moments en famille ou entre amis, vous trouverez ici satisfaction. La chaleur de l'accueil des gens du Nord, bien plus qu'un cliché, reste une règle.

Selon vos affinités et le temps dont vous disposez, vous choisirez une région plutôt qu'une autre et un type de voyage (sédentaire ou itinérant). Les **lieux de séjour** vous sont conseillés pour leurs possibilités d'accueil et l'agrément de leur site : on y passe facilement une semaine. Les **propositions d'itinéraires** décrivent des parcours de découverte de la région sur plusieurs jours. Enfin, Lille, Compiègne, Amiens, Le Touquet-Paris-Plage, Boulogne-sur-Mer et la baie de Somme méritent d'être classés parmi les **idées de week-end**.

Pour plus d'informations sur les types d'hébergement, les services de réservation, les adresses retenues dans ce guide, reportez-vous au chapitre « S'y rendre et choisir ses adresses ». Pour connaître les possibilités d'activités de plein air et les manifestations, consultez le chapitre « À faire et à voir ».

## Nos conseils de lieux de séjour

### LE LITTORAL

Sur toute la côte, de Mers-les-Bains (Somme) à Bray-Dunes (Nord), les gîtes ruraux et les résidences de vacances sont nombreux. À vous de décider la couleur que vous souhaitez donner à votre séjour, selon l'importance que vous accordez à l'animation, la nature, la détente, le sport, l'accueil des enfants, le charme ou le chic.

Points communs à toutes les stations que nous allons évoquer, la température de l'eau (autour de 18 °C en été), la variété des distractions nautiques proposées et l'extraordinaire panel de produits de la mer à déguster.

#### En famille

Si vous voyagez en famille, sachez que la Côte d'Opale et les côtes de la mer du Nord abondent en « Stations Kid » *(voir p. 40)*. Ainsi, **Berck**, **Le Touquet**, **Hardelot**, **Le Portel**, **Wimereux**, **Wissant**, **Calais**, **Gravelines** et **Dunkerque-Dunes de Flandres** sont dotés d'équipements et de services spécialement adaptés aux enfants. Certaines de ces stations complètent l'offre de loisirs juvéniles par des parcs d'attractions, comme Berck (Agora et parc de Bagatelle), Le Touquet (Aqualud) ou **Belle-Dune** (Aquaclub). Cette dernière, située près de Fort-Mahon-Plage, au débouché de la vallée de l'Authie, possède en outre l'originalité d'être un écovillage, respectueux de l'environnement, entre dune et forêt. Entièrement piétonnier, Belle-Dune restitue l'ambiance de la côte picarde au début du siècle.

#### Charme et nature

Amateurs de randonnées à pied, à vélo ou même à cheval, piochez parmi les propositions qui suivent.

Côté nature, la **baie de Somme** reste un must incontesté pour ses couleurs et sa profusion ornithologique, que vous pourrez admirer en visitant le parc du Marquenterre. Vous vous établirez de préférence au **Crotoy**, station de charme, à **Saint-Valery-sur-Somme**, cité historique, ou dans l'une des nombreuses chambres d'hôte qui jalonnent les abords de la baie. L'occasion de découvrir la belle région du Ponthieu, en particulier la forêt de Crécy et l'étonnante chapelle de **Rue**.

Un peu plus au sud, à quelques encâblures de la Normandie, les stations d'**Ault-Onival**, « le balcon sur la mer », et de **Mers-les-Bains** allient la beauté de la nature au charme architectural. Pour découvrir le vrai visage de la région, vous pousserez votre exploration jusqu'au cœur de la calme campagne du Vimeu.

La **Côte d'Opale** réserve de superbes paysages et des vues spectaculaires sur la Manche, en particulier au niveau des caps Blanc-Nez et Gris-Nez. Les stations de **Wimereux** (jolies villas Belle Époque), **Ambleteuse** et **Wissant** constituent pour cela de bons ports d'attache. Vous y goûterez l'étrange impression que produit la présence de champs cultivés en bord de mer. En s'enfonçant dans les terres, le marais audomarois n'est pas loin *(voir « Vacances au vert »)*.

Les **Dunes de Flandres**, avec **Bray-Dune** et **Malo-les-Bains**, permettent quant à elles de très belles balades sur fond de sable et d'oyats.

*Quartier du Lysel au bord du marais audomarois.*

### Sport et animation

Stations de prédilection pour les sportifs, **Fort-Mahon-Plage, Quend-Plage, Mers les-Bains, Berck, Le Touquet, St-Valery, Hardelot** et **Bray-Dune** possèdent chacune leur club de voile et proposent de nombreuses activités. Sport roi de ces côtes aux longues plages de sable fin exposées au vent, le char à voile est talonné par le speedsail, le cerf-volant, le fly-surf et la planche à voile.

Les plus distinguées de ces stations, Le Touquet et Hardelot, entourées de forêts, proposent en outre de l'équitation, du golf et du tennis. Surnommé « le jardin de la Manche », Le Touquet, station la plus animée de la Côte d'Opale, possède même son centre de thalassothérapie.

## VACANCES AU VERT

### Partie de campagne

Nombreux sont les coins du Nord-Pas-de-Calais et de Picardie qui offrent des possibilités d'évasion vers la sérénité et le calme de la campagne. Dans l'Aisne, la **Thiérache** combine nature, traditions et gastronomie (produits fermiers). Pour faire le tour des églises fortifiées, réputées dans la région, prenez vos quartiers à **Guise**, **Hirson**, **Vervins** ou au **Nouvion-en-Thiérache**. Un petit hôtel ou un gîte rural s'y dénichent facilement.

**Poix-de-Picardie** (Somme) est une petite ville accueillante, entourée de verdure. Le village fleuri de **Gerberoy** (Oise) ne manque pas de charme, mais attention à l'assaut touristique estival.

### Au bord de l'eau

Les vallées de la Somme, de la Canche, de l'Authie ou de la Bresle vous permettront de prendre l'air. Vous pourrez y pratiquer la randonnée, la pêche, le VTT, l'équitation, le kayak ou louer une pénichette sans permis. Riche en affluents (Course, Créquoise, Planquette, Ternoise), la Canche se prête particulièrement bien aux séjours au vert. Établi à **Montreuil-sur-Mer**, **Hesdin** ou **Frévent**, vous pourrez explorer les moindres recoins de cette vallée. Pour l'Authie, cherchez surtout du côté de **Valloires**, où les chambres d'hôte ne manquent pas. En vous installant à **Aire-sur-la-Lys**, vous découvrirez les paysages séduisants et variés des vallées de l'Aa et de la Lys, ponctués de charmants petits villages, moulins à eau, châteaux. Les enfants apprécieront les attractions de Dennlys Parc.

Dans le Nord, entre Douai et Cambrai, un séjour à **Aubigny-au-Bac** vous donnera accès aux loisirs des étangs de la Sensée.

### Parcs naturels régionaux

Il existe trois Parcs naturels régionaux en Nord-Pas-de-Calais, au sein desquels vous trouverez toujours un hébergement de qualité. Les **Caps et marais d'Opale** vous feront découvrir l'arrière-pays boulonnais, où se mêlent marais (Audomarois), forêts domaniales (Guînes, Desvres, Boulogne) et grands espaces. **Saint-Omer** constitue un beau point d'ancrage pour cette exploration.

Le verdoyant Parc naturel régional **Scarpe-Escaut** s'étend des confins du bassin minier au parc nature belge du Hainaut, de l'autre côté de la frontière. **Saint-Amand-les-Eaux**, dont la réputation thermale n'est plus à démontrer, vous accueillera chaleureusement, avec de nombreuses possibilités d'hébergement et d'activités (casino, randonnées dans la forêt de Raismes-Saint-Amand-Wallers...). Le prestigieux musée des Beaux-Arts de Valenciennes n'est qu'à quelques kilomètres.

Enfin, plus à l'est, le Parc naturel régional de l'**Avesnois**, aux confins du Nord, des Ardennes et de la Belgique, saura vous séduire par la qualité de son hébergement familial, le plus souvent des chambres d'hôte, et son cadre reposant, entre bocages, espaces boisés et petites villes tranquilles (**Avesnes-sur-Helpe**, **Maroilles**). C'est ici que vous découvrirez le cœur et l'histoire de l'Avesnois, notamment grâce aux cinq antennes de son écomusée, véritable mémoire vivante de la région. En outre, l'Avesnois se caractérise par une riche gastronomie, à commencer par le célèbre maroilles, mais aussi bien d'autres fromages, du miel, du cidre ou de la bière. Pour profiter du parc départemental du Val Joly, installez-vous à **Liessies**.

### Forêts et vieilles pierres

Les grandes forêts de l'Oise et de l'Aisne servent de cadre à des cités séculaires riches en patrimoine d'exception. Ainsi, la ville impériale de **Compiègne** et le village de **Pierrefonds**, à l'ombre de son célèbre château, permettent de superbes balades dans la forêt de Compiègne ; la ville haute de **Laon**, dont l'enceinte médiévale et la cathédrale dominent de vastes horizons, ou **Coucy-le-Château** vous donnent accès à la forêt de Saint-Gobain ; **Villers-Cotterêts** vous plonge au cœur de la forêt de Retz.

Bien plus au nord, la cité fortifiée du **Quesnoy** se trouve à proximité de la forêt de Mormal.

## ART DE VIVRE

Dans le Nord, le patrimoine n'est pas seulement constitué de pierres ou de briques, il est avant tout fait d'hommes et de femmes dont le caractère jovial, festif et accueillant fait briller le soleil au dedans, s'il se cache au dehors.

Les fêtes, carnavals, grandes ducasses peuvent constituer autant de prétextes de séjour en l'un ou l'autre lieu *(voir la rubrique « Événements » p. 44)*. Parmi les plus célèbres, la grande braderie de **Lille** et le carnaval de **Dunkerque**.

En Flandre, pays à forte identité, l'art de vivre se décline en estaminets, jeux, bières. Installé à **Bergues** ou à **Cassel**, vous percerez les secrets de l'âme flamande et partirez découvrir les « monts » de Flandre.

Mais le Nord ne possède pas l'exclusivité du dynamisme. Certaines villes comme **Saint-Quentin**, dans l'Aisne, savent se rendre attirantes. Plage en été, patinoire en hiver, la place de l'Hôtel-de-Ville y est transformée au gré des saisons.

Côté gastronomie, vous serez servi avec les plats roboratifs que les chefs de la région proposent : carbonnade, *potje vleesch* (littéralement « viande en pot » en flamand), lapin aux pruneaux, andouillette, langue Lucullus de Valenciennes, etc.

# Nos propositions d'itinéraires

Si vous êtes curieux et souhaitez visiter dans le détail un secteur limité marqué par une identité particulière, nous vous proposons **8 itinéraires** qui regroupent les principales curiosités de la région. Ces propositions peuvent vous servir de base pour composer votre propre itinéraire. N'oubliez pas de consulter également la **carte des plus beaux sites** (dans le rabat de couverture) qui vous invitera sans doute à faire tel ou tel crochet en fonction de vos propres goûts.

## SOUVENIR DE LA GRANDE GUERRE

### Circuit de 3 jours au départ de Péronne (185 km)

**1er jour** – Après la visite de l'Historial de la Grande Guerre à **Péronne** et un passage par les cimetières de **Rancourt**, direction **Arras**, que vous visiterez dans l'après-midi. Vous y découvrirez l'ancienne abbaye Saint-Vaast, la Grand'Place et la place des Héros, ainsi que le beffroi et les « boves » (souterrains).

**2e jour** – Le matin, recueillez-vous dans le plus grand cimetière français à la colline de **Notre-Dame-de-Lorette** puis au **mémorial canadien de Vimy**, avant de repasser par Arras, pour gagner **Doullens** (citadelle et salle dite « du Commandement unique »). Rejoignez **Albert** pour y passer la nuit.

**3e jour** – **Albert**, au cœur de la bataille de la Somme de 1916, accueille le musée des Abris et la basilique Notre-Dame-de-Brebières. Dans l'après-midi, sillonnez les champs de bataille et les mémoriaux de **Thiepval, Beaumont-Hamel et Longueval** avant de revenir vers Péronne.

## TERRE DE BÂTISSEURS

### Circuit de 4 jours au départ de Beauvais (300 km)

**1er jour** – Commencez par découvrir **Beauvais**, sa cathédrale, sa Galerie nationale de la tapisserie, puis le **château de Troissereux** (par la D 901). Sillonnez dans l'après-midi le **pays de Bray**, via le beau village fleuri de **Gerberoy**. De **Saint-Germer-de-Fly**, remontez vers Gerberoy pour chercher un hébergement.

**2e jour** – Toujours plus au nord, visitez **Poix-de-Picardie**, l'élégant **château de Rambures** puis les petites villes typiquement picardes d'**Airaines** et de **Picquigny**. Poursuivez jusqu'à Amiens pour passer la nuit.

**Infos pratiques**

- Pour compléter ce parcours, vous pouvez suivre le **chemin des Dames** *(voir ce nom)*, au sud de Laon.
- Un « **circuit du Souvenir** », balisé au départ de Péronne ou d'Albert, a été mis en place par le département de la Somme *(voir p. 38)*.
- La **Seconde Guerre mondiale** a, elle aussi, marqué la région. C'est surtout dans la région de Saint-Omer que vous en apercevrez des témoignages (coupole d'Helfaut-Wizernes, blockhaus d'Éperlecques).

**3e jour** – La journée sera consacrée à la découverte d'**Amiens**, capitale de la Picardie. Cathédrale, maison de Jules Verne, hortillonnages, quartier Saint-Leu, illuminations de la cathédrale le soir en saison.

**4e jour** – Quittez Amiens, direction le sud de la Somme. Découvrez le site médiéval et l'église de **Folleville**, puis **Montdidier**, où vous déjeunerez. Dans l'Oise, jetez un coup d'oeil à l'**abbaye de Saint-Martin-aux-Bois** et à la tour de l'église de **Ravenel**. Poussez jusqu'à **Clermont**. Retour sur Beauvais en début de soirée, après un crochet par **Agnetz**, au puissant clocher.

## BEFFROIS ET MOULINS DE FLANDRES

### Circuit de 5 jours au départ de Lille (250 km)

**1er jour** – De Lille, dirigez-vous vers **Roubaix**. L'ancienne capitale de la filature textile a transformé sa piscine en musée d'Art et d'Industrie. Visitez le **château du Vert-Bois** et le **village des métiers d'art Septentrion** à Bondues et Marcq-en-Barœul. Partez ensuite plus à l'est découvrir **Armentières**, puis **Bailleul**, son conservatoire botanique et son beffroi.

**2e jour** – En direction de **Boeschepe**, vous pénétrez dans le pays des monts de Flandre, cher à Marguerite Yourcenar, à qui le musée de **Saint-Jans-Cappel** rend hommage. C'est aussi le pays des estaminets, présents jusque dans le moindre village. Après un passage par le **mont des Cats**, pour une provision de fromage, et par les moulins de **Boeschepe** et de **Steenvoorde**, cap au nord jusqu'à **Hondschoote**. Gagnez la ville fortifiée de **Bergues**, où vous passerez la nuit.

**3e jour** – Une petite visite de Bergues s'impose avant de monter vers la côte, pour découvrir les **dunes de Flandre**, de Dunkerque à la frontière belge, avec un petit crochet par la station de **Malo-les-Bains**. Après le déjeuner, revenez sur vos pas jusqu'à **Dunkerque**, dont vous visitez le port et les musées.

**4e jour** – Le matin est consacré au tour des remparts de **Gravelines** et à la visite des musées de **Grand-Fort-Philippe**. Après le déjeuner, vous retrouvez le cœur de la Flandre en vous dirigeant vers **Watten**, puis Cassel. Au passage, admirez le point de vue sur les monts de Flandre à **Merckeghem**. À **Cassel**, visitez le musée interactif Cassel Horizons et faites peut-être une petite pause

S. Sauvignier / MICHELIN

*Le village fleuri de Gerberoy (Oise).*

gourmande ou ludique dans un estaminet de la Grand'Place. Retour vers Lille par Bailleul.

**5e jour** – La visite du vieux Lille et du palais des Beaux-Arts couronnera votre périple.

## DE LA SCARPE À L'ESCAUT

### Circuit de 5 jours au départ d'Arras (300 km)

**1er jour** – Quittez **Arras** vers l'est pour la ville de **Douai**, dont vous visitez le musée de la Chartreuse. Après le déjeuner, rejoignez le **centre historique minier de Lewarde**, qui conserve la mémoire des « Gueules noires ». Terminez la journée à **Valenciennes**, où vous trouvez un intéressant **musée des Beaux-Arts**, mais aussi une hotellerie correcte.

**2e jour** – Gagnez **Condé-sur-l'Escaut**, puis sillonnez la forêt et la ville de **Saint-Amand-les-Eaux**, reconnue pour son thermalisme. Prenez le temps de vous ressourcer : vous êtes au cœur du **Parc naturel régional de Scarpe-Escaut**. Les chambres d'hôte ne manquent pas dans ce secteur.

**3e jour** – Après avoir visité **Villeneuve-d'Ascq** et ses nombreux musées ruraux, rejoignez la capitale des Flandres pour en découvrir le riche patrimoine. Au programme à **Lille**, les hospices Gantois et Comtesse, le palais des Beaux-Arts, le parc de la citadelle et une vie nocturne animée.

**4e jour** – De Lille, partez vers le sud-ouest et **Béthune**. Au sud de la ville, visitez le **château d'Olhain**, puis poursuivez jusqu'à **Lens**, au cœur du bassin minier. Vous parcourez ainsi une partie de la route des Gueules noires.

**5e jour** – Rejoignez **Oignies** et le pays de Gohelle. Visitez le centre Denis-Papin, lieu de mémoire de l'ancienne fosse 2 d'Oignies. Retrouvez Arras où les sites d'intérêt ne manquent pas.

## ÉVASION SUR LA CÔTE D'OPALE

### Circuit de 5 jours au départ de Boulogne (250 km)

**1er jour** – Profitez de cette première journée pour visiter **Boulogne-sur-Mer**, son port, son château-musée et, bien sûr, **Nausicaä**. Dans l'après-midi, longez la côte jusqu'à l'élégante station de **Wimereux**. Plongez ensuite dans l'arrière-pays boulonnais jusqu'au **Wast**, où siège la maison du Parc naturel régional des Caps et marais d'Opale. De là, poursuivez jusqu'à **Licques**, capitale de la volaille. Revenez ensuite sur vos pas pour passer la soirée sur la côte.

**2e jour** – Longez la Côte d'Opale et admirez les **caps Blanc-Nez et Gris-Nez**, en passant par **Wissant**. C'est l'endroit idéal pour une petite **randonnée** le long de falaises qui plongent dans la Manche. Rejoignez **Calais**, son phare et son musée des Beaux-Arts et de la Dentelle, et passez-y la nuit.

**3e jour** – Prenez la route de Saint-Omer. Après une halte à **Guînes** (tour de l'Horloge), puis à **Ardres**, vous parvenez à **Saint-Omer**, dont le musée et les édifices religieux vous occuperont tout l'après-midi.

**4e jour** – Une promenade en barque dans le marais **audomarois** lancera votre journée avant de visiter **Arques** et sa cristallerie, puis la **coupole d'Helfaut-Wizernes**, colossal vestige de la Seconde Guerre mondiale. Poursuivez plus au sud jusqu'à **Aire-sur-la-Lys**. Faites un tour sur la Grand'Place et dans la collégiale puis cherchez un gîte pour la nuit.

**5e jour** – Le parc d'attraction **Dennlys Parc** est une sympathique activité à faire en famille. Si vous ne voyagez pas avec des enfants, poursuivez directement jusqu'à **Desvres**, où vous visiterez la maison de la faïence, art qui fit la réputation de la cité. Dans l'après-midi, rejoignez la côte à **Hardelot-Plage**, agréable station en toute saison. Appréciez sa **plage** et ses vastes espaces dunaires avant de retrouver Boulogne-sur-Mer.

## LA THIÉRACHE ET L'AVESNOIS

### Circuit de 5 jours au départ de Saint-Quentin (350 km)

**1er jour** – Après avoir profité de **Saint-Quentin**, sa basilique, son musée des Papillons et ses façades Art déco, dirigez-vous vers le nord dans l'après-midi pour aller observer le touage des bateaux à l'entrée du souterrain de **Riqueval**. Continuez jusqu'à Cambrai pour y passer la soirée.

S. Sauvignier / MICHELIN

*L'église fortifiée de Wimy, en Thiérache.*

**2e jour** – Un petit tour dans la vieille ville de **Cambrai**, puis au musée des Beaux-Arts, avant de prendre la route jusqu'au **Cateau-Cambrésis** et de passer une bonne partie de l'après-midi au **musée Matisse**. Passez la nuit dans une chambre d'hôte des alentours.

**3e jour** – Au **Quesnoy**, faites le tour des **remparts**. Prolongez ensuite vers le nord puis l'est jusqu'à **Bavay**, où vous déjeunez. La petite cité abrite d'intéressants vestiges gallo-romains. Reprenez la route pour **Maubeuge** et baladez-vous entre ses remparts et pourquoi au parc zoologique. Vous pourrez passer la nuit dans la ville.

**4e jour** – Vous voilà parti en direction du sud, vers **Avesnes-sur-Helpe**, que vous parcourez avant de découvrir l'est du **Parc naturel régional de l'Avesnois**, qui en est aussi sa partie la plus intéressante. Vous explorez successivement **Sars-Poteries**, **Solre-le-Château**, **Liessies**. Le parc départemental du **Val Joly** vous accueillera pour une pause déjeuner prolongée. Poursuivez avec **Moustier-en-Fagne** et la maison de la Fagne à **Wallers-Trélon**. Rejoignez Fourmies pour la soirée.

**5e jour** – Après la visite du musée du Textile et de la Vie sociale de **Fourmies**, puis un passage par les étangs d'**Hirson** et l'**abbaye de Saint-Michel**, vous continuez plus au sud pour entrer en **Thiérache**. Visitez **Vervins**, puis remontez vers le nord, en direction de La Capelle, pour rejoindre la D 31 qui permet d'admirer nombre d'**églises fortifiées** (Autreppes, Saint-Algis, Marly-Gomont, Englancourt). Avant de revenir à Saint-Quentin, vous visiterez **Guise**, son château et son familistère.

## VALLÉES PICARDES

### Circuit de 6 jours au départ d'Amiens (350 km)

**1er jour** – D'Amiens, gagnez le parc préhistorique de **Samara**, puis longez la

Somme jusqu'à **Long**. Traversez ensuite le fleuve pour rejoindre **Saint-Riquier** et découvrir sa magnifique église gothique. Vous pourrez passer la soirée et la nuit dans cette accueillante bourgade du Ponthieu.

**2e jour** – Vers l'ouest, découvrez **Abbeville**, sa collégiale Saint-Vulfran et son musée Boucher-de-Perthes. Dans l'après-midi, traversez le **Vimeu** pour atteindre la petite station d'**Ault** et ses falaises escarpées, sur la côte. Remontez ensuite vers le nord, par **Cayeux-sur-Mer** et la **Maison de la baie de Somme et de l'oiseau**, jusqu'à Saint-Valery, où vous trouverez facilement à vous loger.

**3e jour** – Le matin, appréciez l'ambiance du port du **Saint-Valery-sur-Somme**, la digue-promenade et la ville haute. Après déjeuner, faites le tour de la **baie de Somme**, jusqu'au petit port du **Crotoy**. Prolongez jusqu'au **parc du Marquenterre**, grande réserve ornithologique. Gagnez **Rue**, où une chambre d'hôte coquette vous attend pour la nuit.

**4e jour** – Dans le Ponthieu, appréciez **Crécy-en-Ponthieu** et sa **forêt**, puis rejoignez la **vallée de l'Authie**, plus au nord, pour visiter l'**abbaye et les jardins de Valloires**. Après un rapide passage à **Berck**, poursuivez vers **Le Touquet-Paris-Plage**, station élégante et boisée, pour profiter de la plage en fin d'après-midi.

**5e jour** – Du Touquet, remontez le paisible cours de la Canche jusqu'à **Montreuil-sur-Mer**, où de succulentes tables vous attendent. Dans l'après-midi, continuez votre chemin via **Hesdin** et **Frévent**, puis retrouvez l'Authie à Doullens.

**6e jour** – Partez de **Doullens** dans la matinée pour découvrir les **grottes-refuges de Naours**. Après la pause déjeuner, continuez vers le sud pour visiter le **château de Bertangles** et revenir ensuite à Amiens.

### LE TEMPS DES CATHÉDRALES

**Circuit de 6 jours au départ de Compiègne (300 km)**

**1er jour** – **Compiègne**, capitale impériale, vous ouvre les portes de son imposant **palais**, à l'intérieur duquel vous pourrez visiter les appartements historiques, le musée du Second Empire et le musée de la Voiture et du Tourisme. Mêlez ensuite la nature et l'histoire en sillonnant la vaste forêt de Compiègne. La **clairière de l'Armistice** abrite le célèbre wagon du maréchal Foch. Poursuivez vers le nord jusqu'à l'**abbaye d'Ourscamps**, où une chambre d'hôte vous attend.

**2e jour** – Partez en direction de **Noyon**, patrie de Jean Calvin, à qui est dédié un musée. Visitez la **cathédrale**, puis reprenez la route vers **Coucy-le-Château-Auffrique**, superbe cité fortifiée qui vous replonge dans l'ambiance médiévale grâce aux ruines de son imposant château. Ne manquez pas le son et lumière, les vendredis et samedis soirs, en saison.

**3e jour** – Profitez de la matinée pour découvrir la giboyeuse **forêt de Saint-Gobain** et les édifices qui s'y cachent ou qui la bordent : l'église de **Septvaux**, le prieuré fortifié du **Tortoir**, l'abbaye de **Prémontré**. Ralliez ensuite **Laon** pour déjeuner. Vous apprécierez la visite de sa cathédrale et de ses souterrains, et pourrez vous y établir pour la nuit.

**4e jour** – Direction le sud-est jusqu'à Corbeny, d'où vous partirez découvrir le **Chemin des Dames**, enjeu de terribles combats durant la Première Guerre mondiale. Voyez la caverne du Dragon et le fort de la Malmaison, puis dirigez-vous vers **Soissons**, dont vous découvrirez, dans l'après-midi, la cathédrale et l'ancienne abbaye Saint-Jean-des-Vignes.

**5e jour** – La matinée est consacrée à la découverte du donjon de **Septmonts**, de **Braine**, puis de **Fère-en-Tardenois**, aux confins de la Champagne. Traversez ensuite la **forêt de Retz** pour gagner **Villers-Cotterêts** et son château François 1er.

**6e jour** – Après avoir rejoint **Morienval** (église du 12e s.) et le petit village de **Vez**, profitez de l'après-midi pour découvrir le **château de Pierrefonds**, revisité par Viollet-le-Duc au 19e s. De là, revenez enfin à Compiègne.

## Nos idées de week-end

### AMIENS

Commencez l'immersion par une visite de la cathédrale gothique, puis flânez dans les rues piétonnes du centre-ville où vous remarquerez entre autres la maison du Sagittaire, le bailliage et le beffroi. Après le déjeuner, complété par des macarons, gagnez les hortillonnages, que vous découvrirez en barque. Rejoignez ensuite la maison de Jules Verne ou le musée de Picardie (archéologie, art médiéval, peinture), selon vos goûts. Le soir, appréciez la gastronomie picarde dans un restaurant du cru, puis assistez à une pièce de théâtre à la comédie de Picardie. Ne manquez pas, en saison, les illuminations de la cathédrale. Le lendemain, visitez le jardin archéologique de Saint-Acheul, puis déambulez dans le quartier Saint-Leu où vous pourrez assister à un spectacle de marionnettes. Terminez par un musée ou le parc zoologique, si le cœur vous en dit.

### BOULOGNE-SUR-MER

C'est tout d'abord la ville haute et ses remparts qui retiendront votre attention. Voyez le beffroi, la basilique, le château-musée. Puis descendez vers le port pour vous régaler de quelques fruits de mer. Dans la ville basse, baladez-vous parmi les installations portuaires (port de pêche, de plaisance et de transport) avant de visiter Nausicaä, le Centre national de la mer. Le lendemain, profitez de la plage et, pourquoi pas, initiez-vous au char à voile. Dans l'après-midi, longez la Côte d'Opale vers le nord en direction des caps Blanc-Nez et Gris-Nez.

### COMPIÈGNE

Pour vous plonger dans l'ambiance impériale, visitez tout d'abord le palais, ses musées et son parc. Baladez-vous ensuite dans la ville et entrez dans le musée de la Figurine historique. Le soir, la généreuse table compiégnoise saura vous rassasier. Le lendemain, profitez de la nature en parcourant la forêt de Compiègne, où mille possibilités de randonnées sont offertes. Au petit matin, le soleil ajoute une belle lumière à la perpective des Beaux Monts. Ne manquez pas de visiter le wagon du maréchal Foch, dans la clairière de l'Armistice.

### LILLE

La Grand'Place, animée et colorée, donnera le ton de votre week-end flamand. La première matinée sera consacrée à la visite du vieux Lille, où les bonnes adresses pour déjeuner ne manquent pas. L'après-midi, c'est au palais des Beaux-Arts que vous vous rendrez. Offrez-vous ensuite une petite bière avant les festivités nocturnes. Pôle culturel, Lille regorge de propositions de sorties. Le lendemain matin, footing au bois de Boulogne ou au jardin Vauban près de la citadelle et petit tour au parc zoologique. Avant de quitter Lille, visitez le quartier Saint-Sauveur (hôtel de ville et beffroi) puis évadez-vous dans les alentours. Au choix, musée de la Piscine à Roubaix, distillerie de genièvre à Wambrechies, base de loisirs des Prés du Hem à Armentières.

### LE TOUQUET

Ambiance vacances garantie pour ce week-end sur la Côte d'Opale : plages, dunes, vent, forêt de pins, randonnées, balades architecturales, sorties élégantes, casino, char à voile, speedsail, large gamme d'activités nautiques, sportives et de détente, où les enfants sont particulièrement gâtés (Aqualud, clubs de plage, parc de Bagatelle à 10 km). Ne partez pas sans avoir dégusté la fameuse soupe de poisson du Touquet. Le calendrier des festivités est chargé en toute saison.

### BAIE DE SOMME

Soif de nature et de quiétude ? Ce week-end est pour vous. Au programme : visite de la Maison de l'oiseau et de la baie de Somme, du port et de la ville haute de Saint-Valery-sur-Somme et randonnée guidée (à cheval, à pied ou en vélo) dans les grands espaces de la baie. Réservez-vous aussi un peu de temps pour observer les oiseaux dans le parc du Marquenterre et pour vous détendre, sur les plages de Cayeux-sur-Mer ou du Crotoy.

## Escapade à l'étranger

Au cœur de l'Europe, la région est un véritable nœud de communication. L'autoroute A 1 (Paris-Lille-Belgique) est la plus fréquentée d'Europe, tandis que le « pas » de Calais est le chenal maritime le plus emprunté du monde.

### DANS LE KENT

Voir le chapitre « Calais » dans la partie « Découvrir les sites ». Informations pratiques ci-dessous.

### EN BELGIQUE

Depuis Lille, Maubeuge ou Valenciennes, n'hésitez pas à franchir la frontière car plusieurs villes méritent le détour.

#### Près de la frontière

**Tournai**

À une trentaine de kilomètres de la métropole lilloise, Tournai est dominée par les cinq tours de son imposante cathédrale, joyau architectural original, mêlant gothique et roman. Voyez aussi la Grand'Place, le beffroi et la collection impressionniste du musée des Beaux-Arts.

### Mons
À un saut de puce de la frontière, la capitale du Hainaut est digne d'une petite visite. Son imposant beffroi (87 m) vaut à lui seul le détour, mais bien d'autres choses sont à découvrir : la collégiale Sainte-Wandru, la belle collection de pendules du musée François-Duesberg ou le musée du Folklore et de la Vie montoise. Typiquement wallonne, Mons est une ville active et étudiante. Essayez de venir lors des festivités de la Ducasse, le dimanche qui suit la Pentecôte.

### Le Grand Hornu
Entre Mons et Valenciennes, le charbon y fut exploiter jusqu'aux années 1970. Construit au milieu du 19e s., le site du Grand Hornu a été reconverti en musée des Arts contemporains de la communauté française, le Mac's. Collection d'envergure internationale et expositions temporaires.

## Plus loin en Belgique

### Bruges
C'est assurément l'une des plus belles villes d'Europe. Flamande par excellence, Bruges offre de nombreux témoignages de son fastueux passé. À voir absolument, le centre historique et les canaux, les béguinages et les riches musées consacrés à l'art flamand.

## Royaume-Uni pratique

### Adresse utile
**Office du tourisme de la Grande-Bretagne** – *BP 154-08 - 75363 Paris Cedex 08 - ✆ 01 58 36 50 50 - www.visitbritain.com/fr - tlj sf w.-end 10h-17h (tél. uniquement, bureaux fermés au public).*

F. Bocquet / MICHELIN

*Liaison France-Angleterre depuis Calais.*

### Formalités d'entrée
**Papiers d'identité** – Les ressortissants de l'Union européenne doivent être munis d'un passeport ou d'une carte d'identité en cours de validité.

**Animaux domestiques** – Prévoyez six mois avant les vaccins nécessaires chez le vétérinaire.

**Documents pour la voiture** – Outre les papiers du véhicule, il est recommandé de se munir d'une carte verte internationale. À l'arrière du véhicule, la lettre signalant le pays d'origine est obligatoire.

**Santé** – Sur place, le numéro téléphonique de secours est le **999**. En cas d'accident ou de maladie en cours de séjour, les ressortissants de l'Union européenne bénéficient de la gratuité des soins dès lors qu'ils se sont munis de la **carte européenne d'assurance maladie** *(voir p. 20).*

### Transports
**EN FERRY**

**Seafrance Sealink** – *✆ 0825 826 000 - www.seafrance.com* - liaisons quotidiennes Calais-Douvres (1h30) pour voitures et passagers.

**P & O-Stena Line** – *✆ 0825 120 156 - www.poferries.com - réservation possible au 41 pl. d'Armes, BP 888, 62225 Calais Cedex* - liaisons quotidiennes Calais-Douvres (1h30) pour voitures et passagers.

**Norfolkline** – *Terminal roulier du port Ouest - 59279 Loon-Plage - ✆ 03 28 28 95 50* - liaisons quotidiennes Dunkerque-Douvres (2h) pour voiture et passagers.

**PAR LE TUNNEL SOUS LA MANCHE**

**Shuttle** – *✆ 09 90 35 35 35.* Cette navette embarquant automobiles et autocars avec leurs passagers relie Calais à Folkestone (35mn), 24h/24, 7j/7.

**Eurostar** – Ce train à grande vitesse pour passagers circule tous les jours et met la gare de Londres-Waterloo à 3h de Paris-gare du Nord.

### Vie quotidienne
**Banques** – Les banques sont ouvertes du lun. au vend. de 9h30 à 15h30.

**Heure** – De fin oct. à fin mars, c'est l'heure de Greenwich GMT qui prévaut en Grande-Bretagne. De fin mars à fin oct., c'est l'heure GMT + 1 heure.

**Magasins** – Ils sont généralement ouverts du lun. au sam. de 9h à 17h30 ou 18h, le dim. de 10h ou 11h jusqu'à 16h.

**Bureaux de poste** – Ils sont ouverts du lun. au vend. de 9h30 à 17h30 et le sam. matin de 9h30 à 12h30.

**Jours fériés** – Nouvel An ; Vend. saint (Good Friday) ; lun. de Pâques (Easter Monday) ; 1er lun. de mai (May Day) ; dern. lun. de mai (Spring Bank Holiday) ; dern. lun. d'août ; Noël et 26 déc. (Boxing Day).

**Indicatif téléphonique britanique** – 00 44

## Belgique pratique

### Adresses utiles

Attention, bureaux fermés au public.

**Office belge de tourisme Wallonie-Bruxelles** – *274 bd Saint-Germain - 75007 Paris - ✆ 03 53 85 05 20 - www.belgique-tourisme.be*

**Office belge de tourisme Flandre-Bruxelles** - *BP 143 - 75363 Paris Cedex 08 - ✆ 03 56 89 14 42 - www.tourismebelgique.com*

### Formalités d'entrée

**Papiers d'identité** – Les ressortissants de l'Union européenne doivent être munis d'un passeport ou d'une carte d'identité en cours de validité ou périmée depuis moins de 6 mois.

**Animaux domestiques** – Demandez le **passeport européen des animaux** à votre vétérinaire, qui certifie la vaccination de votre animal. Celui-ci doit être tatoué ou pucé.

**Documents pour la voiture** – Outre les papiers du véhicule, la lettre signalant le pays d'origine, à l'arrière du véhicule, est obligatoire.

**Santé** – Sur place, le numéro téléphonique de secours est le **112**. En cas d'accident ou de maladie en cours de séjour, les ressortissants de l'Union européenne bénéficient de la gratuité des soins dès lors qu'ils se sont munis de la **carte européenne d'assurance maladie** *(voir p. 20)*

### Vie quotidienne

**Jours fériés** – Ce sont les mêmes qu'en France, à l'exception de la fête nationale, le 21 juillet.

**Indicatif téléphonique belge** – 00 32.

### Gent

La cité natale de Charles Quint, 2e port de Belgique, n'a rien à envier à sa grande sœur Bruges. Illustrations de sa richesse, la cathédrale Saint-Bavon, bijou architectural du 16e s., le beffroi et l'ancienne Halle aux draps, l'hôtel de ville. Du côté des musées, optez pour le musée de la Byloke ou celui du Design, le musée des Beaux-Arts ou le musée d'Art contemporain. Si vous avez le temps, quittez Gent pour suivre la vallée de la Lys (belles petites villes).

### Dinant

Au cœur d'un site remarquable de la vallée de la Meuse, Dinant s'étire sur 4 km, entre le fleuve et le roc. De France, la cité médiévale constitue la porte d'entrée de l'Ardenne belge. À voir, en ville, la citadelle, la collégiale Notre-Dame et l'étonnante grotte la Merveilleuse. À quelques kilomètres, profitez des villages de Beauraing, Bouvines (château de Crèvecœur) et de la vallée de la Lesse.

P. Gajic / MICHELIN

*La collégiale et la citadelle de Dinant.*

Pour découvrir la côte belge, reportez-vous au chapitre « Dunkerque » dans la partie « Découvrir les sites ».

## Les atouts de la région au fil des saisons

La région se caractérise par un climat océanique près du littoral, se dégradant à mesure que l'on pénètre dans les terres. Les Hauts de France conservent la réputation, assez justifiée, d'une région aux ciels souvent gris et bas, à la pluviométrie élevée et aux hivers qui n'en finissent pas. Mais chaque saison révèle, à sa manière, les mille et un visages du Nord-Pas-de-Calais et de la Picardie. Les couleurs, les senteurs, les paysages, tout ici se mue et s'adapte au fil du temps. Faites-en l'expérience, vous serez surpris de la métamorphose des paysages d'une saison à l'autre. Le temps influence aussi les caractères, comme dit le proverbe : « les gens du Nord ont dans le cœur le soleil qui manque à l'extérieur ».

### LES SAISONS

#### Hiver

La région est certes froide en cette saison, mais on est loin des climats continentaux et rigoureux de l'est ou du nord de l'Europe. En hiver cependant, le mieux est de se consacrer à la découverte des villes : Saint-Omer, Beauvais ou Valenciennes sont très animées à cette époque de l'année. La saison se prête aussi aux festivités, auxquelles bien sûr les Nordistes ne dérogent pas : fête de

*Profitez de la baie de Somme en toute saison.*

la Saint-Nicolas, carnaval à Dunkerque en février, marché de Noël à Lille, Arras ou Amiens.

## Printemps

La saison est souvent agréable malgré quelques giboulées et gelées matinales. Le moment est propice à la découverte des charmantes vallées de l'Aa, de la Canche, de l'Authie ou de la Somme. Profitez également des parcs naturels régionaux autour de Saint-Amand-les-Eaux, Avesnes-sur-Helpe et Boulogne-sur-Mer. C'est aussi une période idéale pour l'observation de la flore et la faune, en particulier des oiseaux migrateurs sur le littoral (Marquenterre).

## Été

C'est évidemment la meilleure période pour profiter pleinement de la région. Les côtes picarde et d'Opale sont très attrayantes à cette époque de l'année : plages, dunes, activités nautiques et randonnées, festivals en tout genre et profusion d'animations. Pour plus de tranquillité, préférez l'intérieur des terres (Thiérache, Chemin des Dames, pays de Bray). Paradoxalement, les grandes villes comme Lille, Laon ou Amiens sont elles aussi des havres de paix, presque désertées durant les grandes vacances.

## Automne

L'automne offre au Nord-Pas-de-Calais et à la Picardie la plus belle palette de couleurs et de paysages de l'année. Comme au printemps, c'est une bonne saison pour flâner en forêt ou le long des petits fleuves paresseux de la région. Pour les amateurs, c'est aussi la meilleure époque, jusqu'au début de l'hiver, pour la chasse et la pêche.

### Quel temps pour demain ?

**Services téléphoniques de Météo France** – Taper **3250** suivi de :

**1** – toutes les prévisions météo départementales jusqu'à 7 jours (DOM-TOM compris) ;

**2** – météo des villes ;

**3** – météo plages et mer ;

**5** – météo des routes ;

**6** – météo voyages.

**Accès direct aux prévisions du département** – ✆ **0 892 680 2** suivi du n° du département *(0,34 €/mn).*

Ces informations sont aussi disponibles sur **3615 météo** et **www.meteo.fr**

# S'Y RENDRE ET CHOISIR SES ADRESSES

## Où s'informer avant de partir

### LES ADRESSES UTILES

Ceux qui aiment préparer leur voyage dans le détail peuvent rassembler toute la documentation utile auprès des professionnels du tourisme de la région, qui disposent de cartes touristiques, brochures sur l'hébergement et la restauration, dépliants sur les activités, etc.

Outre les adresses indiquées ci-dessous, sachez que les coordonnées des offices de tourisme ou syndicats d'initiative des villes et sites décrits dans ce guide sont données systématiquement dans l'**encadré pratique** des villes et sites, sous la rubrique « Adresses utiles ».

**Un numéro pour la France, le 3265** – Un nouvel accès facile a été mis en place pour joindre tous les offices de tourisme et syndicats d'initiative en France. Il suffit de composer le 3265 (0,34 €/mn) et prononcer distinctement le nom de la commune. Vous serez alors directement mis en relation avec l'organisme souhaité.

#### Comités régionaux de tourisme

**Nord-Pas-de-Calais** – 6 pl. Mendès-France - BP 99 - 59800 Lille Cedex - ✆ 03 20 14 57 57 ou 0 810 591 162 (appel local) - www.crt-nordpasdecalais.fr

**Picardie** – 3 r. Vincent-Auriol - 80011 Amiens Cedex 1 - ✆ 03 22 22 33 63 - www.picardietourisme.com

#### Comités départementaux du tourisme

**Aisne** – 26 av. Charles-de-Gaulle - 02007 Laon Cedex - ✆ 03 23 27 76 76 - www.evasion-aisne.com

P. Jausserand / MICHELIN

*Les vertigineuses falaises d'Ault (Somme).*

Le sud de l'Aisne est décrit dans le *Guide Vert Champagne-Ardenne*.

**Nord** – 6 r. Gauthier-de-Châtillon - BP 1232 - 59013 Lille Cedex - ✆ 03 20 57 59 59 - www.cdt-nord.fr (sur ce site, possibilité de créer son propre plan de week-end et de l'imprimer).

**Oise** – 19 r. Pierre-Jacoby - BP 80822 - 60008 Beauvais Cedex - ✆ 03 44 45 82 12 - www.oisetourisme.com

Le sud de l'Oise est décrit dans le *Guide Vert Île-de-France*.

**Pas-de-Calais** – Rte de la Trésorerie - BP 79 - 62930 Wimereux - ✆ 03 21 10 34 60 - www.pas-de-calais.com

**Somme** – 21 r. Ernest-Cauvin - 80000 Amiens - ✆ 03 22 71 22 71 - www.somme-tourisme.com

#### Renseignements sur Internet

Outre les sites des comités régionaux et départementaux de tourisme mentionnés ci-dessus, voici quelques adresses à retenir :

**www.nordmag.fr** – Culture, loisirs et agenda pour le Nord-Pas-de-Calais.

**www.picardieweb.com** – Portail des sites Internet de Picardie et magazine d'informations sur les trois département.

**www.terascia.com** – Portail de la grande Thiérache.

**www.opalenews.com** – Un site d'informations sur la Flandre et la Côte d'Opale.

**lanchron.dyadel.net** – Journal picard, avec possibilité d'entendre du picard.

**mincoin.free.fr** – Site d'un particulier sur la région Nord-Pas-de-Calais.

**www.paroledechti.com** – Site culturel et commercial sur le Nord.

**www.chtivoyageur.com** – Un site ludique pour faire découvrir le Nord aux enfants.

**www.saison-hiver.com** – Tous les bons plans en basse saison dans la Somme.

**www.agendaculturel.fr** – L'agenda de la saison culturelle en Picardie.

**www.baiedesomme.fr** – Site touristique sur la baie de Somme.

### TOURISME DES PERSONNES HANDICAPÉES

Un certain nombre de curiosités décrites dans ce guide sont accessibles aux personnes à **mobilité réduite**, elles sont signalées par le symbole ♿. Le degré d'accessibilité et les conditions d'accueil variant toutefois d'un site à l'autre, il est recommandé d'appeler avant tout déplacement.

### Accessibilité des infrastructures touristiques

Lancé en 2001, le label national **Tourisme et Handicap** est délivré en fonction de l'accessibilité des équipements touristiques et de loisirs au regard des quatre grands handicaps : auditif, mental, moteur ou visuel. À ce jour, un millier de sites labellisés (hébergement, restauration, musées, équipements sportifs, salles de spectacles, etc.) ont été répertoriés en France. Vous pourrez en consulter la liste sur le site Internet de Maison de France (**www.franceguide.com**), vous renseigner auprès des Comités régionaux du tourisme ou consulter le site **www.tourisme-handicaps.org**

Le magazine *Faire Face* publie chaque année, à l'intention des personnes en situation de handicap moteur, un hors-série intitulé *Guide vacances*. Cette sélection de lieux et offres de loisirs est disponible sur Internet ou sur demande (5,30 €, frais de port non compris) auprès de l'**Association des paralysés de France** (APF) - Direction de la Communication - 17 bd Auguste-Blanqui - 75013 Paris - www.apf.asso.fr.

Pour de plus amples renseignements au sujet de l'accessibilité des musées aux personnes atteintes de handicaps moteurs ou sensoriels, consultez le site **http://museofile.culture.fr**, qui répertorie nombre de musées français.

Le syndicat intercommunal des Dunes de Flandres a mis en place la formule « **Loisirs pour tous** », les après-midis de juillet et d'août. À Dunkerque et Bray-Dune, prêt gratuit de matériel de baignade (tiralo) et de cyclotourisme (vélopouss) - ✆ 03 28 24 59 99.

L'association des paralysés de France présente dans chaque département peut également vous donner des informations de vie pratique.

**APF de l'Aisne** – 9 r. de Crimée - 02100 Saint-Quentin - ✆ 03 23 64 33 81.

**APF du Nord** – 231 r. Nationale - 59000 Lille - ✆ 03 20 57 99 84.

**APF de l'Oise** – 78 r. Madeleine - 60000 Beauvais - ✆ 03 44 15 30 09.

**APF du Pas-de-Calais** – 16 r. Aristide-Briand - 62000 Arras - ✆ 03 21 15 07 63.

**APF de la Somme** – 43 r. Sully - 80000 Amiens - ✆ 03 22 45 75 00.

### Accessibilité des transports

**Train** – Disponible gratuitement dans les gares et boutiques SNCF ou sur le site www.voyages-sncf.com, le *Mémento du voyageur handicapé* donne des renseignements sur l'assistance à l'embarquement et au débarquement, la réservation de places spéciales, etc.

À retenir également, le numéro vert **SNCF Accessibilité Service** : ✆ 0 800 15 47 53.

**Avion** – Air France propose aux personnes handicapées le service d'**assistance Saphir**, avec un numéro spécial : ✆ 0 820 012 424. Pour plus de détails, consulter le site Internet www.airfrance.fr

Publié chaque année par Aéroguide Éditions (47 av. Léon-Gambetta - 92120 Montrouge - ✆ 01 46 55 93 43), l'*Aéroguide France : aéroports mode d'emploi* (59 €, frais de port non compris) donne quant à lui de précieux renseignements sur les services et assistance aux personnes handicapées dans les aéroports et aérodromes français.

## Pour venir en France

Voici quelques informations pour les voyageurs étrangers en provenance de pays francophones comme la Suisse, la Belgique ou le Canada.

Pour en savoir plus, consultez le site de la Maison de la France **www.franceguide.com**

**Ambassade de Suisse** – 142 r. de Grenelle - 75007 Paris - ✆ 01 49 55 67 00 - www.eda.admin.ch/paris

**Ambassade du Canada** – 35-37 av. Montaigne - 75008 Paris - ✆ 01 44 43 29 00 - www.amb-canada.fr.

**Ambassade de Belgique** – 9 r. de Tilsitt - 75017 Paris - ✆ 01 44 09 39 39 (en cas d'urgence seulement) - www.diplomatie.be/paris

## FORMALITÉS

### Pièces d'identité

La carte nationale d'identité en cours de validité ou le passeport (même périmé depuis moins de 5 ans) sont valables pour les ressortissants des pays de l'Union européenne, d'Andorre, du Liechtenstein, de Monaco et de Suisse. Pour les Canadiens, il n'y a pas besoin de visa mais d'un passeport valide.

### Santé

Les ressortissants de l'Union européenne bénéficient de la gratuité des soins avec la **carte européenne d'assurance**

**maladie**. Comptez un délai d'au moins deux semaines avant le départ (fabrication et envoi par la poste) pour obtenir la carte auprès de votre caisse d'assurance maladie. Nominative et individuelle, elle remplace le formulaire E 111 ; chaque membre d'une même famille doit en posséder une, y compris les enfants de moins de 16 ans.

### Véhicules

Pour le conducteur : permis de conduire à trois volets ou permis international. Outre les papiers du véhicule, il est nécessaire de posséder la carte verte d'assurance.

## QUELQUES RAPPELS

### Code de la route

Sachez que la **vitesse** est généralement limitée à 50 km/h dans les villes et agglomérations, à 90 km/h sur le réseau courant, à 110 km/h sur les voies rapides et à 130 km/h sur les autoroutes.

Le port de la **ceinture** de sécurité est obligatoire à l'avant comme à l'arrière.

Le taux d'**alcoolémie** maximum toléré est de 0,5 g/l.

### Argent

La monnaie est l'euro. Les principales cartes de crédit internationales sont acceptées dans presque tous les commerces, hôtels, restaurants et par les distributeurs de billets.

### Téléphone

En France tous les numéros sont à 10 chiffres.

Pour appeler la France depuis l'étranger composer le **00 33** et les neuf chiffres de votre correspondant français (sans le zéro qui commence tous les numéros).

Pour téléphoner à l'étranger depuis la France composer le **00** + l'indicatif du pays + le numéro de votre correspondant.

**Numéros d'urgence** – Le **112** (numéro européen), le **18** (pompiers) ou le **17** (police, gendarmerie), le **15** (urgences médicales).

# Transports

## PAR LA ROUTE

Lille, métropole du Nord, est au centre d'un réseau d'autoroutes qui dessert tout le nord de la France et se trouve aujourd'hui en liaison directe avec la Grande-Bretagne.

### Les grands axes

L'**A 16**, qui relie Paris à Dunkerque, passe par Beauvais, Amiens, Abbeville, Le Touquet, Boulogne-sur-Mer et Calais. Pour rejoindre Lille depuis Paris, vous emprunterez l'**A 1**, également utile pour gagner Arras, mais aussi Cambrai et Valenciennes, en bifurquant sur l'**A 2** au niveau de Combles. De Reims, on peut atteindre Laon, Saint-Quentin, Arras, Béthune, Saint-Omer puis Calais par l'**A 26**. L'**A 28** relie Rouen à Abbeville ; elle permet aussi de rejoindre l'**A 29** qui file vers Amiens et Saint-Quentin. Enfin, au départ de Lille, on gagne Dunkerque par l'**A 25** et Valenciennes par l'**A 23**.

### Informations autoroutières

3 r. Edmond-Valentin - 75007 Paris - informations sur les conditions de circulation sur les autoroutes : ✆ 0 892 681 077 - www.autoroutes.fr

Sur autoroute, pour connaître le trafic : Radio Trafic FM 107.7.

### Péages

Les deux grandes gares de péage de la région se situent sur l'A 1, à Fresnes (sud de Lille) et à Senlis (nord de Paris).

À titre indicatif (tarifs non garantis) :

Paris-Lille : 13,60 €

Paris-Boulogne : 17,50 €

Reims-Calais : 18,60 €

Rouen-Amiens : 5 €

Notez que les autoroutes du département du Nord sont gratuites.

### Les cartes Michelin

Les cartes **Local** (1/150 000 ou au 1/180 000, avec index des localités et plans des préfectures) ont été conçues pour ceux qui aiment prendre le temps

### Changement de numérotation routière

Sur de nombreux tronçons, les routes nationales passent sous la direction des départements. Leur numérotation est en cours de modification.

La mise en place sur le terrain a commencé en 2006 mais devrait se poursuivre sur plusieurs années. De plus, certaines routes n'ont pas encore définitivement trouvé leur statut au moment où nous bouclons la rédaction de ce guide. Nous n'avons donc pas pu reporter systématiquement les changements de numéros sur l'ensemble de nos cartes et de nos textes.

**Bon à savoir** – Dans la majorité des cas, on retrouve le no de la nationale dans les derniers chiffres du no de la départementale qui la remplace. Exemples : la N 16 devient D 1016, la N 51 devient D 951.

de découvrir une zone géographique réduite (un ou deux départements) lors de leurs déplacements en voiture. Pour ce guide, procurez-vous les cartes **Local 301** (Pas-de-Calais, Somme), **302** (Nord), **305** (Oise, Paris, Val-d'Oise) et **306** (Aisne, Ardennes, Marne). Vous pouvez également consulter la carte **Regional 511** (Nord-Pas-de-Calais, Picardie), au 1/275 000, avec index des localités et plan d'Amiens et de Lille, qui couvre le réseau routier secondaire et donne de nombreuses indications touristiques. Elle est pratique lorsqu'on aborde un vaste territoire ou pour relier des villes distantes de plus de cent kilomètres.

Enfin, n'oubliez pas, la **carte de France n° 721**, qui offre une vue d'ensemble de la région au 1/1 000 000, avec ses grandes voies d'accès d'où que vous veniez.

### Les informations sur Internet et Minitel

Le site **www.ViaMichelin.fr** offre une multitude de services et d'informations pratiques d'aide à la mobilité (calcul d'itinéraires, cartographie : des cartes pays aux plans de villes, sélection des hôtels et restaurants du Guide Michelin France…) sur toute l'Europe.

Les calculs d'itinéraires sont également accessibles sur **Minitel** (3615 ViaMichelin) et peuvent être envoyés par **fax** (3617 ou 3623 Michelin).

## EN TRAIN

### Les grandes lignes

Lille est à une heure de la capitale en TGV. Envie d'une escapade culturelle ou simplement de faire du shopping ? N'hésitez pas : 24 départs chaque jour avec un aller et retour toutes les demi-heures le matin et le soir, et toutes les heures le reste de la journée en semaine.

Arras est à un peu moins d'une heure de Paris par le TGV. Le trajet pour Amiens varie entre une et deux heures en fonction du nombre d'arrêts. Quant à Beauvais, il vous faudra un peu plus d'une heure pour vous y rendre.

**Informations, réservation, vente** - ✆ 3635 (0,34 €/mn) - www.voyages-sncf.com

Y. Tierny / MICHELIN

*La gare de Saint-Omer.*

### Le réseau régional

Le **TER** assure les liaisons interrégionales, permettant d'aller d'une ville à l'autre sans encombre.

De **Lille**, on peut rejoindre Tourcoing, Amiens, Ascq, Orchies, Comines, Dunkerque, Hazebrouck, Boulogne-sur-Mer, Lens, Jeumont-Busigny, Valenciennes, Cambrai, Saint-Quentin, Laon, Reims, Louches.

D'**Arras**, les TER desservent Calais, Dunkerque, Boulogne-sur-Mer.

De **Dunkerque**, on peut gagner directement Boulogne-sur-Mer.

Au départ d'**Amiens**, on accède en TER à Rouen, Reims, Saint-Quentin, Compiègne et Paris.

Autres lignes à signaler : Valenciennes-Lens, Hirson-Laon-Paris, Laon-Soissons-Paris, Laon-Liart, Saint-Just-Montdidier, Montdidier-Roisel, Beauvais-Le Tréport. Cette liste n'est pas exhaustive.

**Informations générales, réservation, vente** – ✆ 3635 (0,34 €/mn) - www.ter-sncf.com

### Les bons plans

Les tarifs de la SNCF varient selon les périodes : –50 % en période bleue, –25 % en période blanche, plein tarif en période rouge (calendriers disponibles dans les gares et boutiques SNCF).

#### Les cartes de réduction

Différentes réductions sont offertes grâce aux cartes suivantes, valables un an, en vente dans les gares et boutiques SNCF :

- **carte Enfant** pour les moins de 12 ans ;
- **carte 12-25** pour les 12-25 ans, qui peut être achetée la veille de ses 26 ans pour l'année suivante ;
- **carte Senior** à partir de 60 ans. Ces différentes cartes offrent une réduction de 50 % sur tous les trains dans la limite des places disponibles et sinon 25 %. La SNCF offre la possibilité de les essayer une fois gratuitement en prenant la carte découverte appropriée.

Les familles ayant au minimum 3 enfants mineurs peuvent bénéficier d'une **carte famille nombreuse** (16 € pour l'ensemble des cartes, valables 3 ans) permettant une réduction individuelle de 30 à 75 % selon le nombre d'enfants (la réduction est toujours calculée sur le prix plein tarif de 2e classe, même si la carte permet de voyager également en 1re). Elle ouvre droit à d'autres réductions hors SNCF *(voir page suivante)*.

La **carte Grand Voyageur**, valable 3 ans, permet de gagner des points et d'avoir des réductions exclusives. Elle donne aussi accès à certains services comme le transport des bagages.

La **carte Escapade** permet une réduction de 25 % sur tous les trains pour des allers-retours d'au moins 200 km, comprenant une nuit sur place du samedi au dimanche.

La **carte Grand'TER** (7 €/an), spécifique au réseau TER Nord-Pas-de-Calais, permet des réductions sur les allers-retours effectués dans la journée durant les week-ends, les jours fériés et les vacances scolaires. 50 % de réduction pour le titulaire de la carte et le premier accompagnateur ; 0,10 € l'aller-retour pour les 3 suivants. ✆ 0 891 671 059 (0,23 €/mn).

### Les réductions sans carte

Sans disposer d'aucune carte, vous pouvez bénéficier de certains tarifs réduits.

Sur Internet, profitez des **billets Prem's** : très avantageux pourvu que vous réserviez suffisamment à l'avance, ils s'achètent uniquement en ligne mais ne sont ni échangeables ni remboursables.

Les **billets Découverte** offrent quant à eux des réductions de 25 % pour les moins de 25 ans, les plus de 60 ans et, sous certaines conditions, entre 25 et 60 ans.

Si vous effectuez un aller-retour d'au moins 200 km et si votre séjour comprend une nuit du samedi au dimanche, vous pouvez profiter du tarif **Découverte séjour**.

Si vous êtes de 2 à 9 personnes à effectuer un aller-retour, que vous ayez ou non un lien de parenté, et si votre voyage comprend au moins une nuit entre l'aller et le retour, vous pouvez bénéficier du tarif **Découverte à deux**.

Par ailleurs, en saison estivale et à des dates précises, le réseau du Nord-Pas-de-Calais a mis en place des **billets à 1 €** l'aller-retour pour rejoindre le littoral depuis les villes de l'intérieur (Valenciennes, Lille). Se renseigner en agence ou sur www.ter-sncf.com

## EN AVION

### Aéroport et compagnie aérienne

**Aéroport de Lille-Lesquin** – BP 227 - 59812 Lesquin Cedex - ✆ 0 891 673 210 (0,23 €/mn) - www.lille.aeroport.fr. L'aéroport est relié à de très nombreuses villes françaises et européennes. Une navette directe assure la liaison avec le centre de la ville en 15mn.

**Air France** – La compagnie assure des liaisons entre l'aéroport de Lille et les villes d'Ajaccio, Bastia, Bordeaux, Clermont-Ferrand, Lyon, Marseille, Nantes, Nice, Perpignan, Strasbourg, Toulon et Toulouse. Renseignements et réservations : ✆ 3654 (0,34 €/mn) - www.airfrance.fr

### Les bons plans

Les quelques sites suivants proposent des billets d'avion à bas coût (promos, vols de dernière minute) :
www.lastminute.com ;
www.opodo.fr ;
www.anyway.com ;
www.voyagermoinscher.com ;
www.belvedair.com ;
www.govoyages.fr ;
www.easyjet.com ;
www.voyages-sncf.com.

# Budget

## FORFAITS TOURISTIQUES INTÉRESSANTS

Certaines grandes villes comme **Lille**, **Laon** ou **Amiens** proposent des City Pass permettant de visiter, de se déplacer et/ou de se loger à des tarifs réduits *(voir les encadrés pratiques de ces villes)*.

| Distances | Bordeaux | Lyon | Marseille | Paris | Rennes | Strasbourg |
|---|---|---|---|---|---|---|
| Abbeville | 760 | 660 | 954 | 177 | 421 | 566 |
| Amiens | 723 | 617 | 930 | 136 | 438 | 521 |
| Arras | 765 | 645 | 956 | 180 | 530 | 521 |
| Beauvais | 664 | 544 | 855 | 78 | 392 | 574 |
| Calais | 877 | 754 | 1 066 | 290 | 519 | 622 |
| Compiègne | 670 | 550 | 862 | 85 | 435 | 442 |
| Dunkerque | 879 | 755 | 1 068 | 291 | 563 | 597 |
| Laon | 726 | 554 | 865 | 141 | 491 | 413 |
| Lille | 810 | 685 | 998 | 222 | 574 | 528 |
| St-Quentin | 750 | 586 | 897 | 165 | 512 | 446 |
| Valenciennes | 795 | 665 | 980 | 209 | 559 | 486 |

*Le port d'Amont, à Amiens.*

### Carte Pass'Privilèges

Cette carte permet de découvrir les sites incontournables du département de l'**Aisne**, en famille, à des tarifs préférentiels. Valable 1 an, elle est à retirer auprès du CDT de l'Aisne.

## LES BONS PLANS

### Loisirs et tourisme en famille

Cette brochure délivrée dans tous les offices de tourisme du **Nord** propose des réductions sur différents sites touristiques.

### Week-ends dans la Somme

Promotions et idées de week-ends et courts séjours dans la Somme. Renseignements : www.somme-vacances.com.

### Oise week-ends et courts séjours

Forfaits sur mesure et réductions sur l'hébergement, la restauration ou les activités touristiques proposés par le CDT de l'Oise, et sur le site Internet, des promotions toute l'année : www.oise-tourisme.com.

### Les chèques vacances

Ce sont des titres de paiement permettant d'optimiser le budget vacances/loisirs des salariés grâce à une participation de l'employeur. Les salariés du privé peuvent se les procurer auprès de leur employeur ou de leur comité d'entreprise ; les fonctionnaires auprès des organismes sociaux dont ils dépendent.

On peut les utiliser pour régler toutes les dépenses liées à l'hébergement, à la restauration, aux transports ainsi qu'aux loisirs. Il existe aujourd'hui plus de 135 000 points d'accueil.

### La carte famille nombreuse

On se la procure auprès de la **SNCF** *(voir page précédente)*. Elle ouvre droit, outre les billets de train à prix réduits, à des réductions très diverses auprès des musées nationaux, de certains sites privés, parcs d'attraction, loisirs et équipements sportifs, cinéma et même certaines boutiques. Mieux vaut l'avoir sur soi et demander systématiquement s'il existe un tarif préférentiel famille nombreuse.

### Bon week-end en ville

Dans les villes qui participent à cette opération (dans ce guide, **Dunkerque**), les principaux lieux d'hébergement proposent la formule « 2 nuits d'hôtel pour le prix d'1 ». Les participants bénéficient également d'avantages sur les activités culturelles. www.bon-week-end-en-villes.com

## NOS ADRESSES D'HÉBERGEMENT ET DE RESTAURATION

Pour vous aider dans votre choix, nous vous communiquons une **fourchette de prix** : pour l'hébergement, les prix communiqués correspondent aux tarifs minimum et maximum d'une chambre double ; il en va de même pour la restauration et les prix des menus proposés sur place. Les mentions « Astuce prix » et « bc » signalent : pour la première les formules repas à prix attractif, servies généralement au déjeuner par certains établissements de standing, pour la seconde les menus avec boisson comprise (verre de vin ou eau minérale au choix).

Les prix que nous indiquons sont ceux pratiqués en **haute saison** ; hors saison, de nombreux établissements proposent des tarifs plus avantageux, renseignez-vous… Dans chaque encadré, les adresses sont classées en quatre catégories de prix pour répondre à toutes les attentes *(voir le tableau ci-dessus)*.

**Premier prix** – Choisissez vos adresses parmi celles de la catégorie ⊖ : vous trouverez là des hôtels, des chambres d'hôtes simples et conviviales et des tables souvent gourmandes, toujours honnêtes.

**Prix moyen** – Votre budget est un peu plus large. Piochez vos étapes dans les adresses ⊖⊖. Dans cette catégorie, vous trouverez des maisons, souvent de charme, de meilleur confort et plus agréablement aménagées, animées par des passionnés, ravis de vous faire découvrir leur demeure et leur table. Là encore, chambres et tables d'hôte sont au rendez-vous, avec également des hôtels et des restaurants plus traditionnels, bien sûr.

**Haut de gamme** – Vous souhaitez vous faire plaisir, le temps d'un repas ou d'une nuit, vous aimez voyager dans des conditions très confortables ? Les catégories ⛃⛃⛃ et ⛃⛃⛃⛃ sont pour vous… La vie de château dans de luxueuses chambres d'hôte pas si chères que cela ou dans les palaces et les grands hôtels : à vous de choisir ! Vous pouvez aussi profiter des décors de rêve de lieux mythiques à moindres frais, le temps d'un brunch ou d'une tasse de thé… À moins que vous ne préfériez casser votre tirelire pour un repas gastronomique dans un restaurant renommé. Sans oublier que la traditionnelle formule « tenue correcte exigée » est toujours d'actualité dans ces élégantes maisons.

# Se loger

Des plus luxueuses aux plus modestes, toutes les catégories d'hôtels sont représentées dans la plupart des grandes cités du Nord et le long du littoral. D'autres formules d'hébergement vous attendent ailleurs : chambres d'hôte et gîtes ruraux, notamment dans la Somme, l'Aisne, et surtout dans l'Oise. Elles séduisent par leur mélange bien dosé de nature et de convivialité. Plusieurs auberges de jeunesse et des campings complètent ces possibilités. À noter, des opportunités originales, comme les chambres d'hôte de l'abbaye de Valloires, les courts séjours en pénichette sur la Somme et les huttes de chasse dans le Marquenterre…

## NOS CRITÈRES DE CHOIX

### Les hôtels

Nous vous proposons, dans chaque encadré pratique, un choix très large en terme de confort. La location se fait à la nuit et le petit-déjeuner est facturé en supplément. Certains établissements assurent un service de restauration également accessible à la clientèle extérieure.

Pour un choix plus étoffé et actualisé, **Le Guide Michelin France** recommande hôtels et restaurants sur toute la France. Pour chaque établissement, le niveau de confort et de prix est indiqué, en plus de nombreux renseignements pratiques. Le symbole « **Bib Hôtel** » signale des hôtels pratiques et accueillants offrant une prestation de qualité à prix raisonnable (moins de 72 € en province, 88 € pour les grandes villes et stations balnéaires).

### Les chambres d'hôte

Vous êtes reçu directement par les habitants qui vous ouvrent leur demeure. L'atmosphère est plus conviviale qu'à l'hôtel, et l'envie de communiquer doit être réciproque : misanthropes, s'abstenir ! Les prix, mentionnés à la nuit, incluent le petit-déjeuner. Certains propriétaires proposent aussi une table d'hôte, ouverte uniquement le soir, et toujours réservée aux résidents de la maison. Il est très vivement conseillé de réserver votre étape, en raison du grand succès de ce type d'hébergement.

**Bon à savoir** – Certains établissements ne peuvent pas recevoir vos compagnons à quatre pattes ou les accueillent moyennant un supplément, pensez à le demander lors de votre réservation.

Clos Saint-Jacques

*Le Clos Saint-Jacques, une chambre d'hôte à Cambrai.*

### Le camping

Le **Guide Camping Michelin France** propose tous les ans une sélection de terrains visités régulièrement par nos inspecteurs. Renseignements pratiques, niveau de confort, prix, agrément, location de bungalows, de mobile homes ou de chalets y sont mentionnés.

## LABEL

Le label **Savoir Plaire** a été créé afin de promouvoir la qualité de l'accueil et la défense du patrimoine naturel, culturel ou gastronomique en Nord-Pas-de-Calais. À l'issue de contrôles stricts et réitérés, plusieurs centaines d'adresses en hôtellerie, restauration ou métiers de bouche ont obtenu ce label. Pour les connaître dans le détail, renseignez-vous auprès du CRT du Nord-Pas-de-Calais.

| NOS CATÉGORIES DE PRIX | | | | |
|---|---|---|---|---|
| | Se restaurer (prix déjeuner) | | Se loger (prix de la chambre double) | |
| | Province | Paris/grandes villes et stations balnéaires | Province | Paris/grandes villes et stations balnéaires |
| € | jusqu'à 14 € | jusqu'à 16 € | jusqu'à 45 € | jusqu'à 65 € |
| €€ | plus de 14 € à 25 € | plus de 16 € à30 € | plus de 45 € à 80 € | plus de 65 € à 100 € |
| €€€ | plus de 25 € à 40 € | plus de 30 € à 50 € | plus de 80 € à 100 € | plus de 100 € à 160 € |
| €€€€ | plus de 40 € | plus de 50 € | plus de 100 € | plus de 160 € |

## LES BONS PLANS

### Les services de réservation

**Fédération nationale des services de réservation Loisirs-Accueil** – 280 bd Saint-Germain - 75007 Paris - ✆ 01 44 11 10 44 - www.resinfrance.com ou www.loisirsaccueilfrance.com. Elle propose un large choix d'hébergements et d'activités de qualité, édite un annuaire regroupant les coordonnées des 62 services Loisirs-Accueil et, pour tous les départements, une brochure détaillée.

**Fédération nationale Clévacances France** – 54 bd de l'Embouchure – BP 52166 - 31022 Toulouse Cedex - ✆ 05 61 13 55 66 - www.clevacances.com. Cette fédération propose près de 23 800 locations de vacances (appartements, chalets, villas, demeures de caractère, pavillons en résidence) et 3 400 chambres dans 22 régions réparties sur 89 départements en France et outre-mer, et publie un catalogue par département (passer commande auprès des représentants départementaux Clévacances).

### L'hébergement rural

**Fédération des Stations vertes de vacances** – BP 71698 - 21016 Dijon Cedex - ✆ 03 80 54 10 50 - www.stationsvertes.com. À la campagne et à la montagne, les 590 Stations vertes sont des destinations de vacances familiales reconnues pour leur qualité de vie (produits du terroir, loisirs variés, cadre agréable) et pour la qualité de leurs structures d'accueil et d'hébergement.

On compte deux Stations vertes dans le Pas-de-Calais, **Frévent** et **Montreuil-sur-Mer** ; deux dans l'Aisne, **Le-Nouvion-en-Thiérache** et **Monampteuil** ; deux dans la Somme, **Poix-de-Picardie** et **Rue** ; une dans le Nord, **Bergues**.

**Bienvenue à la ferme** – Le guide *Bienvenue à la ferme*, édité par l'assemblée permanente des chambres d'agriculture (service Agriculture et Tourisme - 9 av. George-V - 75008 Paris – ✆ 01 53 57 11 44), est aussi en vente en librairie ou sur **www.bienvenue-a-la-ferme.com**. Il propose par région et par département des fermes-auberges, campings à la ferme, fermes de séjour, mais aussi des loisirs variés : chasse, équitation, approches pédagogiques pour enfants, découverte de la gastronomie des terroirs en ferme-auberge, dégustation et vente de produits de la ferme.

**Maison des gîtes de France et du tourisme vert** – 59 r. Saint-Lazare - 75439 Paris Cedex 09 - ✆ 01 49 70 75 75 - www.gites-de-france.com. Cet organisme donne les adresses des relais départementaux et publie des guides sur les différentes possibilités d'hébergement en milieu rural (gîtes ruraux, chambres et tables d'hôtes, gîtes d'étape, chambres d'hôtes de charme, gîtes de neige, gîtes de pêche, gîtes d'enfants, campings à la ferme, gîtes Panda).

### L'hébergement pour randonneurs

Les randonneurs peuvent consulter le guide *Gîtes d'étapes, refuges* par A. et S. Mouraret (Rando Éditions - BP 24 - 65421 Ibos – ✆ 05 62 90 09 90) et www.gites-refuges.com, principalement destinés aux amateurs de randonnées, d'alpinisme, d'escalade, de ski, de cyclotourisme et de canoë-kayak.

### Les auberges de jeunesse

**Ligue française pour les auberges de jeunesse** – 67 r. Vergniaud - bâtiment K - 75013 Paris - ✆ 01 44 16 78 78 - www.auberges-de-jeunesse.com. La carte LFAJ est délivrée en échange d'une cotisation annuelle de 10,70 € pour les moins de 26 ans et de 15,25 € au-delà de cet âge.

Vous trouverez une auberge affiliée dans la ville de **Calais**.

**Fédération unie des auberges de jeunesse** – 27 r. Pajol - 75018 Paris - ✆ 01 44 89 87 27 - www.fuaj.org. La carte FUAJ est délivrée en échange d'une cotisation annuelle de 10,70 € pour les moins de 26 ans et de 15,30 € au-delà de cet âge. Pour les familles, la cotisation est de 22,90 €.

Vous trouverez une auberge affiliée dans les villes d'**Arras**, **Boulogne-sur-Mer**, **Cambrai**, **Dunkerque**, **Lille** et **Montreuil-sur-Mer**.

## POUR DÉPANNER

### Les chaînes hôtelières

L'hôtellerie dite « économique » peut éventuellement vous rendre service. Sachez que vous y trouverez un équipement complet (sanitaire privé et télévision), mais un confort très simple. Souvent à proximité de grands axes routiers, ces établissements n'assurent pas de restauration. Toutefois, leurs tarifs restent difficiles à concurrencer (moins de 50 € la chambre double). En dépannage, voici donc les centrales de réservation de quelques chaînes :

**Akena** – ✆ 01 69 84 85 17.
**B & B** – ✆ 0 892 782 929.
**Etap Hôtel** – ✆ 0 892 688 900.
**Villages Hôtel** – ✆ 03 80 60 92 70.

Enfin, les hôtels suivants, un peu plus chers (à partir de 68 € la chambre), offrent un meilleur confort et quelques services complémentaires :

**Campanile** – ✆ 01 64 62 46 46.
**Kyriad** – ✆ 0 825 003 003.
**Ibis** – ✆ 0 825 882 222.

# Se restaurer

Il est midi ! Le canard trône dans son assiette dans l'ouest de la Picardie, sous toutes les formes (pâté en croûte, foie gras, terrine, magret), et l'agneau de pré-salé est apprécié autour de la baie de Somme. Soles, harengs, crevettes grises, d'une fraîcheur incomparable – proximité du port de Boulogne oblige –, règnent sur toute la côte, dans les innombrables restaurants avec vue sur la mer. L'intérieur du pays réserve de savoureuses surprises et sait tirer parti de la variété des produits locaux : légumes, viandes, volailles, poissons de rivière, charcuteries, bières, fromages…

Toute l'année, d'innombrables petits **cafés**, quelquefois paisibles, souvent très animés, au décor hétéroclite, désuet ou rustique, fournissent l'occasion d'une halte chaleureuse et rafraîchissante autour d'une bière de garde.

On peut aussi s'y restaurer. Ces établissements pleins de charme, que les Ch'timis nomment toujours « **estaminets** » (prononcer « étaminet »), sont l'image même du Nord. La région des monts de Flandre rassemble les plus typiques. Engagez-y la conversation, et ce peuple des tavernes fera de vous l'un des siens on y reste alors des heures…

Dans les fermes ou les anciens relais de poste convertis en auberges, les « hostelleries » patinées par le temps, les brasseries, on sert encore une cuisine traditionnelle, flamande ou picarde *(voir la rubrique « Gastronomie » p. 91)*.

## NOS CRITÈRES DE CHOIX

Pour répondre à toutes les envies, nous avons sélectionné des restaurants régionaux bien sûr, mais aussi classiques, exotiques ou à thème… Et des lieux plus simples, où vous pourrez grignoter une salade composée, une tarte salée, une pâtisserie ou déguster des produits régionaux sur le pouce.

Pour un choix plus étoffé et actualisé, **Le Guide Michelin France** recommande des restaurants sur toute la France. Pour chaque établissement, le niveau de confort et de prix est indiqué, en plus de nombreux renseignements pratiques. Le symbole « **Bib Gourmand** » signale les tables qui proposent une cuisine soignée à moins de 28 € en province (36 € dans les grandes villes et stations balnéaires).

Quelques **fermes-auberges** vous permettront de découvrir les saveurs de la France profonde. Vous y goûterez des produits authentiques provenant de l'exploitation agricole, préparés dans la tradition et généralement servis en menu unique. Le service et l'ambiance sont bon enfant. Réservation obligatoire !

## LES LABELS

**Bon à savoir** – Dans les **comités de promotions**, vous pourrez vous procurer diverses documentations sur les produits et la gastronomie de la région (guide gastronomique, livret de recettes, liste de producteurs, de boutiques, de restaurateurs spécialisés dans les produits du terroir, accueil à la ferme).

### Saveur en'Or

Afin de promouvoir les traditions culinaires régionales du Nord-Pas-de-Calais, une centaine de produits ont reçu ce label, gage de qualité. Parmi les entreprises labellisées, des brasseries (La Choulette, Trois-Monts, Castelain…), des confiseries (gaufres des Flandres, biscuiterie de Dunkerque…), des charcuteries, des fromageries… Liste des marques sur le site du comité de promotion.

**Comité de promotion Nord-Pas-de-Calais** – 56 av. Roger-Salengro - BP 39 - 62051 Saint-Laurent-Blangy Cedex - ✆ 03 21 60 57 86 - www.saveurs-npdc.com

### Saveurs de Picardie

Comme en Nord-Pas-de-Calais, la Picardie s'est dotée d'une marque collective régionale pour promouvoir sa gastronomie. Une dizaine de produits traditionnels ont ainsi été sélectionnés dans l'Aisne (jambon sec, porc d'antan ou confit d'oignon), quinze dans l'Oise (bière, moutarde, boudin noir) et plus d'une vingtaine dans la Somme (pâté de canard, agneau de pré-salé, macaron d'Amiens). Liste des marques sur le site du comité de promotion.

**Comité de promotion de Picardie** – 19 bis r. Alexandre-Dumas - 80096 Amiens Cedex 3 - ✆ 03 22 33 69 58 - www.terroirsdepicardie.com

### Les tables régionales

Ce label mis en place par les comités de promotion de Nord-Pas-de-Calais et de Picardie sélectionne les restaurateurs qui mettent en valeur la gastronomie et les produits régionaux. Plusieurs dizaines de restaurants ont obtenu ce label. Coordonnées sur les sites des comités de promotion.

### Autres labels

D'autres logos ou labels régionaux permettent de s'assurer de la qualité des produits que l'on achète : les **produits des parcs naturels régionaux de France**, les **produits de ferme**…

Le label **Petit Gourmet** assure un bon accueil des enfants *(voir « La destination en famille » p. 40).*

Notez que le label **Savoir Plaire** *(voir « se loger »)* est également décerné à des restaurants et métiers de bouche.

## LES SITES REMARQUABLES DU GOÛT

C'est un label décerné aux sites dont la richesse gastronomique s'appuie sur des produits de qualité et un environnement culturel et touristique intéressant. À ces sites sont associés des visites de jardins, musées, unités de production, des dégustations, des marchés de réputation, des manifestations. Il s'agit du pays du **Genièvre** (distilleries à Loos et Wambrechies) et de la région de **Maroilles** pour son fromage.

Pour en savoir plus : www.sitesremarquablesdugout.com

**Le pays du Genièvre** – Distillerie de Wambrechies - 1 r. de la Distillerie, BP 16 - 59118 Wambrechies - ✆ 03 20 14 91 91. Découvrez cette eau-de-vie à travers son processus de fabrication et lors d'une dégustation.

**Bon à savoir**

Si d'aventure vous n'avez pu trouver votre bonheur parmi toutes nos adresses, vous pouvez toujours consulter ces différents sites Internet :

www.partirpascher.com

www.etaphotel.com

www.optile.com

www.budget.fr

**Les sens du goût** – 11 pl. de la Mairie - 59550 Maroilles - ✆ 03 27 84 09 09. Cette association organise des journées sur le thème du goût, autour de la spécialité fromagère de la Thiérache et de l'Avesnois.

## LES GRANDS CHEFS DE LA RÉGION

Nous avons sélectionné ici quelques grandes figures régionales.

### Roye

**Marie-Christine Borck-Klopp**, qui a fêté les quarante ans d'étoile de la Flamiche en 2006, n'avait pourtant rien au départ qui lui laissait présager une carrière dans la restauration. C'est à la suite du décès de son père qu'elle doit revenir seconder sa mère en salle, abandonnant ainsi ses études de secrétariat. Elle prend un nouveau virage en 1991 lorsque son chef quitte brusquement la maison. Marie-Christine décide alors de passer derrière les fourneaux et travaille en complète harmonie avec le second de cuisine, resté fidèle au poste, tandis que son mari prend la direction de la salle. Sa cuisine renouvelée au fil des saisons est inspirée par la nature et les légumes qui, dit-elle, « transcendent les poissons et les viandes ». Privilégiant les produits régionaux, elle maintient des contacts étroits avec les producteurs qui partagent la même passion pour le beau et le terroir. La Flamiche, devenue une véritable institution, draîne une clientèle qui apprécie la cuisine de cette femme-chef, parfait reflet de ses goûts personnels.

*La Flamiche – ✆ 03 22 87 00 56.*

### Montreuil

Avant de s'installer au Château de Montreuil en 1981, **Christian Germain**, fils d'un artisan-boucher de l'Avesnois, avait acquis une solide formation de cuisinier… même s'il ambitionnait au départ de faire carrière côté salle ! C'est dans un restaurant coté d'Avesnes-sur-Helpe qu'il effectua son apprentissage du service et finit par se sentir attiré par la cuisine. Il parfait son talent de chef chez les Frères Roux en Angleterre, puis se fixe à Montreuil à son retour d'Asie. L'étoile, obtenue en 1983, a salué une cuisine qui évolue au fil des saisons et fait la part belle aux produits de la région. Les patrons, épaulés par une solide et fidèle équipe, réservent toujours un charmant accueil et la clientèle ne peut être que ravie, installée dans cette jolie maison bourgeoise au jardin fleuri et ombragé, située proche des remparts.

*Château de Montreuil – ✆ 03 21 81 53 04.*

### Busnes

**Marc Meurin** est, comme on dit, un véritable « gars du Nord », originaire de la région de Béthune. C'est d'ailleurs dans cette ville qu'il s'est fait sa réputation en exploitant son restaurant éponyme durant près de vingt années. Au fil du temps, il a conquis une place enviée au sein de la profession, fidélisant sa clientèle et glanant au passage une puis deux étoiles. Afin de trouver une adresse digne de ses clients et pour exprimer encore davantage son talent, il transfère en 2005 son « Meurin » au Château de Beaulieu à Busnes. Désormais, c'est dans une demeure du 17e s., entourée de douves, au calme d'un parc boisé, que Marc Meurin sert sa cuisine authentique et personnalisée réalisée avec les meilleurs produits du terroir et présentée avec un réel souci d'esthétisme. Si toute la région y vient et y revient, les Belges et les Anglais n'hésitent pas non plus à franchir la frontière ou la Manche.

*Le Château de Beaulieu – ✆ 03 21 68 88 88.*

### Boulogne-sur-Mer

**Tony Lestienne**, descendant de la célèbre « femme à barbe », avait une aversion viscérale pour l'école. Il la quitte donc très tôt et sait dès l'âge de treize ans qu'il sera cuisinier. Il part tout d'abord en Espagne s'initier à la cuisine méditerranéenne puis revient en France. À Paris, il fréquente les cuisines de plusieurs maisons de tradition dont Lamazère, célèbre à l'époque pour la truffe et le foie gras. En 1979, ayant acquis la maîtrise de son métier, il atteint son but : créer son restaurant. Ce sera La Matelote qu'il ne quittera plus, où il décroche l'étoile dès 1982. Tony s'implique ensuite avec enthousiasme dans le projet Nausicaa et prend la gestion de sa grande brasserie. Puis un hôtel au confort cossu verra le jour en 1999. Au milieu de ses nombreuses activités, le chef continue de régaler ses clients d'une cuisine raffinée où il utilise les produits de la mer et de la terre, privilégiant le terroir local. Désormais, le fils a rejoint l'affaire pour aider ses parents, fort de son expérience acquise au célèbre restaurant Waterside Inn de Bray-on-Thames en Angleterre.

*La Matelote – ✆ 03 21 30 17 97.*

S. Sauvignier / MICHELIN

*Les traditionnelles moules-frites.*

## BIÈRES ET ALCOOL

### Brasseries

Dans le Nord-Pas-de-Calais, un certain nombre de brasseries fabriquent encore de la bière de façon artisanale. Certains établissements sont ouverts à la visite ; vous trouverez leurs coordonnées dans les encadrés pratiques des villes suivantes : Bailleul, Bavay, Lens ou encore Roubaix.

Vous pourrez aussi visiter d'autres brasseries, pour lesquelles il est souvent nécessaire de réserver :

**Brasserie Castelain** – 62410 Bénifontaine - ✆ 03 21 08 68 61 - ww.chti.com

**Brasserie la Choulette** – 59111 Houdain - ✆ 03 27 35 72 44 - www.lachoulette.com

**Brasserie Thiriez** – 22 r. Wormhout - 59470 Esquelbecq - ✆ 03 28 62 88 44.

**Brasserie De Clerck** - 42 r. Georges-Clemenceau - 80200 Péronne - ✆ 03 22 84 30 94.

Pour en savoir plus sur la bière en Nord-Pas-de-Calais, consulter le site **www.lachope.com**

### Genièvre

Pour mieux connaître la seule eau-de-vie de grains fabriquée en France, reportez-vous à l'encadré pratique de Lille.

# À FAIRE ET À VOIR

## Activités et loisirs de A à Z

Si vous souhaitez plus de détails sur les activités et loisirs en Nord-Pas-de-Calais et Picardie, les **comités départementaux** et le **comité régional de tourisme** *(voir p. 18)* disposent de brochures thématiques relevant de leur secteur géographique et répondront à vos demandes d'informations.

Les **services Loisirs-Accueil** proposent des randonnées pédestres, équestres, cyclotouristiques, des stages de pêche, de golf, de chasse, de canoë *(voir leurs coordonnées dans la rubrique « Se loger » p. 26)*.

Dans les **encadrés pratiques** des villes ou sites de ce guide, les rubriques « Visite » et « Sports & Loisirs » proposent également des adresses de prestataires. N'hésitez pas à les consulter.

### BAIGNADE

Les plages sont en général surveillées durant les mois d'été. Il convient cependant de respecter quelques règles élémentaires : éviter de nager après un repas ou une longue station au soleil ; ne pas sortir de la zone surveillée, généralement délimitée par des bouées ; bien se protéger du soleil, que l'on reste sur la plage ou que l'on soit dans l'eau.

Les pavillons hissés chaque jour sur les plages surveillées indiquent si la baignade est dangereuse ou non, l'absence de pavillon signifiant l'absence de surveillance :

**vert** : baignade surveillée sans danger ;
**jaune** : baignade dangereuse mais surveillée ;
**rouge** : baignade interdite.

Des contrôles de **qualité des eaux** de baignade sont effectués chaque mois à partir de juin pour toutes les plages du littoral. Les eaux sont classées en quatre catégories, suivant leur niveau de pollution. Pour connaître le résultat, consultez le site du ministère de la Santé, http://baignades.sante.gouv.fr

Enfin, sur le site www.infosplage.com, vous pourrez consulter la **météo des plages** et le palmarès du **Pavillon bleu**, qui récompense les plages les plus propres.

A.-S. Flament / CRT Picardie

*Kayak de mer.*

### CANOË-KAYAK

#### Kayak de rivière

Le **canoë** (d'origine canadienne) se manie avec une pagaie simple. C'est l'embarcation idéale pour une promenade en famille à la journée, en rayonnant à partir d'une base ou en randonnée pour découvrir une vallée.

Le **kayak** (d'origine esquimaude) se manœuvre avec une pagaie double. Les lacs et les parties basses des cours d'eau offrent un vaste choix d'itinéraires.

#### Kayak de mer

L'équipement est le même que pour le kayak de rivière, mais les embarcations sont plus longues et plus étroites. Il est interdit de s'éloigner de plus d'un mille (1 852 m) de la côte, et il est préférable d'avoir de solides notions du milieu marin. Les premières sorties se font accompagnées de navigateurs expérimentés.

### CERF-VOLANT

À la fois loisir familial, expression artistique et compétition sportive, la pratique du cerf-volant a acquis ses lettres de noblesse en élargissant son terrain d'activité au-delà des plages du littoral atlantique, où on la rencontrait le plus souvent. Les longues plages du Nord sont désormais un terrain de prédilection, en particulier à Berck où ont lieu tous les ans les Rencontres internationales de cerfs-volants. Cette manifestation rassemble les cerfs-volistes les plus doués ou les plus passionnés, faisant évoluer dans le ciel leurs fabuleux appareils multicolores.

Cette activité ayant intégré les nouveaux produits de l'industrie chimique, on trouve actuellement une vaste gamme d'appareils volants qui relèguent bien loin le cerf-volant traditionnel. Manipulé par deux poignées et constitué de fibre de verre ou, plus léger mais plus cher, de fibre de carbone, le cerf-volant moderne est « pilotable », et même parfois doté d'amortisseurs de chute ! Une longue pratique des manipulations de base et des connaissances en aérologie ne peuvent s'acquérir que par le passage dans un club ou une association ; les offices de tourisme des plages de la région signalent l'existence de ces organismes.

**Bon à savoir** – Par prudence, gardez à l'esprit qu'un cerf-volant peut atteindre 100 km/h lors d'une chute en piqué ; aussi, prenez soin de vous placer derrière le manipulateur.

**Fédération française de vol libre** (deltaplane, parapente et cerf-volant) – 4 r. de Suisse - 06000 Nice - ✆ 04 97 03 82 82 - www.ffvl.fr

**Ligue de vol libre du Nord-Picardie** – M. Hubert Dessaint - ✆ 06 84 84 00 32.

## CHAR À VOILE

Curieux engin que cet hybride du kart (à trois roues) et du voilier qui, mû par la seule force du vent, peut atteindre plus de 100 km/h sur les vastes étendues de sable fin et dur qu'offrent les plages du Nord et de Picardie à marée basse. À côté du char à voile est apparu le speedsail, planche à voile sur roulettes, autour duquel a lieu chaque année un grand rassemblement sur la Côte d'Opale *(voir Hardelot)*.

**Fédération française de char à voile** – 17 r. Henri-Bocquillon - 75015 Paris - ✆ 01 45 58 75 75 - www.ffcv.org. La Fédération donne la liste des clubs, des constructeurs, des guides d'information et des calendriers.

**Comité départemental de char à voile du Nord** – 1 r. des Mouettes - 59820 Gravelines - ✆ 03 28 20 31 99 - www.charavoile-nord.com

**Comité départemental de char à voile du Pas-de-Calais** – Les Claines - 2816 rte de Waldam - 62215 Oye-Plage - ✆ 03 21 35 48 60 - www.charavoile62.com

**Comité départemental de char à voile de la Somme** – Base nautique de Quend-Plage - ✆ 06 80 37 22 91 - www.charavoile80.org.

## GOLF

Les amateurs de golf pourront s'adonner à ce sport de détente. Nombreux dans la région Nord-Pas-de-Calais, les golfs sont situés dans un agréable cadre de verdure, au relief vallonné, entourés de forêts ou bien ouverts sur le littoral. Se procurer la brochure *Golfs Nord-Pas-de-Calais*, au comité régional de tourisme. En Picardie, golfs à Fort-Mahon, Quend-Plage, Grand-Laviers, Nampont-Saint-Martin, Salouël (3 km d'Amiens), Querrieu (7 km d'Amiens).

**Fédération française de golf** – 68 r. Anatole-France - 92309 Levallois-Perret Cedex - ✆ 01 41 49 77 00 - www.ffgolf.org

**Ligue de golf de Picardie** – Rd-pt du Grand-Cerf - Lys-Chantilly - 60260 Lamorlaye - ✆ 03 44 21 26 28.

**Ligue de golf du Nord-Pas-de-Calais** – 5 r. Jean-Jaurès - 59650 Villeneuve-d'Ascq - ✆ 03 20 98 96 58 -www.liguegolf-npc.com

S. Sauvignier / MICHELIN

*Chars à voile.*

## NAVIGATION DE PLAISANCE

Autrefois réservés au transport et à la batellerie, les rivières et canaux offrent aujourd'hui environ 1 900 km de voies navigables aux plaisanciers désireux de parcourir la région.

Pour repérer les **ports de plaisance**, il suffit de consulter les sites des comités régionaux du tourisme de chaque région. La plupart des stations balnéaires et des ports disposent d'emplacements réservés à la plaisance.

Concernant le tourisme fluvial, c'est dans la **Somme** que vous trouverez votre bonheur. Le guide fluvial « La Somme » *(Éd. du Breil - commander en librairie ou sur www.francewaterways.com)* indique les haltes fluviales, les écluses, les adresses de location d'embarcations, les conditions de navigations. Tout y est décrit de façon très fonctionnelle.

Le **Nord-Pas-de-Calais** dispose quant à lui d'un grand réseau de canaux navigables (plus de 680 km). Les canaux les plus importants sont la Deûle, la Scape, la Lys, l'Aa, la Sensée et l'Escaut, tandis que les grands ports fluviaux se situent à Halluin, Wambrechies et Saint-Amand.

Renseignements sur le site www.partir-en-croisiere.com

**France Stations Nautiques** – 17 r. Henri-Bocquillon - 75015 Paris - ✆ 01 44 05 96 55 - www.france-nautisme.com. Ce réseau regroupe sous le nom de « stations nautiques » des villages côtiers, des stations touristiques ou des ports de plaisance qui s'engagent à offrir les meilleures conditions pour pratiquer l'ensemble des activités nautiques. Il existe deux stations en Nord-Pas-de-Calais : Gravelines (✆ 03 28 23 59 77) et les Dunes de Flandres (✆ 03 28 24 59 99).

### Location de bateaux habitables

La location de « bateaux habitables » *(house-boats)* aménagés en général pour six à huit personnes permet une approche insolite des sites parcourus sur les canaux. Diverses formules existent : à la journée, au week-end ou à la semaine.

Dans les stations balnéaires, il est possible de louer des bateaux avec ou sans équipage, en saison. Se renseigner à la capitainerie des ports.

**Association Sous les Parasols** – 31 r. Henri-Dune - 59300 Valenciennes - ✆ 03 27 41 74 84 ou 06 20 84 75 53 ou 06 19 35 33 29 - avr.-sept. : location au w.-end ou à la semaine. Cette association propose des bateaux avec ou sans pilote professionnel (2, 4, 6 ou 8 pers.) pour naviguer sur les canaux de l'Escaut, de l'Oise et de la Sambre.

**Arques Plaisance** – Base nautique - 62510 Arques - ✆ 03 21 98 35 97. Location de petits bateaux motorisés et de vélos nautiques *(surfbikes)*. Centre de bateau-école : préparation à tous permis fluviaux et mer. Port de plaisance avec club-house, restaurant et gîtes fluviaux.

**Cappy Canoë** – Base nautique - 80340 Cappy - ✆ 06 20 50 62 25 - www.canoe-surlasomme. Location de bateaux à la journée ou à la 1/2 journée pour 10 à 12 personnes.

**Locaboat Plaisance** – Location de pénichettes sans permis au départ de Cappy pour naviguer sur la Somme - centrale de réservation : Port au Bois - BP 150 - 89303 Joigny Cedex - ✆ 03 86 91 72 72 - www.locaboat.com.

### Cartes nautiques

Achetez-les avant de partir auprès de :

**Éditions Grafocarte-Navicarte** – 125 r. Jean-Jacques-Rousseau - BP 40 - 92132 Issy-les-Moulineaux Cedex - ✆ 01 41 09 19 00 - www.navicarte.fr

**Éditions des Compagnons de la Lesse** – 43 porte du Grand-Lyon - 01700 Neyron - ✆ 04 72 01 58 68 - www.vagnon.fr

G. Crépel / MICHELIN

*Pêcheurs en eau douce.*

## PÊCHE EN EAU DOUCE

Ce pays traversé de rivières s'épandant en étangs est le royaume des pêcheurs, surtout le long de la Somme, la Course, la Lys, l'Aisne, l'Oise, l'Aa, ainsi que dans la région des Sept Vallées (Canche, Authie, Ternoise…).

### Réglementation

Généralement, le cours supérieur des rivières est classé en 1re catégorie tandis que les cours moyen et inférieur le sont en 2e. Quel que soit l'endroit choisi, il convient d'observer la réglementation nationale ou locale, de s'affilier, pour l'année en cours, à une association de pêche et de pisciculture agréée, d'acquitter les taxes afférentes au mode de pêche pratiqué, etc. Pour certains étangs ou lacs, des cartes journalières sont délivrées.

On peut se procurer des cartes et des informations locales auprès des Comités départementaux du tourisme et des Fédérations pour la pêche et la protection du milieu aquatique de chaque département.

**Nord** – Résidence Jacquard, pl. Gentil-Muiron - BP 1231 - 59013 Lille Cedex - ✆ 03 20 54 52 51- www.peche59.com

**Aisne** – 1 chemin du Pont de la Planche - BP 21 - Barenton-Bugny - 02930 Laon Cedex 9 - ✆ 03 23 23 13 16.

**Oise** – 10 r. Pasteur - 60200 Compiègne - ✆ 03 44 40 46 41.

**Somme** – 6 r. René-Gambier - BP 20 - 80450 Camon - ✆ 03 22 70 28 10 - www.unpf.fr/80

**Conseil supérieur de la pêche** – Immeuble Le Péricentre - 16 av. Louison-Bobet - 94132 Fontenay-sous-Bois Cedex - ✆ 01 45 14 36 00 - www.csp.gouv.fr.

## PÊCHE EN MER

Les amateurs de pêche en eau salée pourront exercer leur sport favori à pied ou en bateau sur les côtes.

Plusieurs prestataires proposent aux estivants des parties de pêche au gros en mer, pour une demi-journée ou une journée entière, durant lesquelles on peut apprendre les techniques de pêche à la traîne et participer à des compétitions. Le matériel est toujours fourni par l'équipage du bateau. Il est conseillé de s'inscrire à l'avance.

**Fédération française des pêcheurs en mer** – Résidence Alliance - Centre Jorlis - 64600 Anglet - ✆ 05 59 31 00 73.

**Comité du Nord-Pas-de-Calais** – 28 r. de Mons - 62200 Tourcoing - ✆ 03 20 01 52 99.

## RANDONNÉE CYCLISTE

Le réseau des petites routes de campagne se prête aux promenades à bicyclette. Les listes de loueurs de cycles sont généralement fournies par les offices de tourisme.

Il est possible de transporter gratuitement son vélo dans de nombreux trains régionaux, ainsi que sur la ligne Paris-Amiens-Boulogne.

### Cyclotourisme

Des itinéraires balisés et des pistes cyclables ont été mis en place : des documents sont disponibles auprès des comités départementaux du tourisme du Nord, du Pas-de-Calais et de la Somme.

**Fédération française de cyclotourisme** – 12 r. Louis-Bertrand - 94207 Ivry-sur-Seine Cedex - ✆ 01 56 20 88 87 - www.ffct.org

**Ligue régionale du Nord-Pas-de-Calais** – 367 r. Jules-Guesde - 59650 Villeneuve-d'Ascq - ✆ 03 20 05 68 05 - www.ffct5962.com

**Ligue régionale de Picardie** – 2 r. des Vieilles-Écoles - 60290 Cauffry - ✆ 03 44 73 28 28.

## VTT

Né en 1970 aux États-Unis sous la forme de *mountain bike*, le vélo tout-terrain a pris un essor important depuis son apparition en 1983. La région ne manque pas de circuits balisés afin de permettre aux débutants de s'entraîner et aux cyclistes confirmés de foncer !

**Fédération française de cyclisme** – 5 r. de Rome - 93561 Rosny-sous-Bois Cedex - ✆ 01 49 35 69 24 - www.ffc.fr. Elle propose un guide annuel gratuit présentant 46 000 km de sentiers balisés pour la pratique du VTT.

**Comité régional du Nord-Pas-de-Calais** – 61 r. Georges-Boidin - 59130 Lambersart - ✆ 03 20 22 94 89.

**Comité régional de Picardie** – Sq. Darlington - bât. E - 80000 Amiens - ✆ 03 22 22 25 20.

Y. Tierny / MICHELIN

*Cavaliers sur le site des Deux-Caps.*

## RANDONNÉE ÉQUESTRE

La région dispose de centaines de kilomètres d'itinéraires équestres à travers les forêts ou le long des côtes.

### Quelques conseils

Avant de partir en randonnée, il est indispensable de se renseigner sur la **météo**. La plupart des offices de tourisme fournissent ses informations. Si le temps se dégrade trop, n'hésitez pas à abandonner et à **rebrousser chemin**.

Mieux vaut être un peu entraîné avant de s'engager sur un sentier (ne surestimez pas votre endurance). Dans tous les cas,

il ne faut **jamais partir seul**. Il est recommandé de préparer avec soin son itinéraire, et d'en faire part à quelqu'un avant de partir.

Quelle que soit la durée ou la difficulté du parcours, voici l'**équipement de base** :

- bonnes **chaussures** de marche,
- **carte(s)** au 1/25 000 ou au 1/50 000,
- 1 à 2 litres d'**eau** par personne,
- denrées énergétiques,
- vêtement imperméable, pull-over,
- lunettes de soleil, crème solaire et pharmacie légère,
- sacs en plastique pour **stocker les détritus**.

Les adresses des centres équestres et les informations sur les circuits aménagés sont disponibles dans les organismes suivants :

**Comité départemental de tourisme équestre de l'Aisne** – M. Léon Michel - 52 bis av. de Château-Thierry - 02400 Brasles - ✆ 03 23 69 01 91.

**Comité départemental de tourisme équestre du Nord** – M. Félix Sauvage - Résidence d'Isly - 23 r. du Bazinghien - 59000 Lille - ✆ 03 20 09 76 22.

**Comité départemental de tourisme équestre de l'Oise** – M. Régis Roudier - 9 av. des Bruyères - 60580 Coye-la-Forêt - ✆ 03 44 58 60 35.

**Comité départemental de tourisme équestre du Pas-de-Calais** – M. Guy Batteur - 78 bd Jean-Moulin - 62400 Béthune - ✆ 03 21 57 32 97.

**Comité départemental de tourisme équestre de la Somme** – M. Thierry Bizet - 25 r. de la Gare - 80860 Morlay-Ponthoile - ✆ 03 22 27 07 11.

**Association des cavaliers randonneurs Flandre Artois** – 19 r. Blanqui - 59135 Wallers - ✆ 03 27 20 55 85. Rassemblements de cavaliers et d'attelages et randonnées, calendrier et itinéraires sur demande.

**Association régionale de tourisme équestre de Picardie** – 8 r. Fournier-Sarlovèze - BP 20636 - 60476 Compiègne Cedex 2 - ✆ 03 44 40 19 54.

**Comité national de tourisme équestre** – 9 bd Macdonald - 75019 Paris - ✆ 01 53 26 15 50 - ffe.com/tourisme. Le comité édite une brochure annuelle, *Cheval nature, l'officiel du tourisme équestre*, répertoriant les possibilités d'équitation de loisir et les hébergements accueillant cavaliers et chevaux.

Enfin, une structure propose des balades et randonnées à dos d'ânes :

**Ânes en Flandres** – 1265 Haecke Straete - 59670 Noordpeene - ✆ 03 21 12 10 79.

## RANDONNÉE PÉDESTRE

Des sentiers de grande randonnée parcourent les Flandres, l'Artois, la Picardie et l'Avesnois. Le **GR 121** (250 km) relie Bon-Secours, au nord de Valenciennes, à la Côte d'Opale, près de Boulogne, en suivant les vallées de la Scarpe et de la Canche. Le **GR 120** propose une promenade dans le Boulonnais, tandis que le **GR 127** traverse les collines de l'Artois, reliant la région d'Arras au Boulonnais. Le **GR 128** (130 km) parcourt la Flandre en passant aux abords d'Ardres, Saint-Omer et Cassel. Le **GR 122** permet de découvrir la Thiérache et ses églises fortifiées.

*Balade au cap Blanc-Nez.*

Le **GR de Pays**, balisé de traits jaunes et rouges, suit le **littoral Nord-Pas-de-Calais** de Bray-Dunes à l'estuaire de l'Authie, tandis que le **GR du pays de l'Avesnois-Thiérache** (130 km) s'aventure dans la Flandre avant de rejoindre les Ardennes. Le **PR** « Pas-de-Calais et Côte d'Opale » propose 30 promenades à travers le Boulonnais et l'Audomarois, à pied ou à VTT. Il existe également un **PR** « Pas-de-Calais et comté du Kent ».

Les **GR 123**, **124** et **225** permettent de découvrir les abbayes, vallées et forêts de Picardie. Le **GR 125** relie le Vexin à la baie de Somme à travers le pays de Bray et le Vimeu. Le **GR 12A** traverse les forêts de Compiègne, de Laigue, puis, passant par Blérancourt, gagne la forêt de Saint-Gobain et la région du Laonnois.

**Fédération française de la randonnée pédestre** – 14 r. Riquet - 75019 Paris - ✆ 01 44 89 93 93 - www.ffrandonnee.fr. La Fédération donne le tracé détaillé des GR, GRP et PR ainsi que d'utiles conseils.

**France randonnée** – 9 r. Portes Mordelaises - 35000 Rennes - ✆ 02 99 67 42 21 - www.france-randonnee.fr. Cet organisme propose un agenda de randonnées accompagnées sur toute la France.

**Comité départemental du Pas-de-Calais** – 242 r. Marc-Vincent - 62180 Rang-du-Fliers - ✆ 03 59 32 00 72 - www.randopedestre62.fr

**Comité régional de Picardie** – R. de la Tannerie - 80250 Ailly-sur-Noye - ✆ 03 22 41 08 27 - www.randopicardie.com

Le conseil général du **Nord** publie, avec le concours de l'Association départementale de la randonnée (AD Rando), des **fiches-itinéraires** de longueur variable avec schémas et informations diverses. S'adresser au comité départemental du tourisme du Nord. Les fiches sont téléchargeables sur www.cdt-nord.fr

# ENTREZ DANS LA BOUTIQUE MICHELIN

En quelques clics, retrouvez plus de 400 produits Michelin : de l'accessoire auto à l'habillement en passant par les cartes et guides ou les articles de sports et de loisirs. Faites vous plaisir et commandez sur la boutique Michelin : www.michelin-boutique.com.

Expédition partout dans le monde, paiement sécurisé.

MICHELIN
Une meilleure façon d'avancer

S. Sauvignier / MICHELIN

*Observation au parc du Marquenterre.*

Le guide Chamina propose des balades à pied et à VTT dans l'**Aisne** sur les pas de La Fontaine : 37 randonnées de 1h30 à 6h de marche et 5 itinéraires de week-end avec de nombreux renseignements. S'adresser au comité départemental du tourisme de l'Aisne ou voir le site www.randonner.fr.

**Sorties natures dans la Somme** – www.somme-nature.com. Dix associations proposent des sorties guidées à la découverte de la faune, de la flore et de l'histoire locale en baie de Somme et en baie de l'Authie.

Les **Conservatoires régionaux d'espaces naturels** ont pour but de préserver et gérer les sites naturels et de maintenir la biodiversité. Des sortieset des chantiers « nature » sont proposés toute l'année.

**Conservatoire des sites naturels de Picardie** – 1 pl. Ginkgo - village Oasis - 80044 Amiens Cedex 1 - ✆ 03 22 89 63 96 - www.conservatoirepicardie.org

**Conservatoire des sites naturels du Nord-Pas-de-Calais** – 152 bd de Paris - 62190 Lillers - ✆ 03 21 54 75 00 - www.conservatoiresitesnpc.org

## ROUTES HISTORIQUES

Pour découvrir le patrimoine architectural local, la Fédération nationale des routes historiques (www.routes-historiques.com) a élaboré 20 itinéraires à thème. Tracés et dépliants sont disponibles auprès des offices de tourisme ou du **château de Troissereux** - 1 r. du Château - 60112 Troissereux - ✆ 03 44 79 00 00 - www.routes-historiques.com

**Route historique du Lys de France et de la Rose de Picardie** – De Champlâtreux à Boulogne-sur-Mer, cette route passe notamment à Royaumont, Gerberoy, Crèvecœur, Poix-de-Picardie, Rambures, Saint-Riquier, Rue, Valloires, Samer et Maintenay.

## ROUTES THÉMATIQUES

**Route du Camp du Drap d'or** – Découverte de l'Oise, de la Somme et du Pas-de-Calais sur les traces de François Ier. Renseignements à l'office du tourisme des Trois Pays - 14 r. Clemenceau - 62340 Guînes - ✆ 03 21 35 73 73 - www.calais-cotedopale.com

**Route des Archers** – Découverte du champ de bataille d'Azincourt, épisode sanglant de la guerre de Cent Ans ; promenade dans la ville fortifiée d'Hesdin, édifiée par Charles Quint en 1554 ; visite de Crécy-en-Ponthieu, témoin de la défaite des chevaliers français face aux archers anglais.Renseignements à l'office du tourisme d'Azincourt - ✆ 03 21 47 27 53.

**Chemin des Dames** – Cette route permet de comprendre les enjeux de cet épisode de la Première Guerre mondiale *(voir « Chemin des Dames »)*.

**Circuit du Souvenir** – Dans la Somme, entre Péronne et Albert, un parcours fléché vous fera découvrir de nombreux vestiges, mémoriaux et musées qui illustrent les combats meurtriers de la bataille de la Somme en 1916. Renseignements auprès du comité du tourisme de la Somme *(voir p. 18)* et www.somme14-18.com.

**Route des villes fortifiées** – Elle regroupe 13 places fortes importantes de la région. D'une longueur de 500 km, la route se divise en petits circuits offrant de multiples possibilités. Chaque ville est signalée par un panneau accompagné d'un logo. Carte et dépliant sont disponibles dans les offices de tourisme ou syndicats d'initiative.

**Route du roman au gothique par les forêts royales de l'Oise** – Renseignements auprès de Mme Beckelynck - Abbaye royale du Moncel - Pontpoint - 60700 Pont-Ste-Maxence - ✆ 03 44 72 33 98.

**Chemins des retables** – Des circuits ont été créés pour faire connaître la richesse des églises de Flandre. Renseignements : Association des retables de Flandre – BP 6535 - 59386 Dunkerque Cedex - ✆ 03 28 68 69 78 - www.associations-dunkerque.org

## SKI

Eh oui, on peut skier dans le Nord ! Même si vous êtes en plein « plat pays », les terrils font office de montagne ! Ainsi, le terril de Nœux-les-Mines a été reconverti en station de ski… Point de neige tout de même : la piste est artificielle, mais le plaisir de la glisse est bien là.

**Loisinord** – R. Léon-Blum - 62290 Nœux-les-Mines - ✆ 03 21 26 84 84. 1re station de ski artificielle (320 m) aménagée en France sur un terril (1 piste école et 1 piste principale).Présence d'un moniteur de l'École de ski français.

## THERMALISME

Les régions Picardie et Nord-Pas-de-Calais ne prétendent pas rivaliser sur ce plan avec les régions alpine ou auvergnate à la longue tradition thermale ; cependant, la station de **Saint-Amand-les-Eaux** (✆ 03 27 48 25 00) traite avec succès les affections des voies respiratoires et les troubles articulaires.

**Conseil national des exploitants thermaux** – 1 r. Cels - 75014 Paris - ✆ 01 53 91 05 77 - www.france-thermale.org

**Fédération thermale et climatique française** – 71 ter r. Froidevaux - 75014 Paris - ✆ 01 40 47 57 33.

**Chaîne thermale du Soleil/Maison du thermalisme** – 32 av. de l'Opéra - 75002 Paris - ✆ 01 44 71 37 00 ou 0 800 050 532 (appel gratuit) - www.chainethermale.fr

## THALASSOTHÉRAPIE

À la différence du thermalisme, la thalassothérapie n'est pas considérée comme un soin médical (le séjour n'est d'ailleurs pas remboursé par la Sécurité sociale), même si le patient a la possibilité d'être suivi par un médecin. L'eau de mer n'en possède pas moins certaines propriétés : stages de remise en forme, de beauté ; séjours pour futures ou jeunes mamans ; forfaits spécial dos, anti-stress et anti-tabac.

**Berck**, dont l'air est le plus iodé du Nord, possède de nombreuses structures prévues pour le traitement des maladies osseuses et des séquelles des accidents de la route.

**Le Touquet** est équipé d'un centre de thalassothérapie qui propose une large gamme de cures (santé, remise en forme postnatale, diététique, programmes personnalisés, etc.). *Voir les encadrés pratiques de ces stations.*

**Fédération Mer et Santé** – 57 r. d'Amsterdam - 75008 Paris - ✆ 01 44 70 07 57 - www.thalassofederation.com.

## TRAIN TOURISTIQUE

Grâce à l'enthousiasme de quelques passionnés, les trains à vapeur et autres tramways continuent de rouler pour le plaisir des petits et des grands.

**Le p'tit train de la haute Somme** – Au sud d'Albert, à 3 km de Bray-sur-Somme, un petit train (14 km AR, 1h30) vous emmène de Froissy à Dompierre et passe au retour par le tunnel de Cappy (300 m). Avant le départ, visite du musée des Chemins de fer à voie étroite. *Voir Froissy, dans le « Circuit de découverte » à Amiens.*

**Le chemin de fer de la baie de Somme** – Il utilise les voies de l'ancien réseau des bains de mer, qui desservait Le Crotoy, Saint-Valery-sur-Somme et Cayeux-sur-Mer à partir de Noyelles-sur-Mer. Les paysages traversés permettent d'admirer la baie de Somme et ses mollières. Le train, composé de vieilles voitures à plate-forme, circule entre Noyelles et Cayeux. *Voir Baie de Somme.*

**Le chemin de fer touristique du Vermandois** – Au départ de la gare de Saint-Quentin, il propose diverses sorties en train spécial à vapeur, sur les voies principales de la SNCF. *Voir l'encadré pratique de Saint-Quentin.*

**Le chemin de fer touristique de la vallée de l'Aa** – Il emprunte l'ancien tronçon de la ligne Saint-Omer/Boulogne-sur-Mer. Le trajet (15 km) reliant Arques à Lumbres permet de découvrir la vallée de l'Aa dans un train des années 1950. *Voir l'encadré pratique de Saint-Omer.*

**Tramway touristique de la vallée de la Deûle** – Promenades en tramway le long de la Deûle sur une voie métrique de 3 km, entre Marquette et Wambrechies, dans la banlieue lilloise. *Voir l'encadré pratique de Lille.*

## VISITES GUIDÉES

La plupart des villes proposent des visites guidées. Elles sont organisées toute l'année dans les grandes villes, ou seulement en saison dans les plus petites. Informez-vous du programme à l'office de tourisme et pensez à vous inscrire. En général, les visites ne sont pas assurées en deçà de quatre personnes et, en été, les listes sont rapidement complètes.

VILLES ET PAYS D'ART ET D'HISTOIRE

Ministère de la Culture et de la Communication

Reportez-vous aussi à l'encadré pratique des villes, où nous mentionnons les visites guidées qui ont retenu notre attention.

### Villes et Pays d'art et d'histoire

Sous ce label décerné par le ministère de la Culture et de la Communication sont regroupés quelque 117 villes et pays qui œuvrent activement à la mise en valeur et à l'animation de leur architecture et de leur patrimoine. Dans ce réseau sont proposées des visites générales ou insolites (1h30 ou plus), conduites par des guides-conférenciers et des animateurs du patrimoine agréés par le ministère.
Renseignements auprès des offices de tourisme des villes ou sur le site www.vpah.culture.fr

Voir également le chapitre suivant, « La destination en famille ».

**Bon à savoir** – Les Villes d'art et d'histoire cités dans ce guide sont : Amiens, Boulogne-sur-Mer, Cambrai, Laon, Lille, Noyon, Roubaix, Saint-Omer, Saint-Quentin, Soissons.

## VOILE

La plupart des stations balnéaires possèdent une école française de voile qui propose des stages.
À l'intérieur des terres, quelques plans d'eau se prêtent aussi à la pratique de ce sport, comme la base de Val-Joly dans l'Avesnois, les étangs de la Sensée, l'Escaut et le lac de Monampteuil, près de Soissons.

**Fédération française de voile** – 17 r. Henri-Bocquillon - 75015 Paris - 01 40 60 37 00 - www.ffvoile.net

**Ligue régionale du Nord-Pas-de-Calais** – 72 r. Robert-Schumann - 59700 Marcq-en-Barœul - 03 20 06 65 15 - www.voile5962.com

**Ligue régionale de Picardie** – Maison des plaisanciers - 80230 Saint-Valery-sur-Somme - 03 22 60 24 80 - www.liguevoilepicardie.fr

## VUE DU CIEL

**L'Oise vue du ciel** – Survol de l'Oise en avion touristique (vol de 30mn) ou en montgolfière (vol de 1h), selon les conditions météo. Réservation au service Loisirs-Accueil du comité départemental du tourisme de l'Oise - 03 44 45 94 78.

**Aérodrome de la Salmagne** – Groupement des associations de l'aérodrome de Maubeuge - 59600 Maubeuge-Élesmes - 03 27 68 40 25 ou 06 72 71 89 76. Promenades aériennes à la carte au-dessus du val de Sambre et de l'Avesnois.

**Aéroclub du Touquet** – Aéroport - BP 80 - 62520 Le Touquet-Paris-Plage - 03 21 05 82 28. École et vols d'initiation au pilotage.

**Aéroclub du Boulonnais** – Rte du Champs-d'Aviation - 62250 Saint-Inglevert - 03 21 33 74 91. École et vols d'initiation au pilotage.

**Ludair** – Aérodrome d'Abbeville - 80132 Buigny-Saint-Maclou - 03 22 24 36 59 ou 06 03 28 66 96. Survol de la baie de Somme en ULM.

**Aéroclub Picardie Amiens Métropole** – Aéroport Amiens-Glisy - BP 202 - 80002 Amiens cedex 2 - 03 22 38 10 70 - www.aeroclub-picardie-amiens.com. Vol au-dessus des grands champs de bataille (Circuit du Souvenir) en vol à moteur, à voile ou ULM.

**Aéro-Club Amiens Glisy** – Aéroport Amiens-Glisy - BP 01 - 80001 Amiens - 03 22 38 01 01 - www.aeroclub-amiensglisy.com. Découverte de la ville d'Amiens et de ses environs de nuit. Vol au-dessus de la baie de Somme, du Marquenterre ou de la côte picarde.

**Club Montgolfière Passion** – 253 r. d'Aire - 59190 Hazebrouck - 03 28 41 65 59. Deux vols par jour (matin et soir) pour découvrir les paysages de Flandre.

**Air Flash ULM** – Aéroport Amiens-Glisy - 80440 Glisy - 03 22 38 93 53 - www.ulm-airflash.com. Vols en ULM pendulaires et ULM 3 axes au-dessus d'Amiens.

**Montgolfières de Picardie** – 139 r. des Cerisiers - 60290 Laigneville - 03 44 71 70 95 - www.montgolfière.com. Survol de la Somme en ballon.

# La destination en famille

Pour se faire pardonner quelques visites de musées « pour les grands », nous avons sélectionné pour vous un certain nombre de sites *(voir le tableau ci-contre)* qui intéresseront particulièrement vos enfants. Vous les repérerez dans la partie « Découvrir les sites » grâce au pictogramme.

## LES LABELS

### Villes et Pays d'art et d'histoire

Le réseau des Villes et Pays d'art et d'histoire *(voir page précédente)* propose des visites-découvertes et ateliers du patrimoine aux enfants, les mercredis, samedis ou durant les vacances scolaires. Munis de livrets-jeux et d'outils pédagogiques adaptés à leur âge, ces

| SITES OU ACTIVITÉS À FAIRE EN FAMILLE | | | |
|---|---|---|---|
| **Chapitre du guide** | **Nature** | **Musées et visites animées** | **Loisirs** |
| **Abbeville** | Parc de la Bouvaque | Espace médiéval (Eaucourt) | |
| **Aire-sur-la-Lys** | | | Parc d'attractions Dennlys Parc |
| **Amiens** | Hortillonnages, île aux Fagots et parc zoologique | Jules Verne | Théâtre de marionnettes « Chés Cabotans » |
| **Arras** | | Cité Nature | Stade d'eau vive de Saint-Laurent-Blangy |
| **Vallée de l'Authie** | Jardins de Maizicourt | | Aquaclub de Belle-Dune |
| **Avesnes-sur-Helpe** | Parc départemental du Val Joly | Écomusée de l'Avesnois | |
| **Azincourt** | | Centre historique médiéval | |
| **Bavay** | | Musée archéologique (film 3D) | |
| **Beauvais** | | L'horloge astronomique de la cathédrale | Parc Saint-Paul |
| **Berck** | | | Parc d'attraction de Bagatelle ; centre de loisirs Agora |
| **Boulogne-sur-Mer** | | Nausicaä ; Arena (centre de sensibilisation au monde des dunes) | |
| **Vallée de la Canche** | | Musée Winterberger | |
| **Cassel** | | Cassel Horizons | Ânes en Flandre (Noordpeene) |
| **Compiègne** | Grimp'à l'arb (parcours accrobranche) | | |
| **Douai** | Étangs de la Sensée (Aubigny-au-Bac) | | |
| **Dunkerque** | Parc zoologique (Fort-Mardyck), aquarium (Malo-les-Bains) | Musée portuaire | |
| **Étaples** | | Maréïs | |
| **Fourmies** | Étang des Moines | | |
| **Gravelines** | | Maison du patrimoine | |
| **Guînes** | Passion d'Aventure (parcours accrobranche) | Tour de l'Horloge ; écomusée Saint-Joseph-Village | |
| **Hardelot-Plage** | Parcours Aventure de la Côte d'Opale (parcours accrobranche) | | Festi'mômes (vac. de la Toussaint) |
| **Hirson** | Thiérache Sport Nature | | |
| **Laon** | | Souterrains ; chasse au Trésor | |
| **Centre minier de Lewarde** | | Visite du site et ateliers en été | |
| **Lille** | Parc zoologique | | |
| **Marle** | | Musée des Temps barbares | |
| **Parc du Marquenterre** | Parcours pédagogique | | |
| **Maubeuge** | Parc zoologique | | |
| **Cité souterraine de Naours** | | Visite du site | |
| **Château d'Ohlain** | Parc départemental de nature et de loisirs | | |
| **Roubaix** | | Piscine-Musée d'Art et d'Industrie | |
| **Saint-Amand-les-Eaux** | Site des Argales (Rieulay) | Maison de la forêt ; centre d'éducation à l'environnement de l'étang d'Amaury | |
| **Saint-Omer** | | | Bal Parc (Tournehem) ; chemin de fer touristique de la vallée de l'Aa ; rando-rail du Pays de Lumbre |

| | | | |
|---|---|---|---|
| **Saint-Quentin** | | Musée des Papillons ; Maison du textile (Fresnoy-le-Grand) | Chemin de fer touristique du Vermandois |
| **Saint-Riquier** | | Muches (Domqueur) | |
| **Saint-Valery** | | Écomusée Picarvie | |
| **Parc Samara** | | Visite du site | |
| **Soissons** | | | Cynodrome |
| **Baie de Somme** | | Maison de l'oiseau et de la baie de Somme | |
| **Le Touquet-Paris-Plage** | | | Aqualud (parc d'attractions aquatiques) ; Boolaboo (location de véhicules à pédales) |
| **Valenciennes** | | | Parc d'attractions Le Fleury |
| **Abbaye de Valloires** | Jardin des Cinq Sens | | Labyrinthe géant des Sept Vallées (Buire-le-Sec) |
| **Villeneuve-d'Ascq** | | Musée de Plein Air ; Forum des Sciences - Centre François-Mitterrand ; musée d'Art moderne (ateliers) | |

derniers s'initient à l'histoire et à l'architecture et participent activement à la découverte de la ville. En atelier, ils s'expriment à partir de multiples supports (maquettes, gravures, vidéos) et au contact d'intervenants de tous horizons : architectes, tailleurs de pierre, conteurs, comédiens.

En juillet-août, dans le cadre de « L'Été des 6-12 ans », ces activités sont également proposées pendant la visite des adultes.

### Stations Kid

Une station gratifiée du label « Kid » remplit nécessairement une série de conditions qui la rend parfaitement adaptée à l'**accueil des familles** (hébergement, équipements, animations spécifiques pour chaque âge) ; les enfants y « sont rois ».

À la **mer**, les plages possèdent des espaces de jeux, des clubs ou des parcours aventure, elles organisent des spectacles, des fêtes, des stages sportifs, des ateliers musicaux.

Vous en trouverez 9 sur le littoral du Nord et du Pas-de-Calais : **Berck**, **Calais, Dunkerque-Dunes de Flandres, Gravelines**, **Hardelot**, **Le Portel-Plage**, **Le Touquet-Paris-Plage, Wimereux et Wissant**.

**Association nationale des stations Kid** – BP 139 - 59027 Lille Cedex - 03 20 14 97 87 - www.stationskid.com

### Famille Plus

Créé avec le soutien du ministère du Tourisme par l'Association nationale des maires des stations classées et communes touristiques, l'Association nationale des maires des stations de montagne et la Fédération des Stations vertes de vacances et Villages de neige, ce label récompense les stations les plus performantes dans le domaine de l'accueil des familles. Ces « destinations pour petits et grands », qu'elles soient à la montagne, à la mer, en ville ou à la campagne, garantissent des animations et des activités adaptées à chaque âge, des tarifs préférentiels pour les familles et des équipements assurant la sécurité des enfants. Dunkerque appartient aux 66 stations labellisées en 2006.

Renseignements sur **www.familleplus.fr** ou directement à l'office de tourisme de Dunkerque.

### Petit Gourmet

Cette charte vise à améliorer l'accueil et le sens du goût chez les enfants. Les restaurateurs s'engagent à leur servir des menus régionaux adaptés et à leur proposer des activités ludiques pendant le repas (livrets de jeu thématiques). Renseignements auprès du comité de promotion de Picardie *(voir p. 28)*.

## Que rapporter

C'est un vrai plaisir de rapporter des souvenirs de la région tant le choix est grand et… gourmand ! Promenez-vous dans les centres-ville pour dénicher des petites boutiques de produits du terroir, faites les marchés, et si vous ne trouvez toujours pas votre bonheur, testez les adresses qui vous sont proposées dans les encadrés pratiques de la partie « Découvrir les sites ».

Il est parfois possible de visiter les ateliers de fabrication… ce qui ne donne que plus de prix au souvenir que l'on rapporte, pour soi, ou pour ses amis !

## POUR LES GOURMANDS

### Bières « spéciales » ou de garde

Faites halte chez les brasseurs : voilà une excellente idée cadeau, aussi bien pour le voisin qui relève le courrier et arrose les plantes durant votre absence que pour le beau-père qui garde votre compagnon à quatre pattes. Une variante : la **bouteille de genièvre**.

### Bonbons, sucreries

Qui ne connaît les **bêtises** de Cambrai ? Ce bonbon parfumé à la menthe, de forme rectangulaire, conserve sa rayure jaune : c'est l'occasion de raconter son histoire, qui remonte au 19e s. Une autre histoire court sur les **chiques** de Bavay *(voir à Cambrai et Bavay)*. La petite ville de Ham est fière de ses **croquants**, à l'effigie du général Foy. À Lille, on savoure le **ryssel**, un feuilleté au praliné, enrobé de chocolat, qui porte le nom flamand de la ville. À Douai, on hésite entre les **boulets du Ch'ti**, présentés dans un sachet en jute, ou la **gayantine**, ainsi baptisée en référence au géant de la ville. Quant au **soissoulet**, sa forme évoque le fameux haricot de Soissons, sec et blanc. Mais que les enfants se rassurent : il s'agit bien d'un bonbon. Enfin, dans la gamme des sucres (le Nord et la Picardie sont des pays de betterave, ne l'oublions pas), on trouve une grande variété de produits : **cassonade** blonde ou brune, **sucres candis**, véritables pierres précieuses que l'on peut sucer comme des bonbons.

### Gâteaux

Dans la région d'Abbeville, on ne se lasse pas du **gâteau battu**, sorte de brioche. Dans le Nord, on se régale de **gaufres** fourrées à la cassonade ou à la vanille. Avec cette fameuse cassonade, on fait d'excellentes **tartes au sucre**. Enfin, sachez que les gens du Nord confectionnent quelquefois des **cramiques** (pains au lait sucrés) et des **coquilles** (brioche) pour leurs repas du soir…

### Charcuterie

Dans les charcuteries d'Arras et Cambrai, l'**andouillette** est reine. Les amateurs d'**andouille** la choisiront plutôt à Aire-sur-la-Lys, petite ville entre Flandres et Artois. Il est possible d'acheter ces spécialités dans un emballage sous vide. Les produits fins à base de canard ne sont plus l'apanage du sud-ouest : ici, le **foie gras** se décline en aspic… et même en charlotte. Quant à la **langue Lucullus**, langue de bœuf fumée, coupée en tranches et recouverte de foie gras, c'est la spécialité de Valenciennes.

### Produits de la mer

La **soupe de poissons** est une spécialité du Touquet : elle est vendue en bocaux chez de nombreux mareyeurs, épiciers et traiteurs. Vous y trouverez aussi (en boîte de conserve ou sous vide) les fameux **rollmops** (harengs marinés au vinaigre et oignons) et les harengs saurs du nord de la Côte d'Opale.

### Fromages

En Flandre, pensez au **mont-des-Cats**, connu pour sa douceur. La Thiérache est le terroir des pâtes de caractère, comme le fameux **maroilles** (avec lequel vous pouvez confectionner une flamiche), le **vieux lille** (surnommé le « puant ») ou la **boulette d'Avesnes**, une variante épicée, saupoudrée de paprika. Si vous les transportez, pensez à les enfermer dans une boîte hermétique si vous ne voulez pas qu'ils embaument votre coffre de voiture.

## POUR LA MAISON

### Dentelles

**Calais** et **Caudry-en-Cambrésis** forment toujours le premier pôle « dentellier » de France : la dentelle, de type mécanique, fournit notamment les ateliers de haute couture. À **Bailleul**, les dentellières travaillent toujours à la main, selon la technique de la dentelle au fuseau.

### Faïence et porcelaine

**Desvres** est réputé depuis le 18e s. pour ses carreaux de faïence bleus et blancs et ses copies de décors anciens : Delft, Strasbourg, Nevers, Rouen, Moustiers… L'un des artisans de la ville est même spécialisé dans les poêles de faïence ! Du côté des porcelaines, pensez au « bleu » d'**Arras**, un plat de service orné d'un délicat motif à la ronce.

### Poterie

À **Sars-Poteries**, le bien nommé, deux ateliers perpétuent encore la tradition : l'un crée des poteries vernissées, de toutes couleurs ; l'autre est resté fidèle au grès salé, de teinte marron.

### Vannerie

En Thiérache, le bourg d'Origny reste fidèle à cette tradition : c'est le moment de rapporter le panier d'osier dont on ne saurait se passer pour faire son marché… ou que l'on utilise comme sac à main décontracté.

### Verrerie

On ne présente plus la verrerie d'**Arques** (Arc International), une maison presque bicentenaire, née en 1825. Réputée pour ses verres de cristal, elle est également spécialisée dans les verres à four et la vitrocéramique.

### Magasins d'usine

L'**agglomération lilloise** conserve sa double vocation, commerçante et textile : les magasins d'usine, nombreux, sont une mine pour dénicher à bon compte des tissus d'ameublement, des vêtements dégriffés et du linge de maison. Parmi d'autres trouvailles…

## POUR LES ENFANTS SAGES

### Marionnettes picardes

Pour éveiller le talent d'un marionnettiste ou gâter un collectionneur, entrez dans une boutique spécialisée du quartier Saint-Leu, à **Amiens** : Lafleur et son épouse Sandrine y font bon ménage, parmi d'autres figures locales. La confection soignée et le choix des vêtements font de chaque personnage une pièce unique…

# Événements

De nombreuses associations adhèrent à la Fédération française des fêtes et spectacles historiques. Un guide est disponible sur le site www.loriflamme.com

Pour en savoir plus sur les **carnavals** et les **géants**, consultez le site www.geants-carnaval.org

### Février

**Maubeuge** – Jazz Manège : festival international de jazz - ✆ 03 27 65 65 40 - www.lemanege.com

**Le Touquet** – Enduropale : course de motos.

### Mardi gras

**Dunkerque** – Carnaval (Mardi gras et dimanche précédant).

**Équihen-Plage** – Carnaval (sem. de Mardi gras).

**Bailleul** – Carnaval avec sortie du géant Gargantua (Mardi gras et w.-end précédant).

**Malo-les-Bains** – Carnaval (dimanche suivant Mardi gras).

**Cassel** – Carnaval d'hiver (dimanche suivant Mardi gras).

Y. Tierny / MICHELIN

*Les Rencontres de cerfs-volants à Berck.*

### Mars

**Trélon** – Carnaval - fête de Saint-Pansard (1er w.-end).

**Béthune** – Carnaval (2e dim.).

**Beauvais** – Festival « Le blues autour du zinc » : têtes d'affiche internationales (une sem. mi-mars) - ✆ 03 44 15 30 30 - www.zincblues.com

**Albert** – Festival international du film animalier - ✆ 03 22 75 48 88 - www.fifa.com.fr

**Valenciennes** – Festival du film d'action et d'aventures - ✆ 03 27 29 55 40 - www.festival-valenciennes.com

**Amiens** – Festival d'Amiens, musiques de jazz et d'ailleurs (dernière sem.) - ✆ 03 22 97 79 79 - www.amiens-jazzfestival.com

**Liévin** – Meeting international d'athlétisme.

### Avril

**Berck** – Rencontres internationales de cerfs-volants.

**Abbeville et baie de Somme** – Festival de l'oiseau : projections, expos, balades-découvertes, conférences, expositions - ✆ 03 22 24 02 02 - www.festival-oiseau.asso.fr

**Roubaix** – Course cycliste Paris-Roubaix (2e dim. du mois).

**Villes fortifiées du Nord-Pas-de-Calais** – Journée eurorégionale des villes fortifiées (dernier dim. du mois) - ✆ 03 28 82 05 43.

### Dimanche et lundi de Pâques

**Cassel** – Carnaval d'été avec sortie des géants Reuze-Papa et Reuze-Maman - ✆ 03 28 40 52 55 -www.ot-cassel.fr

**Denain** – Carnaval - ✆ 03 27 23 59 10. - www.ville-denain.fr

**Desvres** – w.-end de la faïence et des métiers d'art - ✆ 03 21 83 23 23.

## Mai

**Beauvais** – Rencontres d'ensembles de violoncelles : concerts (1 sem. début mai) - ✆ 03 44 06 36 06.

**Samer** – Fête de la Fraise : concours et animations.

**Lille** – Montgolfiades - ✆ 03 20 05 40 62.

**Laon** – Les Euromédiévales de Laon : banquet, animations, marchés médiévaux - ✆ 03 23 22 30 34.

**Tourcoing** – Franche Foire : marché médiéval, tournoi européen de chevalerie, cortèges, etc. (fin du mois) - ✆ 03 20 28 13 20.

**Dunkerque** – Course cycliste - www.4joursdedunkerque.org

**Hazebrouck** – Championnats de Flandre de montgolfières (w.-end de la fête des Mères).

OT des Monts de Flandres

*Gargantua, le géant de Bailleul.*

## Ascension

**Maubeuge** – Fête de Jean Mabuse : défilés de chars et de géants (dim. après l'Ascension) - ✆ 03 27 64 75 27.

## Week-end de Pentecôte

**Saint-Quentin** – Fêtes du bouffon (w.-end de Pentecôte).

**Watten** – Sortie du géant Gilles Dindin (dim. de Pentecôte).

**Liesse-Notre-Dame** – Pèlerinage (lun. de Pentecôte) - ✆ 03 23 22 20 21.

**Hardelot-Plage** – Raid speedsail international.

## Juin

**Saint-Riquier** – Jazz sur l'herbe (dernier dim. du mois) - ✆ 03 22 28 91 68.

**Maubeuge** – Les Folies : festival de musique, animations et théâtre de rue - ✆ 03 27 65 15 00 - www.lemanege.com

**Gerberoy** – Fête des Roses (3e dim. du mois) - ✆ 03 44 82 33 63 - www.gerberoy.fr

**Amiens** – Marché sur l'eau (3e dim. du mois)

**Différents moulins** – Journée nationale des moulins (3e dim. du mois) - ✆ 03 20 05 49 34.

**Bourbourg** – Sortie des géants Gédéon, Arthurine et Florentine (dim. le plus proche de la St-Jean).

**Long** – Feux de la Saint-Jean (23 juin) - ✆ 03 21 31 80 21.

**Beauvais** – Fête Jeanne Hachette : fête médiévale, reconstitution du siège de l'assaut de 1472 (dernier w.-end).

**Calais** – Grande parade musicale : (1er w.-end du mois), animations en centre-ville, groupes folkloriques, et défilés en musique - ✆ 03 21 46 63 21.

**Abbaye et jardins de Valloires** – Balades musicales et artistiques - ✆ 03 22 29 62 33.

## Juin-juillet

**Boulogne-sur-Mer** – Festival de de la Côte d'Opale (fin juin-fin juillet) - ✆ 03 21 30 40 33.

**Saint-Michel-en-Thiérache** – Festival de l'abbaye : musiques ancienne et baroque - ✆ 03 23 58 23 74.

## Juin-septembre

**Douai** – Festival de carillons - ✆ 03 20 64 80 61.

## Juillet

**Côte d'Opale** – Festival de musique - ✆ 03 21 30 40 33.

**Saint-Valery-sur-Somme** – Fêtes Guillaume : commémoration du départ de Guillaume le Conquérant pour la conquête de l'Angleterre ; fête médiévale, marché (1er w.-end du mois).

**Hazebrouck** – Carnaval d'été : défilé des géants Roland, Tisje, Tasje, Toria et Babe Tisje (1er w.-end du mois).

**Noyon** – Marché aux fruits rouges (1er dim. du mois).

**Longueil-Annel** – Pardon des bateliers : spectacle de rue, bateaux pavoisés, orchestres, joutes, messe sur le bateau-chapelle… (1er dim. du mois) - ✆ 03 44 96 33 00.

**Douai** – Sortie de la famille Gayant (géants) : grand cortège (1er w.-end du mois) - ✆ 03 27 88 26 79.

Au Printemps, profitez...
d'offres exclusives
dans 1000 restaurants*
Prix mitonnés
Ateliers découverte
Menus spéciaux
et bien d'autres surprises...
MICHELIN
France
HOTELS & RESTAURANTS
MICHELIN
PASS PRIVILEGE
Le Printemps du guide MICHELIN
*Offres proposées dans les restaurants partenaires du Printemps du guide MICHELIN sur présentation du pass Privilége inséré dans le guide France.
MICHELIN
Une meilleure façon d'avancer

**Saint-Riquier** – Festival de musique classique (1e quinz. du mois) - ✆ 03 22 71 82 10 - www.festival-de-saint-riquier.fr.

**Bray-Dunes** – Festival des folklores du monde (une sem. autour du 14).

**Arras** – Les joutes et les géants d'Arras.

**Loison-sur-Créquoise** – Fête de la Groseille (w.-end après le 14).

**Bailleul** – Rencontres internationales de la dentelle (3e w.-end du mois, tous les 3 ans - prochain en 2007) - ✆ 03 28 43 81 00 - www.monts-deflandre.fr
Fête de l'épouvantail : défilé et embrasement des épouvantails, marché du terroir, jeux traditionnels (tous les 2 ans, dernier sam. du mois) - ✆ 03 28 43 81 00 - www.montsdeflandre.fr

**Desvres** – Fête de la Faïence - ✆ 03 21 83 57 75.

**Wimereux** – Fête de la moule (dernier w.-end du mois).

**Buire-le-Sec** – Fête des Métiers (dernier dim. du mois).

**Saint-Omer** – Cortège nautique (dernier dim. du mois).

## Juillet-août

**Hardelot-Plage** – Festival de musique classique - ✆ 03 21 83 51 02.

**Montreuil-sur-Mer** – Spectacle son et lumière « Les Misérables » (fin juil.-déb. août) - ✆ 03 21 06 04 27.

## Août

**Montreuil-sur-Mer** – Festival « Les malins plaisirs » : opéra, théâtre et musique dans le goût français - ✆ 03 21 06 04 27.

**Le Quesnoy** – Fête de Bimberlot (1er w.-end du mois).

**Le Touquet** – Festival international de musique (1re quinz. du mois) - www.letouquet.com

**Maroilles** – Fête de la Flamiche (2e dim. du mois).

**Cambrai** – Cortège avec les géants Martin et Martine (15 août) - ✆ 03 27 78 36 15 - www.cambrai.officedetourisme.com

**Berck-sur-Mer** – Fête de la Mer et bénédiction (15 août).

**Dunkerque** – Bénédiction de la mer (15 août).

**Calais** – Fête du Courgain maritime (mi-août) et bénédiction de la mer.

**Aire-sur-la-Lys** – Grande procession à N.-D. Panetière (3e dim. du mois).

**Locon** – Foire à l'ail (dernier dim. du mois).

**Wissant** – Fête du Flobart : fête autour de la pêche (dernier dim. du mois) - ✆ 08 20 20 76 00.

**Boulogne-sur-Mer** – Pèlerinage à N.-D. de-Boulogne : grande procession (dernier w.-end du mois).

## Septembre

**Lille** – Grande Braderie (1er w.-end du mois).

**Valenciennes** – Les Folies de Binbin (1er w.-end du mois).

**Arleux** – Foire à l'ail (1er w.-end du mois) - ✆ 03 27 92 25 13 - www.arleux.com

**Aire-sur-la-Lys** – Fête de l'Andouille (1er dim.) - ✆ 03 21 95 40 40.

**Arras** – Fêtes d'Arras : embrasement du beffroi (déb. du mois) - www.ville-arras.fr

**Albert** – Pèlerinage à N.-D. de Brébières (1re quinz.).

**Armentières** – Fête des Nieulles - petits biscuits (2e w.-end du mois).

**Wattrelos** – Fête des Berlouffes : une des plus grandes foires à la brocante de France (2e dim. du mois).

**Valenciennes** – Procession à N.-D. du Cordon (2e dim. du mois).

**Béthune** – Fête des Charitables : procession à Naviaux (dim. qui suit. la Saint-Matthieu, le 21) - www.tourisme-artoiscomm.fr

**Boulogne-sur-Mer** – La Route du poisson : course-relais d'attelages de chevaux (tous les trois ans, prochaine édition en sept. 2011).

## Septembre-octobre

**Laon** – Festival de Laon - ✆ 03 23 20 87 50.

**Picardie** – Festival des cathédrales : un thème musical est décliné chaque année pour ce festival itinérant (Senlis, Soissons, Guise...) - ✆ 03 22 22 44 94 - www.festivaldescathedrales.com

## Octobre

**Armentières** – Nuit du jazz (1er sam. du mois) - ✆ 03 20 44 18 19.

**Steenvoorde** – Fête du Houblon (1er w.-end du mois) - ✆ 03 28 49 77 77.

**Marchiennes** – Cucurbitades : fêtes de la courge et de la sorcellerie (1er dim. du mois) - www.ot-marchiennes.fr

**Comines** – Fête des Louches, avec sortie des géants Grande Gueuloutte et P'tite Chorchire (2e dim. du mois).

*Foire à l'ail de Locon.*

**Mont des Cats** – Fête de la Saint-Hubert : fête des chasseurs, rallye équestre (3e dim. du mois) - ✆ 03 20 09 76 22.

**Sains-du-Nord** – Fête du Cidre (3e dim. du mois).

**Beauvais** – Festival international du cinéma - ✆ 03 44 45 90 00.

**Berck** – Les Six Heures de char à voile - ✆ 03 21 09 50 00.

### Novembre

**Étaples** – Fête du hareng roi (w.-end autour du 11).

**Amiens** – Festival international du film d'Amiens (2e sem. du mois) - ✆ 03 22 71 35 70.

**Tourcoing** – Tourcoing Jazz Festival Planètes : jazz, blues et musiques du monde - ✆ 03 20 28 96 99.

### Décembre

**Boulogne-sur-Mer** – Fête de Saint-Nicolas (1er sam. du mois).

**Licques** – Fête de la Dinde (2e w.-end du mois).

**Boulogne-sur-Mer** – Fête des Guénels - betteraves sculptées (le 24).

## Nos conseils de lecture

Rien de tel pour préparer un voyage comme pour se rappeler avec plaisir des vacances réussies que quelques livres qui vous aideront, parfois, à élucider des points d'histoire ou, s'il s'agit de romans, sauront restituer une atmosphère… et vous donner l'envie de repartir l'année suivante !

### OUVRAGES GÉNÉRAUX

*Nord Pas-de-Calais*, O. Leclercq, A. Etienne, Déclics, 2006.

*Picardie, Encyclopédie Bonneton*, Bonneton.

*Vols au-dessus de la terre du Nord*, S. Bellet et T. Marcq, Du Quesne.

*Le Nord, Flandres, Artois, Picardie*, A. Davesnes, Solar, 1989.

*La Picardie, verdeur dans l'âme*, coll. « France », Autrement.

*La Côte d'Opale*, P. Thomas et C. Crespel, L'Ermitage.

*Nord : Avesnois, Cœur de Flandres, Flandre Côte d'Opale, Hainaut, Métropole Lilloise*, La Renaissance du Livre, 1999.

*Le Nord-Pas-de-Calais*, N. Le Guillouzic, Equinoxe, 2005. La région commentée par une bretonne.

*Dictionnaire du Nord et du Pas-de-Calais*, Larousse, 2001.

*Le Nord-Pas-de-Calais*, S. Sadaune, Éditions Ouest-France, 2001.

*Picardie Corps et Âme*, Éditions Pharos, 2006.

### GUIDES DE VOYAGE

*Le Guide du Boulonnais et de la Côte d'Opale*, D. Arnaud, La Manufacture, 1994.

*Le Piéton à Lille*, S. Bellet et T. Marcq, Balland.

*Que faire dans le Parc naturel régional Scarpe-Escaut ?*, Dakota Éditions, 2005.

*Que faire dans le Parc naturel régional des Caps et Marais d'Opale ?*, Dakota Éditions, 2005.

*Que faire dans le Parc naturel régional de l'Avesnois ?*, Dakota Éditions, 2005.

### HISTOIRE

*Le grand tournant Nord-Pas de Calais 1975-2005*, P. Veltz, Éd. de l'Aube, 2004.

*Lille, d'Isla à Lille-Métropole*, A. Lottin, Éd. La Voix du Nord, 2003

*Deux Mille Ans Du Nord-Pas-De-Calais - Tome 1, Des Gaulois À La Veille De La Révolution* J. Heuclin, Éd. La Voix du Nord, 2002

*100 figures d'Antan du nord de la France*, A. Gérard, La Voix du Nord, 2002.

### ARCHITECTURE

*Le Nord roman : Flandre, Artois, Picardie, Laonnois*, Zodiaque, diff. Desclée de Brouwer.

*Guide d'architecture de la Métropole Lilloise*, Le Passage Paris-New York éditions, 2004.

*Châteaux de la Somme*, P. Seydoux, Nouvelles Éditions latines, 1973, 1975.

*Châteaux de Flandre et du Hainaut-Cambrésis ; Châteaux d'Artois et du Boulonnais*, P. Seydoux, La Morande, 1993.

*Les canaux du Nord et du Pas-de-Calais*, G. Deffrennes, S. Dhote, Ouest-France, 2006.

*Les beffrois Nord-Pas de Calais, Picardie*, P. Henry, La Voix du Nord, 2005.

*Des beffrois et des hommes : Nord-Pas-de-Calais - Picardie - Flandre - Wallonie - Zélande*, M.L. Laidebeur, Geai bleu éditions, 2005.

*Jardins de Picardie et du Nord-Pas-de Calais*, Ouest France, 2006.

## INDUSTRIE

*Guide de la visite d'entreprise et du patrimoine industriel*, PdN Ed., 2003.

*L'épopée textile de Roubaix-Tourcoing*, J. Bonte, La Voix du Nord, 2005.

*Nord-Pas-de-Calais, Picardie : guide du tourisme industriel et technique*, coll. « EDF-la France contemporaine », Solar, 1999.

## TRADITIONS

*Dictionnaire du français régional du Nord-Pas-de-Calais*, F. Carton et D. Poulet, Bonneton, 1991.

*Légendes du Nord-Pas-de-Calais*, J. Callens, Martelle Éditions, 2005.

*Légendes et croyances en Flandre*, B. Coussée, CEM, 1997.

*Jeux d'hier et d'avant-hier dans le Nord-Pas-de-Calais*, L. Delporte, Presses d'Angrienne.

## GASTRONOMIE

*Cuisine du Nord*, L. Happe, Ravet-Anceau, 2005.

*Nord gourmand*, Déclics, 2005.

*Mes recettes picardes, cahier n° 12*, Bonneton, 2005.

*La Flandre gourmande*, G. Arabian, Albin Michel, 1995.

*Flandre, Picardie, Artois*, S. Girard, Time-Life, 1997.

*Dictionnaire de la cuisine du Nord-Pas-de-Calais*, Bonneton, 1993.

*Cuisine et paysages du Nord-Pas-de-Calais*, T. Marcq et B. Wartelot, Du Quesne, 1994.

*Meilleures recettes du Nord-Pas-de-Calais*, M. Nouet, Ouest-France, 1995.

*Gastronomie des Flandres et d'Artois ; Gastronomie picarde*, coll. « Delta », SAEP, 2000.

*Fromages des pays du Nord*, P. Olivier, Jean-Pierre Taillandier, 1998.

## LITTÉRATURE

*Ces dames aux chapeaux verts*, G. Acremant, Miroirs, 1991.

*Journal d'un curé de campagne*, G. Bernanos, Plon, 1987.

*Les Peupliers de la Prétantaine*, M. Blancpain, Denoël, 1975.

*Les Croix de bois* (guerre 1914-1918), R. Dorgelès, Albin Michel, 1996.

Œuvre romanesque (dont *La Maison dans la dune*) de Maxence Van der Meersch, Albin Michel.

*Germinal* (bassin houiller), É. Zola, Livre de Poche, 2000.

*Mineur de fond* (fosses de Lens), A. Viseux, Plon, 1991.

*Maria Vandamme ; Catherine Courage : la fille de Maria Vandamme*, J. Duquesne, Grasset, 1988.

*La Poussière des corons*, M.-P. Armand, Presses de la Cité, 1985.

*Archives du Nord* (Flandre), M. Yourcenar, Gallimard, 1987.

*Caporal supérieur*, D. Boulanger, Gallimard, 1997.

*André et Violine*, A. Stil, Grasset, 1994.

*La Kermesse ; Le Cœur en Flandre ; L'Oubliée de Salperwick*, A. Sanerot-Degroote, Presses de la Cité.

*Sur les pas des écrivains à Lille*, D. Arot, Les Éditions de l'Octogone, 2005.

## BANDES DESSINÉES

### Humour / adultes

*La Femme du magicien ; La Pédagogie du trottoir ; La Dérisoire Effervescence des comprimés ; Les Dents du recoin...* Boucq, Casterman. Cet auteur lillois restitue avec surréalisme toute l'âme de la métropole.

Les six tomes de la série *Jean-Claude Tergal*, Audie-Fluide glacial, du malicieux Tronchet (né à Béthune), feront hurler de rire les amateurs d'humour corrosif. J.-C. Tergal, l'anti-héros parfait, évolue notamment entre Berck-Plage et le pays minier. À lire aussi les deux tomes d'*Houpeland*, toujours de Tronchet, Dupuis Air Libre.

*Tintouin à Saint-Quentin*, scénario de J.-P. Barbara et dessins de Serge Dutfoy, éd. Ville de Saint-Quentin. L'action se déroule dans la ville, que l'on peut ainsi apprécier sous un jour nouveau.

### Histoire

*1914-1918. C'était la guerre des tranchées*, Tardi, Casterman, 1993. Évocation magistrale de la Grande Guerre par une très grande pointure de la BD.

### Classique

La série des *Bécassine*, E.-J. P. Pinchon (1871-1953). Les bédéphiles les plus avertis savent-ils que le dessinateur de la célèbre petite paysanne bretonne est amiénois ?

# Dans la collection Le Guide Vert

## Nos guides sur l'étranger

- Allemagne
- Andalousie
- Angleterre Pays de Galles
- Autriche
- Barcelone et la Catalogne
- Belgique Luxembourg
- Bulgarie
- Canada
- Chine [N]
- Chypre [N]
- Croatie
- Écosse
- Égypte
- Espagne Atlantique
- Espagne du Centre Madrid Castille
- Espagne Méditerranéenne Baléares
- Grèce
- Irlande
- Italie du Nord
- Italie du Sud Rome Sardaigne
- Japon
- Londres
- Maroc
- Mexique [N]
- Moscou St-Pétersbourg
- Nouvelle Angleterre [N]
- Pays Baltes
- Pays Bas
- Pologne
- Portugal
- Québec
- Rome
- Roumanie
- Sardaigne [N]
- Scandinavie
- Sicile
- Sud-Ouest américain [N]
- Suisse
- Thaïlande [N]
- Toscane Ombrie Marches

## Nos guides week-end en France et à l'étranger

- Week-end Amsterdam
- Week-end Barcelone [N]
- Week-end Berlin
- Week-end Bordeaux [N]
- Week-end Bruxelles
- Week-end Budapest
- Week-end Cracovie
- Week-end Edimbourg [N]
- Week-end Florence
- Week-end Istanbul
- Week-end Lisbonne
- Week-end Londres
- Week-end Lyon [N]
- Week-end Marrakech Essaouira[N]
- Week-end Marseille [N]
- Week-end Montpellier [N]
- Week-end Nantes [N]
- Week-end New York
- Week-end Prague
- Week-end Rome [N]
- Week-end Stockholm [N]
- Week-end Tunis [N]
- Week-end Venise
- Week-end Vienne [N]

## Nos guides sur la France

- Alpes du Nord
- Alpes du Sud
- Alsace Lorraine
- Aquitaine
- Auvergne
- Bourgogne
- Bretagne
- Champagne Ardenne
- Charente-Maritime
- Châteaux de la Loire
- Corse
- Côte d'Azur
- Essonne
- France
- France Sauvage
- Franche-Comté Jura
- Haut-Rhin
- Idées de promenades à Paris
- Idées de week-ends aux environs de Paris
- Idées de week-ends en Provence
- Île-de-France
- Languedoc Roussillon
- Limousin Berry
- Loire
- Loiret
- Lyon Drôme Ardèche
- Meuse
- Midi Toulousain
- Moselle
- Nord Pas-de-Calais Picardie
- Normandie Cotentin
- Normandie Vallée de la Seine
- Paris
- Paris enfants
- Pays Basque France Espagne et Navarre
- Périgord Quercy
- Poitou Charentes Vendée
- Provence
- Puy-de-Dôme
- Tarn [N]
- Touraine côté Sud
- A75 La Méridienne
- 31 sites français au patrimoine de l'Unesco [N]

[N] : Nouveau

*Braderie de Lille.*
Nimbus / Fotolia.com

DIM
SEP

# NATURE

**Ici, la nature s'offre à vous dans une extrême variété, telle qu'elle a inspiré les plus grands, le peintre Antoine Watteau, les écrivains Jules Verne et Victor Hugo. Au nord, les monts de Flandre répondent au plat pays qui les entoure ; au sud, les vallées de la Somme, de l'Authie, de la Canche ou les grandes forêts de l'Oise composent un territoire bucolique, coloré, aux paysages enivrants. Sur le littoral, sous les vents d'ouest, le ciel et la mer s'entrechoquent parfois, s'entremêlent toujours, offrant un camaïeu infini. La richesse des milieux fait aussi la richesse d'une faune et d'une flore exceptionnelles. Au cœur de l'Europe, à un saut de puce de grandes capitales, s'étend un riche terroir, varié, accueillant, sur lequel l'homme et la nature ont appris à cohabiter.**

Y. Tierny / MICHELIN

*Paysage du Boulonnais au printemps.*

## Paysages

**Forêts et marais, dunes et plages, baies et caps, bocages et grandes cultures, plateaux calcaires et vallées alluviales… Si la ville tient une place prépondérante dans le paysage du Nord, la Picardie laisse toujours à la nature de quoi s'épanouir, sur de grands espaces ou de simples îlots de verdure.**

### LE LITTORAL

#### Côte picarde

La côte sud du **Vimeu** est spectaculaire, surtout près d'**Ault**, le « balcon sur la mer ». Ici, le plateau picard s'achève dans la Manche en une falaise vive de craie blanche striée de silex, annonciatrice des escarpements normands. Les plages sont en général constituées de galets, fruits de l'érosion des falaises. Nombre d'entre elles sont entrecoupées de larges bandes de bois ou de béton, construites perpendiculairement à la côte, pour empêcher la migration des galets vers le nord.
Séparant le Vimeu du Marquenterre, la Somme parvient à la mer et s'y jette paresseusement, créant une vaste **baie**, la plus grande du nord de la France (14 km de long et 5 km de large). Sur 7 200 ha, marais, dunes, vasières et prés salés alternent dans des paysages en perpétuel mouvement, au gré des saisons et des marées.
Au nord de la baie de Somme, la plaine du **Marquenterre** a été conquise sur la mer : au fil des siècles, les débris arrachés à la côte normande et poussés vers le nord par les courants ont formé un cordon littoral. Seules la Somme, l'Authie et la Canche parviennent à se frayer un chemin au milieu de ces remparts naturels, engendrant baies et estuaires. Cette situation explique l'absence de ports importants entre Le Tréport au sud et Boulogne-sur-Mer au nord, alors que les stations balnéaires sont nombreuses près des dunes. Les ports de Saint-Valery, d'où partit Guillaume à la conquête de l'Angleterre au 11e s., Le Crotoy et Étaples n'abritent plus que des bateaux de pêche et de plaisance.
Entre les dunes gagnées naturellement sur la mer et le littoral primitif, dont une falaise morte – très visible – indique le tracé, la plaine littorale drainée

### Estran et « mollières »

Quelques termes relatifs au littoral picard paraissent parfois abstraits. Ils répondent pourtant à des réalités spécifiques. Petit tour d'horizon lexical :

La Somme (tout comme l'Authie et la Canche) se jette dans la Manche à travers une **baie**, c'est-à-dire une échancrure du littoral (une incursion de la mer dans les terres).

L'**estran** désigne la portion de baie découverte à marée basse et recouverte à marée haute. Il comprend des **vasières**, autrement dit des espaces littoraux envasés. Au fond de la baie, les « **mollières** », nom picard pour les **prés salés**, sont des prairies permanentes à forte salinité; elles ne sont couvertes que lors des grandes marées.

et asséchée juxtapose culture de blé, champs d'avoine et élevage de moutons (prés-salés) sur les grèves appelées **« mollières »**. Cette intervention humaine sur les zones humides ne va pas sans poser de problèmes : dégradation des milieux, appauvrissement des sols de la baie, forte salinité des terres asséchées *(voir « Environnement » p. 60)*.

### La Côte d'Opale

Aux longues plages de sable fin, de la baie de Canche à Boulogne-sur-Mer, succèdent les grandes falaises crayeuses des caps Blanc-Nez et Gris-Nez. Les plateaux dépouillés et sous le vent plongent alors dans une Manche souvent agitée, dévoilant par beau temps les côtes anglaises. La spectaculaire corniche de la Côte d'Opale, où alternent falaises, vallons, dunes, prés et champs, court sur le rebord du plateau calcaire boulonnais. La « terre des Deux-Caps » offre un nuancier étonnant, véritable dégradé du bleu ciel au vert pâle, en passant par toutes les nuances grises et nacrées. Les couleurs de ces confins maritimes changent aussi vite que le temps, parfois capricieux. La luminosité y règne subtilement. La Côte d'Opale recèle en outre quelques stations de charme à nulle autre pareille. Le Touquet, Hardelot ou Wimereux en font la richesse depuis plus d'un siècle.

Toujours sur la côte, les cordons dunaires restent très spécifiques. Ils ont subi l'industrialisation et l'urbanisation de la côte depuis une centaine d'années. En 1950, on comptait 25 km de dunes dans le Nord. Il n'en reste aujourd'hui que 7 km, farouchement protégés par les associations écologistes.

**Bon à savoir** – Les dunes, qui courent sur une partie du littoral, sont des espaces extrêmement fragiles. Longtemps sous-estimé, leur capital écologique est essentiel à l'équilibre environnemental de la côte. Ne sortez pas des sentiers balisés, établis par le Conservatoire du littoral.

### La Flandre maritime

Le **Blootland** (Pays nu), humide, fouetté par le vent, a été gagné sur la mer à partir du Moyen Âge. Des ingénieurs, souvent hollandais, ont asséché la zone à grand renfort de digues, canaux et pompes, créant les **moeres** (lagunes d'eau douce).

## LES PLATEAUX

### En Picardie

On se trouve ici au nord du bassin parisien, grande dépression géologique riche et fertile. Le plateau picard ainsi

### Les forêts

La **Picardie** compte de nombreuses forêts domaniales et une multitude de parcelles boisées privées, en général réservées à l'exploitation forestière ou à la chasse. Dans le Ponthieu, la forêt de Crécy est la plus grande de la Somme. Dans l'Aisne, les magnifiques forêts de Retz et de Saint-Gobain comptent parmi les domaines les plus prolifiques en terme de grands gibiers de tout le nord de la France. Mais la palme revient incontestablement au département de l'Oise, avec la forêt de Hez-Froidmont, mais surtout avec celle de Compiègne, plus grande forêt naturelle de France.

Bien que la surface boisée n'y représente que 8 %, le **Nord-Pas-de-Calais** n'est pas en reste. Citons entre autres la forêt de Guînes, entre Boulonnais et Calaisis, ou celle de Mormal, dans l'Avesnois. Les massifs forestiers de Desvres et de Boulogne s'étendent sur des zones argileuses, alors que la forêt d'Hardelot, principalement constituée d'épineux, prend racine dans des terres sablonneuses.

Reportez-vous aux circuits proposés dans les forêts de Compiègne, Crécy-en-Ponthieu, Guînes, Hesdin, Raisme-Saint-Amand-Wallers *(voir Saint-Amand-les-Eaux)*, Saint-Gobain, Rihoult-Clairmarais *(voir Saint-Omer)* ou Retz.

que l'Artois constituent la frontière naturelle, comme les côtes de Champagne à l'est, entre ce bassin parisien et la Flandre. Amples et plats, les plateaux se couvrent d'un limon épais qu'apprécient la betterave à sucre et les céréales, dont les champs s'étendent à perte de vue sans aucune barrière.

Aux confins sud et est de la Picardie, le **Laonnois**, le **Soissonnais** et le **Noyonnais** font la transition avec l'Île-de-France et le Valois, parés d'épaisses forêts. Vers l'ouest, on découvre le **Santerre** (*sana terra* : bonne terre). C'est avec la Brie et la Beauce l'une des meilleures terres agricoles du bassin parisien. Comme l'**Amiénois**, c'est le domaine des grandes exploitations agricoles, parfois plusieurs centaines d'hectares, souvent complétées d'une sucrerie ou d'une distillerie.

Toujours en direction de la mer, autour d'Abbeville, le limon a été parfois balayé, appauvrissant le sol, comme dans le **Ponthieu**. Le paysage apparaît ici plus varié : vallons, forêts et petites exploitations familiales. Au sud-ouest, dans le **Vimeu**, la craie décomposée en argile à silex couplée à un sol froid et humide donnent un paysage bocager.

Près de Beauvais, le plateau est incisé par la « boutonnière » du **pays de Bray**, où bocage rime avec élevage.

### L'Artois

Il prolonge les plateaux picards et dessine un renflement nord-ouest/sud-est terminé par un escarpement d'une centaine de mètres. Très arrosées, les collines artésiennes restent dépouillées au sud-est, dans le Ternois, alors qu'elles sont verdoyantes au nord-ouest.

### Le Boulonnais

Le haut Boulonnais, arrière-pays de Boulogne-sur-Mer, forme un plateau crayeux dont l'altitude dépasse parfois 200 m. Les argiles sont à l'origine de belles prairies, où se pratique l'élevage du cheval « **boulonnais** », puissant animal de trait.

### Le Valenciennois et le Cambrésis

Ces deux régions se recouvrent d'un limon épais où règnent la betterave et le blé. Entre les deux plateaux se déploient de larges vallées, auxquelles les prairies fourragères et d'élevage donnent un aspect bocager. Proches de la frontière belge, les forêts de Raismes-Saint-Amand-Wallers et de Mormal s'étendent sur les sols d'argile à silex.

Le **bassin minier** traverse l'Artois, puis le Douaisis et le Valenciennois pour continuer vers la Belgique et la Ruhr. C'est le « pays noir », jalonné de corons de brique, de chevalements d'anciens puits de mine et de terrils, bien sûr. Ceux-ci, qui ont si longtemps marqué le déclin de la région, témoignent aussi de son renouveau. Aujourd'hui, on y grimpe pour visiter un jardin botanique ou une réserve naturelle *(voir l'encadré p. 60)*.

**Bon à savoir** – Le Conservatoire des sites naturels du Nord-Pas-de-Calais organise des visites guidées à la découverte de certains terrils, notamment le site de Sainte-Marie, sur la commune d'Auberchicourt, dans le Pas-de-Calais.

### La Thiérache et l'Avesnois

Ces deux pays accidentés et bien arrosés annoncent les Ardennes. La **Thiérache**, associant forêts, prairies et bocages, s'apparente à l'**Avesnois**, dont le relief est plus marqué.

## VALLÉES ET PLAINES

### Des fleuves nonchalants

La Picardie et l'Artois sont coupés de petits fleuves – Somme, Authie et Canche – dont la taille est parfois si réduite qu'on parle de rivières. Mais ne vous y trompez pas, la Somme et les autres se jettent bien dans la **Manche**. Leur débit est si lent qu'ils ont peine à se frayer un chemin, préférant se disperser en étangs poissonneux et marais giboyeux.

Une alternance de marais, prairies humides, petites mares, sources, étangs et marécages jalonne les différentes vallées picardes et artésiennes, constituant incontestablement un élément structurant des paysages et de la vie de la région. Créés parfois par les moines dès le haut Moyen Âge, les marais creusés à proximité des rivières sont ensuite devenus des **tourbières**. C'est souvent autour d'elles que la vie s'est historiquement organisée : tourbiers,

### Les chemins de halage

Depuis une vingtaine d'années, les pouvoirs publics ont mis l'accent sur l'aménagement et la mise en valeur des berges de rivières et de canaux. Autrefois utilisés pour remorquer les péniches et autres embarcations, à l'aide de chevaux ou à dos d'hommes, ces sentiers sont aujourd'hui des aires de promenade particulièrement propices à la découverte. Profitez donc des dizaines de kilomètres de chemins réaménagés aux bords de la Somme ou de la Lys.

fumeurs d'anguilles, pêcheurs ou pisciculteurs, ils étaient des milliers à vivre et faire vivre ces riches zones humides. Autant de métiers aujourd'hui en voie d'extinction, à quelques exceptions près, comme les fumeurs de poissons en haute vallée de la Somme.

Aujourd'hui, le milieu est plutôt consacré au **tourisme halieutique**, aussi bien dans les grandes vallées, comme celles de l'Authie ou de la Somme, qu'autour de leurs affluents, telle la Noye.

L'érosion a parfois engendré, sur les sols crayeux, des parties de vallées plus profondes, comme à Hangest-sur-Somme. Mais le paysage reste souple, équilibré. Les villes sont nées le long de ces vallées. Aux environs d'Abbeville, Amiens, Péronne et Montdidier s'étendent des jardins maraîchers délimités par des canaux. Ils prennent un nom différent selon la région, **hortillonnages** à Amiens, **hardines** à Ham, et sont toujours exploités de nos jours, produisant fruits, fleurs et légumes pour les marchés environnants.

Amiens tient son marché sur les quais de la Somme tous les samedis matin. Un marché folklorique est également organisé sur l'eau chaque année au mois de juin *(voir p. 122)*.

## Le plat pays

Aux confins du territoire national, les **Flandres** se partagent en deux pays, la Belgique au nord, la France au sud. Elles opèrent une transition subtile entre les vallons artésiens ou boulonnais et le plat pays typique du nord de l'Europe. Fertile polder, la plaine des Flandres offre, à la belle saison, un étrange patchwork de champs, de houblonnières, de petites fermes et de villages.

La Flandre intérieure, nommée **Houtland** (Pays au bois), par contraste avec le Bootland (Pays nu), situé sur la côte, s'entrecoupe de rangées de peupliers, saules ou ormes.

La chaîne des **monts de Flandre** forme un chapelet de buttes qui se prolonge en Belgique, repères topographiques

### Monts de Flandres

D'ouest en est, voici les principaux :
- monts de Watten (72 m) ;
- mont de Cassel (176 m) ;
- mont des Recollets (157 m) ;
- monts des Cats (164 m) ;
- mont de Boeschepe (129 m) ;
- mont Kokereel (110 m) ;
- mont Noir (150 m).

majeurs sur ces étendues sans aspérité. Collines développées dans l'argile, couronnées de grès ferreux, elles sont sorties de terre au cours de millions d'années. La mer a en effet envahi les terres et fait maints allers-retours dans l'arrière-pays, laissant une couche de sédiments à chacun de ses passages. L'érosion a ensuite totalement aplati les Flandres, à l'exception de ces collines, protégées de l'usure par une importante couche de grès.

## Faune et flore

**Dans les « Hauts » de France, rares sont les endroits où l'homme ne s'est pas aventuré, pour ensuite les exploiter. Aujourd'hui pourtant, tantôt la nature est protégée, tantôt elle a tout simplement repris ses droits. Quelque soit le milieu, la région offre ainsi un riche panel d'espèces végétales et animales, promptes à attirer l'œil du voyageur.**

### SUR LA CÔTE

Le littoral picard et de la côte d'Opale offrent autant de diversité naturelle que paysagère. La côte, située sur l'une des principales **routes de migration** de milliers d'espèces d'oiseaux, est un milieu privilégié pour leur reproduction : des dizaines d'espèces de canards, d'oies et de limicoles viennent y nicher, ou ne font que passer, se dirigeant vers des espaces plus accueillants l'hiver (Espagne ou Afrique). Le **traquet motteux** s'intéresse aux dunes, tandis que la **mésange à moustache** préfère les roselières. Le **bruant lapon** et la **linotte à bec jaune** s'installent volontiers dans les « mollières ». Les canards, **tadornes de Belon**, **sarcelles** ou canards siffleurs nichent dans l'estran. Plus en mer, **eiders à duvet** et **macreuses noires** sont rarement observables des terres.

Pour en profiter, visitez le parc ornithologique du Marquenterre *(voir ce nom)* ou le Parc naturel régional des Caps et marais d'Opale *(voir la Côte d'Opale)*, véritables paradis ornithologiques.

Les zones humides côtières occupent aussi une bonne partie du littoral. Différents milieux s'y succèdent, depuis la vasière, très riche en micro-organismes, jusqu'au pré salé, le tout sous l'influence permanente de la marée, de l'érosion et de l'envasement. Leur spécificité en font des milieux particulièrement sensibles, à l'équilibre fragile. Dans ces espaces s'est développée une faune adaptée, où les **limicoles** et les **échassiers** (huîtriers pie, courlis, avocettes et bécassines) tiennent une place de choix. Grâce à leur long bec et leur pattes démesurées, ils se nourrissent pour l'essentiel de petits vers et mollusques, présents en grande quantité.

La flore n'est pas en reste. Dans ces estuaires battus par les vents et parfois envahis par la marée prolifère une végétation basse, rustique et adaptée. La **spartine d'Angleterre** et l'**aster maritime** alternent avec le **carex**, la **salicorne** – comestible – et l'obione faux-pourpier. Sur les dunes, la végétation, c'est-à-dire les **oyats**, **argousiers** et autres **arroches**, permettent à la dune de se maintenir et évitent l'érosion.

### La chicorée

Originaire d'Orient, la chicorée s'est développée dans le Nord il y a deux cents ans. Sa zone de production s'étend sur toute la Flandre maritime.

Ressemblant à la betterave, c'est une plante rustique mais sensible aux traitements phytosanitaires. Offrant de nombreuses vertus médicinales (notamment purgatives) et gustatives, elle se sème en avril pour se récolter en octobre. La plante, dont on utilise la racine, est d'abord séchée, avant d'être torréfiée.

Longtemps inséparable du café, la chicorée a aujourd'hui pris son indépendance et on la retrouve dans de nombreuses recettes, sucrées ou salées. Depuis une quinzaine d'années, on en extrait en particulier l'inuline, un riche complément alimentaire.

### A la recherche des phoques

Au large de la baie de Somme, vous pourrez admirer quelques bancs de phoques veaux marins. En effet, 100 à 150 individus vivent en permanence sur la côte picarde, la plus grande colonie française. Les populations avaient fortement baissé dans les années 1980 mais l'effort de protection entrepris depuis s'avère payant. On peut observer les phoques depuis la côte, en particulier depuis la pointe du Hourdel *(voir la baie de Somme)* ou sur mer.

**Bon à savoir** – Plusieurs associations organisent des sorties, à pied ou en bateau. Renseignez-vous auprès de la Maison de l'oiseau *(✆ 03 22 26 93 93)* ou de l'association Picardie nature *(✆ 03 62 72 22 50)*. Promenades en Baie *(✆ 03 22 27 47 36)*.

*Oiseaux du Marquenterre.*

Il n'est pas rare de croiser une **pensée naine** ou un brin de muguet des dunes en s'y promenant.

## DANS L'ARRIÈRE-PAYS

La grande diversité de paysages et de milieux offrent un panel impressionnant d'espèces de toute nature, amphibiens, poissons, petits mammifères, oiseaux, grands animaux.

### Zones humides

Dans les zones humides, marais, étangs ou vallées alluviales, les milieux aquatique et terrestre sont fortement imbriqués, tant du point de vue de la faune que de la flore. Dans les eaux fleurissent **nénuphars** et **myriophylles**, tandis que sur la berge se développent les **roseaux**, **cariçaies** et autres **scirpes**, les pieds dans l'eau. Certaines mares sont entièrement recouvertes de lentilles d'eau, qui font le régal des canards de surface (colvert ou souchet). Les fleurs profitent aussi de la richesse des milieux : **millepertuis** et **orchidées sauvages**, **hottonies** ou **iris des marais** colorent les roselières à la belle saison En arrière, les **saules pleureurs,** les **fresnes** et les **bouleaux** poussent facilement, offrant une palette de couleurs extraordinaire, notamment à l'automne.

Toute cette végétation est indispensable au maintien, tant pour l'alimentation que la reproduction, d'espèces de poissons très présentes dans la région : **gardons** en milieu herbacé, **tanches** et **brèmes** près des rives, **carpes** en eaux profondes (au delà de 3 m). Sans oublier les carnassiers, **brochets**, **perches** ou **sandres**.

D'autres animaux tirent leur épingle du jeu. **Martin-pêcheur**, grèbe et vanneau huppés, **héron cendré** ou **foulque macroule** abondent. Le busard Saint-Martin et le balbuzard chassent aussi dans les marais. Bon indicateur de la santé d'un milieu, les amphibiens ne sont pas en reste. La **salamandre tachetée** aime les vallées alluviales, comme celle de la Ternoise, la **grenouille reinette** s'observe, elle, plutôt dans les marais.

### Le paradis des chauves-souris

Sur les 34 espèces de chauves-souris recensées en France, on n'en compte pas moins d'une vingtaine en Nord-Pas-de-Calais et Picardie, dont 14 sont particulièrement rares. **Murin des marais** ou de Brandt, **sérotine bicolore**, **pipistrelle pygmée** ou **barbastelle**, autant de noms exotiques pour un animal méconnu, écorché par une mauvaise réputation. Les chauves-souris sont pourtant un très bon indicateur de la santé écologique d'un territoire. Nichées sous les toits, dans les grottes ou sur les pans de falaises, elles se nourrissent uniquement d'insectes. Leur biologie est tout bonnement renversante : elle volent « avec les mains » ; étant totalement aveugles, elles se repèrent par écholocation, autrement dit grâce à un radar à ultrasons ; enfin, elles hibernent à la saison froide, d'octobre à avril.

**Bon à savoir** – Les chauves-souris sont observables dans tous les milieux, même en ville, à la belle saison et à la nuit tombante, entre chien et loup. Ne vous inquiétez pas, leur « radar » ultra perfectionné leur permettra de vous éviter et aucune ne viendra se prendre dans vos cheveux…

### Flore des terrils

Jalonnant le bassin minier, plus de 200 terrils se dressent fièrement, montagnes de labeur façonnées par les hommes. Formés de résidus de charbon et de schiste, ils constituent un écosystème particulier et longtemps sous-estimé. Ce sont des milieux neufs, à l'abri de l'urbanisme et des pollutions. Ils ont été progressivement reconquis par une nature originale, aujourd'hui mise en valeur.

Autre particularité, le terril entre parfois en combustion interne, ce qui a engendré le développement d'espèces thermophiles, que l'on rencontre d'habitude au sud de la Loire. En témoigne le **pourpier potager**. Les friches qui poussent sur les flancs secs du terril sont particulièrement riches. S'y développent pêle-mêle la **vipérine**, parée de petites fleurs mauves, le bouillon blanc, la carotte sauvage ou la **roquette jaune**. Dernière plante originale, l'**oseille à fleurs d'écusson** serait arrivée dans la région en même temps que les bois de montagne servant à étayer les galeries minières.

### Pelouses calcaires

Les pelouses des plateaux calcaires constituent, avec les zones humides et les milieux littoraux, l'un des réservoirs de biodiversité les plus importants de la région. Elles se retrouvent principalement en arrière-pays littoral. Autrefois dédiées au pâturage extensif, elles sont aujourd'hui parfois abandonnées, représentant tout de même quelques 1 000 ha dans le seul Nord-Pas-de-Calais. Se développent ici des arbustes comme l'**aubépine** et le **genévrier**, mais aussi une multitude de fleurs. L'**orchis pourpre**, le **thym serpolet**, les orchidées y trouvent un terrain favorable. À la fin de l'été apparaît la **gentiane** d'Allemagne, ponctuant la pelouse de ses floraisons mauves. De nombreuses espèces animales profitent de ce milieu. Le papillon **machaon** y déploie ses ailes jaune d'or, tout comme l'**azuré** bleu céleste. Mais à butiner les ophrys et autre thym sauvage, ils risquent leur vie face au **lézard vivipare** ou à la **pie-grièche**.

### Forêts

Enfin, les forêts offrent une palette plus que changeante au fil des saisons. Le **hêtre**, le **charme** et le **chêne** dominent, entrecoupés de quelques bouleaux ou résineux. C'est le domaine des grands animaux, **cerfs**, **chevreuils** et **sangliers**, ces derniers étant en forte augmentation depuis quelques années. C'est aussi le paradis des **pics**, **bécasses** (qui nichent à même le sol) et **loriots**. Certains prédateurs, comme le **blaireau**, l'**hermine** ou le renard y font leur terrier. Les **rapaces** sont aussi représentés, qu'ils soient diurnes ou nocturnes. Chouette hulotte et hibou grand duc règnent la nuit. Buses, éperviers et faucons s'en donnent à cœur joie dans la journée.

# Environnement

**Les villes et l'activité humaine ont profondément modifié l'environnement. Pollutions agricoles et industrielles, drainages intensifs, ensablement du littoral mettent en péril l'écosystème. Fort heureusement, la préservation de l'environnement et la mise en valeur des sites naturels sont désormais ancrées dans les mentalités locales.**

## LES POLLUTIONS

Les **densités de populations** sont importantes, surtout dans le Nord et le Pas-de-Calais, de sorte que la nature n'y occupe que portion congrue. Historiquement, ce sont des régions industrielles, qui ont très tôt profité des ressources naturelles (creusement de mines, drainage des sols, pêche intensive...) pour développer l'**activité économique** et humaine. Malgré une prise de conscience, assez récente, des problèmes environnementaux, la région souffre de **pollutions** structurelles, souvent liées au dernier siècle, très industriel.

En outre, la situation du Nord-Pas-de-Calais, au cœur de l'Europe, est une chance pour son développement, mais aussi une menace pour son équilibre écologique, du fait notamment des **flux** commerciaux et humains que le territoire supporte : l'autoroute la plus fréquentée d'Europe (l'A 1, avec plus de 100 000 véhicules par jour en moyenne), 6,6 % du réseau autoroutier national sur seulement 2,3 % du territoire, le couloir de la Manche, où de véritables embouteillages de cargos et autres supertankers ne sont pas rares... Ainsi, les **pollutions atmosphériques** sont parmi les plus importantes du continent.

## LE RECUL DES ZONES HUMIDES

L'eau se décline en des dizaines de formes en Nord-Pas-de-Calais et en Picardie : prairies humides, marécages, tourbières, étangs, rivières, marais, vasières, roselières, et tant d'autres. Cependant, les hommes se sont désintéressés progressivement de ces zones humides au cours de la deuxième moitié du 20e s., alors qu'elles demandent justement beaucoup d'entretiens. D'autre part, ils ont réaménagé ou conquis ces espaces : **canalisation, comblement des fossés, drainage intensif**... à des fins économiques. L'activité humaine demande aujourd'hui toujours plus d'eau, pour le développement industriel ou l'irrigation agricole. Partout, les zones humides sont en recul dans la région. Nombre de vieux métiers ont disparu, ceux-là mêmes qui permettaient d'entretenir les sites humides : tourbier, pêcheur professionnel, pisciculteurs... Cela n'est pas sans conséquence sur la biodiversité et l'écosystème en général.

## L'ENSABLEMENT DES BAIES

Ce phénomène semble inexorable et ne cesse d'inquiéter populations locales et pouvoirs publics. Au fil des temps, la **sédimentation** de l'estuaire modifie le paysage des baies, en particulier celle de la Somme, mais aussi les baies d'Authie et de Canche.

L'ensablement est dû à des **facteurs naturels**, comme la marée, les faibles courants quand la mer se retire, le petit tirant d'eau des fleuves, la végétation pionnière qui conquiert les vasières. Il est également lié aux **interventions des hommes** sur le milieu : aménagement intensif depuis les années 1960 (routes, canaux en amont, drainage...), ouvrages de défense contre la mer (comme les digues), création de polders et extension des cultures. Résultats ? Le manque d'eau dans certaines zones entraîne le développement des spartines et des salicornes, puis d'une végétation plus arbusive. Ces végétaux envahissent la terre, piègent les sédiments et contribuent au comblement des estuaires. Les vasières deviennent des « mollières » (aujourd'hui, ces dernières représentent 45 % de la surface de la baie de Somme et gagnent environ 15 ha par an), prés salés sur lesquels l'activité humaine prend pied (l'élevage notamment).

À terme, cette situation peut faire fortement régresser les populations d'oiseaux, échassiers, limicoles, canards, qui se nourrissent dans les vasières et les hauts fonds de la baie. La zone est aussi un espace de reproduction pour de nombreux animaux : crabes, crevettes, coques, plies... Dès lors, la chaîne alimentaire en pâtit.

## LES ESPÈCES INVASIVES

Comme dans d'autres régions françaises, l'écosystème local doit faire face à l'arrivée et au développement d'espèces animales ou végétales venues d'autres contrées, souvent introduites par l'homme. Celles-ci, si elles trouvent un territoire approprié, peuvent mettre à mal les fragiles équilibres écologiques régionaux. C'est le cas de certaines plantes, comme la **renouée du Japon**, ou de certaines **algues**, en milieu aquatique.

Les rivières de la région, Somme en tête, doivent aujourd'hui faire face à la propagation du **silure**. Ce poisson, originaire du Danube, a déjà colonisé la Loire et s'attaque maintenant aux cours d'eau plus au nord. En concurrence directe avec des espèces endogènes, comme le brochet, il conquiert tout un territoire avant de le vider de ces autres habitants.

Outre la tortue de Californie, c'est surtout la **grenouille-taureau**, apparue il y a quelques années, qui représente un véritable fléau. Elle envahit progressivement les zones humides, notamment dans le Nord, et met en péril de nombreuses espèces d'amphibiens dans la région : reinettes, salamandres, crapauds.

# HISTOIRE

**Bon nombre d'envahisseurs et bien des civilisateurs sont passés par là : Celtes, Romains, Barbares et Vandales de tout poil ; Francs, Mérovingiens, Carolingiens, Normands, puis, tour à tour, Anglais, Espagnols, Autrichiens et Prussiens. Chemin faisant, se révèlent encore les traces de leur passage. Plus profondes encore sont les empreintes sanglantes des deux guerres mondiales, qui ravagèrent la région. Dans leur histoire mouvementée, ces terres ont aussi vu naître des personnalités hors du commun, saint Martin, Robespierre ou le général de Gaulle en tête.**

© Photo RMN

*« Bataille de Bouvines », d'Horace Vernet.*

## Des origines à nos jours

### CELTES ET ROMAINS

**Vers 300 av. J.-C.** – Des Celto-Germains, les Belges, s'emparent du nord de la Gaule. Les diverses tribus sont : les Nerviens (Bavay), les Atrébates (Arras), les Ambiens (Amiens), les Morins (Thérouanne), les Ménapes (Cassel), les Bellovaques (Beauvais).

**57 av. J.-C.** – **Jules César** soumet les tribus de la Gaule Belgique. Bavay, Boulogne et Amiens deviennent des centres romains importants.

**1er au 3e s.** – **Paix romaine**. Le nord de la France fait partie de la province de Belgique Seconde, dont la capitale est Reims.

**406** – Invasion des Francs.

### MÉROVINGIENS ET CAROLINGIENS

**486** – **Clovis** bat l'armée romaine à Soissons.

**561** – Division du royaume des Francs. Le nord de la France est rattaché à la Neustrie.

**747** – Berthe, fille du comte de Laon, donne naissance au futur Charlemagne.

**768** – **Charlemagne**, roi des Francs.

**800** – Charlemagne, empereur d'Occident.

**9e et 10e s.** – Invasions des Normands et des Hongrois.

### MOYEN ÂGE

**1185** – L'Amiénois et le Vermandois sont annexés au domaine royal lors du **traité d'Amiens**.

**1223** – L'Artois est incorporé au domaine royal à l'avènement de Louis VIII.

**13e s.** – Édification des cathédrales d'Amiens et de Beauvais.

**1214** – **Bataille de Bouvines** : victoire de Philippe Auguste sur Otton IV, le comte de Flandre et Jean sans Terre.

**1272** – Le Ponthieu passe sous l'autorité des rois d'Angleterre.

**1314** – Philippe le Bel annexe la Flandre.

**1337** – Début de la **guerre de Cent Ans**.

**1346** – **Bataille de Crécy**. Édouard III d'Angleterre en sort victorieux.

**1347** – Calais capitule devant les Anglais.

**1369** – Mariage de Philippe le Hardi avec Marguerite de Flandre, qui apportera la Flandre aux Bourguignons à la mort de son père en 1384.

**1415** – **Bataille d'Azincourt**, remportée par Henri V d'Angleterre.

**1435** – **Traité d'Arras** : Picardie et Boulonnais sont cédés au duché de Bourgogne.

**1468** – L'entrevue de Péronne réunit Charles le Téméraire et Louis XI.

**1472** – Beauvais est assiégé par Charles le Téméraire (épisode de Jeanne Hachette).

**1477** – Mort de Charles le Téméraire. Louis XI envahit la Picardie, l'Artois, le Boulonnais et le Hainaut. Marie de Bourgogne, fille du Téméraire, épouse Maximilien d'Autriche . La Flandre passe à la **maison de Habsbourg**.

## DES BOURBONS À LA RÉVOLUTION

**16e s.** – Le Nord échappe de plus en plus à l'influence française. La Flandre fait partie de l'empire de Charles Quint.

**1520** – **Camp du Drap d'or** à Guînes : François Ier rencontre Henri VIII d'Angleterre.

**1529** – **Paix des Dames** à Cambrai : François Ier laisse l'Artois et la Flandre à Charles Quint.

**1539** – Par l'ordonnance de Villers-Cotterêts, le français devient langue officielle.

**1557** – Prise de Saint-Quentin par les Espagnols.

**1558** – Le duc François de Guise reprend Calais aux Anglais.

**1559** – Au **traité du Cateau-Cambrésis**, la France conserve Calais.

**1562** – Début des **guerres de Religion**. Des foyers protestants se développent à Amiens, Douai, Valenciennes et Béthune.

**1618-1648** – **Guerre de Trente Ans**. Siège de Corbie, puis d'Arras par les Espagnols.

**1659** – Le **traité des Pyrénées**, entre l'Espagne et la France, fait passer l'Artois à cette dernière et décide du mariage de Louis XIV avec Marie-Thérèse.

**1667-1668** – Par son mariage avec Marie-Thérèse d'Espagne, et suivant un droit de dévolution reconnu au Brabant, Louis XIV aurait dû hériter d'une partie des Pays-Bas. L'Espagne s'opposant à cette loi, Turenne entre en Flandre et conquiert 12 places. **Traité d'Aix-la-Chapelle**.

**1677** – Prise de Cambrai par Louis XIV.

**1678** – Au **traité de Nimègue**, Louis XIV annexe le Cambrésis et un certain nombre de villes du Nord.

**1713-1715** – Les **traités d'Utrecht** fixent la frontière définitive du nord de la France.

## DE LA RÉVOLUTION À NOS JOURS

**1793** – Victoires d'Hondschoote et de Wattignies.

**1803** – **Bonaparte** rassemble son armée au camp de Boulogne pour une tentative d'invasion de l'Angleterre.

**1840** – Louis Napoléon (futur Napoléon III) essaie de soulever Boulogne pour renverser Louis-Philippe. C'est un échec, il est enfermé au fort de Ham.

**1870-1871** – Guerre franco-allemande : batailles de Bapaume et de Saint-Quentin.

**1909** – 1re traversée aérienne de la Manche par **Louis Blériot**.

### Guerre de 1914-1918

**1915** – Échec de l'offensive française en Artois.

**1916** – Offensive sur la Somme de Joffre et Haig.

**1917** – Échec du Chemin des Dames. Attaque anglaise dans les Flandres.

**1918** – 21 mars : offensive allemande en Picardie, qui menace Amiens.
26 mars : Foch reçoit le commandement unique. Progression allemande enrayée.
Juillet-novembre : Foch remporte la seconde bataille de la Marne.
11 novembre : armistice signé à Rethondes en forêt de Compiègne.

### Guerre de 1939-1945

**1940** – « Drôle de guerre », offensive des Ardennes, batailles de Dunkerque et de la Somme.
22 juin : armistice franco-allemand signé à Rethondes.

**1945** – 9 mai : la « poche de Dunkerque » est reprise par les Alliés.

### Jusqu'à aujourd'hui

**1968** – Création du premier Parc naturel régional en France, connu à présent sous le nom de Parc naturel régional Scarpe-Escaut.

**1980** – Mise en service de la centrale nucléaire de Gravelines.

**1990** – 21 décembre : fermeture du dernier puits d'extraction minier.

**1991** – Inauguration du TGV Paris-Lille.

**1994** – 6 mai : Inauguration du **tunnel sous la Manche**.

**2004** – Lille, « Capitale européenne de la culture ».

**2005** – Inscription au Patrimoine mondial de l'UNESCO des « Beffrois de Belgique et de France »; les « Géants et dragons processionnels » proclamés Chefs-d'œuvre du patrimoine oral et immatériel de l'humanité

**2009** – La première pierre est posée sur le site de la nouvelle antenne du musée du Louvre à Lens.

## Poilus et tranchées

Tout commence le 1er août 1914, un mois après l'**attentat de Sarajevo**. Autriche, Serbie et Russie se mobilisent; l'Allemagne et la France leur emboîtent le pas. À Berlin comme à Paris, le moral est au beau fixe : la guerre sera courte, on défile dans l'allégresse.

Les Allemands, entrés en Belgique et au Luxembourg, remportent la bataille des frontières sur l'axe Metz-Mons et poussent vers Paris, traversant le Nord-Pas-de-Calais. Le front se fige en un arc de cercle, de Dunkerque à la Meuse, qui mord l'Artois, la Picardie et la Marne. **Joffre** lance sa contre-offensive, et Helmuth Moltke bat en retraite : c'est la **victoire de la Marne**. Mais l'adversaire, replié sur les rives de l'Aisne, revient à la charge. Les mois passent, et l'enthousiasme d'hier fléchit : à la guerre de mouvement succède la guerre d'usure.

Les Alliés perdent une belle occasion de victoire en 1915 : **Foch** déclenche l'offensive d'Artois, et le 33e corps, que conduit **Pétain**, perce les lignes allemandes près de Souchez, puis prend la crête stratégique de Vimy. Averti par Pétain, Foch refuse d'y croire et n'envoie aucune troupe exploiter la brèche allemande, bientôt reconquise.

Pendant qu'on s'enlise à **Verdun**, l'offensive de la Somme est lancée, de juillet à octobre 1916 *(voir l'encadré)*.

1917 voit la prise de Vimy par les Anglo-Canadiens, tandis que **Nivelle**, remplaçant Joffre, essuie une sévère défaite au **Chemin des Dames** *(voir ce nom)* : 150 000 Alliés tombent en quinze jours. Mi-avril, deux attaques sont lancées sur le front de l'Aisne, alors que les mutineries et cas de sédition se multiplient. Pétain, qui succède à Nivelle, met fin aux assauts inconsidérés. En juillet et septembre, les Canadiens livrent deux batailles à Vimy. Fin octobre, la Xe armée française remporte la **victoire de la Malmaison** (Chemin des Dames). L'opération minutieuse avait été décidée par Pétain pour rendre confiance à l'armée, démoralisée par l'échec subi en avril dans ce secteur.

### Le carnage de la Somme

Le 1er juillet 1916, après des bombardements massifs d'une dizaine de jours, les Alliés, en particulier des Britanniques et des Français, lancent l'offensive dans la Somme. Ouvrant un large front de Bapaume (Pas-de-Calais) à Chilly, au sud de Chaulnes (Somme), ils y amènent aussi leur empire colonial, parfois de force. Ainsi, Indochinois, Sud-Africains, Australiens et même Kanaks participent aux combats.

Dès le premier jour, c'est un carnage, des deux côtés des barbelés. Plus de 20 000 soldats alliés trouvent la mort, près de 40 000 sont blessés. Après des mois de combats acharnés, le front n'a bougé que de quelques kilomètres et plus d'un million de soldats y ont laissé leur vie. Les villes d'Arras, Lens, Cambrai, Bailleul, Armentières sont détruites, le paysage ravagé est méconnaissable.

Cette bataille, considérée comme la plus sanglante de la Grande Guerre, fut aussi la première bataille mondialisée de l'époque moderne, avec plus de trente nationalités représentées.

Le circuit des Champs de bataille de la Somme *(voir Albert)* et l'Historial de la Grande Guerre *(voir Péronne)* vous permettront de mieux comprendre le contexte de cette terrible bataille.

D.R.

*Bataille de la Somme (Cheshire Regiment, 1916).*

Le 21 mars 1918, l'adversaire attaque entre Arras et La Fère, à la charnière des forces franco-britanniques, et d'emblée perce à Saint-Quentin, puis se dirige vers Amiens; la bataille de Picardie fait rage. Pétain, soucieux de couvrir Paris, s'oppose à son homologue britannique Haig, qui protège sa ligne de communication vers les ports du Nord-Pas-de-Calais. Ce type de divergences pousse les Alliés à confier le commandement unique à Foch, le 26 mars, lors de la conférence de Doullens.

Fin mai, la progression allemande est fulgurante. La France essuie une nouvelle défaite au Chemin des Dames et cède Château-Thierry, mais l'avancée est stoppée au terme de la seconde bataille de la Marne.

La contre-attaque française en Champagne, le 18 juillet, puis l'offensive généralisée des forces alliées, dont celle du 8 août, sur Montdidier, contraignent l'Allemagne à demander l'armistice, signé le **11 novembre** à **Rethondes**, en forêt de Compiègne.

**Bon à savoir** – Plus de 65 millions de soldats se sont affrontés au cours de la Première Guerre mondiale. 8,5 millions d'entre eux ont péri lors des combats. Quant aux civils, on estime à 10 millions le nombre de morts directement ou indirectement liées au conflit. Au cœur des offensives, les habitants du nord de la France figurent parmi les plus touchés.

## Occupation et Résistance

Après neuf mois de passivité (période appelée la « drôle de guerre »), **Hitler** déclenche l'offensive des Ardennes, le 10 mai 1940. Le maréchal **Rommel** entre dans Avesnes-sur-Helpe le 15 mai. Les chars panzers, emmenés par Guderian, percent les défenses françaises à Sedan et traversent la Meuse, poursuivant leur route vers la Manche. Ils atteignent l'Oise le 16 mai. L'infanterie allemande déploie alors son bouclier le long de l'Aisne.

Hitler se rend bientôt maître de l'ensemble du Nord-Pas-de-Calais et de la haute Picardie. Abbeville se rend le 20; le lendemain, la contre-offensive britannique dans le secteur d'Arras se solde par un échec. Boulogne tombe le 22 mai, Calais le lendemain, puis Gravelines. Un à un, les ouvrages fortifiés qui courent le long de la frontière sont pris par l'ennemi. Les britanniques décident alors d'un plan d'évacuation de leurs troupes à partir de Dunkerque, sans en avertir les Français.

### Sites et musées de la 2de Guerre mondiale

Plusieurs musées ou sites de mémoire sont intéressants à visiter. Retrouvez leur description dans la partie « Découvrir ».

- Musée du 5 juin 1944 « Message Verlaine » à Tourcoing;
- Musée de la Résistance et de la Déportation à Tergnier *(voir la forêt de Saint-Gobain)*;
- Blockhaus d'Éperlecques;
- Coupole d'Helfaut-Wizernes;
- Mémorial Ascq 1944 *(voir Villeneuve d'Ascq)*;
- Musée historique de la Seconde Guerre mondiale et musée du Mur de l'Atlantique à Ambleteuse *(voir Côte d'Opale)*;
- Musée de la Guerre à Calais;
- Mémorial du souvenir à Dunkerque (à propos de l'opération Dynamo).

Un mince corridor allié est maintenu entre le grand port et Lille, sur une quarantaine de kilomètres. Dans les mêmes jours, l'état-major français ordonne le repli sur Dunkerque, lui aussi. Durant une dizaine de jours, la cohue est impressionnante dans la région, entre troupes en déroute et civils en marche vers l'exode. Finalement, la **bataille de Dunkerque**, du 5 mai au 4 juin 1940, permet l'évacuation, par la mer, de 338 000 Alliés.

**De Gaulle** retarde l'avancée allemande près de Montcornet, mais les fronts de la Somme et de l'Aisne cèdent le 6 juin, et les panzers gagnent encore du terrain. Le 25 juin, ils ont atteint une ligne ondulant d'Angoulême à Grenoble. **Pétain** demande l'armistice à l'Allemagne, signé le 22 juin 1940, le lendemain de l'entrevue de Rethondes – parodie cynique de celle du 11 novembre 1918.

Deux particularités symbolisent d'emblée l'occupation allemande dans le Nord : d'une part, la frontière nord disparaît et les Flandres sont réunies; d'autre part, le Nord étant très riche, la région est immédiatement pillée de ses richesses et toute l'infrastructure industrielle mise au service des nazis.

« La France a perdu une bataille, mais la France n'a pas perdu la guerre » : tel est le message que de Gaulle adresse le **18 juin 1940** aux Français depuis Londres. Son objectif est de rendre confiance aux troupes françaises, dont le moral est au plus bas. La **Résistance** s'organise bientôt, alors que l'Organisation Todt poursuit son travail, notamment le long de la Côte d'Opale, en consolidant le **« Mur de l'Atlantique »**, ligne défensive jalonnée de blockhaus, de radars et d'importantes pièces d'artillerie.

En 1944, l'armée allemande est menacée sur tous les fronts. Hitler décide alors d'abattre ses dernières cartes : les bombes volantes V1 et les fusées supersoniques V2. Quelque 18 000 V1 et 3 000 V2 seront largués sur l'Angleterre et la Belgique, notamment depuis les bases de lancement du Nord-Pas-de-Calais.

L'attaque aérienne anglaise du 18 janvier 1944 sur la prison d'Amiens permet l'évasion de résistants condamnés à mort, et 60 agents de la Gestapo sont démasqués. Le 2 avril, les SS assassinent 86 civils à Ascq.

La libération de la région, par les Anglais et les Canadiens, débute à la fin de l'été 1944 : Amiens (1er septembre), Lille (3 septembre), Maubeuge (4 septembre), Boulogne (21 septembre) et Calais (2 octobre). Seule une petite zone du littoral autour de Dunkerque (20 km de long sur 10 km de large) résiste face aux Alliés, grâce à quelque 17 000 soldats allemands. Les combats acharnés durent de septembre 1944 à mai 1945.

En février 1945, la **conférence de Yalta** jette les bases d'une nouvelle organisation mondiale, dispositions précisées en juillet par la conférence de Potsdam : occupation du territoire allemand par les Alliés, jugement des criminels de guerre…

Hitler se suicide le 30 avril 1945, alors que sa capitale est une ville ouverte. Doenitz, qui succède au Führer à la tête de l'armée allemande, capitule à Reims le 7 mai, puis à Berlin le lendemain. Le 9 mai, la « poche de Dunkerque » est reprise par les Alliés. Dans la foulée, les frontières du Nord sont rétablies.

**Bon à savoir** – Ce second conflit mondial a mobilisé plus de 90 millions de soldats. L'estimation des pertes est très variable et va du simple au double (30 à 60 millions, civils et militaires confondus).

### Lexique molinologique

**Anche** : conduit par lequel la farine s'écoule de la meule dans un sac.

**Arbre-moteur** : grand axe qui porte les ailes ou la roue et qui transmet le mouvement.

**Bluterie** : appareil qui sert à tamiser.

**Éveillure** : partie creuse d'une meule à farine.

**Latte** : barreau ou échelon de l'aile.

**Lattis** : ensemble des lattes de l'aile.

**Maître-sommier** : grosse poutre qui tourne sur le pivot et qui porte la cage.

**Mannée** : grain porté au moulin pour le moudre.

**Queue** : longue poutre destinée à orienter la cage ou la calotte du moulin à vent.

**Trémie** : bac pyramidal renversé d'où le grain s'écoule dans la meule.

# Un passé industrieux

**Nord-Pas-de-Calais et Picardie illustrent les grandes étapes de l'histoire industrielle et technique, depuis l'ère des moulins à eau et à vent jusqu'à celle de l'électricité thermonucléaire, en passant par le temps des filatures, des houillères et de l'acier.**

## LES MOULINS

### Naissance d'un système technique

Au Moyen Âge, l'expansion du moulin à eau, d'origine romaine, et du moulin à vent, d'origine orientale, procure une force motrice nouvelle, annonçant la mécanisation. Avec l'adoption du moulin à eau, qui fournit le travail de quinze hommes, on capte pour la première fois l'énergie mécanique en un point fixe. Roues dentées et engrenages transmettent l'énergie aux meules. Bientôt, le mouvement circulaire se transforme en mouvement alternatif, grâce aux arbres à cames adaptés au dispositif, et voilà les maillets, marteaux à foulons, soufflets de four… qui s'animent. De nouvelles industries peuvent fleurir : verrerie, papeterie et métallurgie.

### Moulins à eau

Ils sont présents dans toute la région. La forme et la dimension de la roue, élément essentiel du moulin, varient selon le débit de l'eau et le relief du terrain. La diversité est grande, avec des édifices aux superbes barrages (ventelleries en pierre de taille en Avesnois ou en bois dans le Ternois et l'Audomarois). Près du littoral et sur les grands cours d'eau, la roue des moulins est placée en dessous ou de côté. Dans les régions plus accidentées, comme l'Avesnois, la roue est au-dessus. De nombreux moulins fonctionnent aussi avec des turbines. La plupart sont propriétés privées, mais quelques-uns sont ouverts au public.

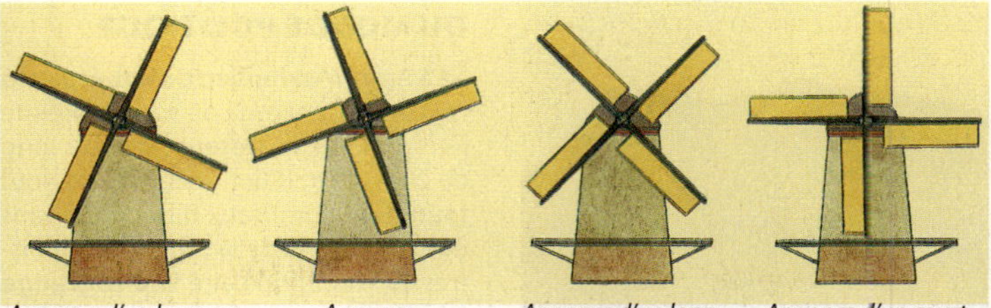

*Annonce d'un heureux événement.* *Annonce d'un deuil.* *Annonce d'un long repos du meunier.* *Annonce d'un court repos du meunier.*

M. Guillou / MICHELIN

### Moulins à vent

Flamands et Picards ont exploité le célèbre vent du nord pour faire tourner les grandes ailes des moulins qui jalonnent la région depuis le 12e s. 700 ans plus tard, on comptait 830 moulins à farine et 400 moulins à huile dans le Nord, 630 moulins à farine et 200 à 250 moulins à huile dans le Pas-de-Calais et 800 moulins à farine dans la Somme. Il n'en subsiste plus que quelques dizaines, protégés et restaurés par l'Association régionale des amis des moulins du Nord-Pas-de-Calais. Chaque année voit renaître des moulins, tant ils sont chers au cœur des habitants du Nord.

Si l'eau coule toujours dans la même direction, Éole souffle de tous les côtés ; le moulin à vent en tient compte : les modèles sur pivot sont les plus répandus. Le corps entier de l'édifice repose et tourne autour d'un axe vertical, le pivot. À l'extérieur, du côté opposé aux ailes, une longue poutre, dite « queue », manœuvrée à la main ou au treuil, permet de faire pivoter le moulin pour le positionner face au vent dominant. Il en reste une quinzaine dans le département du Nord ; celui de **Steenvoorde** est flambant neuf. C'est le moulin type du Nord ; malgré sa plus grande fragilité, c'est celui qui subsiste en plus grand nombre. Lille en comptait une centaine.

Dans les moulins-tours, c'est la toiture, d'où émergent les ailes, qui pivote. Plus massifs, ils sont en brique, en pierre ou en bois et présentent des formes variées : cylindrique, tronconique, octogonale… Même les toitures sont diverses, en forme de bateau renversé, à la Mansart, en cône à deux pentes, contrairement au reste de la France où toutes les toitures sont coniques. Celui de **Terdeghem**, près de Steenvoorde, fonctionne encore, pour le plaisir, avec un vrai meunier.

#### Les moulins aujourd'hui

Pour en savoir plus, rendez-vous au **musée des Moulins**, à Villeneuve-d'Ascq *(voir ce nom)*, également siège de l'Association régionale des amis des moulins.

Parmi les **moulins à vent** que l'on peut visiter, les moulins Spinnewyn et Noord-Meulen à Hondschoote, le Castel-Meulen à Cassel, les moulins de la Roome et de Steenmeulen à Steenvoorde *(voir Cassel)*, le moulin de Vertain à Templeuve *(voir Seclin)*.

Certains **moulins à eau**, plus nombreux, tournent encore. C'est dans l'Avesnois qu'on retrouve les plus beaux barrages, en pierre bleue du pays, notamment à Maroilles *(voir Avesnes-sur-Helpe)*.

## LE BASSIN MINIER

La découverte (1720) puis l'extraction massive du charbon (19e s.) ont conduit à l'implantation d'une industrie lourde, minière et métallurgique, entre Auchel et Condé-sur-Escaut, et dans le bassin de la Sambre.

Les **puits**, que recouvrent ces « chevalements » ou des tours d'extraction, desservent les galeries du fond, horizontales (bowettes ou petites boves), qui traversent les veines de houille. À partir de ces veines, on creusait des « voies » qui « imitaient » les panneaux de houille à extraire. Le soutènement marchant, composé de vérins hydrauliques, se déplaçait en même temps que le front de taille où s'engageait le rabot ou la haveuse, énorme machine au bras muni de pics. Évacuée vers les puits par bandes transporteuses ou en berlines, la houille remontait au jour dans les « cages ».

En surface, on traitait la **houille brute** dans des lavoirs : les déchets étaient évacués sur les **terrils**, et les produits nobles calibrés pour expédition. Certaines « fines » partaient vers les usines d'agglomération d'où sortaient les « boulets ». La **houille grasse**, traitée dans les cokeries, assurait la production de coke sidérurgique ou de fonderie.

L'exploitation minière fera les plus beaux jours de la région durant plusieurs décennies. Afin de pourvoir les mines en main d'œuvre, la région a fait appel à une forte

S. Sauvignier / MICHELIN

*Le terril de Rieulay.*

immigration, en particulier italienne et polonaise. Les ouvriers, qui travaillent dans des conditions très difficiles, étaient logés dans des **corons**, cités ouvrières de briques rouges en général accolées à la mine. Certains sont aujourd'hui réhabilitées.

Le développement d'autres énergies fossiles, comme le pétrole, ainsi que la concurrence internationale ont peu à peu eu raison de la rentabilité de l'exploitation minière en Nord-Pas-de-Calais. Le déficit des houillères apparaît en 1959 ; une récession progressive s'engage alors, achevée en 1990 avec la fermeture du dernier puits d'extraction, le 10 d'Oignies. Entre 1962 et 1975, 120 000 emplois auront été perdus dans le Nord-Pas-de-Calais.

Le bassin minier a compté 329 terrils (plats ou coniques, rouges ou noirs) ; 70 restent exploitables pour l'extraction de **schiste** (utilisé, par exemple, sur les courts de tennis en terre battue).

# Personnalités du Nord

**Les gens du Nord sont des hommes d'action, quelques forceurs du destin en témoignent : Condorcet, Robespierre, Camille Desmoulins, Saint-Just, Pétain, de Gaulle, Leclerc de Hauteclocque, Blériot, Dassault... Ils peuvent être aussi des créateurs délicats et discrets, comme Givenchy, des artistes sensibles et malicieux, tel Matisse. À moins d'exprimer dans leur œuvre l'infini des paysages et la vivacité des habitants, comme Marguerite Yourcenar en littérature.**

## DU MONDE POLITIQUE

Né à Arras, **Maximilien de Robespierre** (1758-1794) marqua de son empreinte le régime de la Terreur. Tout au long du 20e s., la tradition socialiste du Nord fournit de nombreux dirigeants. Sans être originaires de la région, les ministres du Front populaire **Léo Lagrange** (1900-1944) et **Jean-Baptiste Lebas** (1878-1944) sont incontestablement liés à l'histoire politique du Nord, respectivement député du Nord et maire de Roubaix. D'autres personnalités doivent être évoquées : **Charles de Gaulle** (Lille, 1890 - Colombey-les-Deux-Églises 1970), le maréchal **Leclerc de Hauteclocque** *(voir Airaines)*, le communiste **Maurice Thorez**, né à Noyelles-Godault (nord-ouest de Douai) en 1900, qui dirigea le parti d'une main de fer de 1930 à 1964, la féministe et europhile **Louise Weiss** (1893-1983), née à Arras, ou le député-maire de Lille durant l'Entre-deux-guerres, **Roger Salengro** (1890-1936).

Plus récemment, **Pierre Mauroy**, né à Cartignies en 1928, lui aussi maire de Lille, fut Premier ministre sous la présidence de François Mitterand de 1981 à 1984. Les élus **Jean-Louis Borloo** et **Gilles de Robien**, respectivement à Valenciennes et Amiens, ont été ministres dans différents gouvernements, tout comme **Martine Aubry** à Lille, ou **Michel Delebarre** à Dunkerque. Depuis 2002, **Jack Lang** est député de la circonscription de Boulogne-sur-Mer.

## DU MONDE RELIGIEUX

Pour évoquer quelques grandes figures du christianisme occidental, il convient de remonter quelque peu dans le temps. **saint Rémi**, né dans le Laonnais, a converti le roi franc Clovis à Reims au 5e s. À la même époque, **saint Martin**, évêque de Tours, partage son manteau avec un pauvre aux portes d'Amiens, où il est né. Au 7e s., **saint Éloi** est d'abord évêque de Noyon avant de devenir le trésorier des rois mérovingiens et du fameux Dagobert. Plus tard, l'Amiénois **Pierre l'Ermite** devient le principal prédicateur de la première croisade, à partir de 1095. Enfin, au 15e s., **sainte Colette**, née à Corbie, réforme l'ordre des Clarisses.

## DU MONDE DES SCIENCES ET TECHNIQUES

Le chevalier de **Lamarck** (1744-1829), né à Bazentin dans la Somme, grand naturaliste précurseur de Darwin, est un des fondateurs de la théorie de la génération spontanée en biologie. Né à Andely en 1753, **Jean-Pierre Blanchard** invente le parachute. Il est aussi le premier à traverser la Manche en montgolfière. **Jacques Boucher de Perthes** (1788-1868), grande figure d'Abbeville, est un des premiers à étudier la préhistoire au 19e s. **Ernest Lavisse** (1842-1922), originaire de la Thiérache, fut professeur à la Sorbonne et directeur de l'École normale supérieure. Auteur d'une vaste *Histoire de France*, il ouvrit la voie aux sciences historiques modernes. Au début du 20e s., le Picard **Eugène Lefebvre** est un pionnier de l'aviation, tout comme le Cambrésis **Louis Blériot**, qui traverse la Manche en 1909. Beaucoup plus récemment, en 2006, le chirugien amiénois **Bernard Duvauchelle** a réussi une première greffe partielle du visage.

## DU MONDE DES ARTS

Au 15e s., âge d'or de la peinture flamande, le Douaisien **Jean Bellegambe** (1470-1534) exécute surtout des retables, dont le *Polyptyque d'Anchin*. Son style révèle une double influence flamande (souci du détail, choix de coloris) et française (décor architectural annonçant déjà la Renaissance).

Au 17e s., les trois frères **Le Nain**, élevés à Laon, se signalent par un style différent des grands peintres de l'époque. Le plus célèbre, **Louis**, fut l'un des maîtres du réalisme français avec ses scènes paysannes *(La Charrette, Repas des paysans)* évoquant la vie des villageois du Laonnois, leurs maisons, la douce campagne environnante. **Antoine** subit l'influence flamande dans ses scènes de genre, et **Mathieu** peint la bourgeoisie et des scènes mythologiques.

Au 18e s., le Nord voit une floraison de peintres : le Valenciennois **Antoine Watteau** (1684-1721) met tout son art de dessinateur et de coloriste à peindre ces fêtes galantes et campagnardes caractéristiques du siècle libertin. Il est suivi dans ce style par son élève **Jean-Baptiste Pater**.

Le Picard **Quentin de La Tour** (1704-1788), merveilleux pastelliste, ressuscite toute une époque à travers ses portraits très expressifs, échantillonnage de la société du 18e s. Sa ville natale, Saint-Quentin, possède une riche collection de ses œuvres (musée Antoine-Lécuyer).

Pendant la Révolution, le Consulat et l'Empire, **Louis Léopold Boilly** (1761-1845) peint d'un pinceau alerte des scènes de genre, parfois galantes, et des portraits de ses contemporains. Durant le 19e s., **Jean-Baptiste Corot** (1796-1875) perfectionne le travail du peintre en plein air, reproduisant les paysages.

Au 20e s., citons le Catésien **Henri Matisse** (1869-1954), à qui sa ville natale a consacré un musée, et **Marcel Gromaire**, né à Noyelles-sur-Sambre, dont l'une des œuvres les plus célèbres est *La Guerre* (1925). Grâce à ses nombreux portraits, **Pharaon de Winter** est un des éminents représentants de l'école réaliste du Nord, dans le premier quart du 20e s.

## DU MONDE DES LETTRES

Au 13e s., les **trouvères** de langue picarde s'opposent aux troubadours de langue d'oc par une verve caustique et drue, présente chez les précurseurs du théâtre français. Les plus célèbres sont : les Arrageois **Jean Bodel**, poète jongleur, et **Adam de La Halle**.

Aux conteurs succèdent les chroniqueurs des 14e et 15e s. Le Valenciennois **Jean Froissart** décrit de manière vivante la guerre de Cent Ans, et **Philippe de Commynes** (1447-1511) retrace les règnes de Louis XI et de Charles VIII dans ses *Mémoires*.

Le réformateur **Jean Calvin** naît à Noyon en 1509, et le tragédien **Jean Racine** à La Ferté-Milon en 1639.

Traditionnellement frondeuses, la Picardie et l'Artois connaissent leur période faste au 18e s., époque des libertins, avec l'**abbé Prévost** (1697-1763), né à Hesdin, qui évoque dans *Manon Lescaut* sa passion fatale pour une aventurière, et avec l'Amiénois **Choderlos de Laclos**, auteur des *Liaisons dangereuses*, chef-d'œuvre de la littérature.

Pour la poésie, outre quelques grands s'étant laissés inspirer par le Nord ou la Picardie, nous pouvons retenir **Charles-**

D.R.

*Jean-Baptiste Carpeaux, Flore, et autres sculptures.*

### Sur la trace des écrivains

Nombreux sont les auteurs que la région a inspirés. Villes et villages ont conservé la marque de leur passage :
- le petit monde de l'**abbé Prévost** à Hesdin ;
- les **Dumas** à Villers-Cotterêts ;
- la poésie de **Sainte-Beuve** à Boulogne-sur-Mer ;
- Jean Valjean, maire de Montreuil-sur-Mer sous la plume de **Victor Hugo** ;
- le souvenir de **Racine** et des amours de **La Fontaine** à La Ferté-Milon ;
- l'enfance de **Marguerite Yourcenar** près de Bailleul (villa Mont-Noir) ;
- à la recherche du *Nautilus* et de l'hologramme de **Jules Verne** à Amiens ;
- sur les traces de **Zola** et de son *Germinal* près de Valenciennes (mines d'Anzin).
- pour réviser son orthographe, la *Dictée* que **Mérimée** fit au palais royal de Compiègne.

**Hubert Millevoye** (1782-1816), né à Abbeville et auteur de nombreuses élégies. Le Cotterézien **Alexandre Dumas** *(Les Trois Mousquetaires, Le Comte de Monte-Cristo…)* et le Péronnais **Pierre Mac Orlan** *(Quai des brumes)* nous ont laissé de grands romans.

Au 20e s., l'Amiénois **Roland Dorgelès** (1885-1973) dépeint la vie des poilus de la Grande Guerre. **Marguerite Yourcenar** (1903-1987), première femme nommée à l'Académie française, évoque son enfance flamande près de Bailleul. **Michel Butor** *(La Modification)*, qui participa au mouvement du nouveau roman, est originaire de Mons-en-Barœul.

À l'académicien lillois **Alain Decaux** on doit de nombreux ouvrages historiques et la création d'émissions radiophoniques et télévisées consacrées à l'histoire. Le journaliste et écrivain **Jacques Duquesne** est dunkerquois.

## DU MONDE DU SPORT

Le mythique **Georges Carpentier**, champion de boxe dans les années 1920, est né à Liévin, près de Lille. Autre légende du Nord, **Michèle Ostermeyer** (1922-2001), première athlète française à recevoir une médaille d'or olympique et… pianiste. Né à Oignies en 1950, **Guy Drut** est sacré champion olympique de 110 mètres haies en 1976, avant d'embrasser la politique. La tenniswoman **Amélie Mauresmo**, originaire de Méru, compte parmi les meilleures joueuses du circuit. Les boulonnais **Jean-Pierre Papin** et **Franck Ribéry** ont évolué en équipe de France de football. Les navigateurs **Éric Bompard** et **Jean-Luc Van Den Hede** sont tout deux Picards.

## ET AUSSI

### Bandes dessinées

Bécassine, la plus connue des petites paysannes bretonnes, est née sous le crayon de l'Amiénois **Pinchon**.

Le Lillois **François Boucq** *(La Dérisoire Effervescence des comprimés, Les Dents du recoin)* exprime avec humour et surréalisme l'univers de la métropole.

Le Béthunois Didier Vasseur, dit **Tronchet**, au style très corrosif, est l'un des chefs de file de l'« école » *Fluide glacial*.

### Cinéma et théâtre

Les réalisateurs **Louis Malle** *(Au revoir les enfants)*, **Étienne Chatiliez** *(La vie est un long fleuve tranquille ; Le Bonheur est dans le pré)*, **Arnaud Desplechin** *(Rois et Reine)*, et des comédiens tels que **Jean Piat**, **Philippe Noiret**, **Brigitte Fossey**, **Pierre Richard**, **Ronny Coutteure**, **Catherine Jacob**, **Jacques Bonnafé** sont autant d'enfants du Nord et du septième art.

Le patois et la culture du Nord de la France ont été mises à l'honneur avec la sortie du film **Bienvenu chez les ch'tis** (2008). Cette comédie de Danny Boon a déclenché un véritable effet de mode que les journalistes qualifient de « ch'ti-mania ». Tournée dans la petite ville de Bergues, il est tout de suite passé dans les records : avec plus de 20 millions de spectateurs il detient le plus gros score au box-office pour un film français.

### Musique, humour

Le violoniste calaisien **Didier Lockwood** est une pointure du jazz. Né à Paris, le chef d'orchestre de renommée internationale **Jean-Claude Casadesus** a créé et dirige l'orchestre national de Lille.

Le célèbre **Bruno Coquatrix** (1910-1979), directeur de l'Olympia de 1954 à 1979 qui lança de nombreuses vedettes, est natif de Ronchin, en banlieue lilloise. Les chanteurs **Line Renaud**, **Pierre Bachelet**, **Isabelle Aubret** sont également liés à la région.

L'humoriste d'Armentières **Dany Boon** a émergé dans les années 1990. La burlesque équipe de **Groland** est aussi originaire du Nord et de la Picardie.

# ART ET CULTURE

**Malgré les révolutions, les guerres, les invasions, le nord de la France conserve de nombreux témoignages artistiques du passé. L'art gallo-romain et l'art roman sont peu représentés, sauf à Bavay et à Lillers, mais les grandes cathédrales, joyaux de l'art gothique, rivalisent par l'audace de l'élévation et la beauté du décor sculpté, tandis que le gothique flamboyant s'épanouit pleinement en Picardie, et l'art baroque dans les Flandres.**

© Skertzo-Rousselin, Amiens Métropole

*Un jeu de lumière reconstitue la polychromie originelle du portail de la cathédrale d'Amiens.*

## Le gothique (12e-16e s.)

La voûte sur croisée d'ogives, l'arc brisé et l'arc-boutant sont les caractéristiques de l'art gothique, même si on en trouve les prémices dans l'art roman.

La voûte gothique a bouleversé la construction des églises. Désormais, l'architecte, maître des poussées de l'édifice, les dirige sur les quatre piliers par les ogives, les **formerets** (arcs lancés parallèlement à l'axe de la nef, le long du mur) et les **doubleaux** (arcs sous voûte transversaux par rapport à l'axe de la nef). À l'extérieur de l'édifice, ces poussées sont contrebutées par les **arcs-boutants** qui retombent sur de hauts piliers dont la tête est souvent lestée d'un pinacle. Ces arcs-boutants, qui comportent parfois plusieurs volées, renforcent l'effet de verticalité propre au gothique.

Les murs sont amincis et font place, sur de plus grandes surfaces, à des baies garnies de **vitraux**. Ceux-ci dispensent une luminosité subtile, fluctuante selon l'intensité et la direction de l'éclairage extérieur. Cette clarté contraste avec des zones d'ombre, produisant d'admirables effets plastiques.

Le **triforium** situé au-dessus des grandes arcades, à l'origine aveugle, est aussi percé de baies, puis disparaît au profit d'immenses fenêtres hautes.

Les **colonnes**, qui, à l'intérieur, suffisent à soutenir l'église, se transforment également. D'abord cylindriques et coiffées de chapiteaux, elles sont ensuite cantonnées de colonnes engagées, puis formées de faisceaux de colonnettes de même diamètre que les arcs reposant sur les chapiteaux. Finalement, les piliers sans chapiteau ne sont plus que le prolongement des arcs. C'est le cas du style flamboyant, où des arcs purement décoratifs, dits liernes et tiercerons, se surajoutent aux ogives.

### L'ARCHITECTURE RELIGIEUSE GOTHIQUE

Si l'art gothique naît en Île-de-France, il s'est développé parallèlement dans le nord de la France, particulièrement en Picardie.

#### Les architectes

C'est seulement à l'époque gothique que l'on commence à connaître les noms des architectes des grands édifices religieux, soit par des textes, soit par des inscriptions gravées autour des « labyrinthes » tracés sur le sol des cathédrales. On sait ainsi que **Robert de Luzarches** donna les plans de celle d'Amiens.

Mais le plus illustre maître d'œuvre du nord de la France est sans doute **Villard de Honnecourt**, né dans un bourg proche de Cambrai. On lui attribue l'abbaye de Vaucelles, les tours de Laon, les chœurs de Cambrai (aujourd'hui disparus) et de Saint-Quentin. Ce grand voyageur a laissé un curieux carnet de notes, de recettes, de croquis, connu sous le nom d'*Album de Villard de Honnecourt*.

### La naissance (12e-13e s.)

Alors que le premier emploi de la croisée d'ogives en France apparaît en 1125 dans l'abbatiale romane de Morienval (voûte qui couvre le déambulatoire), des réminiscences romanes – arcs en plein cintre – subsistent dans le style gothique primitif marqué par des monuments d'une grande sobriété.

La **cathédrale de Laon** fournit un exemple typique de gothique primitif avec sa façade à arcatures imperceptiblement brisées, son chœur à chevet plat et ses sept tours analogues à celles de la cathédrale de Tournai.

Des souvenirs de l'art roman tournaisien se retrouvent aussi à Soissons et à Noyon. L'élévation sur quatre étages (arcades, tribunes, triforium et fenêtres hautes) caractérise les édifices de cette période, ainsi que les transepts terminés par des hémicycles, comme le croisillon sud de Soissons.

### L'apogée (13e-14e s.)

C'est l'âge d'or des grandes **cathédrales** éclairées par de vastes baies ou des roses garnies de vitraux richement colorés. L'élévation sur trois étages (grandes arcades, triforium, fenêtres hautes) allège les nefs. **Amiens** en est l'exemple le plus remarquable ; **Beauvais**, qui voulut la surpasser, symbolise la démesure. La technique gothique y atteint son apogée : les murs se réduisent au minimum, les fenêtres hautes ne laissent plus de place à la maçonnerie, et le mur du fond du triforium est percé et garni de vitraux.

Dans le Nord, les maîtres d'œuvre mettent l'accent sur l'équilibre et l'harmonie du plan et des élévations, comme en témoignent les deux admirables chœurs à déambulatoire et chapelles rayonnantes de **Saint-Omer** et **Saint-Quentin**.

### Le déclin (15e-16e s.)

La décadence s'amorce avec l'apparition du **style flamboyant**, où la surabondance du décor sculpté tend à masquer les lignes essentielles des monuments. Ce style doit son nom à la forme de flammes tourmentées des meneaux des fenêtres. Les portails sont coiffés de gâbles ajourés, les balustrades surmontées de pinacles, les voûtes aux dessins compliqués convergent sur d'énormes clefs de voûte pendantes très ouvragées.

Cette période offre des réalisations spectaculaires, notamment en **Picardie**, où la collégiale Saint-Vulfran d'Abbeville rivalise avec l'abbatiale de Saint-Riquier, les églises de La Neuville, Mailly-Maillet et Poix et la chapelle du Saint-Esprit à Rue, véritable dentelle de pierre.

En **Flandre**, les courants germaniques discernables, dans les *hallenkerken*, églises-halles à trois ou cinq nefs d'égale hauteur (Saint-Maurice à Lille, églises d'Hondschoote, Esquelbecq et Hesdin), s'entrecroisent avec les influences anglaises, que l'on reconnaît dans les hautes tours carrées de Saint-Omer et d'Aire, formant clochers-porches, couvertes d'un réseau d'arcatures et terminées par des plates-formes que cantonnent des pinacles.

## LA SCULPTURE PICARDE

Servis par une pierre calcaire au grain très fin et facile à tailler, les sculpteurs du Nord et surtout ceux de Picardie ont exercé leur habileté et leur imagination tant dans la sculpture d'ornements que dans la représentation des **« images »**, figures en ronde bosse.

Au 13e s., les « tailleurs d'ymaiges » d'Amiens et d'Arras manifestent déjà les qualités picardes spécifiques que l'on retrouvera au cours des siècles : leurs figures, d'une exécution poussée, sont empreintes d'un charme et d'une bonhomie que relève un accent de vie familière.

La fin du 15e s. et le début du 16e s. sont aussi des époques favorables pour la sculpture picarde, qui s'enorgueillit alors de **« huchiers »** (sculpteurs sur bois) renommés, auteurs notamment des remarquables stalles de la cathédrale d'Amiens et des vantaux des portes de la collégiale Saint-Vulfran d'Abbeville. Ces mêmes sculpteurs ont ciselé les cadres de bois délicats qui rehaussent les peintures du « Puy-Notre-Dame » en l'honneur de la Vierge, exposées aujourd'hui au musée de Picardie à Amiens.

## L'ARCHITECTURE CIVILE FLAMANDE

Dès la fin du 13e s., l'originalité de l'architecture gothique flamande se manifeste dans les édifices communaux, beffrois et hôtels de ville, élevés par les cités qui ont obtenu une charte urbaine garantissant leur indépendance.

### Beffrois

Symbole de la puissance communale, le beffroi se dresse isolé (à Bergues, Béthune) ou englobé dans l'hôtel de

**Beffrois classés**

En 2005, l'**Unesco** a classé une vingtaine de beffrois du Nord-Pas-de-Calais et de Picardie au Patrimoine mondial de l'humanité : Abbeville, Aire-sur-la-Lys, Amiens, Armentières, Arras, Bailleul, Bergues, Béthune, Boulogne-sur-Mer, Calais, Cambrai (église Saint-Martin), Comines, Douai, Doullens, Dunkerque (église Saint-Éloi et hôtel de ville), Gravelines, Hesdin, Lille (hôtel de ville), Loos, Lucheux, Rue, Saint-Riquier.
Voir notre proposition d'itinéraire « Beffrois et moulins de Flandres », p. 11.

ville (à Douai, Arras et Calais). Il est conçu comme un donjon avec échauguettes et mâchicoulis. Au-dessus des fondations qui abritaient la prison, des salles superposées avaient diverses fonctions comme la salle des gardes. Au sommet, la salle des cloches renferme le **carillon** *(voir p. 89)*, qui égrène ses airs guillerets toutes les heures, demi-heures et quarts. La salle des cloches est entourée d'échauguettes d'où les guetteurs surveillaient les ennemis et les incendies. Enfin, couronnant l'ensemble, la **girouette** symbolise la cité : lion des Flandres à Arras, Bergues et Douai, élégante sirène à Bailleul, dragon à Béthune, etc.

Hôtels de ville

Souvent imposants, ils frappent par la richesse de la décoration de leur façade couverte de niches, statues, gâbles, pinacles. À l'intérieur, la grande **salle du conseil**, ou des fêtes, présente des murs couverts de fresques illustrant l'histoire de la ville. Les plus beaux hôtels de ville (Douai, Arras, Saint-Quentin, Hondschoote, Compiègne) datent des 15e et 16e s. La plupart ont subi des dommages et des modifications ; d'autres ont été complètement reconstruits dans leur style d'origine, comme celui d'Arras.

# L'après-gothique

## LA RENAISSANCE (16e S.)

Sous l'influence de l'Italie, l'architecture suit une nouvelle orientation marquée par le retour aux formes antiques : colonnes et galeries superposées donnent de la grandeur aux monuments. Les façades sont sculptées de statues, de médaillons ; des pilastres encadrent les baies.

Dans le Nord, le style Renaissance trouve peu de résonance dans l'architecture religieuse : il se manifeste seulement dans le portail de **Notre-Dame d'Hesdin**. En revanche, de nombreux édifices civils portent sa marque, parmi lesquels on peut citer le bailliage d'Aire, la maison du Sagittaire à Amiens, l'hôtel de la Noble Cour à Cassel, l'hôtel de ville d'Hesdin.

## LE CLASSICISME ET LE BAROQUE (17e-18e S.)

Au cours des 17e et 18e s., l'architecture montre deux visages, l'un baroque, dominé par l'irrégularité des formes et l'abondance des ornements, l'autre classique, placé sous le signe de la sobriété et de l'observance des règles antiques. On trouve plutôt le style baroque dans la Flandre, le Hainaut et l'Artois et le style classique en Picardie.

Sous l'influence de la Contre-Réforme et de ses principaux artisans, les Jésuites, quantité d'édifices religieux sont bâtis au 17e s., comme les églises du Cateau-Cambrésis et d'Aire, les chapelles de Saint-Omer et de Cambrai.

Nombre de bâtiments civils baroques subsistent, souvent appareillés de briques et de pierres blanches. Caractérisée par des bossages et un riche décor sculpté, la Bourse de Lille a donné naissance au **baroque flamand**, que l'on retrouve dans la demeure de Gilles de La Boé à Lille, à l'hôpital de Seclin et au mont-de-piété de Bergues. Plus au sud, l'art baroque s'atténue et comporte des éléments classiques dans l'admirable ensemble des maisons à arcades et volutes des places d'Arras.

En Picardie, baroque et classique s'allient au 18e s., tant dans les abbayes de Valloires et de Prémontré que dans les châteaux de Bertangles, d'Arry, de Long, de Cercamp et la délicieuse folie de Bagatelle.

L'Artois et le Hainaut sont aussi riches en châteaux du 18e s., aux façades classiques décorées de frontons et presque « mangées » par les fenêtres : Colembert, Flers, Pont-de-Briques, Souverain-Moulin. Parmi les fleurons de cette architecture du 18e s. dans le Nord, le château de l'Hermitage, construit par le duc de Croÿ, près de Condé-sur-l'Escaut.

## LES RETABLES FLAMANDS

Dans le cadre de la Contre-Réforme engagée par le Vatican aux 16e et 17e s., l'Église décide qu'il faut embellir les lieux de cultes et diffuser plus largement les Évangiles. La richesse des édifices doit aussi se faire plus ostensible, tout à la gloire de Dieu. La tradition des retables se développe alors en Flandre maritime, les plus anciens remontant à la période 1620-1650. D'abord simples triptyques, comme celui trônant dans la mairie d'**Hondschoote**, Ils sont encore sous influence de la renaissance flamande du 16e s.

La structure du meuble est en sapin, importé des pays nordiques depuis le Moyen Âge, tandis que le décor sculpté est fait d'essences locales, aulne ou peuplier. Les œuvres peintes sont souvent réalisées par des artistes locaux (tels Jean de Reyn au 17e s. ou Matthieu Elias au 18e s.) imitant parfois les grands peintres flamands, Rubens en tête. Au 18e s., les retables s'enrichissent et deviennent architecturés, développant plusieurs travées et un décor de plus en plus riche.

**Où voir les plus rétables ?**

Les petites églises rurales des **Flandres**, autour de Hazebrouck, Saint-Omer ou Cassel *(voir ces noms)* recèlent des trésors mobiliers. Voyez aussi :

- **Honschotte**, l'hôtel de ville, pour un retable polyptyque de 1618, et l'église Saint-Vaast (1724).
- **Bollezelle**, l'église Saint-Wandrille, pour trois retables de la fin du 17e s.
- **Crochte**, l'église Saint-Georges.
- **Bambecque**, l'église Saint-Omer.
- **Pitgam**, le retable de l'autel Saint-Nicolas.

Voir le Chemin des retables *(p. 38)*.

# L'architecture militaire

## AVANT VAUBAN

Avec les derniers Valois, les ingénieurs militaires, instruits par l'exemple italien, adoptent le système des courtines défendues aux angles par des bastions saillants. Certains bastions, en forme d'as de pique, sont dits « à orillons » en raison de leurs renflements latéraux qui protègent du feu des assaillants les batteries couvrant la courtine. On peut voir ce genre d'ouvrages au Quesnoy.

Bastions et courtines, habituellement appareillés en pierres, sont couronnés de plates-formes portant les canons ; des tourelles suspendues surveillent fossés et alentours.

Au début du 17e s., Henri IV dispose d'un ingénieur spécialiste de la « castramétation », comme on dit alors : il s'agit de **Jean Errard** (1554-1610), de Bar-le-Duc, surnommé « le père de la fortification française ». Dans le Nord, Errard fortifie Ham et Montreuil, construit les citadelles de Calais, Laon, Doullens et Amiens, toujours existantes.

## AU TEMPS DE VAUBAN

**Sébastien Le Prestre de Vauban** (1633-1707) s'inspire de ses prédécesseurs pour établir son système caractérisé par des bastions que complètent des demi-lunes, le tout environné de profonds fossés. Profitant des obstacles naturels, utilisant les matériaux du pays, il donne une valeur esthétique à ses ouvrages.

Sur la côte et sur la frontière de Flandre et du Hainaut, Vauban met en place le **« Pré carré »** : deux lignes de places fortes assez rapprochées les unes des autres pour empêcher le passage de l'ennemi et pour se secourir entre elles en cas d'attaque.

La première comporte 15 places : Dunkerque, Bergues, Furnes, Knocke, Ypres, Menin, Lille, Tournai, Mortagne, Condé-sur-l'Escaut, Valenciennes, Le Quesnoy, Maubeuge, Philippeville et Dinant.

La seconde, en arrière, en comprend 13 : Gravelines, Saint-Omer, Aire-sur-la-Lys, Béthune (puis Saint-Venant), Arras, Douai, Bouchain, Cambrai, Landrecies, Avesnes, Marienbourg, Rocroi et Mézières.

Les fortifications du Nord remplirent leur mission défensive jusqu'aux invasions de 1814 et 1815. Durant la campagne de France en 1940, celles du Quesnoy, de Lille, Bergues, Dunkerque, Gravelines et Calais ont protégé la retraite des armées franco-britanniques.

## AU SIÈCLE DERNIER

Les blockhaus du **Mur de l'Atlantique** qui jalonnent le littoral ont été mis en place par l'Organisation Todt dès 1940. On en dénombrait environ 10 000 sur l'ensemble de la côte française en 1944, surtout dans le Nord-Pas-de-Calais, considéré comme zone de guerre contre l'Angleterre.

Dans les profondes forêts d'Éperlecques et de Clairmarais, les Allemands ont contruit d'énormes installations de béton pour le lancement des fusées V1 et V2 sur Londres. Les forteresses d'Éperlecques, de Mimoyecques et l'étonnante coupole d'Helfaut-Wizernes sont autant d'exemples impressionnants de la démesure de cette architecture de béton.

# ABC d'architecture

Les dessins présentés dans les planches qui suivent offrent un aperçu visuel de l'histoire de l'architecture dans la région et de ses particularités. Les définitions des termes d'art permettent de se familiariser avec un vocabulaire spécifique et de profiter au mieux des visites des monuments religieux, militaires ou civils.

## Architecture religieuse

**LILLERS**
**Plan de la collégiale St-Omer (12e s.)**

La seule grande église romane subsistant dans le Nord possède un plan en croix latine à transept saillant et chœur allongé.

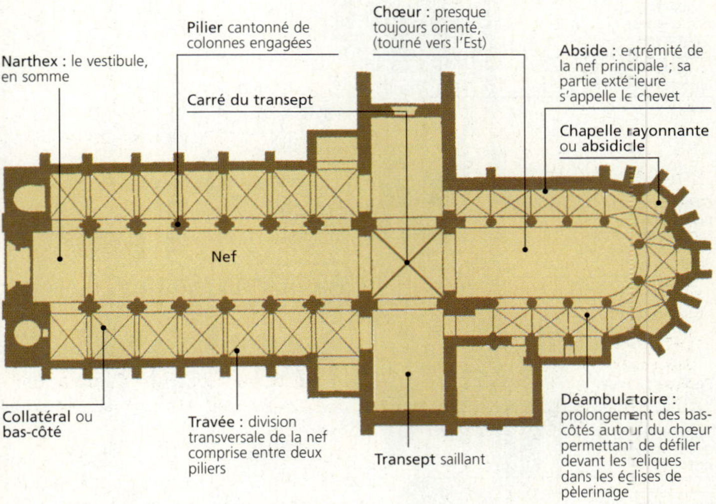


**ST-OMER**
**Coupe transversale de la cathédrale (13e-15e s.)**

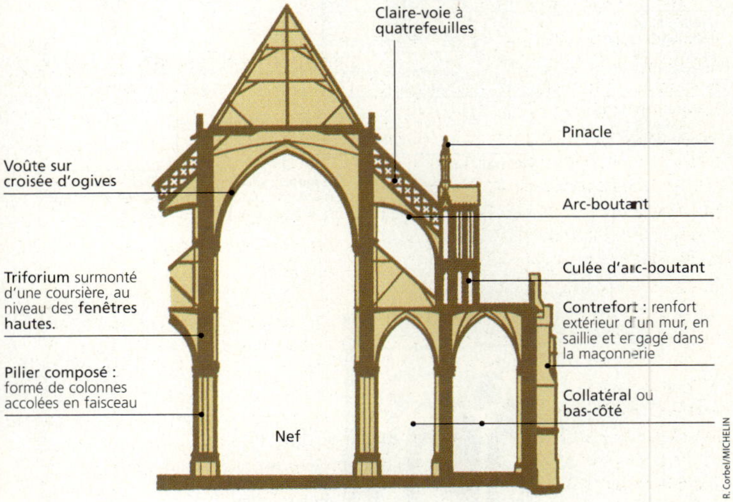

**AMIENS**
**Façade de la cathédrale (13e s.)**

La vaste cathédrale demeure l'édifice où l'architecture du gothique rayonnant est parvenue à son plein épanouissement.

R. Corbel/MICHELIN

**BEAUVAIS**
**Chevet de la cathédrale (13e s.)**

Malgré l'absence de flèche effondrée en 1573 et de nef (jamais construite faute d'argent), la cathédrale possède un magnifique chœur où la technique gothique atteint son apogée avec une hauteur sous voûte de 48 m.

**LAON – Intérieur de la cathédrale (1155-1220)**
L'architecture intérieure de la cathédrale frappe par son équilibre et sa clarté.

R. Corbel/MICHELIN

**AIRE-SUR-LA-LYS**
**Orgues de la collégiale (1653)**

Cet orgue richement sculpté provient de l'ancienne abbaye cistercienne de Clairmarais aux environs d'Aire-sur-la-Lys.

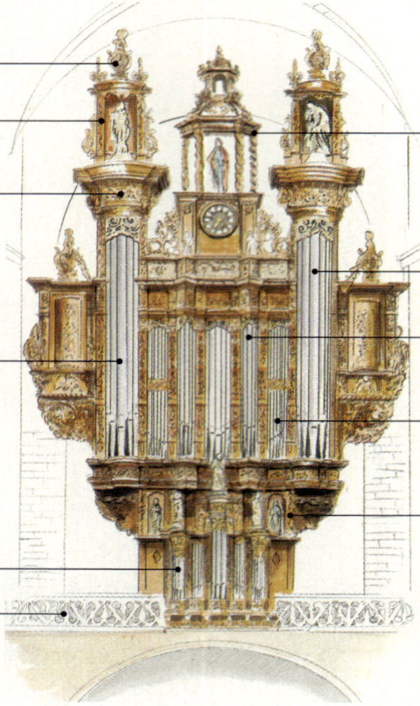


**QUAËDYPRE**
**Maître-autel et retable de l'église (fin 17e s.)**

Le retable est aux 17e et 18e s. une composition architecturale dressée derrière la table d'autel. Il est destiné à orienter la dévotion des fidèles.

R. Corbel/MICHELIN

## Architecture civile

**ARRAS**
**Façades de la Grand'Place (15e et 17e s.)**

À gauche l'hôtel des Trois Luppars (1467), la plus ancienne maison de la place, à droite maison datant de 1684.

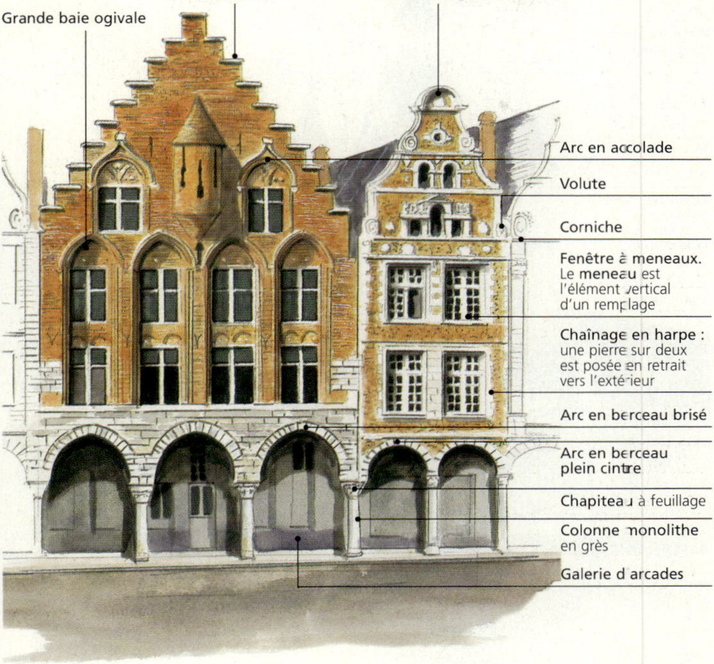


**LONG**
**Château (18e s.)**

Ce château, construit en appareil de brique et bossage de pierre, fut surnommé la folie Bussy du nom de son premier propriétaire qui y dépensa sa fortune.

**RUE – Beffroi (15e s.)**

Symbole de la puissance communale, le beffroi, tour de guet, servait également de lieu de réunion des échevins.

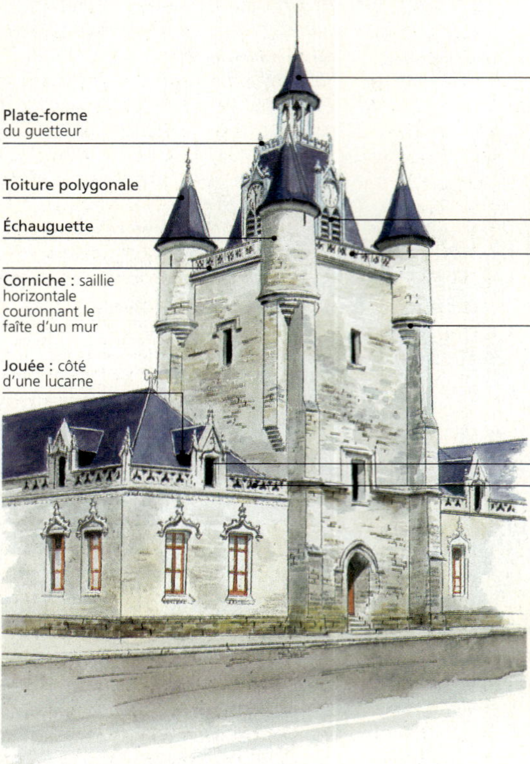


## Architecture militaire

**LE QUESNOY – Fortifications (12e s. puis 17e-19e s.)**

Très bien conservées, les fortifications ont été transformées à partir de 1667 selon les idées de Vauban et se trouvent aujourd'hui nichées dans un écrin de verdure.

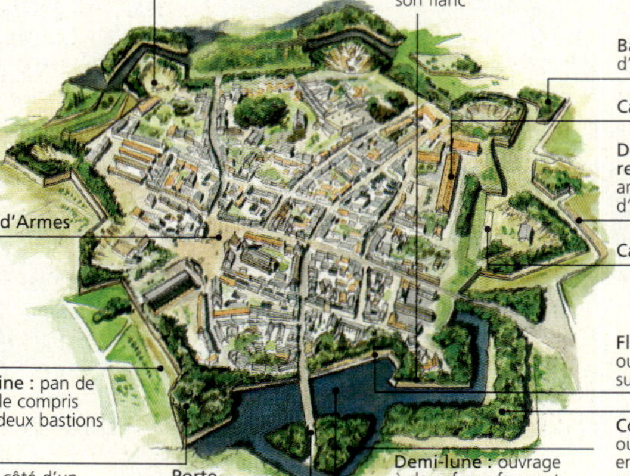


R. Corbel/MICHELIN

# Architecture traditionnelle

**Il ne faut pas se le cacher, les guerres successives, en particulier les deux dernières, ont mis à mal la typicité de l'architecture traditionnelle. Cependant, bien que privilégiant souvent la brique, les reconstructions d'après-guerre ont souvent conservé l'héritage des anciens bâtisseurs. Ainsi, les fermettes sont restées basses et allongées en Flandre, pour faire face au rigoureux climat ; les petits villages du plateau picard demeurent centrés sur leur église, etc. Autre témoignage d'un passé rural ou populaire à dénicher, le petit patrimoine vernaculaire.**

## MAISONS TYPIQUES

Pour faire simple, on passe, du sud vers le nord, de la pierre à la brique. Dans le sud de la Picardie, comme en forêt de Compiègne ou dans le Laonnois, de nombreux villages sont encore en pierre. Mais plus on remonte vers le nord, plus la brique devient omniprésente. Quelques briquetteries émaillent d'ailleurs encore le paysage, leur haute cheminée se dégageant dans le ciel. Mais brique ne veut pas dire monotonie. La tradition perdure en effet, en Picardie comme dans le Nord, de juxtaposer des briques de différentes couleurs, du rose pâle au rouge vif. Cela crée des camaïeux extraordinaires qui rompent les lignes.

### En Picardie

Ravagés en 1914-1918, les villages du **Santerre** et du **Vermandois** ont été rebâtis en brique dans les années 1920, ce qui leur donne parfois un caractère austère. Les fermes ont pris de l'ampleur et des airs de forteresses, leurs murailles s'animant de frises et de pilastres.

Plus à l'ouest, dans l'**Amiénois**, les « villages-tas » sont centrés sur l'église et bordés d'arbres jalonnant un « chemin de ronde ». Les fermes se lotissent derrière leurs **« courtils »** (jardins potagers). La **« carterie »**, portail et abri sous toit, donne sur la cour fermée qui précède la maison d'habitation. Dans le portail, une porte pour piétons est ajourée en sa partie supérieure de motifs dans la charpente (arbres de vie, croix de Saint-André, soleils) dont la fonction était protectrice. La cour est bordée de bâtiments (pigeonnier, écuries, étables) en torchis jaune beige. Au-dessus d'un soubassement en dur laissé apparent, le **« seulin »**, le torchis recouvre les murs.

**Bon à savoir** – Lorsque vous traversez un village, levez la tête pour admirer les **girouettes** en fer forgé qui fleurissent sur les toits des maisons. Leurs motifs peuvent être classiques, comme le coq, ou plus originaux (chien, chat, bœuf ou signes astrologiques).

Sur le littoral picard, **Marquenterre** et **Ponthieu** ont un habitat ouvert. Plus on se rapproche de la côte, plus il se disperse. Les fermes sont isolées par une haie percée d'un portillon en bois ; la maison se fait longue et ample, souvent de profil par rapport aux vents dominants. Les murs de torchis sont badigeonnés de chaux, et le rognon de silex noir s'emploie pour ses qualités d'étanchéité, en soubassement, ou pour constituer, en damier avec de la brique ou de la craie, de splendides **murs-pignons**, voire des églises entières. Progressivement, au 20e s., la tuile classique a remplacé la **« panne »**, un carreau allongé de glaise moulée, séchée, puis cuite. Les dernières panneteries disparaissent dans les années 1930.

**Bon à savoir** – Il reste cependant quelques maisons au toit de pannes, à dénicher dans le Ponthieu et autour de Bernaville.

### En Nord-Pas-de-Calais

En remontant par le littoral au-delà de la **baie de Somme**, les stations balnéaires rivalisent de fantaisie, passant de l'Art nouveau aux constructions modernes. Dans les collines boulonnaises de l'arrière-pays, d'imposantes fermes, anciennes demeures seigneuriales, ont des allures de manoirs, avec tourelles et éléments de défense. À l'inverse, le bocage du bas **Boulonnais** présente un habitat dispersé de fermes blanchies à la chaux.

En **Flandre maritime**, la nature semble plus hostile. Pour se défendre des vents d'ouest chargés de pluie, les maisons sont de plain-pied, basses et allongées : on les appelle les **« pannes flamandes »**. Les murs blanchis à la chaux sont égayés par les couleurs vives des portes et des volets.

De grosses fermes isolées parsèment la campagne ; aux beffrois, clochers et moulins répondent les grues et cheminées des ports de Dunkerque et Calais.

Reine de la région, la **brique** est couleur sable dans la Flandre maritime ; là où elle n'est pas peinte, elle prend des nuances allant du rose au violacé ou au brun, en **Flandre intérieure**. Dans le fond humide et verdoyant qu'offre cette région se détachent les **« censes »**, grandes fermes aux murs blancs et aux

Y. Tierny / MICHELIN

*La rue du Clape-en-Bas à Montreuil possède des maisons typiques de la vallée de la Canche.*

toits de tuiles rouges. Elles s'ordonnent autour d'une cour que dessert une porte charretière souvent surmontée d'un pigeonnier.

Entre la Lys et l'Escaut, l'agglomération de **Lille-Roubaix-Tourcoing** était un empire du textile ; de hautes cheminées d'usines en témoignent encore. La reine du Nord étend son emprise urbaine sur des kilomètres, rejoignant au delà les agglomérations belges de Tournai et Courtrai, de l'autre côté de la frontière. Au sud, la ville ne laisse que peu de place à la campagne avant de plonger dans le bassin minier.

Certains quartiers, au 19e s. entièrement consacrés au textile, résonnent encore du brouhaha des métiers à tisser. Les trois villes sœurs ont beaucoup souffert de la crise du textile depuis quelques décennies. De nombreux pans de ces cités ont été laissé à l'abandon pendant longtemps, mais se redressent aujourd'hui. Ainsi, les grandes villes du Nord connaissent un renouveau urbanistique, dont Lille est le meilleur exemple.

Enfin, plus à l'est, les maisons du **Hainaut** et de l'**Avesnois** sont massives, en brique, avec toits d'ardoises, soubassements et parements en pierre bleue, la « **fagne** ».

## LE MOBILIER PICARD

D'une façon générale, les formes et les décors de mobilier s'affinent en descendant vers le sud, passant des Flandres à l'Artois, puis à la Picardie.

Né au 18e s., l'art mobilier picard s'est fortement développé au cours du second 19e s. Il se caractérise par des meubles rustiques, en bois noble (en général du merisier, du cerisier ou du chêne), décorés de motifs floraux ou de formes géométriques.

L'**Amiénois** est une des régions reines de l'ébénisterie. De nombreux artisans y œuvraient et il reste encore quelques ateliers artisanaux aujourd'hui, notamment à **Vignacourt**. Ce petit village a d'ailleurs donné son nom au fleuron de l'ébénisterie picarde, la **traite de Vignacourt**. La traite en Picardie est aussi représentative de la région que l'armoire en Normandie. Sa forme découle de la dispositions des maisons en Picardie, allongées et basses de plafond. Ce long meuble, flanqué de deux à huit portes et orné de roses ou d'églantine, faisait naguère partie de la dot des jeunes mariées picardes. Parfois même, un cœur finement ciselé décorait la porte principale.

D'autres meubles sont caractéristiques de la région : l'**égouttoir** à vaisselle, l'**étimier**, qui servait à ranger les étains, ou la **table à pain**. Cette pièce, dont le plateau faisait de 50 cm à un mètre de large, servait de table d'appoint lors des repas. Elle est pliante, ce qui en fait une table d'avant-garde pour l'époque. Enfin, dans la salle commune trônait l'**horloge**, très haute dans son grand coffre de bois, toujours décoré. L'horloge picarde est élancée, jamais ventrue comme la comtoise. À ses côtés s'asseyait le chef de famille, dans son fauteuil picard, ou **« cadot »**, chaise paillée à accoudoir en crosse et grand dossier.

## LE PATRIMOINE VERNACULAIRE

La campagne du Nord et de la Picardie est jalonnée de petits joyaux, témoins de la richesse historique et humaine de ces contrées. N'hésitez-pas à vous aventurer en milieux rural, à flâner, à vous « perdre », vous serez rarement déçu. Au détour d'un virage, à la sortie d'un village, un patrimoine séculaire s'offre à vous. **Calvaires** en fer forgé, petites **stèles** funéraires, **chapelles** dédiées aux saints locaux, Omer ou Adhélard, monolithes dressés ou mystérieux **menhirs**, **oratoires**, grandioses monuments aux morts en souvenir de la Grande Guerre... C'est ici, dans les détails de la petite histoire, que vous comprendrez la région et en apprécierez le charme.

Un seul exemple, celui des **chapelles bleues**, de la couleur de la pierre typique de la région, en Thiérache et en Avesnois. On en compte environ un millier. Toujours construites à la campagne, elles invitent le voyageur, par leur simplicité et leur singularité, à la méditation, au recueillement. Pour un tiers consacrées à la Vierge, elles ont été édifiées au 18e et au 19e s. et sont toujours bien entretenues aujourd'hui.

## LES RECONTRUCTIONS D'APRÈS-GUERRES

Les deux régions ayant eu à subir les deux guerres mondiales, il a ensuite fallu reconstruire. Certaines villes ont été jusqu'à 80 % détruites, comme **Saint-Quentin** (entre 1914 et 1918) ou **Amiens** (bombardements de 1940 et 1944), et des dizaines de villages ont été totalement rasés. Faute de moyens, les habitants ont reconstruit en simples briques rouges, sans artifice. C'est le cas des villages ravagés par la Grande Guerre, dans le Santerre par exemple.

Toutefois, certaines villes profitent de l'occasion pour insuffler à l'urbanisme un vent nouveau, celui de l'**Art déco**, pendant l'Entre-deux-guerres. Ainsi, en Picardie, Amiens et Beauvais font preuve de modernité en imposant ce style à de nombreuses façades de leur centre, comme dans la rue de la République à Amiens, le boulevard Saint-André ou l'avenue Victor-Hugo à Beauvais. Mais c'est dans l'**Aisne** que le mouvement est le plus visible. À Saint-Quentin par exemple, la reconstruction des années 1920 adopte le style pour les grands magasins, les cinémas et quelques habitations. L'intérieur des édifices peut aussi être Art déco, comme la salle du conseil municipal, dans l'hôtel de ville.

**Bon à savoir** – L'office du tourisme de Saint-Quentin a mis en place un circuit à la découverte de l'Art déco.

Après la Seconde Guerre mondiale, les villes ont plutôt privilégié le **béton** aux matériaux classiques. La place de la Gare à Amiens en est un bon exemple, de style néoclassique un peu austère, flanquée de sa tour réalisée par **Auguste Perret** dans l'immédiate après-guerre. Aujourd'hui, la place et ses alentours font l'objet d'un réaménagement (parking souterrain, grande verrière, agrandissement du centre commercial). On pourrait aussi citer Beauvais, Calais ou Dunkerque.

## RECONVERSION DU PATRIMOINE INDUSTRIEL

Certains grands centres industriels du Nord suivent cette tendance à la reconversion. Après les crises économiques successives, de vastes friches industrielles sont apparues, parfois en plein centre-ville. Face à cela, les pouvoirs publics font dans certains cas table rase : à **Lille**, derrière la gare des Flandres, les anciennes usines ont laissé la place à l'immense centre commercial Euralille et à la nouvelle gare TGV Lille-Europe, bâtis au début des années 1990.

À l'inverse, certains sites industriels, bien que longtemps laissés en friche, ont fait l'objet de réhabilitions, à vocation culturelle, artistique ou sociale. À Arras, une ancienne usine de lampe à mineur abrite aujourd'hui **Cité Nature**. Autres exemples, les anciens ateliers de filature de Roubaix et Lille deviennent de formidables **lieux de culture** *(voir les Maisons Folie, p. 87)*. Ils redonnent vie à des quartiers entiers, sans mettre de côté leur riche passé industriel, commercial ou rural. De même, certaines usines de la banlieue lilloise sont aujourd'hui reconverties en vastes et luxueux appartements. Dans le bassin minier, les **corons**, petites maisons populaires en enfilade, sont réhabilités et réaménages. Ils sont cependant pour la plupart habités par des locataires à faible revenu.

# LA DESTINATION AUJOURD'HUI

**De tradition essentiellement textile et métallurgique, le Nord-Pas-de-Calais et la Picardie ont logiquement souffert des crises successives qui ont touché ces secteurs industriels depuis une trentaine d'années. Mais au cœur de l'Europe, la région a su rebondir. Elle offre aujourd'hui à ses habitants une nouvelle chance de prospérité, fondée sur le développement des services, des transports et des nouvelles technologies. Enfin, elle reste attachée à son formidable patrimoine culturel et humain, dont les carnavals du Nord ou les ducasses de Picardie ne sont que de festifs emblèmes.**

J.-Charles Cuvelier / Fotolia.com

*Le joyeux carnaval de Dunkerque.*

## Populations et richesses

### QUELQUES CHIFFRES

#### Nord-Pas-de-Calais

La région Nord-Pas-de-Calais, dont **Lille** est la capitale, regroupe les deux départements du même nom. La population y est importante, autour de 4 millions de personnes, avec des densités fortes. Ainsi, plus de 80 % de la population se concentre sur moins de 40 % du territoire régional. Les zones les plus peuplées sont la métropole lilloise, l'ancien bassin minier, ainsi que le littoral. Globalement, la population est plus jeune que la moyenne nationale. Le taux de chômage reste important, autour de 13 %.

**Le Nord**
**Superficie :** 5 742 km$^2$
**Préfecture :** Lille
**Sous-préfectures :** Avesnes-sur-Helpe, Cambrai, Douai, Dunkerque, Valenciennes
**Nombre d'habitants :** 2 560 000
**Densité :** 445 hab. au km$^2$

**Le Pas-de-Calais**
**Superficie :** 6 671 km$^2$
**Préfecture :** Arras
**Sous-préfectures :** Béthune, Boulogne-sur-mer, Calais, Lens, Montreuil, Saint-Omer
**Nombre d'habitants :** 1 452 000
**Densité :** 216 hab. au km$^2$

#### Picardie

La région Picardie se compose des départements de l'Aisne, de l'Oise et de la Somme. **Amiens** en est la capitale. La Picardie n'est pas une région très peuplée. Sa population a peu varié depuis une cinquantaine d'années et le vieillissement commence à se faire sentir. Les zones les plus densément occupées sont l'Amiénois, la côte picarde et le sud de l'Oise, tombé dans la zone d'influence de la banlieue parisienne. Le taux de chômage tourne autour de 10,5 %.

**L'Aisne**
**Superficie :** 7 369 km$^2$
**Préfecture :** Laon
**Sous-préfectures :** Château-Thierry, Saint-Quentin, Soissons, Vervins
**Nombre d'habitants :** 535 000
**Densité :** 73 hab. au km$^2$

### L'Oise

**Supercifie :** 5 860 km$^2$
**Préfecture :** Beauvais
**Sous-préfectures :** Clermont, Compiègne, Senlis
**Nombre d'habitants :** 779 000
**Densité :** 132 hab. au km$^2$

### La Somme

**Superficie :** 6 170 km$^2$
**Préfecture :** Amiens
**Sous-préfectures :** Abbeville, Montdidier, Péronne
**Nombre d'habitants :** 558 000
**Densité :** 90 hab. au km$^2$

## LE RENOUVEAU DU NORD-PAS-DE-CALAIS

Par sa situation frontalière, la modestie de son relief et ses richesses agricoles, le Nord-Pas-de-Calais est, depuis le Moyen Âge, une région d'échanges, à forte densité de population, comme on vient de l'évoquer. Très tôt enrichies par le textile et le commerce, les villes ont affirmé leur autonomie, symbolisée par les beffrois.

L'**agriculture** occupe encore près des trois quarts du territoire. Sur la façade maritime, Boulogne est le premier port de pêche français. Le « pas » de Calais, point le plus étroit entre le continent européen et la Grande-Bretagne, se trouve sur la voie maritime la plus fréquentée du monde. Le port de Calais est le premier port de France en terme de voyageurs, celui de Dunkerque le 3$^e$ pour les marchandises. D'autres équipements assurent une cohérence nécessaire pour des échanges en constante progression : aéroport international de Lille, TGV Nord-Europe, nouvelle liaison autoroutière en devenir (A 24) vers le Bassin parisien, plate-forme multimodale de Dourges et tunnel sous la Manche dans le Pas-de-Calais.

L'économie du territoire ne se résume donc pas à un champ d'usines désaffectées ou de mines à l'abandon. Certes, les activités historiques de la région ont beaucoup souffert de la crise industrielle des années 1970. Mais le Nord-Pas-de-Calais demeure la 3$^e$ région économique française et la 2$^e$ région exportatrice. Elle dispose d'un tissu industriel imposant, servi par des infrastructures de transport à la hauteur.

### Les nouvelles orientations économiques

**Métallurgie** – L'industrie métallurgique a connu de nombreux bouleversements. Son principal critère de localisation était la proximité des matières premières. Depuis les années 1960, la mondialisation de l'économie et la baisse des coûts de transport, en permettant l'importation de matières premières plus riches en teneur, ont déplacé la métallurgie vers les ports.

**Agroalimentaire** – C'est le premier secteur industriel de la région. Les productions régionales sont à l'origine des minoteries, biscuiteries, féculeries, brasseries, raffineries de chicorée… La **betterave** engendre une industrie active : râperies, sucreries, raffineries, distilleries. Les **conserveries** produisent un tiers du total national pour les légumes et plats cuisinés, et la moitié pour les poissons (Boulogne).

**Textile** – Cette tradition remonte au Moyen Âge. La région fut longtemps le fleuron de l'industrie française en la matière. Ces dernières années, la concurrence internationale a fortement touché le secteur, entraînant nombre de délocalisations et de licenciements. Cependant, dans ce contexte de crise, le Nord-Pas-de-Calais reste la seule région d'Europe offrant une telle diversité, des matières premières jusqu'aux tissus artificiels et à la confection. Elle fournit l'essentiel de la production française de **lin** (vallée de la Lys) et de peignage, ainsi qu'une part importante du fil et du tissage (laine et coton). Elle produit aussi les célèbres dentelles de Calais et de Caudry.

### Le canal à grand gabarit Seine-Nord

Pour faire face à l'augmentation des trafics en Europe et pour désengorger les voies routières et maritimes, les pouvoirs publics comptent s'appuyer sur le développement du **trafic fluvial**. Ainsi est programmé le creusement du canal à grand gabarit Seine-Nord, long d'une centaine de kilomètres, entre Compiègne et Arleux. Ce dernier tronçon relierait Amsterdam à Paris, c'est-à-dire l'Île-de-France aux grands ports d'Europe du Nord.

54 m de largeur, 4,5 m de tirant d'eau, des convois de 4 400 t (au lieu de 700 aujourd'hui sur le canal du Nord), les chiffres sont impressionnants. Le tracé de cette autoroute fluviale est établi, les travaux devraient aboutir en 2012. Mais cette option ne va pas sans poser des problèmes écologiques et économiques : place centrale de l'agroalimentaire et des grandes cultures sur le tracé, problème de gestion de la demande en eau, tout simplement gigantesque…

L'activité la plus originale est la **vente par correspondance**. Parmi les dix plus importantes entreprises françaises, cinq se trouvent dans la région, La Redoute et les Trois Suisses occupant les deux premières places.

**La grande distribution** – Le Nord-Pas-de-Calais est le berceau de grands groupes de distribution, qui ont ensuite essaimé dans toute l'Europe. La famille Mulliez, originaire du Nord, est emblématique de la reconversion des grandes familles du textile en d'autres activités. Elle a ainsi créé de nombreuses enseignes aujourd'hui internationalement reconnues : Décathlon pour le sport et les activités de plein air, Boulanger pour la hi-fi, les hypermarchés Auchan... Les premiers magasins naissent au début des années 1960 dans la banlieue lilloise, souvent dans des anciennes usines désaffectées. En 1971, le groupe part à la conquête de la France. Deux décennies plus tard, Auchan est implanté dans toute l'Europe, et au-delà.

Parallèlement, le secteur des services, aux entreprises comme aux particuliers, a vu un réel développement ces dernières années.

**Autres activités** – La **chimie organique**, l'industrie du verre et du cristal (Arques) et celle du papier et du carton connaissent un essor remarquable. Le **matériel ferroviaire** français, dont le VAL (métro automatique exporté dans le monde entier), est construit près de Valenciennes et Douai. La téléphonie et le télémarketing ont récemment investi la métropole lilloise, ainsi que de nombreux établissements de crédit à la consommation, qui y ont installé leur siège social. L'**industrie automobile** est établie à Douai, Maubeuge, Douvrin, Houdain et, depuis peu, à Onnaing.

### La tradition aéronautique

C'est en 1919 que l'industriel **Henri Potez** installe ses premières usines aéronautiques sur le site de Méaulte, près d'Albert. Elles comptent rapidement, dans l'Entre-deux-guerres, parmi les plus grandes d'Europe : 7 000 avions en sortiront.

**Bon à savoir** – Un exemplaire du fameux « potez », avion à hélice datant de 1936, est suspendu dans la gare d'Albert.

La tradition perdure jusqu'à l'installation d'un **site de l'Aérospatiale**. L'usine s'est spécialisée dans la fabrication des « nez » d'avions, en particulier celui de l'Airbus 380. Les pièces sont ensuite acheminées vers les usines de Toulouse ou Hambourg pour y être assemblées.

En tout, ce sont près de 3 000 personnes qui vivent de la filière dans la région.

## LA PICARDIE ENTRE AGRICULTURE ET INDUSTRIE

La Picardie est une région de tradition industrielle, même si les paysages témoignent d'une activité agricole intense et moderne. Dans le Santerre, les champs s'étendent à perte de vue ; c'est le royaume de la pomme de terre, de la betterave et des céréales. Dans ce secteur, la concentration agricole devient importante, et il n'est pas rare de croiser des exploitations de plus de 500 hectares. L'**industrie agroalimentaire** y est ici aussi fortement implantée.

Héritage du Moyen Âge, l'**industrie textile** subsiste à Amiens, ancienne

OT de Tourcoing

*L'hospice d'Havré, à Tourcoing, transformé en Maison Folie.*

capitale du velours et de la teinturerie, et Saint-Quentin, dans le Santerre, la vallée de la Nièvre et la moyenne vallée de la Somme. Les vieux métiers, filatier, bonnetier, tisserand rural, houppier (préparateur de la laine), ont progressivement laissé la place aux filatures modernes, elles-mêmes aujourd'hui en difficulté face à la concurrence internationale.

La **métallurgie**, principale activité industrielle, se répartit dans les grandes villes et les campagnes (robinetterie-serrurerie du Vimeu, brosserie dans la vallée du Thérain).

L'industrie picarde se caractérise par sa diversité : verre de Saint-Gobain, équipement automobile, notamment le pneumatique, chimie, cosmétiques, parachimie, plastique-caoutchouc. Elle se classe première pour la conserverie de légumes, les légumes surgelés, le sucre et ses dérivés, et deuxième pour les plats cuisinés, la parachimie, le verre.

L'**aéronautique** est un secteur important en Picardie. Outre le site de Méaulte *(voir l'encadré)*, d'autres PME sous-traitantes profitent, dans l'Oise, de la proximité de grands groupes dans le Bassin parisien (Thalès, Dassault...).

### LES MAISONS FOLIE

Littéralement, une « Folie » désigne un lieu de rencontre et de discussions, une construction ludique dans les parcs royaux des 18e et 19e s. Depuis « Lille 2004 », le terme désigne d'anciennes filatures, malteries ou autres sites industriels ou agricoles réhabilités en lieux conviviaux de rencontres et d'échanges culturels, artistiques ou festifs. 12 Maisons Folie ont ainsi vu le jour dans la métropole lilloise mais aussi ailleurs dans le Nord, le Pas-de-Calais et en Belgique. À l'origine éphémères, elles sont finalement toujours en activité.

#### Les « Folies »

Pour en connaître le programme culturel, renseignez-vous directement auprès de chaque maison :

**Maubeuge** *(pl. Vauban - ✆ 03 27 67 19 83)* ; **Villeneuve-d'Ascq** *(ferme d'En Haut - av. Champollion - ✆ 03 20 61 01 46)* ; **Mons-en-Barœul** *(fort de Mons - r. de Normandie - ✆ 03 20 61 26 10)* ; **Lille** *(Wazemmes - 70 r. des Sazzarins - ✆ 03 20 78 20 23 ; Moulins - 47-49 r. d'Arras - ✆ 03 20 95 08 82)* ; **Tourcoing** *(hospice d'Havré - 100 r. de Tournai - ✆ 03 20 68 54 10)* ; **Roubaix** *(La Condition publique - 14 pl. Faidherbe - ✆ 03 28 33 57 57)* ; **Lambersart** *(Le Colysée - berges de la Deûle - ✆ 03 20 00 60 06)* ; **Arras** *(hôtel de Guînes - r. des Jongleurs - ✆ 03 21 50 50 50)*.

## Fêtes et traditions

**Flamands, Artésiens, Cambrésiens, Hainuyers..., bref, ceux que l'on appelle les « Ch'timis » ne ratent aucune occasion de s'amuser. Kermesses endiablées, ripailles à faire craquer Bruegel l'Ancien, brocantes, ducasses et jeux traditionnels animent le plat pays en attendant l'éveil des géants et les grands cortèges carnavalesques qui se tiennent notamment à la période de Mardi gras.**

Le mot **« ducasse »** vient de « dédicace », jour de liesse traditionnellement voué à un saint. Et « kermesse » signifie « foire de l'église ». Mais aux processions se sont ajoutés les stands de forains, les concours, et souvent, une braderie.

Sens de l'accueil, bonne humeur communicative, explosions de rires et de joie font oublier que le travail reste, depuis des générations, l'un des piliers de l'homme du Nord. Le secret, c'est que la fête donne goût au labeur et apporte toute sa consistance au quotidien.

### LES CARNAVALS

Occasion de se déguiser et de suivre des défilés de chars, les carnavals se déroulent traditionnellement au moment de **Mardi gras**, comme à Dunkerque, où la fête dure trois jours. Mais certains carnavals ont lieu à d'autres périodes de l'année... Ils possèdent un rôle intégrateur – renforcement du sentiment d'appartenance – et permettent de transgresser l'ordre établi. C'est une brèche dans le quotidien, où toutes les extravagances sont permises. La différence entre acteurs et spectateurs est abolie : on n'assiste pas au carnaval, on le vit !

### LES GÉANTS

On les nomme **« gayants »** en picard ou **« reuzes »** en flamand. Ils forment une famille prolifique – environ 200 personnages – et incarnent l'âme de toutes les fêtes. Ils se manifestent au son des fifres et des tambours, entourés de diables, gardes du corps, roue de la fortune... et de leur progéniture, souvent nombreuse. Un hymne leur est attaché, comme les **reuzelieds** à Dunkerque et à Cassel.

Les premiers géants sont apparus au 13e s. au Portugal, et au 16e s. dans le Nord. Suspectés par l'Église, ils sont revenus en force au début du 20e s.

*Le géant de Bergues, devant l'hôtel de ville.*

Des légendes leur sont attachées, venues du fond des temps. Certains sont des **guerriers**, comme les Reuzes à Dunkerque et Cassel, d'origine scandinave, d'autres les **fondateurs** d'une cité, comme Lydéric et Phinaert à Lille. On rencontre des **personnages historiques** comme Guillaume le Conquérant à Saint-Valery-sur-Somme; Roland d'Hazebrouck, croisé de Baudouin de Flandre; Herbert (comte du Vermandois au 11e s.) et Éléonore (dernière comtesse du Vermandois – fin 12e s.) à Saint-Quentin; la cabaretière Jeanne Maillotte, qui repoussa les « Hurlus » à Lille; l'Électeur de Bergues, qui vota pour le député Lamartine. Certains géants forment des **couples célèbres**, notamment Martin et Martine, les jaquemarts de Cambrai, Colas et Jacqueline à Arras, Arlequin et Colombine à Bruay-la-Buissière. Les **héros de légendes** abondent, tels Gargantua à Bailleul; Gambrinus, célèbre roi de la bière à Armentières, Yan den Houtkapper, bûcheron qui tailla des bottes pour Charlemagne à Steenvoorde, Gayant de Douai, qui aurait délivré sa ville des brigands. On ne compte pas les **personnages populaires** : parmi eux, Gédéon, le carillonneur de Bourbourg qui sauva les cloches du beffroi; le colporteur Tisje Tasje d'Hazebrouck, symbole de l'esprit flamand avec sa femme Toria et sa fille Babe Tisje; Ko Pierre, le tambour-major, à Aniche. Les **corps de métiers** sont bien représentés avec le maraîcher Baptistin à Saint-Omer, le mineur Cafougnette à Denain et le pêcheur Batisse à Boulogne-sur-Mer. Sans oublier un « petit géant », l'espiègle Binbin, un **enfant** de Valenciennes.

## LE « VLAMSCH » ET LE « CH'TIMI »

Si le goth a donné le **flamand**, du latin est notamment née la langue d'oïl… mère du **picard**, entre autres.

Au nord d'une ligne – fort théorique – allant de Saint-Omer à Bailleul, on entend parfois les échappées du flamand. Il règne en maître dans de nombreux estaminets le long de la frontière et on en vient à ne pas toujours savoir de quel côté on se trouve, France ou Belgique.

### Le picard, mode d'emploi

**Achteure** : maintenant
**Afutiau** : objet
**Barète** : chapeau en cuir du mineur
**Briket** : casse-croûte
**Busier** : réfléchir
**Caïère** : chaise
**Cauches** : chaussettes
**Chiclet** : bonbon
**Chlaguer** : aller vite
**Dringuèle** : pourboire
**Éclète** : gousse d'ail
**Fuche** ! : bah !
**Funquer** : fumer
**Gaillète** : morceau de charbon
**Harnaker** : mal habiller, accoutrer
**Imberdouiller** : salir
**Macaron** : tache
**Mademoiselle** : libellule
**Niouque** : zut !
**Ouvrache** : travail
**Trifouïer** : chercher
**Vinguète** ! : bon sang !
**Wassingue** : serpillière

Quant au picard, il joue aussi à saute-frontière : son bassin forme une courbe au nord de Beauvais et Laon jusqu'au Hainaut, en Belgique. Là, on appelle un chat un « cat » ! Pour autant, ce dialecte ne provient pas d'une simple déformation du français : une bonne moitié du vocabulaire picard, très riche, s'en distingue. Le picard a connu un fort développement au Moyen Âge, notamment en littérature. D'une façon générale, il a moins évolué que le français et demeure plus conservateur dans le vocabulaire et la syntaxe. Il se distingue par la drôlerie de ses expressions imagées et par une poésie rustique, dont l'écrivain **Hector Crinon**, au 19e s., est le meilleur représentant. Aujourd'hui, le picard a quasiment disparu en tant que langue courante, mais subsiste par le biais d'associations, de spectacles et grâce au travail de l'Office régional des langues, très actif.

Au-delà des différences de vocabulaire propres à chaque région, tout est affaire d'accent : à l'oreille, le ch'timi de la région d'Armentières se distingue du rouchi de Valenciennes ou du patois de « Beteune »...

## LES CARILLONS

Enclos dans les clochers des églises ou au sommet des beffrois, les carillons rythment la vie de nombreuses villes. Ils possèdent à leur répertoire différentes mélodies selon qu'ils annoncent l'heure, le quart, la demie ou les trois quarts.

Le mot « carillon » viendrait de **quadrillon**, jeu de quatre petites cloches. Les premières horloges mécaniques du Moyen Âge s'équipèrent de cet instrument. Un **bateleur** frappait les cloches à l'aide d'un maillet ou d'un marteau. Au cours des siècles, l'ajout d'un mécanisme, d'un clavier manuel et d'un pédalier a permis d'augmenter le nombre des cloches – on en compte 62 à Douai – et d'enrichir les sonorités.

**Bon à savoir** – Des concerts de carillons sont régulièrement organisés dans certaines villes : c'est le cas à Douai, Seclin, Saint-Amand-les-Eaux, Maubeuge, Saint-Quentin ou encore Avesnes-sur-Helpe.

### Carillons

**OÙ ENTENDRE LES PLUS BEAUX CARILLONS ?**

**Douai** – Hôtel de ville (62 cloches) ; carillon ambulant (53 cloches) ;
**Tourcoing** – Église Saint-Christophe (61 cloches) ;
**Hondschoote** – Église (60 cloches) ;
**Bergues** – Beffroi (50 cloches) ;
**Capelle-la-Grande** – Beffroi (49 cloches) ;
**Avesnes-sur-Helpe** – Collégiale Saint-Nicolas (48 cloches) ;
**Dunkerque** – Tour Saint-Eloi (48 cloches) ;
**Le Quesnoy** – Hôtel de ville (48 cloches) ;
**Orchies** – Église (48 cloches) ;
**Saint-Amand-les-Eaux** – Tour abbatiale (48 cloches) ;
**Saint-Quentin** – Hôtel de ville (37 cloches) ;
**Seclin** – Collégiale Saint-Piat (42 cloches).

## LES MARIONNETTES

La Picardie et le Nord perpétuent la tradition des marionnettes de type mixte, c'est-à-dire maniées à l'aide d'une **tringle** et de **fils**.

L'Amiénois **Lafleur**, célèbre cabotan picard, se reconnaît à sa livrée de velours rouge et à son franc-parler. Ce valet, qui personnifie le bon sens populaire, s'est répandu jusque dans le Borinage et le Hainaut, en Belgique. Sa devise est : « Bien boire, bien manger et ne rien faire » ; son épouse s'appelle **Sandrine**, et son ami **Tchiot Blaise**. Lille possède aussi sa marionnette : **Jacques**.

## LES JEUX TRADITIONNELS

### D'extérieur

**Tir à l'arc** – Au Moyen Âge, les archers faisaient l'orgueil des comtes de Flandre, qu'ils accompagnaient dans toutes leurs expéditions. Dès la fondation des communes, ils se regroupèrent en confréries ou ghildes, toujours actives. Ils se manifestent encore dans les cérémonies publiques, vêtus de costumes colorés, brandissant l'étendard de leur confrérie. Aujourd'hui, le tir à l'arc se pratique de plusieurs façons, la plus typique étant le tir à la verticale ou tir à la perche, qui consiste à abattre des oiseaux factices fixés sur des grilles, elles-mêmes attachées à une longue perche. Au sommet se trouve la cible la plus difficile à atteindre, le « **papegai** ». Le vainqueur est proclamé « roi de la perche ». En hiver, ce sport se pratique à l'intérieur : on tire à l'horizontale sur une grille légèrement oblique.

Le **tir à l'arbalète** est une autre tradition médiévale qui conserve ses adeptes, regroupés en confréries.

**Le billon** – C'est une bille de bois, lourde et allongée. Il faut placer sa partie effilée le plus près possible d'un poteau situé à 9 m, ou la faire passer à travers un râteau (3 trous) ou un arceau (1 trou).

**Les jeux de boule** – La taille et la forme, souvent plate, varient selon les régions. On trouve encore des clubs de boulistes dans le Nord.

**Les quilles** – Dans la région de Montreuil-sur-mer, on pratique le jeu de quilles, ancêtre du bowling, qui lui ressemble encore.

**Le tonneau** – Emblématique des fêtes populaires picardes, le tonneau demande une attention d'équilibriste. Le joueur doit parcourir 5 m juché sur un tonneau qui glisse à l'horizontal sur deux trépieds savonnés. Il avance en tirant sur une corde, reliée à une poulie. Le but, bien sûr, est de tenir sur le tonneau et d'éviter ainsi le bac d'eau au-dessus duquel on évolue.

**Les jeux de balles** – Ils en existent quatre formes en Picardie. Les plus communes sont la longue paume et le ballon au poing. Ce sont des sports collectifs, pratiqués sur un terrain de la taille d'un cours de tennis, ou un peu plus grand.

**Bon à savoir** – Ces jeux sont encore pratiqués à la campagne.
Promenez-vous dans les villages du plateau picard ou dans la région de Montdidier et mêlez-vous à la foule, l'ambiance est garantie.

## D'estaminet

**Le bouchon** – Les équipes s'affrontent, abattant avec leurs palets de métal des bouchons de liège et de bois, sur lesquels on pose parfois des pièces de monnaie.

**Le javelot** – Petite flèche empennée de 30 à 60 cm, le javelot se lance sur un faisceau de paille très serrée qui sert de cible (même principe que pour le jeu de fléchettes).

**Le jeu d'assiettes** – Pratiqué en Picardie, le joueur et son adversaire lancent à tour de rôle une assiette en bois de 12 à 15 cm de diamètre sur une table de trois mètres de long. L'assiette doit aller le plus loin possible, sans tomber.

**Le hamertje** – Le jeu du marteau se pratique depuis la Renaissance. Quatre joueurs s'affrontent autour d'une table, deux trous devant eux. L'objectif est de défendre ses cavités à l'aide du marteau et d'essayer d'envoyer la balle dans un trou adverse.

**Le toptafel** – Dans un caisson carré, appelé « table à toupie », plusieurs petites quilles sont disposées, plus ou moins accessibles. À l'aide d'une toupie lancée en tirant sur la ficelle qui la retient, il faut abattre le plus de quilles possible.

**La bourle** (plattebollen) – Très populaire dans la région de Lille-Roubaix-Tourcoing, ce jeu est composé d'une épaisse roue de bois, qu'on manie un peu comme à la pétanque, sur une « bourloire ». **« Trou-madame »** est une version miniature de la bourle. Les palets sont beaucoup plus légers et doivent être projetés dans l'un des neuf petits casiers d'un plateau de jeu.

**Billard Nicolas** – Il faut, sinon du souffle, du moins une bonne poire pour y jouer. Autour d'un plateau rond, le jeu consiste à propulser la bille dans le camp adverse en comprimant des poires en caoutchouc pour faire du vent. La **grenouille** (putback) gobe les jetons des plus adroits.

M. Langray

*Partie de billard Nicolas dans un estaminet.*

### Une tradition picarde : la chasse au gibier d'eau

Au fil des siècles, les hommes ont su exploiter les formidables richesses naturelles de la région (« mollières », larges vallées tourbeuses ou alluviales, vaste estran des baies…) pour en faire des hauts lieux de la chasse traditionnelle au gibier d'eau. Les techniques ont toujours été adaptées au milieu et au type de gibier. Le **hutteau** ou le cercueil dans les baies, qui demandent une fine connaissance du terrain et des courants, les **huttes** dans l'intérieur des terres.

La chasse au gibier d'eau se pratique principalement la nuit, d'août à janvier, lors des périodes migratoires.

Du Tréport à Zuydcotte, dans les vallées de l'Oise ou de la Somme, le long de la frontière belge… la chasse au gibier d'eau est une activité traditionnelle dans toute la région, issue d'une culture séculaire.

### Avec des animaux

**Combats de coqs** – Dans le « gallodrome », un petit ring autour duquel s'amassent les parieurs, les coqs orgueilleux et vindicatifs, aux ergots munis de lames d'acier tranchant, bataillent jusqu'à ce que mort s'ensuive… sous l'œil inquiet de leurs éleveurs, les « coqueleux ». Ces combats ont été interdits dans les années 1850, mais devant la ferveur et la mobilisation populaire, ils sont à nouveau tolérés depuis une quarantaine d'années. Aujourd'hui, cette pratique qui semble d'un autre âge se perpétue surtout dans la région de Jeumont, près d'Avesnes-sur-Helpe, ainsi que dans les Flandres et la vallée de la Lys. Il reste aujourd'hui une trentaine de gallodromes en France, quelques-uns en Belgique.

**Chiens ratiers** – Le jeu est tout aussi cruel : trois rats sont introduits dans une cage, le chien entre à la suite. On chronomètre alors le temps que ce dernier met pour tuer ses adversaires.

**Colombophilie** – Les concours de vitesse et de précision pour les pigeons voyageurs connaissent un grand succès, dans le Nord comme en Picardie, et font l'objet de nombreux paris. Les **« coulonneux »**, organisés en sociétés villageoises, dressent leurs pigeons à revenir au nid le plus vite possible. Convoyés dans des paniers spéciaux jusqu'à une distance pouvant atteindre 500 km, les pigeons doivent rejoindre leur colombier à une vitesse record.

**Concours de pinsons** – Autres volatiles entrant dans le folklore du Nord, les pinsons sont l'objet de concours de trilles. Certains en poussent jusqu'à 800 à l'heure.

# Gastronomie

**L'homme du Nord sait apprécier les mérites d'une table généreuse, d'autant que les cuisines flamande et picarde offrent une grande variété de plats consistants et savoureux. Quelle n'est pas sa fierté lorsqu'il peut les faire découvrir aux gens venus d'ailleurs. Les touristes ne s'y trompent pas ! Ils en redemandent, et ont bien raison : ils savent qu'ils auront droit à un second service. Souvent, ils rentrent au pays avec quelques bonnes recettes.**

## CUISINE FLAMANDE

### Potages

Le long de la côte règnent sans partage la **soupe de poissons du Touquet**, la **caudière étaploise** et la **courquinoise calaisienne** (au crabe). Les légumes de l'Audomarois, venus du marais labellisé « territoire remarquable du goût », vous surprendront, notamment la **crème de chou-fleur aux moules**.

### Entrées

Classique flamand, le **potjevleesch**, autrement dit **« viande en pot »**, est une terrine (veau, porc, lapin et poulet), tout comme le **petit salé** de Lille. La **flamiche au maroilles**, ou « goyère », tarte onctueuse et parfumée, est une variante de la flamiche picarde (aux poireaux). Sur la côte, on se régale de maquereaux à la boulonnaise, de harengs saurs (gendarmes, kippers ou bouffis) ou frais, de **rollmops** et de **craquelots** dunkerquois, petits harengs fumés. La petite friture, en général d'**éperlans**, se pratique aussi beaucoup sur la côte. L'**andouille** est la spécialité d'Aire-sur-la-Lys.

### Plats

Arrosés de bière, ils s'accompagnent de pommes de terre, de chou rouge, d'une faluche (galette ronde de pain) ou d'endives braisées : les fameux **chicons**. Les grandes spécialités sont le **lapin aux pruneaux**, le **coq à la bière** et la **carbonade flamande**, bœuf braisé avec une sauce à la bière aromatisée d'oignons et d'épices. Le **hochepot** est une potée de bœuf, veau, agneau, porc, lard et légumes ; le **waterzooi**, un bouillon crémeux à base de poissons cuits ou de poule, avec des légumes. La **langue**

S. Sauvignier / MICHELIN

*Quelques spécialités du Nord.*

**Lucullus**, (feuilleté de langue de bœuf fumée et d'une préparation à base de foie gras), se déguste à Valenciennes. Les amateurs de volailles s'arrêteront à **Licques**. Pour l'**andouillette**, il faut faire halte à Arras et Cambrai, où elle a la particularité d'être faite de veau et non de porc. Les **légumes** se sont pas en reste dans la région : carotte de Licques, chou-fleur de Saint-Omer, lingot du Nord, pissenlit et cresson. Les frites accompagnent nombre de plats.

Enfin, comment passer à côté des fameuses **moules-frites**, véritable plat national en Flandres, des deux côtés de la frontière ? Il en existe des dizaines de recettes, dont les plus connues sont à la crème, à la bière ou simplement marinières. Lors de la braderie annuelle de Lille, au mois de septembre, on en mange jusqu'à 20 000 litres. Les tas de coquilles de moules envahissent alors les rues.

### Fromages

À l'exception de quelques-uns, comme le **mont-des-cats**, peu corsé et toujours fabriqué par les trappistes, les **tomes** de Marquette et de Cambrai, affinées à la bière et le **belval**, fabriqué près de Saint-Pol-sur-Ternoise, les fromages du Nord sont forts. La plupart viennent de Thiérache et d'Avesnois, riches en herbages. Le fleuron, c'est le **maroilles** (pâte molle, croûte lavée à la bière, corsé), créé au 10e s. par les moines de l'abbaye du même nom. On l'accompagnera volontiers de cidre. Les autres vedettes de la région en sont dérivées : **vieux-lille** (ou maroilles gris), **dauphin** (maroilles agrémenté d'épices et d'herbes), **cœur d'Avesnes** et **boulette d'Avesnes** (maroilles aux épices enrobé de paprika). D'autres fromages sont réputés, comme ceux de **Bergues** et de **Béthune**, ainsi que le **vieux-boulogne** et la **mimolette du Nord**. Certaines créations sont assez récentes, comme le cœur d'Arras, le boulet de Cassel ou le pavé de Merris.

### Desserts

De succulentes tartes sont servies au dessert, notamment les **tartes au sucre**, garnies traditionnellement de vergeoise ou de cassonade, et les voluptueuses tartes **à gros bord** ou **au Papin** du Boulonnais.

Les gens du Nord consomment ensuite un café léger, additionné de chicorée et accompagné de sucreries ou de pain d'épices. Le repas peut s'achever par un verre de genièvre ou une bistouille (café additionné d'alcool).

### Bonbons

Les « **chuques** » du Nord peuvent être appréciés à toute heure. Citons les fameuses **bêtises** de Cambrai, les babeluttes de Lille, petits caramels fondants, les chiques de Bavay, les sottises de Valenciennes, et tant d'autres. La **pastille du mineur**, petit bonbon noir aux extraits d'eucalyptus et de menthe, peut vous dégager les bronches. Récemment, le « terril de germinal » a vu le jour, un bonbon au chocolat amer, additionné de chicorée et de café.

## CUISINE PICARDE

### Potages

Ils sont à l'honneur, avec le velouté au potiron, la soupe aux carottes (potage Crécy) et la **soupe des hortillonnages**, composée de légumes (chou, poireau, laitue, oseille, pois, cerfeuil et pommes de terre), aux saveurs incomparables.

### Entrées

La Somme produit de délicieuses terrines, tant de viande que de poisson : **pâté de canard en croûte** à Amiens, d'**anguille** à Péronne. En guise de garniture, on découvre parfois un légume insolite, la **salicorne**, sorte de cornichon marin issu d'une plante du littoral. La **ficelle picarde**, création moderne, est une crêpe au jambon gratinée au four, avec une sauce Béchamel aux champignons.

### Plats

**Canards**, **bécassines** et **vanneaux**, **lapins**, **anguilles** et **brochets** de la Somme composent de nombreux plats de résistance. L'**agneau de pré-salé** est une vedette du littoral ; il a obtenu son AOC en 2006. Aux **fruits de mer** – crevettes dites sauterelles, coques… – s'associent **sole**, turbot, hareng frais et cabillaud. Côté légumes, le Soissonnais cultive ses **haricots blancs**, cuisinés en soissoulet.

En guise de fromage, le **rollot**, fabriqué autour de Montdidier, dans la Somme, ressemble assez au maroille.

### Desserts

Dans le Ponthieu et le Vimeu règne le savoureux **gâteau battu**. En été, dans les régions de Noyon et Laon, les **fruits rouges** envahissent la carte des desserts. Les **macarons** picards, à base de pâte d'amandes, de blancs d'œuf et d'une touche de miel, accompagnent le café.

## Boissons

Pour connaître les adresses des sites de production de ces breuvages, reportez-vous à la p. 30.

### LA BIÈRE

Le nord de la France vit sous le sceptre joyeux du géant armentiérois **Gambrinus**, roi de la bière, et sous l'auréole débonnaire de **saint Arnoul**, patron des brasseurs.

Une part importante des bières françaises vient du Nord-Pas-de-Calais, riche en eau, orge et houblon. Cultivé en Flandre, ce dernier est réputé pour son arôme.

Il reste une vingtaine de **brasseries** dans le Nord, dont les plus actives se concentrent dans les régions de Lille-Roubaix, Saint-Omer, les vallées de la Scarpe et de l'Escaut. Parmi les plus connues, la Choulette, la Jenlain, la Saint-Landelin, la Trois-Monts, la Goudale. Elles n'ont rien à envier à leurs grandes sœurs belges. La Picardie possède aussi sa brasserie, celle du Colvert à Péronne.

Les différentes variétés de bières sont très nuancées : bière du Nord traditionnelle blonde (type « pils ») avec une légère amertume, bière de garde, bière brune régionale à la saveur relativement douce et fruitée, parfois caramélisée, bières ambrée, rousse, blanche, aux fruits… Quel choix !

### LE GENIÈVRE

Il est produit à partir de céréales transformées en farine qui, après cuisson, fermente grâce à l'action de la levure. Ce **« vin de céréales »** est ensuite distillé en alambics, dans lesquels on ajoute des **baies de genévrier**. Le genièvre présente alors ses arômes caractéristiques.

La fabrication de cette eau-de-vie se perpétue dans le Nord-Pas-de-Calais, notamment à Houlle, Wambrechies et Loos, où l'on produit également le **chuchemourette**, apéritif composé de crème de cassis et de genièvre.

### LA LIMONADE

Il reste encore quelques brasseries artisanales de limonade, notamment dans le Calaisis. Souvent aromatisée, à la violette, au citron ou à la menthe, elle est encore très prisée dans la région.

*Toits de Picardie.*
Sigfrid López / MICHELIN

# Abbeville

24 052 ABBEVILLOIS
CARTE GÉNÉRALE A3 – CARTE MICHELIN DEPARTEMENTS 301 E7 – SOMME (80)

**Reconstruite après-guerre, l'ancienne capitale du Ponthieu est une cité dynamique et commerçante, proche de la mer. C'est la porte d'entrée vers le littoral picard. Patrie de l'amiral Courbet et de l'archéologue Jacques Boucher de Perthes, elle a donné son nom à une période préhistorique : l'abbevillien.**

**Se repérer** – De l'A 16, vous gagnerez le centre par la N 1. L'animation se trouve autour de deux axes qui se croisent place de l'Hôtel-de-Ville.

**À ne pas manquer** – La façade flamboyante de la collégiale Saint-Vulfran, les vitraux de l'église du Saint-Sépulcre.

**Organiser son temps** – Comptez une demi-journée en ville, puis parcourez la basse vallée de la Somme en direction d'Amiens dans l'après-midi.

**Avec les enfants** – L'espace médiéval d'Eaucourt.

**Pour poursuivre la visite** – Voir aussi Saint-Riquier, Saint-Valery et la baie de Somme, Crécy-en Ponthieu, Rue, Airaines, le château de Rambures.

### Le saviez-vous ?

Abbeville dépendait à l'origine de l'abbaye de Saint-Riquier. Son nom provient d'Abbatis Villa, soit « maison de campagne de l'abbé ».

Illustre amiral né à Abbeville, **Amédée Anatole Courbet** (1827-1885) fonda le protectorat français sur l'Annam, en 1883. Il est mort aux Pescadores, archipel du détroit de Taiwan, après avoir combattu les Chinois. Sa statue se dresse sur la place qui porte son nom.

## Comprendre

**13e-16e s.** – La cité passe de mains en mains : anglaises, bourguignonnes, françaises, suivant les aléas des combats pour la possession de la vallée de la Somme. Elle est rendue à la France sous Louis XI. Et, en 1514, c'est ici qu'a lieu le mariage de la jeune Marie d'Angleterre avec Louis XII, âgé de 52 ans.

**Manufacture royale** – Pour libérer l'économie nationale de la tutelle étrangère, Colbert encourage la fabrication en France de produits jusqu'alors importés. En 1665, le drapier hollandais **Josse Van Robais** fonde à Abbeville la Manufacture royale des Rames. Prospère au 18e s. – il y a alors 2 500 ouvriers –, l'entreprise concentre toutes les étapes de la fabrication de draps fins : filage, tissage, foulage, apprêt, teinture. La porte d'entrée principale et le pigeonnier de l'usine, édifiée de 1709 à 1713, subsistent au n° 264 de la chaussée d'Hocquet.

**Le père de la préhistoire** – Directeur des douanes d'Abbeville, **Jacques Boucher de Perthes** (1788-1868) remarque, en vallée de Somme, que certaines pierres, apparemment anodines, ont été taillées par la main de l'homme. On dit qu'il paie 10 centimes chaque caillou de forme curieuse ! Des tourbes bocagères, il extrait la matière d'un ouvrage, *Antiquités celtiques et antédiluviennes*. Au paléolithique inférieur, l'Abbevillois dégrossit des pierres, taille des bifaces ou « coups-de-poing ». La présence humaine dans la vallée est en effet attestée voici plus de 500 000 ans, au tout début de la pierre taillée. Les grandes périodes de la préhistoire que sont l'abbevillien (d'Abbeville) et l'acheuléen (de Saint-Acheul, un faubourg d'Amiens) font de la Somme un berceau de l'archéologie mondiale.

**Seconde Guerre mondiale** – Après la percée allemande à Sedan, Abbeville devient un point névralgique de la Résistance française. Le centre est bombardé le 20 mai et tombe aux mains de l'adversaire. La 4e divison cuirassée, sous le commandement du colonel de Gaulle, reçoit l'ordre d'attaquer. Durant trois jours, les Français réduisent la poche allemande sans parvenir à enlever le mont de Caubert, puissamment fortifié par les Allemands. La relève écossaise arrivée début juin n'obtint pas de meilleur résultat. À la signature de l'armistice en juin 1940, un réseau de Résistance mit en place une importante chaîne d'évasion d'Abbeville vers la France libre. Sur 1 800 individus acheminés, on comptait 271 prisonniers de guerre et 41 soldats britanniques. À l'est d'Abbeville, le château de Ribeaucourt héberga l'état-major spécial des fusées V1, dont 2 400 atteignirent l'Angleterre durant l'été 1944.

## Se promener

De l'hôtel de ville rayonnent les rues commerçantes. La rue du Pont-aux-Brouettes rejoint Saint-Vulfran.

### Collégiale Saint-Vulfran A2

*1 pl. de l'Amiral-Courbet - ✆ 03 22 24 27 92 - avr.-oct. : mar.-sam. 10h-12h, 14h-18h ; dim. et j. fériés 14h-18h ; nov.mars : 14h-17h (18h en déc.) - fermé 2 sem. en janv. et 25 déc. et 1er janv.*

Commencée en 1488, sa construction s'arrêta en 1539, faute d'argent. Le chœur, de style gothique bâtard, ne fut achevé qu'au 17e s.

**Façade flamboyante★** – Sa richesse illustre une conception de la fin du 15e s. : l'architecture passe au service de la sculpture. Les deux tours, flanquées de tourelles de guet, s'élèvent à 55 m. Au 19e s., elles furent croquées à l'envi par les peintres romantiques et célébrées par Victor Hugo. Au portail central, statues d'évêques et superbes **vantaux** Renaissance offerts par Jehan Mourette, maître de la confrérie du Puy Notre-Dame d'Abbeville, captent l'attention. Au centre de la porte, les évangélistes et leurs symboles sont encadrés par saint Pierre et saint Paul. Au-dessus : frise de cavaliers. En haut : scènes de la vie de la Vierge.

**Intérieur** – Remarquez les retables de la Nativité (16e s.) et du Jugement dernier (17e s.), et, dans le chœur, les vitraux abstraits du peintre américain William Einstein. Des médaillons peints évoquent la vie de saint vulfran, qui fut archevêque de Sens.

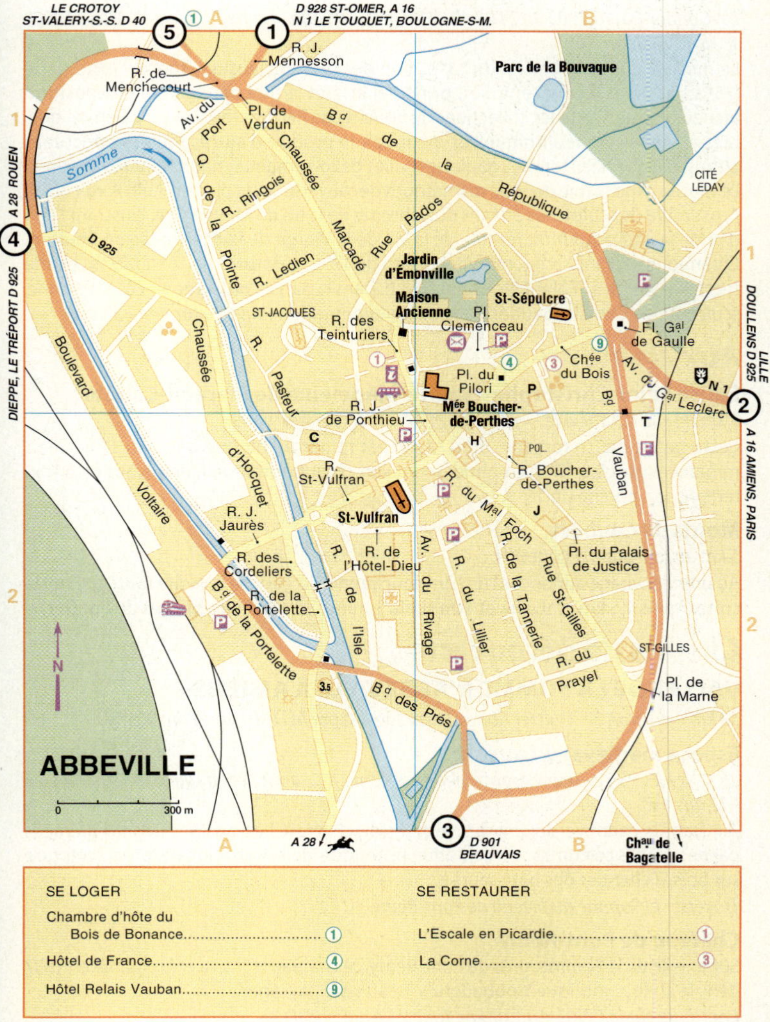


| SE LOGER | | SE RESTAURER | |
|---|---|---|---|
| Chambre d'hôte du Bois de Bonance | ① | L'Escale en Picardie | ① |
| Hôtel de France | ④ | La Corne | ③ |
| Hôtel Relais Vauban | ⑨ | | |

### Maison ancienne A1

*29 r. des Capucins.* Cette maison en encorbellement témoigne de l'habitat urbain des 15e et 16e s.

### Église du Saint-Sépulcre B1

*℘ 03 22 20 26 88 - avr.-oct. : mar.-sam. 10h-12h, 14h-18h ; dim.-lun. et j. fériés 14h-18h ; nov.-mars : 14h-17h - fermé 2 sem. en janv., 25 déc. et 1er janv.*

Érigée au 15e s., elle a été remaniée au 19e s. dans le style gothique flamboyant. De l'édifice primitif subsistent la tour du clocher, les piliers et archivoltes de la nef, les deux collatéraux et la chapelle du Saint-Sépulcre. Les **vitraux★★** contemporains aux tonalités harmonieuses, *Passion et Résurrection du Christ*, sont l'œuvre d'Alfred Manessier.

### Jardin d'Émonville B1

Parc paysager du 19e s. (2 ha), au cœur d'Abbeville. Riches massifs de fleurs, plan d'eau mosaïculture et arbres centenaires.

### Parc de la Bouvaque B1

Ce parc municipal, à deux pas du centre-ville, est constitué de vastes espaces de prairies humides et d'étangs qu'affectionnent les oiseaux sédentaires et migrateurs ainsi que la flore des marais. Pour observer la faune sauvage, venez plutôt en hiver.

## Visiter

### Musée Boucher-de-Perthes★ B1

*2 r. Gontier-Patin ℘ 03 22 24 08 49 - tlj sf mar. 14h-18h - fermé 1er janv., 1er Mai, 14 Juil., 1er nov., 25 déc. - 1 €.*

Le musée occupe le beffroi du 13e s., l'un des plus anciens de France, l'Argenterie (15e s.) et un édifice récent. Son principal intérêt réside dans sa belle exposition archéologique. Outre les collections de Boucher de Perthes (bifaces du paléolithique, pierres polies du néolithique), on peut voir le produit d'autres fouilles effectuées autour d'Abbeville : tombes gauloises, villas gallo-romaines, habitat mérovingien… Le musée expose une dent de mammouth découverte sur la plage d'Ault. À voir aussi, l'ensemble de sculptures en bois polychrome de la fin du Moyen Âge, illustrant l'âge d'or de la cité, autour du retable de la vie de la Vierge de la chartreuse de Thuison. Céramiques et tapisseries, mobilier picard du 17e s., peintures du 16e au 19e s., et une très belle Vierge à l'Enfant en argent (1568). Dans la partie consacrée au 20e s., *Psaume*, sculpture de Camille Claudel. Salle de documentation *(ouverte sur rendez-vous).*

## Aux alentours

### Église Saint-Christophe - Sainte-Madeleine de Mareuil-Caubert

*5 km au sud d'Abbeville - ℘ 03 22 24 47 88 - sur rendez-vous.*

Cette petite église romane, dont la nef est remarquable, fut bâtie au 11e s., mais remaniée jusqu'au 17e s. En témoignent son chœur gothique flamboyant et, à l'extérieur, son porche du 16e s.

### Monts de Caubert

*5 km au sud-ouest d'Abbeville.*

Au premier virage annonçant un carrefour, prendre à gauche la petite route qui suit la crête. Après 1,5 km *:* calvaire et **vue** sur la Somme, la ville et les plaines du Ponthieu.

## Circuits de découverte

### VALLÉE DE LA SOMME D'ABBEVILLE À AMIENS★

*58 km – environ 3h. Quitter Abbeville au sud-est par la D 901 vers Pont-Remy.*

### Espace médiéval d'Eaucourt

*℘ 03 22 27 05 32 - www.espacemedieval.com - juil.-août : vend.-dim. 14h30-18h - 6 € (-12 ans 4 €).*

Dans le cadre verdoyant des vestiges du château, bâti au 15e s., visites animées par des guides costumés : présentation historique, démonstration de forge, sculpture sur bois, « chantier des bâtisseurs ».

*Traverser la Somme au niveau de Pont-Remy.*

### Château de Pont-Remy

Sur une île de la Somme, près de Pont-Remy, ce château (15e s.) a été remanié en 1837 dans le style « gothique troubadour ». Beau parc paysager.

*Continuer sur la D 901. Après 2 km, tourner à gauche (D 3).*

### Église de Liercourt

Située après ce village, cette église de style gothique flamboyant à clocher-pignon présente un portail surmonté des armes de France et d'une niche qui abrite une statue de saint Riquier.

*Poursuivre sur la D 3, vers Fontaine-sur-Somme.*

### Jardins de Vieulaines

*✆ 03 22 31 78 78 - août-sept. : lun.-vend. 14h-18h sf mar. en sept. - visite guidée ttes les heures - fermé 15 août - 6 €.*

Ce parc paysager de 4 ha, d'inspiration romantique, entoure un petit château des 17e s. et 18e s. Agréable promenade autour du labyrinthe végétal, du potager à la française, de la serre et des miroirs d'eau.

*Au Catelet, prendre à gauche vers Long.*

On traverse les fonds du val, parsemés d'étangs. Belle perspective sur le château de Long.

### Long

Au sud du village, à flanc de coteau, se dresse un **château** Louis XV de brique rose et pierre blanche, à comble d'ardoises à la Mansart. Remarquez l'originalité des courtes ailes arrondies et l'élégance des ouvertures, surmontées de clefs sculptées en agrafes ou en masques. L'édifice est entouré d'un parc. *Ne se visite pas. Pour une description en image, voir l'ABC d'architecture p. 79.*

Dans le bourg, une **église** gothique reconstruite au 19e s. conserve une flèche du 16e s. ; orgue de Cavaillé-Coll.

*Revenir vers la D 3, que l'on emprunte à gauche.*

### Longpré-les-Corps-Saints

Le bourg doit son nom aux reliques rapportées de Constantinople, lors des croisades, par Aléaume de Fontaine : les reliquaires sont exposés au fond du chœur de l'**église**. Au tympan du portail, scènes de la mort et de l'assomption de la Vierge. *Visite guidée sur demande préalable au Syndicat d'initiative (voir l'encadré pratique).*

C'est entre Condé-Folie et Hangest que la 7e division blindée allemande, commandée par Rommel, franchit la Somme en 1940. Ses chars ont emprunté le pont du chemin de fer, qui n'a pas sauté. Important cimetière militaire français à Condé-Folie.

La route gravit une petite côte, d'où la vue embrasse la vallée.

### Hangest-sur-Somme

Les cressonnières font la renommée du village. Dans l'**église** des 12e-16e s., voyez le mobilier (18e s.) de l'abbaye du Gard (visible au bord de la route en se dirigeant vers Picquigny). *✆ 03 22 51 12 37 - visite guidée tlj sf w.-end sur demande à la mairie.*

### Picquigny *(voir ce nom)*

*Traverser à nouveau la Somme et prendre à droite à La Chaussée-Tirancourt.*

### Samara★ *(voir ce nom)*

*Rejoindre Saint-Sauveur, puis tourner à droite vers Ailly-sur-Somme.*

### Ailly-sur-Somme

Surplombant le bourg, l'église moderne aux lignes sobres possède un grand toit oblique qui repose d'un côté sur un mur et, de l'autre, descend jusqu'au sol.

*Poursuivre jusqu'à Amiens par la N 235.*

Le circuit peut se poursuivre jusqu'à Péronne *(voir Amiens)*.

## LE VIMEU

*57 km – environ 3h.*

Entre Somme et Bresle, le Vimeu est un pays de culture et d'élevage, vallonné et semé de prairies, de bocages et de vergers de pommiers à cidre. La région doit son nom à une rivière : la Vimeuse. Sa structure est essentiellement calcaire et son altitude ne dépasse pas 100 m. Son industrie traditionnelle – serrurerie et ferronnerie – s'est développée au 17e s. et se maintient encore de nos jours, au sein de petites structures spécialisées. À dénicher au détour d'un vallon : pigeonniers, moulins, calvaires de fer, de bois, de pierre ou de brique, qui marquent presque tous les carrefours. Côté gastronomie, le gâteau battu, accompagné d'un verre de cidre, reste incontournable.

*Quitter Abbeville à l'ouest par la D 925 jusqu'à Friville-Escarbotin.*

### Friville-Escarbotin

Dans un édifice du 17e s., le **musée des Industries du Vimeu** retrace l'histoire de la petite métallurgie : serrurerie, robinetterie, quincaillerie. Exposition de machines

### L'eau et les hommes : des liens étroits

👁 Les étangs de la vallée constituaient d'abord pour les villages des réserves de poissons, avant de devenir des tourbières au 19e s. Noire et épaisse, la **tourbe** se forme dans le marais par la décomposition des végétaux (60 % de carbone) ; elle s'employait comme combustible dans les foyers modestes. Extraite en barres à l'aide de « louchets » (pelles spéciales), elle était débitée en mottes, puis séchée.

👁 La navigation, entravée par la faible profondeur et la présence de gués, n'a jamais été active, mais cette section de la vallée de la Somme, jusqu'à Saint-Valery, portait jadis des « **gribannes** ». Ces lourdes nacelles transportaient à la descente les blés du Santerre, les laines du Ponthieu… et à la remontée les sels et vins.

👁 Quant aux chasseurs, ils s'intéressent surtout au gibier d'eau, qu'ils traquent sur berge, dans une hutte, ou en barque. La Somme reste un des axes majeurs de migration des oiseaux entre le Grand Nord de l'Europe et les côtes ibériques ou africaines.

👁 Côté pêche, dans le fleuve, ses affluents et les étangs qu'ils alimentent, les anguilles restent en nombre, malgré la pêche excessive de la civelle (on les fume ou on en fait d'excellents pâtés), tandis que foisonnent brochets, carpes, perches, tanches…

du 19e s. et reconstitutions d'ateliers de serrurerie, d'un cleftier de Dargnies, d'une fonderie de Friville-Escarbotin. Parmi les collections de serrures en bois, verrous et targettes, remarquez une vitrine de 135 cadenas, dont le plus petit a été fabriqué dans un louis d'or. Aperçu de la production actuelle du Vimeu (diaporama). *✆ 03 22 26 42 37 - visite guidée (1h) juil.-août : mar.-ven. 14h30-17h30, dim. 14h30-18h30 ; de Pâques à fin oct. : mar. et merc. 14h30-17h30, dim. et j. fériés 14h30-18h30 - 3,50 € (enf. 2 €).*

*Emprunter la D 229 qui traverse la D 925 et le village de Fressenneville.*

### Église Notre-Dame-de-l'Assomption à Feuquières-en-Vimeu

Petite église typique du Vimeu, avec ses murs en silex et son clocher de pierres blanches. La nef date des 12e s. et 13e s., tandis que le chœur fut construit au 17e s. *Demander les clés en mairie.*

*Prendre la D 29 à droite jusqu'à Saint-Maxent, puis à gauche (D 928) vers Abbeville.*

### Moulin de Saint-Maxent

*✆ 03 22 28 52 28 - mars-oct. : tlj sf merc.14h30-18h - 2,50 € (enf. 1 €).*

Les ailes de ce moulin tout en bois (1739) se sont immobilisées en 1941. Il conserve son pivot dit « pioche », sa « queue » servant de contrepoids, son toit d'écailles de châtaignier et ses trois étages pour le blutage, les meules et le mécanisme.

*Continuer sur la D 928 direction Abbeville, puis bifurquer à droite, vers Huppy.*

### Huppy

L'**église** des 15e et 16e s. (vitraux Renaissance historiés) et le **château** du 17e s. composent un joli tableau. C'est dans ce château que le colonel de Gaulle établit son poste de commandement le 29 mai 1940 ; trois jours plus tard, il fut promu général de brigade. Une plaque rappelle l'événement, et un **musée d'art local**, « Huppy autrefois », évoquant l'art sacré et l'histoire du village, est logé dans le clocher de l'église. *✆ 03 22 28 58 56 - www.huppy.net - visite guidée (1h) lun.-vend. 14h-17h, sur RV le w.-end - 3,50 €.*

*Quitter Huppy au nord-ouest vers Trinquies, Ercourt et Toeufles.*

L'église de **Tœufles**, de style roman, domine le village.

*Regagner Abbeville par Moyenneville.*

# Abbeville pratique

## Adresses utiles

**Office du tourisme d'Abbeville** – *1 pl. Amiral-Courbet - 80100 - ✆ 03 22 24 27 92 - ot-abbeville.com - avr.-sept. : lun.-sam. 9h30-19h, dim. et j. fériés 14h-17h (juil.-août 10h-12h, 14h-17h) ; oct.-mars : lun.-sam. 9h30-12h30, 13h30-17h30, dim. 14h-17h - fermé 1er janv. et 25 déc.*

**Office du tourisme de Long** – *5 Grande-Rue - 80510 - ✆ 03 22 31 82 50 - www.long.fr - mar.-sam.14h-18h - fermé vac. de Noël.*

**Syndicat d'initiative de Longpré-les-Corps-Saints** – *11 Grande rue - 80510 - ✆ 03 22 31 72 02 - mars-oct. : mar.-sam. 10h-12h30, 14h-18h.*

**Syndicat d'initiative de Pont-Rémy** – *2 r. du Gén.-Leclerc - 80580 - ✆ 03 22 27 20 71 - lun.-vend. 9h-12h, 13h30-17h30 (merc. 17h).*

**Syndicat d'initiative du Vimeu** – *32 r. Henri-Barbusse - 80130 Friville-Escarbotin - ✆ 03 22 30 76 40 - avr.-oct. : lun.-vend. 14h-17h, sam. 10h-12h, 14h-17h30 - fermé nov.-mars, dim. et j. fériés (sf 14 Juil.).*

## Se loger

⊖⊖ **Hôtel Relais Vauban** – *4 bd Vauban - ✆ 03 22 25 38 00 - www.relais-vauban.com - fermé 19 déc.-5 janv. - 22 ch. 52/58 € - ☕ 5 €.* Sur un boulevard passant, non loin du centre-ville, petit hôtel aux chambres lumineuses et fonctionnelles. Accueil aimable et tenue impeccable.

⊖⊖ **Chambre d'hôte du Bois de Bonance** – *Bois-de-Bonance - 80132 Port-le-Grand - 11 km à l'E. de Saint-Valery-sur-Somme par D 940, D 40 et rte secondaire - ✆ 03 22 24 11 97 - www.bonance.com - fermé nov.-fév. - ⊘ - 2 ch. et 2 suites 80 € ☕.* Cette paisible demeure du 19e s. en brique rose avec ses étroites fenêtres en ogive a un petit côté anglais des plus séduisant. Les chambres, garnies de mobilier ancien, sont décorées avec raffinement. Dès la belle saison, le jardin est superbement fleuri.

⊖⊖⊖ **Hôtel de France** – *19 pl. du Pilori - ✆ 03 22 24 00 42 - www.mercure.com - 72 ch. 112/137 € - ☕ 9,50 € - restaurant 19 €.* En plein centre, il accueille une clientèle d'affaires et de passage dans son décor moderne et fonctionnel. Les chambres sont bien équipées et insonorisées. Plusieurs menus dont un pour les enfants.

## Se restaurer

⊖⊖ **La Corne** – *32 chaussée du Bois - ✆ 03 22 24 06 34 - fermé 23 déc.-9 janv. et w.-end - 15 € déj. - 30/48 €.* Riante façade peinte en bleu pour cette vieille maison abbevilloise hébergeant un bistrot convivial. Chaleureux intérieur lambrissé. Ardoise de suggestions du jour.

S. Sauvignier / MICHELIN

*Gâteau battu et cidre, spécialités du Vimeu.*

⊖⊖⊖ **L'Escale en Picardie** – *15 r. des Teinturiers - ✆ 03 22 24 21 51 - fermé vac. de fév., 17 août-4 sept., dim. soir, jeu. soir, lun. et soirs fériés - 25/35 €.* L'escale ideale pour déguster poissons et fruits de mer ! Ici tout est bien frais, préparé avec soin et servi avec beaucoup de gentillesse. Vous apprécierez cette petite halte gourmande au coin du feu.

## Faire une pause

**La Huche Picarde** – *9 r. Jean-Jaurès - 80390 Fressenneville - ✆ 03 22 61 49 54.* Pâtissier-chocolatier et salon de thé. Spécialités : cadenas du Vimeu (chocolat), bisneu picard ou sucré caramélisé et bisteu (pâté aux pommes de terre).

## Que rapporter

**Hubert-Dufételle** – *43 Grande-Rue - entre Friville et Saint-Maxent - 80210 Aigneville - ✆ 03 22 26 22 74 - tlj sf dim. et lun. 14h-18h - fermé j. fériés.* Les propriétaires de cette ferme produisent foies gras, rillettes et autres savoureuses préparations réalisées à base de canard. Visite de l'élevage et dégustation.

## Sports & Loisirs

**Ludair** – *Aérodrome d'Abbeville - 80132 Buigny-Saint-Maclou - ✆ 03 22 24 36 59 ou 06 03 28 93 36 - www.ludair.com - tlj sf merc. 10h-12h, 15h-20h en sais. - 55 € (vol touristique).* Survol de la baie de Somme en ULM et vols d'initiation.

## Événement

**Festival de l'oiseau et de la nature en baie de Somme** – *Voir l'encadré pratique de la baie de Somme.*

# Airaines

2 101 AIRAINOIS
CARTE GÉNÉRALE A3 – CARTE MICHELIN DEPARTEMENTS 301 E8 – SOMME (80)

**Ce petit centre industriel abritait le château des ducs de Luynes, dont les vestiges subsistent sur la colline. Très endommagée pendant la bataille de la Somme en juin 1940, Airaines a conservé son église qui se profile à flanc de coteau dans le paysage vallonné. Apprécierez-vous la région autant que le maréchal Leclerc, qui naquit et vécut à quelques kilomètres au sud d'Airaines ?**

**Se repérer** – À mi-distance entre Abbeville et Amiens, Airaines est construite sur une rivière du même nom qui alimente la Somme. La D 901 traverse la ville du nord au sud, et la D 936 d'est en ouest.

**À ne pas manquer** – La cuve baptismale de l'église Notre-Dame ; le château de Tailly.

**Pour poursuivre la visite** – Voir aussi Abbeville et la vallée de la Somme, Picquigny, le parc archéologique de Samara, le château de Rambures.

### Le saviez-vous ?

Le nom d'Airaines viendrait du latin *arena*, « sable », « gravier », ou *arenae*, « arènes », « catacombes ». Pour les Celtes, Aa Ren signifiait « l'eau qui coule ». La ville est justement parcourue de trois petits cours d'eau ; la Somme, à deux pas, s'appelait d'ailleurs Samara, « grand cours d'eau ».

Le maréchal **Leclerc de Hauteclocque** (1902-1947) reste le plus illustre des enfants du pays.

Le Prieuré

*La cuve baptismale de l'église Notre-Dame.*

## Visiter

### Église Notre-Dame et prieuré

*03 22 29 45 05 - juil.-août : 14h30-18h ; de mi-mai à fin juin et de déb. sept. à mi-sept. : w.-end et j. fériés 14h30-18h - 3 € (enf. 1 €).*

Cette ancienne chapelle (12e et 13e s.) d'un prieuré clunisien dépendait de l'abbaye Saint-Martin-des-Champs à Paris. Le dessin de sa façade romane est pur et dépouillé. En entrant, à gauche, on découvre une **cuve baptismale** romane conçue pour le baptême par immersion. Les flancs de la cuve sont sculptés de catéchumènes dont l'un est tenté par le diable, sous l'apparence d'un dragon.

Le bâtiment du prieuré (16e s.) abrite un **Centre d'art et de culture** (expositions).

### Église Saint-Denis

*03 22 29 34 07 - sur demande au Syndicat d'initiative.*

Précédée par un clocher-porche, l'église paroissiale (15e-16e s.) contient des œuvres d'art du 16e s. : Mise au tombeau *(bas-côté gauche)*, crucifix *(entrée du chœur)*, statue de saint Denis portant sa tête dans ses mains *(bas-côté droit)* ; clefs pendantes et vitraux Renaissance *(chœur)*.

## Aux alentours

### Château de Tailly

*4 km au sud par la D 901. ✆ 03 22 29 41 63 - visite (avec exposition sur le maréchal Leclerc de Hauteclocque) sur demande - 16 août-2 oct. : 9h-18h - gratuit.*

Au lieu dit Tailly-l'Arbre-à-Mouches, ce château (première moitié du 18e s.) appartenait à Philippe de Hauteclocque, plus connu sous le nom de maréchal Leclerc de Hauteclocque, né au château de Belloy-Saint-Léonard, à 5 km au sud-ouest. Profondément attaché à Tailly il donna ce nom à son char de commandement, sur lequel il ouvrit le défilé de la victoire le 18 juin 1945, et à son avion, dans lequel il trouva la mort le 28 novembre 1947, à 45 ans, avec 11 compagnons. Son changement de patronyme, effectué dès son engagement aux côtés des Alliés, s'explique par son souci de protéger sa famille des représailles allemandes.

Dans un bâtiment voisin du château, une exposition d'une soixantaine de panneaux, réalisée par le fils aîné du maréchal (aujourd'hui propriétaire des lieux), retrace l'odyssée de Philippe de Hauteclocque.

## Airaines pratique

### Adresse utile

**Syndicat d'initiatives d'Airaines** – *Pl. du 53e R.I.C.M.S - 80270 - ✆ 03 22 29 34 07 - mar.-vend. 9h30-12h30, 14h-18h ; lun. 14h-18h ; sam. 9h30-12h30 (et 14h-17h en sais.) ; dim.10h-12h30 (en sais.) - fermé dim. et j. fériés hors sais.*

### Se restaurer

**⊜⊜ Relais Forestier du Pont d'Hure** – *Rte d'Oisemont - 5 km à l'ouest d'Airaines - ✆ 03 22 29 42 10 - fermé 2-17 janv., 26 juil.-13 août et mar. - 15/33 €.* Que diriez-vous d'une grillade ou d'une pièce rôtie au feu de bois ? Dans ce chalet en lisière de forêt, la cheminée crépite pour le bonheur des convives, qui apprécient l'atmosphère agreste de cette chaleureuse salle à manger.

# Aire-sur-la-Lys

9 606 AIROIS
CARTE GÉNÉRALE B2 – CARTE MICHELIN DEPARTEMENTS 301 H4 – PAS-DE-CALAIS (62)

**Marché agricole entre Flandres et Artois, l'ancienne place forte entourée de verdure se distingue par les hautes tours de son beffroi et de sa collégiale. Elle connut une grande prospérité sous la domination espagnole, aux 16e et 17e s. Aujourd'hui, la paisible bourgade aligne ses façades au charme ancien.**

- **Se repérer** – Au cœur des grands canaux du Nord, sur la Lys, entre Béthune et Saint-Omer. De l'A 26, prendre la direction de Lillers, puis la N 43 ou la D 188.
- **À ne pas manquer** – La collégiale Saint-Pierre.
- **Organiser son temps** – Commencez par une collation sur la Grand'Place, puis comptez une demi-journée pour le tour de la ville et le circuit sillonnant la haute vallée de l'Aa.
- **Avec les enfants** – Le parc d'attractions familial Dennlys Parc.
- **Pour poursuivre la visite** – Voir aussi Saint-Omer, la Coupole d'Helfaut-Wizernes, Lillers, Hazebrouck.

**Le saviez-vous ?**

Le canal d'Aire (40 km) amène la Lys jusqu'à Bauvin. Née en Artois, cette rivière (214 km) traverse les Flandres pour rejoindre l'Escaut en Belgique.

Le fondateur d'Aire n'est rien moins qu'un géant appelé Lydéric et marié à la princesse écossaise Chrymilde !

**Georges Bernanos** a fait ses premières dictées au collège Ste-Marie.

## Se promener

### Grand'Place

Ce vaste ensemble fut édifié entre 1720 et 1840 ; l'**hôtel de ville** comporte un balcon de proclamations et un fronton aux armes d'Aire. En retrait se dresse le **beffroi**, rebâti au 18e s. Dans l'angle sud, le **bailliage★** du début du 17e s. fut élevé dans le style Renaissance finissante, grâce au produit d'un impôt sur le vin et la bière. Sa galerie à arcades est surmontée d'une frise sculptée d'emblèmes et d'une bretèche rectangulaire en saillie. L'attique est décoré des Vertus et des Quatre Éléments.

### Collégiale Saint-Pierre★

C'est l'un des plus importants exemples de style gothique flamboyant et Renaissance en Flandre. Imposante, la **tour★** (62 m) rappelle celle de Notre-Dame de Saint-Omer.

À l'intérieur, le dessin des nervures des voûtes est reproduit au sol. Le chœur est clos d'un jubé ciselé par Boileau ; à gauche, statue dorée de **Notre-Dame de Panetière**. Le **buffet d'orgues**, en chêne, provient de l'abbatiale de Clairmarais (*Pour une description en image, voir l'ABC d'architecture p. 78*). Chœur et abside ont souffert d'un bombardement en 1944. Au fond, jolie Vierge à l'Enfant (15e s.).

### Église Saint-Jacques

*03 21 39 65 66 - juil.-août : tlj sf lun. 15h-18h.*

C'est l'ancienne chapelle (fin du 17e s.) du collège Sainte-Marie. Sa façade est de style « jésuite ». L'abondant décor sculpté est fidèle à la tradition flamande : colonnes et pilastres annelés, frontons brisés, ailerons en volutes.

## Circuit de découverte

### DE LA HAUTE VALLÉE DE L'AA À DENNLYS PARC

*Environ 1h15. Quitter Aire à l'ouest par la D 157.*

### Thérouanne

Cette ville fortifiée formait au 16e s. une enclave française dans les territoires d'Empire : elle fut rasée par Charles Quint en 1553. Sur la colline, au nord du bourg, subsistent les vestiges d'une cathédrale qui compterait parmi les premiers témoignages de l'architecture gothique en France. Le célèbre **Grand Dieu de Thérouanne** qui ornait l'un de ses portails se trouve dans la cathédrale de Saint-Omer.

*Prendre vers l'ouest la D 341, puis la D 225 à gauche le long de l'Aa.*

L'Aa a creusé ici une vallée vouée à l'élevage. La rivière, bordée de peupliers et de saules, est ponctuée de moulins et de sites de pisciculture.

### Merck-Saint-Liévin

La tour de son **église** (16e-17e s.) est renforcée de contreforts à ressauts. À l'intérieur, sous le porche-narthex, fonts baptismaux du 16e s. protégés par un couvercle en bois sculpté (18e s.) ; châsse de saint Liévin à l'extrémité du bas-côté droit ; chœur à voûte en étoile.

*Poursuivre sur la D 225 vers Fauquembergues, au sud.*

### Fauquembergues

Le bourg s'étage sur les pentes de la vallée. L'**église** (13e s.) possède une tour fortifiée portant bretèche sur mâchicoulis.

*Prendre la D 129.*

S. Sauvignier / MICHELIN

*La vallée de l'Aa vers Renty.*

### Renty

Son vieux moulin et son lac sont une invitation à la détente.

*Continuer la D 129 et prendre la D 148, à gauche puis encore à gauche la D 126 vers Dennebrœucq.*

### Dennlys Parc

*✆ 03 21 95 11 39 - www.dennlys-parc.com - ♿ - juil.-août : 10h-19h ; juin : 10h-18h ; mai : merc., w.-end et j. fériés 11h-18h ; vac. de Pâques : 11h-18h ; sept. : dim. 11h-18h - 10,50 € (enf. 8,50 €). Aires de pique-nique et restauration sur place.*

Traversé par la Lys qui actionne la roue de son moulin, Dennlys est le parc d'attractions le plus familial de la région. Aux classiques – château hanté, petit huit, grande roue… – s'ajoutent des auto-tamponneuses sur l'eau, une brouette magique, le « Furio » pour les sensations, des chaudrons tournants (Les « Cannibals pots ») etc. Un parc animalier, quelques volières et plans d'eau agrémentent le parc. En saison, des spectacles de magie ou de théâtre sont organisés dans l'après-midi.

## Aire-sur-la-Lys pratique

### Adresses utiles

**Office du tourisme d'Aire-sur-la-Lys** – *Grande Place - 62120 - ✆ 03 21 39 65 66 - avr.-oct. et déc. : lun. 14h-18h, mar.-sam. 9h-12h, 14h-18h, dim. et j. fériés 10h-12h ; janv.-mars et nov. : mar.-sam. 14h-18h, vend. 9h-12h, 14h-18h - fermé de Noël à mi-janv.*

**Office de tourisme du canton de Fauquembergues** – *39 r. Saint-Omer - 62560 Fauquembergues - ✆ 03 21 38 38 51 - www.cccfauquembergues.fr - mai-août : mar.-vend. 9h30-18h, sam. 9h30-17h ; sept.-mars : mar.-vend. 9h30-17h, sam. 9h30-15h30 (12h30 de nov. à fév.).*

**Office du tourisme de Thérouanne** – *Grand-Rue - 62129 - ✆ 03 21 93 81 22 - mar.-vend. 9h-12h, 14h-17h.*

### Se loger et se restaurer

**Hostellerie des 3 Mousquetaires** – *Rte de Béthune (N 43) - ✆ 03 21 39 01 11 - www.hostelleriedes3mousquetaires.com - fermé 20 déc.-20 janv. - P - 33 ch. 100/138 € - 12 € - rest. 22/43 €.* Dans un parc, cette demeure cossue du 19e s. est une étape paisible. Vous apprécierez ses cheminées qui réchauffent les salons, ses chambres spacieuses (certaines équipées de lits à baldaquin) et la vue sur la vallée de la Lys.

### Que rapporter

Deux spécialités airoises : l'**andouille** (dans toutes les boucheries, charcuteries, triperies) et les **mastelles**, un biscuit proche du spéculoos et du sablé (un seul artisan, sur la Grand'Place, les fabrique encore).

**Boulangerie Delalleau Guy** – *2 r. de Paris - ✆ 03 21 39 00 03 - tlj sf lun.*

**Boulangerie Vandecasteele Pierre** – *15 Grand'Place - ✆ 03 21 39 02 27 - tlj sf lun.*

### Événements

**Grande procession à Notre-Dame de Panetière** – Le dim. qui suit l'Assomption.

**Fête de l'Andouille** – Le 1er dim. de sept. Après une course pédestre le matin et un cortège carnavalesque l'après-midi, c'est le clou du spectacle : dans la plus pure tradition du Nord, le maire et ses adjoints lancent des morceaux d'andouille depuis l'étage du bailliage.

# Albert

10 079 ALBERTINS
CARTE GÉNÉRALE B3 – CARTE MICHELIN DEPARTEMENTS 301 I8 – SOMME (80)

**Proche du front lors de la bataille de la Somme en 1916, puis lors de la bataille de Picardie en 1918, Albert fut entièrement rebâti après les terribles bombardements. Son architecture homogène – dont 250 façades dans le style Art déco – est typique de la reconstruction, tout comme celle des villages voisins. Albert est aussi le point de départ du circuit du Souvenir, à travers les champs de bataille de la Somme.**

- **Se repérer** – La D 929 contourne la ville par le sud, où l'Aérospatiale occupe les anciennes usines d'aviation Potez. L'Ancre traverse la ville du nord au sud.
- **À ne pas manquer** – Le musée des Abris « Somme 1916 »; le circuit du Souvenir et en particulier le mémorial de Beaumont-Hamel.
- **Organiser son temps** – Optez plutôt pour la visite guidée au musée des Abris. Commencez par découvrir la ville (2h), pour consacrer l'après-midi au circuit des champs de bataille.
- **Pour poursuivre la visite** – Voir aussi Péronne, Corbie, Amiens.

### Le saviez-vous ?

D'abord nommée Ancre, comme la rivière qui l'arrose, la ville a été le siège d'un marquisat, présent de Marie de Médicis à son favori, Concino Concini, gouverneur de Péronne et lieutenant du roi en Picardie. Devenu trop puissant, il est assassiné en 1617 sur ordre de Louis XIII. La reine mère tombe alors en disgrâce, et le jeune roi offre la terre d'Ancre au duc Charles d'Albert de Luynes, qui lui donne son nom.

La **gare** d'Albert expose un avion *Potez 36*, hommage au constructeur aéronautique originaire de la région.

## Visiter

### Basilique N.-D-de-Brébières

Cet édifice néobyzantin en brique rouge, dont le clocher évoque un minaret, fut conçu par l'architecte amiénois Edmond Duthoit à la fin du 19e s. Détruit en 1915, il fut rebâti en 1929 par Louis Duthoit, son fils. Une jolie **Vierge à l'Enfant** dorée, du sculpteur Albert Roze, domine le clocher. Le 15 janvier 1915, un obus atteignit le pied du dôme de Notre-Dame. La statue de la Vierge s'inclina vers le sol et resta suspendue jusqu'au 16 avril 1918. Les communiqués du front la rendirent célèbre dans le monde entier sous le nom de « Vierge penchée ». À l'intérieur, Vierge miraculeuse (11e s.).

### Musée des Abris « Somme 1916 »

*Entrée à droite de la basilique. ✆ 03 22 75 16 17 - www.musee-somme-1916.eu - juin-sept. : 9h-18h ; fév.-mai et de déb. oct. à mi-déc. : 9h-12h, 14h-18h - fermé de mi-déc. à fin janv. - 5 € (enf. 3 €).*

Ce souterrain (230 m de long à 10 m sous terre) fut aménagé en 1939 en abri anti-aérien. Le musée relate la vie quotidienne des soldats durant la Grande Guerre, à l'aide d'effets sonores et visuels.

## Aux alentours

### Mailly-Maillet

*12 km au nord d'Albert par la D 938, puis la D 919 à droite.*

Ce bourg campagnard était un fief puissant, dont les seigneurs participèrent à plusieurs croisades. L'un d'entre eux périt avec son fils sur le champ de bataille d'Azincourt.

**Église Saint-Pierre** – *✆ 03 22 76 27 97 - demander l'ouverture à Mme Houcke - 4 r. Eugène-Dupré - près de l'église. Visite guidée sur demande à M. Jacques Lebettre - ✆ 03 22 76 21 25.* L'église, souvent remaniée, a été bâtie au 16e s. sous le patronage d'Isabeau d'Ailly, épouse de Jean III de Mailly. Son **portail**★ de style gothique flamboyant fut construit à partir de 1509. Au trumeau, Christ de pitié, dit Dieu piteux ! De part et d'autre du gâble en accolade, un grand registre sculpté montre Adam et Ève chassés du Paradis, Adam bêchant et Ève filant, le meurtre d'Abel : on distingue une sirène, un dieu marin et un dauphin couronné, allusion à l'avènement de François Ier. Isabeau d'Ailly est représentée *(à gauche)* avec sa patronne, sainte Élisabeth, sous une tente dont deux angelots retroussent les courtines.

**Chapelle Madame** – *☎ 03 22 76 21 25 - fermé pour travaux de restauration.* Cette chapelle sépulcrale est située au bout d'une allée ombragée. Son architecture de type jésuite baroque est peu répandue dans la région. Le marquis de Mailly la fit construire au 18e s. pour y enterrer son épouse, décédée à l'âge de 26 ans. Dans une niche latérale, le sculpteur J.-B. Dupuis a représenté la marquise agenouillée sur un prie-Dieu, les mains jointes. Devant elle, deux enfants en larmes. Au sommet, un ange, une trompette à la main, s'apprête à sonner l'heure du Jugement dernier.

## Circuit de découverte

### LES CHAMPS DE BATAILLE DE LA SOMME

*34 km – 1h.*

À l'est et au nord d'Albert, le **circuit du Souvenir** *(voir p. 38)* évoque la mémoire des soldats britanniques et sud-africains de l'armée Douglas Haig, qui tombèrent lors de la bataille de la Somme, durant l'été 1916. Conçue par les états-majors alliés pour soulager Verdun, ce fut l'une des plus furieuses batailles de l'histoire et la plus sanglante de la Grande Guerre. Le circuit du Souvenir est devenu aujourd'hui un important site de pélérinage pour des milliers de Britanniques qui viennent se recueillir sur la tombe de leurs ancêtres tombés sur le front.

Pour compléter vos connaissances sur la bataille, visitez l'**historial de la Grande Guerre★★** à Péronne *(voir ce nom).*

*Prendre la D 929 vers Bapaume au nord-est.*

À droite, on aperçoit le premier cimetière britannique.

### La Boisselle

Un cratère de la « guerre des mines » – le seul qui soit accessible – rappelle la furie des combats que connut ce village le 1er juillet 1916 lorsque débuta la bataille. Ce Lochnagar Crater est aujourd'hui la propriété d'un Anglais, Richard Dunning.

*Emprunter la D 20 vers l'ouest, puis la D 151.*

### Mémorial de Thiepval

*☎ 03 22 74 60 47 - ♿ - mars-oct. : 10h-18h ; reste de l'année : 9h-17h - fermé pdt les fêtes de fin d'année - gratuit.*

Transformé en forteresse souterraine par les Allemands, le village de Thiepval subit un siège des Britanniques long de 116 jours durant l'été 1916. Un impressionnant arc de triomphe en brique, haut de 45 m et visible de plusieurs kilomètres à la ronde, rappelle le nom des communes détruites, et ceux de 73 367 disparus, gravés sur ses seize piliers. Un centre d'accueil et d'interprétation expose une maquette du mémorial et présente une chronologie des événements de 1914-1918. Un film *(45mn)* retrace la bataille de la Somme.

La **tour d'Ulster**, réplique de celle située près de Belfast, célèbre les soldats de la 36e division irlandaise. Elle abrite un autre centre d'accueil, plutôt réservé aux anglophones.

*Prendre la D 73 à gauche, qui franchit l'Ancre.*

*Le mémorial franco-britannique de Thiepval.*

*Le parc terre-neuvien de Beaumont-Hamel.*

### Parc-mémorial de Beaumont-Hamel★

*☏ 03 22 76 70 86 ♿ - mai-oct. : 10h-18h ; reste de l'année : 9h-17h - fermé vac. de Noël - gratuit. Visites guidées en français et en anglais (1h).*

Sur ce plateau battu par les vents, la division canadienne de Terre-Neuve perdit en juillet 1916 la plupart de ses hommes. Le site reste dans l'état où il se trouvait à la fin des hostilités : tranchées, cratères d'obus, avant-postes… En quelques centaines de mètres, on passe des lignes alliées aux tranchées allemandes. À l'entrée se trouve le **centre d'accueil et d'interprétation**, tenu par des Canadiens tout au long de l'année. Deux salles sont consacrées à la vie des Terre-Neuviens avant, pendant et après le conflit (reconstitution de la bataille, portraits de soldats). Une troisième est dédiée à des expositions temporaires. Dans le parc, au milieu des tranchées, trône le mémorial. Le monument, surmonté du caribou de Terre-Neuve, comporte un balcon d'orientation avec **vue** sur le champ de bataille. C'est un des sites les plus réalistes du circuit du Souvenir.

Une visite originale des champs de batailles ? Survolez-les en hélicoptère *(voir l'encadré pratique).*

*Reprendre la D 73, traverser Thiepval et poursuivre jusqu'à Pozières.*

### Mémorial de Pozières

Ce bourg était le verrou qu'il fallait faire sauter pour investir la colline de Thiepval : un objectif confié aux troupes d'Australie, relevées en septembre par celles du Canada. Sur le monument australien figurent les noms de 14 690 disparus. Le nom de Pozières est si renommé dans la mémoire australienne qu'il a été donné, après la guerre, à un village du Queensland.

*Prendre la D 147, puis, à Bazentin, la D 20 sur la gauche.*

### Mémorial de Longueval

*☏ 03 22 85 02 17 - www.delvillewood.com - mémorial : ouv. tte l'année - musée : fév.-nov. - fermé lun., j. fériés et du 11 au 25 août - gratuit.*

En juillet 1916, les positions des Sud-Africains furent attaquées par des obus lacrymogènes et asphyxiants. Après cinq jours, au prix de 90 000 tués et blessés, les Alliés reprirent le terrain, qu'ils surnommèrent Devil's Wood (« bois du Diable »).

Un **musée commémoratif** est installé dans une réplique réduite du château de Capetown.

#### Les Pipers

Parmi les nombreux soldats qui périrent dans les tranchées boueuses de la Première Guerre mondiale se trouvaient les Pipers. Sonnant la charge à la tête de leurs unités écossaises, canadiennes et irlandaises, ils payèrent le prix fort. Le département de la Somme rappelle leur présence à travers des commémorations ponctuées du son des cornemuses.

Sur la place centrale du village, face au poilu du monument aux morts, se dresse la statue, haute de 4 m, d'un sonneur de cornemuse, dit **Piper**, gravissant le parapet d'une tranchée. Le muret qui l'entoure porte les 22 insignes des régiments ayant perdu un des leurs durant la Grande Guerre. Au-delà du souvenir, le monument constitue un symbole de réconciliation entre les peuples par l'intermédiaire d'une musique aujourd'hui universellement interprétée.
*Continuer sur la D 20, vers l'est.*

### Rancourt

Ce site a le triste privilège de regrouper trois cimetières : français, britannique et allemand. C'est aussi le haut lieu – et le seul – du souvenir de la participation française à la bataille de la Somme, avec sa nécropole de 8 566 soldats.
*Revenir à Albert par la D 20 jusqu'à Ginchy, puis la D 64, ou poursuivre vers Péronne (voir ce nom).*

## Albert pratique

### Adresse utile

**Office du tourisme d'Albert** – *9 r. Gambetta - 80300 - ✆ 03 22 75 16 42 - www.paysducoquelicot.com - avr.-sept. : lun.-vend. 9h-12h30, 13h30-18h30, sam. 9h-12h, 14h-18h30, dim. et j. fériés 10h-12h30 ; oct.-mars : lun.-vend. 9h-12h30, 13h30-17h, sam. 9h-12h, 14h-17h, fermé dim. et j. fériés.*

**Champs de bataille de la Somme** – *www.somme14-18.com - audioguide du Circuit du Souvenir téléchargeable sur le site et MP3 (20 €).*

### Se loger

**⊜⊜ Hôtel La Basilique** – *3-5 r. Gambetta - ✆ 03 22 75 04 71 - www.hoteldelabasilique.fr - fermé 3 sem. en août, dim. soir et lun. - 10 ch. 74/82 € - ☕ 8 € - rest. 16,50/36 €.* En reprenant l'hôtel familial il y a quelques années, le fils en a profité pour rafraîchir les 10 chambres, réparties sur 2 étages. Toujours aussi simples, mais pourvues de literie, moquette et papier peint neufs. Une cuisine plus attractive avec quelques spécialités de poisson, comme l'anguille fumée sur toasts.

**⊜⊜ Hôtel de la Paix** – *43 r. Victor-Hugo - ✆ 03 22 75 01 64 - fermé 2 sem. en fév. - 12 ch. 72/98 € - ☕ 6,50 € - rest. 16,50/35 €.* Construction des années 1920 abritant des chambres simples, mais récemment refaites. Sympathique accueil familial. Petite salle à manger rustique où l'on sert une cuisine traditionnelle à prix sages.

### Se restaurer

**⊜⊜ La Taverne du Cochon Salé** – *R. Albert - 80300 Authuille - 6 km au N d'Albert par D 50 et D 151 - ✆ 03 22 75 46 14 - fermé 16 août-6 sept., 26 déc.-11 janv., dim. soir, lun. et mar. - 21/26 €.* On y mange, on y boit, on s'y plaît… Telle est la devise de ce restaurant repris en 2006 par deux anciens de la maison : M. Becquart, aux fourneaux, et M. Cauchefer, en salle. Avec cette enseigne, le cochon est à l'honneur, bien sûr, sous toutes ses formes, mais tentez aussi l'original gâteau battu au foie gras.

### Sports & loisirs

**Aéro-club d'Albert Méaulte** – *Rte de Bray - 80300 Méaulte - ✆ 03 22 75 34 24 - www.avion80.net.* Ce centre d'apprentissage et d'initiation propose 3 circuits aériens pour découvrir les champs de bataille. Baptêmes de l'air.

### Événements

**Pèlerinage à N.-D. de Brebières** – Pendant la 1re quinzaine de sept., la ville met sa basilique à l'honneur : spectacles, célébrations religieuses, concerts…

**Festival international du film animalier** – *✆ 03 22 75 48 88 - www.fifa.com.fr.* Albert devient la capitale mondiale du film animalier, chaque année durant la 2e quinzaine de mars. À cette occasion, le théâtre du Jeu de paume accueille plusieurs projections par jour.

# Amiens★★

136 105 AMIÉNOIS
CARTE GÉNÉRALE B3 – CARTE MICHELIN DEPARTEMENTS 301 G8 – SOMME (80)

**Capitale de la Picardie, Amiens possède la plus vaste cathédrale gothique de France, deux fois plus grande que Notre-Dame de Paris et inscrite au patrimoine mondial de l'Unesco. Sa mise en lumière polychrome les soirs d'été et de Noël lui rend son éclat médiéval. La ville attire également pour ses hortillonnages, damier de jardins au cœur de la ville, ses belles demeures anciennes, ses nombreux espaces verts et ses spécialités gastronomiques. Les efforts de rénovation du centre-ville, entrepris depuis près de 20 ans, font aujourd'hui oublier les façades sans grâce des reconstructions d'après-guerre, dont la fière tour Perret reste le symbole.**

**Se repérer** – L'A 16 et l'A 29 sont les voies les plus directes. Venant de l'A 1, on est accueilli par les 104 m de la **tour** conçue par l'architecte **Auguste Perret** (1874-1954).

**Se garer** – Laissez votre voiture au pied de la cathédrale ou dans le parking souterrain Saint-Leu.

**À ne pas manquer** – Le portail et les stalles de la cathédrale ; les hortillonnages ; le quartier Saint-Leu. N'oubliez pas les macarons et les tuiles en chocolat.

**Organiser son temps** – La découverte de la cathédrale demande deux bonnes heures. De juin à septembre et autour de Noël, revenez à la nuit tombée pour admirer ses illuminations. Pour les hortillonnages, préférez la belle saison, surtout si vous optez pour la barque. Les amateurs de shopping trouveront leur bonheur rue du Hocquet et place du Don.

**Avec les enfants** – Le parc zoologique ; la visite audioguidée adaptée de la cathédrale ; le spectacle de marionnettes « Chés cabotans » et son célèbre Lafleur ; l'île aux Fagots, après une promenade en barque dans les hortillonnages.

**Pour poursuivre la visite** – Voir aussi Corbie, le parc Samara, Picquigny, le château de Bertangles, la cité souterraine de Naours, Abbeville et la basse vallée de la Somme, Folleville *(voir Montdidier)*.

### Le saviez-vous ?

Pour rallier plus vite Boulogne, les Romains avaient construit Samarobriva, « le pont sur la Somme ». Amiens a oublié son nom romain et met à l'honneur les Ambiens, peuplade belge qui en fit sa capitale à l'époque gallo-romaine.

Quelques célébrités sont nées à Amiens : **Choderlos de Laclos** (1741-1803), auteur du roman épistolaire *Les Liaisons dangereuses* ; les écrivains **Paul Bourget** (1852-1935) et **Roland Dorgelès** (1885-1973), auteur des *Croix de bois* ; **Édouard Branly** (1844-1940), qui participe à l'invention de la TSF. Quant à **Jules Verne** (1828-1905), il a vécu à Amiens de 1871 à sa mort.

## Comprendre

**Le manteau de saint Martin** – Amiens, important lieu de pèlerinage, est évangélisé au 4e s. par Firmin et ses compagnons. Saint Martin, cavalier de la légion romaine, y tient garnison. Un jour, croisant un mendiant transi de froid, il coupe son manteau avec son épée pour lui en donner la moitié, l'autre appartenant traditionnellement à l'armée romaine.

**Le « chef » de Jean-Baptiste** – Wallon de Sarton, chanoine de Picquigny, rapporte en 1206, de retour de la quatrième croisade, la « face » de saint Jean-Baptiste, qui avait baptisé le Christ dans le Jourdain et dont la tête fut présentée au roi Hérode sur un plat d'argent. En 1218, l'incendie du sanctuaire roman d'Amiens donne l'occasion à l'évêque Évrard de Fouilloy de construire un édifice digne de la précieuse relique. La construction de la cathédrale débute en 1220.

**Naissance de l'industrie textile** – Affilié à la hanse de Londres, Amiens connaît la prospérité au Moyen Âge. La draperie, le trafic des vins, le port en font un lieu très fréquenté. On y traite la « guède », ou pastel, précieuse plante tinctoriale que l'on nomme localement *waide*. Broyée dans des moulins, elle produit toutes les nuances de bleu. À la fin du 15e s. se développe la fabrication des « sayettes », serges de laine mêlées de soie qui font la réputation des articles d'Amiens. Le règne de Louis XIV voit l'introduction des « velours d'Amiens ».

**Orages d'acier** – En 1914, la vallée de la Somme est, avec celle de l'Aisne, un obstacle majeur à l'envahisseur venu du Nord. Amiens, tête de pont, n'échappe pas aux assauts. En 1918, lors de la bataille de Picardie, la ville est l'objectif de Ludendorff et reçoit quelque 12 000 obus et « marmites ». Elle est incendiée en 1940 lors de la bataille de la Somme. En 1944, sa prison est l'objet d'une périlleuse attaque aérienne destinée à faciliter l'évasion de résistants incarcérés (opération Jéricho).

## Découvrir

### LA CATHÉDRALE NOTRE-DAME★★★ C2

Ses plans furent confiés à **Robert de Luzarches** auquel succédèrent Thomas de Cormont, puis son fils Renaud. La cathédrale fut rapidement construite, ce qui explique l'homogénéité de son architecture : le gros œuvre, entrepris en 1220, fut terminé en 1269 ; les chapelles latérales furent bâties en 1375, et il fallut néanmoins attendre le 15e s. pour achever le couronnement des tours. Restaurée en 1849 par Viollet-le-Duc, elle fut miraculeusement épargnée en 1940. Classée au patrimoine mondial de l'Unesco depuis 1981, elle présente une façade travaillée d'une grande légèreté. La cathédrale est le plus vaste des édifices gothiques en France : elle pourrait contenir entièrement Notre-Dame de Paris.

#### Extérieur

La **façade**, superbement restaurée en 1999, est rythmée par l'étagement que forment les trois porches, les deux galeries, dont celle des Rois aux effigies colossales, la grande rose flamboyante refaite au 16e s., encadrée de baies géminées ouvertes sur le ciel, et la petite galerie des Sonneurs surmontée d'une arcature légère entre les tours.

Au **portail principal**, les vierges sages et les vierges folles sur le chambranle, les apôtres et les prophètes sur les piédroits escortent le célèbre **Beau Dieu**, Christ au visage noble et serein foulant l'aspic et le basilic. Il est le point central de cette immense Bible sculptée. Le tympan représente le Jugement dernier présidé par un Dieu plus sévère et plus archaïque sous des voussures où se succèdent vierges, martyrs, anges ou damnés. Les soubassements comportent des bas-reliefs en quatre-feuilles, encadrant les vertus (femmes portant un écusson) et les vices.

Le **portail de gauche** est dédié à **saint Firmin**, évangélisateur d'Amiens, et à la Picardie (dans les quatre-feuille, beau zodiaque et calendrier des travaux des mois).

Le **portail de droite** est sous le vocable de la **Mère Dieu**. Au trumeau, la Vierge couronnée domine des scènes de la Genèse. Dans les ébrasements, scènes de la vie de la Vierge et de l'Ancien Testament.

*Pour une description en image, voir l'ABC d'architecture p. 76. Pour les renseignements sur les illuminations de la façade, voir l'encadré pratique.*

*S'avancer dans l'impasse Joron.*

Une statue de Charles V **(4)** décore le côté nord au contrefort (14e s.) épaulant la tour. Contournez l'édifice par la droite en passant devant un saint Christophe géant **(1)**, une Annonciation **(2)** et, entre les 3e et 4e chapelles, un couple de marchands de *waide* avec leur sac **(3)**.

*Suivre la rue Cormont jusqu'à la place Saint-Michel.*

Admirez l'élévation du **chevet** aux arcs-boutants ajourés et l'envolée de la flèche en châtaignier. Recouverte de feuilles de plomb, elle s'élève à 112,70 m.

*Revenir sur ses pas et entrer par le portail sud.*

Le **portail sud**, appelé portail de la Vierge dorée à cause de la statue qui ornait autrefois le trumeau, est consacré à saint Honoré, évêque de la ville. La montée dans la **tour sud** permet d'atteindre, en passant par la galerie de la Rose, la **tour nord** (307 marches) : vue

S. Sauvignier / MICHELIN

*La superbe façade de la cathédrale d'Amiens.*

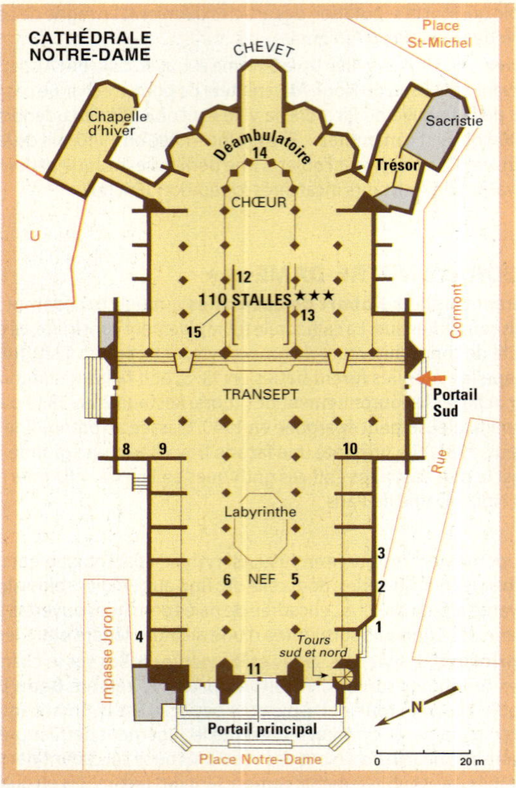


sur les combles, la flèche, la ville et les environs. *Juil.-août : 11h (visite guidée - 45mn), 14h30-17h15 ; avr.-juin et sept. : 15h et 16h30 (visites guidées - 45mn), w.-end et j. fériés 14h30-17h15 ; reste de l'année : 15h45 - fermé mar., 1er janv., 1er Mai, 4e dim. de sept., 25 déc. - 3 € (enf. gratuit), gratuit 1er dim. du mois (nov.-mai).*

## Intérieur

*☏ 03 22 71 60 50 - avr.-sept. : 8h30-18h30 ; oct.-mars : 8h30-17h30 (dernière entrée 15mn av. fermeture) - possibilité de visite guidée (1h30) - se renseigner au 03 22 71 60 55.*

Dès l'entrée, on est saisi par la luminosité et l'ampleur des proportions de la **nef** : longue de 54 m, c'est la plus haute de France (42,50 m). Élevée sur trois niveaux, elle comporte de grandes arcades, d'une hauteur exceptionnelle, surmontées d'un **cordon de feuillage** très fouillé, d'un triforium aveugle et de fenêtres hautes.

Au niveau de la 3e travée sont disposés les **gisants en bronze★** (13e s.) des évêques fondateurs de la cathédrale : Évrard de Fouilloy **(5)** et Geoffroy d'Eu **(6)**. Ce dernier fait face à la chapelle Saint-Sauve qui abrite un Christ en longue robe d'or (12e s.). Les architectes de la cathédrale, Robert de Luzarches, Thomas et Renaud de Cormant, ont inscrit leurs noms sur le **labyrinthe**, au centre de la nef. Autrefois, les fidèles qui ne pouvaient se rendre à Jérusalem ou à Saint-Jacques-de-Compostelle le parcouraient à genoux.

Le **transept nord** est percé d'une rose (14e s.) à remplage central, en forme d'étoile à 5 branches. La cuve baptismale **(8)** est une « pierre à laver les morts » de 1180. Une sculpture polychrome (1520) décore le mur ouest : *Jésus et les marchands du Temple* **(9)**. Le **transept sud**, à rose flamboyante, porte sur le mur ouest un relief qui relate en quatre scènes (1511) la conversion du magicien Hermogène par saint Jacques le Majeur **(10)**.

En tournant le dos au chœur, appréciez l'élégance du vaisseau et la hardiesse de la tribune soutenant le **grand orgue (11)** aux arabesques d'or (buffet du 16e s.) que couronne la rose occidentale.

Une belle grille (18e s.) due à Jean Veyren ferme l'entrée du **chœur**. Les **110 stalles★★★ (12)** en chêne ont été sculptées de 1508 à 1522 par les huchiers Arnould Boulin, Antoine Avernier et Alexandre Huet. Sous la dentelle de bois, chef-d'œuvre de l'art gothique flamboyant, plus de 4 000 figures évoquent la Genèse et l'Exode, la vie de la Vierge, et des sujets de fantaisie : métiers, fabliaux, vices… Sur l'une des stalles, un ouvrier s'est représenté maniant le maillet et a gravé son nom : Jehan Turpin. *☎ 03 22 80 03 41 - visite guidée (1h) tlj sf sam. 15h30 - fermé 1er janv., dernier dim. de sept., 25 déc. - gratuit.*

Dans le **déambulatoire**, à droite, sur la clôture du chœur, au-dessus de deux gisants, 8 groupes polychromes remarquables, taillés dans la pierre (1488), sont placés sous de fins dais gothiques : ils représentent la **vie de saint Firmin (13)**, son martyre et son exhumation par saint Sauve, trois siècles plus tard. Les personnages, très expressifs, portent les costumes du 15e s. : notables en somptueux atours, humbles pauvrement mis et bourreau en curieux hauts-de-chausses. Derrière le maître-autel, l'**Ange pleureur** (1628) **(14)**, dû à Nicolas Blasset, trône sur le tombeau du chanoine Lucas. Il doit sa renommée aux soldats alliés qui, pendant la Première Guerre mondiale, envoyèrent à travers le monde des cartes postales à son effigie. La clôture nord du chœur est sculptée de scènes (1531) relatant la **vie de saint Jean (15)** – à examiner de droite à gauche.

## Se promener

### Quartier Saint-Leu★ C2

C'était, au Moyen Âge, le quartier où l'on fabriquait et teignait les tissus, notamment le velours qui fit la réputation d'Amiens. Traversée par de multiples bras de la Somme, cette « petite Amsterdam » a fait l'objet d'une importante rénovation. Ses rues, bordées de petites maisons colorées à colombages ou à ossature de bois, accueillent artisans, antiquaires, cafés et restaurants. Le charme pimpant des maisons du quartier n'est pas sans rappeler les constructions des pays nordiques. Du **pont de la Dodane**, belle vue sur la cathédrale. Grâce à ses nombreux canaux, On peut également visiter le quartier en barque *(voir l'encadré pratique)*.

Le temps de recevoir le salut de Lafleur, reconnaissable à sa livrée de velours rouge, au **théâtre des marionnettes** *(voir l'encadré pratique)*, on se dirige vers l'**église-halle Saint-Leu** (15e s.) au clocher flamboyant du 16e s.

*Regagner le parvis de la cathédrale et la contourner par son flanc sud, que l'on peut admirer depuis la rue piétonne qui rejoint la place Aguesseau.*

À l'angle du palais de justice, un bas-relief de J. Samson (1830) rappelle l'histoire du manteau de saint Martin.

### Maison du Sagittaire et Logis du Roi C2 N

La façade Renaissance de la **maison du Sagittaire** (1593), ancienne demeure d'un drapier, doit son nom au signe zodiacal qui orne les arches. À gauche, le Logis du Roi (1565) est le siège des **Rosati picards**, dont la devise est : « Tradition, Art et Littérature ». Sa porte en accolade s'orne d'une Vierge à la Rose.

### Ancien théâtre C2 B

Cette **façade** de style Louis XVI, œuvre de Rousseau en 1780, abrite une banque. Trois immenses baies sont encadrées d'élégants bas-reliefs : guirlandes, médaillons, muses, etc.

*En suivant la rue Delambre, on traverse la ville moderne et commerçante ; en point de mire, la nouvelle maison de la culture.*

### Bailliage B2

Sur une placette derrière l'hôtel de ville, la charmante façade restaurée est le seul témoin de l'édifice construit en 1541. Fenêtres à meneaux, gâbles flamboyants et médaillons Renaissance. À droite, remarquez un « fol » affublé d'un chaperon à grelots.

### Cirque Jules Verne B3

*☎ 03 22 22 58 90 - visite guidée (1h30) le 3e lun. du mois de janv.-mars, mai, juil.-août et nov. à 12h30 - 6 € (enf. 3,50 €).* Caractéristique de l'architecture officielle du 19e s., il fut construit d'après les plans de l'architecte Émile Ricquier, sur le modèle de celui des Champs- Élysées à Paris, dû à Hittorff. Inauguré en juin 1889 par Jules Verne, alors conseiller municipal, il peut accueillir 3 000 spectateurs. Aujourd'hui restauré, vous pourrez admirer l'architecture métallique mêlée à l'œuvre contemporaine du peintre Ernst Caramelle.

### Beffroi B2

*Visite guidée 1er dim. du mois 10h30 - 5 € (enf. 2,50 €).*

Sur la place au Fil, cet édifice massif comporte une base carrée (15e s.) et un clocher (18e s.) surmonté d'un dôme.

*Les hortillonnages ou le bonheur de jardiner au bord de l'eau.*

Dans la perspective de la rue Chapeau-des-Violettes, vue sur l'église **Saint-Germain**, de style gothique flamboyant (15e s.), avec son clocher penché.
En regagnant la cathédrale, faites un arrêt devant l'horloge Dewailly et la statue de la *Marie sans chemise*, petite sirène due au sculpteur amiénois Albert Roze (1861-1952). On peut continuer la promenade jusqu'aux hortillonnages *(20mn à pied)*.

### Hortillonnages★ D2

*54 bd Beauvillé - ✆ 03 22 92 12 18 (Maison des hortillonnages) - avr.-oct. : visite guidée (45mn) en barque électrique tlj à partir de 14h - 5,50 € (-11 ans 3,65 € ; 11-16 ans 4,55 €).*
Ces jardins (300 ha) s'étendent dans un lacis de canaux, ou **rieux**, alimentés par les bras de la Somme et de l'Arve. Il s'agit d'anciens marais drainés par les Romains, qui furent les premiers à y faire pousser fruits et légumes. Il y a un siècle, un millier de maraîchers, les **hortillons** (du latin *hortus*, « jardin »), cultivaient encore leur parcelle, fournissant en primeurs les Amiénois. Aujourd'hui, dans ce site classé, arbres fruitiers et fleurs tendent à remplacer les légumes. Les cabanes des maraîchers deviennent des maisons de week-end, mais la tradition maraîchère perdure *(voir l'encadré pratique)*. On peut encore y observer de nombreux oiseaux, comme les grèbes huppés, les hérons cendrés et les canards colverts.
On se promène **en barque** *(voir ci-dessus)* dans le parc Saint-Pierre, ce damier verdoyant qu'ombragent aulnes et saules.
L'ancien **chemin de halage**, point de départ de petites randonnées *(topoguides en vente à l'office de tourisme)*, longe le fleuve et les jardins. L'**île aux Fagots**, équipée d'un aquarium et d'un insectarium, où l'on fait découvrir l'écologie aux enfants *(aires de pique-nique)*, est accessible par le chemin de halage. En face, de l'autre côté du boulevard Beauvillé, un parc paysager contemporain a été aménagé autour de l'étang Saint-Pierre. Aires de jeux et de pique-nique, idéal en famille.

## Visiter

### Musée de Picardie★★ B3

*48 r. de la République - ♿ - ✆ 03 22 97 14 00 - www.amiens.fr/musees - tlj sf lun. 10h-12h30, 14h-18h ; visite guidée les 2e et 3e dim. du mois : 15h - fermé 1er janv., 1er et 8 Mai, Ascension, 14 Juil., 1er nov., 25 déc. - 5 € (enf. 3 €), gratuit 1er dim. du mois.*
*Le musée ouvre partiellement (rez-de-chaussée : collections médiévales et Beaux-arts et sous-sol : archéologie), suite à des travaux de rénovation. Le 1er étage (Peinture), fin 2010.*
Ce bâtiment, construit entre 1855 et 1867 à l'initiative de la Société des antiquaires de Picardie, est un imposant témoin de l'architecture Napoléon III. Dans la rotonde du musée, un dessin mural a été réalisé au lavis d'encre de Chine, en 1992, par l'artiste américain Sol LeWitt.
**Archéologie** – Au sous-sol, outre les antiquités égyptiennes et grecques, sont exposées les collections archéologiques provenant de fouilles régionales. **Samarobriva**, à l'époque gallo-romaine, s'étendait sur 200 ha et comptait près de 20 000 habitants au 2e s. Ont été découverts et identifiés des vestiges des thermes, du forum, de l'amphithéâtre, et des objets de la vie quotidienne (verrerie, céramiques).

**Sculpture et objets d'art** – Importante collection d'émaux et d'ivoires du **Moyen Âge**. Les sculptures viennent de la cathédrale ou des églises et des abbayes détruites dans la région. Outre les œuvres des Amiénois, tel Albert Roze *(Tête de vieille picarde)*, le musée possède de beaux bronzes animaliers du 19e s.

**Peinture** – Dans le Grand Salon sont réunies les toiles historiques des 18e et 19e s. (Maignan, Vernet, Vincent). Des compositions murales de Puvis de Chavannes ornent l'escalier d'honneur et les galeries du 1er étage.

Le salon Notre-Dame-du-Puy et une partie de la galerie suivante rassemblent les chefs-d'œuvre de la **confrérie du Puy Notre-Dame d'Amiens**. Certaines de ces peintures sur bois conservent leur cadre sculpté par les artistes des stalles de la cathédrale. Un panneau à dais Renaissance (1518) est intitulé *Au juste pois, véritable balance* : on y reconnaît François Ier ; sous le dais gothique portant le *palinod* appelé *Terre d'où prit la vérité naissance* (1601) apparaît Henri IV. Dans son cadre de bois ajouré, la *Vierge au palmier* (1520) est entourée de saints, des donateurs et de leur famille, devant la cathédrale d'Amiens.

Dans la galerie Nieuwerkerke, peintures du 17e s. de l'école espagnole avec Ribera et le Greco, de l'école hollandaise avec F. Hals, et de l'école française avec Simon Vouet.

Les salles suivantes abritent des œuvres françaises du 18e s. – Oudry, Chardin, Fragonard, Quentin de La Tour, qui s'est représenté lui-même avec une certaine acuité – ainsi que les *Neuf chasses en pays étrangers,* exécutées par Parrocel, Pater, Boucher, Lancret, Van Loo et de Troy pour les petits appartements de Louis XV à Versailles. Quelques maîtres italiens, tels Guardi et Tiepolo, témoignent du charme de la peinture vénitienne.

La galerie Charles-Dufour est consacrée aux paysagistes français du 19e s., en particulier à l'école de Barbizon (Millet, Isabey, Corot, Rousseau). L'art du 20e s. est présent avec Bacon, Balthus, Dubuffet, Masson, Picabia, Picasso et Sutherland.

### Confrérie du Puy Notre-Dame

Cette association, à la fois littéraire et religieuse, vouée à la glorification de la Vierge, fut fondée à Amiens en 1389. Le maître de la confrérie, élu chaque année, récitait son « chant royal » sur un podium, le puy. Le refrain, ou *palinod*, avait la particularité de former un jeu de mot avec le nom du donateur. À partir de 1450, il devait offrir à la cathédrale un tableau votif sur le thème du *palinod*.

## Musée de l'hôtel de Berny★ C2

*36 r. Victor-Hugo. Fermé pour travaux de restauration jusqu'en 2012.*

Édifié en 1633, l'ancien **hôtel des Trésoriers★** est un bel exemple de style Louis XIII, avec son appareillage de briques roses à chaînages de pierre. Son dernier propriétaire, Gérard de Berny (1880-1957), s'appliqua à le décorer, puis le légua à la ville.

## Galerie du vitrail C2

*40 r. Victor-Hugo - ✆ 03 22 91 81 18 - www.claude-barre.com - visite guidée (1h) tlj sf dim. 15h - fermé j. fériés.*

Un maître verrier que l'on peut voir au travail présente sa collection de vitraux dont le plus ancien date du 13e s.

## Maison de Jules Verne C3

*2 r. Charles-Dubois - ✆ 03 22 45 45 75 - de mi-avr. à mi-oct. : 10h-12h30, 14h-18h30, mar. 14h-18h30, w.-end 11h-18h30 ; reste de l'année : tlj sf mar. 10h-12h30, 14h-18h, w.-end 14h-18h - fermé 1er janv., 1er Mai, 25 déc. - visite guidée juil.-août : merc. et w.-end 15h - 7 € (8-18 ans 3,50 € - famille 18 €) - audioguide 2 € - carte pass 15/20/25 €/an.*

Si **Jules Verne** (1828-1905) naquit à Nantes, il vint s'installer à Amiens en 1869, où il rédigea notamment *Le Tour du monde en 80 jours, Michel Strogoff, Le Rayon vert*... Il fut conseiller municipal de la ville. Sa demeure, dite « maison à la Tour », rassemble plus de 20 000 documents sur lui et son œuvre. Sur deux étages, bel intérieur cossu de la fin du 19e s., notamment une salle à manger pourvue de boiseries remarquables. Reconstitution de son bureau, affiches publicitaires et objets personnels - dont ses plumes, son carnet de notes et son globe terrestre -, maquette du *Nautilus*, portrait en hologramme. Sur le mur extérieur, une grande fresque représente les principaux héros de l'écrivain.

## Cimetière paysager de la Madeleine

*480 r. Saint-Maurice, au nord-ouest de la ville.* La succession de coteaux et de vallons permettent en 1817 la réalisation d'un parc (18 ha) d'inspiration romantique, à l'anglaise, dans les goûts de l'époque : bosquets, allées sinueuses bordées d'arbres et grandes pelouses se succèdent et multiplient ainsi les perspectives. L'art funéraire possède ici son musée à ciel ouvert, où toutes les expressions se concentrent : néo-gothique, néo-byzantin, baroque ou Art déco. Au milieu des arbres centenaires reposent quelques personnalités célèbres, comme les hommes politiques René Goblet et Jules Barni, mais surtout Jules Verne. Son tombeau, très original, fut réalisé par Albert Roze en 1907.

### Hôtel Bouctot-Vagniez C3

*36 r. des Otages - ✆ 03 22 82 80 80 - 9h-12h, 14h-17h - fermé w.-end et j. fériés - gratuit.*

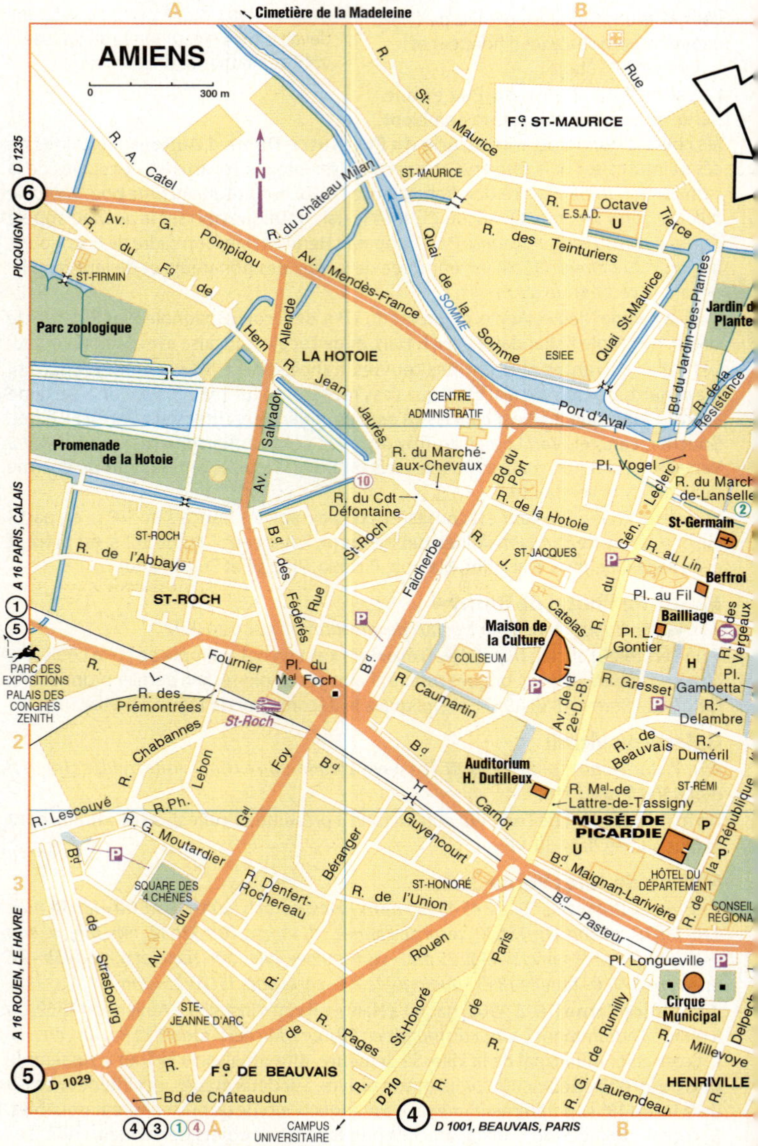


SE LOGER

Chambre d'hôte du "Petit Château"........ 1
Hôtel All Seasons Cathédrale................ 2
Hôtel Alsace-Lorraine.......................... 4
Hôtel Carlton...................................... 7
Hôtel Victor Hugo.............................. 10

Cette « maison-château » fut bâtie en 1912 pour André Bouctot et Marie-Louise Vagniez : elle constituait la dot de la jeune femme, issue d'une famille de commerçants en textile. Symbole de réussite bourgeoise, cette construction devait rivaliser avec les hôtels de l'aristocratie, massés autour de la cathédrale. La réalisation néogothique fut entièrement confiée à Louis Duthoit ; remarquez le « donjon » accolé à une aile, les hautes lucarnes et les décrochements de la toiture. Marie-Louise Vagniez avait une passion pour les animaux, comme en témoigne le décor des façades : singes et écureuils de pierre, mais également, au sud, deux cigognes veillant sur leurs cigogneaux. Il s'agit peut-être d'une allusion nostalgique à l'Alsace, alors annexée par l'Allemagne.

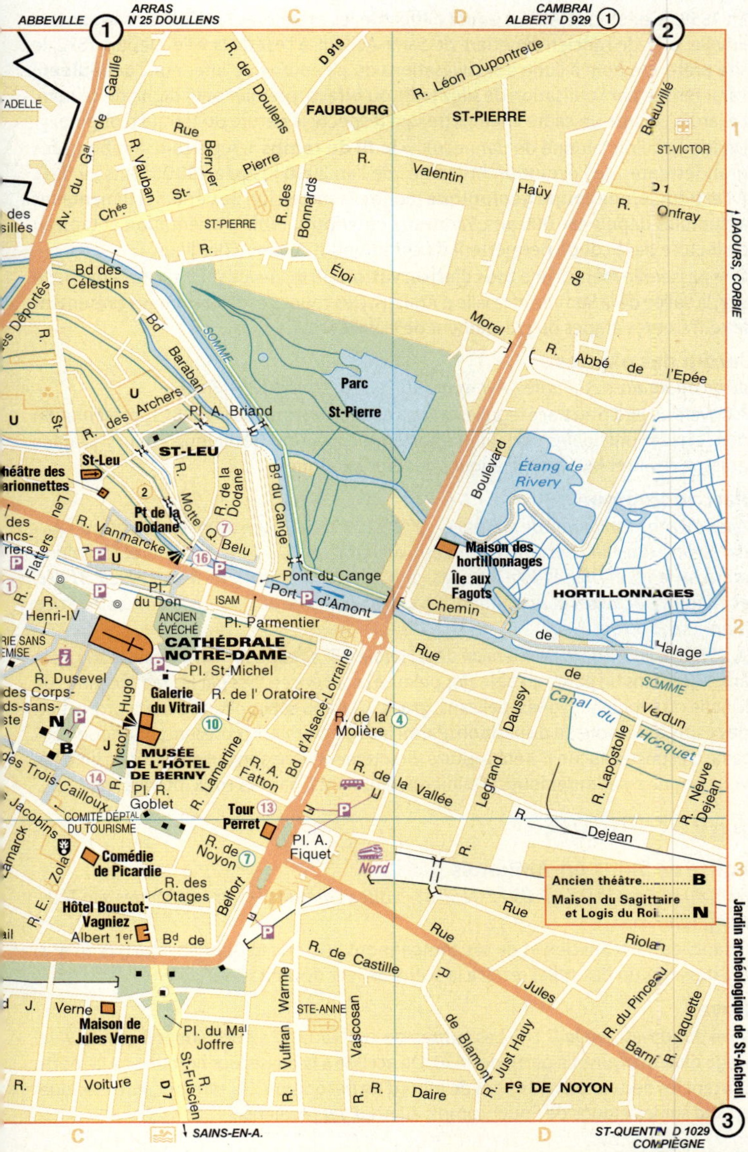


SE RESTAURER

- Au Relais des Orfèvres ........ 1
- La Bonne Auberge ........ 4
- La Queue de Vache ........ 7
- Le Bouchon ........ 13
- Le Petit Poucet ........ 14
- L'Orée de la Hotoie ........ 10
- Les Marissons ........ 16

On ne visite que le rez-de-chaussée de l'hôtel, propriété de la chambre de commerce : exubérant **décor Art nouveau★** d'inspiration florale (murs lambrissés de branches de pin, vitraux ornés de chardons, lampe d'albâtre agrémentée d'hortensias de verre et de bronze, roses taillées sur la cheminée de marbre...).

### Jardin archéologique de Saint-Acheul

*Deux accès : 10 r. R.-Gourdain (entrée principale, parking et parcours « Le fil du temps ») et r. J.-Prévert (qui donne directement sur le jardin). ✆ 03 22 47 82 57 - 9h-12h30, 14h-17h30 - vac. de Pâques et été : 10h-12h, 14h-19h - avr.-sept. possibilité de pique-nique le dim. à partir de 11h (animations) et visite guidée à 14h - fermé vac. de Noël sf 25 déc. et 1er janv. - visite guidée sur RV 48h av. : 6 € (enf. 3,50 €).*

En 1859, le géologue Albert Gaudry effectue les premières fouilles dans la carrière Friville, près de l'ancien cimetière de Saint-Acheul, à l'est de la ville. Depuis 1872, le site prête son nom à l'une des civilisations du paléolithique inférieur, l'**acheuléen**, caractérisée par l'utilisation de silex taillé ou **biface**, premier outil digne de ce nom. Le jardin occupe un cadre champêtre, qui respecte la nature du terrain d'origine.

Un long couloir jalonné de panneaux, **« le fil du temps »**, répertorie à rebours les grandes dates de l'évolution humaine : de l'an 2000 jusqu'à 450 000 ans av. J.-C. À l'extrémité, une **coupe géologique** montre la succession de dépôts sédimentaires accumulés depuis 450 000 ans. Panneaux descriptifs, table d'orientation et tableau de lecture de la coupe permettent de comprendre l'histoire des lieux.

Une passerelle mène à une **tour d'observation** (19 m) dévoilant un panorama sur le site, la vallée de la Somme et la ville d'Amiens. Des coupes et diagrammes y présentent les différentes étapes du creusement de la vallée.

### Jardin des plantes B1

*60 bd du Jardin-des-Plantes. Avr.-sept : 8h-20h ; oct.-mars : 8h-17h30.*

À travers un jardin au tracé régulier grâce à des parterres de buis du 18e s., présentation des serres municipales et d'une importante collection botanique - fleurs, plantes grasses, fruits et légumes, quelques variétés exotiques...

### Parc zoologique A1

*Allée du zoo - Esplanade de la Hotoie - ✆ 03 22 69 61 00 - www.amiens.com/zoo - ♿ - avr.-sept. : 10h-18h (19h dim. et j. fériés) ; vac. scol. : tlj 10h-17h ; oct.-nov. et fév.-mars : merc., w.-ends et j. fériés 14h-17h ; déc.-janv. : seult dim. 14h-17h - fermé 24, 25, 31 déc. et 1er janv. - activités et animations (avr.-sept.) - avr.-sept. : 5 € (5-15 ans 3,50 € - oct. mars : 3 € (5-15 ans 2 €).*

Situé au bord de la promenade de la Hotoie (18e s.) et de son plan d'eau, le zoo a été aménagé dans un parc agréable : les pelouses sont encerclées par les ramifications de la Selle où évoluent cygnes, pélicans, grues... Le zoo est impliqué dans la protection des espèces en voie de disparition. Parmi les 300 animaux représentant une soixantaine d'espèces, aucun n'a été capturé directement dans son milieu naturel. Sur 6 ha, vous pourrez y admirer loups à crinières, éléphants, pandas roux, otaries, etc.

## Aux alentours

### Église de Sains-en-Amiénois

*8 km au sud par la D 7. ✆ 03 22 09 50 63 - visite et gratuite le sam. de Pâques à la Toussaint, 10h-12h.*

Gisants de saint Fuscien et de ses compagnons, Victoric et Gentien, martyrs au 4e s. Au-dessous, un bas-relief retrace la scène de leur décapitation.

### Boves

*9 km au sud-est par la D 116.* Les **ruines** du château (12e s.) dominent la petite ville, siège d'un marquisat à partir de 1630. On accède à la bassecour herbue et à la motte portant les deux imposants pans de murs d'un fier donjon. Du sommet, **vue** étendue, au sud sur les étangs de Fouencamps, au nord vers Amiens.

## Circuit de découverte

### VALLÉE DE LA SOMME D'AMIENS À PÉRONNE★

Un autre circuit de découverte parcourt la basse vallée de la Somme, d'Abbeville à Amiens *(voir Abbeville)*. Par ailleurs, possibilité de louer des pénichettes sans permis pour découvrir la vallée de l'intérieur *(voir l'encadré pratique)*.

*63 km – environ 1h30. Sortir d'Amiens par la D 1.*

### La Somme, tout en douceur

Le fleuve naît en amont de Saint-Quentin, surgissant à Fonsommes, à côté de l'ancienne abbaye de Fervaques. Il prête son nom – et une partie de son lit – au **canal de la Somme**. S'étirant d'est en ouest sur 245 km, il se jète finalement dans la Manche, à travers une large baie. Avec la délicatesse du potier, ce fleuve a modelé un val dans le plateau de craie picard. Sa faible pente, associée au pouvoir absorbant des tourbes, freine l'écoulement des eaux, mais la régularité du débit est garantie par le suintement de la craie du plateau, qui se manifeste par de nombreuses sources, au flanc du val. En fond de vallée, la Somme traîne ses eaux vagabondes et paresseuses, s'égare en 6 000 ha d'étangs argentés ou de sombres marais tourbeux. Çà et là surgissent des carrières de craie, des marécages plantés de jardins à légumes…

Derrière vous, après quelques kilomètres, belles perspectives sur Amiens, que dominent la cathédrale et la tour Perret.

*À Daours, prendre au feu à gauche, puis la première route à droite vers La Neuville.*

L'itinéraire passe près de cressonnières puis gravit une colline : jolies **vues** sur la vallée et sur Corbie et son imposante abbatiale.

## Corbie et La Neuville *(voir Corbie)*

*De Corbie à Chipilly, suivre la rive de la Somme.*

La route, qui suit à gauche le bord de la falaise, côtoie à droite les étangs, parfois masqués par des frondaisons sous lesquelles se cachent les cabanons des pêcheurs. Après Chipilly, l'itinéraire se faufile entre les étangs et la falaise puis gravit le promontoire d'un méandre de la Somme : **vue** sur Corbie et ses tours.

*D'Etinehem, suivre la D 1F jusqu'à Bray-sur-Somme.*

## Bray-sur-Somme

À la pointe d'un méandre du fleuve, ce port fluvial est devenu un important centre de pêche dans la Somme, le canal et les étangs voisins. L'**église**, dominée par un massif clocher carré à toit aigu, possède un chœur roman élancé, flanqué de deux absides. *✆ 03 22 76 11 38 - tlj sf merc. et dim. apr.-midi 9h30-17h - visite guidée possible sur demande à l'office de tourisme - clé à la mairie de Bray.*

*Prendre la D 329 au sud jusqu'à Froissy, au bord du canal de la Somme.*

## Froissy

De ce hameau, sur le canal de la Somme, part le **p'tit train de la haute Somme**, reliant le pont de Froissy au stade de Dompierre, en passant par le tunnel de Cappy (300 m). De la vallée de la Somme au plateau du Santerre, la promenade (7 km) se fait à l'allure de 15 km/h, dans un train qui servit à approvisionner les tranchées en 1914-1918 et fut réutilisé par la sucrerie de Dompierre pour la collecte des betteraves. La voie descend vers les berges, escalade une colline, traverse une petite

S. Sauvignier / MICHELIN

*La vallée de la Somme vue de Corbie.*

forêt. Une halle abrite le **musée des Chemins de fer militaires et industriels**, qui présente une trentaine de locomotives et plus de 100 wagons et voitures remis en état d'origine. *✆ 03 22 83 11 89 - www.appeva.org - mai-sept. : dim. et j. fériés 14h15, 15h15, 16h15 et 17h15 (de mi-juil. à fin août : tlj sf dim. et lun. 14h30 et 16h) - 8,50 € (enf. 5,50 €) musée et train.*

*Revenir à Bray puis suivre la D 1 vers Cappy.*

### Cappy

Ancien port fluvial, dans un site charmant, ce village attire les bateaux de plaisance. L'**église Saint-Nicolas**, bâtie au 12e s. dans le style roman, a été remaniée au 16e s. avec son chœur et son énorme tour carrée, surmontée d'un clocher à tourelles.

*Prendre à gauche la route d'Éclusier-Vaux. La route franchit la Somme et traverse Vaux, puis remonte sur le plateau.*

### Belvédère de Vaux★

Presque au sommet de la butte, sur une plate-forme aménagée le long de la route, on découvre un beau **panorama★**. Au premier plan, le méandre de Curlu, on aperçoit une ferme et des maisons aux toits rouges formant le hameau de Vaux. À l'arrière-plan se profile la silhouette de Péronne.

Pendant la Grande Guerre, **Blaise Cendrars** passa quelque temps non loin de là, à Frise, surveillant les mouvements ennemis. L'écrivain bourlingueur évoque ces épisodes de la vie des poilus dans son roman *La Main coupée.*

*À l'entrée de Maricourt, prendre à droite la D 938.*

Courant sur le bord du plateau, la route procure des échappées sur la vallée en contrebas. Elle traverse l'autoroute, passe à **Cléry**, d'où l'on découvre les **étangs de la haute Somme**, puis traverse le canal du Nord avant de parvenir à **Péronne** *(voir ce nom).*

## Amiens pratique

### Adresse utile

**Office du tourisme d'Amiens** – *40 pl. Notre-Dame - 11018 Amiens cedex 1 - ✆ 03 22 71 60 50 - www.amiens-tourisme.com - avr.-sept. : lun.-sam. 9h30-18h30, dim. 10h-12h, 14h-17h ; oct.-mars : lun.-sam. 9h30-18h, dim.10h-12h, 14h-17h.*

### Visites

**Visites guidées de la ville** – *De mi-juin à mi-sept. : lun., mar., jeu., vend. 14h30, dim. 10h30 ; de mi-sept. à fin déc. : sam. à 14h30 - se renseigner à l'office de tourisme.* Parcourez le centre-ville d'Amiens à la découverte de son histoire et de ses monuments, en compagnie d'un guide-conférencier agréé par le ministère de la Culture.

**City Pass** – En vente à l'office de tourisme, il offre différentes réductions pour les musées, les visites guidées, les manifestations culturelles.

**Pass Amiens Passion** – Le week-end à l'hôtel à prix préférentiel (de 90 à 200 € par personne selon le standing et la saison) avec un City Pass.

**Balades en barque** – *✆ 03 22 22 30 90.* Des visites en barque le long des canaux de Saint-Leu sont organisées de juin à oct. au départ du bd du Cange.

**Sorties Nature** – *32 rte d'Amiens - 80480 Dury - ✆ 03 22 33 24 27 - www.cpie80.com.* Le **CPIE Vallée de Somme** organise tout au long de l'année des sorties thématiques, découvertes et des ateliers.

### Se loger

**Hôtel Alsace-Lorraine** – *18 r. de la Morlière - ✆ 03 22 91 35 71 - www.hotelalsacelorraine.fr - fermé 24, 25 déc. et 1er janv. - 14 ch. 62,50/76 € - 8,20 €.* Vous ne serez pas déçu par le confort de cet aimable petit hôtel caché derrière une lourde porte cochère, à 5mn à pied du centre-ville et de la gare. Les chambres, égayées de tissus colorés, donnent sur la charmante cour intérieure, gage de calme absolu.

**Hôtel Victor Hugo** – *2 r. de l'Oratoire - ✆ 03 22 91 57 91 - www.hotel-a-amiens.com - 10 ch. 43/68 € - 7 €.* Petit hôtel familial à deux pas de la cathédrale gothique et de son célèbre Ange pleureur. Un vénérable escalier en bois mène à des chambres simples et bien tenues.

**Chambres d'hôte Petit Château** – *2 r. Grimaux - 80480 Dury - 4 km au SO d'Amiens par N 1, rte de Beauvais - ✆ 03 22 95 29 52 - http://perso.wanadoo.fr/am.saguez - - 5 ch. 70/78 €.* Un accueil charmant vous attend dans cette ancienne ferme, jadis dépendance du château local. Si vous aimez les voitures anciennes, le patron vous ouvrira les portes de son atelier.

⊜⊜⊜ **All Seasons Cathédrale** – *17 pl. au Feurre - ✆ 03 22 22 00 20 - www. allseasons.com - 47 ch. 109/114 €* ☕. Au cœur du centre-ville, ce magnifique édifice du 18ᵉ s. abrite un hôtel aux chambres récemment rénovées, insonorisées et bien équipées (certaines conçues pour les familles).

⊜⊜⊜ **Hôtel Carlton** – *42 r. de Noyon - ✆ 03 22 97 72 22 - www.lecarlton.fr - 24 ch. 105/130 € - ☕ 10 € - formule déj. 13 € - 18/25 €*. Cet immeuble du 19ᵉ s. proche de la gare abrite des chambres feutrées – mobilier en bois foncé, fresque murale – très bien insonorisées.. Au restaurant, ambiance conviviale et esprit brasserie (banquettes, boxes...).

## Se restaurer

⊜ **Le Petit Poucet** – *52 r. des Trois-Cailloux - ✆ 03 22 91 42 32 - www. patisserielepetitpoucet.com - tlj sf lun. 8h-19h - fermé de déb. juil. à déb. août - 7/15 €*. Ce bel établissement à la devanture rose est fort connu des Amiénois qui viennent s'y restaurer d'une quiche, d'une ficelle picarde ou d'une assiette composée à midi, y déguster un merveilleux chocolat à l'heure du goûter, ou tout simplement y acheter une des divines pâtisseries maison.

⊜ **La Queue de Vache** – *51 quai Bélu - ✆ 03 22 91 38 91 - 13/23,50 €*. Au rez-de-chaussée, un sympathique bar à vins et quelques tables. À l'étage, salle de restaurant chaleureusement décorée de publicités et d'affiches anciennes, et réchauffée l'hiver par un feu de cheminée. Terrasse au bord de la Somme. Restauration simple.

⊜ **Le Bouchon** – *10 r. Alexandre-Fatton - ✆ 03 22 92 14 32 - www.lebouchon.fr - fermé dim. soir - ♿ - formule déj. 13 € - 18/38 € bc*. Un bouchon chic où l'on retrouve les plats traditionnels mais aussi les fameuses spécialités lyonnaises (à l'ardoise). Cadre aux tonalités tendance et tableaux contemporains.

⊜⊜ **Les Marissons** – *Pont de la Dodane - ✆ 03 22 92 96 66 - www.les-marissons.fr - fermé merc. midi, sam. midi et dim. - 19/46 €*. Atelier de bateaux du 15ᵉ s. sur un bras de la Somme du quartier St-Leu. Salle à manger cossue sous une belle charpente. Plaisant jardin-terrasse. Plats classiques. Soirée jazz New Orleans tous les 3ᵉ jeu. du mois.

⊜⊜ **L'Orée de la Hotoie** – *17 r. Jean-Jaurès - ✆ 03 22 91 37 05 - fermé 25 juil.-20 août, 22-28 déc., sam. midi, dim. soir et lun. - 21/57 €*. Appréciée pour son calme, cette petite maison, face à un parc, propose une cuisine traditionnelle concoctée par un chef passionné. Plaisante salle à manger aux teintes douces.

⊜⊜ **La Bonne Auberge** – *63 rte Nationale - 80480 Dury - ✆ 03 22 95 03 33 - fermé 12 juil.-11 août, dim. soir, lun. et mar. - formule déj. 20 € - 25/50 €*. Cette pimpante façade régionale est abondamment fleurie en été. Dans la salle à manger, récemment rajeunie, vous sera proposée une cuisine au goût du jour.

Skertzò

*Portails de la cathédrale mis en lumière par Skertzò.*

⊜⊜ **Au Relais des Orfèvres** – *14 r. des Orfèvres - ✆ 03 22 92 36 01 - formule déj. 20 € - 25/50 €*. Après avoir visité la superbe cathédrale, prenez place dans la salle à manger récemment restaurée pour savourer une cuisine au goût du jour à prix doux.

## En soirée

**Comédie de Picardie** – *62 r. des Jacobins - ✆ 03 22 22 20 20 - www.comdepic.com - lun.-vend 13h-19h, sam. 13h-18h - fermé août, dim. sf si spect. et j. fériés - 4,30/26 €*. Cet ancien hôtel particulier entièrement restauré abrite un très joli théâtre de 400 places. Au programme de ce pôle régional de création et de diffusion dramatique : une quinzaine de titres et 250 représentations par saison.

**La Lune des Pirates** – *17 quai Bélu - quartier Saint-Leu - ✆ 03 22 97 88 01 - www.lalune.net - 20h30-1h les soirs de concert - fermé de mi-juil. à fin août - de gratuit à 15 €*. Ancien café très connu des Amiénois, « La Lune » abrite aujourd'hui une salle de concerts dédiée aux musiques actuelles. Expositions et manifestations culturelles figurent également à l'affiche.

**Maison de la culture d'Amiens** – *Pl. Léon-Gontier - ✆ 03 22 97 79 79 - www. maisondelaculture-amiens.com - mar.-vend. 13h-19h, sam. 14h-19h - fermé j. fériés, lun. - 6 € à 47 €*. Deux salles de spectacle (1 070 et 300 places), un cinéma d'art et d'essai et deux salles d'exposition. Cette maison de toutes les cultures propose chaque année une programmation étonnamment riche et éclectique. Programme à l'accueil.

👪 **Théâtre de marionnettes « Chés Cabotans d'Amiens »** – *31 r. Édouard-David (quartier Saint-Leu) - ✆ 03 22 22 30 90 - www.ches-cabotans-damiens.com - accueil expo avr.-août : tlj sf dim. mat. et* *lun. 10h-12h, 14h-18h ; de mi-oct. à fin mars : tlj sf lun. 14h-18h. Spectacles de mi-juil. à fin août : tlj sf lun. 18h ; de mi-oct. à fin mars : dim. 15h ; vac. scol. : spectacles suppl. en sem. 14h30 - fermé sept., 1er-15 oct., 24 déc.-1er janv. et j. fériés - 10 € (enf. 5 €).* L'acteur interprète, la marionnette vit. Chaque marionnette a une histoire et un langage qui lui est propre (le picard ou le français), et surtout un visage remarquablement expressif que l'on peut admirer dans l'exposition du rez-de-chaussée. Un spectacle fascinant pour tous, dans un véritable théâtre miniature au décor très soigné.

**Laurent-Devime** – *34 r. du Chêne - 80260 Saint-Gratien - ✆ 03 22 40 16 71.* Ce conteur organise plusieurs types de spectacles : veillées picardes, randonnées-contes à la campagne ou en ville, marionnettes et des animations inspirées par le *kamishibaï*, théâtre d'images japonais. Atelier autour des traditionnels jeux picards.

## Que rapporter

**Pour chiner** – Dans le quartier Saint-Leu, le passage Bélu, sur le quai du même nom, mène à La Galerie des antiquaires *(47 bd du Cange - les lun., jeu. et vend. 15h-19h ; w.-end 10h30-12h30, 15h-19h)*. Deux grandes réderies (brocante, vide-grenier) sont organisées chaque année dans le centre-ville : la réderie de printemps le dernier dim. d'avr. et celle d'automne le premier dim. d'oct.

**Marché sur l'eau** – Les maraîchers des hortillonnages, aussi appelé hortillons, vendent leurs produits chaque sam. matin, pl. Parmentier. Une fois par an, le 3e dim. de juin, le marché se déroule comme autrefois. Les hortillons, en costumes, arrivent dans leur barque traditionnelle à fond plat, pour déposer et vendre leurs fleurs et leurs légumes à quai.

**Jean Trogneux** – *1 r. Delambre - ✆ 03 22 71 17 17 - www.trogneux.fr - tlj sf dim. 9h15-12h15, 13h45-19h, lun. 13h45-19h - fermé 1er janv. et 25 déc.* Spécialité de la ville depuis le 16e s., le macaron d'Amiens, aux douces saveurs d'amande et de miel, connaît toujours autant de succès. La famille Trogneux, confiseur et chocolatier depuis cinq générations, en vend chaque année plus de... deux millions ! La boutique propose également une belle sélection de produits du terroir.

**Atelier de Jean-Pierre Facquier** – *67 r. du Don - ✆ 03 22 92 49 52 ou 03 22 39 21 74 - mar.-vend. 14h-17h30, sam. 10h-17h30 sur RV - fermé 1 sem. en été.*
M. Facquier donne vie, devant vous, à des personnages traditionnels ou à des créations, faits de morceaux de bois, et joue parfois avec leurs formes. Habillée par sa femme dans des tissus choisis avec soin, chaque pièce, unique, est un bijou d'artisanat.

## Sports & Loisirs

**Locaboat holidays** – *Ch. du Port - 80340 Cappy - ✆ 03 22 76 12 12 - www.locaboat.com - lun., vend. et sam. dép.14h - w.-end 518 € à 844 €, 1 sem. 1036 € à 1813 €.* Location de pénichettes sans permis, pour partir à la découverte du fleuve et de sa vallée. Au départ de Cappy, entre Péronne et Saint-Valery-sur-Somme.

**Chés barboteux d'Amiens** – *Île Sainte-Aragone - ✆ 03 22 44 40 57 - sur RV - 15 € kayak, 20 € canoë.* Locations de canoë et de kayaks, initiation, randonnées et descentes encadrées.

**Les bateaux de Saint-Leu** – *Quai Bélu - ✆ 03 22 71 60 20 - mai-sept, merc.-dim. 13h30-17h30, w.-end 10h-18h30 - 30mn, adulte 5 €, enfant 3 €.* A travers les nombreux canaux de ce quartier pittoresque, découverte en barque des maisons chatoyantes et de l'ambiance conviviale de Saint-Leu.

**Le Picardie** – *✆ 03 22 92 16 40 - www.picroisi.c.la - sur RV 10 avr.- fin oct., 3h de croisière, 12h30-15h30, le soir 2h de croisière, 19h-21h - 39 €.* Plusieurs formules de croisières-promenade,déjeuner ou dîner à bord de ce bateau-restaurant.

## Événements

**« Amiens, la cathédrale en couleurs »** – Le créateur Skertzò restitue par des jeux de lumière les polychromies des portails de la façade occidentale de la cathédrale d'Amiens (sur la base de données scientifiques). Le spectacle qui en découle est saisissant ! Il a lieu de juin à sept. à la tombée de la nuit, et du 1er déc. au 1er janv. à 20h.

**Festival international du film d'Amiens** – *www.filmfestamiens.org.* Autour du 15 nov., Amiens fait le tour des cinémas du monde entier, avec quelque 400 projections, des débats et des conférences à la Maison de la culture.

**Parfums d'hiver** – *www.marchedenoel.fr.* Tous les ans en déc., la ville accueille le plus grand marché de Noël du nord de la France. 125 chalets sont répartis dans tout le centre-ville.

**Festival d'Amiens, musiques de jazz et d'ailleurs** – *✆ 03 22 97 79 77 - www.amiensjazzfestival.com.* Au mois de mars, la ville reçoit le gratin mondial du jazz. Concerts dans les salles, les bars ou les rues, de toutes les tendances du jazz (afro, électro, classique...).

**Son et lumière « Le souffle de la terre »** – *Ch. d'Haineville - 80250 Ailly-sur-Noye - ✆ 03 22 41 06 90 - www.aillysurnoye.com - août-sept. : vend. et sam. 21h30 - 16 € (5-15 ans 9 €) - rest. sous chapiteau dès 19h.* 3 000 personnages costumés, 35 cavaliers, nombre d'effets spéciaux (pyrotechnie, jeux d'eau et de lumière) pour ce spectacle grandeur nature, sur 4 ha, autour d'un plan d'eau, qui retrace la vie et l'histoire des habitants de Picardie depuis 2 000 ans.

# Arras★★

42 015 ARRAGEOIS (AGGLOMÉRATION 124 206)
CARTE GÉNÉRALE B2 – CARTE MICHELIN DEPARTEMENTS 301 J6 – PAS-DE-CALAIS (62)

**Capitale de l'Artois, Arras la discrète cache un véritable décor de théâtre : la Grand'Place et la place des Héros, héritages du style flamand. Tous les soirs, la ville se pare de mille feux et à la fin de l'été, une grande braderie est dédiée à « l'ami Bidasse », héros d'une chansonnette locale. Arras cultive le goût de la fête et de la gastronomie : andouillette, bière de l'Atrébate, pain d'épice en forme de cœur…**

**Se repérer** – Depuis l'A 1, prendre la N 39 ou la N 50. La Grand'Place se trouve à l'est du centre. Le nouveau quartier de la gare, très animé, occupe la pointe sud-est. Au sud-ouest, la ville basse s'ordonne autour de la place Victor-Hugo et unit le centre à la citadelle. Le nord-ouest correspond au cœur médiéval, où se trouve l'église Saint-Nicolas-en-Cité.

**À ne pas manquer** – La Grand'Place ; la place des Héros ; l'abbaye Saint-Vaast, son musée des Beaux-Arts et les triptyques de Bellegambe ; la montée au beffroi.

**Organiser son temps** – Commencez votre visite par une promenade en ville (1h30), en vous garant sur le parking de la Grand'Place. L'après-midi, rafraîchissez-vous si besoin dans les souterrains puis filez au musée des Beaux-Arts, ou optez pour une visite pédagogique à Cité Nature (2h). Le soir, profitez des illuminations du centre-ville. Pour les « Jardins des Boves », préferez le printemps.

**Avec les enfants** – Cité Nature ; le stade d'eau vive de Saint-Laurent-Blangy.

**Pour poursuivre la visite** – Voir aussi le mémorial canadien de Vimy, la colline de Notre-Dame-de-Lorette, Lens et le bassin minier, Douai.

## Comprendre

**Arras gallo-romaine** – Née au pied de la colline Baudimont et conquise par Jules César, la capitale des Atrébates est connue dès l'Antiquité sous le nom de Nemetacum. Sous domination romaine, Arras abrite une garnison et plusieurs ateliers de potiers. D'importantes fouilles archéologiques (étalées sur 300 ha) ont permis de mettre au jour plusieurs vestiges et de nombreuses sépultures, datant pour la plupart du Bas-Empire. La ville constitue alors, avec Amiens, Bavay et quelques autres, les grandes cités gallo-romaines du Nord.

**Étoffes et tapisseries** – Au Moyen Âge, la cité se développe autour de l'abbaye Saint-Vaast, comme marché de grains et centre de tissage d'étoffes de laine. Sous l'impulsion de banquiers et de riches bourgeois, elle devient un foyer d'art. Avec le mécénat des ducs de Bourgogne, dès 1384, la fabrication des tapisseries de haute lisse, au savoureux réalisme, fait la renommée d'Arras. En Italie, le nom *arazzi*, dérivé d'Arras, en témoigne : il s'applique à toutes les tapisseries anciennes. À la Renaissance, cette activité régresse au profit des manufactures de Beauvais et d'Anvers.

Y. Tierny / MICHELIN

*La Grand'Place, admirablement restaurée après les ravages de la Première Guerre mondiale.*

**Foyer révolutionnaire** – En 1790, le premier maire d'Arras, **Dubois de Fosseux** (1742-1817), propose à l'Assemblée nationale d'instituer une fête de la Fédération à Paris. Impatient, il organise la première manifestation du genre à Arras, peu avant la capitale. Maximilien de **Robespierre** naît à Arras en 1758. Orphelin protégé par l'évêque, l'étudiant obtient une bourse pour un collège parisien. Revenu dans sa ville natale, il devient avocat, entre à l'académie d'Arras et dans le cercle poétique des Rosati (anagramme d'Artois). Il fait alors sa cour aux dames pour lesquelles il madrigalise : « Crois-moi, jeune et belle Ophélie/Quoi qu'en dise le monde et malgré ton miroir/Contente d'être belle et de n'en rien savoir/Garde toujours ta modestie… ». Il fréquente l'oratorien **Joseph Lebon** (1765-1795), maire d'Arras sous la Terreur. Celui-ci fit détruire nombre d'églises et alimenta la guillotine en aristocrates et « fermiers à grosses bottes ». Tous deux finirent guillotinés.

**Les batailles d'Artois** – Proche du front durant la Grande Guerre, Arras a souffert des bombardements. Après la bataille de la Marne, les Allemands s'établissent dans les collines du Nord et, à l'automne 1914, attaquent la ville. L'offensive est contenue au terme des combats d'Ablain-Saint-Nazaire, Carency et La Targette. En mai-juin 1915, **Foch** tente une percée. Les Français reprennent Neuville-Saint-Vaast et N.-D.-de-Lorette, mais échouent devant Vimy, reconquis seulement en 1917 par les Canadiens.

## ARRAS

SE LOGER

- Chambre d'hôte Château de Saulty ........ 1
- Chambre d'hôte Le Clos Grincourt ........ 4
- Chambre d'hôte Les Volets Bleus ........ 7
- Hôtel Diamant ........ 10
- Hôtel du Golf d'Arras ........ 11
- Hôtel Le Manoir ........ 13

SE RESTAURER

- Le Carnot ........ 1
- La Clef des Sens ........ 2
- Aux Grandes Arcades ........ 4
- La Faisanderie ........ 10

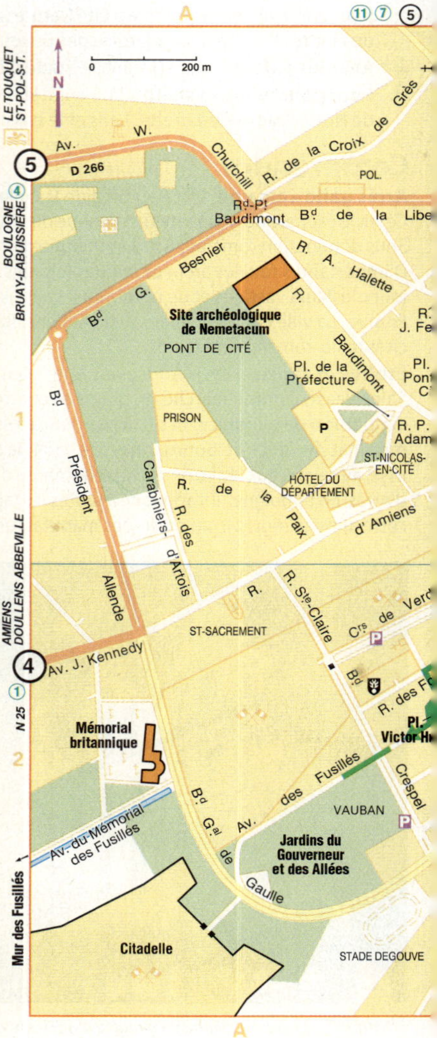

# Se promener

## AU FIL DES PLACES

### Grand'Place et place des Héros★★★ C1

Reliées par la rue de la Taillerie, ces places étaient destinées à accueillir les marchés qui contribuèrent à la prospérité de la ville. Encore aujourd'hui, un immense marché envahit les places et les alentours le samedi (les photographes choisiront un autre jour pour faire des clichés de l'architecture). Les arcades sont toujours là, elles protégeaient jadis des intempéries marchands et chalands. Soucieux de sécurité et d'esthétique, l'échevinage imposa dès 1583 des constructions « en pierres ou en briques et sans aucune saillie ». Il en résulte un superbe ensemble d'une homogénéité exceptionnelle, de style baroque flamand, souvent remanié depuis le 11e s. : 155 maisons (17e et 18e s.) ornées de pilastres, chaînages, frontons curvilignes et pignons à volutes. Fortement endommagées pendant la Première Guerre mondiale, les deux places ont été classées dès la sortie de guerre, pour ensuite être admirablement restaurées, à l'identique.

La **Grand'Place** couvre une superficie de deux hectares. La maison la plus ancienne (15e s.) se trouve au no 49 : c'est l'hôtel des Trois Luppars, avec son grand pignon à pas de moineaux. *Pour une description en image, voir l'ABC d'architecture p. 79.*

*Quittez la Grand'Place par la rue du Cardinal puis la rue Wacquez-Glasson où se situe l'église St-Jean-Baptiste.*

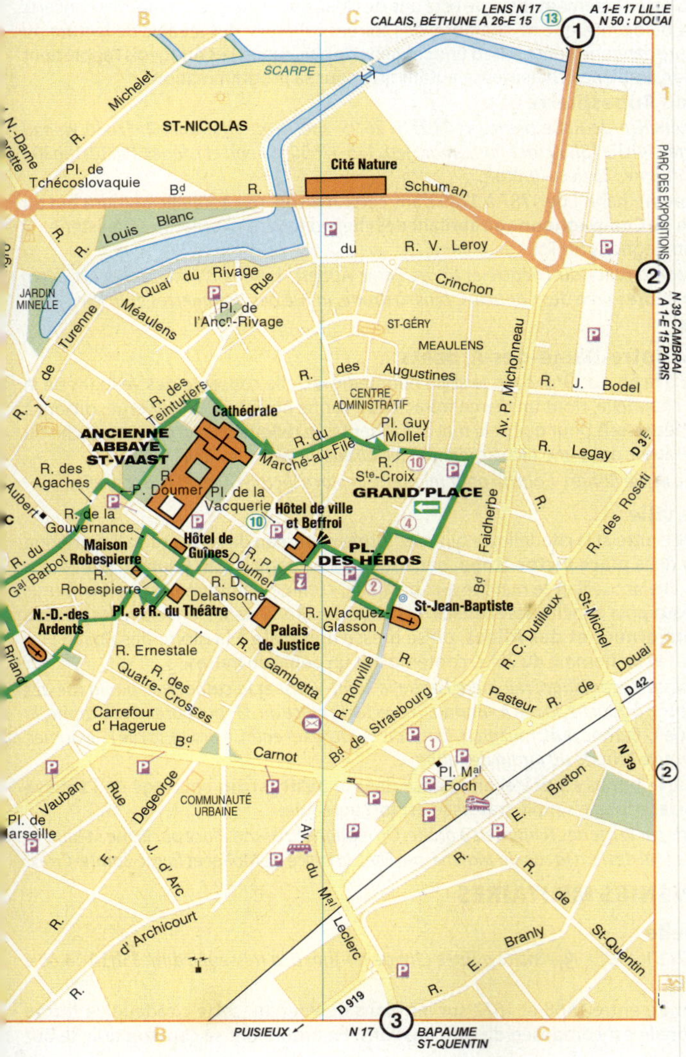

A L'intérieure de l'**église St Jean Baptiste** (1927), l'autel et son retable de marbre datent du 13e s. et proviennent de l'ancienne chapelle de la petite Place, détruite en 1792. La descente de croix est de Rubens; ce tableau qui se trouvait dans la cathédrale avant la guerre de 1914. Chaque année, une commémoration célèbre l'héroïsme de Wacquez et Glasson : ces deux pompiers trouvèrent la mort en essayant de combattre l'incendie qui ravagea l'église en 1915.

*Retrouver la place des Héros par la rue de la Housse en face du parvis.*

La **place des Héros**, aux façades récemment restaurées, plus petite et plus animée, est dominée par le **beffroi de l'hôtel de ville** *(voir « Visiter »)*. On y voit des enseignes sculptées évoquant le commerce de leur propriétaire (chaudron, gerbes de blé).

*Rejoindre la rue Paul-Doumer par la rue D.-Delansorne située à l'angle gauche de la place des Héros (lorsqu'on fait face à l'hôtel de ville).*

Au coin de la rue Paul-Doumer, qui se prolonge en rue E.-Legrelle, se trouve le **palais de justice**, ancien palais des États d'Artois (1710), à pilastres corinthiens, dont l'entrée latérale est ornée de coquilles Régence.

*Dans la rue Paul-Doumer, prendre la 2e ou la 3e ruelle à gauche.*

### Place du Théâtre B2

Aux heures sombres de la Révolution, la guillotine s'y dressait. Érigé à l'emplacement du marché aux poissons, le **théâtre** (1784) fait face à l'**Ostel des Poissonniers**, étroite maison baroque (1710) décorée de dieux marins et de sirènes.

Rue des Jongleurs s'élève le majestueux **hôtel de Guînes** (18e s.) Cet ancien hôtel particulier entièrement restauré est l'une des Maisons Folie, et accueille des concerts de jazz ou de musique de chambre, des soirées cabarets, des ateliers de lecture ou d'écriture dans une petite salle d'une centaine de personnes. Les Arrageois l'apprécient pour son ambiance chaleureuse autant que pour sa programmation.

### Maison Robespierre B1-2

*9 r. Maximilien-de-Robespierre. ✆ 03 21 51 26 95 - mai-sept. : tlj sf lun. 14h-17h30, w.-end et j. fériés 14h30-18h30 ; oct.-avr. : mar., jeu. 14h-17h30, w.-end et j. fériés 15h30-18h30 - fermé 1er janv., 25 déc. - gratuit.*

Robespierre habita de 1787 à 1789 dans cette maison, qui accueille aujourd'hui un **musée du Compagnonnage** abritant des chefs-d'œuvre (charpente, ébénisterie…) des compagnons du Tour de France.

*Traverser la place du Théâtre et la rue Saint-Aubert, bordée d'immeubles Art déco, pour prendre la rue des Capucins, puis, à droite, la rue des Pommettes et la rue Saint-Étienne.*

### Église Notre-Dame-des-Ardents B2

Édifiée à la fin du 19e s. dans le style néomédiéval, elle conserve des vestiges de la sainte chandelle, dont un cierge miraculeux confié au 12e s. par la Vierge, dit-on, à deux ménestrels pour guérir le mal des ardents. Le reliquaire se trouve à gauche du maître-autel, dans une niche grillagée *(éclairage en bas, à droite)*.

*Prendre la rue Rohart-Courtin pour rejoindre la place Victor-Hugo et la basse ville.*

### Basse ville A2

Entre le centre et la citadelle, ce quartier forme un réseau de larges rues. Il s'ordonne autour de la **place Victor-Hugo**, bâtie sur un marécage (1756) selon un plan octogonal. Elle accueillait le marché aux bestiaux, comme l'indiquent des plots munis d'anneaux pour attacher les animaux. Par la rue des Promenades, on rejoint les **jardins du Gouverneur et des Allées**, où se dresse une **stèle** à la gloire des Rosati : un marquis et un homme du 20e s. contemplent un défilé de muses.

*De la place Victor-Hugo, rejoindre l'abbaye Saint-Vaast et la cathédrale par la rue des Fours, puis, à gauche, la rue A.-Briand. Traverser la place du 33e pour prendre, à droite, la rue du Gén.-Barbot, puis, tout droit, la rue des Agaches et enfin, à droite, la rue P.-Doumer, où se trouve l'entrée du jardin de l'abbaye.*

Lorsque le temps s'y prête, une pause dans le **petit jardin** ombragé de l'abbaye Saint-Vaast ou une simple traversée est fort agréable.

*Ressortir par la rue des Teinturiers à droite. On regagne la Grand'Place par la rue Méaulens à droite (qui devient la rue du Marché-au-Filé), la place G.-Mollet et la rue Sainte-Croix.*

## SOUVENIRS MILITAIRES

### Citadelle A2

*✆ 03 21 51 26 95 - ♿ - visite guidée (2h) de mi-juin à la mi-sept. : dim. 15h30 - 4,60 € (enf. 3 €).*

Construite entre 1668 et 1672 sur les plans de Vauban, cette citadelle de forme octogonale est composée de cinq bastions. En ordonnant sa construction, le but de Louis XIV était moins de protéger la cité contre les troupes espagnoles que de surveiller les habitants d'Arras : elle fut donc surnommée « la Belle Inutile ». Elle est aujourd'hui occupée par un régiment.

À l'entrée, dans l'ancienne « salle des Familles », maquette des fortifications. Au cours de la visite, on découvre aussi l'arsenal et la chapelle Saint-Louis, de style baroque. Depuis juillet 2008, la citadelle est classée au patrimoine mondial de l'Unesco au sein d'un ensemble de 12 fortifications majeures construites par Vauban, érigées dans divers départements de France.

### Mur des Fusillés

*Accès par la route entre le mémorial et la citadelle.* Inauguré en 1949 dans les fossés de la citadelle, il commémore l'exécution de 217 résistants durant la Seconde Guerre mondiale.

### Mémorial britannique A2

*Accès par le bd du Général-de-Gaulle.* Dans cette région particulièrement éprouvée en 1914-1918, il rappelle le souvenir des nombreux soldats britanniques disparus dans les batailles d'Artois.

# Visiter

## ANCIENNE ABBAYE SAINT-VAAST★★ B1

*À droite de la cathédrale.* Fondée au 7ᵉ s. par saint Aubert, elle reçut les reliques de saint Vaast, premier évêque d'Arras. En 1746, le **cardinal de Rohan** la fit reconstruire dans un style d'une grande sobriété. Désaffectée à la Révolution, elle a été restaurée après 1918. Le porche d'entrée, surmonté des armes de l'abbaye, ouvre sur une belle cour d'honneur.

### Musée des Beaux-Arts★

*22 r. Paul-Doumer, dans le corps central de l'abbaye. ✆ 03 21 71 26 43 - tlj sf mar. 9h30-12h, 14h-17h30 (dernière entrée 17h) - fermé 1er janv., 1er et 8 mai, 14 Juil., 1er et 11 Nov. et 25 déc. - 4 € (enf. 2 €), gratuit 1er merc. et 1er dim. du mois.*

On y découvre les plus beaux témoignages de l'histoire d'Arras : archéologie, sculptures médiévales, tapisseries du 15ᵉ s., trésor de la cathédrale, porcelaines, peintures du 17ᵉ s. (française et hollandaise, grands formats religieux) et pré-impressionnistes.

**Salon italien (1)** – Décorée du premier **lion du beffroi** d'Arras (1554), cette salle abrite des collections archéologiques d'époque gallo-romaine **(2 et 3)**. La statue en porphyre d'Attis provient d'un sanctuaire d'Attis et de Cybèle (2ᵉ-3ᵉ s.) qui témoigne de la diffusion des cultes orientaux par l'entremise de l'armée et des marchands. Le masque funéraire de femme évoque toute la délicatesse de la sculpture du 14ᵉ s.

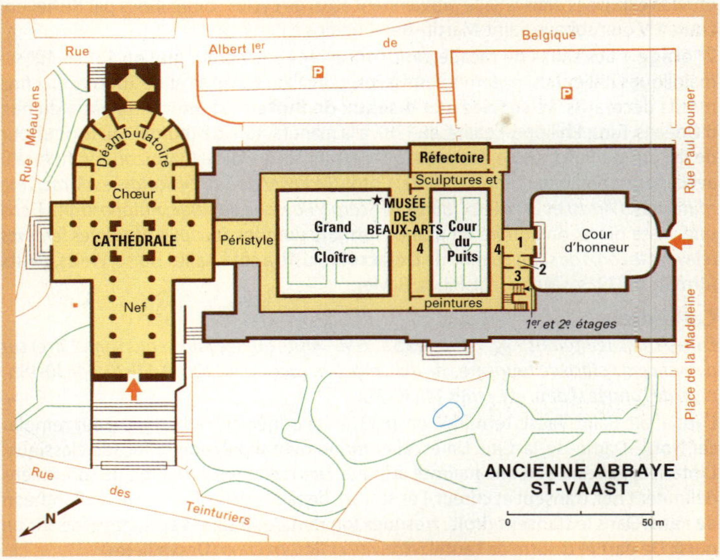

**Autour de la cour du Puits (4)** – Sculptures et peintures du Moyen Âge : masque funéraire de femme, *Vierge à l'Enfant* de Pépin de Huy, tapisseries d'Arras représentant la légende de saint Vaast. On remarque surtout les **anges de Saudémont★** (13e s.) avec leurs cheveux délicatement bouclés, leurs yeux malicieux en amande et leur léger sourire. Du 16e s., Mise au tombeau de Vermeyen. De Pieter Bruegel le Jeune (17e s.), remarquable **Dénombrement de Bethléem★★**, baigné par une lumière hivernale, habillé par la neige et peuplé de paysans, multipliant les petites scènes et les détails. Parmi quelques pièces relatant l'histoire d'Arras figure un plan-relief de la cité daté de 1716.

OT d'Arras

*Dans l'ancienne abbaye Saint-Vaast.*

**Réfectoire** – Grande cheminée de marbre surmontée d'une tapisserie aux armes du cardinal de Rohan.

**Grand cloître** – Très spacieux. On y découvre des chapiteaux à guirlandes et rosaces sculptées. Par le grand cloître, on accède au **trésor** de la cathédrale : sculptures médiévale, deux triptyques de **Bellegambe** dont l'*Adoration de l'Enfant*. Plusieurs reliquaires du 14e au 20e s. *(jours d'ouverture : se renseigner auprès du musée).*

**Cage d'escalier** – Toiles de Giovanni Baglioli (1571-1644).

**1er étage** – Peintures du 16e au 18e s. École française : Vignon, Largillière, Boullongne, Vien, Bouliar, Doncre... Surprenant trompe-l'œil de Le Motte et subtil *Céphale et Procris* de Louis Watteau. Écoles flamande et hollandaise : Adriaen Van Utrecht, Barent Fabritius (élève de Rembrandt), Egbert Van Heemskerck *(Intérieur de tabagie)*, Abel Grimmer (*Intérieur d'église* aux lignes géométriques), Jan Bruegel de Velours *(Le Paradis terrestre)* et Rubens *(Saint François d'Assise recevant les stigmates)*. Sculptures (17-18e s.), faïences de Delft.

La salle des **Mays de Notre-Dame de Paris** expose de grandes toiles religieuses (17e s.) peintes par Sébastien Bourdon, Louis de Boullongne, Philippe de Champaigne, Joseph Parrocel et Jean Jouvenet. Ces toiles de très grand format furent offertes chaque printemps, de 1630 à 1707, à N.-D. de Paris par la corporation des orfèvres d'Arras. Les œuvres, tirées des Actes des apôtres, étaient destinées à orner les piliers de la nef. La remise solennelle avait lieu le 1er Mai, d'où leur nom de Mays. Certaines des œuvres exposées dans la salle proviennent aussi de cycles commandés par Richelieu, Louis XIV ou l'abbaye Saint-Martin-des-Champs à Paris.

**2e étage** – Les salles de façade sont consacrées à la céramique du 16e au 19e s. : majoliques italiennes, poteries vernissées, porcelaine d'Arras et de Tournai aux fins motifs décoratifs. Le **service aux oiseaux de Buffon** est une commande du duc d'Orléans, futur Philippe-Égalité, en 1787, à la manufacture de Tournai. Sur le pourtour de la cour du Puits, école des paysagistes français du 19e s. (Barbizon, Lyon, Arras) avec, pour principaux représentants, Corot *(Le Vivier de Saint-Nicolas-lès-Arraz, Une route près d'Arras)* et Dutilleux *(Bords de Scarpe, Paysage de neige, Autoportrait)*. Dans une vaste pièce, on admire de grands formats dont les *Disciples et saintes femmes relevant le corps de saint Étienne* de **Delacroix**. Juste à côté, salle Louise-Weiss, petits formats du 19e s. : Monticelli, Ribot, Ravier.

## Cathédrale

*Entrée r. des Teinturiers - ♿ - ☎ 03 21 51 26 95 - visite guidée juin-sept. : sam. 15h et sur demande à l'office de tourisme - de déb. mai à mi-oct. : dim. 10h30-12h30, 14h30-18h ; reste de l'année sf dim. et j. fériés 14h30-18h.*

L'abbatiale Saint-Vaast, terminée en 1833, a été érigée en cathédrale pour remplacer Notre-Dame-de-la-Cité. Un escalier monumental précède sa façade classique. L'intérieur est clair et d'une majesté antique. Des colonnes à chapiteaux corinthiens délimitent nef, transept et chœur. Les statues de saints (19e s.) viennent du Panthéon de Paris. Dans le transept droit : fresques (on remarque saint Vaast apprivoisant un ours). De part et d'autre de l'autel : *Nativité* et *Résurrection* (Desvallières).

## HÔTEL DE VILLE ET BEFFROI★ B1

Un forfait qui couple les trois visites (beffroi, souterrains et historama) est proposé par l'office de tourisme *(7,20 €, enf. 4,20 €)*.

### Hôtel de ville

*À l'ouest de la pl. des Héros. ☎ 03 21 51 26 95 - www.ot-arras.fr - visite guidée (30mn) juil.-août : merc. et dim. 15h - 2 € (enf. gratuit).*

Détruit en 1914 et reconstruit dans le style gothique et Renaissance, l'hôtel de ville possède une jolie façade aux arches inégales. Au sous-sol, **historama** présentant l'histoire de la ville *(voir l'encadré pratique)*.

### Beffroi★

*☎ 03 21 51 26 95 - mai-sept. : 9h-18h30, dim. 10h-13h, 14h30-18h30 ; oct.-avr. : 9h-12h, 14h-18h, dim. 10h-12h30, 14h30-18h30, lun. 10h-12h, 14h-18h - 2,60 € (enf. 1,70 €).*

Haut de 75 m, il domine l'aile Renaissance de l'hôtel de ville et abrite un carillon de 40 cloches. Du haut de la première couronne (qu'on atteint par un ascenseur, puis 43 marches), vue sur les places environnantes et les monuments (repérés sur une table d'orientation).

### Circuit des souterrains

*Départ de l'hôtel de ville. ☎ 03 21 51 26 95 - visite guidée (45mn) 10h-12h, 14h-18h, dim. et j. fériés 10h-12h30, 14h30-18h30 - fermé 1er janv., 25 déc. - 4,60 € (enf. 2,60 €). Prévoir un vêtement chaud.*

Dès le 10e s., des galeries (ou *boves*) furent creusées par les carriers dans le calcaire. Devenues dangereuses, les carrières sont transformées au 15e s. en caves, en écuries, voire en logements, puis servent d'abri durant les guerres. En 1916, les Britanniques investissent les lieux afin de préparer la bataille d'Arras, censée décharger le Chemin des Dames. 24 000 soldats y vivent durant quelques semaines avant de lancer l'offensive, en avril 1917. Après plusieurs mois d'acharnement sur vingt kilomètres de front, les Alliés ont gagné une dizaine de kilomètres. Une salle évoque cet épisode, grâce à quelques photos explicites. Lors de la Seconde Guerre mondiale, les souterrains servirent d'abris aux civils. Aujourd'hui encore, les caves conservent admirablement le vin, dit-on. En effet, la température y est fraîche (11 °C) et le taux d'humidité avoisine les 80 %. Tous les ans, de mi-mars à mi-juin, les souterrains accueillent les « **Jardins des Boves** ». Plantes, fleurs et jeux de lumières agrémentent alors le parcours, jalonné d'expositions temporaires.

## QUARTIERS NORD

### Cité Nature B-C1

*25 bd Schuman - ☎ 03 21 21 59 59 - www.citenature.com - mar.-vend. 9h-17h, w.-end 14h-18h - 7 € (tarif réduit pour les familles).*

Dans une ancienne usine réhabilitée par l'architecte Jean Nouvel, 2 ha dédiés à la découverte de la nature et aux rapports qu'entretient l'homme avec elle. Ce centre culturel, scientifique et technique, ouvert en 2004, s'attache à l'environnement, à l'écologie, mais aussi à l'agriculture et à l'alimentation. Au rez-de-chaussée, murs végétaux, jeux interactifs, présentation des filières agro-alimentaires. Une salle est consacrée à l'évolution de l'agriculture depuis le néolithique (maquettes, matériel agricole, **modèles réduits★** issus de l'Exposition universelle de Paris en 1900). À l'étage, expositions temporaires. À l'extérieur, jardins potagers, labyrinthe végétal et même quelques arpents de vignes.

Deux espaces sont spécifiquement aménagés pour les enfants (animations, ateliers pédagogiques…). Ici, on peut toucher, sentir, goûter.

### Le site de Nemetacum A1

*77 r. Baudimont - juil-août : mar.-dim. 14h30-17h - visite guidée de mi-juin à mi-sept. : sam.-dim. 15h et 16h - 3 € (enf. gratuit).*

Ce site archéologique livre une partie des mystères de Nemetacum, ville romaine ancêtre d'Arras et capitale des Atrébates. À voir : les vestiges de la *Schola des Dendrophores*, anciens bâtiments administratifs datant du 3e s. et mis au jour par de récentes fouilles. Du belvédère *(accès gratuit)*, vue sur le site.

# Aux alentours

### Château de Barly

*20 km à l'ouest d'Arras par la D 59. Visite guidée 1h juil.-août : mar.-dim. 13h-19h - 5 € (enf. 3 €).*

Château de style Louis XVI, néoclassique, achevé sous la Révolution. Il est typique des édifices ruraux de l'Artois, dont il nous reste peu d'exemples après les deux guerres mondiales : cour de ferme attenant à la cour d'honneur, pigeonnier, chapelle, petit parc paysager à l'arrière. À l'intérieur, quelques éléments remarquables, restaurés dans le goût de l'époque par le propriétaire des lieux : escalier en bois sculpté imitant les ferronneries, **boiseries** ★ et panneaux sculptés (1784) du maître arrageois César-Auguste Lepage.

# Arras pratique

## Adresse utile

**Office du tourisme d'Arras** – *Hôtel de ville - pl. des Héros - 62000 - ℘ 03 21 51 26 95 - www.ot-arras.fr - mai-sept. : 9h-18h, dim. 10h-13h, 14h30-18h30 ; oct.-avr. : 9h-12h, 14h-18h, dim. 10h-12h30, 14h30-18h30 - fermé 1er janv. et 25 déc.*

## Visites

**Visites guidées** – *Juil.-août - renseignements à l'office de tourisme.* Arras, qui porte le **label Ville d'art**, propose des visites-découvertes animées par des guides-conférenciers agréés par le ministère de la Culture et de la Communication.

**Historama** – *℘ 03 21 51 26 95 - mêmes horaires que l'office de tourisme - 2,60 € (enf. 1,70 €).* Au sous-sol du beffroi. Spectacle audiovisuel (45mn) retraçant l'histoire d'Arras et constituant une très bonne introduction à la visite de la ville.

## Se loger

**Chambre d'hôte Le Clos Grincourt** – *18 r. du Château - 62161 Duisans - ℘ 03 21 48 68 33 - www.leclosgrincourt.com - P - 4 ch. 60/100 €.* Une allée arborée mène à cette belle demeure bourgeoise dont la construction entamée sous Louis XIV ne s'est achevée qu'à l'époque de Napoléon III. Les chambres ressemblent à de petits appartements et donnent toutes sur le parc abondamment fleuri. Accueil attentionné.

**Chambre d'hôte Château de Saulty** – *82 r. de la Gare - 62158 Saulty - ℘ 03 21 48 24 76 - fermé janv. - P - 4 ch. 60 €.* Ce château de 1835 a fière allure dans son parc de 45 ha situé à l'entrée du village. Après une nuit douillette dans l'une des grandes chambres de caractère, le petit-déjeuner composé de confitures et de jus maison est une invitation à la promenade dans le verger.

**Hôtel Diamant** – *5 pl. des Héros - ℘ 03 21 71 23 23 - www.arras-hotel-diamant.com - P - 12 ch. 72/80 € - 9 €.* Sur la place des Héros, au pied du beffroi, cet hôtel bénéficie d'un emplacement de choix. L'accueil y est très agréable et les chambres, un peu petites, sont impeccablement tenues.

**Hôtel Le Manoir** – *35 rte Nationale - 62580 Gavrelle - ℘ 03 21 58 68 58 - www.lemanoir62.com - fermé 3 sem. déb. août, 15 j. Noël et j. de l'An, dim. soir - ♿ - P - 19 ch. 68 € - 8 € - rest. 16/35 €.* Si l'idée d'ouvrir vos fenêtres face à la campagne verdoyante vous séduit, cette maison bourgeoise s'élevant au milieu d'un parc est pour vous. Chambres simples et nettes, aménagées dans les anciennes écuries. Cuisine traditionnelle au restaurant.

**Chambre d'hôte Les Volets Bleus** – *47 r. Briquet-Taillandier - 62223 Anzin-Saint-Aubin - ℘ 03 21 23 39 90 - www.voletsbleus.com - ♿ - 3 ch. 63/81 € - rest. 25 bc/42 € bc.* Oubliez votre régime et venez réveiller vos papilles dans cette demeure entourée d'un jardin fleuri, face au golf d'Arras. Une tenue générale très honorable, mais littéralement supplantée par une cuisine créative et gastronomique, concoctée par un vrai cordon bleu. Petits-déjeuners présentés en buffet impressionnant.

**Hôtel du Golf d'Arras** – *R. Briquet-Tallandier - 62223 Anzin-Saint-Aubin - ℘ 03 21 50 45 04 - www.golf-arras.com - 64 ch. 99/115 € - 14 € - rest. 28/49 €.* À l'entrée d'un golf 18 trous, construction en bois dont l'architecture s'inspire de la Louisiane. Chambres claires et raffinées donnant pour la plupart sur les greens. Répertoire culinaire au goût du jour et cadre lumineux pour une pause entre deux swings.

## Se restaurer

**Le Carnot** – *12 pl. Foch - ℘ 03 21 71 08 14 - www.hotelcarnot.com - fermé Noël et j. de l'An - ♿ - 15 € - 29 ch. 62 € - 7 €.* Confortablement installé sur la terrasse-véranda ou dans la chaleureuse salle à manger d'esprit brasserie, vous vous régalerez d'un bon petit plat traditionnel ou d'une spécialité régionale.

**Aux Grandes Arcades** – *8-12 Grand'Place - ℘ 03 21 23 30 89 - fermé dim. soir en hiver - ♿ - 19 ch. 59/65 € - 7 € - rest. formule déj. 11 € - 22/32 €.* Cette grande maison située sur la splendide Grand'Place propose une formule et un menu pour découvrir les spécialités régionales. À déguster en terrasse l'été. Magnifique cave voûtée du 15e s. L'établissement abrite également 19 chambres personnalisées : certaines ont gardé leurs poutres d'origine.

**La Clef des Sens** – *60 pl. des Héros - 03 21 51 00 50 - www.laclefdessens.com - fermé 24 déc.-11 janv. - ♿ - formule déj. 17 € - 26/59 €.* Boiseries rouges, banquettes, vivier à homards : décor et carte ad hoc pour cette brasserie bordant la place des Héros. Vue sur le beffroi depuis le 1er étage et la terrasse.

**La Faisanderie** – *45 Grand'Place - 03 21 48 20 76 - www.restaurant-la-faisanderie.com - fermé 3-24 août, jeu. midi, dim. soir, lun. et j. fériés - 27/65 €.* Sur la somptueuse place, demeure du 17e s. abritant une belle cave où d'imposantes colonnes en pierre soutiennent de vénérables voûtes en briques ; cuisine au goût du jour.

## Faire une pause

**Pâtisserie Sébastien Thibaut** – *50 pl. des Héros - 03 21 71 53 20 - mar.-dim. 8h-19h30 - fermé lun.* Depuis plus de cent ans, cette pâtisserie régale les gourmands avec le véritable Cœur d'Arras (friandise au pain d'épice), les Petits Rats d'Arras, les gaufres et autres savoureuses préparations maison. Le salon de thé propose, en plus des saveurs sucrées, quelques salades et tartes chaudes. Et aux beaux jours, la terrasse vous accueille pour déguster glaces et coupes glacées maison.

## En soirée

**Irish Pub** – *7 pl. des Héros - 03 21 71 46 08 - mar.-sam. 11h, dim. et lun. 15h - fermé 1er janv. et 25 déc., la sem. ferme à 1h, vend.-sam. à 2h.* L'enseigne dit l'essentiel : tables en bois, parquet patiné, bon choix de bières et musiques aux accents celtiques vous transportent au coeur de l'Irlande. Dès l'arrivée des beaux jours, vous pourrez lézarder en terrasse une chope à la main. Soirées à thème.

**Théâtre d'Arras** – *R. Paul-Doumer - 03 21 71 66 16 - mar.-vend. 12h30-13h30, 17h-19h30 ; sam. 11h-13h, 14h-18h - fermé juil.-août.* C'est un joli théâtre à l'italienne de 400 places classé monument historique. Toutes sortes de spectacles y sont programmés : musiques, chansons, pièces… Les grandes manifestations ont lieu au casino.

## Que rapporter

**Marché** – Marché traditionnel le mercredi matin sur la place des Héros ; le samedi matin sur la Grand'Place, la place des Héros et la place de la Vacquerie.

**Andouillette** – Chez tous les artisans charcutiers de la région. Elle se prépare uniquement à base de fraise de veau, assaisonnée de persil, échalotes, épices, aromates et genièvre ; il faut la savourer avec une pointe de moutarde et un peu de crème fraîche.

**Charcuterie À l'Andouillette d'Arras** – *3 r. du Marché-au-Filé - 03 21 22 69 96 - mar.-vend. 8h30-12h45, 14h30-19h15, sam. 8h-13h, 14h30-19h - fermé dim., lun., 15 j. fin juil.-déb. août.* Cette minuscule boutique située à deux pas de la mairie depuis plus de cent ans. La décoration intérieure conserve un petit côté « rétro » des plus sympathiques et l'accueil est exemplaire. Parmi les spécialités : l'andouillette d'Arras bien sûr (on en vend plus d'une tonne par mois), mais aussi les pâtés de campagne et de foie, les tripes, le jambon blanc et le boudin noir salé ou sucré.

## Visite technique

**Moulin de la Tourelle** – *Pl. Jean-Jaurès - 62217 Achicourt - 03 21 71 68 68 - www.ville-achicourt.fr - vend. 17h-19h, dim. 15h-18h - fermé 15 déc.-15 janv. - 1,60 € (enf. 0,80 €).* Ce moulin à vent, de type flamand et artésien, avec ses ailes voilées et son toit tournant est l'un des derniers en activité en France. Il a été reconstruit en 1991-1994 sur le modèle d'un moulin de 1804. Découvrez ses rouages grâce aux visites commentées proposées par les meuniers-guides de l'association La Tourelle.

## Sports & Loisirs

**Stade d'eau vive - Base nautique Robert-Pecqueur** – *R. Laurent-Gers - 62223 St-Laurent-Blangy - 03 21 73 74 93 - www.eauxvivesslb.fr.st - 8h-12h, 14h-17h sur RV, nov.-mars 10h-16h - fermé de fin déc. à mi-janv.* Conçu à l'origine pour les Jeux olympiques de 2004, ce torrent artificiel de 300 m de long et 12 m de large a été creusé entre l'écluse de la Scarpe et son bras de décharge. Séances de kayak, raft et canoë à un prix très modéré. Également, tir à l'arc, course d'orientation et location de VTT.

## Événements

**Terre en Fête** – Tous les deux ans, le 2e week-end de juin, Arras met l'agriculture à l'honneur, avec l'un des plus grands salons de France. Machines agricoles, animaux d'élevages, dégustations gastronomiques.

**Les joutes sur l'eau** – Deux fois par an, en juin et juil., joutes nautiques sur la place de l'Ancien-Rivage, dans le vieil Arras.

**Fête de l'Andouillette** – Le centre-ville se transforme en auberge à ciel ouvert, le dernier dim. d'août. Animations de rues, spectacles et orchestres, défilés costumés et dégustations, bien sûr !

**Embrasement du beffroi** – Le 1er dim. de sept., à 22h30, un son et lumière est organisé au pied du beffroi illuminé. La fête se termine par un grand feu d'artifice.

**Ducasse de l'Ami Bidasse** – Une grande braderie envahit les places et le centre-ville durant le dermier week-end de l'été. Ambiance conviviale garantie.

**Festival international du film d'Arras « L'autre cinéma »** – *03 21 59 56 30 - www.plansequence.asso.fr.* Un festival cinématographique assez coté, mais en toute simplicité, en octobre ou en novembre selon les années.

# Ault★

1 910 AULTOIS
CARTE GÉNÉRALE A3 – CARTE MICHELIN DEPARTEMENTS 301 B7 – SOMME (80)

**Cette petite station balnéaire a bien mérité son surnom de « balcon sur la mer ». Balayées par le vent, d'impressionnantes falaises de craie tapissées de prairies dominent des plages tentatrices. Ne cherchez pas plus loin : la station d'Ault possède tous ces petits riens qui font qu'on s'y sent vraiment « en vacances ».**

- **Se repérer** – Ault s'étire au creux d'une **valleuse** (sorte de vallée sèche « suspendue » au-dessus du rivage) au terme de laquelle une terrasse dévoile une belle perspective vers Le Tréport, au sud-sud-ouest. Accès par la D 940.
- **À ne pas manquer** – La vue plongeante sur la mer depuis le haut du village ; les plages ; la réserve du Hâble d'Ault ; les villas Belle Époque de Mers-les-Bains.
- **Pour poursuivre la visite** – Voir aussi Saint-Valery et la baie de Somme, le Vimeu (Abbeville), le château de Rambures.

G. Targat / MICHELIN

*Plaisirs de la pêche à pied à Mers-les-Bains.*

## Séjourner

### Les plages

Au pied des hautes falaises apparaît la petite plage d'Ault. À marée haute, seul un mince cordon de galets subsiste. À l'inverse, la mer se retirant laisse affleurer d'imposantes masses rocheuses. C'est l'endroit et le moment idéal pour une petite expédition afin d'admirer crustacés et mollusques de toute nature. En remontant vers le nord, deux autres plages, dont une de sable fin, se situent en face du quartier Onival.

## Se promener

### Église Saint-Pierre

*Visite sur demande à l'office de tourisme.*

Sur la place, l'église gothique (14$^{e}$-15$^{e}$ s.), à clocher plat, présente un appareil en damier de pierre et de silex.

### Les villas

Ault et son ancien quartier **Onival** doivent leur renommée à la naissance du tourisme balnéaire à la fin du 19$^{e}$ s. De ce faste passé Ault a conservé quelques villas de maître, à dénicher aux détours de la station. Beaucoup de façades sont ornées de **céramiques**, qu'un circuit propose de découvrir. *Se renseigner à l'office de tourisme.*

### Phare d'Ault

Sur l'ultime escarpement de la falaise morte se dresse un très beau phare en céramique blanche et rouge. À ses abords *(rue Degauchy, boulevard du Phare)*, vues imprenables sur les bancs sableux de la baie de Somme, la côte picarde et la Manche.

### Hâble d'Ault

*Au nord d'Onival.* Jusqu'au 18e s., le hâble d'Ault était une baie servant de port de refuge lors des grandes tempêtes. Progressivement fermé par un cordon de galets issus des falaises d'Ault et du pays de Caux, le site s'est transformé en lagune et en marais. Quelque 200 espèces d'oiseaux peuvent y être observée – canards, oies, limicoles… Tandis qu'une partie du site, protégée, appartient au conservatoire du littoral, 62 ha constituent une réserve de chasse. En juin et juillet, lors de la floraison du chou marin, des lotiers et du serpolet, tout le Hâble se pare de couleurs vives, mauves et jaunes.

## Aux alentours

### Bois-de-Cise

*4 km au sud-ouest. De la D 940 se détache la route d'accès à Bois-de-Cise.* Prisée à la Belle Époque, cette station est installée dans un site boisé, entre Ault et Mers-les-Bains. Après 500 m, prenez à droite la « route panoramique » qui suit le versant nord d'une valleuse aux pentes boisées. Passé une chapelle, on descend au fond de l'échancrure où se disséminent quelques villas Art nouveau. En contrebas, la plage de galets se prolonge par un « platin » (récif) rocheux.

### Mers-les-Bains★

*9 km au sud-ouest.* Face au Tréport, cette station balnéaire devint à la mode avec l'arrivée du chemin de fer en 1872. Les **villas**★ cossues du front de mer, construites à la Belle Époque, forment un bel ensemble architectural, déclaré « secteur sauvegardé ». L'éclectisme y règne, avec une prédominance de l'Art nouveau. Une grande fantaisie s'observe sur les façades : toits en auvents, tourelles et clochetons, bow-windows, loggias, balcons en fer forgé ou en bois, motifs en céramique…

## Ault pratique

### Adresses utiles

**Office du tourisme d'Ault** – *Pl. du Mar.-Foch - 80460 - ✆ 03 22 60 57 15 - perso.club-internet.fr/mairie.ault - de mi-juin à mi-sept. : 10h-12h, 15h-18h ; de mi-sept. à mi-juin : mar.-sam. 10h-12h, 14h-17h.*

**Office du tourisme de Mers-les-Bains** – *43 r. Jules-Barn - 80350 - ✆ 02 27 28 06 46 - www.ville-merslesbains.fr - avr.-sept. : 10h-12h, 14h30-18h, dim. 10h30-12h30, 15h-17h ; oct.-mars : tlj sf dim. 10h-12h, 14h30-18h.*

### Se loger et se restaurer

⊜ **Le Paris** – *31 Grande-Rue (à 200 m de la mer) - ✆ 03 22 60 40 25 - 13,50/27 € - 17 ch. 36 € - ☕ 6,10 €.* Repris il y a peu par un jeune couple sympathique, cet hôtel compte 17 chambres simples à tous points de vue (commodités sur le palier) mais propres et bien tenues. Côté restaurant, une décoration contemporaine, et une cuisine « terre et mer » tout à fait convenable, à des prix très sages.

⊜⊜ **L'Horizon** - *31 rue St Valery - ✆ 03 22 60 43 21 - Fermé merc. soir et jeudi. Hors saison, fermé lun., mar., merc. et jeu. soir - 15/25 €.* Perché en haut de la falaise, l'Horizon tient ses promesses. La vue imprenable sur la grève ne vous distraira pas trop des propositions alléchantes de fruits de mer présentées : c'est la spécialité de la maison. Réservation conseillée en saison.

⊜⊜ **Hôtel le Victor Hugo** – *25 r. de la Pêche - à 300 m de la plage - ✆ 03 22 60 40 40 - www.hotel-restaurant-victorhugo.com - P - 25 ch. 55 € - ☕ 7 € - restaurant 23 €.* On reconnaîtra cet hôtel-restaurant de la partie « haute » de la ville à sa façade en briques bleu pastel. Si l'établissement dans son ensemble aurait peut-être besoin d'un petit rafraîchissement, on appréciera la présence de sanitaires complets dans chacune des 25 chambres. Menu unique servi seulement le soir.

### Sports & Loisirs

Possibilité de **pêche** à Ault et Onival. **Base nautique** Éric-Tabarly à la plage d'Onival. **Promenades pédestres** au Bois-de-Cise et dans les Bas Champs.

**Base nautique** – *Espl. du Gén.-Leclerc - 80350 Mers-les-Bains - ✆ 02 35 50 17 89 - en sais. : 9h-12h30, 14h-18h ; hors sais. : tlj sf dim. et lun.* Des stages de planche à voile et de funboard sont proposés de Pâques à la Toussaint.

# Vallée de l'Authie★

CARTE GÉNÉRALE A/B2 – CARTE MICHELIN DEPARTEMENTS 301 C/H-5/7 – SOMME (80) ET PAS-DE-CALAIS (62)

**Sources, bocages, prairies, peupliers, saules têtards, marécages, coteaux, basses maisons chaulées… L'Authie a modelé une vallée bucolique dans le plateau crayeux. Les jardins de Valloires sont une invitation à la promenade et aux visites, tout comme le joli moulin de Maintenay, un village de vanniers et quelques bonnes auberges. L'Authie, c'est aussi le paradis de la truite, et donc des pêcheurs.**

**Se repérer** – Né dans les collines de l'Artois, l'Authie (100 km) rejoint la Manche par la baie d'Authie, au sud de Berck. De Gennes-Ivergny à la côte (50 km), le fleuve marque la limite entre Somme et Pas-de-Calais.

**À ne pas manquer** – L'abbaye et les jardins de Valloires.

**Organiser son temps** – Partez le matin de Doullens pour arriver sur la côte dans l'après-midi. Préférez la belle saison pour profiter des parcs et jardins.

**Avec les enfants** – Le labyrinthe et les enclos d'animaux dans les jardins de Maizicourt ; l'Aquaclub de Belle-Dune.

**Pour poursuivre la visite** – Voir aussi Doullens, l'abbaye et les jardins de Valloires, Crécy-en-Ponthieu, Hesdin, Rue, le parc ornithologique du Marquenterre, Berck-sur-Mer.

## Circuit de découverte

### DE DOULLENS À FORT-MAHON-PLAGE

*73 km – 1h30. Quitter Doullens par la D 925, puis la D 938.*

#### Auxi-le-Château

Au creux de la vallée de l'Authie, Auxi conserve des vestiges de son château. À mi-côte apparaît son imposante **église** gothique flamboyante (16e s.). Les nervures et les clefs des voûtes de son chœur sont particulièrement ouvragées. Près de l'entrée, remarquez le bénitier, ancienne mesure à sel. En contrebas, l'**hôtel de ville** est d'inspiration néo-gothique, contruit à la fin du 19e s. Il a été bâti dans le même style que les deux tours gothiques qui l'encadrent, datant de 1580.

*Sur la gauche, prendre la D 933 jusqu'à Maizicourt.*

#### Maizicourt

Ce charmant petit village, très fleuri, est dominé par son **château** *(ne se visite pas)* en brique et pierre, construit dans la première moitié du 18e s. pour Louis-François de La Houssoye, page du roi. L'église du village, au chœur gothique, est intégrée au domaine.

**Les jardins** – *✆ 03 22 32 69 64 - www.jardinsdemaizicourt.com - ♿ - tlj sf w.-end (hors juin et sept.) 14h-18h - fermé nov.-avr. - 10 € (-12 ans gratuit).* Réaménagés à partir de 1989 dans l'esprit de l'époque, ils s'étendent sur plus de 10 ha autour du château. D'abord très ordonnés, à la française, ils deviennent ensuite plus naturels, laissant place à la fantaisie avec petits bosquets et massifs à l'anglaise. Grange du 18e s. (restaurée au 19e s.) transformée en orangerie, pigeonnier, vergers, plantes aquatiques, potager, etc.

Les enfants peuvent s'amuser dans un labyrinthe végétal, dans les vergers ou les enclos des animaux (ânes, oies, chèvres…).

*Revenir à Auxi-le-Château, puis emprunter la D 224 sur la rive gauche de l'Authie.*

#### Le Boisle

Village de vanniers. Une grande verrière moderne sur le thème de La Trinité décore l'intérieur de l'**église**.

#### Dompierre-sur-Authie

*✆ 03 22 23 52 59 - visite uniquement sur demande.*

L'église Saint-Pierre (15e s.), dans un style flamboyant, est l'une des plus grandes de la région. À l'intérieur, belle statue de saint Pierre en habit papal, du 16e s.

*Traverser l'Authie pour rejoindre la D 119.*

#### Abbaye de Dommartin

Ruines d'une abbaye de prémontrés fondée au 12e s. La D 119 passe devant la porte d'entrée monumentale (17e s.) à pilastres ioniques et fronton triangulaire.

*À Saulchoy, regagner la rive sud par la D 137.*

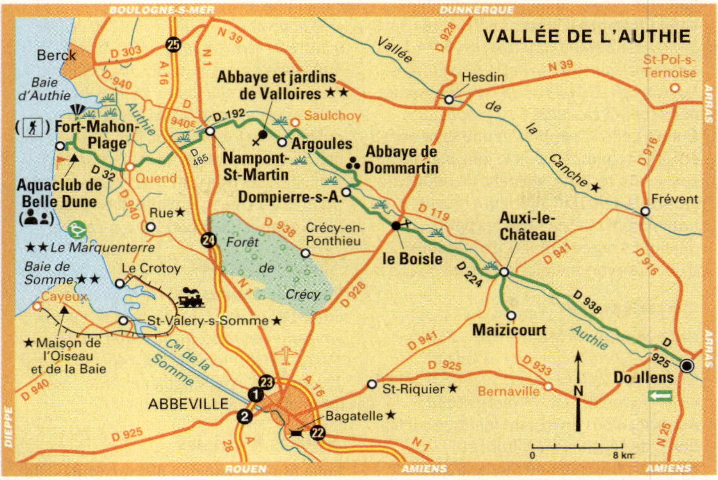


## Argoules

Les maisons rustiques de ce charmant bourg sont disséminées dans la verdure. Manoir et petite église du 16e s. Un gros tilleul, qu'on dit daté de 400 ans ou de la Révolution française, se dresse sur la place.

## Abbaye et jardins de Valloires★★ *(voir ce nom)*

## Nampont-Saint-Martin

La marée montait encore jusque-là au 18e s. En contrebas de la D 485, jetez un coup d'œil à la maison forte (15e-16e s.) cernée de fossés. De chaque côté de la porte, meurtrières à arquebuses. La propriété abrite aujourd'hui un club de golf.

*Continuer vers l'ouest par la D 485 et la D 32. En arrivant à Fort-Mahon, avant de tourner à gauche pour gagner Fort-Mahon-Plage, poursuivre vers le nord (4 km) en direction de la baie d'Authie.*

Petite sœur de la baie de Somme, la **baie d'Authie** constitue la frontière naturelle entre la Somme et le Pas-de-Calais. Domaine des chasseurs à la hutte et les pêcheurs de coques, c'est aussi un agréable lieu de balade, entre ciel et mer. *Pour les circuits de randonnée en baie d'Authie, se renseigner à l'office de tourisme de Fort-Mahon.*

## Fort-Mahon-Plage

Cette longue plage de sable, dotée d'un **club de voile**, est dominée par une digue-promenade.

**Aquaclub de Belle Dune** – *03 22 23 73 00 - www.aquaclubdebelledune.com - de mi-juin à déb. sept. : 11h-19h - reste de l'année 14h-19h, w.-end et j. fériés 11h-19h - fermé janv., de mi-nov. à Noël., 25 déc., jeu. hors sais., 1er janv., 25 déc. - 13 € (enf. 10 €).* Sur la promenade du Marquenterre, dans un site de dunes et de pins, l'architecture du complexe s'inspire du style balnéaire picard. Bassins intérieurs et extérieurs, piscine à vague, toboggan géant, jeux d'eau, sauna, hammam, golf 18 trous…

# Vallée de l'Authie pratique

Voir aussi les encadrés pratiques de Doullens et de Valloires.

### Adresse utile

**Office du tourisme de Fort-Mahon-Plage** – *1000 av. de la Plage - 03 22 23 36 00 - www.fort-mahon-plage.com - juil.-août : lun.-jeu. et dim. 10h-18h ; vend.-sam. et veilles de j. fériés : 10h-19h ; sept.-juin : lun.-jeu. et dim. 10h-17h ; vend.-sam. et veilles de j. fériés : 10h-18h.*

### Se loger

**Hôtel de la Terrasse** – *1461 av. de la Plage - 80120 Fort-Mahon-Plage - 03 22 23 37 77 - www.hotellaterrasse.com - fermé 2-24 janv. - P - 56 ch. 41/99 € - 10 € - restaurant 14,90/60 €.* Établissement familial du front de mer dont les amples chambres ont été rénovées : certaines regardent vers le large, d'autres donnent sur la cour, plus au calme. Panorama et décor marins, carte iodée et terrasse côté restaurant ; espace brasserie.

**Chambre d'hôtes Le Prieuré** – *Imp. de l'Église - 62180 Tigny-Noyelle - RN 1 Nempont-Saint-Firmin et D 940 vers Tigny-Noyelle - ☎ 03 21 86 04 38 - www.leprieure-tigny.com - 5 ch. 70/98 € - repas 28 €.* Quatre belles chambres et une suite ont été aménagées dans cette jolie maison aux volets verts nichée dans un petit parc arboré. Décoration intérieure réussie, notamment dans la salle des petits-déjeuners ornée d'objets d'antiquité et d'une superbe cheminée picarde.

### Se restaurer

**Le Moulin de Maintenay** – *25 r. du Moulin - 62870 Maintenay - 3 km de l'abbaye de Valloires par D 192 - ☎ 03 21 90 43 74 - fermé 1er janv.-1er mars - 11/16 €.* Accordez-vous un instant féerique sur les bords de l'Authie, où culture et gourmandise font bon ménage ! Dans ce moulin du 12e s. magnifiquement restauré, un musée amusera les curieux, et les « tartines du meunier » ou les crêpes combleront les gourmands.

**Auberge Le Fiacre** – *À Routhiauville - 80120 Fort-Mahon-Plage - 21 km au SE de Berck-sur-Mer par D 940, D 532 puis D 32 - ☎ 03 22 23 47 30 - www.lefiacre.fr - fermé 3 janv.-3 fév., 13-26 déc., mar. midi et merc. midi - 22,50 € déj. - 32/65 € - 16 ch. 80/102 € - 12 €.* Installée dans une ancienne ferme, cette auberge ouvre sur un joli jardin où l'on déjeune en été. Sa salle à manger avec ses nappes blanches, ses rideaux fleuris et ses belles poutres est très charmante, tout comme ses quelques chambres, plus récentes.

### Que rapporter

**Vannerie Candas** – *53 rte Nationale - 80150 Le Boisle - ☎ 03 22 29 65 66 - www.vannerie-candas.com - tlj sf dim. mat. 14h30-18h30 ; été : 10h-13h, 14h-19h - fermé 1er janv. et 1er nov.* Mobilier en rotin, osier, idées déco et ameublement.

### Sports & Loisirs

**Eolia Marquenterre - Sillage SARL** – *Bd Maritime-Nord - base nautique - autoroute A 16, sortie 24 en venant de Paris - 80120 Fort-Mahon-Plage - ☎ 03 22 23 42 60 - www.eolia.info - 9h30-12h, 14h-18h (17h en hiver).* Initiation et randonnées en char à voile et canoë-kayak. Balades-nature avec un guide naturaliste. Location de matériel.

# Avesnes-sur-Helpe

5 051 AVESNOIS
CARTE GÉNÉRALE C3 – CARTE MICHELIN DEPARTEMENTS 302 L7 – NORD (59)

**Cette paisible petite ville a plus d'un atout. Comme nombre de ses voisines du Nord, Avesnes s'organise autour de sa Grand'place et s'adosse à ses fortifications inspirées de Vauban. Ses « relais de gueule » et sa « boulette d'Avesnes », fromage au goût accentué, en font une étape alléchante. C'est aussi un point de départ idéal pour musarder dans le Parc naturel régional de l'Avesnois, à travers son patchwork bocager et ses hameaux de fagne aux toits bleutés.**

**Se repérer** – À 20 km au sud de Maubeuge, Avesnes se tient sur le flanc escarpé de l'Helpe-Majeure. La N 2 traverse la ville.

**À ne pas manquer** – Les différentes antennes de l'écomusée de l'Avesnois ; une dégustation de maroilles.

**Organiser son temps** – Il y a ici de quoi passer plusieurs jours au vert. Sur un week-end, commencez par visiter la ville avant de sillonner l'Avesnois (au moins une journée).

**Avec les enfants** – Les souffleurs de verre de Trélon ; les tourneurs sur bois de Felleries ; le parc départemental du Val-Joly.

**Pour poursuivre la visite** – Voir aussi Sars-Poteries, Fourmies, Maubeuge, Bavay, Hirson.

## Se promener

### Grand'Place

Étroite et irrégulière, elle est bordée de maisons anciennes à hauts toits d'ardoises.

### Église Saint-Nicolas

Érigée en collégiale par Louise d'Albret en 1534. Son clocher-porche se termine par un bulbe. Intérieur de type « halle » : la nef est pourvue de voûtes à croisées

### Le saviez-vous ?

Le nom d'Avesnes vient d'Avenatis castellum (1104). *Avena* signifie « terre maigre ne produisant que de l'avoine ».

Au 17e s., l'un des fils du protestant Jessé de Forest, Isaac, émigra en Amérique : il laissa son nom à un quartier de Long Island, non loin de New York.

d'ogives, et le chœur d'une abside à trois pans. Les retables Louis XV recèlent des toiles de Louis Watteau.

### Hôtel de ville

Cet édifice classique (18e s.) est bâti en pierre bleue de Tournai.

*Contourner l'église et prendre la rue d'Albret.*

### Square de la Madeleine

Il couronne un des bastions des remparts. Vues plongeantes sur la vallée de l'Helpe.

## Aux alentours

### Maroilles

*12 km à l'ouest par la D 962.* Le bourg est célèbre pour ses fromages, maroilles et dauphin. Jadis, ils étaient fabriqués à l'abbaye bénédictine dont subsistent quelques bâtiments (17e s.). Joli moulin à eau. La **Maison du Parc naturel régional de l'Avesnois** est installée dans une belle grange dîmière en brique et pierre *(voir l'encadré pratique).*

### Cartignies

*6 km au sud-ouest par la D 424.* Le village regroupe une quarantaine d'**oratoires de pierre bleue**. Disséminés au bord des routes et chemins, dans les bois, ou encastrés dans des murs, ils jalonnent l'Avesnois et la Thiérache. Ils furent édifiés pour solliciter une grâce, remercier le ciel pour un bienfait, affirmer une position sociale. Leur construction se perpétue depuis 1550. L'oratoire se compose souvent d'un fût étroit, surmonté d'une belle niche grillagée et d'un couronnement plus large. Des statues de bois polychromes occupaient autrefois les niches.

## Circuit de découverte

### L'EST DE L'AVESNOIS★★

*100 km – 2h30. Au départ d'Avesnes-sur-Helpe.*

Au sud de Maubeuge s'étend un pays vallonné de bocages, où alternent prairies, mares et vergers. L'Helpe-Majeure et la Mineure serpentent à travers les prés, arrosant des villages aux toits d'ardoises. Ces paysages ont été façonnés au Moyen Âge, à l'époque où les abbayes de Maroilles, Liessies et Saint-Michel dominaient la région, créant moulins et forges sur chaque cours d'eau. Des industries s'y développèrent aux 18e et 19e s. : verreries à Sars-Poteries et Trélon ; bois tournés à Felleries ; filatures à Fourmies… Réaménagés en musées avec le concours des habitants, ces anciens ateliers sont devenus des antennes de l'**écomusée de l'Avesnois**, dont le but est de promouvoir les différents aspects économiques et culturels de ce pays de bocage et d'usines *(un seul centre d'information : ✆ 03 27 60 66 11 - www.ecomusee-avesnois.fr).*

*Quitter Avesnes par la D 133 vers Liessies.*

### Ramousies

Dans l'**église** (16e s.), deux beaux retables anversois de la Renaissance illustrent la vie de saint Sulpice et la Passion. Le Christ du 13e s. provient du plus ancien calvaire du nord de la France. *De Pâques au 11 Nov. : 9h-18h ; reste de l'année : demande préalable auprès de M. Navet, ✆ 03 27 59 06 04.*

*De Ramousies, poursuivre sur la D 80 vers Felleries.*

### Felleries

L'art du « bois-joli » (bois tournés et boissellerie) fut une spécialité locale dès le 17e s. Il s'est développé parallèlement à l'industrie textile (fabrication de bobines et de fuseaux), utilisant les essences locales : boulot, aulne, merisier. Au 19e s., le village, jonché de billes, devient le « grenier à bois » de la région. Sur le ruisseau de la belleuse, le **moulin des Bois-Jolis** (16e s.), remis en fonctionnement et intégré à l'écomusée de l'Avesnois *(voir ci-dessus)*, regroupe différents objets en bois, façonnés à Felleries du 17e s. à nos jours. Démonstration et présentation de boisselleries. Un atelier de tourneur sur bois est adossé au musée. *Avr.-oct. : 14h-18h, w.-end et j. fériés : 14h30-18h30 - fermé nov.-mars - 3,50 € (8-17 ans 2 €).*

*Prendre la D 80 vers le nord, puis la D 962 en direction de Sars-Poteries.*

*Paisible campagne dans la vallée de l'Helpe.*

### Sars-Poteries *(voir ce nom)*

*Prendre à l'est la D 962. Après 3 km, tourner à gauche.*

### Lez-Fontaine

La voûte en bois de l'**église** (15e s.) est couverte de peintures datées de 1531.

*Prendre la D 27 vers Solre-le-Château.*

### Solre-le-Château

Cette petite cité tranquille est le point de départ d'une excursion dans la vallée de la Thure, fraîche et sinueuse.

L'**hôtel de ville** est de style Renaissance, en pierre et brique rose. Une halle couverte se tenait au rez-de-chaussée. Des inscriptions gothiques, au-dessus des arcades, conseillent la probité aux marchands.

*Franchir la voûte qui donne sur la place Verte.* De style gothique (16e s.), l'**église** se distingue par son puissant **clocher★** penché, dont la flèche mauve est cantonnée d'échauguettes en fuseau et couronnée par un bulbe à lucarnes où se tenait le guetteur. À l'intérieur : double transept et double voûtement ; un buffet d'orgues (18e s.), des vitraux (16e s.) et des boiseries Renaissance. *En cas de fermeture, s'adresser à la mairie, juste à côté de l'église.*

Sur la place, belles demeures des 17e-18e s.

*Emprunter la D 962 vers Grandrieu.*

### Hestrud

Le **musée de la Douane et des Frontières** est installé à l'emplacement de la douane, présente jusqu'en 1989 : histoire des frontières de l'Avesnois depuis 1659, objets de contrebande, tenues de douaniers. *☎ 03 27 59 28 48 - ♿ - tlj sf mar. 10h-19h - fermé 1re quinz. de sept., 20 déc.-5 janv. - 2 € (enf. 1,20 €).*

*Revenir à Solre et prendre la D 963 vers Liessies.*

### Liessies

Le bourg est né d'une abbaye bénédictine fondée au 8e s. Très prospère aux 17e-18e s., le puissant monastère disparut avec la Révolution.

Dans l'**église Saint-Jean**, remarquez un bel ensemble de **statues de saints** (15e-18e s.), une **croix romane** ornée d'émaux et de pierreries, des toiles du 17e s. figurant la vie de sainte Hiltrude. *☎ 03 27 57 91 11 - été : 12h-16h ; hiver : 12h-18h - possibilité de visite guidée sur demande au syndicat d'initiative.*

Le **parc de l'abbaye** *(près de l'église)* est un espace naturel protégé. Parcours de découverte : étang, faune, flore, verger et ruines de bâtiments monastiques.

### Kiosques à danser

Construits au 19e s. par les fonderies de la vallée de la Sambre, de petits kiosques à danser érigés sur les places accueillaient des musiciens chargés d'animer les fêtes villageoises. Une vingtaine de kiosques subsistent encore : les plus beaux sont visibles à Beugnies, Floursies, Marbaix, Solre-le-Château, Avesnes, Cartignies, Dourlers, Trélon.

Et pour les amateurs de plantes, un petit tour à la **serre de Liessies** sera le bienvenu ! *03 27 61 81 66 - 9h-12h, 14h-19h, dim. 9h30-13h, 15h-19h - fermé dim. apr.-midi de juil. à sept. et janv.-fév.*

Liessies est également le point de départ d'une excursion vers le **château de la Motte** (18ᵉ s.), aux murs de brique rose, et dans la forêt domaniale de **l'Abbé Val-Joly**. À l'est du carrefour de la route de Trélon *(D 963)* et du chemin du château de la Motte se dresse le **calvaire de la Croix-Trélon** (18ᵉ s.). Vue sur la vallée de l'Helpe.

*De Liessies, suivre la D 133 et le val d'Helpe.*

La route devient sinueuse ; les pentes se couvrent de bois.

## Parc départemental du Val-Joly★

Le barrage d'Eppe-Sauvage, sur l'Helpe-Majeure, a créé une magnifique retenue d'eau, enchâssée entre les pentes de la vallée de l'Helpe et du Voyon, son affluent. L'Avesnois, terre d'élevage, n'en est pas moins terre de loisirs de plein air. Dans le parc, nombreuses activités : VTT, pêche, voile, barque, pédalo, tennis, minigolf, équitation, randonnée pédestre… L'aquarium peut s'enorgueillir de 22 bassins. Location de chalets, camping. Restauration et boutique du terroir.

## Eppe-Sauvage

Ce village, proche de la frontière belge, se niche au creux d'un bassin formé par le confluent de l'Helpe et de l'Eau d'Eppe. Le chœur et le transept de l'**église Saint-Ursmar** sont du 16ᵉ s., comme ses deux triptyques.

Après Eppe-Sauvage, la vallée s'évase et devient moins boisée. Les fonds sont souvent occupés par des marais, ou **fagnes**. On aperçoit un beau manoir-ferme.

## Moustier-en-Fagne

D'accueillantes bénédictines olivétaines se livrent à la peinture d'icônes dans le prieuré dédié à saint Dodon. Cet ermite, qui vécut à Moustier, est invoqué pour soulager les maux de dos. À l'entrée du village, sur la gauche, beau **manoir** (1520) avec pignons à pas de moineaux et porte couronnée d'un bas-relief de style gothique.

*Après 2 km, prendre à gauche (D 283), puis à droite.*

Au sommet du mont (alt. 225 m), **vue** sur la haute vallée de l'Helpe et la **forêt de Trélon**.

## Chapelle des Monts

*15mn à pied AR dans une lande sauvage.* Cette chapelle (18ᵉ s.) se dresse au centre d'une esplanade, parmi des tilleuls centenaires. Carrières et four à chaux du 19ᵉ s.

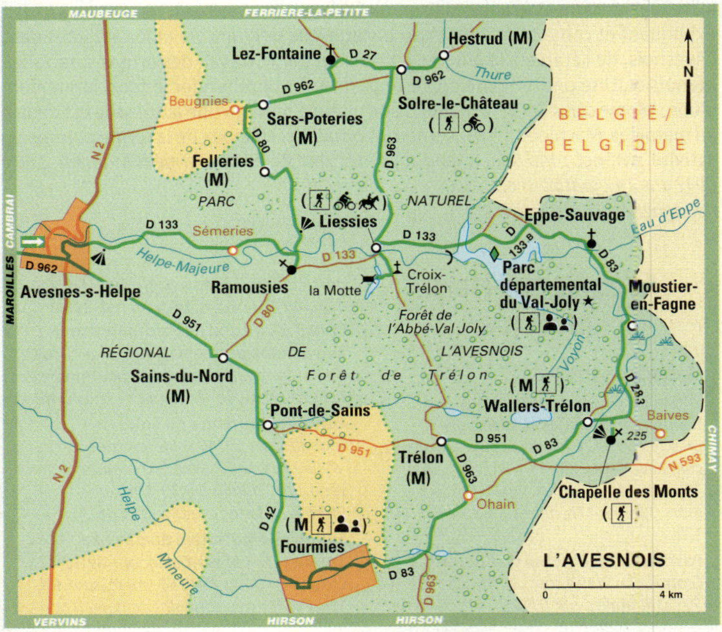

### Wallers-Trélon

Proche de carrières toujours en activité et employant une centaine d'ouvriers, ce beau village est entièrement construit en pierre bleue, agrémenté de toits en ardoises de Fumay. Pour découvrir la pierre bleue sous toutes ses formes, faites un tour à l'exposition de la **Maison de la fagne**, antenne de l'écomusée de l'Avesnois *(voir ci-dessus)*. Installée dans un ancien presbytère, elle explique la formation géologique de la pierre bleue, retrace la vie et le pénible travail des employés de carrières. Des expositions temporaires remettent à l'honneur la pierre dans les intérieurs contemporains. *Juil.-août : 14h-18h, w.-end et j. fériés 14h30-18h30 ; avr.-juin et sept.-oct. : w.-end et j. fériés 14h30-18h30 - 2,50 € (8-17 ans 1,60 €).*

Deux sentiers de découverte abordent les **monts de Baive** et leur flore particulière, due aux affleurements calcaires : le circuit de la Pierre bleue *(4,5 km, 1h30)* au départ de la Maison de la fagne et le circuit des Monts de Baive *(2,5 km, 50mn)* au départ de l'église de Baives (à l'est de Wallers). *Se renseigner à la Maison de la fagne.*

*Prendre la D 83, puis à droite la D 951 vers Trélon.*

### Trélon

Les premières verreries voient le jour au 18e s., à proximité des massifs forestiers, combustible oblige, en Thiérache et dans les Ardennes. L'exploitation minière au 19e s. déplaça l'activité vers le bassin charbonnier – Anzin et Aniche en particulier –, mais la verrerie sera perpétuée dans l'Avesnois grâce à une série de spécialisations : flaconnerie, gobelerie, puis verre noir à proximité des vignes de Champagne. Reconnu autrefois pour son industrie verrière, Trélon est aujourd'hui le siège de l'**atelier-musée du Verre**, antenne de l'écomusée de l'Avesnois *(voir ci-dessus)*, installé dans l'ancienne verrerie Parant. Fondée en 1823, cette verrerie produisit des bouteilles jusqu'en 1914, puis des flacons à partir de 1918. Son activité cessa en 1977. Dans un bâtiment du 19e s. comportant deux fours actifs, exposition et impressionnante démonstration des techniques de fabrication. ♿ *- avr.-oct. : 9h-12h, 14h-18h, w.-end et j. fériés 14h30-18h30 - fermé nov.-mars - 5 € (enf. 2,80 €), gratuit dernier dim. d'août.*

*Prendre la D 963, puis la D 83 vers Fourmies.*

### Fourmies *(voir ce nom)*

*Prendre la D 42, puis la D 951 vers Trélon.*

### Pont-de-Sains

Joli site. Le château appartint à Talleyrand puis à sa nièce, la duchesse de Dino.

*Reprendre la D 951 en sens inverse, vers Sains-du-Nord.*

### Sains-du-Nord

La **Maison du bocage**, antenne de l'écomusée de l'Avesnois *(voir ci-dessus)*, est installée dans une ancienne maison de maître (19e s.) et ses bâtiments agricoles. Expliquant et consacrant l'utilité du bocage, elle décrit la vie et les activités dans l'Avesnois, de l'étable à la laiterie, en passant par le travail des artisans, sabotier, menuisier. Une petite ruche en verre permet d'appréhender le fonctionnement d'une colonie d'abeille et le métier d'apiculteur, tandis qu'une autre salle est dédiée au maroilles. Machines d'hier, vergers et potagers, animaux de la ferme et forge en activité. *Avr.-oct. : 14h-18h, w.-end et j. fériés : 14h30-18h30 - fermé nov.-mars - 3,50 € (8-17 ans 2 €), gratuit 3e dim. oct.*

*Regagner Avesnes par la D 951.*

## Avesnes-sur-Helpe pratique

### Adresses utiles

**Office du tourisme d'Avesnes-sur-Helpe** – *41 pl. du Gén.-Leclerc - 59440 - ✆ 03 27 56 57 20 - www.avesnes-sur-helpe.com - avr.-sept. : lun. 14h-17h, mar.-sam. 10h-12h, 14h-17h, dim. 14h30-17h ; oct.-mars : lun.14h-17h, mar.-sam. 10h-12h, 14h-17h.*

**Parc naturel régional de l'Avesnois** – *Grange dîmière - 4 cour de l'Abbaye - BP 3 - 59550 Maroilles - ✆ 03 27 77 51 60 - www.parc-naturel-avesnois.fr - tlj sf w.-end. 9h-12h, 14h-17h ; mai-sept. : dim. 15h-19h - gratuit.* La Maison du Parc fournit une abondante documentation sur les circuits de randonnée, le bocage, le patrimoine et la découverte de son espace exposition.

**Office du tourisme du Solrézis** – *Grand'Place - 59740 Solre-le-Château - ✆ 03 27 59 32 90 - www.paysjoli.com- mar.-vend. 9h30-12h30, 13h30-17h, sam. 9h30-12h - fermé 1er janv. et 25 déc.*

**Syndicat d'initiative du pays de Trélon** – *3 r. Clavon-Collignon - 59132 Trélon - ✆ 06 32 43 16 53 - merc.-sam. 9h-12h, 13h-18h (en saison).*

## Se loger

**Chambre d'hôte Les Prés de la Fagne** – *5 r. Principale - 59132 Baives - 1 km à l'E de Wallers-Trelon - 03 27 57 02 69 - www.lespresdelafagne.fr.st - fermé janv.-fév. - - 5 ch. 42/52 € - repas 12/23 €.* Cette ferme du 17e s., entièrement restaurée, marie avec élégance les styles moderne et ancien. Chambres confortables au décor chaleureux, terrasse offrant une vue sur le bocage et étang pour la pêche font de cette propriété de 4 ha un lieu de détente privilégié.

**Hôtel Les Paturelles** – *40 rte d'Etrœungt - sortie S par N 2, rte de Lacapelle - 03 27 61 22 22 - www.lapentiere.com - P - 26 ch. 49/52 € - 6 €.* La partie la plus ancienne de cet hôtel reste dans un style classique, proche des établissements de chaîne. On se tournera plus volontiers vers les 9 chambres ou les 2 studios de plain-pied, plus modernes et de bon confort. Salle des petits-déjeuners avec bar. Réception ouverte de 15h à 23h seulement.

## Se restaurer

**La Pen'Tière** – *21 rte d'Etrœungt - sortie S par N 2, rte de Lacapelle - 03 27 61 03 45 - www.lapentiere.com - fermé 2 sem. fin juil.-déb. août et sam. midi - 12 € déj. - 18/29,50 €.* Ce restaurant aménagé dans une ancienne fermette mise sur une cuisine copieuse. Buffet de hors-d'œuvre, grillades à la cheminée et l'assiette avesnoise avec flamiche, champignon farci, endive et tomate. Soirées animées, organisées par le patron, qui régulièrement pousse la chansonnette, dans une ambiance chaleureuse.

**Auberge du Châtelet** – *Les Haies à Charmes - RN 2 - 03 27 61 06 70 - www.aubergeduchatelet.com - fermé 16-31 août, dim. soir et soirs j. fériés - 25/51 €.* La plaisante atmosphère champêtre de la salle à manger incite à s'attarder longuement autour de bons petits plats traditionnels aussi appétissants les uns que les autres. La boulette d'Avesnes – une variété de maroilles – vous donnera un aperçu des fromages forts du Nord !

## Que rapporter

**Bière** – Plusieurs villages peuvent se prévaloir de fabriquer leur propre bière. Ainsi, Ohain a pour bière locale la Ohainaise, Wallers-Trélon la Wallersoise, et Fourmies la Fourmidable ! Vous pourrez découvrir et déguster ces différents breuvages chez tous les petits commerçants des villages concernés.

**Andouille - Éts Blondiau** – *86 chaussée Brunehaut - 59222 Croix-Caluyau - 03 27 77 40 28 - tlj sf dim. 9h-19h - fermé août.* Une conserverie entièrement artisanale qui propose les fameuses andouilles et andouillettes de Cambrai.

L'Avesnois est riche en fromages plus ou moins connus :

S. Sauvignier / MICHELIN

*Base nautique du lac de Val-Joly.*

**Maroilles** (AOC) : pâte molle et croûte lavée, proche du pont-l'évêque ou du munster par son mode de fabrication.

**Dauphin** : maroilles épicé (estragon, poivre).

**Boulette d'Avesnes** : pâte de maroilles épicée, enrobée de paprika.

**Cœur d'Avesnes** ou « **rollot** » : pâte douce.

**La Ferme de Cerfmont** – *1 r. Vendois - 59550 Maroilles - 03 27 77 71 55 - tlj sf dim. mat. 7h-19h.* Cette ferme située entre Maroilles et Landrecies possède 2 ateliers, qui se visitent sur rendez-vous, dans lesquels sont préparés les fromages et autres denrées dérivées du lait. Vous retrouverez toute la production maison dans la boutique attenante : maroilles fermier, dauphins, boulettes d'Avesnes, fromage blanc, beurre, crème, confiture de lait.

**Le Verger Pilote** – *1810 rte de Landrecies - 59550 Maroilles - 03 27 84 71 10 - 9h-18h.* Cette boutique rassemble tout ce que la région compte de meilleur ! Cela va du maroilles au lait cru, aux dauphins ou aux boulettes d'Avesnes, au pâté à la bière grand-mère, à la crème de Maroilles, au perlé du Pas-de-Calais, à la bière régionale (la blonde de Maroilles) ou au cidre de poire (le poiré). Les andouillettes et les flamiches maison sont également fameuses.

## Événements

**Carnaval Saint-Pansard** – La petite ville de Trélon se met en branle le 1er dim. de mars : animations de rue, défilés carnavalesques.

**Fête du maroilles et de la flamiche** – L'Avesnois fête ses produits régionaux, le 2e dim. d'août à Maroilles - 03 27 84 80 80.

**Fête du cidre et des métiers ruraux** – La Maison du bocage de Sains-du-Nord met à l'honneur les produits régionaux et les métiers d'antan le 3e dim. d'oct.

# Azincourt

290 AZINCOURTOIS
CARTE GÉNÉRALE B2 – CARTE MICHELIN DEPARTEMENTS 301 F5 – PAS-DE-CALAIS (62)

**Le nom de ce village, dans les collines de l'Artois, évoque un célèbre épisode de la guerre de Cent Ans : ici, le 25 octobre 1415, l'armée anglaise écrasa une armée française quatre fois plus nombreuse. Le Centre historique médiéval évoque cette bataille, ressentie comme une humiliation cuisante de ce côté-ci de la Manche. Et comme un morceau de bravoure et d'ingéniosité nationale du côté anglais…**

**Se repérer** – 35 km à l'est de Montreuil, 17 km au nord-ouest de Saint-Pol-sur-Ternoise, 12 km au nord d'Hesdin. Accès : D 928 puis D 71.

**Avec les enfants** – Le Centre historique médiéval ; Dennlys-Parc *(voir Aire-sur-la-Lys)*.

**Pour poursuivre la visite** – Voir aussi Hesdin, Montreuil-sur-Mer.

## Comprendre

**La bataille d'Azincourt** – Le 13 août 1415, Henry V d'Angleterre débarque dans l'estuaire de la Seine. Cherchant à gagner Calais, il remonte le long de la côte et parvient à Azincourt. La bataille oppose 15 000 Français à 9 000 Anglais. Ceux-ci ont recours à leur tactique habituelle : les hommes d'armes, à pied, sont flanqués par des archers. Les chevaliers français s'élancent vers l'ennemi, mais les Anglais ripostent par une pluie de flèches. Affolés, les chevaux s'enlisent dans le terrain détrempé… Contraints de lutter à pied dans leur lourde armure, les chevaliers sont assaillis par l'infanterie anglaise, armée de haches et de massues. C'est l'une des plus sanglantes défaites de la noblesse française qui perd 6 000 des siens. Du côté anglais, Azincourt suscite l'éveil du sentiment national. La victoire favorisera les prétentions de Henry V d'Angleterre au trône de France. En 1599, Shakespeare magnifiera ce fait d'armes, faisant d'Henry V un héros théâtral détenteur des valeurs patriotiques.

Musée des Traditions populaires

*Arbalétrier tendant la corde de son arme.*

## Visiter

### Centre historique médiéval

*R. Charles-VI - ✆ 03 21 47 27 53 - www.azincourt-medieval.com - j - avr.-oct. : 10h-18h ; reste de l'année : tlj sf mar. 10h-17h (dernière entrée 30mn av. fermeture) - 6,50 € (enf. 5 €).*

Ce musée (1 600 m²) est logé dans un bâtiment dont la silhouette évoque un arc. Le parcours, en 40 panneaux, évoque de façon détaillée la guerre de Cent Ans et ses origines. Par le biais de mannequins parlants, Henry V et le connétable d'Albret, commandant l'armée française, s'interpellent à la veille de la bataille d'Azincourt. Une maquette animée relate les péripéties du combat. Deux scénographies audiovisuelles évoquent le souvenir durable qu'il laissa dans l'histoire. Des bornes vidéo restituent l'état d'esprit et l'équipement des combattants, dont on peut toucher les cottes de mailles et les armes : arcs et arbalètes, flèches, épées, dagues, piques… Expositions temporaires sur le Moyen Âge, librairie, boutique.

### Site de la bataille

Pour le découvrir, un plan-guide est remis à l'issue de la visite *(circuit de 4 km en voiture)*. Des vitrines et une table d'orientation précisent l'emplacement des deux armées. Au croisement de la D 104 et du chemin d'accès à Maisoncelle, un menhir bordé de sapins commémore la bataille.

## Aux alentours

### Verchin

*7 km au nord-est.*

Dans les paysages vallonnés de l'Artois, Verchin se distingue par la flèche tordue de son église, déformation due à l'utilisation d'un bois trop vert.

**Église Saint-Omer** – *☏ 03 21 47 37 07 - w.-end, vac. scol. et j. fériés 8h30-18h.* Cette église du début du 17e s. présente pourtant les traits du gothique flamboyant : voûtes à liernes et tiercerons, clefs pendantes. Dans un enfeu, une Mise au Tombeau du 17e s. montre les personnages à mi-corps.

**Château** – Le corps principal (18e s.) en brique et pierre, couvert d'un toit à la Mansart, a été nanti au 19e s. d'un pavillon surmonté d'un haut toit à la française. L'ensemble se mire dans une pièce d'eau alimentée par la Lys.

### Fressin

*9 km au sud-ouest.* Bernanos passa une partie de sa jeunesse dans ce bourg de la vallée de la Planquette, et l'évoque dans son roman *Sous le soleil de Satan*.

**Vestiges du château** – Un parcours audiophone permet d'imaginer cette forteresse, dont subsistent des souterrains. Elle fut élevée au 15e s. par Jean V de Créquy, chevalier de la Toison d'or et chambellan de Philippe le Bon. Un jardin médiéval a été créé sur le site. *Juil.-août : 14h-18h ; mai, juin et sept. : w.-end 14h-18h.*

**Église** – Cet édifice (13e s.-16e s.) de style gothique flamboyant conserve une belle chapelle seigneuriale, avec ses baies découpées en « soufflets et mouchettes ».

## Azincourt pratique

### Adresses utiles

**Office du tourisme d'Azincourt** – *24 r. Charles-VI - 62310 - ☏ 03 21 47 27 53 - www.azincourt-medieval.com - tlj (sf mar. de nov. à mars) 10h-17h - fermé 1er janv. et 25 déc.*

**Syndicat d'initiative de Fressin** – *Espace culturel et touristique - 9 r. de la Lombardie - 62140 Fressin - ☏ 03 21 86 56 11 - mai-sept. : 14h-18h ; basse saison : se renseigner.*

### Se restaurer

**Auberge La Ferme du Sire de Créquy** – *Rte de Fruges - 62310 Créquy - 5 km au N de Fressin par D 155 - ☏ 03 21 90 60 24 - fermé dim. soir et soir hors sais. - réserv. conseillée - formule déj. 13 € - 17/23 €.* Connaissez-vous le rollot ? Ce fromage au lait de vache du haut pays d'Artois est fabriqué à la ferme. L'atelier et les caves se visitent après un repas bien ancré dans le terroir servi dans une salle rustique et colorée. De multiples raisons de venir à la campagne…

**Le Charles VI** – *12 r. Charles-VI - ☏ 03 21 41 53 00 - fermé 23 fév.-8 mars, dim. soir et merc. - 21/31 €.* Après le champ de bataille, passez à table dans cette grande salle lumineuse agrémentée d'un plafond lambrissé de bois. En cuisine, le chef vous démontrera que fraîcheur des produits rime avec prix raisonnables. L'un des menus donne accès au musée Terrasse.

# Bailleul

13 616 BAILLEULOIS
CARTE GÉNÉRALE B1 – CARTE MICHELIN DEPARTEMENTS 302 E3 – NORD (59)

**Cette ville, qui a souffert en 1918 lors de la dernière offensive allemande, a été reconstruite dans le plus pur style flamand. C'est la région des monts de Flandre, chère à Marguerite Yourcenar : un opulent pays de bocage que l'on retrouve de l'autre côté de la frontière, en Belgique, avec ses haies vives, ses ruisseaux, ou « bergues », et les étendues bleutées des plantations de lin.**

- **Se repérer** – Accès par l'A 25 ou la N 42, puis la D 944. Bailleul est le point de départ de nombreuses randonnées dans les monts de Flandre *(se renseigner à l'office de tourisme)*.
- **À ne pas manquer** – La Maison de la dentelle ; la chaîne des monts de Flandre ; le musée et le parc Marguerite-Yourcenar au pied du mont Noir.
- **Organiser son temps** – Faites un tour de la ville dans la matinée. Comptez ensuite une demi-journée pour le circuit, en vous arrêtant dans un estaminet pour déjeuner.
- **Avec les enfants** – Le conservatoire botanique national ; le musée de la Vie frontalière de Godewaersvelde, le musée Benoit-de-Puydt.
- **Pour poursuivre la visite** – Voir aussi Hazebrouck, Cassel, Lille.

## Se promener

Huit fois détruite, la **Grand'Place** a toujours retrouvé son charme, avec son **hôtel de ville** de style néoflamand qui abritait au Moyen Âge la halle aux draps. Avant de

S. Sauvignier / MICHELIN

*Maisons flamandes et beffroi sur la Grand'Place.*

déguster une bière « 3 Monts » dans un estaminet, admirez la façade de brique aux encoignures de pierre et l'élégante bretèche, qui servait pour les proclamations. Derrière l'hôtel de ville, l'**église Saint-Vaast** est un édifice de style romano-byzantin. À l'intérieur, une belle collection de vitraux évoque l'histoire de la cité. Dans la **rue du Musée**, observez les jolies façades, en particulier celle du n° 3 (centre culturel : salle Marguerite Yourcenar). Enfin, découvrez le **présidial**, ancien palais de justice. Cet édifice classique (1776) est le plus vieux de la ville.

## Visiter

### Beffroi

*✆ 03 28 43 81 00 - www.montsdeflandre.fr - visite guidée (1h15) juil.-sept. : mar. et jeu. 11h, vend. 20h, sam.-dim. 16h ; avr.-juin et sept. : sam.-dim. 16h ; oct.-mars : 1er dim. du mois 16h - 2,50 €.*

Édifié au 12e s., il a été reconstruit entre 1924 et 1932. À sa base, une salle gothique du 13e s. Au sommet, depuis le chemin de ronde, **panorama★** sur la plaine et les monts de Flandre au nord, sur les terrils du bassin minier au sud. Par temps clair, on distingue Lille. Le carillon (35 cloches) égrène de vieux airs de Flandre tous les quarts d'heure. Perchée au sommet de la flèche du beffroi, une élégante sirène dorée se coiffe en se regardant dans un miroir.

### Musée Benoît-de-Puydt

*✆ 03 28 49 12 70 - www.musenor.com - tlj sf mar. 14h-17h30 - fermé 24 déc.-1er janv., 1er Mai, dim. et lun. préc. Mardi gras - 3,50 € (-18 ans gratuit), gratuit 1er dim. du mois.*

Cette maison bourgeoise accueille ce qu'il reste de la collection assemblée au 19e s. par Benoît De Puydt. Elle fait la part belle à l'art flamand : faïences de Delft et du nord de la France, meubles et objets d'art (16e-18e s.), toiles des écoles flamande, française et hollandaise, dont celles de Henri Blès *(Extraction de la pierre de folie)*, Pieter Bruegel le Jeune, dit Bruegel d'Enfer (*L'Adoration des Mages*) et Gérard David (*Vierge allaitant*). Porcelaines de Chine et du Japon, tapisserie des États de Flandre (18e s.) et portraits du 19e s.

Des salles sont réservées aux enfants (matériel, atelier et stages…) ; on peut même y fêter son anniversaire !

### Honneur aux dentellières

La dentelle apparaît dans les foyers de Bailleul au 17e s. et prend une importance croissante dans la vie quotidienne des femmes. La première école est fondée en 1664. Au 19e s., on compte 800 dentellières dans la région. Le déclin s'amorce avec l'arrivée des machines. Aujourd'hui, ce savoir-faire se perpétue. Tous les trois ans, en juillet, se déroulent les Rencontres internationales de la dentelle : à l'occasion de la Sainte-Anne, patronne du métier, une centaine de dentellières de tous pays réalisent des œuvres en public.

### Maison de la dentelle

*6 r. du Collège - ✆ 03 28 41 25 72 - ♿ - tlj sf dim. et j. fériés 14h-17h - 1 €.*

Sur le fronton de cette maison, de style néoflamand, on distingue une dentellière et un rouet. Plus de 100 élèves y apprennent la technique de la dentelle au fuseau, dite « torchon ». Visite de l'atelier de fabrication, et possibilité d'initiation lors de stages.

### Conservatoire botanique national de Bailleul

*Hameau d'Haendries. ✆ 03 28 49 00 83 - www.cbnbl.org - avr.-sept. : lun.-vend. 9h-12h30, 14h-17h (vend. 16h) - possibilité de visite guidée (1h30) - 3 € (-12 ans gratuit), visite guidée 5 €.*

Installé sur le domaine (30 ha) d'une ferme flamande restaurée, ce conservatoire botanique national est spécialisé dans les espèces végétales du nord de la France. Le jardin médicinal abrite quelque 350 plantes, et le jardin botanique protège plus de 600 espèces en voie de disparition. À découvrir : la **fritillaire pintade**, superbe plante aux clochettes pourpres à damier blanc. Elle se plaît dans les prés humides des vallées inondables, mais se fait très rare dans le nord de la France. Le **jardin des plantes sauvages** met à l'honneur nombre de plantes menacées, des « mauvaises herbes » aux campanules, en passant par le buis ou le houx. Les biotopes sont reconstitués (prairies, côteaux, dunes…) et intégrés à un parcours ludique qui plaira sans doute aux enfants. Le GR 128, sentier de grande randonnée qui parcourt les monts de Flandre, traverse le domaine. Ateliers pédagogiques, tables de pique-nique, table d'orientation, sorties « nature ».

## Aux alentours

### Armentières

*12 km au sud-est par A 25 ou D 933.*

La cité où Line Renaud chanta pour les troupes alliées se distingue par son **hôtel de ville et son beffroi**, caractéristique de la reconstruction des années 1920 en Flandres. Les vitraux du grand escalier évoquent les anciennes industries locales : tissage, filature et brasserie. À l'intérieur, parmi les tableaux, Mozart faisant exécuter son Requiem. Du haut du beffroi, vue sur les monts de Flandre et la métropole lilloise. *✆ 03 20 44 18 19 - visite guidée sur demande à l'office de tourisme, juil.-août : 1er et 3e sam. du mois 14h30 ; avr.-juin et sept.-oct. : 1er sam. du mois 14h30 - 2,50 €.*

Pour profiter de la nature environnante, la base de loisirs des Prés-du-Hem prévoit, outre les habituelles activités de détente, des séances d'observation des oiseaux *(voir l'encadré pratique)*.

## Circuit de découverte

### LES MONTS DE FLANDRE

Cet itinéraire chemine dans la campagne flamande jusqu'en Belgique. Au cours de ce périple, vous remarquerez que les terrils du bassin minier ne sont pas les seules « montagnes » du Nord. Les monts de Flandre, résidus sablonneux témoignant de la présence de la mer il y a des millions d'années, tiennent tête au plat pays qui les entoure. Au programme de cette escapade : côtes, moulins, jeux d'estaminets, bières spéciales et fromages moelleux… un concentré de l'âme du Nord.

*Prendre la D 23 au nord, puis à gauche la D 223.*

Couronné par son hostellerie, le **Kemmelberg** (sur la droite), en Belgique, a servi de décor tragique à une scène du *Grand Troupeau*, un roman de Jean Giono, qui combattit sur cette terre de Flandres durant la Première Guerre mondiale. Le **mont Rouge** (Rodeberg) est situé plus près, du même côté.

*Tourner à gauche sur la D 318.*

### Mont Noir

Recouvert d'une sombre forêt, il fait partie de la chaîne des monts de Flandre (alt. : 131 m). Un sentier mène à la **grotte** artificielle (1875) dédiée à N.-D. de la Salette.

### Saint-Jans-Cappel

Le village, dans une vallée baignée par la Becque, est situé au pied du mont Noir. La branche paternelle de Marguerite Yourcenar (anagramme de son nom « Crayencour ») y possédait un château, détruit pendant la Première Guerre mondiale. « C'est le premier logis dont je me souviendrai », écrit-elle dans *Archives du Nord*, deuxième volume de son autobiographie familiale *Le Labyrinthe du monde*. On peut aujourd'hui visiter le **parc Marguerite-Yourcenar★**, où *t'Meisje van't Kasteel* (« la petite fille du château »,

Y. Tierny / MICHELIN

*La villa Marguerite-Yourcenar, résidence d'écrivains venus de toute l'Europe.*

comme on l'appelait ici) passa ses neuf premiers étés. La vue se porte sur Ypres, le mont Rouge et le mont des Cats, surmonté de son abbaye. Par temps clair, on distingue la mer et les collines d'Artois. *✆ 03 28 43 83 06 - accès libre - gratuit.*

Au cœur du parc, une demeure des années 1920, la **villa Marguerite-Yourcenar**, a été transformée par le conseil général du Nord en Centre départemental de résidence d'écrivains européens. Elle accueille des auteurs sélectionnés par un jury littéraire parisien qui y trouvent un lieu propice à l'écriture. Une soirée littéraire est organisée une fois par mois. À la mi-juin, le festival « Par monts et par mots » est l'occasion d'une rencontre littéraire avec tous les lauréats de la villa *(voir l'encadré pratique)*.

Pour approfondir votre connaissance de la femme de lettres, rendez-vous au **musée Marguerite-Yourcenar**, sis dans l'ancienne mairie de Saint-Jans-Cappel : textes, photographies, vidéo sur sa vie et son œuvre, collection complète de ses publications, œuvres d'artistes locaux, qui expriment la beauté de la région. *✆ 03 28 42 20 20 - lun.-vend. 10h-12h, 14h-16h30 (dim. 15h30-17h30 d'avr. à sept.) - visite guidée 2 €.*

En 1977, un habitant de Saint-Jans-Cappel envoya à Marguerite Yourcenar, qui résidait aux États-Unis depuis 1938, une poignée de terre du mont Noir et des bulbes de jacinthes sauvages, qui fleurissent en mai dans les bois. Aujourd'hui, le **sentier des Jacinthes** *(2h30)*, émaillé de citations de l'écrivain, parcourt les pentes du mont Noir, reliant les lieux marquants de l'enfance de Marguerite *(parcours accompagné d'avr. à sept. 2 €, billet combiné avec le musée 3,50 €)*.

*Prendre la D 10 vers le nord, tourner à gauche à Berthen.*

## Mont des Cats

Cette colline (alt. 158 m) domine un agréable paysage, avec ses tiges de houblon, ses toits rouges et ses champs où paissent les vaches de race holstein-friesan et rouge flamande. Les moines de l'abbaye produisent depuis le 19e s. un fromage réputé pour sa fine saveur.

**Abbaye Notre-Dame-du-Mont** – Cette abbaye de trappistes, de style néogothique, fut fondée en 1826. Elle comprend une fromagerie, une brasserie, une forge et une ferme. L'**église paroissiale Saint-Bernard** *(à droite de l'entrée du monastère)* comporte d'intéressants vitraux de Michel Gigon (1965) : *Feu et ténèbres, Mort et résurrection*. Le **centre d'accueil Charles-Grimminck** regroupe boutique de produits monastiques et espace audiovisuel sur la vie des moines. *✆ 03 28 43 83 70 - www.abbaye-montdescats.com - ♿ - tlj sf dim. matin, lun. matin et mar. 10h-12h, 14h30-18h - fermé Vend. saint, Pâques, Pentecôte, 1er nov. - gratuit.*

*Poursuivre tout droit, sur la D 18.*

## Godewaersvelde

Ce petit village typiquement flamand accueille plusieurs estaminets, dans lesquels il sera bon de se retrouver l'après-midi (attention, souvent ils ouvrent uniquement le week-end).

**Musée de la Vie frontalière** – *98 r. des Callicanes - ✆ 03 28 42 08 52 - www.musee-godewaersvelde.com - mars-oct. : merc.-sam., 1er et 2e dim. 14h-17h - 2,50 € (-12 ans gratuit).* La Flandre, dont la frontière artificielle fut imposée par Louis XIV, a toujours été un pays de contrebande. Pendant des décennies, douaniers et fraudeurs ont joué au chat et à la souris entre la France et la Belgique. Objets des convoitises : le tabac, dont la production est réglementée en 1707, l'alcool et le bétail. C'est cette histoire que le musée nous fait revivre grâce à un film *(15mn)*, à des témoignages et à des objets ayant appartenu à des douaniers comme à des contrebandiers.

Un petit questionnaire ludique, distribué à l'entrée, permet de savoir si vous êtes plutôt fraudeur ou douanier. Attention, la limite est ténue !

*Au nord, prendre la D 139.*

### Boeschepe

On admire un superbe moulin restauré (1802), sur pivot : l'**Ondankmeulen**, « moulin de l'Ingratitude », où l'on moud encore le grain. *✆ 03 28 42 50 70 - visite guidée (30mn) - avr.-oct. : dim. et j. fériés 15h-18h - reste de l'année : sur demande écrite (15 j. av.) à M. Heyman Noël - 171 r. de la Gare - 59299 Boeschepe - 1,50 € (enf. 1 €).*

À côté, l'**estaminet De Vierpot** *(voir l'encadré pratique)*, « pot à braise », propose une cinquantaine de sortes de bières. On peut s'initier ici au tir à la grenouille.

*Prendre la D 139 ; après la frontière belge, continuer vers Poperinge.*

### Poperinge

Ses habitants portent le surnom de *Keikoppen*, « têtes dures ». Une pierre de 1 650 kg, sur la Grand'Place, en est le symbole. La cathédrale Saint-Bertinus, église-halle flamande, illustre la transition romano-gothique.

*Quitter Poperinge par la N 308 vers Dunkerque, puis tourner à gauche en direction de Watou, toujours en Belgique.*

### Watou

Ce village permet de s'initier aux jeux d'estaminets. Au Nouveau Saint-Éloi *(4 Gemenestraat)*, on joue notamment à trou-madame, à la grenouille et au javelot, en savourant les bières locales.

*On retourne à Bailleul par la D 10.*

## Bailleul pratique

### Adresses utiles

**Office de tourisme des Monts de Flandre** – *3 Grand'Place - 59270 Bailleul - ✆ 03 28 43 81 00 - www.montsdeflandre.fr - juil.-août : tlj sf lun. mat. et dim. apr.-midi 10h-12h, 14h-18h - sept.-juin : mar.-vend. 9h-12h, 14h-17h30, lun. 14h30-17h30, sam. 10h-12h, 14h30-17h30, dim. 10h-12h - fermé j. fériés.*

**Office de tourisme d'Armentières** – *33 r. de Lille - 59280 - ✆ 03 20 44 18 19 - www.ville-armentieres.fr - mar.-sam. 9h-12h, 14h-18h - fermé j. fériés.*

### Se loger

**Hôtel Station Bac Saint-Maur** – *77 r. de la Gare - 62840 Sailly-sur-la-Lys - 7 km au SO d'Armentières - ✆ 03 21 02 68 20 - www.stationbacsaintmaur.com - fermé nov.-mars - P - 6 ch. 35/65 € - 6,50 € - rest. 8/25 €.* Vous rêviez d'un voyage immobile ? Rendez-vous dans cette ancienne gare reconvertie en hôtel et restaurant pour le bonheur des nostalgiques de l'âge d'or du chemin de fer. Vous dormirez dans l'un des six compartiments du wagon des années 1930 pour prolonger l'illusion. En voiture !

**Auberge du Vert Mont** – *1318 r. du Mont-Noir - 59299 Bœschepe - ✆ 03 28 49 41 26 - fermé lun. midi hors sais. - 7 ch. 78 € - 6,50 € - rest. 23/32 €.* Étape pleine de charme que cette auberge en brique rouge juchée sur les hauteurs du village. Chambres coquettes donnant sur la vallée. Plaisante salle à manger champêtre décorée de sabots, tonnelets, roues en bois… Jeux pour les enfants et petit parc animalier.

### Se restaurer

**Estaminet De Vierpot** – *125 complexe Joseph-Decanter - 59299 Bœschepe - 12 km au N de Bailleul par D 10 - ✆ 03 28 49 46 37 - juil.-août : mar.-jeu. 11h-18h, vend.-dim. 11h-21h (20h dim.) ; avr.-juin et sept. : merc.-jeu. 11h-18h, vend.-dim. et j. fériés 11h-21h (20h dim.) ; oct.-mars : w.-end et j. fériés 11h-21h (20h dim.) - 7,50/11 €.* Retrouvez toute l'ambiance du Nord dans ce chaleureux estaminet sis au pied d'un joli moulin restauré. Décor typique datant des années 1900, avec vieux poêle et bancs en bois. Restauration à base de planches flamandes, tartes, crêpes, et carte offrant un choix de plus de 50 bières.

**L'Écume des Mers** – *10 r. du Pas - 59280 Armentières - ✆ 03 20 54 95 40 - fermé dim. soir - 15/20 €.* Ambiance animée, carte journalière de poissons, joli banc d'écailler et quelques viandes pour les « accros ». Cette vaste brasserie a le vent en poupe.

## Que rapporter

**Ferme-brasserie Beck** – *Eckelstraete - ✆ 03 28 49 03 90 - www.fermebeck.com - sam. à partir de 19h, dim. à partir de 17h ; tlj sur RV pour groupe - fermé déc.-fév.* Visite guidée de la ferme-brasserie et dégustation.

## Sports & Loisirs

**Les Monts de Flandre à dos d'âne** – *492 chemin Billiau - 4 km au nord-ouest de Bailleul par D 10 - 59270 Saint-Jans-Cappel - ✆ 03 28 48 78 48 ou 06 68 08 30 95.* Partez à la découverte du mont Noir en compagnie d'un animal doux, affectueux et très intelligent, contrairement à sa réputation. Vous pouvez opter pour une balade en charrette de 2 à 6 personnes, d'une durée d'une heure à une journée complète. Les enfants adorent, et les plus grands finissent pas se prendre au jeu.

**Prés du Hem** – *- 7 av. Marc-Sangnier - 59280 Armentières - ✆ 03 20 44 04 60 - 2,50 € - fermé janv.-fév.* Ce site de 120 ha est entièrement dédié à la nature, et plus particulièrement à l'eau dans tous ses états… Maison de l'eau, Ferme des grands navigateurs, école de voile, port fluvial, plage pour la baignade, etc. Vous trouverez également sur place une réserve ornithologique, des jeux pour les enfants, des espaces bar et restauration et bien d'autres attractions.

## Événements

**Carnaval du Mardi gras** – Présidé par le géant Gargantua, ce carnaval est l'occasion pour le docteur Piccolissimo de lancer des tripes à la foule. Durant 5 jours, la ville se transforme et les confettis pleuvent…

**Concours de Potje vleesch** et « **Terroir et saveurs de Flandre** » – Lors du dernier week-end de mars, les années paires, un concours du plat typique des Flandres, ouvert aux professionnels comme aux amateurs. C'est aussi l'occasion d'un petit salon gastronomique régional.

**Fête des épouvantails** – Avant-dernier ou dernier samedi de juillet, toutes les annés impaires. Célébration d'un vieux culte agraire : au terme du défilé, les créatures sont brûlées et le bal est ouvert. Marché du terroir, musique traditionnelle et spectacles de rue.

**Animations littéraires** – *✆ 03 28 49 51 30 - www. cg59.fr.* Chaque mois, soirée littéraire en présence de trois écrivains en résidence à la villa Marguerite-Yourcenar.

**Rencontres internationales de la Dentelle** – *✆ 03 28 43 81 00.* Tous les trois ans (prochaine édition en juillet 2007), Bailleul devient le temps de quelques jours la capitale de la dentelle, avec des représentants du monde entier. Expositions, démonstrations, vente.

**Fête de la Saint-Hubert** – *✆ 03 20 09 76 22.* Le 3e dim. d'oct., l'abbaye du mont des Cats fête saint Hubert, le patron des chasseurs. Messe sonnée à la trompe de chasse, bénédiction de chevaux, démonstration de vénerie, animations diverses.

**Fête des Nieulles** – Avis aux gourmands, le 2e w.-end de sept., on fête le petit biscuit rond traditionnel d'Armentières, le nieulle, dans tout le centre-ville.

**Nuit du jazz** – *✆ 03 20 77 18 77 - www. jazzenord.com.* Le 1er w.-end d'oct., Armentières se met au diapason des jazzmen de la région. Concerts dans le hall du Vivat et dans différents bars de la ville.

# Bavay★

3 396 BAVAISIENS
CARTE GÉNÉRALE C2 – CARTE MICHELIN DEPARTEMENTS 302 K6 – NORD (59)

**Cette petite ville aux maisons basses est très connue pour ses vestiges gallo-romains. C'était, au 3e s., un important nœud de communication entre les différentes régions du nord de l'Empire romain. La cité peut aussi se vanter de ses « chiques », délicieuses friandises à base de sucre candi et d'arôme naturel de menthe, dont on se régale depuis 1875.**

- **Se repérer** – Accès par la N 49, entre Maubeuge et Valenciennes. Bavay est située à un carrefour sur la « chaussée Brunehaut », voie romaine stratégique.
- **À ne pas manquer** – Le Musée archéologique et les vestiges romains.
- **Organiser son temps** – Comptez une petite demi-journée pour la découverte des sites.
- **Avec les enfants** – Le film en 3 D « Retour à Bagacum » au Musée archéologique.
- **Pour poursuivre la visite** – Voir aussi Maubeuge, Avesnes-sur-Helpe, Le Quesnoy et la forêt de Mormal, Valenciennes.

## Comprendre

Au temps d'Auguste, Bagacum était une importante cité de la Belgique romaine, à la fois centre administratif et judiciaire, place militaire et pôle de ravitaillement. Elle constituait le nœud de sept « chaussées » : vers Utrecht, Boulogne, Cambrai, Soissons, Reims, Trèves et Cologne. Leur tracé rectiligne se reconnaît encore dans le réseau routier, et des traces d'ornières creusées par le passage des charrois subsistent sur le forum. Comme toutes les villes romaines, Bagacum était dotée d'un vaste forum et de thermes publics alimentés par un système d'aqueducs.

## Se promener

### Grand'Place

Son beffroi (17$^{e}$ s.) à appareillage de briques contraste avec le granit de l'hôtel de ville (18$^{e}$ s.). Sur la place se dresse la statue de Brunehaut (543-613), reine d'Austrasie. La légende veut qu'elle fit restaurer en trois jours et trois nuits les sept voies romaines à la jonction desquelles se dresse aujourd'hui son effigie.

## Visiter

### Vestiges de la cité romaine

Cet ensemble monumental a été mis au jour par le chanoine Bièvelet en 1942, sur un terrain dégagé par les bombardements de 1940. D'est en ouest, le long d'un même axe, sont visibles la basilique civile, le forum, un cryptoportique (galerie souterraine) en fer à cheval et une salle sur cave profonde. Au sud de l'enceinte (3$^{e}$ s.) ont été exhumées quelques habitations.

### Musée archéologique

*2 r. de Gommeries - ✆ 03 27 63 13 95 - avr.-sept. : 9h-18h ; oct.-mars : 9h-12h, 14h-17h30, w.-end et j. fériés 10h30-12h30, 14h-18h - fermé mar., 1$^{er}$ janv., 1$^{er}$ Mai, 1$^{er}$ et 11 Nov., 25 déc. - 4,50 € (enf. gratuit), 6 € visite guidée (enf. gratuit) - gratuit 1$^{er}$ dim. du mois. Nombreuses animations proposées aux individuels sur réservation (5 €) : initiation aux techniques de fouilles, atelier poterie, visites guidées thématiques, etc.*

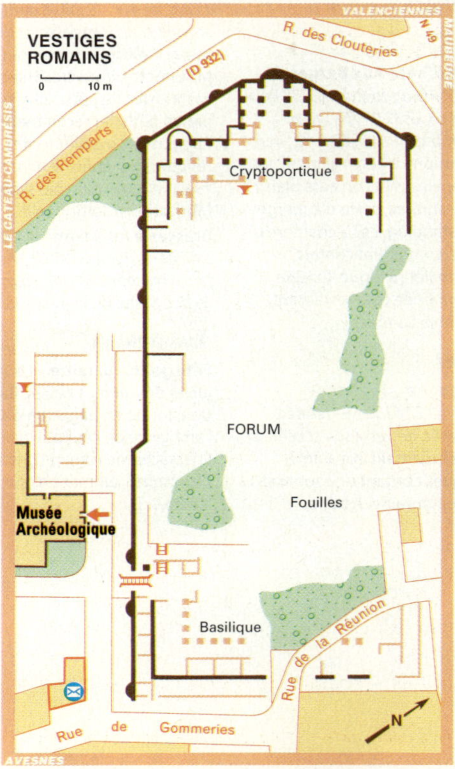

Dans ce vaste édifice moderne, deux grandes salles d'expositions évoquent la vie au temps de Bagacum, qui comptait parmi les plus importants centres de fabrication de poteries. Dans les vitrines sont présentés de la vaisselle, des verres et des vases ornés de bustes de divinités. Une vitrine est consacrée aux superbes **figurines de bronze★** découvertes dans la cachette d'un artisan bavaisien. Une autre salle est dédiée aux expositions temporaires.

Le film « Retour à Bagacum », interactif et en 3D, vous replonge habilement dans l'ambiance de la cité au 3e s. C'est au spectateur, personnage principal de l'aventure, de parcourir le forum ou les temples pour résoudre les énigmes.

Musée de Bavay

Statue de Jupiter.

## Aux alentours

### Bellignies

*3 km au nord par la D 24.*

Du 19e s. à 1940, ce bourg de la vallée de l'Hogneau a vécu de l'industrie marbrière. Les hommes découpaient et les femmes polissaient. Le **musée du Marbre et de la Pierre bleue** est le témoin de cette activité : outils traditionnels pour le travail du marbre, objets représentatifs de la production des ateliers. *Tlj sf lun. 14h-18h - fermé déc.-fév. - 2,50 €.*

## Bavay pratique

### Adresse utile

**Office du tourisme de Bavay** – *Maison du patrimoine - r. Saint-Maur - 59570 - ✆ 03 27 39 81 65 - www.mairie-bavay.fr - mar.-vend. 10h-12h, 14h-18h (et 1 w.-end sur 2).*

### Se loger

⊖⊖ **Chambre d'hôte Aux Berges de Sambre** – *117-119 Grande-Rue - 59138 Pont-sur-Sambre - ✆ 03 27 39 05 76 - www.auxbergesdesambre.fr - 5 ch. 60 € - repas 20/35 €.* Les solutions d'hébergement sont rares dans les environs et l'on aura plaisir à découvrir cette adresse, sorte d'auberge d'hôte de bon standing. Les 5 chambres, toutes à l'étage, combinent confort moderne et mobilier rustique. Cuisine gourmande et raffinée côté restaurant. Joli parc bordant la Sambre.

### Se restaurer

⊖⊖ **Le Bourgogne** – *11 porte de Gommeries - ✆ 03 27 63 12 58 - fermé 2-17 janv., 1er-23 août, lun. et le soir sf vend. et sam. - 20/55 €.* Bordant un axe animé, maison en briques abritant une sobre salle à manger contemporaine. À table, tradition et invention ; la carte des vins fait la part belle aux bourgognes.

### Que rapporter

**La Romaine** – *30 pl. Charles-de-Gaulle - ✆ 03 27 63 10 06 - tlj sf lun. 6h-12h30, 14h-19h, dim. 6h-13h, 15h30-18h30 - fermé 1 sem. en avr., 15 juil.-8 août et 25 déc.* Ici l'on vend les fameuses « chiques de Bavay », fabriquées au domicile de M. Kamette. Vous trouverez également un vaste choix de pâtisseries fines concoctées par un pâtissier récemment arrivé après être passé dans différentes maisons renommées. Enfin, le mercredi et le jeudi, 19 variétés de pain bio s'ajoutent à la fabrication traditionnelle.

**Brasserie Au Baron** – *2 r. du Piémont - 59570 Gussignies - ✆ 03 27 66 88 61 - de mi-juin à mi-sept. : 11h-0h - fermé 1er janv. et 25 déc.* Visite de la microbrasserie.

### Événement

**Fête gallo-romaine** – Le 1er w.-end de juillet des années paires, Bavay se transforme en Bagacum pour restituer l'ambiance de l'époque gallo-romaine. Spectacles de rues, reconstitutions historiques, animations sur l'ancien forum…

# Beauvais★★

AGGLOMÉRATION DE 100 733 BEAUVAISIENS
CARTE GÉNÉRALE A4 – CARTE MICHELIN DEPARTEMENTS 305 D4 – OISE (60)

**Pour découvrir un beau point de vue sur Beauvais, il faut arriver par le pont de Paris : la masse puissante de la cathédrale, épaulée par sa forêt d'arcs-boutants, surgit alors des toits. Ce chef-d'œuvre de l'art gothique est resté inachevé, mais son chœur (48 m de hauteur sous voûte) est vertigineux. Aujourd'hui, bien que proche de Paris, la capitale de l'Oise et de la tapisserie demeure authentiquement picarde.**

**Se repérer** – À mi-chemin entre Amiens et Paris. Accès par l'A 16 ou la N 31-E 46. Une ceinture de boulevards longe le cours du Thérain, affluent de l'Oise, au sud et à l'ouest.

**Se garer** – Sur le parking de la cathédrale, très central, ou sur les places Clemenceau, Jeanne-Hachette ou des Halles.

**À ne pas manquer** – Les vitraux de la cathédrale et ceux de l'église Saint-Étienne ; les maisons à pans de bois et les céramiques architecturales dans le centre-ville ; la galerie nationale de la tapisserie ; l'abbatiale de Saint-Germer-de-Fly.

**Organiser son temps** – Comptez 45mn pour vous promener autour de la cathédrale et 1h30 pour la visiter. Consacrez une demi-journée à la découverte des musées et une journée complète aux alentours et au pays de Bray.

**Avec les enfants** – Le parc Saint-Paul ; la visite audioguidée adaptée de la cathédrale ; le son et lumière de l'horloge astronomique.

**Pour poursuivre la visite** – Voir aussi Folleville *(voir Montdidier)*, Gerberoy, Ravenel.

**Le saviez-vous ?**

La peuplade des Bellovaques s'installa dans un oppidum celtique, Caesaromagus. Au 3e s., la capitale gallo-romaine fut entourée d'une enceinte de 1 370 m.

Durant la Seconde Guerre Mondiale, Beauvais a été, avec Le havre, la ville française la plus endommagée par les bombardements. A la fin de la guerre, il ne restait au milieu des ruines que la cathédrale intacte.

Parmi les personnalités de Beauvais, on compte : le couturier Givenchy, l'avionneur et député Marcel Dassault, Jean-Claude Decaux et ses Abribus…

## Comprendre

**Évêques et bourgeois** – Très tôt, la cité devient un important siège épiscopal. Dès le 11e s., elle a pour seigneur un évêque souvent en conflit avec les bourgeois, jaloux de leurs franchises. Un des évêques beauvaisiens, Pierre Cauchon, se rallie aux Anglais alors que la ville veut se donner à Charles VII. Chassé de Beauvais en 1429 par les bourgeois, il se réfugie à Rouen où il envoie Jeanne d'Arc au bûcher le 30 mai 1431.

**Jeanne Hachette** – Le 27 juin 1472, durant le siège de Beauvais par Charles le Téméraire, la petite **Jeanne Laisné** voit surgir un assaillant. Elle lui arrache sa bannière, lui assène un coup de hachette puis le pousse dans le vide. Son exemple exalte le courage des habitants. La résistance s'organise alors jusqu'à l'arrivée des renforts. Le duc de Bourgogne lève le siège le 22 juillet. Aujourd'hui, fin juin, Beauvais célèbre son héroïne.

**Les tapisseries de Beauvais** – Louis XIV fonde la Manufacture royale de tapisserie en 1664, sur le conseil de **Colbert**. On y produit, sur des métiers horizontaux, dits de « basse lisse », des œuvres très fines en laine et soie. Elle devient manufacture d'État en 1804. Les ateliers, transférés à Aubusson en 1939, ne peuvent rejoindre Beauvais à cause de la destruction des bâtiments en 1940. Regroupés à Paris dans l'enclos des Gobelins, ils ont repris le chemin de Beauvais en… 1989.

**Céramiques et vitraux** – La poterie est présente au pays de Bray depuis l'époque gallo-romaine. D'abord utilitaire (récipients), elle devient un produit de qualité. Les terres vernissées et les grès fabriqués dès le 15e s. font de la région l'un des grands centres français de céramique. Tout au long de la vallée du Thérain, environ 90 km, des dizaines de moulins sont installés pour alimenter les ateliers en énergie et en eau. Vers 1850, les potiers de Lhéraule, Lachapelle-aux-Pots, Savignies disparaissent au profit des faïenceries, puis des tuileries. Des potiers d'art s'installent près de ces usines. Beauvais fut également célèbre pour ses vitraux au 16e s.

Des exemples de céramique architecturales sont encore visibles dans le centre-ville : la maison Greber, au 63 r. de Calais, l'avenue Victor-Hugo ou la rue de la Banque.

# Se promener

## L'ENSEMBLE ÉPISCOPAL ET SES ALENTOURS

### Place Jeanne-Hachette

Jolie statue de l'illustre Beauvaisienne en face de l'hôtel de ville, dont la façade (18e s.) restaurée est mise en valeur, la nuit tombée, par un bel éclairage.

*Prendre la courte rue de la Frette, puis à droite la rue Beauregard. Tourner à gauche dans la rue Saint-Pierre.*

### Vestiges

Au coin subsistent des vestiges de la **collégiale Saint-Barthélemy** et, en face, derrière la Galerie nationale de la tapisserie, les ruines de **remparts gallo-romains**.

*Prendre à droite la rue du Musée, puis celle de l'Abbé-Gelée.*

### Ancien palais épiscopal

Autour de la cathédrale et adossé à l'ancien rempart gallo-romain, le palais épiscopal formait, avec les bâtiments administratifs de l'évêché, une ville dans la ville qui nous permet d'appréhender ce que fut Beauvais au Moyen-Âge. La porte fortifiée (14e s.) est flanquée de deux grosses tours à toits en poivrière ; elle est ornée, à l'intérieur, d'une fresque représentant des sirènes musiciennes. Au fond de la cour, derrière un petit jardin à la française, se dresse le corps central du palais, doté d'une élégante façade Renaissance. Incendié en 1472 par les bourguignons, le palais fut reconstruit vers 1500. Saisi sous la Révolution, il manque de disparaître mais devient centre administratif, puis préfecture sous le Premier Empire. À la Restauration, il est restitué à l'évêque, puis devient le siège de la justice sous Louis-Philippe, le restant jusqu'en 1940. Pendant la Seconde Guerre mondiale, le palais, épargné par les bombardements, protège quelques collections sauvées des musées de la ville. Il a conservé cette fonction grâce à l'ouverture, en 1981, du Musée départemental de l'Oise *(voir « Visiter »)*.

### Maison du 15e s.

La plus vieille maison de Beauvais (15e s.) a été démontée de la rue Oudry et reconstruite rue de l'Abbé-Gelée. Les « Maisons paysannes de l'Oise » y organisent des expositions temporaires sur des thèmes liés à la sauvegarde de l'habitat rural traditionnel.

*✆ 03 44 45 77 74 - maisonspaysannesoise.wifeo.com - tlj sf lun. mat. et dim. 10h-18h.*

*Prendre à droite la rue J.-Racine et encore à droite la rue Carnot pour rejoindre la place J.-Hachette.*

# Visiter

### Cathédrale Saint-Pierre★★★

*✆ 03 44 48 11 60 - ♿ - juil.-août : 9h-18h15 ; mai.-juin et sept.-oct. : 9h-12h15, 14h-17h30 ; nov.-avr. : 9h-12h15, 14h-18h15.*

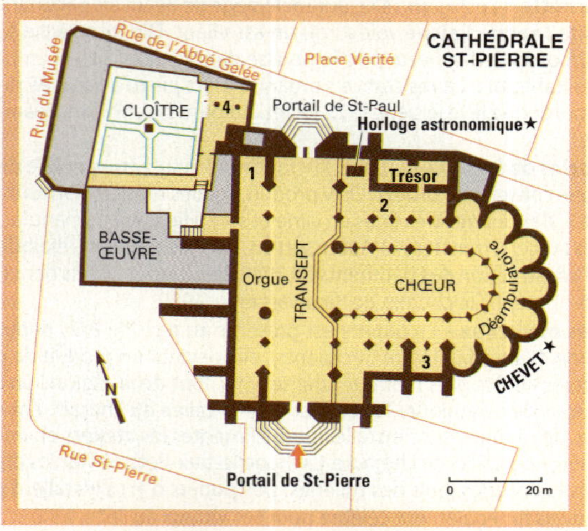

*La façade de la cathédrale St-Pierre à Beauvais.*

De la cathédrale originelle, dite la **Basse-Œuvre**, bâtie à l'époque carolingienne, ne subsistent que trois travées de la nef. En 949, une autre cathédrale est édifiée, qui sera détruite par deux incendies. L'évêque et le chapitre décident alors, en 1225, d'ériger la plus vaste église de l'époque, un **Nouvel-Œuvre** dédié à saint Pierre. Les travaux du chœur, qui débutent en 1238, sont un défi pour les architectes. La hauteur sous clef de voûte est de 48 m, ce qui donne aux combles une élévation de 68 m – celle des tours de N.-D. de Paris… à un mètre près. Mais les piliers sont trop espacés, les culées des contreforts trop légères. Un éboulement se produit en 1284. Le chœur est sauvé au prix de 40 ans de labeur. On renforce les culées et les grandes arcades des travées droites du chœur, on multiplie les arcs-boutants. Interrompu par la guerre de Cent Ans, le chantier reprend en 1500 sous la direction de Martin Chambiges. Les fonds proviennent en grande partie du commerce des indulgences.

Le transept est achevé en 1550. Au lieu d'ériger la nef, on élève une tour à la croisée du transept, surmontée d'une flèche. Sa croix, posée en 1569, se trouve à 153 m au-dessus du sol. Mais la nef fait défaut pour contrebuter les poussées, et les piliers cèdent en 1573, le jour de l'Ascension, alors qu'une procession vient de quitter l'église. Les efforts et sacrifices du clergé et des habitants ne permettent de restaurer que le chœur et le transept. La cathédrale inachevée fait une croix sur sa flèche et sa nef!

**Chevet★** – Le chœur (13e s.) est contrebuté, comme les croisillons flamboyants, par des arcs-boutants portant sur de hautes culées qui s'élèvent jusqu'aux combles.

*Pour une description en image, voir l'ABC d'architecture p. 77.*

**Façade du croisillon sud** – Riche décor. Le **portail Saint-Pierre**, flanqué de deux hautes tourelles et surmonté d'une belle rose est orné de niches aux dais ajourés.

**Intérieur★★★** – Le vertige gagne en pénétrant sous ces voûtes d'une hauteur prodigieuse (48 m). Le transept mesure 58 m de long. Chœur très élégant, lumineux et dépouillé. Le triforium est à claire-voie, et les fenêtres font 18 m de haut. Sept chapelles s'ouvrent sur le déambulatoire. La première, en entrant à droite, abrite une statue en bois polychrome du 16e s., celle de Sainte-Angadrème, très bien conservée. Les **vitraux★★** éclairent magnifiquement le transept. Le Père éternel préside le médaillon central de la rose sud (1551). En dessous et sur deux registres, dix prophètes et dix apôtres. En face *(croisillon nord)*, dix sibylles répondent aux prophètes (1537). Dans la chapelle du Sacré-Cœur, le vitrail « de Roncherolles » (1522) permet d'étudier de plus près la technique du vitrail Renaissance **(1)**.

Dans une chapelle latérale, intéressant retable polychrome du 16e s. **(3)**

L'**horloge astronomique★**, réalisée entre 1865 et 1868 par l'ingénieur Louis-Auguste Vérité, comporte 68 statues et 90 000 pièces. Elle est animée par 50 automates. La partie inférieure ressemble à une forteresse aux multiples fenêtres : 52 cadrans indiquent la longueur des jours et des nuits, les saisons, l'heure du méridien de Paris… La scène du Jugement dernier se déroule cinq fois par jour dans la partie supérieure de l'horloge. *Visite audioguidée son et lumière (25mn) été : 10h40, 11h40, 14h40, 15h40, 16h40 - 4 € (-25 ans 2,50 €, enf. 1 €).*

À droite de l'horloge astronomique, une ancienne horloge du 14e s. **(2)** carillonne des cantiques correspondant aux différentes époques de l'année. L'une des galeries du **cloître** est surmontée de la salle du chapitre **(4)**.

**Basse-Œuvre** – Vestige de la cathédrale du 10e s., elle a été bâtie en mœllons gallo-romains de récupération. Elle servit d'église paroissiale jusqu'en 1789.

## Église Saint-Étienne★

*Avr.-oct. : 9h30-11h30, 14h-17h ; nov.-mars : 14h-16h - fermé 1er janv.*

La tour qui flanque la façade fut érigée de 1583 à 1674 : elle servait de beffroi municipal, en même temps de symbole de l'attachement des Beauvaisiens à leur église. Nef et transept romans, dont la sobriété est atténuée par les corniches à modillons dites « beauvaisiennes ». Le chœur (début du 16e s.) est de style gothique flamboyant épuré. Sur le bas-côté gauche, voyez le portail roman au tympan et aux voussures finement ciselés. Une roue de fortune dans la rose symbolise l'instabilité des choses humaines *(façade croisillon nord)*. Au fond à gauche, admirez le **retable** polychrome du 16e s. représentant le Christ, entouré de Marthe et Marguerite, ainsi que les beaux rinceaux de bois de la petite chapelle. Magnifiques **vitraux**★★ Renaissance dans le chœur (certains provenant d'autres églises de Beauvais), dont on admire le dessin et les coloris, notamment dans l'**Arbre de Jessé**★★★, chef-d'œuvre d'Engrand.

SE LOGER

Chambre d'hôte
La Ferme du Colombier ........ 1

Hostellerie St-Vincent ........ 4

Hôtel du Cygne ........ 7

Hôtel La Faisanderie ........ 10

Hôtel Mercure ........ 13

SE RESTAURER

Bistrot du Boucher ........ 1

La Baie d'Halong ........ 4

La Petite France ........ 7

Le Bellevue ........ 10

### Musée départemental de l'Oise★

*Dans l'ancien palais épiscopal - ✆ 03 44 11 43 83 - www.cg60.fr - juil.-sept : 10h-18h ; reste de l'année : 10h-12h, 14h-18h - fermé mar., 1er janv., lun. Pâques, lun. Pentecôte, 1er et 11 Nov., 25 déc. - 2 €, gratuit 1er dim. du mois.*

Les travaux débutés en 2006 devraient, à terme, permettre au musée d'occuper l'ensemble du palais épiscopal. En attendant, plusieurs niveaux restent ouverts. Les tours d'entrée sont consacrées au Moyen Âge (sculptures sur bois provenant d'églises et d'abbayes, fragments sculptés de maisons à pans de bois, fresques et retables du 14e s. à nos jours). Après avoir traversé la petite cour intérieure, on trouve, dans les étages, essentiellement des peintures du 16e au 20e s. École française du 16e s., écoles française et italienne des 17e et 18e s. Paysagistes français du 19e s., dont **Corot** (*Paris, le vieux pont Saint-Michel* et *La Vasque de l'Académie de France à Rome*) et **Huet**. Tapisseries de Beauvais et mobilier Art nouveau, notamment une salle à manger signée de l'artiste liégois Gustave Serrurier-Bovy. Importante collection de céramiques, en particulier des œuvres du Beauvaisien Delaherche, présentée partiellement.

### Galerie nationale de la Tapisserie

*✆ 03 44 15 39 10 - avr.-sept. : 9h30-12h30, 14h-18h ; oct.-mars : 10h-12h30, 14h-17h (dernière entrée 30mn av. fermeture) - fermé lun., 1er janv., 1er Mai, 25 déc. - gratuit.*

Dans un bâtiment au chevet de la cathédrale, la galerie présente des expositions temporaires, à partir des collections de meubles et de tapisseries du Mobilier national.

### Manufacture nationale de la Tapisserie

*✆ 03 44 14 41 90 - ♿ - visite guidée (1h) mar.-jeu. 14h-16h - fermé j. fériés - 3,20 € (enf. gratuit).*

Installée dans les anciens abattoirs, elle abrite une dizaine de métiers horizontaux. Les lissiers œuvrent à la lumière naturelle d'après le carton de l'artiste, sur l'envers de la tapisserie, surveillant leur ouvrage au moyen d'un miroir. Toute la production actuelle est destinée aux grandes institutions de la République.

## Aux alentours

### Église de Marissel

*1,5 km à l'est. R. Aimé-Besnard - ✆ 03 44 05 46 43 - possibilité de visite sur demande auprès de Mme Cozette : ✆ 06 81 52 04 38.*

L'église de ce village, devenu faubourg de Beauvais, s'élève sur un terre-plein d'où la cathédrale apparaît à 2 km. La façade du 16e s. possède un portail de style gothique flamboyant, tandis que le chevet comporte une absidiole romane, placée entre le chœur et le transept gothiques. Cette église fut immortalisée par Corot en 1866. La toile est aujourd'hui exposée au Louvre.

### Château de Troissereux

*8 km au nord-ouest par la D 901. ✆ 03 44 79 00 00 - www.chateau-troissereux.com - visite guidée (50mn) de déb. avr. à mi-nov. : 14h-17h ; reste de l'année : w.-end et j. fériés 14h-17h - visite-conférence de l'horloge médiévale, « La mesure du temps au Moyen-Âge » à 14h tous les jours de visite (40mn) - fermé déc.-janv. et 1er dim. d'avr. - 8 € (parc et château), 12 € avec la visite-conf. horloge.*

Paré de briques rouges, de pierres et d'ardoises, ce château Renaissance (15e-16e s.) fut construit sur les ruines d'un premier édifice, bâti sur pilotis et dévasté lors de la guerre de Cent Ans. Il appartint notamment au protestant Jean de L'Isle Marivaux, gouverneur de Paris, proche de Charles IX et de François Ier, et fut longtemps toléré comme lieu de prêche huguenot, fait rare dans le nord de la France. Remanié au 18e s., l'élégant décor intérieur recèle un mobilier néoclassique d'époque.

**Bernard Palissy (1510-1589)**

À la fois artiste et savant, Bernard Palissy est connu notamment pour avoir percé le secret des émaux. Jouissant, malgré son protestantisme non dissimulé, de la protection de Catherine de Médicis il travailla à l'élaboration du jardin des Tuileries. Selon Franck Rolland, chercheur strasbourgeois passionné par Troissereux, « le jardin dessiné par Palissy à Troissereux est une œuvre symbolique qui renvoie à la Genèse et aux préoccupations de ses commanditaires calvinistes ».

Dans le pavillon de la cour d'honneur, la tour dédiée au temps comporte une girouette astrale Renaissance ainsi que l'une des plus anciennes **horloges mécaniques** de France, sans doute antérieure au 15e s. Toutes les pièces sont d'époque et le mécanisme, à poids, reste très ingénieux. Elle fait aujourd'hui partie du très select club des « *deux cents plus vieilles horloges du monde* ».

Dans le parc français paysager ancien d'une douzaines d'hectares, attribué à Bernard Palissy, évoluent des oiseaux sauvages au milieu des canaux : canards, oies, hérons, paons… L'arboretum récèle quelques essences rares et des arbres séculaires, comme des platanes d'Orient du 16e s. ou deux cyprès chauve du 18e s.

### Gerberoy★★ *(voir ce nom)*

### Forêt de Hez-Froidmont

*16 km à l'est par la N 31.*

Ce massif accidenté retombe au nord sur la plaine de Picardie, au sud sur la vallée du Thérain. Essences variées et belles futaies de hêtres et de chênes.

### Agnetz

*20 km à l'est, à droite, avant Clermont.*

L'**église** dépendait d'un prieuré de l'abbaye de Saint-Germer-de-Fly, d'où ses dimensions. Le puissant clocher (14e s.) est allégé sur chaque face par trois baies gothiques géminées, de style rayonnant. L'abside flamboyante est un ajout du 16e s. *Visite sur demande à la mairie (✆ 03 44 68 23 00).*

### Clermont

*22 km à l'est par la N 31, après Agnetz. Laisser la voiture rue du Châtellier et descendre en ville par la rue de la Porte-de-Nointel en passant sous un arc.*

Ce comté fut rattaché à la couronne de France par Philippe Auguste en 1218. Le sixième fils de saint Louis, Robert, le reçut en apanage et épousa Béatrice de Bourbon, héritière de cette ancienne famille. Leur descendance prit alors le nom de Bourbon. La lignée des Bourbons s'interrompt lorsque Suzanne de Bourbon et Charles III meurent sans héritiers. Une branche cadette de la dynastie se perpétue cependant, avec Charles de Bourbon. Son fils Antoine, marié à Jeanne d'Albret, reçoit la couronne de Navarre, qu'il transmet à son fils Henri, futur Henri IV.

Un beffroi fluet surmonte le pignon de l'**ancien hôtel de ville**. Trois statues (Saint Louis, Robert de Clermont, Charles IV le Bel) évoquent les attaches royales de la ville.

### Conservatoire de la Vie agricole et rurale à Hétomesnil

*25 km au nord par la D 149 puis, à gauche, la D 151. ✆ 03 44 46 92 98 - juil.-août : 14h30-18h30 ; mai-juin et sept. : w.-end et j. fériés 14h30-18h30 - 5 €.*

Dans le cadre d'une imposante ferme (1852) qui servit de ferme-école au 19e s., découverte du monde agricole : machines-outils, cabane mobile de berger, anciens métiers du bois…

### Musées des pays de l'Oise

Le conservatoire de la Vie agricole et rurale et le moulin-musée de la Brosserie appartiennent au réseau des Musées des pays de l'Oise. En font également partie le musée de la Poterie à Lachapelle-aux-Pots *(voir le circuit de découverte)*, le musée de la Nacre et de la Tabletterie à Méru, le musée de l'Archerie et du Valois à Crépy-en-Valois *(voir le Guide Vert Île-de-France)*. Chacun s'attache à promouvoir le patrimoine régional en faisant revivre les activités rurales.

### Moulin-musée de la Brosserie à Saint-Félix

*19 km au sud-est par la D 12. ✆ 03 44 07 99 50 - visite guidée (1h) avr.-oct. : tlj sf mar. 14h-18h30, dép. 14h30, 15h45 et 17h (dernière entrée 17h) - 5,50 € (enf. 3 €).*

Il faut le dénicher au cœur de la vallée du Thérain, entre de magnifiques plans d'eau. À l'intérieur de l'ancienne brosserie, dont l'activité spécifique et traditionnelle de l'Oise a cessé depuis 1979, on suit la fabrication d'une brosse de toilette, qui nécessite plus de 40 opérations. Reliées aux différentes machines (perceuse, décoreuse, ponceuse…) par des kilomètres de câbles, les roues à aubes de trois grands moulins alimentent encore toute la chaîne de production.

S. Sauvignier / MICHELIN

*Affleurement de craie en pays de Bray.*

## Circuit de découverte

### LE PAYS DE BRAY

*58 km – environ 2h.*

Incisés comme une boutonnière dans la craie du Bassin parisien, le pays de Bray et ses hautes côtes séduisent par leurs larges panoramas très proches des paysages normands : bocages plantés de pommiers, vallons aux courbes légères. De tradition laitière, le pays de Bray est également connu pour avoir vu naître le célèbre « petit-suisse » de Charles Gervais.

*Quitter Beauvais par l'avenue J.-Mermoz, tourner à gauche vers Gisors (D 981). 5 km au-delà d'Auneuil, tourner à droite (D 129). Traverser Le Vauroux. À Lalandelle, suivre les panneaux « Table d'orientation ».*

De la **table d'orientation des Neuf-Frênes**, panorama sur la dépression du Bray.

*Prendre à droite la D 22 au début de la descente.*

Dans le premier tournant à droite, vue à gauche sur une coupe géologique où la stratification de la craie est bien visible. *Revenir sur ses pas et poursuivre tout droit au croisement avec la D 574.*

On traverse le long village-rue du Coudray-Saint-Germer, puis on descend vers le fond du Bray. **Vue★** étendue sur Gournay : l'abbatiale de Saint-Germer-de-Fly se dresse au premier plan.

### Saint-Germer-de-Fly

*L'abbatiale est en cours de réfection, mais certaines parties sont encore accessibles (réouverture prévue au printemps 2007). Se renseigner à l'office de tourisme en face sur la place - ✆ 03 44 82 62 74 - mars-oct. : 9h-19h30 ; nov.-fév. : 9h30-12h30, 14h-17h30.*

Saint Germer fonda ici une abbaye au 7e s. L'immense **abbatiale★**, construite entre 1150 et 1175, est un remarquable exemple de style gothique primitif. Elle écrase de sa masse les demeures groupées à ses pieds. Le **chœur,** entouré de grilles en fer forgé, rappelle la facture des 12e s. et 13e s. Très court comparativament à la nef (44 m), c'est la partie la plus intéressante, avec ses tribunes à baies en plein cintre et son triforium à baies rectangulaires. Les stalles, de style corinthien, datent du 18e s. Dans une chapelle rayonnante, autel roman orné d'arcatures. Un couloir voûté, l'atrium, conduit à une élégante Sainte-Chapelle (13e s.), sur le modèle du célèbre sanctuaire parisien. Remarquez la rosace, à l'entrée de la chapelle, contribuant à en faire un édifice gracieux et équilibré.

**Le musée des Arts et Traditions populaires** se situe au pied de l'abbatiale. Il vous replonge dans l'ambiance des petits villages du pays de Bray d'antan. Reconstitution d'une salle de classe, de l'épicerie villageoise et du fournil ; évocation des outils et métiers d'autrefois : savatier, bourrelier, potier... *Avr.-sept. : 10h-12h, 14h30-17h30 ; reste de l'année : s'adresser à l'office de tourisme - 1,60 €.*

*Faire demi-tour. À la bifurcation de Fla, prendre la D 109 vers Cuigy-en-Bray et Espaubourg.* La petite route longe le pied de l'abrupt du Bray. *À Saint-Aubin-en-Bray, tourner à gauche. Traverser la nationale aux Fontainettes.*

### Les Fontainettes

Fabrication de poteries de jardin et de tuyaux de grès. Cette région très accidentée et boisée est le berceau de la céramique et de la poterie de Beauvais.

### Lachapelle-aux-Pots

Le **musée de la Poterie** évoque la spécialité du village : exposition de grès, œuvres de potiers locaux, Delaherche et Klingsor. *℘ 03 44 04 50 72 - ♿ - avr.-oct. : tlj sf lun. 14h-18h, w.-end et j. fériés 14h30-18h30 - fermé nov.-mars et lun. fériés - 2 € (enf. 1 €).*

### Savignies

Ce charmant village, fief de la poterie, fut supplanté au 19e s. par Lachapelle, favorisé par sa ligne ferroviaire. L'habitat porte encore les traces de cette activité (cheminées en grès, murs à pots), et quelques artistes perpétuent la tradition.

### Forêt du Parc-Saint-Quentin

Belles futaies de chênes. À la sortie de la forêt apparaît la masse de la cathédrale de Beauvais.

## Beauvais pratique

### Adresses utiles

**Office du tourisme de Beauvais** – *1 r. Beauregard - 60000 - ℘ 03 44 15 30 30 - www.beauvaistourisme.fr - lun.-sam. 9h30-12h30, 13h30-18h (avr.-sept. : dim. 10h-17h).*

**Syndicat d'initiative de Clermont-de-l'Oise** – *19 pl. de l'Hôtel-de-Ville - 60600 - ℘ 03 44 50 40 25 - mar.-sam. 9h-12h, 14h-18h.*

**Office du tourisme du pays de Bray** – *11 pl. de Verdun - 60850 Saint-Germer-de-Fly - ℘ 03 44 82 62 74 - perso.orange.fr/ot-paysdebray - mars-oct. 9h30-12h30, 14h-18h ; nov.-fév. : tlj sf dim. 9h-12h30, 14h30-17h30 - fermé 1er janv., 1er Mai et 25 déc.*

### Visites

**Visite guidée** – *De mi-avr. à fin sept. : dim. 15h - 4 € - renseignements à l'office de tourisme de Beauvais.*Beauvais, propose des visites guidées (2h et plus) du centre et des alentours par des guides-conférenciers agréés par le ministère de la Culture et de la Communication. Découvrez la cathédrale Saint-Pierre et son horloge astronomique, la Manufacture nationale de tapisserie, Beauvais au fil de l'eau, etc.

**Visite audioguidée de la cathédrale** – Parcours adultes ou enfants comportant 18 stations (intérieur et extérieur). Location dans la cathédrale *(3 à 6 €).*

### Se loger

⊖ **Hôtel La Faisanderie** – *8 r. du Château - 60480 Puits-la-Vallée - 18 km au NE de Beauvais par N 1, rte de Breteuil et D 151 - ℘ 03 44 80 70 29 - 🚭 P - 5 ch. 45/70 € ☕.* Belle demeure bourgeoise séparée du reste du village par un parc arboré. Les confortables chambres possèdent une jolie décoration mélangeant les styles. Confitures et pâtisseries maison au petit-déjeuner et cuisine privilégiant les produits issus de la faisanderie à l'heure du dîner.

⊖ **Chambre d'hôte La Ferme du Colombier** – *14 r. du Four-Jean-Legros - 60650 Savignies - 10 km au nord-ouest de Beauvais dir. Rouen puis D 1 - ℘ 03 44 82 18 49 - ferme.colombier.free.fr - 🚭 - réserv. obligatoire - 5 ch. 42 € ☕ - repas 15/20 €.* Un séjour à la ferme ! Ici, vos voisins seront les moutons de l'élevage des propriétaires. Les chambres, confortables et spacieuses, sont installées dans un bâtiment annexe. Cuisine à disposition. Renseignez-vous sur les randonnées organisées par vos hôtes.

⊖⊖ **Hôtel du Cygne** – *24 r. Carnot - ℘ 03 44 48 68 40 - www.hotelducygne-beauvais.com - 23 ch. 50 € - ☕ 7,30 €.* Bien situé dans la rue principale du centre-ville, cet établissement reste dans la tradition de l'hôtellerie à visage humain, garantissant bonne tenue et accueil aimable. Parmi les chambres, toutes très correctes, on préfèrera celles situées au-dessus de la salle des petits-déjeuners, plus spacieuses. Prix convenables.

⊖⊖ **Hostellerie Saint-Vincent** – *R. de Clermont - ℘ 03 44 05 49 99 - P - 48 ch. 64/74 € - ☕ 8 € - rest. 21/34 €.* Ce bâtiment récent proche d'axes routiers dispose de chambres spacieuses, pratiques et bien insonorisées. Le restaurant, moderne et clair, occupe une construction pyramidale où l'on sert une cuisine traditionnelle.

⊖⊖⊖ **Hôtel Mercure** – *1 av. Montaigne - 5 km par N 1 dir. Paris - ℘ 03 44 02 80 80 - P - 60 ch. 89 € - ☕ 11,50 € - rest. 27/33 €.* Construction des années 1970 hébergeant des chambres rénovées et dotées d'une insonorisation efficace. Salle à manger agrémentée d'une cheminée, terrasse dressée l'été au bord de la piscine et attrayante carte traditionnelle.

### Se restaurer

⊖⊖ **La Baie d'Halong** – *32 r. de Clermont - ℘ 03 44 45 39 83 - fermé 24 avr.-2 mai, 14 juil.-15 août, 20 déc.-2 janv., merc. midi, sam. midi, dim. et lun. - 16/30 €.* Dans son restaurant situé à la périphérie de la ville, Monsieur Ta Kim-Hoang fait découvrir les traditions culinaires de son pays au travers de délicieuses recettes traditionnelles.

⊜⊜ **Bistrot du Boucher** – *6 r. Jeanne-d'Arc - ☏ 03 44 06 20 30 - www.bistrotduboucher.fr - 17,50/26,80 €.* Chaque restaurant estampillé « Bistrot du Boucher » dispose d'une certaine liberté d'apporter sa touche personnelle. Celui-ci se distingue par sa terrasse sous pergola et surtout par sa cuisine à prix doux soigneusement mitonnée.

⊜⊜ **Le Bellevue** – *3 Rte N 1, à Allonne - ☏ 03 44 02 17 11 - www.restaurantlebellevue.com - fermé 7-20 août, sam. et dim. - 21/47 €.* En périphérie, au cœur d'une zone commerciale, sobre restaurant contemporain égayé d'expositions de tableaux. Cuisine classique assortie de suggestions du marché.

⊜⊜ **La Petite France** – *7 r. du Moulin - 60112 Crillon - 15 km au nord-ouest de Beauvais par D 149, D 901 puis D 133 - ☏ 03 44 81 01 13 - fermé 21-28 fév., août, dim. soir, lun. et mar. - 21 € déj. - 26/34 €.* Cette avenante petite auberge située sur la route de Gisors abrite deux salles à manger campagnardes aux tables bien dressées. Les habitués y apprécient une cuisine traditionnelle et notamment la tête de veau ravigote, « la » spécialité maison.

## En soirée

**Théâtre du Beauvaisis** – *Pl. Georges-Brassens - ☏ 03 44 06 08 20 - tlj sf dim. et lun. 12h30-18h30, sam. 16h-19h - fermé de mi-juil. à déb. sept. et j. fériés.* Pièces de théâtre classiques et modernes, danse, cirque, one-man shows, musique, humour, expositions… Programmation disponible à l'office de tourisme.

## Sports & Loisirs

**Parc Saint-Paul** – *N 31 - 8 km à l'O de Beauvais par N 31 - 60650 Saint-Paul - ☏ 03 44 82 20 16 - www.parcsaintpaul.com - avr.-sept. : 10h-18h (19h en juil.-août) - 15 € (enf. 13 €).* Parc d'attraction installé sur 15 ha de verdure et de plan d'eau. Toute la famille pourra s'amuser avec les 33 attractions (les plus téméraires choisiront la Tour Descente Extrême ou le Wild Train) et les 2 spectacles proposés. Plusieurs points de restauration sur place.

**Plan d'eau du Canada- Base nautique municipale** – *R. de la Mie-au-Roy - ☏ 03 44 45 33 93 - www.beauvais.fr - 27 mars-15 mai : 8h-20h30 ; 16 mai-15 sept. : 8h-22h ; 16 sept.-30 oct. : 8h-20h30 ; 31 oct.-26 mars : 8h-18h30 - pas de baignade sept.-juin ; location bateaux : 15 mai-1er oct.* Ce site de 45 ha comprenant un plan d'eau de 36 ha et de nombreux espaces verts est très apprécié des Beauvaisiens. Location d'Optimists, dériveurs, canoës, kayaks, pédalos, planches à voile… On peut également y pratiquer la marche, la course à pied ou le VTT.

## Événements

**Blues autour du zinc** – Au mois de mars, festival de musique blues, dans les salles de concerts ou dans les bars.

**Fête Jeanne Hachette** – Le dernier week-end du mois de juin, Beauvais célèbre son héroïne. Défilé costumé, processions, son et lumière.

**Rencontres d'ensemble de violoncelles** – *☏ 03 44 06 36 06 - www.celloensemble.com.* Tout au long du mois de mai, dans plusieurs espaces de la ville, concerts chorégraphiques, musique classique et contemporaine.

**Festival international du film de Beauvais** – *☏ 03 44 45 90 00 - www.cinespace-beauvais.com.* Durant le mois d'octobre, grand festival de cinéma dans la capitale de l'Oise. Rétrospectives, concours de courts métrages avec remise de prix, thématiques variées.

# Berck

14 378 BERCKOIS
CARTE GÉNÉRALE A2 – CARTE MICHELIN DEPARTEMENTS 301 C5 – PAS-DE-CALAIS (62)

**Cette station de la Côte d'Opale, familiale et climatique, déploie son interminable plage de sable fin (12 km) jusqu'à l'embouchure de la Canche. Voilà un paradis pour les chars à voile, les cerfs-volants et les « flysurfs ». L'enfant y est également roi, grâce au label « Station Kid », et l'air est le plus iodé du Pas-de-Calais.**

- **Se repérer** – Accès par la D 940 ou l'A 16 puis la D 303. Entre baie d'Authie et Côte d'Opale.
- **À ne pas manquer** – La plage, les portraits de marins au musée.
- **Organiser son temps** – Venez pendant le rassemblement de cerf-volants, en avril.
- **Avec les enfants** – Parc d'attractions de Bagatelle ; centre de loisirs Agora.
- **Pour poursuivre la visite** – Voir aussi Le Touquet-Paris-Plage, Étaples, Montreuil-sur-Mer, la côte d'Opale, la vallée de l'Authie, l'abbaye et les jardins de Valloire.

*La plage de Berck laisse libre cours aux passionnés de cerf-volant.*

## Comprendre

**Une station de cure** – Longtemps, Berck ne fut qu'un bourg de pêcheurs. Sur l'écusson de la ville, on distingue une couronne et des poissons. Elle est aujourd'hui réputée pour le traitement des maladies osseuses et des séquelles d'accidents de la route. Orientée ouest, la ville est balayée de vents maritimes réguliers et bénéficie d'une présence exceptionnelle d'ozone et de rayonnement ultraviolet, idéal pour les maladies du squelette. Son centre de cure est né du dévouement de Marianne Brillard, surnommée « Marianne toute seule » parce qu'elle avait perdu son mari et ses quatre enfants. Elle recevait, vers 1850, les petits souffreteux, scrofuleux ou malingres. L'air iodé leur faisait du bien, et l'Assistance publique s'intéressa à Berck. Le premier Hôpital maritime, créé en 1869, fut inauguré par l'impératrice Eugénie.

## Séjourner

### Plage

« Station Kid », Berck propose de nombreuses activités de plage aux enfants, le long de ses 1 400 ha de sable fin tassé par l'eau. Face à la mer, l'Esplanade se partage entre une piscine à vagues, des toboggans, des billards, un bowling...

La plage de Berck sert de décor aux aventures désopilantes de Jean-Claude Tergal, héros d'une BD de Tronchet.

### Phare

Reconstruit après la guerre, au-delà de l'**Hôpital maritime**, il culmine à 40 m.

### Musée

*60 r. de l'Impératrice - 03 21 84 07 80 - www.opale-sus.com - - juil.-août : 10h-12h, 14h-19h ; reste de l'année : 10h-12h, 15h-18h, lun. 15h-18h - fermé mar., 1er janv., 1er Mai - 3 €, gratuit 1er dim. du mois (sept.-juin).*

Installé dans l'ancienne gendarmerie, entièrement réaménagée, et éclairé par de larges fenêtres, ce musée transmet le témoignage laissé par les artistes de la période 1860-1914 sur la plus importante marine d'échouage de France. Il rassemble en effet une grande collection d'artistes locaux (Eugène Chigot, Eugène Trigoulet), ainsi qu'une impressionnante série de 92 portraits miniatures de marins et de femmes, pensionnaires de l'Asile maritime. Reconstitution d'un intérieur berckois traditionnel, maquettes de bateaux, outils de pêcheurs. Au 1er étage, expositions temporaires et résultat des fouilles subaquatiques réalisées dans le Nord : bijoux du 6e s., mobilier des tombes à incinération, pièces du sanctuaire de Dompierre-sur-Authie et panoplie militaire et mobilier de l'époque mérovingienne.

### Église Saint-Jean-Baptiste

*272 r. Quettier.* L'originalité de l'église de Berck-Ville réside dans son clocher, ancien phare médiéval ou « foier » datant du 14e s. Bâtie en grès de Marquise, la tour mesure 8 m de haut et 6,5 m de côté. À son sommet, on entretenait la nuit un feu au moyen de charbon de bois et de fagots.

### Église Notre-Dame-des-Sables

*R. du Dr-Cazin.* Construite en 1882, l'église de Berck-Plage a conservé intacte son étonnante charpente en pitchpin, réalisée par les charpentiers de marine. Sa **nef** rappelle une coque de navire.

### Parc d'attractions de Bagatelle★

*5 km par la D 940 vers Le Touquet. ✆ 03 21 89 09 91 - www.bagatelle.fr - juil.-août : 10h30-18h30 (21h30 du 14 Juil. au 26 août sf dim. et lun. soirs) ; de mi-avr. à fin juin et sept. : w.-end 10h30-18h30, ainsi que certains jours de semaine (se renseigner) - fermé oct.-mars - 19,50 € (3-11 ans 17,50 €), haute saison 22 € (3-11 ans 18,50 €), parking 4 €.* Créé en 1955, ce parc, le plus ancien de France, offre 26 ha de plaisir pour les familles : spectacles sous chapiteaux, manèges, petit train, minigolf, grande roue, immense toboggan. Quelques attractions à sensations fortes : montagnes russes, dont le « Bouzouk », mi-aquatique, mi-aérien, ou le « Ragondingue », sur un parcours sinueux ; bateau-pirate (« Cap'tain Bag ») ; « raft », descente d'eau vive en bouée.

# Berck pratique

## Adresse utile

**Office du tourisme de Berck-sur-Mer** – *5 av. F.-Tattegrain - 62600 - ✆ 03 21 09 50 00 - www.opale-sud.com - juill-août : 10h-19h ; sept.-juin : lun. 14h-18h, mar.-dim. 10h-12h, 14h-18h (sam.19h).*

## Se loger

**Hôtel Neptune** – *Espl. Parmentier - ✆ 03 21 09 21 21 - fermé 8 janv.-5 fév. - P - 63 ch. 44/69 € - 7 € - rest. 16/23 €.* Cet établissement actuel bordant le front de mer dispose de chambres claires et pratiques, dont la moitié donne sur la plage. En plus d'une carte traditionnelle, le restaurant posté en vigie au 5e étage offre un panorama dégagé sur le large.

**Chambre d'hôte La Chaumière** – *19 r. du Bihen - 62180 Verton - 4 km à l'E de Berck-sur-Mer par D 303 - ✆ 03 21 84 27 10 - www.alachaumiere.com - 4 ch. 53/59 €.* Une jolie maison au toit de chaume dans un jardin fleuri. Toutes ses chambres, réservées aux non-fumeurs, ont un charme particulier.

**Hôtel L'Impératrice** – *43 r. de la Div.-Leclerc - ✆ 03 21 09 01 09 - fermé dim. soir - 12 ch. 60/80 € - 8 € - rest. 25/55 €.* Cet hôtel occupe une place de choix au cœur de la station et à proximité de la plage. Chambres à choisir selon le style que vous préférez : Napoléon au 1er étage ou Louis-Philippe au 2e. De son côté, le restaurant propose une attrayante carte régionale.

## Se restaurer

**La Verrière** – *Pl. du 18-Juin, à Berck-Plage - ✆ 03 21 84 27 25 - 20 € déj. - 27/50 €.* Cet élégant restaurant a pris ses quartiers dans l'ancienne gare routière de la ville. Avec ses baies vitrées et sa cuisine ouverte, il joue la transparence. Sa carte au goût du jour vous permettra de découvrir de nouvelles saveurs. En sortant, les joueurs se rendront au casino.

## Que rapporter

**Le Succès Berckois** – *31 r. Carnot - ✆ 03 21 09 61 30 - www.succesberckois.com - tlj sf lun. hors sais. 9h30-12h30, 14h30-19h ; nocturnes en juil.-août.* Cette maison familiale fabrique toujours artisanalement berlingots et sucettes. Également, un espace de découverte pour tout savoir sur le sucre : fabrication devant le client, vidéo, expositions thématiques, etc.

## Sports & Loisirs

**Agora - L'Archipel des Loisirs** – *Espl. Parmentier, front de mer - ✆ 03 21 89 87 00 - www.agora-berck.com - sur réserv. - fermé janv., oct., 1er janv., 25 déc. et lun. sf vac. scol.* Vaste centre de loisirs (6 500 m²) situé sur le front de mer. À l'intérieur, piscine à vagues dotée d'un toboggan, bowling et espace de jeux. En plein air, char à voile, équitation, pilotage et construction de cerfs-volants. Brasserie et glacier.

**Association Sternes** – *Chemin Raisins - ✆ 03 21 84 43 48.* Cette association a pour objectif de faire connaître la pêche en mer et organise des sorties à bord de ses bateaux.

**Éole club** – *Espl. Parmentier - ✆ 03 21 09 04 55.* Location de chars à voile, kitesurf, funboard. Possibilités de stages, initiations ou perfectionnement.

## Événements

**Rencontre internationale de cerfs-volants** – L'un des plus importants rassemblements de cerfs-volants au monde, avec concours, démonstrations et initiations. 1re quinz. d'avr., sur la plage et l'espl. Parmentier.

**Fête de la mer et bénédiction** – Bénédiction de la mer et grande fête annuelle, sur la plage, le 15 août.

**Les 6 heures de char à voile** – Cette course d'endurance en char à voile se déroule sur la plage, en général le dernier w.-end d'oct. Les dates peuvent varier en fonction des marées et du temps *(se renseigner à l'office de tourisme).*

**Festival de la Côte d'Opale** – *Voir l'encadré pratique de la Côte d'Opale.*

# Bergues★★

3 959 BERGUOIS
CARTE GÉNÉRALE B1 – CARTE MICHELIN DEPARTEMENTS 302 C2 – NORD (59)

**Son canal intérieur lui a valu le surnom de « petite Bruges du Nord ». On y retrouve l'atmosphère de la cité flamande, ses rues sinueuses, ses vastes places et ses quais silencieux. Ancienne rivale de Dunkerque, la ville fut très endommagée en 1940. Brillamment reconstruite, avec ses demeures de briques ocre jaune, ses petites chapelles et ses tuiles rouges, elle conserve son caractère sobre et harmonieux.**

- **Se repérer** – Située à 10 km au sud-est de Dunkerque, la ville est entourée de remparts et de canaux. Accès par l'A 16 ou l'A 25.
- **À ne pas manquer** – Le tour des remparts et la couronne d'Hondschoote.
- **Organiser son temps** – Prévoyez une demi-journée pour découvrir la ville. Le lundi (11h-12h), pensez au concert de carillon.
- **Pour poursuivre la visite** – Voir aussi Dunkerque, Hondschoote, Cassel.

### Ch'ti Mania

Après être venu plusieurs fois en repérage, l'humoriste Dany Boon a jeté son dévolu sur Bergues pour y tourner son long métrage, « Bienvenue chez les Ch'tis » (2008). Ayant rapidement dépassé les 20 millions de spectateurs, le film est en passe de devenir le plus gros succès cinématographique de l'histoire en France. La petite ville tranquille a pris des airs de pèlerinage depuis ce triomphe, enregistrant une hausse de fréquentation touristique de 50% l'été suivant sa sortie. L'office de tourisme propose un« Ch'ti tour » ; visite guidée des lieux de tournage du film. Le patron de la « Friterie des Flandres », au pied du beffroi, a renforcé son équipe face aux commandes de frites-fricadelles des *aficionados* affamés.

## Découvrir

### LA VILLE FORTIFIÉE

*Environ 2h30 au départ du beffroi, place Henri-Billiaert.*

L'enceinte fortifiée, percée de quatre portes, est cernée de douves. Certains éléments remontent au Moyen Âge ; d'autres sont du 17e s., aménagés par Vauban.

#### Beffroi

*10h-12h, 14h-18h, w.-end et j. fériés 10h-13h, 15h-18h (dernière entrée 30mn av. fermeture) - fermé dim. (nov.-fév.), 1er janv., 1er Mai, 25 déc. - 2,30 € (enf. 1,15 €).*

Ce monument du 16e s. fut dynamité par les Allemands en 1944. Paul Gélis dirigea sa reconstruction (1958-1961) tout en conservant les grandes lignes initiales. Son appareillage est en briques jaunes (« briques de sable »). Il est surmonté du lion de Flandre et possède un **carillon** de 50 cloches. Du sommet, on domine toute la plaine de Flandre. Deux salles d'expositions temporaires ont été aménagées au rez-de-chaussée. En haut du beffroi, exposition de cloches et de carillons. *Concert de carillons : lun. 11h-12h.*

Devant l'hôtel de ville, le « géant » de la ville, coiffé d'un haut-de-forme, symbolise la bourgeoisie locale qui favorisa au 19e s. l'élection de Lamartine, député de Bergues.

*Rejoindre la porte de Cassel par la rue M.-Cornette.*

#### Porte de Cassel

Édifiée au 17e s. avec un **pont-levis**, elle est ornée d'un fronton triangulaire portant un soleil sculpté, emblème de Louis XIV. Du côté extérieur, perspective à droite sur la **courtine médiévale** montant en direction des tours Saint-Winoc.

#### Rempart Ouest

Après la **poudrière du moulin**, on accède à la **tour Neckerstor**, étonnante porte d'eau héritée des ducs de Bourgogne. Le rempart, construit en 1585, se prolonge ensuite vers la **porte de Bierne** (15e s.) et son pont-levis. Vues sur les **ruines d'une tour médiévale** et sur d'**anciennes écluses**.

*Monter sur le rempart nord par l'escalier, à droite de la porte du Quai.*

*Vue aérienne de Bergues.*

### Rempart nord

Il relie la **porte de Dunkerque**, qui domine l'entrée du canal intérieur, la **tour Guy-de-Dampierre** (1286), 22e comte de Flandre, et la première **porte d'Hondschoote**.

*Quitter l'enceinte par la porte d'Hondschoote et l'avenue Vauban.*

### Couronne d'Hondschoote★

Vauban s'est servi des bras de la Colme pour édifier ce système de bastions et de demi-lunes *(voir p. 80)*. Le dispositif tient son nom de son plan en couronne. À partir de la seconde **porte d'Hondschoote**, la promenade à l'intérieur de la couronne longe le **canal du Roy**.

Les deux demi-lunes, entourées de profonds fossés où nagent sandres, tanches et crevettes, servent de réserve ornithologique.

*Revenir sur ses pas et remonter sur le rempart.*

### Couronne et abbaye Saint-Winoc

La couronne Saint-Winoc protégeait l'abbaye du même nom. Elle comprend trois puissants **bastions** (1672-1692) : celui de Saint-Winoc, celui du Roi *(pl. C.-de-Crocq)* et celui de Saint-Pierre (casemate). De la couronne, on rejoint le site de l'**abbaye** en traversant l'avenue du Gén.-de-Gaulle. Cet établissement bénédictin a été détruit en 1789, sauf la porte d'entrée en marbre (18e s.), la Tour pointue (refaite en 1815) marquant l'emplacement de la façade de l'abbatiale, et la Tour carrée (12e-13e s.) de croisée de transept.

*Reprendre la promenade des remparts au niveau du 3e bastion (Saint-Pierre) de la couronne Saint-Winoc.*

### Rempart sud

Trois petites tours rondes du 15e s. précèdent celle des Faux-Monnayeurs puis celle des Couleuvriniers. Sur les anciens jardins ouvriers, le rempart a été réaménagé de telle sorte que soit mise en évidence une demi-lune.

*À la porte de Cassel, remonter la rue M.-Cornette et prendre à gauche la rue Carnot qui se prolonge en rue Faidherbe.*

### Rues Carnot et Faidherbe

Parmi la succession de jolies façades (18e s.) des beaux hôtels particuliers se distingue celle de l'**hôtel de Hau de Staplande**, 22 rue Carnot.

*Dans la rue Faidherbe, prendre à droite la rue du Mont-de-Piété.*

### Mont-de-piété

Élégant bâtiment de brique et pierre blanche, dont le pignon baroque présente une ingénieuse composition d'éléments décoratifs : pilastres, niches, cartouches, frontons. Le rôle des monts-de-piété était de réprimer les abus commis par les établissements de prêts que tenaient les Lombards. Celui de Bergues fut inauguré en 1633, et son activité se poursuivit jusqu'en 1848. Il abrite le musée municipal depuis 1953.

*On retrouve le beffroi en contournant l'église face au mont-de-piété et en prenant la rue de la Gare.*

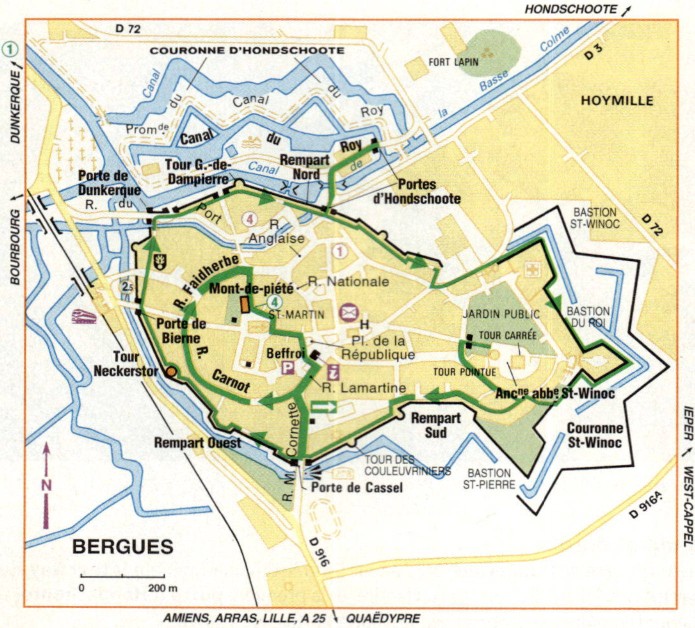


| SE LOGER | | SE RESTAURER | |
|---|---|---|---|
| Camping Le Bois des Forts | 1 | Le Cornet d'Or | 1 |
| Hôtel Au Tonnelier | 4 | Taverne Le Bruegel | 4 |

# Visiter

## Musée du Mont-de-piété

*03 28 68 13 30 - de mi-avr. à mi-oct. : tlj sf mar. 10h-12h, 14h-17h - 3,60 € (-14 ans 1,20 €).*

Le joyau est sans aucun doute le *Joueur de vielle,* œuvre diurne de **Georges de La Tour** (1593-1652), datant des années 1625 *(à l'étage)*. Mais il faut citer aussi un ensemble de peintures flamandes (16e-17e s.), hollandaises, françaises et italiennes, une esquisse de Rubens, des portraits de Van Dyck, Cossiers et Simon De Vos. Une section d'histoire naturelle est présentée au 2e étage (oiseaux et papillons). Les dessins (15e-19e s.) sont exposés par roulement (Poussin, Lebrun, Tiepolo, etc.).

# Aux alentours

## Quaëdypre

*5 km au SE par la D 916 puis la D 37.*

Situé sur une légère éminence, ce village possède une **église-halle** à trois nefs égales. L'intérieur est orné de boiseries sculptées (17e s.) ; sur le maître-autel, une toile anversoise de Goubau, maître de Largillière. La table de communion, la chaire et les confessionnaux proviennent de l'église des Dominicains de Bergues, tandis que le buffet d'orgues et les stalles se trouvaient à Saint-Winoc de Bergues. *03 28 68 66 03 - visite guidée sur demande à la mairie - 1er dim. de juil. apr.-midi, Journées du patrimoine. Pour une description en image, voir l'ABC d'architecture p. 78.*

## West-Cappel

*10 km au sud-est par la D 110 puis la D 4.*

L'**église Saint-Sylvestre** a été reconstruite au 16e s. en « briques de sable ». *Fermé pour travaux.*

## Moulin Den Leeuw

*8 km au sud par la D 916 puis, à droite, la D 110. 03 28 62 10 90 - visite guidée (30mn) sur demande à la mairie - avr.-sept. : 3e dim. du mois 15h-19h -gratuit.*

Sur la commune de **Pitgam**, ce moulin à farine en bois, sur pivot, date de 1776. Il a été récemment restauré.

### Esquelbecq

*8 km au sud puis, à droite, la D 916 et la D 417.*

Situé au cœur du Westhoek français (Flandre occidentale), ce bourg traversé par l'Yser est typiquement flamand avec sa **Grand'Place★**, bordée de maisons en brique des 17e et 18e s., et sa vaste église. On y brasse la blonde et l'ambrée d'Esquelbecq. Dans la plaine du Bois, située aux abords du village *(r. de Dunkirk-Vétérans)*, une grange, aujourd'hui reconstituée, a été le théâtre, le 28 mai 1940, du massacre de 70 soldats britanniques par la garde personnelle de Hitler.

L'**église-halle** (16e s.) arbore une façade de briques dessinant des losanges sous trois pignons pointus correspondant aux nefs. Au pinacle central, statue de saint Folquin, évêque de Thérouanne. Un incendie en 1976 a donné lieu à une superbe restauration, qui met en valeur à l'intérieur les briques apparentes et le clocher accessible par un étroit escalier en colimaçon (75 marches), sculpté dans un pilier du 12e s. Au premier niveau, juste au-dessous de la voûte étoilée de 12 m de haut, reconstruite par les compagnons charpentiers de Paris, projection d'un film sur l'incendie (7mn) et exposition d'objets liturgiques. Trois petites fenêtres s'ouvrent sur les vitraux travaillés. Du sommet, belle vue sur les cloches et le carillon, ainsi que sur la plaine alentour. Voyez le tableau en céramique de Saint-Omer illustrant la Crucifixion (17e s.). *Possibilité de visite guidée sur demande à l'office de tourisme, mar.- dim. - 2 €.*

Restauré en 1606, le **château★** *(ne se visite pas)*, d'aspect féodal, avec son colombier (1606), sa conciergerie, sa ferme (qui abrite la Maison du Westhoek) et son hôtel du bailliage (1615), n'a presque pas changé depuis le temps où Sanderus le croquait dans une estampe de sa *Flandria illustrata* (1641). Seule sa tour de guet s'est effondrée en 1984. Les pignons à redans et les tours coiffées de toits en poivrière se reflètent dans les douves alimentées par l'Yser. Pour en voir plus, longez les douves du château et la conciergerie, prolongée par les écuries.

Derrière la Maison du Westhoek, un sentier de randonnée *(tables de pique-nique et panneaux d'information)* permet de découvrir la paisible nature flamande. *Compter 2h à pied pour la petite boucle (7 km) et 3h40 pour le grand huit (11 km). Topoguide disponible à la Maison du Westhoek.*

## Bergues pratique

### Adresses utiles

**Office du tourisme de Bergues** – *Pl. Henri-Billiart - 59380 - ☎ 03 28 68 71 06 - www.bergues.fr - avr.-oct. : lun.-sam. 10h-12h, 14h-18h, dim. et j. fériés 10h-13h, 15h-18h ; nov.-mars : lun.-vend. 10h-12h, 14h-18h, sam. 10h-12h.*

**Office du tourisme d'Esquelbecq** – *Maison du Westhoek - pl. Bergerot - 59470 - ☎ 03 28 62 88 57 - www.esquelbecq.com - tlj sf lun. 10h-12h, 14h-18h - fermé 25 déc., 1er janv. et lun. de Pentecôte - gratuit.* Exposition permanente sur l'histoire du Westhoek et de la Flandre *(possibilité de visite guidée)* et expositions temporaires sur des thèmes typiquement flamands.

### Visite

**Tramway touristique** – *De mi-mai à fin sept. : 15h, 15h45, w.-end et j. fériés 15h45 et 16h30 - 4 € (-14 ans 2 €).* Circuit commenté *(30mn)* au dép. du beffroi.

### Se loger

⊖ **Camping Le Bois des Forts** – *59380 Coudekerque - 700 m au nord-ouest de Coudekerque-Village, sur la D 72 - ☎ 03 28 61 04 41 - - 130 empl. 11,60 €.* Ce camping discret dispose de beaux emplacements. Blocs sanitaires très simples, mais de bonne tenue. Un peu bruyant, car à proximité de la route, mais très correct pour une halte dans la région.

⊖⊖ **Hôtel Au Tonnelier** – *4 r. du Mont-de-Piété - ☎ 03 28 68 70 05 - www.autonnelier.com - fermé 21-31 août, 23 déc.-5 janv., dim. soir, lun. midi, vend. midi - P - 12 ch. 55/62 € - ☕ 11,50 € - rest. 17/29 €.* Entrez dans cette maison de village, proche de l'église, par l'ancienne salle de café avec son comptoir de bois avant de passer dans la coquette salle à manger. Chambres au mobilier simple.

### Se restaurer

⊖ **Taverne Le Bruegel** – *1 r. du Marché-aux-Fromages - ☎ 03 28 68 19 19 - www.lebruegel.com - fermé 1er Mai et 24-30 déc. - 8,70/40 €.* Dans l'atmosphère conviviale et typique de cet estaminet établi dans une maison flamande de 1597, vous pourrez déguster grillades au feu de bois et cuisine régionale, bières, fromage de Bergues, servis en costume traditionnel, au son du *dœdelsack* (cornemuse).

⊖⊖ **Le Cornet d'Or** – *26 r. de l'Espagnole - ☎ 03 28 68 66 27 - fermé dim. soir et lun. - 22/54 €.* Ne vous fiez pas à la façade un peu austère, la table traditionnelle sagement modernisée a une belle réputation dans la région. La salle à manger est cossue et l'atmosphère y est feutrée.

### Visite technique

**Brasserie Thiriez** – *22 r. de Wormhout - 59470 Esquelbecq - ☎ 03 28 62 88 44 - visite (1h) sur RV. - dégustation et vente 10h-19h, dim. et j. fériés sur RV - fermé 1er-20 janv.*

### Événements

**La Nuit du Miroir aux Alouettes. Anno 1585** – *Fin avr. et début oct., le w.-end. - réserver à l'office de tourisme -12 € (enf. 6 €).* Spectacle nocturne interactif historique *(2h)*, dans la ville fortifiée.

# Château de Bertangles

CARTE GÉNÉRALE B3 – CARTE MICHELIN DEPARTEMENTS G8 – SOMME (80)

**Cet imposant château, de pur style Régence, appartient toujours à la famille qui l'a fait édifié entre 1730 et 1734, les Clermont-Tonnerre. Depuis le 18e s., il est enchâssé dans un parc bien ordonnancé où s'étire une allée de tilleuls. On y découvre un vaste pigeonnier et un curieux « tourniquet à eau ».**

- **Se repérer** – À 10 km au nord d'Amiens, sur le plateau picard. Accès par la N 25.
- **À ne pas manquer** – Le tourniquet à eau, l'escalier intérieur.
- **Organiser son temps** – Prévoyez une bonne heure pour la visite. Le château n'est ouvert au public que de juillet à septembre.
- **Pour poursuivre la visite** – Voir aussi Amiens, les grottes-refuges de Naours.

Château de Bertangles

*Le château de Bertangles.*

## Visiter

*03 22 93 68 36 - www.chateaubertangles.com - ♿ - visite guidée (45mn) de déb. juil. au 24 août : 17h30 - 5 € (-13 ans 3 €).*

Sur la route des invasions, Bertangles fut incendié et détruit à maintes reprises. L'édifice actuel a été érigé par Louis-Joseph de Clermont-Tonnerre, comte de Thoury, au 18e s.

La **grille d'honneur★**, ode à la chasse, est un chef-d'œuvre de Jean Veyren, dit « le Vivarais », serrurier à Corbie. Derrière, la cour d'honneur offre au visiteur une vue agréable sur cinq jardins qui se succèdent en arcs de cercle autour d'une vaste pelouse. L'édifice en pierres de taille, aux ailes saillantes, forme un ensemble harmonieux avec ses façades décorées de sculptures qui symbolisent la paix : les Trois Grâces, les Quatre Saisons, masques de la comédie italienne, instruments de musique…

**Intérieur** – L'escalier, bel exemple de stéréotomie (c'est-à-dire la taille et la coupe des pierres), comporte une jolie rampe en fer forgé. Les salons sont revêtus de boiseries en chêne. Une tapisserie d'Aubusson dans la salle à manger figure le triomphe d'Alexandre à Babylone.

**Cour de ferme attenante** – On peut y voir un grand pigeonnier (1 800 boulins) et un tourniquet à eau, réplique d'une noria espagnole qui permettait de puiser l'eau située à 60 m de profondeur.

## Aux alentours

### Villers-Bocage

*4 km au nord par la D 97.* L'**église** (13e-16e s.) recèle une *Mise au Tombeau* du 16e s. On remarque l'expressivité des personnages et les vêtements féminins aux riches ajustements, typiques de la Renaissance. *03 22 93 70 24 - visite guidée en sem. 14h-17h.*

# Béthune

AGGLOMÉRATION DE 259 198 BÉTHUNOIS
CARTE GÉNÉRALE B2 – CARTE MICHELIN DEPARTEMENTS 301 I4 – PAS-DE-CALAIS (62)

**Gambrinus, le roi de la bière, tel est le nom du géant de Béthune. Malgré sa réputation de ville froide de l'ancien pays minier, Béthune est une cité accueillante et festive. Cette ancienne place forte à la Vauban, située dans une plaine fertile, est également un important port fluvial, relié à la Lys et à la Deûle par le canal d'Aire.**

- **Se repérer** – Par l'A 26, accès par le sud de la ville. De Lille, suivre la N 41.
- **À ne pas manquer** – Les maisons flamandes de la Grand'Place ; le beffroi.
- **Organiser son temps** – Profitez des festivités lors de la sortie du géant, le dernier dimanche de mars.
- **Avec les enfants** – Un pique-nique au parc de la Gare d'eau ; une randonnée à cheval dans le Béthunois.
- **Pour poursuivre la visite** – Voir aussi Lens et le circuit des Gueules noires, la colline de Notre-Dame de Lorette, le château d'Ohlain, Lillers.

## Comprendre

**Développement du commerce** – Au début du 6e s., saint Vaast, évangélisateur de l'Artois, fait édifier une première église, dédiée à la Vierge. Les textes faisant mention d'un château à l'emplacement futur de la ville remontent à 907. L'essor du commerce, en particulier drapier entre les Flandres et l'Île-de-France, permet à Béthune de connaître un développement rapide au Moyen Âge. Ainsi, au 12e s., les commerçants se regroupent-ils en association conquérant peu à peu des droits communaux. La halle, construite à l'emplacement de l'actuel hôtel de ville, devient le symbole de la puissante échevinale. C'est l'époque de l'enrichissement de la ville : naissance de la tannerie, développement du commerce fluvial. À la même période, alors que la peste dévaste la région et que les fossoyeurs manquent, deux maréchaux-ferrants de Béthune et de Beuvry, Gauthier et Germon, fondent une **confrérie de charitables** qui se charge des sépultures. Aujourd'hui, ses membres assurent bénévolement le transport des cercueils vers l'église et le cimetière. À la chapelle Saint-Éloi de Quinty *(1 km à l'est de Béthune, sur la N 41)* se déroule chaque année, au mois de septembre, la procession à Naviaux, où se rencontrent les prévôts de Béthune et de Beuvry, ainsi que 38 autres confréries *(voir l'encadré pratique)*.

### Le saviez-vous ?

Béthune viendrait de la conjonction de deux mots celtes : *bey*, « près de » et *thune* ou *thun*, qui désigne une « haie », un « buisson », voire une « maison », une « ferme » ou un « village ».

Les premiers habitants, retirés dans la forêt, vivaient de la chasse. Les deux gaillards barbus et munis de leur gourdin qui figurent sur les armes de la ville symbolisent cet état primitif.

Chacun connaît l'histoire de l'âne qui, à mi-chemin entre un seau d'eau et une ration d'avoine, également affamé et assoiffé, mourut de faim et de soif pour n'avoir pas choisi de satisfaire d'abord l'un ou l'autre besoin. C'est par cette fable que le philosophe **Jean Buridan**, né à Béthune en 1298 et recteur de l'université de Paris, expliquait la difficulté de préférer un bien à un autre bien de valeur égale.

**Guerre et paix** – En 1534, Charles Quint entre dans Béthune, puis c'est au tour de Louis XIV d'en prendre possession au 17e s. Les échoppes remplacent alors la halle commerçante attenante au beffroi. Détruites en 1916, elles ne seront pas reconstruites ensuite. Après la Révolution, le commerce renaît au 19e s., grâce notamment au décret de l'empereur Napoléon qui autorise la ville à cultiver et vendre le tabac, pourtant monopole d'État. Parallèlement, la proximité de la cité avec le bassin minier dope sa croissance. En 1867, Béthune perd son statut de place de guerre. Les fossés sont comblés, les fortifications arasées et la ville poursuit son développement économique et démographique. Lors de la Première Guerre mondiale, Béthune subit de lourds bombardements et le centre-ville en ressort détruit à 90 %.

## Se promener

### Grand'Place et beffroi

Entourés de jolies maisons rebâties après 1918, ils témoignent d'un style purement flamand. La place a vu défiler, au fil des siècles, les plus grandes personnalités : Charles Quint, Bonaparte, Louis XVIII, Lamartine, puis Mac-Mahon, le prince de Galles, futur Édouard VIII, ou encore le général de Gaulle, en 1959. Au centre de la Grand'Place, le **beffroi** de grès (30 m) date du 14e s., avec ses échauguettes d'angle et son campanile surmonté d'une loge de guetteur et d'une girouette représentant un dragon. Il comporte trois étages et abrite un joli carillon. D'importants travaux sont entrepris sur la place. Ils devraient aboutir à la reconstruction d'une halle commerçante accolée au beffroi, sur l'emplacement même de la halle aux draps du Moyen Âge.

En prenant la rue du Carillon, on parvient à l'**église Saint-Vaast**, surmontée de sa tour de brique (68 m). Détruite en 1916, ses débris servirent à la restauration du beffroi dans l'entre-deux-guerre ; elle fut reconstruite en 1924. À voir à l'intérieur : la chapelle Sainte-Marie et les grandes orgues, les **mosaïques** du portail et de la chaire.

## Aux alentours

### Hesdigneul-lès-Béthune

*4 km au sud-ouest.*

L'**église**, avec son clocher-porche, possède une belle voûte de chœur (15e s.) en étoile dont le dessin est original.

## Béthune pratique

### Adresse utile

**Office du tourisme de Béthune** – *42/48 r. Saint-Pry - 62400 - ✆ 03 21 57 25 47 - www.artoiscomm.fr - lun.-sam. 9h30-12h30, 14h-18h (juil.-août 18h30 ; juin-sept. : dim. et j. fériés 10h-12h30, 14h-17h30).*

### Se loger

⊖⊖ **Hôtel Le Vieux Beffroi** – *48 Grand'Place - ✆ 03 21 68 15 00 - www.levieuxbeffroi.com - 32 ch. 70/75 € - ☕ 6 € - rest. 21,90/25,90 €.* Le bâtiment est d'allure imposante avec ses tourelles. Face au beffroi, ce grand hôtel-restaurant s'est offert une seconde jeunesse. Les chambres, réparties sur 4 étages disposent de dimensions généreuses et de tout le confort. Carte riche de spécialités.

⊖⊖⊖⊖ **Hôtel La Chartreuse du Val Saint-Esprit** – *1 r. de Fouquières - 62199 Gosnay - 5 km au SO de Béthune par N 41 puis D 181 - ✆ 03 21 62 80 00 - www.lachartreuse.com - P - 62 ch. 107/215 € - ☕ 14 €.* Derrière ce majestueux portail, vous serez accueilli dans un petit château construit au 18e s. sur le site d'une ancienne chartreuse. Séjour paisible garanti dans des chambres personnalisées qui donnent sur un beau parc ombragé.

### Se restaurer

⊖⊖ **Au Départ** – *7 pl. de la Gare - ✆ 03 21 57 18 04 - fermé 1er-23 août, dim. soir et lun. - 20 € déj. - 30/60 €.* Ne vous fiez pas à la devanture un peu austère de ce restaurant situé face à la gare : l'intérieur (briques du pays) s'avère chaleureux et la cuisine au goût du jour soignée.

### Sports & loisirs

**Parc de la Gare d'eau** – Parc de loisirs avec étangs de pêche, boulodrome, aires de pique-nique et de jeux pour enfants.

**Sports et loisirs en Artois** – *112 r. Dubuisson - ✆ 03 21 56 18 37.* Canoë kayak : initiation, perfectionnement, randonnée sur réservation.

**Société hippique rurale** – *Jardin des Sports - ✆ 03 21 68 28 47 - www.clubhippiquedebethune.com.* Randonnée à cheval ou à poney, initiation au saut, stages ou location à la journée.

### Événements

**Carnaval** – Le dernier dim. de mars, quand le géant Gambrinus est de sortie, la bière coule à flots.

**Z'arts Up** – Ce festival investit les rues de Béthune le 3e w.-end de mai. Comédiens, musiciens, acrobates offrent des spectacles décalés, voire déjantés.

**Pardon de la batellerie** – À l'Ascension, messe, balades guidées, défilés et processions, braderie et feu d'artifice au port de Béthune, en l'honneur des mariniers qui firent la fortune de la ville.

**Fête des charitables** – Le dim. qui suit la Saint-Mathieu (21 sept.), une grande procession emmène la confrérie des Charitables du centre-ville de Béthune à la chapelle Quinty de Beuvry.

**Festival des marionnettes** – *✆ 03 21 63 00 27.* Pendant l'été, 2 spectacles/sem. vous replongent dans l'univers ludique et fantaisiste des marionnettes.

**Béthune rétro** – Un hommage aux années 1960, le 1er w.-end de sept. Concerts, défilés de voitures d'époque…

**Foire à l'ail** – À Locon, le dern. dim. d'août.

# Blérancourt

1 252 BLÉRANCOURTOIS
CARTE GÉNÉRALE B4 – CARTE MICHELIN DEPARTEMENTS 306 A5 – AISNE (02)

**Dépendant du marquisat de Pierrefonds, le petit village fut acquis par la famille Potier de Gesvres en 1598. Depuis, son histoire est intimement liée à celle du château qu'il abrite. Encadré par deux pavillons, celui-ci a été bâti de 1612 à 1619 par Salomon de Brosse, architecte du palais du Luxembourg. De 1917 à 1924, il a servi de siège à une organisation humanitaire américaine, sous la houlette d'une riche héritière, Anne Morgan. Celle-ci est à l'origine du musée de la Coopération franco-américaine, installé dans le château.**

- **Se repérer** – Entre Noyon et Soissons, par la D 934 ou la D 6.
- **À ne pas manquer** – La maison de Saint-Just; les jardins du Nouveau Monde, autour du château (musée de la Coopération franco-américaine).
- **Organiser son temps** – Prévoyez deux heures pour la visite des deux sites.
- **Pour poursuivre la visite** – Voir aussi Coucy-le-château-Auffrique, Soissons, Noyon.

## Visiter

### Maison de Saint-Just

*03 23 39 72 17 - mar., merc. et jeu. 9h-12h, 14h-18h, lun. et sam. 14h-17h, vend. 9h-12h, 14h-17h - fermé dim. et j. fériés - gratuit.*

Une exposition y retrace la vie du célèbre et radical révolutionnaire **Louis Antoine de Saint-Just (1767-1794)**, qui habita cette demeure avec sa famille dès son arrivée à Blérancourt, en 1776. Il ne quittera le bourg que pour siéger à la Convention, après son élection en 1792. À la Révolution, il rejoint le groupe des Montagnards fondé par Robespierre et demande la mort du roi. Membre du Comité de salut public en 1793, il devient le théoricien de la Terreur avant d'être lui-même guillotiné en 1794.

### Musée national de la Coopération franco-américaine

*Dans le château. Fermé pour travaux, réouverture fin 2011. Les Jardins du Nouveau Monde restent ouverts - 8h-19h - gratuit.*

Le duc de Gesvres, secrétaire d'État d'Henri IV, eut ici son fief. Abandonné durant la Révolution, le château trouve une seconde vie en 1917, sous l'impulsion d'Anne Morgan. Avec un groupe d'Américaines, elle se consacre aux populations civiles et à la reconstruction de la Picardie.

Deux portes monumentales donnent sur la cour d'honneur, cernée de douves. Dans le pavillon Gould, le musée aborde les relations franco-américaines depuis le 18e s. : photos évoquant l'escadrille La Fayette, le service automobile américain aux armées françaises, l'aide humanitaire, la reconstruction du village. Peintures et sculptures exécutées entre 1800 et 1945 par des artistes français installés aux États-Unis et par des Américains en France (portrait de *Peggy Guggenheim* par Alfred Courmes, 1926; *Nature morte*, dépouillée, de J.-F. Peto, vers 1900). Dessins et carnets de guerre de Jean Hugo (1894-1984), traducteur de l'armée américaine durant la Grande Guerre.

Les **jardins du Nouveau Monde** évoquent la nature américaine au fil des saisons.

## Blérancourt pratique

### Adresse utile

**Office du tourisme de Blérancourt** – *2 r. de la Chouette - 02300 - 03 23 39 72 17 - www.blerancourt.com - mar.-jeu. 9h-12h, 14h-18h, lun. et sam. 14h-17h, vend. 9h-12h, 14h-17h - fermé dim. et j. fériés.*

### Se loger et se restaurer

**Hostellerie Le Griffon** – *22 pl. du Gén.-Leclerc - 03 23 39 23 39 - www.hostellerielegriffon.com - fermé dim. soir et lun. - 11 ch. 40/50 € - 6 € - rest. 13/37 €.* Cet établissement, récemment ouvert, jouit d'un emplacement idéal dans un des pavillons du château. Chambres neuves, souvent spacieuses, à choisir de préférence côté parc. Belle salle à manger parquetée, avec mur en pierres apparentes et toile de Jouy sur le thème « hommage de l'Amérique à la France ».

# Boulogne-sur-Mer★★

AGGLOMÉRATION DE 135 116 BOULONNAIS
CARTE GÉNÉRALE A1/2 – CARTE MICHELIN DEPARTEMENTS 301 C3 – PAS-DE-CALAIS (62)

**Ville rude mais attachante, Boulogne est le plus grand centre européen de transformation et d'échange des produits de la mer. Ses embruns iodés, ses rues festives et sa criée matinale s'apprécient en toute saison. Une promenade estivale sur les remparts de la ville haute, construite sur l'ancien *castrum* romain, vous donnera une idée de l'animation de la cité. Une escale obligée : Nausicaä, vaste complexe consacré à la connaissance des océans, là encore à la première place européenne.**

- **Se repérer** – Accessible par l'A 16. Au débouché de la vallée de la Liane, de hautes collines enserrent la ville.
- **À ne pas manquer** – Nausicaä ; la ville haute ; côté gastronomie, la tarte aux gros bords et le welsh.
- **Organiser son temps** – Comptez environ 2h pour visiter Nausicaä. Pour éviter la foule en été, venez plutôt en fin d'après-midi. Vous pouvez acheter votre billet à l'avance auprès de différents distributeurs *(voir le site Internet)*. Possibilité de se restaurer sur place. Prévoyez une demi-journée pour découvrir la ville haute.
- **Avec les enfants** – Les aquariums de Nausicaä, et en particulier le bassin tactile ; le centre Arena, consacré aux dunes ; la plage du Portel (station Kid).
- **Pour poursuivre la visite** – Voir aussi Hardelot, la Côte d'Opale, Desvres.

## Comprendre

**Le miracle de Notre-Dame** – En 636, un vaisseau sans voilure ni équipage aborde sur la grève, portant une statue de la Vierge. Au même instant, dans la chapelle située à l'emplacement de l'actuelle basilique, des fidèles sont avertis de l'événement par une apparition de Notre-Dame. Ce miracle est à l'origine du **pèlerinage** qu'accomplirent 14 rois de France et 5 rois d'Angleterre. Louis XI utilise le prestige de N.-D. de Boulogne pour s'emparer du comté, alors propriété des ducs de Bourgogne. Se proclamant vassal de la Madone, vraie « Dame » de Boulogne, le roi justifie alors sa mainmise sur la ville.

### Le saviez-vous ?

Boulogne-sur-Mer se hisse au premier rang des ports de pêche français.

Parmi les natifs de Boulogne : **Frédéric Sauvage** (1786-1857), qui appliqua l'hélice à la navigation à vapeur, l'écrivain **Sainte-Beuve** (1804-1869) et l'égyptologue **Auguste Mariette** (1821-1881). Le peintre **Georges Mathieu** est également né ici, en 1921, ainsi que le footballeur **Jean-Pierre Papin**.

**Le camp de Boulogne** – En 1803, Bonaparte rassemble ses troupes **pour envahir** l'Angleterre. Le 26 août 1805, il renonce à ce projet et lance la Grande Armée contre l'Autriche. En 1840, le futur Napoléon III tente de soulever les Boulonnais contre Louis-Philippe, mais échoue, ce qui lui vaut d'être enfermé au fort de Ham.

**Père de l'égyptologie** – En 1850, Auguste Mariette, attaché au Louvre, part au Caire en quête de manuscrits coptes. À défaut de manuscrits, il découvre le Serapeum de Memphis, ancienne capitale des pharaons. Pendant trente ans, il sillonne l'Égypte et ouvre des chantiers de fouilles. Il crée le musée de Boulaq, ancêtre du Musée égyptien du Caire, et institue le service des Antiquités de l'Égypte. Il reçut le titre de pacha en 1879. Juché sur une pyramide, Mariette, en tenue égyptienne, contemple la ville qui l'a vu naître depuis le boulevard qui porte son nom.

## Découvrir

### Nausicaä★★★ plan I 1

*En bordure de la plage, face à la gare maritime. Le centre abrite cinéma (130 places), boutiques, médiathèque, restaurant (voir l'encadré pratique), bar et brasserie. ☏ 03 21 30 99 99 - www.nausicaa.fr - ♿ - juil.-déc. : 9h30-19h30 ; reste de l'année : 9h30-18h30 - fermé 3 sem. en janv., 1er janv. (matin), 25 déc. - 16,50 € (enf. 10,80 €). Un billet acheté 2h avant la fermeture du centre est valable jusqu'au lendemain midi.*

Le **Centre national de la mer**, dont le nom fait référence à l'une des héroïnes de *L'Odyssée* d'Homère, est l'œuvre de l'architecte **Jacques Rougerie**, spécialiste

*Merveilles sous-marines offertes aux yeux des visiteurs de Nausicaä.*

des réalisations ayant trait à la mer, et de **Christian Le Conte** pour la partie muséographique. Ludique et pédagogique, il mise sur l'éducation à l'environnement et la découverte par le grandiose, à travers un voyage initiatique au centre de la mer, dans une pénombre bleutée, et un bain de musiques aquatiques. 36 aquariums et grands bassins, avec plus de 10 000 animaux marins de toutes les mers du monde. Mis en situation dans de tels décors, le visiteur découvre l'action de l'homme sur le milieu marin. Nausicaä, c'est aussi un centre de recherche scientifique **Ifremer**, doté d'un bassin d'essais de 40 m de long qui permet de simuler le fonctionnement des engins de pêche hydrodynamiques.

**Mondes de la mer** – Dès l'entrée, confrontation avec le monde du plancton. De jolies méduses évoluent dans une éprouvette géante. Les espèces suivantes proviennent des mers tropicales et méditerranéennes. Parmi leurs caractéristiques : mimétisme, organisation en banc, territorialité… Des bornes interactives renseignent sur leurs sens. Dans des aquariums sous pression, découverte de la faune des abysses : voyez le crabe-araignée, plus grand crustacé du monde. Rencontre avec le **diamant des thons**, impressionnant aquarium en pyramide inversée, où nage un banc de sérioles. Aux aquariums de toutes sortes s'adjoignent des explications sur la formation des océans, leur écosystème…

**Mer des hommes** – Un long couloir circulaire illustre les rapports qu'entretiennent l'homme et la mer depuis des milliers d'années. Sous la **coupole céleste**, on découvre toutes les formes d'exploitation des ressources marines et les menaces qu pèsent sur le littoral. Sensibilisation aux effets de l'activité humaine sur les milieux : pollution, surexploitation des fonds marins, bouleversements climatiques…

**Tropical Lagoon Village** – Île paradisiaque baignée par ses **eaux turquoise**. Du ponton, parmi la mangrove et les coraux, on observe des poissons de formes et de couleurs variées. Pour les admirer du dessous, comme en plongée, prendre l'escalier s'ouvrant sur une immense baie vitrée. Vous y toiserez des requins des lagons et quelques autres spécimens impressionnants.

**Gérer la diversité de la vie** – Spectacle audiovisuel *(film en relief – emprunter les lunettes spéciales)* sur la gestion des ressources marines.

**Observatoire sous-marin** – On fait face à de facétieux lions de mer nés en captivité, affalés sur les rochers, que l'on retrouve dans l'**observatoire aérien** au décor californien. Tentez de venir durant le nourrissage des otaries *(les horaires sont affichées à l'entrée du centre)*.

Un escalator mène au **bassin tactile** où des raies câlines recherchent les caresses. Une petite salle est ensuite consacrée à l'environnement. On y apprend les bons gestes écologiques du quotidien, grâce à une mise en situation intéressante.

On entre dans une miniferme aquacole, puis dans une section consacrée aux techniques de pêche et à la place du poisson dans l'alimentation humaine. Une projection à bord d'une cabine de chalutier montre les manœuvres nocturnes du chalut en mer du Nord. **L'anneau des sélaciens** est un bassin panoramique où évoluent des fauves de la mer.

Un large espace de Nausicaä est aussi consacré aux expositions temporaires. Jusqu'en 2009, les équipes de Nausicaä s'attachent à faire découvrir les mers australes, sous le thème « Cap au Sud ». Plusieurs espèces, dont des manchots empereurs, évoluent dans leur milieu naturel reconstitué (steppe antarctique, minibanquise…). Un film *(25mn)* présente le continent antarctique et les menaces écologiques qui pèsent sur lui.

# Se promener

## VILLE BASSE

### Rue de la Tour-d'Ordre plan I 1

Elle porte le nom d'un phare romain qui s'effondra au 17$^{e}$ s. à cause du recul de la falaise. Ici même, le calvaire et la chapelle des marins ont récemment subi un sort similaire. Ils ont été rebâtis un peu plus loin… Par temps clair, belle **vue★** sur les côtes anglaises.

### Wall Street européen du poisson

Les chalutiers industriels débarquent leur poisson vers minuit alors que les pêcheurs artisanaux et côtiers arrivent, eux, au petit matin. Triée par espèces et par tailles, la production est présentée aux mareyeurs, puis réfrigérée durant la criée, qui débute entre 6h et 7h. Les lots partent ensuite vers les ateliers de préparation et de transformation. Le conditionnement s'achève vers 11h. Les colis prennent alors le chemin de la gare de marée (112 sas de déchargement, 24 entreprises de transport frigorifique) pour diverses destinations : Paris/Rungis, Strasbourg, Lyon, Marseille, Bordeaux… et l'étranger. Ils arrivent le soir même ou le lendemain matin, en parfait état de fraîcheur.

### Installations portuaires plan I 1

Reconstruites après la guerre, elles s'étirent jusqu'au Portel, où se situe le **port de commerce**.

**Port extérieur** – Il est protégé par deux digues, dont la digue Carnot, qui atteint 3 250 m de long.

**Port intérieur** – Il comprend un avant-port dont le bassin de marée est réservé aux voyageurs, petits chalutiers et plaisanciers. Les bassins Napoléon et Loubet sont réservés aux grandes unités de pêche.

**Gare maritime** – Dans les halles réfrigérées, le long du bassin Loubet, le tri de la pêche industrielle et artisanale se pratique de nuit.

**Quai Gambetta** – Il est très animé lorsque les chalutiers débarquent leur pêche, en partie vendue sur place. La criée, qui commercialise 60 000 tonnes de poisson par an, est la première de France.

**Digue-promenade** – Statue équestre du général San Martín, qui mourut à Boulogne.

### Plage

En vogue dès le Second Empire, elle vaut à Boulogne le label « Station Kid », avec ses installations pour les enfants et ses animations estivales. On y pratique voile, char à voile, speedsail.

### Église Saint-Nicolas plan I 2

*Pl. Dalton.* Élevée de 1220 à 1250, c'est la plus ancienne église de Boulogne. Remaniée aux 16$^{e}$ et 18$^{e}$ s., elle présente une façade classique et un maître-autel à colonnes torses (17$^{e}$ s.). Remarquez *La Flagellation*, belle toile de Lehmann, élève d'Ingres.

## VILLE HAUTE★★

Dominée par la basilique Notre-Dame, elle occupe le site du *castrum* romain. Très animée en été, elle incite à la flânerie, notamment sur les remparts aménagés pour la promenade.

### Remparts plan II 1-2

Édifiés au début du 13$^{e}$ s. sur les bases d'une muraille gallo-romaine par le comte Philippe Hurepel, dit le Hérissé, ils ont été consolidés aux 16$^{e}$ et 17$^{e}$ s. Ce rectangle, renforcé à l'est par le **château**, est percé de quatre portes flanquées de tours, seulement ouvertes aux piétons : les portes Gayole, des Dunes, de Calais, et des **Degrés**. Du chemin de ronde, accessible par chaque porte, **vue★** sur la ville et le port.

Au coin ouest, la **tour Gayette** est une ancienne geôle, où l'on put voir en 1785 l'envol en ballon de Jean-François Pilâtre de Rozier et Pierre-Ange Romain, qui tentaient la traversée de la Manche. Ils devaient s'écraser, hélas, près de Wimille.

*Accéder à la ville haute par la porte des Dunes (à droite du monument à Mariette), qui s'ouvre à l'ouest sur les places de la Résistance et Godefroy-de-Bouillon.*

### Bibliothèque plan II 2

Elle est logée dans l'ancien couvent des Annonciades. Les bâtiments du 17e s. et le cloître abritent des salles d'études et d'expositions. Dans la chapelle du 18e s., grande salle de lecture et beau plafond à caissons.

### Palais de justice plan II 1

Sa façade néoclassique (1852) est ornée des statues de Charlemagne et de Napoléon Ier.

*On accède au beffroi par l'hôtel de ville.*

### Beffroi plan II 2

À l'origine donjon du château des comtes de Boulogne, la construction remonte au 12e s. ; la partie octogonale du sommet date du 18e s. Le beffroi renferme un **musée lapidaire** : statues gallo-romaines, mobilier ancien et beau vitrail de Godefroy de Bouillon, chef de la première croisade, qui appartenait à la maison de Boulogne - *visite guidée du Rdc : 8h-18h, sam. 8h-12h - fermé dim. et j. fériés - gratuit.*

### Hôtel de ville plan II 1-2

Sa façade de brique rose à parements de pierre (18e s.) contraste avec le rude beffroi gothique. Sous le toit, on distingue le blason millénaire de la ville : un cygne et trois tourteaux, de grosses boules en relief.

*Sur la droite en sortant de la mairie.*

### Hôtel Desandrouin plan II 2

Entre 1803 et 1811, Napoléon séjourna plusieurs fois dans cet édifice de style Louis XVI.

*Prendre la rue du Puits-d'Amour, le long de l'hôtel Desandrouin, et tourner à droite.*

### Rue Guyale plan II 2

On y découvre la halle de la guilde des marchands, l'arrière du couvent des Annonciades et des façades en pierres nues de maisons anciennes.

*De la place Godefroy-de-Bouillon, prendre la rue de Lille.*

Au n° 58 se dresse la plus vieille **maison** de la ville (12e s.). La basilique Notre-Dame est située à gauche. À droite, la rue du Château mène à l'ex-demeure des comtes de Boulogne *(voir description dans « Visiter »).*

### Basilique Notre-Dame plan II 1

*Accès par le transept sud. Avr.-août : 9h-12h ; sept.-mars : 10h-12h, 14h-17h.*

Siège du pèlerinage de la Vierge, qui a encore lieu chaque année *(voir l'encadré pratique)*, cette église colossale dominée par un immense dôme a été édifiée de

O. Leclercq / MICHELIN

*Boulogne-sur-Mer vu d'en haut.*

1827 à 1866 sur le site de la cathédrale détruite après la Révolution. Elle conserve sa crypte romane. À l'intérieur, puissante colonnade corinthienne. Derrière le chœur, la **coupole**★ est ornée de grandes statues. Dans la chapelle centrale de la rotonde, la statuette en bois de Notre-Dame de Boulogne est couronnée de gemmes.

**Crypte** – *✆ 03 21 30 22 70 - tlj sf lun. 14h-17h - fermé 1er janv., 25 déc. - 2 € (enf. 1 €).*
Un réseau de souterrains reliant 14 salles se déploie sous la basilique. L'une abrite le **trésor**★ : statues et objets cultuels, dont le reliquaire du saint Sang, offert par Philippe le Bel à N.-D. de Boulogne. La belle **crypte aux piliers peints** (11e s.) fut découverte lors de la construction de la basilique.

## Visiter

### Château-musée★ plan II 1

*Dans la ville haute. R. de Beruet - ✆ 03 21 10 02 20 - www.ville-boulogne-sur-mer.fr - tlj sf mar. 10h-12h30, 14h-17h, dim. et j. fériés 10h-12h30, 14h30-17h30 - fermé 1er janv. - 1 € (-18 ans gratuit), gratuit 1er dim. du mois.*

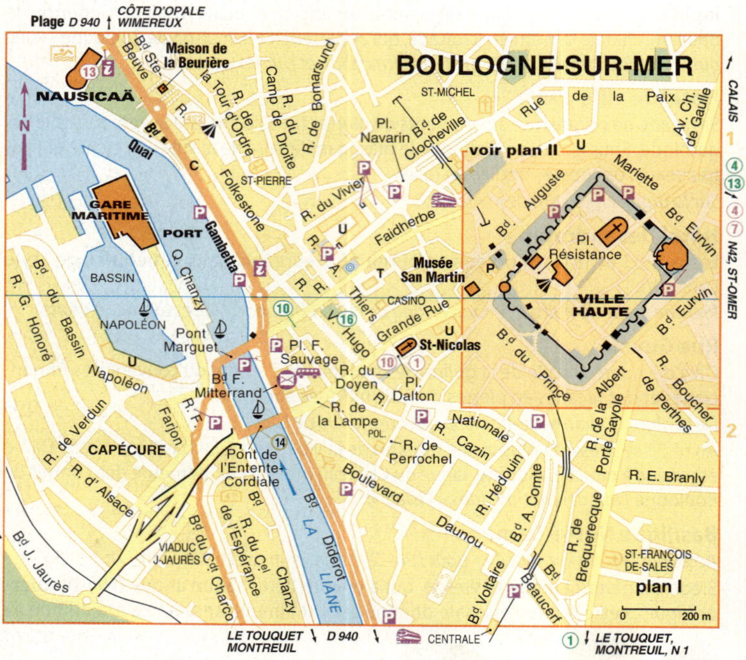

SE LOGER

- Chambre d'hôte Le Clos d'Esch ........ 1
- Hôtel de la Ferme du Vert ........ 4
- Hôtel de la Plage ........ 7
- Hôtel Faidherbe ........ 10
- Hôtel Le Beaucamp ........ 13
- Hôtel Métropole ........ 16

SE RESTAURER

- Chez Jules ........ 1
- Ferme-auberge de la Raterie ........ 4
- Ferme-auberge du Blaisel ........ 7
- Le Doyen ........ 10
- Restaurant de Nausicaä ........ 13

Bâti au début du 13e s. par Philippe Hurepel, fils du roi Philippe Auguste, longtemps résidence des comtes de Boulogne, il est isolé des remparts par un fossé, où un pont-levis a été réinstallé. Ses tours rondes protégeaient la partie sensible des remparts, vers le plateau. Un bastion « en pas de cheval » fut ajouté au 16e s., lui donnant fière allure. C'est le premier édifice d'Europe occidentale à avoir renoncé au donjon traditionnel.

Le **musée** aborde l'archéologie du bassin méditerranéen par une section d'égyptologie remarquablement présentée (momies, sarcophages, statuettes et bijoux) et la plus importante collection en France (après celle du Louvre) de céramiques grecques et italiques. Nombreux **vases grecs★★** des 6e et 5e s. av. J.-C. dont l'**amphore à figures noires** représentant le suicide d'Ajax. Au 2e étage, faïences françaises et étrangères (Delft, Rouen, Nevers), belles porcelaines (Lille, Chantilly, Vincennes). Verrerie contemporaine représentée par des pièces d'Émile Gallé et de René Lalique. Évocations de Napoléon et du camp de Boulogne. Toiles de peintres de la Côte d'Opale (19e s.). Collections ethnographiques : **masques inuits et aléoutes★★** rapportés par l'anthropologue Pinart lors d'un voyage en Amérique du Nord ; objets océaniens, dont une pirogue de guerre maorie (Nouvelle-Zélande). Trois salles sont consacrées à la peinture du 17e au 19e s. : eaux-fortes de Rembrandt, portrait de Mme Récamier par David, pastel de Boucher. Parmi les plus belles œuvres figurent *Le Pressoir de Domfront* de Corot, la *Liberté* de Fantin-Latour, *Le Pont de Moret* de Sisley et les *Régates* de Boudin. Sculptures de Rodin (dont *L'Enfant prodigue* et *Glaucus*), Pompon et Carpeaux. Dans la grande salle des gardes, collections médiévales et Renaissance : dinanderie, sculptures, mobilier et boiseries gothiques, épi de faîtage, peintures, monnaies… Au sous-sol, un « Voyage au centre de la pierre », de Caligula à Philippe le Bel, invite à descendre jusqu'aux **souterrains★** du château, ponctués de sculptures, de stèles, d'épitaphes et de sarcophages.

### Maison de la Beurière★ plan I 1

*16 r. Mâchicoulis - ✆ 03 21 30 14 52 - visite guidée (1h30) de mi-juin à mi-sept. : tlj sf lun. 10h-12h30, 15h-18h30 ; de mi-sept. à mi-juin : tlj sf lun. 10h-12h, 14h-16h30 - fermé 25 déc., 1er janv. et 1er Mai - 2 €.*

De l'ancien quartier des marins, appelé à l'époque « la Beurière », aujourd'hui Saint-Pierre, qui comptait 4 000 âmes, soit le tiers de la population boulonnaise, il ne reste qu'une seule ruelle en escalier, celle du Mâchicoulis, typique, et cinq à six maisons. Les autres ont été détruites par les bombardements alliés pendant la Seconde Guerre mondiale. C'est ici, dans une des dernières demeures encore en l'état, datée de 1870, qu'un **écomusée** présente l'habitat d'une famille de marin vers 1900, soit, dans le cas présent, une quinzaine de personnes dans 30 m$^2$ ! Au **rez-de-chaussée**, pièce d'apparat avec meubles flamands, poêle « à grosse gueule » et objets religieux, pièce à vivre et courette avec sanitaires, matériel de pêche. Au **1er étage**, exposition (gravures, photos, objets et costumes) consacrée au quotidien, au patois et aux coutumes du marin et de la matelote, ainsi qu'à la pêche boulonnaise. Remarquez la chapelle de bord et la collection de coiffes, dites « en soleil ». Au **2e étage**, une médiathèque propose une balade virtuelle dans le Boulogne du début du siècle, à travers une collection de superbes photos réalisées par des artistes et des locaux.

### Musée du Libertador San Martin plan II 2

*113 Grande-Rue (dans la ville basse) - ✆ 03 21 31 54 65 - mar.-sam. 10h-12h, 14h-18h (dernière entrée 17h45) - fermé 1er-15 janv., 15-30 juil., Pâques, 1er et 25 mai, 9 et 14 Juil., 25 déc. - gratuit.*

Cette maison fut occupée de 1848 à 1850 par le général argentin José de San Martin qui libéra son pays (1816), le Chili (1817) et le Pérou (1821) de la domination espagnole. Il mourut dans sa chambre, au 2e étage. Souvenirs de l'illustre soldat.

## Aux alentours

### Colonne de la Grande Armée★

*3 km au nord.*

Élevée par l'architecte **Éloi Labarre** de 1804 à 1841, cette colonne de 54 m de haut commémore le camp de Boulogne. Sur le socle, un des bas-reliefs en bronze montre le maréchal Soult offrant à l'Empereur les plans de la colonne. Un escalier de 263 marches mène à la plate-forme carrée, à 190 m au-dessus du niveau de la mer *(fermé pour travaux)*. De là, **panorama★★** sur la campagne boulonnaise et, par temps clair, sur les falaises anglaises. Au nord : cap Gris-Nez, à l'ouest et au sud : port de Boulogne, rochers du Portel, phare du cap d'Alprech et ville haute. Le pied de la colonne abrite le petit **musée de la Légion d'honneur**. *De mi-juin à fin sept. : merc.-dim. 10h30-12h30 14h30-18h30 ; reste de l'année : vend. et w.-end 10h-12h, 14h-16h - gratuit.*

### Monument de la Légion d'honneur

*2 km au nord par D 940, puis un chemin à droite.*

L'obélisque marque l'emplacement du trône de **Napoléon Ier**, le 16 août 1804, lors de la deuxième distribution des décorations de la Légion d'honneur (la première se déroula le 14 juillet 1804 aux Invalides, à Paris). Déployés en arc de cercle, 2 000 hommes y reçurent leurs croix, disposées dans les boucliers et les casques de Du Guesclin et Bayard.

### Château de Pont-de-Briques

*5 km au sud par N 1.*

Ce modeste château du 18e s. doit sa célébrité aux séjours qu'y fit Napoléon lors du camp de Boulogne (1803-1805). Dans le salon, il dicta d'un trait à Daru le plan génial de campagne contre l'Autriche qui aboutit à Austerlitz.

### Point de vue de Saint-Étienne-au-Mont★

*5 km au sud par la D 52.*

Du cimetière près de l'église, **vue★** sur la vallée de la Liane. En aval, Boulogne et la coupole de la basilique Notre-Dame. La forêt se détache vers l'intérieur des terres.

### Le Portel

*5 km au sud-ouest.*

La commune fait face à l'îlot du **fort de l'Heurt**, construit par Napoléon (1804).

Avec sa **plage** de sable entrecoupée de rochers, elle a obtenu le label « Station Kid » pour l'accueil réservé aux enfants. Une statue de N.-D. de Boulogne se dresse sur la jetée de l'Épi. Au sud, au **cap d'Alprech**, se trouve le **phare**.

### Centre d'interprétation de l'environnement Arena

*7 km au sud-ouest. Rte de la Warenne-Écault à Saint-Étienne-au-Mont - ☏ 03 21 10 84 30 - arena. agglo-boulonnais. fr - mars-oct. : lun.-vend. 8h30-12h30, 13h30-17h30 ; pdt les vacances scolaires : mar.-dim. 10h-12h30, 14h-18h - 4 € (enf. 3 €, pass famille 11 €).*

Ce musée et centre scientifique se niche en pleine pinède de l'Écault, vaste espace dunaire entre Boulogne et Hardelot. Vidéos, jeux interactifs et explications scientifiques concrètes, à la portée de tous, sensibilisent au monde des dunes, un espace fragile à protéger. De la terrasse, belle vue sur les dunes et le massif de l'Écault.

Arena organise des sorties-découverte, sur le terrain en compagnie de scientifiques, chaque premier week-end du mois, en saison. Au programme : ateliers de création, découvertes ludiques, diverses animation « nature ».

### Forêt de Boulogne

*10 km à l'est par la D 341.*

La route gravit le **mont Lambert** (189 m). La forêt (2 000 ha) est aménagée : routes forestières, parking, piste cavalière, aires de pique-nique. La vallée de la Liane la limite à l'est et au sud. Le village de **Questrecques** occupe un site séduisant.

Y. Tierny / MICHELIN

*Paysage du Boulonnais.*

# Circuits de découverte

## LE BOULONNAIS★

*75 km – environ 3h.*

Le Boulonnais fait partie du Parc naturel régional des Caps et Marais d'Opale, qui regroupe les Parcs du Boulonnais et de l'Audomarois.

La région doit son relief complexe à la juxtaposition de terroirs divers : marbre de Marquise, grès d'Outreau, craie de Desvres ou de Neufchâtel, recouverte d'argile et qui dépasse parfois 200 m d'altitude. Entre Guînes et l'Aa, le plateau dénudé ou parsemé de bouquets d'arbres s'ouvre sur des horizons immenses. De grandes fermes y cultivent céréales et betteraves. Les vallées du Wimereux, de la Liane, de la Hem et de la Slack sont tapissées de pommiers à cidre et de prairies où paissent des vaches de race locale (bleue du Nord et rouge flamande), moutons et chevaux « boulonnais ». Ces derniers, puissants animaux de trait, à robe grise, peuvent atteindre le poids d'une tonne. Des villages d'éleveurs aux maisons basses, à murs de pierres chaulées, s'égrènent autour de manoirs, qui furent le repaire de royalistes pendant la Révolution.

*Quitter Boulogne par la N 42 vers l'est et, à 3 km de la sortie de la ville, prendre à l'échangeur la D 232 vers le nord.*

La route bordée d'arbres descend vers le **vallon de Wimereux**, couvert de prairies et de bosquets.

### Souverain-Moulin

Le château, ses communs et surtout son cadre de frondaisons sont particulièrement agréables.

*Prendre la D 233 vers l'est jusqu'à Belle, puis à gauche la D 238 ; encore à droite la D 251, puis emprunter à droite la D 127.*

### Le Wast

Dans ce charmant village, le portail de l'**église** romane est orné de festons à la mode orientale. Les arcades en plein cintre retombent sur des chapiteaux où des feuilles d'eau sont recourbées en volutes. Sainte Ide, mère de Godefroy de Bouillon et fondatrice du prieuré, y fut ensevelie au 12e s. ✆ *03 21 33 34 78 - visite sur demande à la mairie - 9h-17h.*

Le **manoir du Huisbois**, belle demeure du 17e s., abrite la **Maison du Parc naturel régional des Caps et Marais d'Opale** : bibliothèque, vidéothèque et expositions sur la région. Circuit-découverte du bocage. ✆ *03 21 87 90 90 - tlj sf w.-end et j. fériés 9h-12h, 14h-18h - gratuit.*

*De la N 42 vers Saint-Omer, prendre à gauche la D 224 vers Licques.*

### Licques

L'ancienne abbaye de prémontrés (12e s.) fut reconstruite au 18e s. Subsistent la haute nef et quelques bâtiments du 18e s. occupés par le presbytère, la mairie et l'école. Les moines ont introduit les dindes à Licques au cours du 17e s Si de l'abbaye il ne reste que l'abbatiale, les dindes sont toujours là. Le bourg est renommé pour sa volaille, et organise une Fête de la dinde tous les ans en décembre.

Par la route d'Ardres (D 224) au nord, on atteint à 2 km un beau **point de vue** sur Licques et le bassin de la Hem.

*De Licques, suivre la D 191 vers Hermelinghen.*

Après Le Ventus, la route s'élève, dominant toute la région. Belles **vues★** sur les paysages vallonnés et verdoyants du Boulonnais.

*À Hardinghen, prendre la D 127 et la D 127E5 vers Rety.*

### Rety

La petite **église** flamboyante (fin 15e s. ; tour du 12e s.) présente des motifs en chaînage et damiers. ✆ *03 21 92 89 75 - se renseigner aux h. d'ouverture de la mairie 9h30-11h30, 14h-17h.*

*À la sortie de Rety, prendre à gauche la D 232 et, après la traversée de la D 127E5, à droite vers Hydrequent.*

### Hydrequent

*R. Henri-Barbusse - 62720 Rinxent - ✆ 03 21 83 19 10 - parc-opale. com - avr.-août. : tlj sf lun. 14h-18h (dernière entrée 45mn av. fermeture) - fermé j. fériés - 4 € (enf. 3,20 €).*

Dans la **Maison du marbre et de la géologie**, on apprend qu'à l'époque primaire le Boulonnais était couvert d'une forêt luxuriante. Sont exposés un moulage du squelette d'un pliosaure (animal préhistorique) découvert à Uzelot, des collections de minéraux et la description de la formation du marbre et du charbon. Audiovisuel sur l'extraction dans les carrières, telle celle de marbre du **bassin carrier de Marquise**. Ce marbre fut utilisé pour la construction de nombreux édifices, comme la cathédrale de Canterbury et les voussoirs du tunnel sous la Manche.

*En sortant d'Hydrequent, prendre à gauche la D 243 jusqu'au point de vue.*

**Panorama** sur les carrières du Boulonnais, toujours en activité. Panneaux explicatifs et table d'orientation. Au premier plan, carrière de marbre, dite « de Napoléon ». Derrière, carrières de granulats.

*Revenir pour reprendre la D 232.* Presque aussitôt, à gauche, joli moulin sur la Slack.

*À Wierre-Effroy, prendre la D 234 jusqu'à Conteville-lès-Boulogne, puis à droite la D 233, qui suit le Wimereux.*

### Wimille

Le **cimetière** abrite les tombes des aéronautes Pilâtre de Rozier et Romain.

*Rejoindre Boulogne.*

## ESCAPADE DANS LE KENT

*Pour organiser votre voyage, voir p. 15.*

### Dover, Folkestone, Canterbury★★★ *(voir Calais)*

## Boulogne-sur-Mer pratique

### Adresses utiles

**Office du tourisme de Boulogne-sur-Mer** – *Forum Jean-Noël - quai de la Poste - BP 187 - 62203 - ✆ 03 21 10 88 10 - www.tourisme-boulognesurmer.com - juin-sept. : 9h-19h, dim.10h-13h ; oct.-nov. et fév.-mai : 9h-12h30, 13h45-18h30, dim. 10h-13h ; déc.-janv. : tlj sf dim. 9h15-12h30, 13h45-18h - fermé 1er janv. et 25 déc.*

**Office du tourisme du Portel** – *13 pl. Poincaré, 62480 - ✆ 03 21 31 45 93 - www.ot-leportel-plage.com - de mi-juin à mi-sept. : 10h-12h, 14h-18h ; reste de l'année : 10h-12h, 14h-17h, dim. 10h-12h - fermé le 1er Mai et 25 déc.-1er janv.*

### Visites

**Visite guidée** – *Juil.-août : tlj sf mar. - visite thématique différente chaque jour, 15h - 6 € - renseignements à l'office de tourisme.* Boulogne-sur-Mer, qui porte le label **Ville d'art et d'histoire**, propose des visites-découvertes animées (1h30) par des guides-conférenciers agréés par le ministère de la Culture et de la Communication.

**Audio-guides** – *Se renseigner à l'office de tourisme.* Ils permettent une découverte individuelle de la cité. Réparties en centre-ville, 17 bornes se déclenchent automatiquement à votre passage.

### Se loger

⊖ **Chambre d'hôte Le Clos d'Esch** – *126 r. de l'Église - 62360 Echinghen - 4 km à l'E de Boulogne-sur-Mer par D 940 dir. Saint-Léonard et D 234 dir. Echingen - ✆ 03 21 91 14 34 - fermé du 23 déc. à fin janv. - ⊭ - 4 ch. 42/55 € ☕.* Si vous préférez la quiétude de la campagne aux bruits de la ville, voici l'adresse qu'il vous faut. Au cœur d'un petit village, cette ferme rénovée vous accueillera dans un cadre bucolique. Les chambres à l'étage sont charmantes !

⊖⊖ **Hôtel Faidherbe** – *12 r. Faidherbe - ✆ 03 21 31 60 93 - www.hotelfaidherbe.fr - fermé 20 déc.-10 janv. - 33 ch. 55/66 € - ☕ 7,50 €.* Cet hôtel douillet et cossu occupe une place de choix à mi-chemin du centre-ville et du port. Ses chambres, rénovées, offrent chacune une ambiance personnalisée. Bon accueil.

⊖⊖ **Hôtel de la Plage** – *168 bd Sainte-Beuve - ✆ 03 21 32 15 15 - 42 ch. 56/60 € - ☕ 7 €.* Enseigne vérité : l'hôtel est situé sur le front de mer. Chambres fonctionnelles à choisir sur l'arrière pour le calme ou en façade, à partir du 3e étage, pour la vue.

⊖⊖ **Hôtel de la Ferme du Vert** – *Le Vert - 62720 Wierre-Effroy - 13 km au NE de Boulogne-sur-Mer - ✆ 03 21 87 67 00 - www.fermeduvert.com - fermé 15 déc.-20 janv. et dim. d'oct. à mars - P - 16 ch. 59/120 € - ☕ 9 € - rest. 22/39 €.* Calme et détente dans cette ancienne ferme bâtie au 19e s. Toutes différentes, les chambres ont en commun la simplicité et l'élégance dans l'agencement et la décoration. Le restaurant et la fromagerie raviront les gourmands !

⊖⊖⊖ **Hôtel Métropole** – *51 r. Thiers - ✆ 03 21 31 54 30 - www.hotel-metropole-boulogne.com - fermé 19 déc.-5 janv. - 25 ch. 81/88 € - ☕ 8,50 €.* Hôtel pratique situé au centre de Boulogne. Chambres récemment rénovées, toutes climatisées, confortables et bien insonorisées. Coquette salle des petits-déjeuners ouverte sur un jardin.

⊖⊖⊖ **Hôtel Le Beaucamp** – *62720 Wierre-Effroy - 13 km au NE de Boulogne-sur-Mer par N 42, rte de Saint-Omer, D 232 et D 242E1 - ✆ 03 21 30 56 13 - www.lebeaucamp.com - fermé 20 déc.-20 janv. - 5 ch. 90/100 € ☕.* Entouré de 10 ha d'arbres et de verdure, ce manoir a été construit en 1860 par l'arrière-grand-père de la propriétaire. Au gîte indépendant très convenable, on préfèrera les chambres de l'étage, offrant une agréable combinaison d'élégance et de confort. Petits-déjeuners très copieux.

## Se restaurer

**Bon à savoir** – Le **welsh**, plat à base de pain de mie recouvert de chester ou de cheddar fondu et passé au four se déguste dans tous les bons restaurants de la ville.

**Le Doyen** – *11 r. du Doyen - ✆ 03 21 30 13 08 - fermé 2 sem. en janv. et dim. sf j. fériés - 9/22,50 €.* Voici une adresse discrète comme on aimerait en dénicher plus souvent. Intérieur tout petit mais coquettement décoré dans des couleurs pastel, accueil convivial et cuisine recherchée mettant à l'honneur les produits de la mer.

**Ferme-auberge du Blaisel** – *Chemin de la Lombarderie - 62240 Wirwignes - 12 km au SE de Boulogne-sur-Mer par D 341 dir. Desvres - ✆ 03 21 32 91 98 - www.fermeaubergedublaisel.com - fermé 23 déc.-5 janv., dim. soir et merc. - réserv. le w.-end - 10/22 € - 3 ch. 45 €* ☕. Vous pourrez redécouvrir le bon goût des produits frais et de saison le temps d'une halte à la ferme du Blaisel. Et si une légère torpeur vous envahit au terme du repas, réservez l'une des chambres d'hôte de la maison.

**Chez Jules** – *8-10 pl. Dalton - ✆ 03 21 31 54 12 - www.chez-jules.fr - fermé 2 sem. fin sept., 23 déc.-15 janv. et dim. soir sf juil.-août - 18,30/60 €.* Si vous souhaitez une ambiance chaleureuse et vous régaler d'une cuisine de brasserie sans prétention mais bien réalisée, cette adresse est faite pour vous. Recettes de type moules-frites, crêpes, pâtes fraîches et pizzas dans la salle du rez-de-chaussée ou petits plats traditionnels soignés à l'étage.

**Restaurant de Nausicaä** – *Bd Sainte-Beuve - ✆ 03 21 33 24 24 - fermé lun. soir - 19 € déj. - 24/33 €.* De ce vaste restaurant sur deux niveaux, implanté dans le Centre national de la mer, vous pourrez admirer la vue panoramique sur la plage et l'entrée du port. Plats copieux de coquillages et poissons.

**Ferme-auberge de la Raterie** – *1744 hameau de la Maloterie - 62720 Wierre-Effroy - 12 km au NE de Boulogne-sur-Mer par D 238 - ✆ 03 21 92 80 90 - www.ferme-auberge-laraterie.com - fermé dim. soir et lun. sf j. fériés - formule déj. 20 € - 49 € - 17 ch. 60/90 € - ☕ 9,30 €.* Cette jolie ferme du 18e s. est le lieu rêvé pour découvrir le bocage boulonnais. Dans cette exploitation agricole en activité, les vastes chambres donnent sur le jardin. L'auberge, décorée de meubles d'époque, vous invite à goûter une cuisine traditionnelle issue des produits du terroir.

## Que rapporter

**Bon à savoir** – Pendant les fêtes de Noël, on peut trouver le **Craquelin** à la boulangerie sise 30 pl. Dalton (*tlj sf dim. et lun. 7h-12h30, 15h-19h30*).

**Licques Volailles** – *777 r. de l'Abbé-Pruvost - 62850 Licques - ✆ 03 21 35 80 03 - www.licques-volailles.fr - 8h-17h, sam. 8h-12h.* Ces volailles, don des moines, sont réputées dans toute la France.

Y. Tierny / MICHELIN

*Le port de Boulogne-sur-Mer.*

**Ferme du Puits du Sart** – *62132 Hermelinghen - ✆ 03 21 85 00 79.* Producteur de foie gras de canard. Visite et cocktail de dégustation des produits.

## Sports & Loisirs

**Les Marsouins** – *62224 Equihen-Plage - ✆ 03 21 80 90 05.* Pêche en mer.

**Char à voile Club de la Côte d'Opale** – *272 bd Sainte-Beuve - ✆ 03 21 83 25 48 - www.cvcco.com - tlj pour la pratique - bureau : 8h30-12h, 14h-17h30 - fermé vac. de Noël (sf réserv.) - 27,50 €/2h.* Le CVCCO possède le plus grand parc européen de chars à voile (130). Heureusement, les plages sont immenses. L'encadrement est idéal pour les débutants. Séances de 2 à 4h, stage semaine, tout public à partir de l'âge de 7 ans. Forfait journée (2 séances avec remise de 5 % et panier repas offert).

## Événements

**Pèlerinage** – N.-D. de Boulogne est portée en procession en barque, puis sur le port et en ville, chaque dernier w.-end d'août. Les Boulonnaises portent la coiffe « en soleil » et les Porteloises leur strict bonnet et leur grand châle des Indes.

**Camp de Boulogne** – Le 2e ou 3e w.-end de juil., replongez dans l'ambiance du Premier Empire et revivez les grandes épopées napoléoniennes. Défilés costumés, reconstitution de batailles et du camp boulonnais, concerts et animations.

**Route du poisson** – Pendant des siècles, une route menait les poissons fraîchement pêchés à Boulogne jusqu'aux étals parisiens. La tradition revit désormais tous les 3 ans (prochaine édition en sept. 2008). Des attelages de chevaux boulonnais refont la route le temps d'un w.-end.

**Fête de la Saint-Nicolas** – Le 1er sam. de déc. : illuminations dans la vieille ville, défilés costumés, chants et veillées.

**Carnaval** – *✆ 03 21 99 05 43 - www.ville-equihen-plage.fr.* À Équihen-Plage, toute la semaine de Mardi gras.

# Calais

**104 852 CALAISIENS (AGGLOMÉRATION)**
**CARTE GÉNÉRALE A1 – CARTE MICHELIN DEPARTEMENTS 301 E2 – PAS-DE-CALAIS (62)**

**La proximité des côtes anglaises a présidé à la destinée de Calais. Située sur le « pas » (détroit) auquel elle a donné son nom, la ville est le premier port de France et le deuxième au monde pour le trafic des voyageurs. C'est le point de départ idéal pour rayonner sur la Côte d'Opale jusqu'au Touquet, ou pour s'offrir une escapade anglaise à Canterbury, par Folkestone ou Douvres.**

- **Se repérer** – Accès par la D 940 ou l'A 26 et l'A 16. Le TGV et l'Eurostar mettent Calais à 1h30 de Londres et de Paris et à 1h de Bruxelles. Calais sud est la ville administrative et industrielle, Calais nord la ville maritime. À l'entrée du port, plage et digue-promenade.
- **À ne pas manquer** – Les *Bourgeois de Calais* de Rodin ; le musée des Beaux-Arts et de la Dentelle.
- **Organiser son temps** – Comptez deux heures pour le musée des Beaux-Arts et de la Dentelle. En semaine, le phare n'est ouvert que l'après-midi. Attention, il y a plus de 250 marches pour arriver à son sommet.
- **Avec les enfants** – La plage (station Kid) ; les aquariums du parc Saint-Pierre ; le phare.
- **Pour poursuivre la visite** – Voir aussi la Côte d'Opale, Guînes, Gravelines.

## Comprendre

### LE TUNNEL SOUS LA MANCHE

**De l'utopie à la réalité** – En un peu plus de deux siècles, 27 projets sont nés, dont le plus ancien remonte à 1750. Le géologue Nicolas Desmarets voulait rétablir le lien préexistant (le pas de Calais se traversait autrefois à pied sec) par un pont ou une digue. Dès 1834, Aimé Thomé de Gamond, le « père du tunnel », propose des solutions crédibles : tunnel immergé, voûte sous-marine bétonnée.

**Les premières tentatives** – Côté français, 1 840 m de galeries sont creusés en 1880 sur le site du « puits des Anciens », et 2 000 m côté anglais. Mais les travaux sont arrêtés... Des essais sont réalisés en 1922 à Folkestone avec la machine Whitaker, en vain. Les progrès techniques des années 1960 donnent un nouvel élan aux projets de lien fixe transmanche. Le forage d'un tunnel commence, mais ne dépasse pas 400 m.

**Le saviez-vous ?**

- La plus ancienne trace du nom de la ville figure dans une charte de 1181. Elle fut surnommée « l'auberge des rois » et la « clef de France ». Ses symboles : le tunnel sous la Manche et le puissant beffroi de l'hôtel de ville.
- 20 millions de voyageurs transitent ici chaque année, entre l'Angleterre, les îles Anglo-Normandes et le continent.
- L'ancienne première dame de France, **Madame de Gaulle**, le chanteur de variétés **Pierre Bachelet** et le jazzman **Didier Lockwood** ont fait leurs premiers pas dans la ville.

**Naissance d'Eurotunnel** – Le sommet franco-britannique de 1981 (Thatcher-Mitterrand) relance l'idée du tunnel. Suite à un concours international, quatre propositions sont sélectionnées. Le projet Eurotunnel l'emporte en 1986. Un traité franco-britannique est signé dans la cathédrale de Canterbury. Le 1er décembre 1990 naît la première jonction entre la France et l'Angleterre (galerie de service). Le 6 mai 1994 a lieu l'inauguration officielle du tunnel et des services de navette (Shuttle).

**Le tunnel en chiffres** – À 40 m sous la mer, d'énormes tunneliers ont taillé 1 km de roche par mois. Le **lien transmanche** comporte deux tunnels ferroviaires de 7,60 m de diamètre, reliés tous les 375 m à une galerie centrale destinée à la ventilation, la sécurité et la maintenance. Les tunnels, à une seule voie et à sens unique, courent sur 50 km de long (dont 38 sous la Manche). Le terminal se situe au « tunnelier des Coquelles », à quelques kilomètres du centre-ville.

### CALAIS ET LES ANGLAIS

**Les bourgeois de Calais** – Après la victoire anglaise de Crécy, **Édouard III**, qui veut s'assurer une base puissante, entame le siège de la place de Calais le 3 septembre 1346. Huit mois plus tard, le gouverneur résiste toujours. Affamés, les assiégés

*« Les bourgeois de Calais », seule œuvre de Rodin exposée de son vivant, place de l'Hôtel de Ville.*

sont néanmoins obligés de capituler. Le roi d'Angleterre accepte de laisser la vie sauve aux Calaisiens à condition que six bourgeois se sacrifient et se livrent « les chefs nus, les pieds déchaux, la hart [corde] au col, les clefs de la ville en leurs mains ». Menés au bourreau par **Eustache de Saint-Pierre**, en chemise, les héros se présentent devant le roi. La reine pâlit : « Ah, gentil sire, depuis que j'ay passé la mer en grand péril, je ne vous ay rien demandé ; si vous prye et requier à jointes mains, que pour l'amour du filz de Nostre Dame vous veuilliez avoir merci d'eulx. » Les six notables repartent saufs… mais humiliés.

**Le cœur de Marie Tudor** – En 1558, après 210 ans de domination britannique, Calais est reconquis par le duc de Guise. C'est un coup mortel pour la reine d'Angleterre, Marie Tudor, qui déclare : « Si l'on ouvrait mon cœur, on y trouverait gravé le nom de Calais. »

**La dentelle de Calais** – Introduit en contrebande (1816) par trois tullistes de Nottingham, le métier à tulle se perfectionne vers 1830 grâce au Lyonnais Jacquard et aux Anglais Martyn et Fergusson. 350 métiers occupent encore 2 000 salariés. La dentelle de Calais s'exporte aujourd'hui à 75 % dans quelque 140 pays. Principaux débouchés : la lingerie et la robe.

## Se promener

*Partir du théâtre.*

Face au théâtre se dresse la statue de **Jacquard** (1752-1834), inventeur du métier à tisser du même nom. Équipé d'un système de cartes perforées, ce métier permet la reproduction des motifs décoratifs dans les textiles.

*Du théâtre, remonter le boulevard Jacquard, voie commerçante et animée, jusqu'à la place du Soldat-Inconnu, entre l'hôtel de ville et le parc Saint-Pierre.*

### Monument des Bourgeois de Calais★★ B2

Cette œuvre de **Rodin** a été inaugurée en juin 1895 en présence de Félix Faure, président de la République, sur l'emplacement des anciennes fortifications. C'est la seule œuvre de Rodin qui fut exposée de son vivant. Ces six effigies de bronze grandeur nature, frémissantes de vie et d'émotion, hautaines et tendues, veines et muscles gonflés, sont l'aboutissement de dix années d'études et de recherches du sculpteur. Ce groupe exprime la noblesse héroïque de ces hommes, contraints à s'humilier devant le roi d'Angleterre.

### Hôtel de ville B2

Bel édifice en brique rouge et pierre du début 20e s., dessiné par Louis Debrouwer dans le style Renaissance flamande du 15e s. Son puissant **beffroi** culmine à 75 m. Le **vitrail** qui éclaire l'escalier d'honneur évoque le départ des Anglais. Il est doté d'un carillon électronique depuis 1961.

*Reprendre le boulevard. Après le pont, continuer dans la même direction. Le boulevard Clemenceau longe l'office de tourisme et le parc Richelieu après lequel on tourne à droite. On longe le musée des Beaux-Arts et de la Dentelle (voir description dans « Visiter »).*

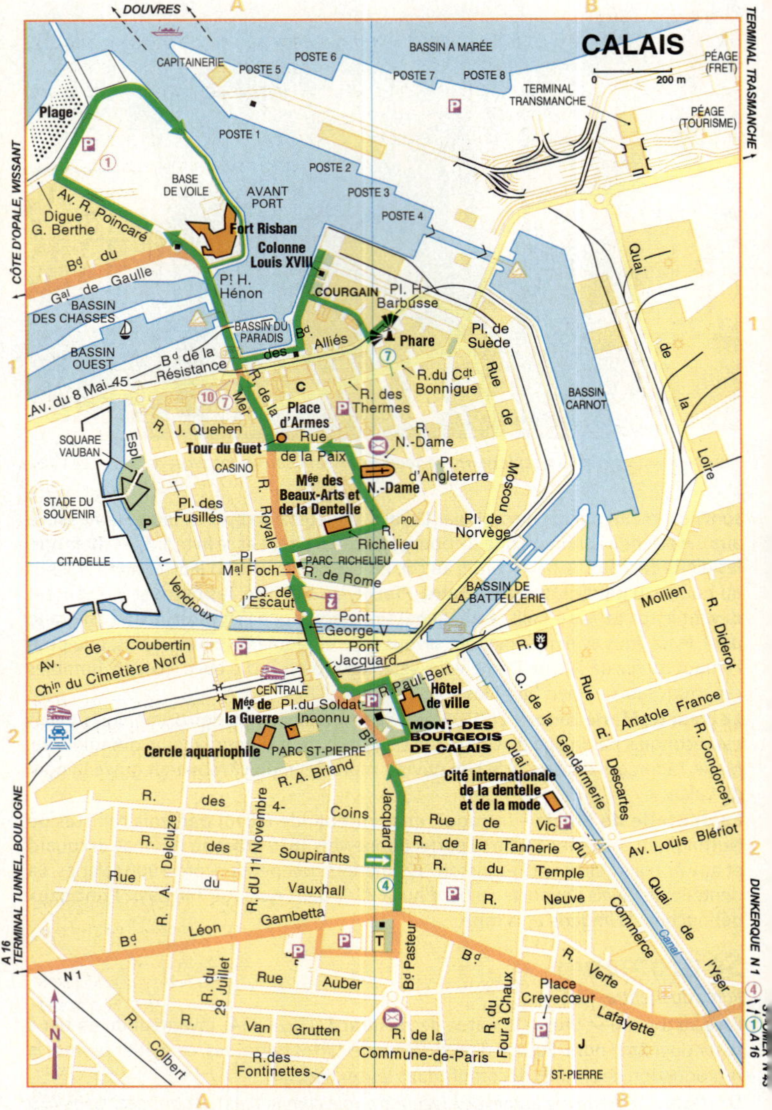


| SE LOGER | | SE RESTAURER | |
|---|---|---|---|
| Chambre d'hôte Le Manoir du Meldick | 1 | Au Côte d'Argent | 1 |
| Hôtel Ibis | 4 | La Boudinière | 4 |
| Hôtel Victoria | 7 | La Sole Meunière | 7 |
| | | Le Channel | 10 |

## Église Notre-Dame A-B1

Elle fut édifiée aux 13e et 14e s. À l'époque, la paroisse dépendait de l'archevêché de Canterbury. On relève l'influence anglaise, de style Tudor, dans la tour, le chœur et le transept, proche du gothique perpendiculaire. Le mariage du capitaine de Gaulle avec une Calaisienne y fut célébré en 1921. Adossé à ses flancs, l'imposant réservoir hydraulique fut conçu au 17e s. sur ordre de Louis XIV pour approvisionner les troupes de la région en cas de sécheresse. D'une capacité de 1 800 m³, il recueillait l'eau de pluie tombée du toit de l'église. Il resta en service jusqu'au milieu du 19e s.

*Prendre la rue de la Paix. Sur la droite : l'ancienne tour du Guet et la place d'Armes.*

### Place d'Armes A1

Elle se situe au cœur du Calais médiéval, détruit pendant la Seconde Guerre mondiale. Culminant à 38 m au-dessus du niveau de la mer, la **tour du Guet** (13e s.) permettait de surveiller les menaces ennemies et de guetter les incendies. Elle servit de phare au 19e s., et fut successivement support au télégraphe Chappe, poste de télégraphe optique pour le génie et colombier militaire. La cloche posée au sol date de 1770.

*Prendre la rue de la Mer. Franchir les ponts H.-Hénon et continuer tout droit jusqu'à la plage.*

Le bassin ouest, à gauche, et le bassin du Paradis, à droite, servent à la navigation de plaisance.

### Plage et jetée ouest A1

Une digue-promenade longe cette belle plage de sable fin, dotée de cabines traditionnelles (plage labellisée « Station Kid »). De la jetée ouest, vue sur le port. Le trafic n'a pas faibli depuis l'ouverture du tunnel sous la Manche. Au loin : le cap Blanc-Nez *(côté droit)* et les falaises britanniques.

*De la jetée, rejoindre l'arrière-port par le chemin de ronde qui longe le bassin et contourne le fort Risban.*

Construit au 16e s. à l'emplacement d'une tour anglaise, le **fort Risban** défendait l'accès au port.

*Franchir de nouveau les ponts H.-Hénon, puis tourner à gauche, longer le quai et continuer vers le quartier du Courgain.*

Y. Tierny / MICHELIN

*La plage de Calais, ses cabines et le lent va-et-vient des ferries.*

### Arrière-port A1

Après la **colonne Louis-XVIII**, qui évoque le débarquement du roi après la chute de Napoléon (1814), un monument d'Édouard Lormier célèbre l'héroïsme des sauveteurs calaisiens et le souvenir de tous les disparus en mer. Plus en avant, sur le quai Auguste-Delpierre, le **Courgain**, charmant quartier peuplé de marins, a été reconstruit après-guerre. En retrait, le **phare** *(voir description dans « Visiter »)*.

## Visiter

### Musée des Beaux-Arts et de la Dentelle★ A1

*03 21 46 48 40 - ♿ - lun. et merc.-vend. 10h-12h, 14h-17h30, sam. 10h-12h, 14h-18h30, dim. 14h-18h30 - possibilité de visite accompagnée pdt expos temporaires - fermé mar., j. fériés - gratuit.*

**Sculpture des 19e et 20e s.** – Les sculptures sont rassemblées en une grande salle vitrée donnant sur le parc Richelieu. *Jardinière soutenue par deux putti* de Carrier-Belleuse, *Buste de Gounod* de Carpeaux, œuvres de Bourdelle et de Maillol. De **Rodin**, des maquettes préparatoires, en bronze et en plâtre, pour le monument des *Bourgeois de Calais* où la modernité s'exprime avec force. Également un buste de *Monsieur Dewavrin*, l'*Homme au nez cassé* et un exceptionnel buste représentant Camille Claudel, **Camille au bonnet★**.

**Peinture du 17e au 20e s.** – Au 1er étage se mêlent harmonieusement des œuvres des écoles flamande et d'Europe du Nord et d'art contemporain : *Joyeux buveur* de Jacob Cuyp, dessin de Maillol, *Tête de femme* de Derain, photomontages de Molinier. De Jean Dubuffet, *Paysage du Pas-de-Calais II, Site aléatoire avec quatre personnages ;* de Félix Del Marle, *Construction-couleur ;* de Picasso, *Le Vieil Homme* et *Visage de femme*. Également une robe de mariée de Messager, des œuvres de Fautrier, Lipchitz, Arp…

Musée des Beaux-Arts et de la Dentelle, Calais

*La traversée de la Manche par Blériot.*

**Dentelle du 17e au 20e s.** – Importante section consacrée à la dentelle à la main et à la dentelle mécanique (400 000 échantillons). Histoire des techniques de la dentelle de Calais. Dioramas, modèles réduits de machines à vapeur. Parmi les plus belles pièces figurent un volant brodé en dentelle de Burano (1570) et une barbe de bonnet réalisée à Malines (1740). Dentelles et lingeries du 17e s. à nos jours (chemises de nuit, corsets, escarpins, bustier, pèlerine), robes de haute couture, de Balmain à Issey Miyake. L'une des dentelles évoque la traversée de la Manche par Blériot. Plan en relief de Calais réalisé pour l'Exposition universelle de 1900.

### La Cité internationale de la dentelle et de la mode B2

*Quai du Commerce, parking quai de la Gendarmerie - ✆ 03 21 00 42 30 - www.cite-dentelle.calais.fr - ♿ - avr.-oct. tlj sf mar. 10h-18h ; nov.-mars tlj sf mar. 10h-17h - fermé j. fériés - 8 € ; exposition permanente seult 5 € ; billet combiné Musée des Beaux Arts 10 €.(-5 ans gratuit).*

Le dernier-né des musées calaisiens est installé dans une ancienne usine de dentelle du 19e s. Au plus fort de son activité, au début du 20e s., l'usine Boulart – du nom des constructeurs – vivait au rythme de ses 80 métiers à tulle et à dentelle. La surprenante extension en verre et acier des bâtiments, conçue par les architectes Moatti et Rivière, est sérigraphiée aux motifs des cartons Jacquard et constitue une passerelle entre le passé et l'avenir. Le visiteur découvre la fabrication de la dentelle à la main, les métiers de la dentelle mécanique et les créations de la mode contemporaine. Les cinq métiers Leavers, imposantes machines toujours en fonctionnement, sont d'autant plus impressionnants qu'ils produisent des pièces délicates. Dans la partie contemporaine de l'ensemble, une sélection de haute couture comprend des créations de Poiret, Paquin, Dior, Givenchy et Chanel, entre autres. Pour terminer la visite en beauté, passez dans une cabine d'essayage virtuelle.

### Musée de la Guerre A2

*Au milieu du parc Saint-Pierre, en face de l'hôtel de ville. ✆ 03 21 34 21 57 - http://museeguerrecalais.free.fr - ♿ - mai-sept. : 10h-18h ; oct.-nov. et fév.-avr. : tlj sf mar. 11h-17h (dernière entrée 45mn av. fermeture) - 6 € (enf.5 €, famille 14 €).*

Dans un blockhaus qui servit de central téléphonique aux Allemands de 1940 à 1945, exposition d'objets, d'affiches, de souvenirs et de lettres évoquant l'occupation de Calais, la bataille d'Angleterre et la Résistance.

Le **parc Saint-Pierre** abrite aussi le siège du Cercle aquariophile du Calaisis. Une trentaine d'aquariums vous font découvrir la richesse des fonds marins et d'eau douce du monde entier. *✆ 06 03 59 81 86 - www.cac.asso.fr - merc. et w.-end 15h-18h - 2,50 € (enf. 1,50 €).*

### Phare de Calais B1

*✆ 03 21 34 33 34 - www.pharedecalais.com - visite guidée (30mn) juin-sept. et vac. scol. zone B : lun.-vend.14h-18h30, w.-end et j. fériés 10h-12h, 14h-18h30 (vac. scol. 17h30) ; reste de l'année : merc. 14h-17h30, w.-end et j. fériés 10h-12h, 14h-17h30 - fermé janv. - 4 € (enf. 2 €).*

Le phare *(51 m ; 271 marches)* a été érigé en 1848 pour remplacer la lanterne de la tour du Guet. À l'intérieur, une salle retrace son histoire (maquette, vidéo, jeux interactifs, initiation à la navigation…) et présente les techniques de signalisation maritime. Au sommet, **panorama★★** sur le Calaisis, le port, la citadelle, la place d'Armes, l'église Notre-Dame, les côtes anglaises et françaises.

# Circuit de découverte

## ESCAPADE DANS LE KENT

*Pour organiser votre voyage, voir p. 15. Pour plus de précisions sur les sites, voir* Le Guide Vert Grande-Bretagne.

### Douvres (Dover)

Flanqué de ses falaises blanches, Douvres accueille des bateaux et des aéroglisseurs, mais la plupart subissent la concurrence du tunnel sous la Manche.

La ville, très endommagée durant la Seconde Guerre mondiale, conserve une église romane, **St Mary**, dans Biggin Street, la **Maison-Dieu** (14e s.) et la **Maison-Dieu House** (17e s.), et **Waterloo Crescent**, de style Regency.

La reconstruction de l'après-guerre a révélé l'importance archéologique du port antique. La **Roman Painted House** possède de superbes décors muraux. Le **musée** présente l'histoire de la ville et conserve, entre autres, une partie d'un bateau vieux de trois mille ans.

Du **château★★** *(Castle Hill Road)*, surnommé la « Clef de l'Angleterre », Churchill surveilla le déroulement de la bataille d'Angleterre. Les Romains avaient érigé un phare qui se dresse toujours dans l'enceinte, et les Saxons une église. Les fortifications ont été renforcées par Guillaume le Conquérant, puis par Henri II Plantagenêt. La tour du Connétable, **Constable's Tower**, date du début du 13e s.

Sous le château, voyez les **Secret Wartime Tunnels**, tunnels et chambres secrètes qui servirent de QG lors de l'évacuation des troupes britanniques depuis Dunkerque (1940). Ces souterrains ont été choisis pour devenir le siège du gouvernement national en cas de conflit nucléaire. Effets sonores et accessoires parfois macabres renforcent l'atmosphère lugubre des souterrains.

Le **mémorial Blériot** marque l'endroit précis où se posa l'aviateur lors de la première traversée aérienne de la Manche (1909). Un sentier longe les **falaises de Langdon** jusqu'au **phare de South Foreland**, où Marconi réalisa la première transmission radio internationale.

## Folkestone

*13 km à l'ouest de Douvres par l'A 20.*

Cette station balnéaire, au pied des North Downs, a hébergé Dickens, O. Wilde, H. G. Wells et Turner. Ce fut longtemps le deuxième port de traversée de la Manche, après Douvres.

Au sommet de la falaise, une promenade longe une esplanade fleurie, **The Leas★** (les « grasses pâtures »). Un **ascenseur hydraulique victorien** mène à la plage et au parc côtier.

On flâne dans le port, avec ses étals de fruits de mer et ses pubs. L'**Old High Street**, ruelle pavée, longe le quartier historique, **The Bayle**, où un vieux château jouxte les églises St Mary et St Eanswyth (12e s.).

Sur la **promenade du front de mer**, sculptures modernes et statues de Charles Ross, pionnier de l'aviation, ainsi que du capitaine Mathew Webb, qui réalisa la deuxième traversée de la Manche à la nage (1875).

L'accès au tunnel sous la Manche se trouve à la sortie nord de la ville, tandis qu'au nord-ouest l'**Eurotunnel Exhibition Center** évoque les travaux réalisés.

La bataille d'Angleterre, qui fit rage pendant l'été 1940, est commémorée par le **Battle of Britain Memorial** *(à Capel, sortir de l'A 20 entre Folkestone et Douvres)* et par le **Kent Battle of Britain Museum** *(à Hawkinge, 5 km au nord de Folkestone par l'A 260).*

## Western Heights

*10 km à l'ouest de Folkestone.* Sur cette côte, la menace d'une invasion par les troupes de Napoléon fut prise très au sérieux : 73 solides **Martello Towers**, fortins circulaires en brique, jalonnent l'axe Folkestone-Eastbourne ; une voie d'eau, le **canal militaire royal**, a été creusée pour relier Hythe et Rye.

## Canterbury★★★

*Depuis Douvres, prendre l'A 2.*

L'histoire de cette cité, où règne encore une atmosphère médiévale, commence avec les conquêtes de l'empereur Claude (43 apr. J.-C.). En 597, saint Augustin y est dépêché par Rome pour convertir les païens au christianisme. La ville devient le cœur de l'Église d'Angleterre, et Augustin est consacré premier archevêque.

Longtemps ouverte aux influences du continent, la ville s'est développée le long de **Walting Street**, grande voie romaine reliant Londres au port de Douvres. La ville est ceinte de remparts médiévaux – City Walls. Du sommet du Dane John Mound, joli coup d'œil sur le monument à la mémoire de **Christopher Marlowe**, le célèbre dramaturge de Canterbury.

Le long de la rivière Stour, des demeures de style Tudor forment le quartier des **Canterbury Weavers**, nom des tisserands huguenots qui s'y établirent.

**Cathédrale★★★** – L'église, incendiée en 1067, fut rebâtie par **Lanfranc**, premier archevêque normand, et consacrée en 1130. Lors d'un nouvel incendie, en 1174, la crypte et la nef furent sauvées. La cathédrale, reconstruite en hommage au martyr Thomas Becket dans le style gothique primitif anglais, devint le centre de pèlerinage le plus important en Europe du Nord. La nef et le cloître sont de style gothique perpendiculaire du 14e s. Le transept et les tours furent achevés au 15e s., ainsi que la Bell Harry Tower, qui couronne le bâtiment.

À l'intérieur, admirez particulièrement : les jubés ouvragés de la chapelle Notre-Dame-de-la-Crypte, la voûte en éventail de la Bell Harry Tower (tour centrale), la chapelle funéraire du Prince Noir, le jubé orné des statues de six rois, la tombe en albâtre d'Henri IV, seul roi anglais enterré dans la cathédrale.

*Derrière le chevet, à 250 m, St Augustine's Abbey.*

**St Augustine's Abbey★★** – Cette abbaye fut fondée en 597. À l'est, l'église **St Pancras** était un temple païen, converti par les chrétiens (7e s.). Le monastère fut dissous en 1538, et l'église démolie. Aborder les ruines par le côté sud *(Longport)*. Descendre dans la crypte et la chapelle de l'abbé Wulfric, et gagner St Pancras *(Church Street)* : murs en briques romaines.

# Calais pratique

## Adresse utile

**Office du tourisme de Calais** – *12 bd Clemenceau - 62100 - ✆ 03 21 96 62 40 - www.ot-calais.fr - 10h-13h, 14h-18h30, dim. et j. fériés 10h-13h (en juil.-août) - fermé 1er janv. et 25 déc.*

## Se loger

**Hôtel Victoria** – *8 r. du Cdt-Bonningue (au pied du phare) - ✆ 03 21 34 38 32 - hotel-victoria-calais. activehotels. com - 14 ch. 30/52 € - ☕ 5,50 €.* Ce petit établissement sans prétention mais d'une tenue irréprochable vaut par sa situation face au phare et à seulement 3mn à pied du terminal Transmanche. Ses chambres, au confort simple, sont toutes conçues sur le même modèle.

**Hôtel Ibis** – *35 bd Jacquard - ✆ 03 21 97 98 98 - www.ibishotel.com - 66 ch. 54/67 €.* Pas de surprise avec cet hôtel qui compte 66 chambres confortables et fonctionnelles dans la plus pure tradition de la chaîne. Des plantes vertes égayent le hall d'entrée, flanquée d'un salon TV et de la salle des petits-déjeuners. Pas de parking privé, mais on peut garer sa voiture à deux pas. Accueil permanent.

**Chambre d'hôte Le Manoir du Meldick** – *2528 av. du Gén.-de-Gaull (Fort-Vert) - 62730 Marck - A 16 sortie 48 et D 119 - ✆ 03 21 85 74 34 - www.manoir-du-meldick.com - 🚭 - 5 ch. 60 € ☕.* À quelques minutes du port de Calais et pourtant si loin de ses bruits, Le Manoir du Meldick est une adresse comme on les aime ! Subtil mélange de raffinement et d'élégance, les chambres sont spacieuses et confortables. Accueil charmant.

## Se restaurer

**La Boudinière** – *2691 rte de Waldam - 62215 Oye-Plage - 14 km à l'E de Calais par D 119 - ✆ 03 21 85 93 14 - www. laboudiniere.com - fermé 2 sem. en fév., 2 sem. en sept. et merc. d'oct. à juin - 14/30 €.* Ce petit restaurant perdu en pleine campagne vous invite à savourer une cuisine traditionnelle de qualité. Ici, la viande est délicieuse grâce au choix judicieux du patron qui débite lui-même les morceaux. Accueil souriant et salle à manger au calme.

**Au Côte d'Argent** – *1 digue Gaston-Berthe - ✆ 03 21 34 68 07 - fermé 7-22 fév., 16 août-7 sept., 24 déc.-4 janv., merc. soir de sept. à avr., dim. soir et lun. - 18/38 €.* Le cadre maritime de ce restaurant est très réussi, en particulier la décoration de sa salle à manger inspirée des cabines de bateau (rampes d'accès en bois, cloisons lambrissées, cuivres astiqués). La cuisine est bien entendu vouée à Neptune mais une petite place sur la carte est réservée aux plats de la terre ferme.

**La Sole Meunière** – *1 bd de la Résistance - ✆ 03 21 34 43 01 - www. solemeuniere.com - fermé dim. soir et lun. - 18/50 € - 19 ch. 54/60 € - ☕ 7 €.* L'enseigne dit vrai : la spécialité maison est la sole, que le chef accommode de cinq façons différentes. Vous la dégusterez de préférence près des baies vitrées, afin de profiter de la vue sur le port. Également, fruits de mer, fromages régionaux, chariot de pâtisseries et belle sélection de vins.

**Le Channel** – *3 bd de la Résistance - ✆ 03 21 34 42 30 - fermé 26 juil.-9 août, 23 déc.-18 janv., dim. soir et mar. - 20/75 €.* Testez cette dernière bonne adresse avant de traverser le « channel », de celles qui vous font presque hésiter à quitter l'Hexagone pour la Grande-Bretagne ! C'est de l'humour français, bien sûr, car la panse de mouton farcie, le « steak and pie » ou la « jelly » à la menthe sont également délicieux.

## Que rapporter

**Le Bar à Vins** – *52 pl. d'Armes - ✆ 03 21 96 96 31 - www.aubaravins.com - tlj sf merc. 9h-19h, dim. et j. fériés 10h-15h - fermé vac. de fév.* Une cave exceptionnelle. Vous y trouverez des vins rares et bon marché sélectionnés sur place par un maître ès dégustations dont la devise est : « Ne buvez pas des étiquettes ! » Un marchand sympathique et loquace qui n'a pas de clients mais seulement des amis !

**Antiquités et galeries d'art** – Sandgate Road.

**Marchés** – Jeu. et sam. sur Guildhall Street et le dim. sur la plage.

## Événements

**Bénédiction de la mer** – *Se renseigner auprès de l'association Calais, histoire et traditions - ✆ 06 33 93 23 87.* Comme dans de nombreux ports, il est une coutume à laquelle on ne déroge pas : la bénédiction de la mer, le 15 août. À Calais, cela se passe dans le quartier du Courgain maritime, qui en profite pour faire la fête (joutes nautiques, concerts, animations…).

**Grande parade musicale** – Défilé dans tout le centre-ville, musique traditionnelle et folklorique, dernier w.-end de juin ou 1er w.-end de juil. selon, les années.

**Braderie** – Calais tient sa grande braderie tous les ans, le 1er w.-end d'août. C'est bien sûr l'occasion d'autres réjouissances…

**Festival de la Côte d'Opale** – *Voir l'encadré pratique de la Côte d'Opale.*

# Cambrai★

32 594 CAMBRÉSIENS
CARTE GÉNÉRALE C2 – CARTE MICHELIN DEPARTEMENTS 302 H6 – NORD (59)

**Dominée par les tours du beffroi, de la cathédrale et de l'église Saint-Géry, l'ancienne cité militaire et archiépiscopale s'habille de calcaire blanc. Peu à peu, des boulevards se sont substitués aux remparts, mais la ville est restée organisée autour de sa Grand'Place. Au 15 août, les géants Martin et Martine l'investissent pour montrer le bout de leur nez. Ses andouillettes, ses tripes et ses friandises à la menthe, les fameuses « bêtises », en font aussi le rendez-vous des gourmands.**

**Se repérer** – Accès par l'A 26 ou l'A 2. Cambrai se trouve au centre d'une région céréalière et betteravière.

**À ne pas manquer** – La visite d'une fabrique artisanale de bêtises ; la Mise au tombeau de Rubens dans l'église Saint-Géry ; la Maison espagnole.

**Organiser son temps** – Comptez deux heures de visite pour la vieille ville. Déjeunez sur la place Aristide-Briand et visitez le musée des Beaux-Arts dans l'après-midi. Si vous aimez la musique classique, venez durant le festival « Juventus », au mois de juillet.

**Avec les enfants** – Un après-midi au jardin public. Au musée des Beaux-Arts, jeux et livrets pédagogiques à disposition.

**Pour poursuivre la visite** – Voir aussi l'abbaye de Vaucelles, le Cateau-Cambrésis, le centre minier de Lewarde.

**Le saviez-vous ?**

Le nom de Cambrai dériverait de Camaracum, l'oppidum des Nerviens qui devint une importante cité à l'époque romaine.

Né à Cambrai, **Louis Blériot** (1872-1936) fut le premier aviateur à traverser la Manche en 1909. C'est aussi l'inventeur du char à voile.

## Comprendre

**Le « Cygne de Cambrai »** – En 1695, **François de Salignac de La Mothe-Fénelon** (1651-1715), grand seigneur, homme d'Église et écrivain célèbre, est investi de l'archevêché de Cambrai. Vénéré par ses ouailles pour sa douceur et sa charité, il fut surnommé « le Cygne de Cambrai », par opposition à Bossuet, appelé « l'Aigle de Meaux ». C'est à Cambrai que Fénelon reçoit la nouvelle de la condamnation par Rome de son ouvrage *Explication des maximes des saints*, dans lequel il défend le quiétisme, doctrine exaltant le pur amour de Dieu. L'ancien précepteur du duc de Bourgogne monte alors en chaire, prêchant l'obéissance aux décisions de l'Église, puis se soumet par un mandement d'une admirable humilité.

**La bêtise de Cambrai** – Ce bonbon parfumé à la menthe est rectangulaire, avec une rayure jaune de chaque côté. Son histoire remonte au 19e s. : un apprenti confiseur se trompa en réalisant une recette. Sa mère lui dit alors : « Tu es bon à rien, tu as encore fait des bêtises ! » Mais ces bonbons furent néanmoins appréciés pour leurs qualités digestives et rafraîchissantes. La bêtise de Cambrai était née. Une autre légende raconte que les hommes se rendaient au grand marché de Cambrai, le 24 de chaque mois. Ils s'y attardaient pour y commettre quelques « bêtises », parmi lesquelles des dépenses superflues comme l'achat de bonbons fabriqués sous leurs regards.

**Les béguinages** – Dans ces petites maisons, accolées les unes aux autres, formant un enclos, des femmes, célibataires ou veuves, se rassemblaient pour mener une vie de dévotion et de charité. On comptait 11 béguinages à Cambrai. Celui de Saint-Vaast (1354) a été transféré en 1545 au 24 rue des Anglaises. Sa cour est la dernière qui subsiste en France. *Non visible depuis la rue, le béguinage de Saint-Vaast est exceptionnellement ouvert au public (Journées du patrimoine).*

## Se promener

### VIEILLE VILLE

#### Porte de Paris A2

Cette porte monumentale (1390) est encadrée par deux tours circulaires.

*Emprunter l'avenue de la Victoire menant à l'hôtel de ville, qu'on aperçoit au loin. On arrive à la place du Saint-Sépulcre.*

### Cathédrale Notre-Dame A2

*Lun.-jeu. et sam. 8h-12h, 14h-19h ; vend. 14h-19h ; dim. 9h-12h30, 15h-18h - fermé dim. apr.-midi d'oct. à Pâques.*

L'ancienne abbatiale du Saint-Sépulcre a été érigée en cathédrale après la Révolution. Cet édifice du 18e s. a subi plusieurs remaniements. Sa tour date de 1876. À droite, le bâtiment conventuel est du 18e s.

Dans les chapelles arrondies qui terminent les bras du transept, grandes **grisailles** en trompe-l'œil (1760) de l'Anversois Martin Geeraerts. La chapelle absidiale abrite le tombeau de Fénelon, sculpté par David d'Angers (1826). Le prélat, à demi étendu, se tourne vers les cieux dans un élan romantique ; les mains sont d'un traitement admirable.

À gauche de la cathédrale, statue de Fénelon.

### Chapelle du Grand Séminaire A2

*Fermé pour travaux.* L'ancienne chapelle (1692) du collège des Jésuites est située en retrait d'un square. Sur la façade baroque théâtrale et mouvementée, l'ordonnance des baies, pilastres, ailerons à volutes et pots à feu reste symétrique. Beau décor sculpté dominé par un haut-relief de l'Assomption.

SE LOGER

Chambre d'hôte Delcambre ..... ①
Chambre d'hôte Le Clos St-Jacques ..... ③
Hôtel Beatus ..... ⑨

SE RESTAURER

Brasserie Boulonnaise Chez Dan ..... ①
La Taverne de Lutèce ..... ④
Le Bouchon ..... ⑦

## Maison espagnole A2

*Siège de l'office de tourisme.* Cette belle maison de bois (fin 16e s.) comporte un pignon couvert d'ardoises. Voyez les caves médiévales et, au 1er étage, les sculptures en chêne qui ornaient la façade.

Le long des rues du Grand-Séminaire, de l'Épée et Vaucelette, parmi les **hôtels des 17e et 18e s.**, celui qui abrite le musée des Beaux-Arts a été bâti pour le comte de Francqueville, en 1719-1720.

En traversant la place Jean-Moulin, remarquez le chevet arrondi de la chapelle de l'ancien hôpital Saint-Julien.

S. Sauvignier / MICHELIN

*Le campanile de l'hôtel de ville.*

## Place Fénelon A1

Elle s'étend à l'emplacement de la cathédrale gothique, démolie après la Révolution. Remarquez le portique d'entrée (17e s.) du **palais archiépiscopal** où vécut Fénelon.

## Église Saint-Géry A1

*Lun.-sam. 10h-12h, 15h-18h ; dim. 8h15-12h, 17h30-19h30.*

Dominée par la tour Saint-Géry, l'ancienne abbatiale Saint-Aubert a été édifiée de 1698 à 1745. Un baldaquin, posé sur de puissantes colonnes baroques, précède le chœur à déambulatoire et chapelles rayonnantes. Le **jubé** (1632), déplacé en bas de la nef, a été sculpté par Gaspard Marsy. Remarquez le contraste des marbres rouge et noir et le décor mouvementé : putti voletant, hauts-reliefs relatant les miracles du Christ, statues d'albâtre. La chaire monumentale (1850) est l'œuvre d'artisans cambrésiens. Un mobilier du 18e s. orne le chœur : autel et boiseries à médaillons contant l'histoire de saint Augustin et de saint Aubert. Le bras gauche du transept abrite une magnifique **Mise au tombeau**★★ de Rubens. Dans le transept droit : la **statue** d'évêque (14e s.), découverte en 1982 dans la crypte.

*Traverser la place du 9-Octobre et gagner la place Aristide-Briand.*

## Place Aristide-Briand A-B1-2

Située dans le quartier commerçant, la place a été entièrement reconstruite après sa destruction en 1917.

L'**hôtel de ville** brûla pendant la Première Guerre mondiale. Sa restauration dans les années 1920 a respecté la façade à péristyle de style Louis XVI, due à l'architecte Antoine. Le campanile à colonnes qui surmonte l'édifice est encadré par deux jaquemarts en bronze (1512), Martin et Martine, qui frappent la cloche communale. Hauts de 2 m, ils sont vêtus comme des Maures. D'après la légende, ces forgerons géants auraient assommé le tyran de la région.

À l'angle sud-ouest de la place, le **mail Saint-Martin** offre une belle perspective sur le **beffroi**, ancienne tour Saint-Martin (15e-18e s.) : haute de 70 m, c'est le seul vestige de l'église du même nom.

## Porte Notre-Dame B1

Vestige des fortifications (17e s.), baroque, elle comporte un bel appareil de pierres en pointes de diamant et des colonnes cannelées. Au fronton, le soleil, symbole du roi, fut ajouté après la conquête de Cambrai par les troupes de Louis XIV en 1677. Sur la face extérieure, statue de la Vierge.

# QUARTIER DE LA CITADELLE

## Citadelle B2

De la citadelle édifiée par Charles Quint et agrandie plus tard par Vauban ne subsistent en surface que la porte royale et une caserne. La totalité des galeries de contremines a été conservée.

## Jardins publics B2

Sur l'esplanade de la **citadelle**, fut d'abord aménagé, entre 1862 et 1867 par l'architecte parisien Barillet Deschamps, un beau jardin public dans le pur style des jardins de la fin du 19e s. À la suite du démantèlement des fortifications, il est agrandi pour atteindre l'espace qu'il occupe encore aujourd'hui. Parsemé de statues évoquant les dieux antiques ou les personnalités cambraisiennes, il s'inspire des jardins à l'anglaise, souple et naturel. Le **Jardin aux fleurs** longe le boulevard Vauban et abrite le monument de la Victoire, érigé en 1927, ainsi qu'un monument dédié à Louis Blériot. Plusieurs bosquets, comme celui du « papillon », réalisé en 1930, constituent des mosaïques végétales remarquables.

Le **jardin Monstrelet** (un chroniqueur du Moyen Âge) accueille un kiosque à musique et des aires de jeux pour enfants, tandis que la majeure partie de l'espace est occupée par le **Jardin des grottes**. À voir ici, le Palais des grottes, les grottes artificielles aquatiques et le lac aux cygnes.

## Visiter

### Musée des Beaux-Arts A2

*03 27 82 27 90 - www.villedecambrai.com - - tlj sf lun. et mar. 10h-12h, 14h-18h (dernière entrée 30mn av. fermeture) - possibilité de visite guidée gratuite 1er dim. du mois 15h30 - fermé 1er janv., 1er et 8 Mai, 15 août, 1er et 11 Nov., 25 déc. - 3 € (enf. 2 €) - gratuit 1er w.-end du mois.*

**Archéologie** – Les collections sont présentées dans les caves voûtées. Époques gallo-romaine (céramique, habitat et inhumation) et mérovingienne (objets funéraires provenant des environs de Cambrai). La section d'ostéo-archéologie présente les conditions de vie de l'homme du haut Moyen Âge à travers les différentes causes de décès.

**Patrimoine de Cambrai** – Les nombreuses sculptures sont les vestiges de monuments religieux détruits. À voir : plan-relief de la ville ; œuvres romanes de l'abbaye Saint-Géry au Mont-des-Bœufs ; **jubé★** (16e s.) de la chapelle de l'hôpital Saint-Julien ; **char de procession (17e s.) des chanoinesses de Sainte-Aldegonde de Maubeuge★** ; statues en albâtre de l'ancienne cathédrale. Une toile de Van der Meulen dépeint avec précision la prise de Cambrai par Louis XIV.

**Département des beaux-arts** – Peintures des Pays-Bas (16e-17e s.), dont quelques natures mortes de Van Veerendael. École française du 18e s. (Berthelemy, Wille). Ne pas manquer les *Joueurs de cartes*, de Théodore Rombouts. Les portraits et les paysages prédominent aux 19e et 20e s. avec Ingres (*Tête de la grande odalisque couchée*, 1814-1816), Boudin, Utrillo, Marquet… Sculptures de Rodin, Camille Claudel, Bourdelle, Zadkine (*Il penseroso*, 1951), Guyot et Jeanclos.

Différents jeux permettent de découvrir les collections de manière ludique (mot mystère, puzzle…) ; distribution d'un livret pédagogique à l'accueil du musée.

## Cambrai pratique

### Adresse utile

**Office du tourisme de Cambrai** – *48 r. de Noyon - 59400 - 03 27 78 36 15 - www.cambraiofficedetourisme.com - 10h-12h, 14h-18h, dim. 15h30-17h30 - fermé j. fériés.*

### Visite

**Visite guidée** – *Juin-sept. : horaires variables - visite des souterrains : dim. 16h15 - se renseigner à l'office de tourisme.* Cambrai, qui porte le label Ville d'art et d'histoire, propose des visites-découvertes animées (1h30) par des guides-conférenciers agréés par le ministère de la Culture et de la Communication.

### Se loger

**Chambre d'hôte Delcambre** – *Ferme de Bonavis - 59266 Banteux - 11 km au S de Cambrai par N 44 - 03 27 78 55 08 - www.bonavis.fr - - 3 ch. 47/62 €* . Vous serez impressionné par les beaux volumes intérieurs de cet ancien relais de poste reconverti en ferme (toujours en activité) après la Seconde Guerre mondiale. Les chambres, hautes sous plafond et parquetées, sont sobrement décorées et bien insonorisées.

**Hôtel Beatus** – *718 av. de Paris - 03 27 81 45 70 - www.hotel.beatus.fr - P - 33 ch. 64/78 € - 9,50 € - rest. 17/22 €.* À l'ombre de grands arbres, demeure toute blanche proposant de spacieuses chambres contemporaines, provençales ou de style, certaines en rez-de-jardin. Salon-bar feutré.

**Chambre d'hôte Le Clos Saint-Jacques** – *9 r. Saint-Jacques - 03 27 74 37 61 - www.leclosstjacques.com - - 5 ch. 72/85 € - 8,50 € - repas 20/35 €.* Cette belle demeure vous accueille au cœur du centre-ville. L'ensemble a été rénové et décoré de manière à conserver le charme authentique des lieux. Mission accomplie, des cryptes (à visiter absolument) jusque dans les 5 chambres et la suite splendide. Table d'hôte du terroir, exceptionnelle.

## Se restaurer

**Brasserie Boulonnaise Chez Dan** – *18 r. des Liniers - ✆ 03 27 81 39 77 - fermé mar. - 8/15,24 €.* L'hospitalité traditionnelle des gens du Nord et l'ambiance chaleureuse vous donneront envie de revenir dans cette brasserie décorée sur le thème de la mer. Vous y dégusterez une cuisine simple à prix doux et bien sûr les célèbres moules-frites.

**Le Bouchon** – *31 r. des Rôtisseurs - ✆ 03 27 78 44 55 - fermé 3 sem. en août, lun. soir, mar. soir, merc. soir et dim. - 15/25 €.* Derrière une façade en briques rouges, halte bon marché et rassasiante où l'on mange au coude à coude dans une ambiance jeune et conviviale. Cuisine de bistrot et un « ch'ti menu » pour goûter aux spécialités du terroir.

**La Taverne de Lutèce** – *68 av. de la Victoire - ✆ 03 27 78 54 34 - fermé le midi - 15/25 €.* Cuisine traditionnelle, spécialités régionales et bon choix de viande vous attendent dans cette taverne au décor simple et rustique. L'ambiance celte et rock rend l'endroit convivial et animé.

## Que rapporter

**Confiserie Afchain** – *ZI de Cantinpré - ✆ 03 27 81 25 49 - www.betises-de-cambrai.tm.fr - tlj sf w.-end 9h-12h, 14h-17h - fermé 3 sem. en août, 2 sem. à Noël.* Fondée en 1830, elle revendique la paternité des bêtises… Un petit **musée** retrace l'histoire de célèbre bonbon et la visite de la confiserie permet d'en découvrir les étapes de fabrication *(sur réserv. - gratuit).*

**Confiserie Despinoy** – *Rte Nationale - 59400 Fontaine-Notre-Dame - ✆ 03 27 83 57 57 - tlj sf w.-end 9h-15h30 - fermé août, 1er janv. et 25 déc.* Cette confiserie spécialisée dans la fabrication artisanale des bêtises de Cambrai organise la visite ses ateliers *(sur réserv. - gratuit).*

## Loisirs

**Balades au fil de l'eau** – *525 r. Émile-Chevalier - bassin rond - 59111 Bouchain - ✆ 03 27 25 34 57.* La **vallée de la Sensée** est très prisée par les adeptes du tourisme fluvial. Au départ de Bouchain ou de Cambrai, ces petites croisières filent doucement le long des villages.

## Événements

**Juventus** – *✆ 03 27 74 66 81.* Durant la 1re quinz. de juil., Cambrai met à l'honneur les jeunes solistes du monde entier. Concours, musique de chambre, concerts en salle ou en plein air.

**Les Féodales** – Le dernier w.-end de juin, défilé costumé, banquet médiéval, théatre de rue, troubadours…

**Sortie des géants** – Martin et Martine sortent chaque année en cortège dans le centre-ville, le 15 août.

**Journées espaces souterrains** – Le 2e w.-end d'octobre, la ville fait visiter les nombreux souterrains qu'elle possède.

# Vallée de la Canche★

CARTE GÉNÉRALE A/B2 – CARTE MICHELIN DEPARTEMENTS 301 C/H 4/6 – PAS-DE-CALAIS (62)

**Petite sœur de l'Authie, la Canche est une rivière dont le cours paresseux entraîne difficilement les eaux qui sourdent des flancs de sa vallée et s'épanchent en marais. C'est un site encore sauvage où, l'été venu, toutes les couleurs de la nature se déclinent. La Canche débouche finalement à Étaples sur la Côte d'Opale.**

**Se repérer** – La vallée verdoyante s'évase en pentes molles parsemées de longues maisons aux murs chaulés. Les prés alternent avec les bois, sur les pentes.

**À ne pas manquer** – La chartreuse Notre-Dame-des-Prés ; le musée Winterberger à Frévent.

**Organiser son temps** – Comptez une demi-journée pour les deux circuits, un peu plus pour visiter les sites (Montreuil ou le Touquet).

**Avec les enfants** – Les animations au musée Winterberger de Frévent.

**Pour poursuivre la visite** – Voir aussi Le Touquet, Étaples, Montreuil, Hesdin, Berck-sur-Mer, l'abbaye et les jardins de Valloires, Azincourt.

## Le saviez-vous ?

Canche provient du bas latin *quantia* qui signifie « caillouteuse ». La rivière, longue de 97 km, prend sa source près de Saint-Pol-sur-Ternoise et se jette dans la Manche au nord du Touquet.

Le « bleu picard » est un épagneul au poil bleuté, excellent pour la chasse au lièvre, au faisan et à la bécasse. Il servait autrefois de chien d'arrêt dans les vallées de la Somme, de l'Authie et de la Canche. Il se fait plus rare.

*La Canche à Hesdin.*

## Circuits de découverte

### Du Touquet-Paris-Plage à Hesdin

*43 km – environ 2h30. Quitter Le Touquet-Paris-Plage par la N 39. À Beutin, prendre à droite la D 146, puis à gauche la D 139.*

On passe dans des villages aux maisons basses à toits de tuiles et devant des manoirs sous des frondaisons ou au bord de l'eau. Avant d'arriver à La Madelaine, échappées sur les remparts de Montreuil.

**Montreuil★** *(voir ce nom)*

*Quitter Montreuil au nord-est vers Neuville en franchissant la Canche et prendre à droite la D 113.*

**Chartreuse Notre-Dame-des-Prés**

Fondée au 14e s. et ruinée après 1789, elle fut reconstruite en 1872 par des chartreux, puis convertie en hospice (1903).

Entre Neuville et Marles, jolies vues sur les remparts de Montreuil, roses avec un liséré blanc. *Franchir la Canche.* La route longe des étangs poissonneux.

**Brimeux**

Centre de pêche et de chasse à proximité d'un vaste étang. L'**église** possède un élégant chœur flamboyant et un clocher à la silhouette étrange.

*Suivre la D 349 jusqu'à Aubin-Saint-Vaast, puis prendre à droite la D 136E2, en montée.*

Au sommet de la côte, **vue** étendue sur la vallée que surmonte la forêt d'Hesdin, forêt de hêtres, interrompue à gauche par le vallon de la Planquette.

*Suivre à gauche la D 138, qui offre des vues sur la forêt et Hesdin.*

### D'HESDIN À FRÉVENT

*38 km – environ 1h. Quitter Hesdin à l'est par la D 110.*

**Vieil-Hesdin**

Il rappelle le souvenir de la cité, rasée par les troupes de Charles Quint en 1553. Le château d'Hesdin était au Moyen Âge la résidence favorite des comtes d'Artois. À la fin du 13e s., Robert d'Artois fit aménager un jardin contenant toutes sortes de divertissements extraordinaires, « les merveilles d'Hesdin » : pièges hydrauliques, mannequins animés, pavillons truqués…

L'itinéraire emprunte la rive gauche de la Canche et suit la D 340, **« route des Villages fleuris »**, avec de jolies perspectives sur les prairies.

*À Conchy-sur-Canche, prendre à gauche la D 102.*

**Château de Flers**

Ce bâtiment Louis XVI, à courtes ailes en retour, est bâti en brique avec parements de pierre, selon la formule locale. Sur le côté droit de l'église, fait saillie la **chapelle seigneuriale** (15e s.). *Ne se visite pas.*

*Revenir à la D 340 qui rejoint, après Boubers-sur-Canche, la D 941 menant à Frévent.*

### Frévent

Petite ville active sur les bords de la Canche, avec un agréable jardin public.

L'**église Saint-Hilaire**, du 16e s., a été restaurée au 19e s. Imposant clocher-porche à l'entrée : à l'intérieur, voûtes en berceau à pendentifs. Parmi les tableaux, une *Sainte Famille* du 16e s. *03 21 47 18 55 - visite sur demande à l'office de tourisme.*

Entre la Canche et le ruisseau des Ayres, le moulin à blé des comtes de Saint-Pol accueille maintenant le **musée Wintenberger** *(pl. du Château)*, dédié au labeur des paysans et ouvriers du Ternois *(vidéo de 25mn)*. La filature fut ici prospère, ainsi que les fonderies Wintenberger (1837-1967), dont les machines agricoles sont exposées : moissonneuses, batteuses… Collection d'outils au temps du cheval : araires, écrémeuses, souleveuse à pois, semoir à fèves, laiterie… *03 21 41 31 26 - juil.-août : tlj sf lun. 14h-18h ; de mi-mars à fin juin et sept.-nov. : vend. et w.-end 14h-18h - 5 € (-14 ans 2 €).*

Le moulin-musée propose des animations régulières (battage de blé à l'ancienne, mouture du blé dans le moulin à meules) et des animations ponctuelles, comme la fête du cidre (broyage et pressage de pommes à cidre), la fête du goût, la fête du pain, la fête du lait et la fête des céréales.

Au **musée d'Art Ducatel** *(12 r. Wilson)*, on verra des toiles de Louis Ducatel, natif de Frévent, qui fut candidat en 1969 à la présidence de la République. Également des pièces d'archéologie et des costumes de musiciens. *03 21 47 18 55 - lun. 14h-18h, mar.-sam. 9h-12h, 14h-18h, dim. 10h-12h, 14h-18h - fermé j. fériés sf 14 Juil. et 15 août - 3,10 €.*

*Quitter Frévent par la D 339.*

#### Résistance active

Pendant la Seconde Guerre mondiale, les **résistants de Frévent** facilitaient les évasions par le réseau « Bordeaux-Loupiac » et organisaient des parachutages en liaison avec le BOA. Ils envoyèrent à Londres, aidés par un pilote abattu de la RAF, des renseignements importants sur la station de radioguidage de Bryas (Pas-de-Calais), les installations de la Luftwaffe, le gros dépôt de carburant dans la forêt de Lucheux (Somme), ainsi que le plan dérobé des rampes de V1 de Beauvoir-Bonnières, etc

### Château de Cercamp

Il abrite des vestiges d'un monastère cistercien du 12e s. bâti par les comtes de Saint-Pol et détruit en 1789. Le château actuel a été édifié au 18e s. par R. Coigniard, qui dessina aussi les plans de l'abbaye de Valloires. Il comporte un seul corps de bâtiment, avec un avant-corps central et des pavillons latéraux en légère saillie. *Ne se visite pas.*

## Vallée de la Canche pratique

#### Adresse utile

**Office du tourisme de Frévent** – *12 r. Wilson - 62270 - 03 21 47 18 55 - 9h-12h, 14h-18h - fermé dim. nov.-mai, 1er janv. et 25 déc.*

#### Se loger

**Chambre d'hôte Le Moulin** – *16 r. de Saint-Pol - 62770 Fillièvres - 7 km au SE de Vieil-Hesdin par D 340 - 03 21 41 13 20 - http://aufildeleau.free.fr - - 5 ch. 49/53 € - repas 20 €.* À la porte du « pays des 7 vallées », sur la route du Camp du Drap d'or, ce moulin du 18e s. bien restauré abrite de vastes chambres meublées d'ancien, où seul le murmure de la Canche coulant sous leurs fenêtres pourra vous réveiller. Son magnifique parc possède un étang réservé à la pêche.

#### Se restaurer

**Crêperie et boutique La Maison du Perlé de Groseille** – *50 r. Principale - 62990 Loison-sur-Créquoise - 03 21 81 30 85 - www.perledegroseille.com - 1er oct.-31 mars : tlj sf w.-end ; avr.-sept. : tlj sf dim. mat. ; juil.-août : tlj - 8/11,50 €.* Le « perlé de groseille » est un vieil apéritif régional à découvrir chez ce producteur qui vient de créer un conservatoire de la groseille : 70 variétés du monde entier y sont répertoriées. En été, une crêperie est installée dans une petite cabane posée sur le gazon (point de départ de randonnées balisées). Boutique de produits locaux.

**Auberge de la Haute-Estrée** – *11 rte de Saint-Pol - 62810 Estrée-Wamin - A 13 km de Saint-Pol-sur-Ternoise - 03 21 55 01 41 - perso. orange. fr/auberge. haute-estree - fermé dim. soir et lun. - réserv. obligatoire - 17/21 €.* Murs en brique rouge et poutres participent au cadre rustique de cette auberge spécialisée dans l'élevage d'escargots et de volailles. Les tables près des baies vitrées donnent sur le jardin où s'ébattent les animaux de la ferme.

## N°1 mondial des pneumatiques avec 17,1 % du marché

## Une présence commerciale dans plus de 170 pays

## Une implantation industrielle au cœur des marchés

**68** sites industriels dans **19** pays ont produit en 2008 :

- **177** millions de pneus
- **16** millions de cartes et guides

## Des équipes très internationales

Plus de **117 500** *employés* de toutes cultures sur tous les continents dont* **6 000** personnes employés dans les centres de R&D en Europe, aux Etats-Unis, en Asie.

*110 252 en équivalents temps plein

# Le groupe Michelin en un coup d'œil

## Michelin présent en compétition

A fin 2008

- **24h du Mans**
  11 années de victoires consécutives
- **Endurance 2008**
  • 5 victoires sur 5 épreuves en Le Mans Series
  • 10 victoires sur 10 épreuves en American Le Mans Series
- **Paris-Dakar**
  Depuis le début de l'épreuve, le groupe Michelin remporte toutes les catégories
- **Moto GP**
  26 titres de champion du monde des pilotes en catégorie reine
- **Trial**
  Tous les titres de champion du monde depuis 1981 (sauf 1992)

## Michelin, implanté près de ses clients

- 68 sites de production dans 19 pays
  - Algérie
  - Allemagne
  - Brésil
  - Canada
  - Chine
  - Colombie
  - Espagne
  - Etats-Unis
  - France
  - Hongrie
  - Italie
  - Japon
  - Mexique
  - Pologne
  - Roumanie
  - Royaume-Uni
  - Russie
  - Serbie

- Un centre de Technologies réparti sur 3 continents
  - Amérique du Nord
  - Asie
  - Europe

- 2 plantations d'hévéa
  - Brésil

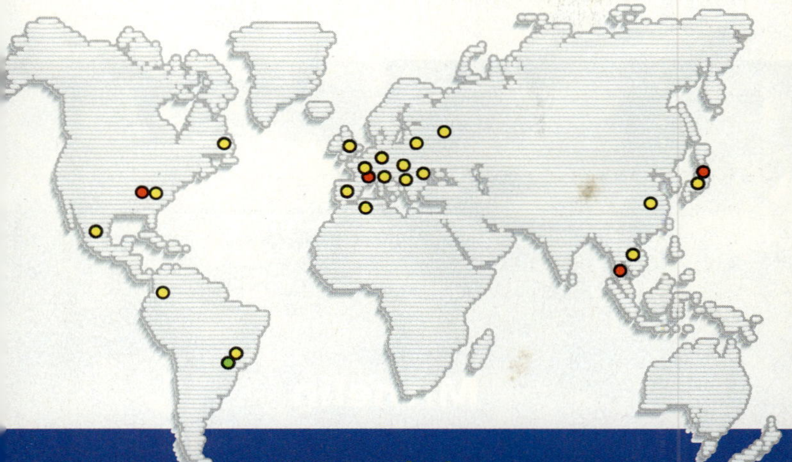

## Notre mission

**Contribuer, de manière durable, au progrès de la mobilité des personnes et des biens en facilitant la liberté, la sécurité, l'efficacité et aussi le plaisir de se déplacer.**

## Michelin s'engage pour l'environnement

**Michelin, 1er producteur mondial de pneus à basse résistance au roulement, contribue à la diminution de la consommation de carburant et des émissions de gaz par les véhicules.**

Michelin développe, pour ses produits, les technologies les plus avancées afin de :

- diminuer la consommation de carburant, tout en améliorant les autres performances du pneumatique ;
- allonger la durée de vie pour réduire le nombre de pneus à traiter en fin de vie ;
- privilégier les matières premières à faible impact sur l'environnement.

Par ailleurs, à fin 2008, 99,5 % de la production de pneumatiques en tonnage est réalisé dans des usines certifiées ISO 14001*.
Michelin est engagé dans la mise en œuvre de filières de valorisation des pneus en fin de vie.

*certification environnementale

## Deux roues

## Distribution

**Partenaire des constructeurs, à l'écoute des utilisateurs, présent en compétition et dans tous les circuits de distribution, Michelin ne cesse d'innover pour servir la mobilité d'aujourd'hui et inventer celle de demain.**

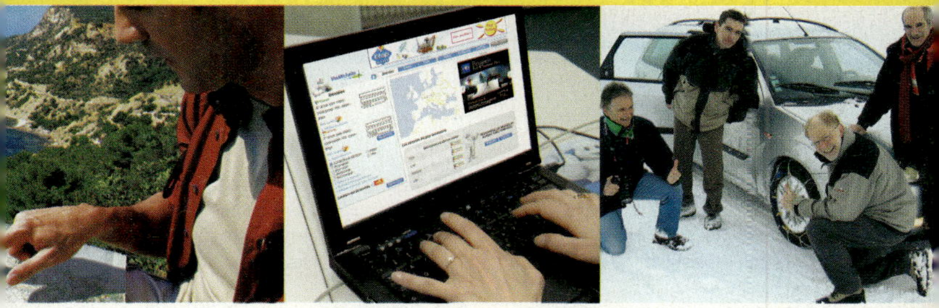

## Cartes et Guides

## ViaMichelin,

des services d'aide au voyage

## Michelin Lifestyle,

des accessoires pour vos déplacements

# MICHELIN
# joue l'équilibre des performances

- **Longévité des pneumatiques**
- **Economies de carburant**
- **Sécurité sur la route**

... les pneus MICHELIN vous offrent les meilleures performances, sans en sacrifier aucune.

## Le pneu MICHELIN
## un concentré de technologie

**1 Bande de roulement**
Une épaisse couche de gomme assure le contact avec le sol. Elle doit évacuer l'eau et durer très longtemps.

**2 Armature de sommet**
Cette double ou triple ceinture armée est à la fois souple verticalement et très rigide transversalement. Elle procure la puissance de guidage.

**3 Flancs**
Ils recouvrent et protègent la carcasse textile dont le rôle est de relier la bande de roulement du pneu à la jante.

**4 Talons d'accrochage à la jante**
Grâce aux tringles internes, ils serrent solidement le pneu à la jante pour les rendre solidaires.

**5 Gomme intérieure d'étanchéité**
Elle procure au pneu l'étanchéité qui maintient le gonflage à la bonne pression.

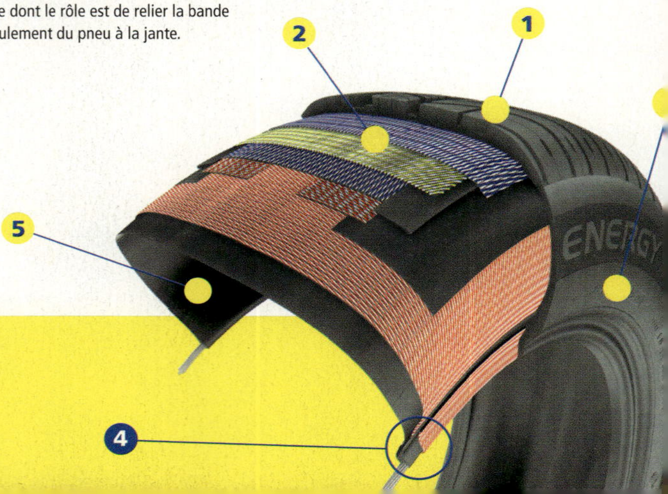

# Cassel★

2 322 CASSELOIS
CARTE GÉNÉRALE B1 – CARTE MICHELIN DEPARTEMENTS 302 C3 – NORD (59)

**Cette petite ville est l'une des plus charmantes de la région, avec sa Grand'Place aux pavés inégaux, ses rues étroites et tortueuses et ses maisons basses chaulées. Au sommet du mont Cassel, où tournaient jadis une vingtaine de moulins, l'un d'eux produit toujours de la farine et de l'huile de lin. « De Cassel, affirme le dicton, on voit cinq royaumes, la France, la Belgique, la Hollande, l'Angleterre et, au-dessus des nuées, le royaume de Dieu. »**

- **Se repérer** – Accès : A 25 puis D 948 ou D 916, D 933. Le mont Cassel est le point culminant de la Flandre (176 m d'alt.).
- **À ne pas manquer** – Le panorama depuis l'esplanade du jardin public ; les estaminets et les moulins de Steenvoorde.
- **Organiser son temps** – Commencez par la visite de Cassel pour sillonner ensuite les alentours. Comptez une journée dans la région.
- **Avec les enfants** – Cassel Horizons ; une balade à dos d'âne à Noordpeene.
- **Pour poursuivre la visite** – Voir aussi Hazebrouck, Saint-Omer, les monts de Flandres, Bergues.

R. Corbel / MICHELIN

*La géante Reuze-Maman.*

## Se promener

### Jardin public

Au sommet de la butte, un jardin a été dessiné à l'emplacement du château féodal : celui-ci englobait une collégiale dont on a retrouvé la crypte. Au centre se dresse la statue équestre de Foch. Beau **panorama★** depuis l'esplanade : les vieux toits de Cassel ; au-delà, les monts de Flandre, la Manche et le beffroi de Bruges.

### Grand'Place

Bosselée de pavés, elle s'étire sur le flanc du mont, près de la collégiale. Côté sud, bel ensemble de logis anciens (16e-18e s.).

### Hôtel de la Noble Cour

Sous la haute toiture aux lucarnes aveugles, la façade en pierre (rare dans le Nord) est percée de baies à frontons, triangulaires et curvilignes. Le portail Renaissance est encadré de colonnes de marbre gris et décoré de Renommées, de sirènes et de rinceaux. À l'intérieur, le **musée de Flandre** *(réouverture prévue septembre 2010)* présente ses collections selon une approche exclusivement culturelle et identitaire de la Flandre. L'hôtel du 16e s. est mis en valeur et les anciennes fonctions des salles sont présentées dans chacune d'elle. Le parcours muséographique révèle des œuvres de maîtres flamands, des créations contemporaines ainsi que des objets religieux, historiques et ethnographiques.

### Le saviez-vous ?

- Cassel doit son nom à la place forte *(castellum)* que bâtirent les Romains en ce site. Il fut l'objet de maintes batailles avec la France, qui obtint l'annexion de Cassel et de la Flandre maritime lors du traité de Nimègue, en 1678.
- D'octobre 1914 à avril 1915, le **général Foch** établit son QG à Cassel. Logé à l'hôtel de Schœbecque, au n° 32 de l'actuelle rue du Maréchal-Foch, il suit les batailles de l'Yser et d'Ypres.
- En mai 1940, une partie du corps expéditionnaire britannique résiste durant trois jours aux troupes allemandes (opération Dynamo), permettant ainsi aux troupes alliées d'embarquer à Dunkerque.
- Les géants de Cassel, appelés les Reuzes, seraient originaires de Scandinavie.

### Les estaminets n'attendent que vous

Une tradition typiquement flamande qui fera toujours chaud au cœur : les estaminets. Ces cafés à l'ancienne ont connu leur heure de gloire au 19e s., dans toutes les Flandres. Ils revivent aujourd'hui, pour le plus grand bonheur des gourmets et gourmands. Spécialités culinaires au nom imprononçable, mobilier de bois et décor immuable, jeux traditionnels, grand choix de bières d'abbaye... Ici, on joue, on discute et on prend du bon temps. Bref, un concentré de Flandre. La plupart des villages, même les plus petits, ont encore leur estaminet, parfois niché dans une maison particulière. Mais n'hésitez jamais à en franchir le seuil...

### Collégiale Notre-Dame

Cette église gothique flamande comporte trois pignons, trois nefs, trois absides, et un clocher carré à la croisée du transept. Foch vint souvent y prier et méditer.

### Ancienne chapelle des Jésuites

Harmonieuse façade du 17e s., en brique et pierre.

## Visiter

### Cassel Horizons

*20 Grandd'Place - ✆ 03 28 40 52 55 - www.cassel-horizons.com - avr.-oct. : 9h-12h, 13h30-17h45, dim. 14h-18h30 ; nov.-mars : tlj sf sam. apr.-midi et dim. 9h-12h, 13h30-17h30 - 2,80 € (enf. 2,40 €).*

Installé dans un ancien hôtel particulier (18e s.) dominant la Grand'Place et qui abrite également l'office de tourisme, ce petit musée moderne retrace l'histoire de Cassel et de ses traditions (la bière, le carnaval, les moulins...) de façon ludique et interactive : maquette animées, jeux traditionnels... C'est le point de départ idéal pour appréhender la culture flamande et sillonner ensuite les monts de Flandre. Au sous-sol, petite photothèque et accès au jardin aménagé. Un conte filmé *(25mn)* revient sur les légendes ayant marqué la région.

L'auteur du film, Jacques Phalempin, organise aussi des visites contées dans Cassel tout au long de l'année *(1h30). Se renseigner à l'office de tourisme.*

### Castel-Meulen

*✆ 03 28 40 52 55 - www.ot-cassel.fr - visite guidée (40mn) avr.-sept. : 10h-12h30, 14h-18h30 ; reste de l'année et vac. scol. : dim. 10h-12h30, 14h-18h30 - fermé déc. - 2,80 €.*

Ce moulin du 18e s. en bois, sur pivot, provient d'Arneke. Il a été remonté à la place du moulin du château, qui avait brûlé en 1911. Un tordoir – pilon qui sert à écraser les graines oléagineuses – permet de produire de l'huile de lin.

À la fin de la visite, un petit sachet est offert aux visiteurs. Sur réservation, on peut aussi emporter un livret de recettes, ainsi qu'un pain fabriqué dans la boulangerie du moulin.

## Aux alentours

### Steenvoorde

*8 km à l'est par la D 948.*

Cette petite ville flamande, avec ses maisons peintes et ses toits de tuiles rouges, fut célèbre pour ses draps. Elle possède l'une des plus grandes laiteries du pays. Son géant, Yan den Houtkapper, représente un bûcheron qui fabriqua des chaussures inusables pour Charlemagne. Reconnaissant, celui-ci lui offrit la cuirasse qu'il porte toujours lors des défilés dont il est le héros.

À proximité, trois moulins à vent sont bien conservés : le **Drievenmeulen** *(sur la D 948 à l'O)* est en bois sur pivot (1776). Sa silhouette allongée est caractéristique des moulins à huile. *✆ 03 28 42 97 98 - visite guidée (1h30) sur demande au syndicat d'initiative (1 sem. av.) - 2 € (enf. 1 €).*

Le **Noordmeulen** *(sur la D 18 au NO)* est un moulin à blé (1576 ; mécanisme du 18e s.). *✆ 03 28 42 97 98 - visite guidée (1h30) sur demande au syndicat d'initiative 1 sem. av. - fermé nov.-mars - 2 €.*

À Terdeghem, le **Steenmeulen** *(au sud sur la D 947)* est un moulin tronconique en brique, toujours en activité (1864). Seul le toit, fait de lattes de châtaignier, pivote pour faire tourner ses grandes ailes (24,70 m). Elles actionnent trois meules, qui produisent toujours de la farine. Le site accueille aussi un **musée de la Vie rurale** (anciennes machines agricoles, houblonnière, objets de la vie quotidienne) et un estaminet (possibilité de restauration, table de pique-nique, vente de produits artisanaux). *☏ 03 28 48 16 10 - www.steenmeulen.com - visite guidée (1h30) - avr.-sept : tlj sf vend. 9h-12h, 14h-18h ; reste de l'année sur RV - 4 € (-12 ans 2 €). Journées à thème et animations en saison.*

Toujours à Terdeghem, le **moulin de la Roome** *(sur la D 948)* est plus classique, en bois (chêne et orme, toit de châtaignier), sur pivot. Datant du 16e s. il a été reconstruit entre 1995 et 2000. *☏ 06 85 01 92 02 - visite guidée (1h) dim. et j. fériés 15h30 et 17h30 ou sur réserv. - 2 € (enf. 1 €).*

Le moulin Deschodt.

Y. Tierny / MICHELIN

## Wormhout

*10 km au N par les D 218 et 916.*

**Moulin Deschodt** – *☏ 03 28 62 81 23 - visite guidée (1h) 1er et 3e dim. de juin, 2e dim. de juil., 1er et 2e dim. d'août 15h-18h - reste de l'année, visite sur réserv. à l'office de tourisme - 2 €.*

Le dernier des 11 moulins à vent, en bois, que comptait la commune en 1780 se dresse sur pivot. De son vrai nom, moulin de la Briarde, il porte communément le nom de son dernier meunier, Deschodt. Les moulins sur pivot, les plus répandus, tournent autour d'un axe vertical.

**Musée Jeanne-Devos** – *☏ 03 28 62 81 23 - visite guidée (1h) tlj sf merc. 14h-17h, 2 premiers dim. du mois 15h-18h - fermé 25 déc.-1er janv. et j. fériés - 2 €.*

La première femme photographe de Flandre vécut, jusqu'à sa mort, en 1989, dans ce presbytère (18e s.) flanqué d'un pigeonnier. Photos et objets instaurent une ambiance d'intérieur typiquement locale : mobilier, aquarelles, peintures, céramiques…

## Maison Guillaume de Rubrouck

*À Rubrouck. 11 km au nord-ouest par D 11 puis D 211 - ☏ 06 84 68 09 81 - avr.-sept. : w.-end 14h30-17h30 ou sur réservation - 3 € (enf. gratuit).*

Cette petite exposition présente la formidable épopée de Guillaume de Rubrouck, moine franciscain du 13e s. Sur ordre de saint Louis il parcourut, de 1252 à 1255, plus de 10 000 km, de France jusqu'aux confins de l'empire mongol, qui s'étendait alors de la mer Noire au Pacifique. Son objectif ? Évangéliser, mais surtout établir des relations diplomatiques avec les successeurs de Gengis Khan afin d'éviter qu'ils ne fondent sur l'Europe (en 1241, ils sont à Vienne). De son voyage, plusieurs décennies avant celui de Marco Polo, il a tiré un récit très réaliste, qui est parvenu jusqu'à nous. Une salle est également consacré à la vie quotidienne des Mongols, de nos jours (Rubrouck est le seul village de France jumelé avec un ville de Mongolie).

Le village abrite aussi une **église-halle** romane (11e s.) intéressante, surmontée d'une tour du 16e s. et parée de trois **retables** du 18e s. dédiés à la Vierge, saint Arnould et saint Sylvestre, patron de Rubrouck.

# Cassel pratique

## Adresses utiles

**Office du tourisme de Cassel** – *Grand'Place - 59670 - ☏ 03 28 40 52 55 - www.cassel-horizons.com - avr.-oct. : 8h30-12h, 13h30-17h45, dim. 14h-18h30 ; nov.-mars : lun.-vend. 8h30-12h, 13h30-17h45, sam. 8h30-12h - fermé 25 déc.-1er janv.*

**Office du tourisme de Wormhout** – *Dans les locaux de la médiathèque - 60 pl. du Gén.-de-Gaulle - 59470 - ☏ 03 28 62 81 23 - www.mediatheque-wormhout.fr - lun. 14h30-18h30, mar. et jeu.-sam. 10h-12h, 14h30-17h30 (16h le sam.), merc. 9h-12h, 14h30-17h30 - fermé dim. et j. fériés.*

**Syndicat d'initiative du pays des Géants** – *Pl. Ryckewaert - 59114 Steenvoorde - ☏ 03 28 42 97 98 - www.pays-des-geants.com - lun.-vend. 14h-17h30, sam. 9h30-12h.*

## Se loger

**Chambre d'hôte Les Sources** – *326 r. d'Aire - ☏ 03 28 48 26 26 - - 5 ch. 49 €* . Isolée au milieu des champs, cette maison contemporaine compte 5 chambres lumineuses, dont une spécialement accessible aux personnes à mobilité réduite. Petits-déjeuners classiques ou campagnards, servis sur la mezzanine qui surplombe le salon joliment décoré.

**Hôtel Le Foch** – *41 Grand'Place - ☏ 03 28 42 47 73 - www.hotel-foch.net - 6 ch. 72 € - 6 € - rest. 16/23 €.* Cet hôtel ne compte que 6 chambres (dont 4 donnant sur la Grand'Place), mais elles offrent espace et joli mobilier ancien. Côté restaurant, menu de produits du terroir, accompagné de spécialités régionales comme le poisson à la bière de Flandres.

**Chambre d'hôte La Feme des Longs Champs** – *98 r. des Longs-Champs - 59190 Wallon-Cappel - 9 km au sud de Cassel - ☏ 03 28 40 09 07 - www.fermedeslongschamps.com - - 3 ch. 70/80 €* . À l'écart du bourg, cette ancienne ferme du 18e s. entourée de champs a conservé toute son authenticité. Situées dans une construction indépendante, les 3 chambres associent mobilier ancien et confort moderne. Salon cosy avec cheminée flamande et fauteuils en cuir.

## Se restaurer

**La Taverne Flamande** – *34 Grand'Place - ☏ 03 28 42 42 59 - fermé vac. de fév., fin août, fin oct., mar. soir et merc. - réserv. conseillée - 12/17 €.* En rendant visite à Reuze-Papa, ne manquez pas les spécialités flamandes de cette taverne de la Grand'Place. Et avant de vous asseoir à la terrasse d'été qui donne sur la vallée, jetez un œil sur le magnifique comptoir.

**Au Roi du Potje Vleesch** – *31 r. du Mont-des-Cats - 59270 Godewaersvelde - 12 km à l'E de Cassel par D 948 puis D 18 - ☏ 03 28 42 52 56 - fermé janv. et lun. - réserv. le w.-end - 8,50/22 €.* Entrez dans cette charcuterie et laissez-vous guider jusqu'à l'ancien abattoir transformé en estaminet. Dans un décor rustique flamand, découvrez la cuisine régionale, le fameux potje vleesch et la bière Henri le Douanier (géant du village).

**Het Blauwershof** – *9 r. d'Eecke - 59270 Godewaersvelde - 12 km à l'E de Cassel par D 948 et D 18 - ☏ 03 28 49 45 11 - fermé 1 sem. en janv. et 3 sem. en juil.-août - 18 € déj. - 14/18 €.* Un véritable estaminet flamand dont l'enseigne signifie « la maison du fraudeur ». Décor typique du début du 20e s. dans toutes les salles : mobilier ancien, vieux poêles, piano mécanique et jeux traditionnels régionaux. Spécialités culinaires et boissons locales.

**'T Kasteelhof** – *8 r. Saint-Nicolas - ☏ 03 28 40 59 29 - fermé 3 sem. en janv. ; première sem. de juil., 2 sem. en oct. ; lun.-merc., 1er janv. et 25 déc. - réserv. conseillée le w.-end - 15,24/22,87 €.* C'est l'estaminet le plus haut de la Flandre française ! Vous pourrez y déguster des spécialités régionales dans un cadre typique et acheter quelques produits locaux dans la boutique attenante. Le samedi soir et le dimanche midi, des légendes flamandes vous sont contées au cours du repas.

## Sports et Loisirs

**Ânes en Flandres** – *1265 Haecke Straete - Noordpeene - ☏ 03 21 12 10 79 - 10h-18h sur réservation.* Balades accompagnées, locations d'ânes à la demi-journée *(28 €)* ou la journée *(45 €)*. Aire de pique-nique, jeux pour enfants, boutique.

## Événements

**Les carnavals** – À Cassel, le dimanche qui suit Mardi gras, Reuze-Maman est de sortie avec Reuze-Papa. Un autre carnaval fête la fin de l'hiver, le lundi de Pâques.

**Fête du Moulin** – À Castel-Meulen, le 14 juillet.

**Fiba** – Le festival international de la bière amateur se tient à Sainte-Marie-Cappel, le 3e w.-end de septembre. Ce jour-là, la gueuze coule à flot, venant du monde entier.

**Fête du Houblon** – À Steenvoorde chaque 1er dim. d'oct. Concerts, animations de rues, cortèges musicaux…

# Le Cateau-Cambrésis

7 156 CATÉSIENS
CARTE GÉNÉRALE C3 – CARTE MICHELIN DEPARTEMENTS 302 J7 – NORD (59)

**Étagé sur la rive droite de la Selle, au contact du Cambrésis agricole et de la Thiérache herbagère, Le Cateau-Cambrésis est la cité natale d'Henri Matisse. Il fonda là son musée, organisant lui-même, en partie, la présentation de ses œuvres. Aujourd'hui réaménagé, ce musée rend hommage aux multiples activités de l'artiste – peintre, sculpteur, graveur, illustrateur… – et présente la troisième collection Matisse de France.**

**Se repérer** – Le Cateau-Cambrésis se trouve à 22 km au sud-est de Cambrai et à 35 km au sud de Valenciennes. Accès par la N 43 ou la D 932.

**À ne pas manquer** – Le musée Matisse, bien sûr, notamment la *Fenêtre à Tahiti,* la série *Océanie* et le cabinet des dessins ; la brasserie historique de l'abbaye *(voir l'encadré pratique).*

**Organiser son temps** – La visite du musée demande deux bonnes heures.

**Pour poursuivre la visite** – Voir aussi Cambrai, l'abbaye de Vaucelles, Le Quesnoy, Avesnes-sur-Helpe, Guise.

## Comprendre

**Le traité du Cateau-Cambrésis** – Ici fut signé le 3 avril 1559, entre la France et l'Espagne, le traité mettant fin aux guerres d'Italie. Henri II restituait le Piémont, le Milanais, le Montferrat et la Corse, mais conservait Calais et les Trois Évêchés – Metz, Toul et Verdun. Le souverain mourut trois mois plus tard à Paris, à l'hôtel des Tournelles, d'un coup de lance reçu lors d'un tournoi.

**Le Nord selon Matisse** – Fils d'un marchand de grains, Henri Matisse (1869-1954) naît au Cateau-Cambrésis, au n° 3 de la place du Capitaine-Vignol. Il passe son enfance à **Bohain**, petite ville tournée vers le textile de grande qualité : des tissus somptueux, destinés aux « nouveautés de Paris ». Leur contemplation jouera un rôle essentiel dans son œuvre. Pour l'heure, cet enfant discret, émerveillé par les carnavals du Nord, les chevaux de bois et les acrobates dans leur baraque ambulante, ne songe qu'à devenir clown dans un cirque…

En 1888, Matisse est clerc d'avoué à **Saint-Quentin** quand il découvre le plaisir de peindre. Il s'inscrit alors à l'école de dessin Quentin-de-la-Tour, puis entre en 1891 dans l'atelier de Gustave Moreau à Paris. Beaucoup plus tard, le 8 novembre 1952, il donne à l'hôtel de ville du **Cateau** 82 œuvres qu'il expose selon un agencement auquel il a méticuleusement réfléchi. Et il offre à l'école maternelle un vitrail, *Les Abeilles*, que l'on peut apercevoir depuis la cour de l'établissement. À cette occasion, le maître témoigne de sa joie d'avoir consacré sa vie à « révéler un peu de la fraîche beauté du monde ».

## Découvrir

### Musée Matisse★★

*03 27 84 64 50 - ♿ - tlj sf mar. 10h-18h - fermé 1er janv., 22 sept., 1er nov., 25 déc. - 4,50 €, 7 € expo Matisse, gratuit 1er dim. du mois.*

Les œuvres cédées par l'artiste ont d'abord trouvé place dans le salon d'honneur de l'hôtel de ville. En 1982, la municipalité transfère le musée dans l'ancien **palais des archevêques de Cambrai** (18e s.), qui dispose d'un remarquable parc dessiné par Le Nôtre. Ce palais appartenait aux princes-archevêques de Cambrai, suzerains du Cateau. On l'appelle « palais Fénelon », bien qu'il ait été bâti après le passage du prélat. Fénelon (1651-1715) connut le jardin, où il venait méditer.

Entièrement rénové à l'aube des années 2000, sous la houlette de deux architectes nancéens, Laurent et Emmanuelle Beaudoin, le musée Matisse a conservé les **murs extérieurs** du petit palais et s'est agrandi d'un bâtiment de brique et de verre, qui laisse davantage pénétrer la lumière.

Des legs de la famille Matisse (toiles, études à l'encre et dessins) et d'importants dépôts de l'État sont venus compléter le don originel. Le musée présente ainsi quelque 170 œuvres, exposées avantageusement, qui témoignent du parcours d'un artiste touche-à-tout et hors du commun. Parmi les récentes acquisitions, on peut contempler *Marguerite au chapeau de cuir* et deux sculptures, *Henriette I* et *Jeannette II.* Une deuxième galerie est consacrée à l'œuvre d'Auguste Herbin (1882-1960) et offre un parcours dans la couleur pure. Une salle présente la collection de livres d'artistes

P. Cheuva / Conseil Général du Nord

*Le musée Matisse, dans l'ancien palais des archevêques de Cambrai.*

réalisés par Miro, Picasso, Chagall, Léger… Enfin, un programme d'expositions temporaires est axé sur l'œuvre de Matisse et sur l'abstraction géométrique.

**Le pays natal** – Évocation des premières années dans le Nord. Cahiers d'échantillons de tissus réalisés à Bohain, et encres de chine.

**Dans l'atelier de Moreau** – Après l'École nationale des arts décoratifs de Paris, Matisse apprend, aux côtés de Gustave Moreau, à interpréter plus librement les œuvres des maîtres. Premières sculptures inspirées de Rodin, différentes copies d'après Chardin.

**L'invention du fauvisme** – À l'occasion d'un voyage en Corse, il découvre la couleur. Sa palette ne sera plus jamais la même. Les ocres et les bruns cèdent la place aux couleurs solaires, comme en témoigne la *Première nature morte à l'orange* (1898). Après une initiation au divisionnisme (juxtaposition de points de couleurs), il se libère des contraintes du dessin et du réalisme avec de la couleur pure. Matisse est le chef de file des Fauves. Remarquez *Rue du Soleil à Collioure, Portrait de Marguerite* (marqué par l'art nègre dont l'artiste utilise la valeur expressive), *Marguerite au chapeau de cuir*, les panneaux de fleurs exécutés au Maroc, les petites têtes expressives dont, la première *Jeannette*.

**De Nice à Tahiti** – De 1918 à 1939, période de maturité, plusieurs natures mortes se mêlent à l'exaltation de la femme, souvent vêtue à l'orientale. Remarquez *Fenêtre à Tahiti★★★, Autoportrait, Le Buffet vert*, sculpture du *Grand nu assis*. Série de têtes de son modèle préféré : Henriette.

**Les années 1940** – Ce sont les années de plénitude, marquées par l'accord du dessin et de la couleur. De l'atelier de Vence sortent des bouquets de fleurs, des plantes luxuriantes, des intérieurs ensoleillés, des femmes à la sereine sensualité, cependant que les formes s'épurent. Remarquable, la **Femme à la gandoura bleue★★★** est la dernière peinture de l'artiste (1951).

**Le plafond de Matisse** – Transféré de la Côte d'Azur au Cateau, il représente les trois petits-enfants de l'artiste en visite à Nice à l'occasion de ses 80 ans. Sur le plafond de sa chambre de l'hôtel Régina, Matisse les a dessinés depuis son lit à l'aide d'un fusain attaché au bout d'une canne à pêche, pour les avoir toujours près de lui !

**Les gouaches découpées** – Pendant les dix dernières années de sa vie, à travers de larges gouaches découpées, Matisse se fait tailleur de lumière. Il fait couvrir de gouache, dans une trentaine de couleurs, de larges feuilles de papier. De grands ciseaux lui servent alors à révéler les formes, réunissant dans un seul geste la couleur et le dessin. Ses œuvres, telles qu'**Océanie, le ciel★★★** et **Océanie, la mer★★★**, offrent un mélange de ciel et de mer qui se joue de la ligne d'horizon.

**Les bas-reliefs** – Il s'agit des plâtres originaux des quatre bas-reliefs sculptés par Matisse en 1909, 1913, 1916/1917 et 1930, sur le thème de la femme nue de dos.

**La chapelle de Vence** – De 1948 à 1951, Matisse conçoit et décore à Vence, dans le sud, une chapelle pour les sœurs dominicaines. On peut voir certaines des études réalisées pour cette œuvre : un dessin de la *Tête de saint Dominique*, de la *Vierge à l'Enfant*, des maquettes en papier gouaché et découpé pour la chasuble noire et pour la chasuble blanche et or.

Musée Matisse, Le Cateau-Cambrésis / © Succession Matisse

*« Océanie, la mer » par Matisse.*

**Le cabinet des dessins★★★** – C'est la plus belle collection existante de dessins de Matisse, disposée selon ses indications. À travers une centaine d'œuvres (gravures et dessins) se découvre toute la diversité graphique de l'artiste, depuis ses approches du nu académique et les noirs somptueux des Odalisques des années 1920, jusqu'à sa quête inlassable de perfection formelle et spirituelle dans l'épure des portraits empreints de lumière et de grâce. Parmi les plus belles pièces figurent un *Autoportrait* au fusain daté de 1900, l'*Odalisque à la culotte de satin rouge*, des études de torsion du corps et un *Nu accroupi*.

**Autres artistes** – Le musée abrite également 65 œuvres d'Auguste Herbin (1882-1960), maître de l'abstraction géométrique, qui fit un important don de son œuvre à la ville en 1956 (toiles figuratives, œuvres abstraites, sculptures, piano à décor géométrique, tabouret, relief polychrome, vitrail).

À ses côtés figure une dizaine d'œuvres de son unique élève, Geneviève Claisse (don de l'artiste à la ville en 1982). Tous deux étaient originaires de Quiévy, près du Cateau.

Avec 39 œuvres majeures, la **donation d'Alice Tériade★★** est l'une des plus importantes donations d'art moderne faites depuis vingt ans à un musée de France. M$^{me}$ Tériade, décédée en 2007, était la veuve d'un des principaux éditeurs d'art du 20$^{e}$ s., ami très proche de Matisse et fondateur de la revue *Verve*. Cette donation vient compléter les 27 livres de peintres conçus et illustrés par les plus grands artistes de l'art moderne, offerts au musée. Elle comprend une *Grande femme* filiforme de Giacometti, *Le Roi de carte* de F. Léger et *Tête de femme couronnée de fleurs* de Picasso ainsi que des tableaux de Rouault et Chagall et une sculpture monumentale de Miro.

La pièce maîtresse est la reconstitution de la **salle à manger** de la *villa Natacha*. C'est dans cette villa à Saint-Jean-Cap-Ferrat que le couple recevait leurs amis artistes. Elle est ornée d'un vitrail multicolore et d'un mur en céramique dessinés par Matisse, un lustre et des coupes de Giacometti, et une statue sculptée par Laurens.

Des photographies, notamment celles d'Henri **Cartier-Bresson★** montrent le couple Tériade et Henri Matisse dans le jardin de la villa.

Des carnets de dessins sont distribués à l'entrée du musée, ainsi que des audioguides adaptés aux enfants.

## Se promener

### Place Anatole-France

La statue du maréchal Mortier, œuvre du sculpteur douaisien Bra, inspecte la Grand'Place, longue et déclive, qui s'achève par l'**hôtel de ville** (16$^{e}$ s.) et son **beffroi** (18$^{e}$ s.).

### Église Saint-Martin

L'ancienne abbatiale bénédictine Saint-André fut bâtie en 1634 sur les plans du jésuite Du Blocq, avec la collaboration du sculpteur cambraisien Gaspar Marsy. Clocher bulbeux et belle façade, d'un baroque mesuré. Sa rigueur symétrique contraste avec l'exubérance du décor sculpté : volutes, pots à feu, niches, cartouches, séraphins, guirlandes… Les emblèmes bourguignons – croix de Saint-André et briquets – évoquent l'époque où les Espagnols tenaient leurs possessions du Nord grâce à l'héritage bourguignon. L'intérieur comprend un chœur des moines très développé et un déambulatoire.

## Aux alentours

### Caudry-en-Cambrésis

*8 km à l'ouest par la N 43.*

En 1823, le métier à tulle apparaît à Caudry. Trente-cinq ans plus tard, un autre métier, de type mécanique, est mis au point dans le Cambrésis. Un « empire » se développe alors à Caudry, jusqu'en 1914. La ville reste, avec Calais, le premier pôle dentellier français. Elle produit surtout des dentelles pour les maisons de couture.

Dans une ancienne tullerie, le **musée de la Dentelle de Caudry** retrace l'histoire de la dentelle mécanique. Collection d'échantillons, d'accessoires de mode, de robes et de parures. Pour comprendre la technique dentellière, un atelier reconstitué s'active sous vos yeux. *03 27 76 29 77 - www.museedentelle-caudry.fr.tc - - tlj sf mar. 9h-12h, 14h-17h, w.-end et j. fériés 14h30-18h - fermé 24-27 et 31 déc., 1er-3 janv., 1er Mai, 1er nov. - 3 €, gratuit j. de la fête des Tullistes (17-18 juil.).*

## Le Cateau-Cambrésis pratique

### Adresses utiles

**Office du tourisme du pays de Matisse** – *9 pl. Édouard-Richez - 59360 Le Cateau-Cambrésis - 03 27 84 10 94 - www.tourisme-lecateau.fr - merc.-sam. 10h-13h, 14h-17h, dim. 10h-13h - fermé j. fériés.*

**Office du tourisme de Caudry** – *Pl. du Gén-de-Gaulle - 59540 - 03 27 70 09 67 - www.ot-caudry.fr.tc - mar.-vend. 9h-12h30, 14h30-17h30, sam. 10h-12h, 15h-17h30 - fermé dim. et j. fériés.*

### Visite

**Circuit** – *Renseignements au CDT du Nord - 03 20 57 59 59.* Le circuit « Sur les pas de Matisse » vous emmène sur les traces du maître au Cateau-Cambrésis, à Bohain, Saint-Quentin et Lesquielles-Saint-Germain.

### Se loger et se restaurer

**Le Florida** – *54 r. Théophile-Boyer - 03 27 84 01 07 - www.hotel-leflorida.com - fermé dim. soir - 12/23 € - 8 ch. 43/48 € - 6 €.* Après un séjour au Mexique, le patron accueille les voyageurs dans une salle à manger aux allures bourgeoises. La cuisine y joue une partition classique. À l'étage, quelques chambres anciennes. Une étape familiale, en toute simplicité.

**Brasserie Historique de l'Abbaye du Cateau – Bar, restaurant, vente à emporter** – *16 r. du Marché-aux-Chevaux - 03 27 07 19 19 - ouvert du jeu. au dim. midi - formule déj. 12 € - 19,50 €.* À sa création, en 1795, l'abbaye de Saint-André possédait déjà une brasserie. Aujourd'hui, ce lieu chargé d'histoire s'ouvre à une nouvelle vie. Dans le cadre exceptionnel de la brasserie historique, vous pourrez déguster des spécialités du terroir, la bière Vivat (brassée sur place) et la limonade artisanale P'tit Quinquin (également produite par la brasserie), fabriquées dans le respect de la tradition régionale.

**Relais Fénelon** – *21 r. du Mar.-Mortier - 03 27 84 25 80 - fermé 2-8 janv., 1er-24 août, dim. soir et lun. sf fériés - 19/29 € - 5 ch. 43/50 € - 6 €.* Cette demeure du 19e s. abrite une salle à manger au charme provincial, précédée d'un salon au confort bourgeois. Agréable terrasse d'été ouverte sur un jardin arboré.

# Chemin des Dames

CARTE GÉNÉRALE C4 – CARTE MICHELIN DEPARTEMENTS 306 C/F-6 – AISNE (02)

**Cette petite crête, 200 m d'altitude, 30 km de long sur 8 km de large, est depuis l'Antiquité un point stratégique sur la route du nord de l'Europe. Déjà, César y affrontait les hordes gauloises. Mais ce fut surtout le théâtre de combats très meurtriers au cours de la Première Guerre mondiale. Aujourd'hui encore, témoignage grandeur nature de la folie des hommes, le Chemin des Dames conserve les traces émouvantes du désespoir des poilus.**

- **Se repérer** – L'itinéraire suit d'ouest en est la crête d'une falaise séparant la vallée de l'Aisne de celle de l'Ailette. Les versants abrupts sont percés de galeries qui donnent sur des carrières souterraines.
- **À ne pas manquer** – La caverne du Dragon ; l'abbaye de Vauclair.
- **Organiser son temps** – Prévoyez une petite journée pour l'ensemble de l'itinéraire. N'oubliez pas de prévoir un vêtement chaud pour visiter la caverne du Dragon.
- **Pour poursuivre la visite** – Voir aussi Soissons, Laon, Coucy-le-Château-Auffrique et la forêt de Saint-Gobain.

*La caverne du Dragon, aménagée en musée du Souvenir.*

## Comprendre

**Déjà César et Clovis** – Quelques années avant la bataille d'Alésia, en 57 av. J.-C., les armées romaines tiennent siège autour de Bibrax, situé sur la crête entre l'Ailette et l'Aisne, et mettent à mal les troupes gauloises. Cinq siècles plus tard, c'est au tour de Clovis, roi des Francs, de défaire les Romains aux alentours de Soissons, dont il fait ensuite la capitale de son royaume.

**La dernière victoire de Napoléon** – En 1814, durant les Cent jours, Napoléon engage ses dernières et jeunes recrues, les « Marie-Louise », contre la coalition russo-prussienne. De nouveau, la crête est un théâtre sanglant. C'est la dernière victoire de Napoléon avant la défaite définitive de Waterloo, quelques mois plus tard.

**L'offensive Nivelle** – En 1914, après la bataille de la Marne, les Allemands en retraite s'arrêtent sur cette position défensive qu'ils fortifient en utilisant les carrières, *boves* ou *creuttes*, creusées dans la falaise. Après deux ans de guerre de position, le général **Nivelle**, ayant pris le commandement des armées françaises en décembre 1916, cherche la rupture du front sur le Chemin des Dames. Malgré la nature difficile du terrain, il lance l'armée Mangin à l'assaut des positions allemandes, le 16 avril 1917. Les troupes françaises occupent les crêtes dans un premier élan, mais les Allemands s'accrochent sur le versant de l'Ailette. Pilonnages de l'artillerie et participation des premiers chars d'assaut n'y changent rien, l'offensive de Nivelle est un désastre. Son obstination fait perdre la vie à des dizaines de milliers de soldats, durant plusieurs mois d'offensives et de contre-offensives plus absurdes les unes que les autres. Le Chemin des Dames changent plusieurs fois de maître jusqu'en novembre 1918, au prix de véritables massacres.

**Le désespoir des poilus** – Des pertes terribles et l'échec de l'assaut engendrent une crise morale. Dès la fin du mois d'avril, un climat insurrectionnel gagne une grande partie de l'armée. Près de 40 000 soldats refusent désormais de se battre pour conquérir un lopin de terre en une semaine et le reperdre ensuite. Les généraux Nivelle et Mangin sont limogés. Le général **Pétain** prend le commandement et mate ces tentatives de révolte. Des dizaines de soldats sont condamnés, plusieurs exécutés. Des voix s'élèvent aujourd'hui pour accorder le pardon à ces « mutins », soldats désespérés par l'horreur des combats. Après trois ans d'acharnement, les Alliés gagnèrent 8 km sur les troupes allemandes.

## Circuit de découverte

### DE SOISSONS À BERRY-AU-BAC

*57 km – environ 3h30. Quitter Soissons au nord et prendre la N 2 vers Laon.*

Huit sites historiques sont reliés par un itinéraire balisé *(se reporter aux numéros sur le plan)* : fort de la Malmaison **(1)** ; panorama de la Royère : troupes coloniales **(2)** ; Cerny-en-Laonnois **(3)** ; caverne du Dragon **(4)** ; monument des Basques **(5)** ; plateau de Californie **(6)** ; arboretum et village de Craonne **(7)** ; monument national des chars d'assaut à Berry-au-Bac **(8)**.

### Carrefour du moulin de Laffaux

Sur cette butte (169 m) qui marque l'extrémité ouest des hauteurs du Chemin des Dames se dresse le monument aux morts des Crapouillots *(derrière le restaurant)*. Le moulin de Laffaux s'élevait autrefois à cet emplacement.

*Deux demi-échangeurs sont en construction au niveau du carrefour du moulin de Laffaux et du croisement entre N 2 et D 14. Prendre à droite la D 18.*

### Fort de la Malmaison

Fortifications du début du 20e s. Enlevé par les coloniaux de la 38e DI sur la Garde prussienne en 1917. Au cimetière, tombes allemandes (1939-1945).

### Cerny-en-Laonnois

Près du carrefour de la D 967, le mémorial du Chemin des Dames, la chapelle et le cimetière militaire français jouxtent un cimetière allemand. La lanterne des morts a été édifiée de manière à être vue depuis les cathédrales de Soissons, Laon et Reims.

### Le saviez-vous ?

Ce chemin tient son nom des filles de Louis XV, Mesdames, qui l'empruntaient pour gagner le château de La Bove, propriété de leur amie et ancienne gouvernante, la duchesse de Narbonne.

Sur certaines parois souterraines, quelques bas-reliefs et graffitis poignants, laissés par des poilus de toutes nationalités, traduisent l'angoisse de ces hommes, mais aussi leurs rêves et leurs espoirs.

Durant la Grande Guerre, la crête du Chemin des Dames aurait reçu environ une tonne d'obus au m².

### Caverne du Dragon★

*03 23 25 14 18 - visite guidée (1h30) juil.-août : 10h-19h ; mai-juin et sept. : 10h-18h ; oct.-avr. : tlj sf lun. (sf si j. férié) 10h-18h (dernière entrée 1h30 av. fermeture) - fermé 18 déc.-31 janv. - 5 € (enf. 2,50 €). Prévoir un vêtement chaud.*

Surnommée ainsi par les Allemands, cette galerie fut creusée au Moyen Âge par les carriers pour extraire la pierre qui servit à bâtir l'abbaye de Vauclair. En 1915, les unités allemandes la transforment en caserne, avec postes de tir et de commandement. Progressivement, la vie s'organise et la caverne devient une véritable ville souterraine avec son hôpital, son cimetière, sa chapelle et ses kilomètres de couloirs. Elle change plusieurs fois de propriétaire entre 1915 et 1918, toujours au prix de combats sanglants. Français et Allemands cohabitent même à quelques mètres les uns des autres, de juillet à novembre 1917. Les derniers soldats germaniques fuient en octobre 1918. Convertie en **musée du Souvenir**, la caverne retrace la vie des soldats à travers des mises en scène efficaces, des objets, des visuels, une galerie des uniformes et des armements, une reconstitution de tranchées, une salle consacrée à l'artisanat de tranchée *(1 km de circuit)*. Un film et une maquette animée présentent les épisodes marquants du conflit et l'importance stratégique du site.

Panorama sur la vallée de l'Aisne, avec deux tables d'orientation.

*La D 18 suit l'« isthme d'Hurtebise », qui s'épanouit au nord-est sur le plateau de Craonne, formé par les plateaux de Vauclair et de Californie.*

### Monument des « Marie-Louise »

En mars 1814, la ferme d'Hurtebise fut l'enjeu de la **bataille de Craonne**, que Napoléon, venu de Corbeny, remporta sur Blücher. Face à la ferme, ce mémorial associe les jeunes fantassins de l'Empereur, appelés les « Marie-Louise », aux poilus de la Grande Guerre.

*La D 886, à gauche, descend dans la vallée de l'Ailette.*

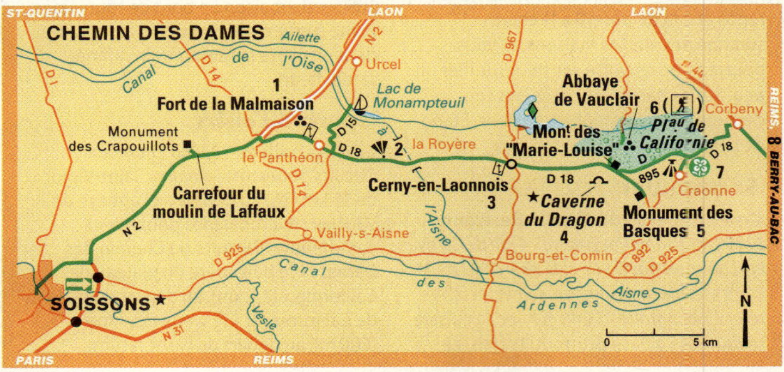

### Abbaye de Vauclair

Cette abbaye, fondée en 1134 par saint Bernard, a été très endommagée par les bombardements de 1917. Les bâtiments les mieux conservés sont le cellier, le réfectoire des frères convers, la salle capitulaire et la salle des moines. On distingue les bases de l'abbatiale et de l'hostellerie. Une galerie d'exposition se trouve à côté du jardin de plantes médicinales.

Autour, la **forêt** monastique de Vauclair couvre 1 000 ha.

*Revenir au Chemin des Dames et suivre la D 18 sur 2 km.*

### La chanson de Craonne

« Adieu la vie, adieu l'amour,
Adieu toutes les femmes.
C'est bien fini, c'est pour toujours,
De cette guerre infâme.
C'est à Craonne, sur le plateau,
Qu'on doit laisser sa peau
Car nous sommes tous condamnés,
C'est nous les sacrifiés ! »
*Chanson anonyme de 1917.*

### Monument des Basques

Cent ans après Craonne (1814), la ferme d'Hurtebise fut à nouveau l'objet de furieux combats, où s'illustrèrent les Basques de la 36e DI. Monument commémoratif.

*Revenir sur ses pas et prendre à droite la D 895.*

À droite, on longe l'observatoire d'où Napoléon dirigea la bataille de Craonne (statue de l'Empereur).

### Plateau de Californie

À partir du parking, promenade pédestre en lisière de forêt *(45mn)* jalonnée de panneaux illustrant la vie du soldat. Figés dans le bronze, les visages des poilus rejaillissent « de la terre à la lumière », enchevêtrés dans une structure qui évoque un amas de fils barbelés. Une étrange sculpture de Haïm Kern évoque la dureté des combats. Vue sur la vallée.

### Arboretum de Craonne

Là où l'on rejoint la D 18, un arboretum a remplacé le vieux village de Craonne, qui a été reconstruit en contrebas. Le terrain, ravagé par les obus, exprime l'âpreté des combats qui s'y livrèrent.

**Yves Gibeau** (1916-1994), auteur de romans, dont *Allons z'enfants* adapté au cinéma par Yves Boisset, est enterré dans le cimetière du Vieux Craonne.

*Rejoindre la N 44 par La Ville-aux-Bois et tourner à droite.*

Avant l'arrivée à Berry-au-Bac, à l'intersection de la N 44 et de la D 925, **monument des Chars d'assaut**.

## Chemin des Dames pratique

### Se loger

**Chambre d'hôte Le Clos** – *02860 Chérêt - 8 km au S de Laon par D 967 - 03 23 24 80 64 - www.lecloscheret.com - fermé 15 oct.-15 mars - - 4 ch. 45/50 € - repas 20 €.* Ce vendangeoir, dont l'origine remonte au 16e s., est une invitation au repos et à la détente. Il a le charme suranné des vieilles maisons, et vous pourrez y poser votre sac pour souffler un peu. Ses 3 chambres spacieuses sont décorées de jolis meubles anciens. Étang de pêche.

### Se restaurer

**L'Auberge du Moulin Bertrand** – *02860 Martigny-Courpierre - 4 km de Cerny-en-Laonnois par D 967 et D 88 - 03 23 24 71 73 - fermé dim. soir, lun. soir et merc. - réserv. obligatoire - 15/40 €.* Avec sa cuisine savoureuse à base de produits frais, ce restaurant saura satisfaire vos envies gourmandes. Après le repas, laissez-vous tenter par une promenade sur les bords verdoyants des étangs. En hiver, vous profiterez de la cheminée et, en été, de la plaisante terrasse.

**La Cote 108** – *1 r. du Col.-Vergezac - 02190 Berry-au-bac - 03 23 79 95 04 - www.lacote108.com - fermé 10-24 juil., 26 déc.-15 janv., mar. soir, dim. soir et lun. - 23/66 €.* Pause gourmande face à la cote 108 : cette maison en bord de route vous invite à goûter une cuisine d'aujourd'hui dans un cadre contemporain raffiné. Jardin fleuri.

### Sports & Loisirs

**Circuits balisés** – *02860 Chamouille.* Circuits pédestres : circuit « Saint-Victor » de 11 km (3h) au départ de l'abbaye de Vauclair ; microbalades pour mieux comprendre l'histoire du Chemin des Dames : « le belvédère du plateau de Californie » (2,5 km), au départ du plateau de Californie, et « le vieux Craonne » (600 m), au départ de l'arboretum.

# Compiègne★★★

AGGLOMÉRATION DE 108 234 COMPIÉGNOIS
CARTE GÉNÉRALE B4 – CARTE MICHELIN DEPARTEMENTS 305 H4 – OISE (60)

**Compiègne fut résidence royale avant d'être le témoin des réceptions fastueuses du Second Empire. Les uns aimeront revivre ce passé en visitant le château, palais impérial s'étalant fièrement, sobre et massif. Les autres, amoureux de la nature, suivront l'un des nombreux itinéraires de la forêt où furent signés les deux armistices, le 11 novembre 1918 et le 22 juin 1940. Aujourd'hui, dans une ambiance feutrée, Compiègne, concurrente de son aînée Beauvais, respire la tranquilité provinciale.**

- **Se repérer** – Nichée entre forêt de Laigue et forêt de Compiègne, dans la vallée de l'Oise, avec Beauvais à l'ouest et Laon à l'est. De Paris, accès par l'A 1, du nord, par l'A 1/A 2.
- **À ne pas manquer** – Au palais impérial, les appartements historiques et le musée de la Voiture et du Tourisme ; les circuits en forêts ; les Picantins (friandise à la noisette).
- **Organiser son temps** – Comptez 2h pour la visite du Palais, une journée pour la ville et une demi-journée en forêt. Profitez de l'effervescence de Compiègne lors du départ de la course cycliste Paris-Roubaix, chaque année début avril, ou pendant le Festival des forêts, organisé fin juin - début juillet.
- **Avec les enfants** – Le parcours acrobatique en forêt « Grimp'à l'arb » ; le musée de la Figurine historique.
- **Pour poursuivre la visite** – Voir aussi Longueil-Annel, l'abbaye d'Ourscamps, le château de Pierrefonds, Morienval.

## Comprendre

**Aux origines** – Le palais bâti par Charles le Chauve sur le modèle de celui de Charlemagne à Aix-la-Chapelle revint à son frère Louis lors du partage de l'Empire carolingien, au traité de Verdun (843). La ville grandit alors autour de la résidence des Carolingiens et de l'abbaye fondée par Charles le Chauve, abbaye (dont seul le cloître du 14e s. subsiste) qui détint, à partir du 10e s., les reliques de saint Corneille, et qui précède Saint-Denis en tant que nécropole royale et foyer de culture. Au 13e s., la cité est entourée de remparts. Charles V les renforce et leur ajoute, en 1374, un château qui est à l'origine du palais.

**Jeanne d'Arc prisonnière** – En mai 1430, Anglais et Bourguignons campent sous les murs de Compiègne. Jeanne d'Arc examine la situation et, le 23 mai, franchit l'Oise, chasse les avant-gardes bourguignonnes, mais des renforts accourent. Les Français sont pris à revers par les Anglais et doivent se replier. La Pucelle couvre la retraite avec une poignée d'hommes. Ils arrivent devant les fossés. Trop tard ! Le pont-levis vient d'être redressé sur ordre du gouverneur qui craignait de voir les ennemis se glisser dans

P. Gajic / MICHELIN

*Le palais de Compiègne, côté jardins.*

la place avec les derniers combattants. Une mêlée s'engage alors, un archer picard désarçonne Jeanne, qui est mise hors de combat et capturée. La capture de la Pucelle s'est déroulée vers l'actuelle place du 54e-Régiment-d'Infanterie, où a été érigée sa **statue équestre**, conçue par Frémiet.

**Le saviez-vous ?**

Le nom de Compiègne dérive de *compendium*, « raccourci », et ferait allusion à un gué sur l'Oise qui permettait d'éviter Senlis, entre Soissons et Reims. À la Révolution, Compiègne devint Marat-sur-Oise.

La forêt domaniale, peuplée de hardes de cervidés, est le paradis des randonneurs. Trois équipages de chasse à courre animent encore l'ancienne terre de chasse des rois.

**Grands travaux** – Les rois se plaisent à Compiègne. Pourtant, avec ses quatre corps de logis entourant, de guingois, une cour centrale, le château d'origine n'a rien d'une demeure de plaisance. Louis XIV a ce mot : « À Versailles, je suis logé en roi, à Fontainebleau en prince, à Compiègne en paysan. ». Il se fait donc construire de nouveaux appartements face à la forêt. Ses 75 séjours s'accompagnent de fêtes fastueuses et de grands camps militaires, comme celui de 1698, lors de sa dernière visite à Compiègne. Louis XV, quant à lui, ordonne, en 1738, la reconstruction totale du palais afin de pouvoir y résider avec sa cour et ses ministres. Son « grand plan », établi en 1751, est arrêté par la guerre de Sept Ans. Louis XVI le reprend et fait exécuter de grands travaux, bien qu'incomplets. En 1785, il occupe le nouvel appartement royal, qui reviendra à Napoléon Ier. Devant la façade du palais donnant sur le parc, une grande terrasse est aménagée, reliée aux jardins par un perron central ; elle remplace le fossé de l'enceinte de Charles V. En 1795, le mobilier est dispersé lors de ventes aux enchères.

**Aménagements divers** – Après la Révolution, le palais est affecté à un prytanée militaire, puis à une école d'arts et métiers. En 1806, il devient maison impériale : Napoléon Ier le fait restaurer par l'architecte Berthaut, les frères Dubois et Redouté, décorateurs, et le peintre Girodet.

**Le château des mariages** – Le 14 mai 1770, c'est en forêt de Compiègne qu'est organisée la rencontre du dauphin, futur Louis XVI, et de Marie-Antoinette d'Autriche. Le 27 mars 1810, Marie-Louise, qui a épousé Napoléon Ier par procuration, arrive à Compiègne. L'Empereur, impatient, emmène sa compagne dîner à Compiègne ; les cérémonies nuptiales à Saint-Cloud et à Paris consacreront l'union imposée à Vienne. En 1832, Louis-Philippe, qui a converti le jeu de paume en théâtre, marie sa fille Louise-Marie au premier roi des Belges, Léopold de Saxe-Cobourg.

**Les « séries » du Second Empire** – Compiègne est la résidence préférée de Napoléon III et de l'impératrice Eugénie. Ils viennent pour les chasses d'automne et pour recevoir, outre les rois et princes d'Europe, les célébrités de l'époque en cinq « séries » de 80 personnes. Le logement des invités pose de grands problèmes ; certains doivent se contenter de chambres situées dans les combles. Chasses, bals, soirées théâtrales, intrigues amoureuses et politiques s'entremêlent. Un luxe et une légèreté sans limite grisent les courtisans. Un après-midi pluvieux, pour distraire le couple impérial et ses invités, Mérimée compose sa célèbre *Dictée*, où il accumule les difficultés. L'impératrice commet le maximum de fautes, 62 ; Pauline Sandoz, belle-fille de Metternich, n'en fait que trois. 1870 interrompt cette vie joyeuse et les travaux du nouveau théâtre. Conséquence de ces séjours : le mobilier du Premier Empire est en grande partie renouvelé.

**Les deux guerres mondiales** – En 1917-1918, le palais est le QG de Nivelle, puis de Pétain. Un incendie ravage une partie des appartements royaux en 1919. Au cours de la Seconde Guerre mondiale, Compiègne est très éprouvé par les bombardements. **Royallieu**, faubourg sud, sert entre 1941 et 1944 de centre de triage vers les camps de concentration nazis. Des monuments commémoratifs rappellent cela devant l'entrée du camp militaire et en gare de Compiègne.

## Découvrir

### PALAIS★★★ B1-2

*03 44 38 47 00 - www.musee-chateau-compiegne.fr - tlj sf mar. 10h-18h (dernière entrée 17h15) - musée du Second Empire fermé entre 12h30 et 13h30 - appartements historiques, de nov. à fév. (dernière entrée 15h45) - fermé 1er janv., 1er Mai, 1er Nov., 25 déc. - possibilité de visite guidée découverte (1h) et de visite conférence (1h30) pour les appartements historiques et le musée de la Voiture et du Tourisme - 5 € (-18 ans gratuit), + suppl. pour visite découverte et visite conférence, gratuit 1er dim. du mois, 3,50 € les autres dim.*

Vu de la place, c'est, paradoxalement, « un château Louis XV presque totalement élevé de 1751 à 1789 ». Le palais, qui couvre un vaste triangle de plus de 2 ha, est d'une sévérité classique, d'ordonnance régulière. Son fronton porté par d'imposantes colonnes ioniques donne une certaine majesté à sa rigoureuse façade. Mais la décoration intérieure (tapisseries, ameublement du 18e s. et du Premier Empire) mérite une visite approfondie. Parmi les détails décoratifs donnant une certaine unité aux appartements, voyez les dessus-de-porte de Sauvage (1744-1818).
Construit en 1867 à la demande de Napoléon III, le **théâtre**, dont les travaux furent interrompus en 1870, ouvrit ses portes en 1991. Une saison musicale s'y déroule depuis. L'architecture intérieure s'inspire de celle de l'opéra de Versailles.

## Appartements historiques★★

Après les salles d'attente, on passe au pied du grand degré de la Reine, ou escalier d'Apollon, pour gagner la galerie des Colonnes. Elle précède l'escalier d'honneur **(1)** avec sa belle rampe en fer forgé (18e s.). Sur le palier *:* sarcophage gallo-romain qui servit de cuve baptismale dans l'abbatiale Saint-Corneille. 1er étage *:* salle des Gardes du roi **(2)**. L'antichambre ou salon des Huissiers **(3)** qui fait suite commandait l'accès à l'appartement du Roi *(à gauche)* et de la Reine *(à droite)*.

## Appartement du Roi et des Empereurs

**Salle à manger de l'Empereur (4)** – Décor et mobilier Premier Empire. Murs en faux marbre et faux onyx ; portes surmontées de grisailles peintes par Sauvage, à qui l'on doit aussi le grand trompe-l'œil figurant Anacréon. Le 1er mai 1814, Louis XVIII reçut ici le tsar Alexandre, qui hésitait à replacer les Bourbons sur le trône de France. Sous le Second Empire, le théâtre intime y était dressé, et les familiers de l'impératrice y jouaient revues et charades.

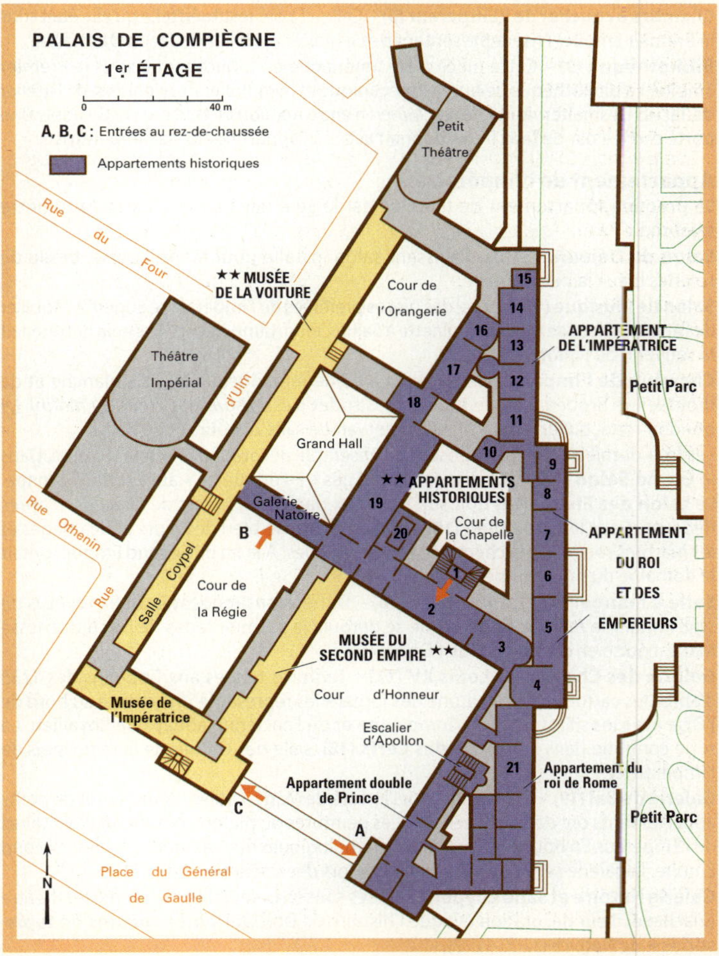

**Salon des Cartes (5)** – Antichambre des Nobles sous Louis XVI, puis salon des Grands Officiers sous Napoléon Ier, cette pièce fut désignée comme salon des Aides de camp ou salon des Cartes sous Napoléon III. Mobilier du Premier Empire (chaises couvertes de tapisseries de Beauvais) et du Second Empire. Remarquez les jeux : palet, billard japonais.

**Salon de Famille (6)** – Ancienne chambre à coucher de Louis XVI. **Vue★** sur le parc, tout au long de la perspective des Beaux Monts. Le mobilier rappelle le penchant de l'impératrice Eugénie pour les mélanges de styles : fauteuils Louis XV, sièges de fantaisie à deux places (« confidents ») et à trois places (« indiscrets »).

P. Gajic / MICHELIN
*La chambre de l'Empereur.*

**Cabinet du Conseil (7)** – Avec Versailles et Fontainebleau, Compiègne était le troisième château où le roi tenait conseil. Les représentants de la République de Gênes et de la France y signèrent deux traités (1756 et 1764) accordant aux troupes françaises le droit de tenir garnison dans les places maritimes de la Corse. Une tapisserie montre le passage du Rhin par Louis XIV.

**Chambre à coucher de l'Empereur (8)** – Celle-ci a été restituée telle qu'elle était sous le Premier Empire. Frise représentant des aigles et mobilier de Jacob Desmalter.

**Bibliothèque (9)** – Cette pièce a été aménagée en bibliothèque sous le Premier Empire. La bibliothèque, le bureau mécanique et le mobilier proviennent de l'atelier de Jacob Desmalter. Au plafond : *Minerve entre Apollon et Mercure* de Girodet. Une porte cachée par de faux livres donnait accès à l'appartement de l'Impératrice.

## Appartement de l'Impératrice

Le premier appartement de la Reine est le seul dans lequel Marie-Antoinette séjourna.

**Salon du Déjeuner (10)** – Ravissant salon installé pour Marie-Louise, tendu de soieries bleu clair et jonquille.

**Salon de Musique (11)** – L'une des pièces préférées de l'impératrice Eugénie. Mobilier de l'appartement de Marie-Antoinette à Saint-Cloud. L'impératrice Eugénie entretenait le souvenir de l'infortunée reine.

**Chambre de l'Impératrice (12)** – Lit à baldaquin, rideaux de soie blanche et de mousseline brodée d'or. Peintures de Girodet *(Les Saisons* et *L'Étoile du matin).* Le boudoir rond, ouvert sur la chambre, servait de salle d'atours et de bains.

Les trois derniers salons composent un ensemble décoratif du Premier Empire. Dans le **Grand Salon (13)**, on a disposé les sièges « à l'étiquette » autour d'un canapé. Le **salon des Fleurs (14)** doit son nom aux panneaux peints de liliacées, d'après Redouté. Dans le **Salon bleu (15)**, contraste entre le bleu des murs et des sièges et les marbres rouges de la cheminée et des consoles. À la fin du Second Empire, c'était le domaine du prince impérial.

**Salle à manger de l'Impératrice (16)** – Dimensions modestes, murs revêtus de stuc imitant le marbre. C'est ici que se déroula le premier repas de l'archiduchesse Marie-Louise en compagnie de l'Empereur.

**Galerie des Chasses de Louis XV (17)** – Tentures tissées aux Gobelins dès 1735 d'après les cartons d'Oudry. L'une des tapisseries représente une chasse au bord de l'Oise avec les silhouettes de Compiègne et de l'ancienne abbaye de Royallieu. La série continue dans la **galerie des Cerfs (18)**, salle des Gardes de la reine, puis de l'impératrice.

**Galerie de Bal (19)** – Construite pour l'arrivée de Marie-Louise ; deux étages de petits appartements ont déjà été éventrés. Les peintures du plafond glorifient les victoires de l'Empereur. En bout de salle, scènes mythologiques dues à Girodet. Sous le Second Empire, la galerie servit de salle à manger lors des « séries ».

**Galerie Natoire et salle Coypel** – Édifiées sous Napoléon III pour mener au théâtre (inachevé). Leur décoration évoque l'histoire de Don Quichotte, **cartons de tapisseries★** de Natoire (1700-1777).

**Chapelle (20)** – La grande chapelle prévue n'ayant jamais été construite, celle-ci (œuvre du Premier Empire) est étonnamment petite pour un si vaste château. Ici eut lieu le 9 août 1832, dans l'émotion d'une famille très unie, le mariage de la princesse Louise-Marie, fille aînée de Louis-Philippe, avec Léopold Ier, roi des Belges. La princesse Marie d'Orléans, deuxième fille du roi des Français, donna le dessin du vitrail.

## Appartement double de Prince et appartement du roi de Rome

**Appartement double de Prince** – Destiné par Napoléon Ier à loger un couple de souverains étrangers. Bel exemple d'ameublement Empire *:* une salle à manger, quatre salons et une grande chambre à coucher.

**Appartement du roi de Rome** – Appartement du fils de Napoléon Ier, qui y passa un mois en 1811. Restitué tel qu'il se trouvait à l'époque, avec son mobilier d'origine *:* salon-boudoir, salle de bains, boudoir, chambre à coucher, premier salon Au milieu de l'appartement, le salon de jeux de la reine Marie-Antoinette **(21)**.

## Musée du Second Empire★★

Dans l'ambiance feutrée d'une suite de petits salons, le musée donne de nombreuses images de la cour, de la vie mondaine et des arts sous le Second Empire.

À la suite de la première salle, consacrée aux dessins humoristiques d'Honoré Daumier, les collections font place aux « beautés » de l'époque. La princesse Mathilde (1820-1904), l'une des grandes figures du règne, y est à l'honneur. Cette cousine, proche de Louis Napoléon, lui avait été un moment fiancée. Après son mariage espagnol, elle se consacra à son salon de la rue de Courcelles, fréquenté par de nombreux écrivains et artistes – même hostiles au pouvoir – et à son château de Saint-Gratien.

Le musée possède le fameux **tableau de Winterhalter** représentant l'impératrice et sa corolle de dames d'honneur (1855). Parmi les nombreuses sculptures de **Carpeaux** présentées dans les dernières salles, le **buste de Napoléon**, vieilli après la chute de l'Empire, et la statue du prince impérial avec son chien.

**Musée de l'Impératrice** – Cette collection léguée par M. et Mme Ferrand recrée l'atmosphère nostalgique de l'exil anglais que la chute de l'Empire imposa aux souverains. Des vitrines rassemblent les objets les plus émouvants de l'impératrice Eugénie et de son fils, le prince impérial, massacré par les Zoulous (1879).

## Musée de la Voiture et du Tourisme★★

Ouvert en 1927 sur l'initiative du Touring-Club de France, il présente une collection de voitures anciennes, notamment des berlines (voitures montées sur train à deux brancards, plus sûres que l'attelage à flèche unique) de voyage ou d'apparat. Les 130 attelages (18e s. et 19e s.) et la trentaine d'automobiles de la collection témoignent des premiers pas de l'automobile dans les domaines de la vapeur, de l'électricité et du moteur à explosion jusqu'en 1914.

**Grand hall** – L'ancienne cour des cuisines accueille une berline de voyage des rois d'Espagne (vers 1740) ainsi qu'une berline papale et celle avec laquelle Bonaparte fit son entrée dans la ville en 1796. Voitures et coupés de voyage (18e-19e s.), mail-coach, char à bancs, omnibus Madeleine-Bastille, coupés d'Orsay et berlines de gala.

À la collection s'ajoutent : la mancelle de Bollée de 1878 et une diligence à vapeur du même constructeur, une autochenille Citroën de la Croisière noire (1924), le wagon-salon de Napoléon III, servant à ses déplacements entre Paris et Compiègne.

**Cuisines et dépendances** – Évolution des deux-roues depuis les pesantes draisiennes (1817) lancées à force de coups de pied. Les pédales apparaissent avec le vélocipède Michaux (1861). Le grand bi, en tubes de fer, agrandit démesurément la roue avant pour accroître la vitesse vers 1880. Avec la transmission à chaîne, qui équipe le tricycle anglais, le « développement » rend inutile cette disproportion. La bicyclette se développe (1890). L'armée met alors au point le vélocipède pliant (1914).

Dans les anciennes grandes cuisines du palais, on suit l'évolution de la voiture automobile, depuis la voiture à vapeur de de Dion et Trépardoux jusqu'à la torpédo Sigma-Ballot de Guyenmer (1914), dont la silhouette marque déjà l'effort vers la vitesse. Entre ces deux pièces : la Panhard n° 2, première voiture équipée d'un moteur Daimler 4 temps, le vis-à-vis de Bollée fils (1895) de la course Paris-Marseille (en Beauvaisis), la série des De Dion-Bouton, le break automobile (1897) de la duchesse d'Uzès, première femme conducteur, la « Jamais-Contente » (1899), automobile électrique montée sur pneus Michelin qui atteignit, la première, la vitesse de 100 km/h, la 4 CV Renault de 1900, première conduite intérieure. Moteurs à vapeur, à explosion, électriques sont témoins de l'opiniâtreté des créateurs de l'industrie automobile.

**1er étage** – Voitures étrangères *:* cabriolets hollandais et italiens, charrette sicilienne, palanquin, traîneaux, etc.

### PETIT PARC B1-2

L'Empereur avait donné la consigne de « lier, le plus tôt possible, le château avec la forêt, qui est le véritable jardin et qui constitue tout l'agrément de cette résidence ». Le mur de clôture qui fermait la perspective fut donc abattu et remplacé par une grille. Au-delà, la trouée des Beaux Monts trace une perspective de 4 km. Afin d'accéder à la forêt sans passer par la ville, Napoléon Ier fit aménager une rampe entre la terrasse et le parc, au prix de la destruction du perron de Gabriel. Dès lors, le Petit Parc, replanté à l'anglaise par Berthault, perdit de son importance. Sa physionomie actuelle date du Second Empire.

## Se promener

*Démarrez de la place de l'hôtel de ville.*

### Hôtel de ville★ B2

Édifice de style gothique finissant, bâti sous Louis XII et restauré au 19$^{e}$ s. En façade, de part et d'autre de la statue équestre de Louis XII *(de gauche à droite)*, on voit saint Denis, Louis IX, Charles le Chauve, Jeanne d'Arc, le cardinal Pierre d'Ailly, né à Compiègne, et Charlemagne. Le beffroi, à deux étages, abrite la Bancloque, une cloche de 1303. Sous la flèche d'ardoises flanquée de quatre clochetons, les Picantins rythment les heures.

*Longer l'hôtel de la Cloche, qui abrite le musée de la Figurine historique (voir description dans « Visiter »), puis prendre la rue Legendre jusqu'à la place Saint-Jacques.*

S. Sauvignier / MICHELIN

*L'hôtel de ville gothique de Compiègne.*

### Église Saint-Jacques B2

Sa tour du 15$^{e}$ s. est la plus haute de la ville. C'est l'ancienne paroisse du roi et de la cour, d'où les dépenses faites au 18$^{e}$ s. pour habiller le chœur de marbre et gainer de boiseries les bases des piliers de la nef. Le chœur et le transept (13$^{e}$ s.), bien que doublés par un déambulatoire du 16$^{e}$ s. conservent l'harmonie du gothique au temps de saint Louis. Dans le croisillon gauche, Notre-Dame aux pieds d'argent (13$^{e}$ s.) fait l'objet d'une grande vénération. Chapelle du bas-côté gauche : statues en bois polychrome (15$^{e}$ s.).

*Traverser la rue Magenta pour gagner, sur la droite, la rue des Lombards.*

Jolies maisons dont une du 15$^{e}$ s., à pans de bois, la **Vieille Cassine**, où vivaient les maîtres du Pont, pilotes de batellerie.

*Traverser la place du Change et prendre la rue Jeanne-d'Arc, sur la droite.*

### Tour de Beauregard A2

À l'emplacement du palais de Charles le Chauve, le donjon royal ou « tour du Gouverneur », effondré mais toujours impressionnant, est un témoin de la funeste sortie de Jeanne d'Arc par le vieux pont Saint-Louis, le 23 mai 1430. C'est ici qu'elle prononça sa célèbre phrase : *« Puisque Dieu aydera ceux de Compiègne, j'y veux être. »*

*De la tour, rejoindre le parc Songeons.*

### Parc Songeons A2

Il entoure l'hôtel de Songeons-Bicquilley, une agréable demeure du 18$^{e}$ s. qui abrite aujourd'hui le musée Antoine Vivenel *(voir description dans « Visiter »)*. En se promenant dans le parc, on peut découvrir quelques arcades du cloître de l'ancien couvent des Jacobins, un jardin de senteur et une belle vue sur l'Oise.

*En sortant du parc, prendre la rue d'Austerlitz jusqu'à la place Saint-Clément.*

Sur votre droite, l'**hôtel des Gourneaux**, édifié au 15$^{e}$ s., accueillait jadis le gouverneur de la ville. En face, une imposante bâtisse évoque le renouveau médiéval et le gothique troubadour, en vogue à la fin du 19$^{e}$ s. et au début 20$^{e}$ s. à Compiègne. Bien que la maison soit de briques et charpentée de colombages à l'ancienne, les arcades qui la soutiennent, en béton, trahissent une construction assez récente.

*Prendre à droite la rue Saint-Corneille.*

Vous passez devant les restes de l'**abbaye de Saint-Corneille**, fondée par Charles-le-Chauve, où furent consacrés quatre rois aux 9e et 10e s. À droite, le cloître, en cours de rénovation, devrait prochainement rouvrir au public.
*Poursuivre tout droit jusqu'à la place de l'Hôtel-de-ville.*

## Visiter

### Musée de la Figurine historique★ B2

*✆ 03 44 20 26 04 - ♿ - mars-oct. : 9h-12h, 14h-18h, dim. et j. fériés 14h-18h ; nov.-fév. : 9h-12h, 14h-17h, dim. et j. fériés 14h-17h - fermé lun., 1er janv., 1er Mai, 14 Juil., 1er nov., 25 déc. - 2 € (-18 ans gratuit), gratuit 1er dim. du mois.*
Adossé à l'hôtel de ville, le musée présente 100 000 figurines en étain, plomb, bois, plastique et carton. Les dioramas mettent en scène défilés, batailles et pans de vie. Ils offrent une bonne rétrospective de l'évolution du costume (*Les Rois et Reines de France depuis Mérovée)*. Ils évoquent différents faits historiques, insistant sur les événements liés à Compiègne : Jeanne d'Arc, chasses royales, l'armée française défilant devant le tsar de Russie et le président Émile Loubet (*La Revue des troupes françaises à Bétheny*, 1901 – 12 000 pièces). On y voit aussi les guerres napoléoniennes (*La Bataille de Waterloo)* et le conflit de 1914-1918.

### Musée Antoine-Vivenel A2

*✆ 03 44 20 26 04 - mars-oct. : 9h-12h, 14h-18h, dim. 14h-18h ; nov.-fév. : 9h-12h, 14h-17h, dim. 14h-17h - fermé lun., 1er janv., 1er Mai, 14 Juil., 1er nov., 25 déc. - 2 € (-18 ans gratuit), gratuit 1er dim. du mois.*

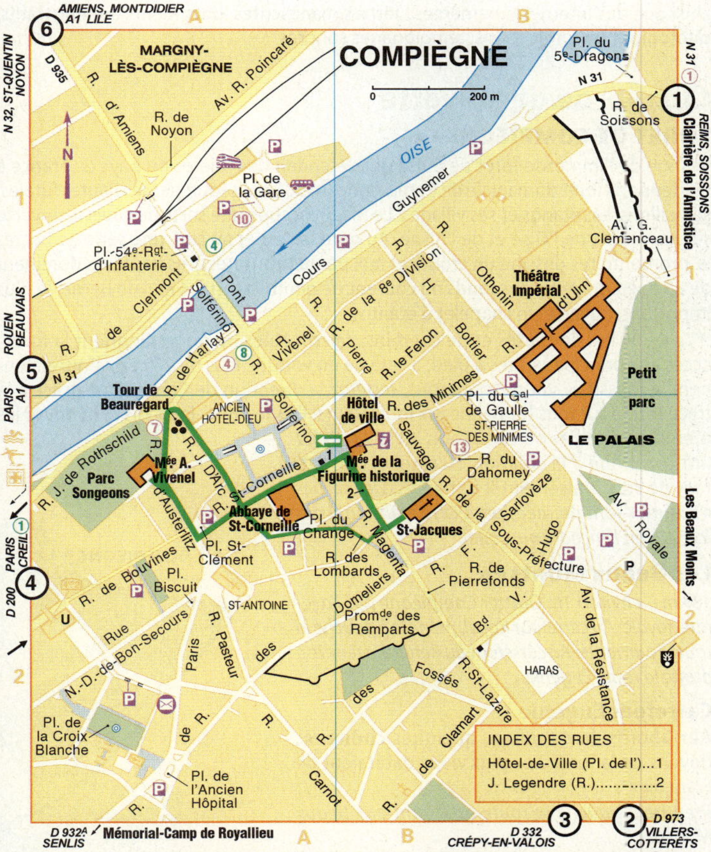


| SE LOGER | SE RESTAURER | |
|---|---|---|
| Auberge de la Vieille Ferme............1 | Auberge du Buissonnet...1 | Le Bistrot des Arts...... ....4 |
| Hôtel de Flandre............4 | | Le Bouchon.............. ....7 |
| Hôtel Les Beaux-Arts.....8 | | Le Nord.................... ....10 |
| | | Le Palais Gourmand... ....13 |

Le musée, installé dans le parc Songeons, expose des antiquités picardes et méditerranéennes : trois casques en tôle de bronze (600 av. J.-C.) ; marbres et bronzes grecs et romains ; parmi les céramiques, un ensemble de **vases grecs★★**, mis au jour en Étrurie et en Italie du Sud. Les salons et cabinets (*1er étage)* conservent leurs lambris Directoire : on y découvre des peintures (grand retable de la Passion, dû à Wolgemut, maître de Dürer), des céramiques (grès des Flandres), des ivoires et des émaux.

### Mémorial de l'internement et de la déportation - Camp de Royallieu Hors plan

*Suivre la rue de Paris direction Senlis, qui devient rue des Martyrs-de-la-Liberté. ✆ 03 44 96 37 00 - tlj sf mar. 10h-18h - 3 € (-6 ans gratuit) - visite libre - audioguide et document gratuits à l'entrée.*

La caserne militaire de Royallieu, créée en 1913, a servi d'hôpital en 1939. En juin 1940, elle est transformée en camp, « Frontstalag 122 », où l'armée allemande rassemble des soldats français et britanniques et des prisonniers politiques. Un long mur blanc s'étend sur l'avenue et derrière, depuis février 2008, se dresse un lieu de mémoire sobre et discret dans une partie de cet ancien camp, dont trois bâtiments sur 25 ont été conservés. Face à l'entrée du Mémorial, le **Mur des noms** recense, sur une série de stèles de verre, les noms des 41 876 internés et déportés qui sont passés par ce lieu pendant la Seconde Guerre mondiale (parmi eux, Robert Desnos, Robert Anthelme, Jorge Semprun…). Le parcours historique conçu par l'historien Christian Delage permet de comprendre comment les Allemands sont passés d'une politique de répression à une politique de déportation. Les documents d'archives, certains projetés sur les murs ou sur écran, proviennent des autorités allemandes et françaises ainsi que des internés eux-mêmes : lettres manuscrites, documents administratifs, photographies, projections, témoignages sonores.

## Circuits de découverte

### FORÊT DE COMPIÈGNE★★

Vestige de l'immense forêt de Cuise qui s'étendait des lisières du pays de France à l'Ardenne, la forêt domaniale de Compiègne (14 500 ha) séduit par ses hautes futaies, ses vallons, ses étangs et ses villages. Le massif occupe une sorte de cuvette ouverte sur les vallées de l'Oise et de l'Aisne. Au nord, à l'est et au sud, une série de buttes et promontoires dessine un croissant aux pentes abruptes. Ces hauteurs dominent de 80 m en moyenne les fonds où courent de nombreux rus. Celui de Berne, le plus important, traverse un chapelet d'étangs.

1 500 km de routes et de chemins, carrossables ou non, sillonnent la forêt : accès aux principaux sites à pied, à vélo ou en voiture. Plus de 270 carrefours jalonnent le massif. Si vous êtes perdus, repérez la direction de Compiègne grâce à la trace rouge sur tous les panneaux indicateurs. Dès le 16e s., François Ier fit ouvrir les premières grandes percées. Louis XIV et Louis XV ont contribué à la création du réseau, permettant de suivre aisément les chasses. *Des sorties « nature » sont animées par l'Office national des forêts (voir l'encadré pratique).*

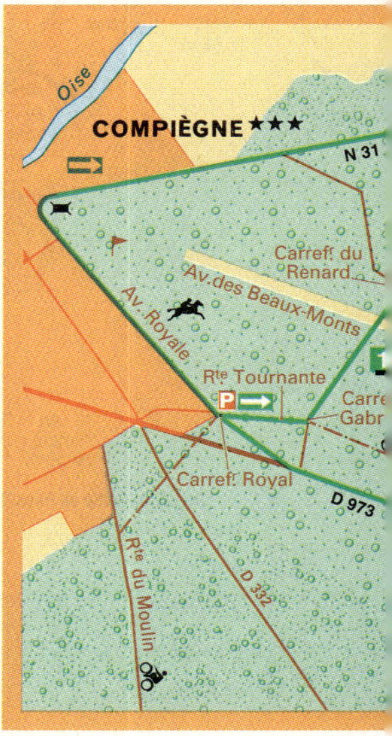


### Les Beaux Monts★★ 1

*18 km – environ 1h. Quitter Compiègne par l'avenue Royale. Au carrefour Royal, prendre à gauche la route Tournante. Au carrefour du Renard, prendre à droite la route Eugénie.*

#### Carrefour Eugénie

Aux abords du carrefour, quelques **chênes★**, doyens de la forêt. Les plus vieux dateraient de François Ier.

*Prendre à gauche la route grimpant aux Beaux Monts.*

#### Beaux Monts★★

Le sommet de la côte (122 m), près du « poteau du point de vue des Beaux Monts », est le terme de la **perspective★** aménagée à travers bois depuis le château, à 5 km. On doit cette trouée à Napoléon Ier qui voulut rappeler à l'impératrice

Marie-Louise la vue du château de Schönbrunn, près de Vienne en Autriche.
*Poursuivre la route sinueuse. On passe le cèdre Marie-Louise puis on laisse la voiture au niveau d'un chemin de terre sur la droite.*

### Point de vue du Précipice

**Vue★** sur les étendues forestières de la vallée du ru de Berne et du mont Saint-Marc.
*Reprendre la voiture.* La route descend à travers une jolie futaie (chênes, hêtres) et rejoint une route rectiligne que l'on prend à droite.
*Couper la route Eugénie et garer la voiture au premier chemin de terre à droite.*

### Le hêtre, le chêne et le charme

Ce sont les principales essences de la forêt de Compiègne. Le hêtre dresse des futaies sur le plateau sud et son glacis, ainsi qu'au voisinage immédiat de Compiègne. Le chêne, très anciennement planté, prospère sur les sols argileux bien drainés et sur les Beaux Monts. Le pin sylvestre, acclimaté depuis 1830, et d'autres résineux s'accommodent des zones de sable pauvres.

### Chapelle St-Corneille-aux-Bois

Fondée en 1164, la chapelle échut à l'abbaye Saint-Corneille de Compiègne. François Ier y adjoignit un pavillon de chasse dont l'aspect actuel date de Viollet-le-Duc. La construction gothique de la chapelle (13e s.) subsiste, intacte.
*Retour à la voiture. La route que l'on avait quittée conduit à la D 14, que l'on prend à droite pour regagner Compiègne.*

## Clairière de l'Armistice★★ 2

*6 km – 1h. Quitter Compiègne à l'est par la N 31. Au carrefour d'Aumont, continuer tout droit (D 546). Au carrefour du Francport, gagner les parkings.*
Cette clairière est aménagée sur l'épi de voies, construit pour l'évolution de pièces d'artillerie de gros calibre, qu'empruntèrent le train du maréchal Foch, commandant en chef des forces alliées, et celui des plénipotentiaires allemands. Les voies étaient greffées sur la ligne Compiègne-Soissons à partir de la gare de **Rethondes**. Des rails et des dalles marquent l'emplacement des rames. En 1918, l'endroit n'était pas clairsemé comme aujourd'hui, repérage de l'ennemi oblige, mais plutôt constitué d'une haute futaie.
Le train particulier du maréchal **Foch** arrive le 7 novembre 1918, et celui des négociateurs allemands, partis de Tergnier, le lendemain matin. À 9h, ils sont reçus dans le wagon-bureau de Foch. Les Allemands prennent place. Le général Weygand, chef d'état-major, va chercher le maréchal, qui arrive et salue. **Weygand** donne alors lecture des conditions, une heure durant. Tous l'écoutent sans mot dire…
Trois jours sont accordés pour l'examen des propositions. Le général **von Winterfeldt**, le seul militaire de la délégation allemande, sollicite une suspension des hostilités

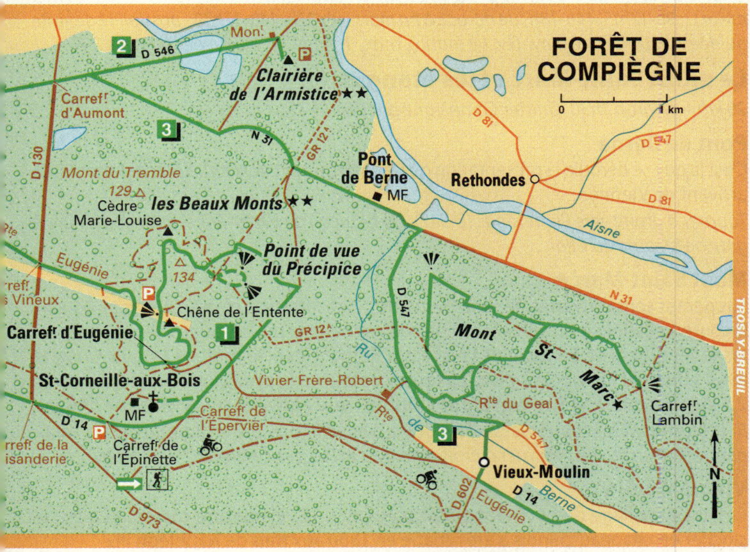

### L'entrevue historique

– À qui ai-je l'honneur de parler ? demande Foch.
– Aux plénipotentiaires envoyés par le gouvernement germanique, répond Erzberger, chef de la mission.
Il tend au commandant en chef les lettres de crédit de la délégation. Foch se retire pour les examiner puis revient et questionne :
– Quel est l'objet de votre visite ?
– Nous venons recevoir les propositions des puissances alliées pour arriver à un armistice sur terre, sur mer et dans les airs, répond Erzberger.
– Je n'ai pas de propositions à faire, réplique Foch.
Oberndorff, le diplomate, intervient :
– Si monsieur le Maréchal le préfère, nous pourrons dire que nous venons demander les conditions auxquelles les Alliés consentiraient un armistice.
– Je n'ai pas de conditions !
Erzberger lit alors le texte de la note du président Wilson disant que le maréchal Foch est autorisé à faire connaître les conditions de l'armistice.
– Demandez-vous l'armistice ? reprend alors le maréchal. Si vous le demandez, je puis vous faire connaître à quelles conditions il pourrait être obtenu.
Oberndorff et Erzberger déclarent qu'ils demandent l'armistice.

pendant le délai consacré à l'étude du projet d'armistice. Foch la refuse. Le 10 au soir, un message radiophonique allemand autorise les plénipotentiaires à signer l'armistice. Vers 2h du matin, les Allemands reprennent place dans le wagon. À 5h15, la convention est signée ; elle prend effet à 11h.

Vingt-deux ans plus tard, le 14 juin 1940, l'armée allemande entre dans Paris. La clairière est le théâtre d'un nouvel armistice, celui du 21 juin, triste parodie du précédent. Hitler reçoit la délégation française dans le même wagon, replacé dans sa position de 1918. Les représentants du haut commandement allemand transmettent à leurs interlocuteurs le document arrêté par le vainqueur de la bataille. La convention d'armistice est signée le 22 juin.

### Wagon du maréchal Foch

En 1921, le wagon fut exposé dans la cour de l'hôtel des Invalides à Paris. En 1927, on l'installe à Compiègne, dans un abri construit dans la clairière. Transporté à Berlin comme trophée en 1940, il est détruit en forêt de Thuringe, en avril 1945… et remplacé, en 1950, par une voiture d'une série voisine.

L'intérieur est reconstitué comme en 1918 : emplacement des plénipotentiaires, objets utilisés par les délégués… Une salle est consacrée aux deux armistices : cartes du front, photos, journaux. Quelques stéréoscopes montrent en trois dimensions de saisissants clichés de la Grande Guerre. ☏ *03 44 85 14 18 - armistice.chez.tiscali.fr - de déb. avr. à mi-oct. : 9h-12h15, 14h-18h ; de mi-oct. à fin mars : 9h-12h, 14h-17h30 - possibilité de visite guidée (1h30) - fermé janv.-fév. (le matin), mar., 1er janv., 25 déc. - 4 € (7-13 ans 2 €).*

## Le mont Saint-Marc et les étangs★ 3

*26 km – environ 1h30. Quitter Compiègne par l'est (N 31).*

### Pont de Berne

C'est là que se déroula la présentation du Dauphin, futur Louis XVI, à Marie-Antoinette, arrivant de Vienne.

*Tourner à droite vers Pierrefonds (D 547). Au hameau de Vivier-Frère-Robert, prendre à gauche la route du Geai.*

### Mont Saint-Marc★

Ses pentes sont couvertes de superbes hêtres. Une fois sur le plateau, prenez à gauche la route forestière (non-bitumée et parfois cahoteuse) qui en longe le bord : vues sur les vallées du ru de Berne et de l'Aisne, sur Rethondes et la forêt de Laigue. On peut aussi effectuer la boucle à pied. La route contourne le promontoire nord du mont. 2,5 km plus loin, halte au **carrefour Lambin** : **vue** agréable sur la vallée de l'Aisne.

*Revenir en arrière et bifurquer sur la 1re route à gauche, prendre la route du Geai et continuer vers Pierrefonds. Tourner à droite et suivre la rue principale de Vieux-Moulin.*

### Vieux-Moulin

Cet ancien village de bûcherons était naguère une villégiature cossue. L'église au clocher en chapeau chinois a été rebâtie en 1860 aux frais de Napoléon III.

*Tourner à gauche au carrefour du monument aux morts et rejoindre la route Eugénie avant l'étang de l'Étot.*

### Étangs de Saint-Pierre

Étangs creusés, comme viviers, par les religieux célestins du prieuré du Mont-Saint-Pierre, à l'ouest. Le chalet de l'impératrice Eugénie est devenu maison forestière.

*1 km après le dernier étang, prendre à gauche la route secondaire vers les quartiers hauts de Pierrefonds.*

## Les Grands Monts★ 4

*27 km – environ 1h30. Sortir de Pierrefonds (voir ce nom) par l'ouest, D 85.*

La route s'élève sur un plateau boisé et descend dans la clairière de St-Jean-aux-Bois.

### Saint-Jean-aux-Bois

Village qui fut surnommé « La Solitude » en 1794. Son noyau, une cité monastique du 12e s., est cerné sur la moitié de son périmètre par un fossé en eau. La forêt n'étant plus sûre, les bénédictines quittent l'abbaye en 1634 pour Royallieu, laissant la place à des chanoines augustins. En 1761, la vie conventuelle cesse à Saint-Jean.

Par l'ancienne porte fortifiée, gagnez l'esplanade où se dresse l'église abbatiale, seul vestige de l'abbaye avec la salle capitulaire et la porte de la « petite Cour ».

L'**abbatiale★** (13e s.) est remarquable par sa pureté architecturale. Les grisailles rappellent l'ambiance lumineuse du vaisseau, au 13e s. À l'intérieur, la sobriété et l'harmonie du transept et du chœur produisent une impression de grandeur. De sveltes colonnes séparent chaque bras du transept en deux travées. Cette disposition du 16e s. est unique à cette époque dans la région. *Avr.-oct. : tlj sf mar. 10h-19h ; nov.-mars : tlj sf mar. 10h-16h.*

Au côté sud, la **salle capitulaire** est la partie la plus ancienne (vers 1150). Elle sert de chapelle annexe *(ouverte pour le culte)*.

### Sainte-Périne

L'étang cerné de platanes et de peupliers et l'ancien prieuré (maison forestière) forment un site poétique. Les religieuses de Sainte-Périne (déformation de Pétronille) ont occupé l'ermitage de 1285 à 1626. L'insécurité les ramena à Compiègne, puis à Paris.

*Faire demi-tour ; tourner à droite dans la grand-route de Crépy-en-Valois, que l'on quitte à la bifurcation de Vaudrampont pour gagner, à droite, l'Étoile de la Reine.*

*Prendre à droite la route des Éluas, puis à gauche, au carrefour des Éluas, la route, non-revêtue, aboutissant au carrefour Callisto. Se garer.*

### Grands Monts★

Ce secteur sud de la forêt est partagé entre le plateau et les bas-fonds. Courte promenade *(30mn à pied AR)* le long d'un chemin en balcon, sous la futaie de hêtres : descendez à pied la route des Princesses ; juste après la barrière, suivez à gauche le chemin contournant un promontoire, jalonné de traits jaunes. Revenez sur vos pas lorsque le chemin, moins frayé, atteint le fond du ravin.

*Faire demi-tour ; suivre la descente de la route des Éluas, en lacet. Retour à Compiègne par la route du Moulin.*

## Forêt de Laigue 5

*31 km – environ 1h30.*

Séparée de Compiègne par le cours de l'Aisne, la forêt de Laigue, quatre fois moins étendue (3 800 ha) que la forêt de Compiègne, présente des sites plus sauvages que celle-ci. Le sous-sol argileux et les rus y entretiennent une humidité marquée.

*Quitter Compiègne par la route de la Clairière-de-l'Armistice. Poursuivre, en traversant l'Aisne, jusqu'au carrefour du Francport. Prendre à droite.*

### Rethondes

Commune liée au souvenir de l'armistice de 1918. Le dimanche 10 novembre, Foch et Weygand assistèrent à la messe dans la modeste **église** : à l'extérieur, plaque commémorative ; à l'intérieur, portrait des deux chefs dans le vitrail central de l'abside.

*Poursuivre vers le nord-est par la D 547.*

### Saint-Crépin-aux-Bois

L'**église** paroissiale illustre, par sa majesté, la faveur des prieurs de Sainte-Croix et des seigneurs du château d'Offémont. L'édifice marque la transition entre le gothique, pour l'architecture, et la Renaissance, pour la décoration. Le **mobilier★** compte des vestiges du prieuré Sainte-Croix : retable du chœur, deux Vierges dont une polychrome à gauche ($17^{e}$ s.). Sur le mur de droite, épitaphe dédiée à Madeleine de Thou ($17^{e}$ s.) par son mari. Voir aussi, au-dessus d'un bénitier, au revers de la façade, le bas-relief en marbre représentant les armes des célestins. Le S et la croix entrelacés ont trait au lieu de la fondation : Sulmona, en Italie.

*Poursuivre sur la D 547 vers le nord-est. 2 km après Saint-Crépin, tourner à gauche.*

Dans le parc du château médiéval d'Offémont, restauré au $19^{e}$ s., se trouvent les ruines du prieuré et de l'abbaye **Sainte-Croix d'Offémont** ($16^{e}$ s.). Des religieux célestins s'y étaient installés dès 1331.

*Reprendre la D 547 qui mène à Tracy-le-Mont. À Tracy-le-Val, tourner à gauche vers Ollencourt ; suivre la D 130 qui traverse la forêt de Laigue. Après la maison forestière d'Ollencourt, prendre à gauche la route des Princesses (non-goudronnée).*

### Route forestière des Princesses

C'est l'axe touristique du massif de Laigue : départ de circuits pédestres dans la « zone de silence du mont des Singes ».

*Retour à Compiègne par le carrefour du Vivier-du-Grès (tourner à droite), l'étang du même nom et Le Francport.*

## Compiègne pratique

### Adresse utile

**Office du tourisme de Compiègne** – *Pl. de l'Hôtel-de-Ville - 60200 - ☎ 03 44 40 01 00 - www.mairie.compiegne.fr - avr.-sept. : 9h15-12h15, 14h15-18h15, dim. et j. fériés 10h-12h15, 14h15-17h ; oct.-mars : lun. 13h45-17h15, mar.-sam. 9h15-12h15, 13h45-17h15.*

### Visites

**Visite guidée de la ville** – *De mi-mai à mi-juil. et de mi-août à mi-oct. : dim. et j. fériés 15h30 (dép. office de tourisme) - 5 € (-12 ans gratuit) - www.compiegne.fr.* Compiègne propose des visites-découvertes ainsi que des visites à thème, animées par des guides-conférenciers agréés par le ministère de la Culture et de la Communication

**Sorties en forêt** – *Renseignements et réservation à l'office de tourisme - 10 €.* Des sorties sont organisées par l'office de tourisme, en collaboration avec l'ONF, d'oct. à mars, selon différents thèmes (le brame du cerf, les champignons…). L'office de tourisme édite également un bon guide des circuits en forêt.

## Se loger

⊖⊜ **Hôtel de Flandre** – *16 quai de la République - ✆ 03 44 83 24 40 - www.hoteldeflandre.com - fermé 25 déc.-1er janv. - 42 ch. 56/59 € - ☕ 8 €.* À deux pas de la gare, sur la rive droite de l'Oise. Chambres d'esprit rustique, progressivement rafraîchies. Une bonne insonorisation atténue les bruits du carrefour.

⊖⊜ **Hôtel Les Beaux-Arts** – *33 cours Guynemer - ✆ 03 44 92 26 26 - www.bw-lesbeauxarts.com - 35 ch. 76/90 € - ☕ 10 €.* Sur les quais de l'Oise, hôtel de construction récente dont les chambres, modernes, sont meublées en teck et agrémentées de couleurs ensoleillées. Quelques-unes, plus spacieuses, disposent d'une cuisinette. Bon petit-déjeuner servi sous forme de buffets.

⊖⊜ **Auberge de la Vieille Ferme** – *58 r. de la République - 60880 Meux - ✆ 03 44 41 58 54 - fermé 2-23 août, 20 déc.-5 janv., dim. soir et lun. - P - 14 ch. 62/76 € - ☕ 9,50 € - rest. 21/50 €.* Ancienne ferme en brique rouge de la vallée de l'Oise abritant des chambres simples, mais fonctionnelles et bien tenues. Au restaurant, poutres apparentes, mobilier rustique, sol carrelé et cuivres rutilants. Carte traditionnelle et régionale.

## Se restaurer

⊖ **Le Bouchon** – *4 r. d'Austerlitz - ✆ 03 44 20 02 03 - www.le-bouchon.com - fermé 1er janv. et 25 déc. - réserv. conseillée - formule déj. 10,50 € - 20/25 €.* Établissement incontournable à Compiègne, ce restaurant (et bar à vins) au cadre rustique est installé dans une pittoresque maison à pans de bois du 15e s. Cuisine oscillant entre tradition et terroir, mais toujours à base de produits frais. Plats du jour copieux et desserts maison.

⊖⊜ **Le Bistrot des Arts** – *35 cours Guynemer - ✆ 03 44 20 10 10 - fermé sam. midi et dim. - 18/26 €.* Au rez-de-chaussée de l'hôtel Les Beaux-Arts, le charme d'un vrai bistrot avec ses tables en bois, ses banquettes et ses murs couverts de tableaux, gravures et affiches en tous genres. Aux fourneaux, le chef mitonne une bonne petite cuisine assortie de suggestions du jour présentées sur ardoise.

⊖⊜ **Le Palais Gourmand** – *8 r. du Dahomey - ✆ 03 44 40 13 13 - fermé 1er-7 mars, 2-23 août, 24-28 déc., dim. soir et lun. - 18/21 €.* Maison de ville datant de 1890, façade turquoise assez voyante, enfilade de salons au cadre Art nouveau, lumineuse véranda… Dans ce décor où s'entrechoquent les styles et les époques, un personnel particulièrement attentionné vous servira de goûteux plats traditionnels. Carte régulièrement renouvelée.

⊖⊜ **Le Nord** – *1 pl. de la Gare - ✆ 03 44 83 22 30 - fermé 25 juil.-17 août, sam. midi et dim. soir - 23 € déj. - 35/45 €.* Près de la gare, en bordure des quais de l'Oise, voici « la » bonne adresse compiégnoise où déguster des produits de la mer. Les inconditionnels des saveurs iodées trouveront dans ce cadre moderne le lieu idéal pour satisfaire leurs envies gourmandes. Grâce à la baie vitrée donnant sur les cuisines, ils pourront en outre assister au travail de la brigade au « piano ».

⊖⊜ **Auberge du Buissonnet** – *825 r. Vineux - 60750 Choisy-au-Bac - 5 km au NE de Compiègne par N 31 et D 66 - ✆ 03 44 40 17 41 - www.aubergedubuissonnet.com - fermé dim. soir et lun. - 20 € déj. - 30/45 €.* Derrière l'auberge, il y a un étang ; canards et cygnes glissent paisiblement sur l'eau, puis s'ébrouent et partent dans le jardin en se dandinant… Attablez-vous près des baies vitrées ou sur la terrasse ombragée pour profiter de cet environnement verdoyant. Cuisine traditionnelle.

## En soirée

**Les Accordailles** – *24 r. d'Ulm - pl. du Château - ✆ 03 44 40 03 45 - tlj sf dim. 12h-14h, 19h-22h ; cave 10h-15h, 18h30-23h - fermé 1re quinz. d'août, 1er janv. et 25 déc.* À deux pas du château, ce bar à vins complété d'une cave est spécialisé dans les crus naturels et bio.

## Que rapporter

**Les Picantins** – *15 r. Jean-Legendre - ✆ 03 44 40 05 43.* Vous retrouverez ici la spécialité gourmande de la ville, les Picantins, créés en 1920. Délicieuse friandise chocolatée, à la nougatine et aux noisettes.

## Sports & Loisirs

**Location de vélos - Picardie Forêts Vertes** – *1 sq. du Cdt-Gabriel-Fournaise - ✆ 03 44 97 16 49 ou 06 07 54 99 25.* Une piste cyclable s'étire entre Compiègne et Pierrefonds. Départ du carrefour Royal, sur la route Tournante, à l'est de la ville : on y trouve un stand de location de vélos.

**Grimp'à l'arb** – *Étangs Saint-Pierre - ✆ 03 44 86 45 98 - www.grimpalarb.fr - juil.-août : 9h30-17h30 ; juin : w.-end et j. fériés 9h30-17h30 ; vac. de Pâques (zone B) : 13h-17h ; avr.-mai et sept. : sam. 13h-16h ou 17h ; dim. et j. fériés 9h30-16h ou 17h ; mars et oct. : w.-end 13h-16h ; fermé nov.-mars.* Parcours acrobatique en forêt, pour petits et grands.

## Événements

**Festival des forêts** – *✆ 03 44 40 28 99 - www.festivaldesforets.fr.* Fin juin-déb. juil., les forêts de Laigue et de Compiègne sont mises à l'honneur : concerts, randonnées, théâtre, feux d'artifice, pique-nique…

**Paris-Roubaix** – La grande classique cycliste part, comme son nom ne l'indique pas, de Compiègne, chaque année, le 2e dim. d'avr. Arrivée à Roubaix *(voir ce nom).*

# Corbie

6 344 CORBÉENS
CARTE GÉNÉRALE B3 – CARTE MICHELIN DEPARTEMENTS 301 I8 – SOMME (80)

**Entre la Somme et l'Ancre, entre falaises et étangs, Corbie a grandi près de son abbaye bénédictine, dont les tours se repèrent depuis les crêtes des deux vallées. Dans la cité, qui a vu défiler six saints, les puissants abbés portaient le titre de comte et battaient monnaie. Après la Révolution, Corbie perd peu à peu son influence, jusqu'à devenir le gros bourg tranquille qu'on connaît aujourd'hui.**

**Se repérer** – Au cœur des vallées de l'Ancre, de la Somme et de l'Hallue. Depuis Amiens ou Péronne, accès par la D 1 ; depuis Albert par les D 52 ou D 120.

**À ne pas manquer** – L'abbatiale Saint-Pierre ; le portail de l'église de La Neuville.

**Organiser son temps** – Prévoyez une petite demi-journée pour la ville et ses alentours. Vous pouvez intégrer la visite de Corbie au circuit de la haute vallée de la Somme *(voir Amiens)*.

**Pour poursuivre la visite** – Voir aussi Amiens, Albert et le circuit du Souvenir.

## Comprendre

**Une pépinière de saints** – Fondé en 657 par sainte Bathilde, épouse de Clovis II, le monastère de Corbie devient un foyer de civilisation chrétienne sous saint Adalard, cousin de Charlemagne. Plus de 300 moines y assurent la louange perpétuelle à Dieu. L'activité apostolique se développe et sous l'impulsion de saint Anschaire, né à Corbie en 801, l'abbaye essaime à Corvey (Westphalie), centre d'évangélisation de l'Europe du Nord. Corbie fut un des centres culturels les plus importants d'Europe au Moyen Âge, contribuant notamment à l'essor des enluminures et de l'écriture « caroline ». Au 11e s., saint Gérard, moine de Corbie, se retire, fondant le monastère de la Sauve-Majeure. Déclinant peu à peu, l'abbaye fut totalement démantelée dans les années qui suivirent la Révolution. Sainte Colette (1381-1447), fille d'un charpentier corbéen, vit en recluse et a des visions. Elle sort de sa retraite et fonde plusieurs monastères de clarisses.

### Le saviez-vous ?

Corbie dérive de l'ancien nom de la rivière Ancre qui traverse la ville.

Né à Corbie, le premier pilote de l'aviation civile, **Eugène Lefebvre**, périt lors d'un essai à bord de l'appareil des frères Wright en 1909.

**L'énigme des « puits tournants »** – Autour de Corbie, dans certaines zones aquatiques comme à Daours, Pont-Noyelles et Fréchencourt, on observe d'étranges « puits tournants » : le jaillissement de sources a creusé le sol de puits profonds où l'eau semble traversée d'une lumière bleue. Des légendes farfelues évoquent ce mystérieux phénomène, mais il existe une explication plus rationnelle, liée aux caractéristiques des couches liquides supérieures : leur pouvoir d'absorption de la lumière bleue est très fort.

## Visiter

### Musée des Amis du Vieux Corbie

*Pl. de la République - ✆ 03 22 96 43 37 - perso.orange.fr/musee.corbie - de mi-juin à mi-sept. : tlj sf dim. et lun. 14h30-17h30 - fermé reste de l'année - gratuit.*

Histoire de l'abbaye, poteries carolingiennes, monnaies (16e s.), plan en relief du siège de Corbie (1636). Le musée présente aussi l'histoire de la première victime civile de l'aviation, l'enfant du pays Eugène Lefebvre, qui périt en 1909.

De la place de la République, franchir la **porte monumentale** (18e s.) de l'abbaye, dont le cloître et les bâtiments conventuels ont été rasés sous la Révolution.

### Abbatiale Saint-Pierre

*✆ 03 22 96 95 76 - visite sur demande à l'office de tourisme - visite libre 0,50 €, visite guidée 2,50 €.*

De l'ancienne abbaye, seule subsiste l'église (16e-18e s.), qui a perdu son transept et son chœur : menaçant ruine, ils ont été abattus en 1815. Les architectes avaient continué à employer le style gothique dans un édifice bâti à la Renaissance et à l'époque classique ; il reste trois vaisseaux à voûtes d'ogives et une façade à trois portails en arc brisé, une rosace et des tours jumelles percées de baies géminées. Une partie du décor est de style classique (cartouches sur les voussures des porches). L'intérieur ne compte que 36 m de long, contre 117 auparavant. Le trésor de l'abbatiale comprenait jadis 113 reliquaires, fréquemment vénérés par les rois de France, et dont certains sont conservés. Parmi les œuvres d'art figurent : la statue de **Notre-Dame de la Porte** (15e s.) *(pilier du bas-côté droit)*, une statue de **sainte Bathilde** (14e s.) *(à droite de l'autel, bas-côté droit)*, une **tête de saint Pierre** (13e s.) *(sur un pilier du bas-côté gauche)*, la tombe (15e s.) de l'abbé **Raoul de Roye**, tuteur de sainte Colette *(fond du bas-côté gauche)*.

### Chapelle Sainte-Colette

Achevée en 1959, sur l'emplacement de la maison natale de sainte Colette. Sa statue (16e s.) trône à l'intérieur.

OT Corbie

*Église Notre-Dame de Neuville*

## Aux alentours

### Point de vue Sainte-Colette

*1 km à l'est, par la D 1.*

La Somme opère ici un virage à angle droit, à l'origine de la formation d'une falaise calcaire d'une quarantaine de mètres de haut. Du sommet, **vue★** sur les côteaux boisés et la vallée. En contrebas, les étangs de la Barette s'étalent sur 30 ha. À l'origine creusés par les moines de l'abbaye pour la pêche, ils furent exploités pour la tourbe au 19e s. La vieille Somme passe par tous les étangs de la vallée, accolés au canal.

### Église de La Neuville

*2 km à l'ouest sur la rive droite de l'Ancre.*

Cette église Renaissance fut bâtie à la fin du 15e s. (tour du clocher) et achevée au 16e s. Au-dessus du portail, un **haut-relief★** aux détails pittoresques représente l'entrée du Christ à Jérusalem le jour des Rameaux. Vous pourrez y remarquer des spectateurs perchés dans les arbres et, à l'arrière-plan, un meunier à la fenêtre de son moulin.

### Mémorial australien

*3 km au sud par la D 1, puis la D 23.*

Lors de l'offensive allemande de Picardie, en 1918, Allemands et Australiens se disputèrent les collines de **Villers-Bretonneux**. Mémorial et cimetière militaire rappellent le sacrifice de 10 000 Australiens. **Vue** étendue sur la Somme et Amiens.

## Corbie pratique

### Adresse utile

**Office du tourisme de Corbie** – *Pl. de la République - 80800 - ✆ 03 22 96 95 76 - www.mairie-corbie.fr - avr.-sept. : mar.-sam. 9h30-12h, 14h-18h (lun. 14h30-18h et dim. 10h-12h en juil.-août) ; oct.-mars : mar.-sam. 10h-12h, 14h-17h.*

### Se loger et se restaurer

**L'Abbatiale** – *9-11 pl. Jean-Catelas - ✆ 03 22 48 40 48 - fermé dim. - formule déj. 10 € - 13,50/26 € - 7 ch. 48/64 € - ☕ 6 €.* Face à l'église Saint-Pierre, cette maison familiale sans prétention accueille ses hôtes avec gentillesse et simplicité. Choisissez entre la petite carte brasserie ou le restaurant plus classique. Quelques chambres pour la nuit.
Une adresse à prix modestes.

# La Côte d'Opale★

CARTE GÉNÉRALE A1 – CARTE MICHELIN DEPARTEMENTS 301 C/D2/3 – PAS-DE-CALAIS (62)

**Depuis la baie de Somme jusqu'à la frontière belge s'étend un paysage étonnant, encore sauvage. La Côte d'Opale dessine un chapelet de dunes, de vallées crantées et de falaises escarpées qui dominent le pas de Calais. La partie la plus spectaculaire, entre ciel et mer, est la corniche de la Côte d'Opale, qui forme le rebord des collines du Boulonnais, entre Boulogne et Calais. Les caps Blanc-Nez et Gris-Nez se disputent ici la vedette de ces panoramas grandioses.**

- **Se repérer** – La Côte d'Opale borde la Manche, puis la mer du Nord sur 150 km, de Mers-les-Bains à Bray-Dune. La D 940 longe la côte jusqu'à Calais.
- **À ne pas manquer** – Les caps Blanc-Nez et Gris-Nez, avec une préférence pour le premier, s'il fallait n'en voir qu'un ; les belles villas de Wimereux.
- **Organiser son temps** – Pour profiter pleinement des caps, prévoyez vos chaussures de marche pour suivre une partie du GR 121 (la boucle complète, 22 km, est réservée aux bons marcheurs). Requinquez-vous avec des moules-frites.
- **Avec les enfants** – Wimereux et Wissant sont des « Stations Kid ».
- **Pour poursuivre la visite** – Voir aussi Boulogne-sur-Mer, Calais, Hardelot, Le Touquet, Étaples.

Y. Tierny / MICHELIN

*Les falaises de la Côte d'Opale. Au loin, le cap Gris-Nez.*

## Comprendre

**Nature préservée** – Le terme « Côte d'Opale », allusion aux couleurs irisées de la pierre d'opale, fut utilisé pour la première fois en 1911 par le peintre Édouard Lévêque, du Touquet. Victor Hugo a célébré ces paysages qui ont inspiré les peintres Camille Corot, Adrien Demont et Jules Breton. La Côte d'Opale se caractérise par ses promontoires séparés de **« crans »**, vallées sèches. Un courant marin sud-nord mine la base des promontoires, provoquant des éboulements. On estime que la falaise recule de 25 m par siècle. La Côte d'Opale est située dans la partie occidentale du **Parc naturel régional des Caps et Marais d'Opale,** la partie orientale comprenant la région de Saint-Omer *(voir ce nom).*

**Le flobart de Wissant** – Ce bateau d'échouage (il n'a pas besoin de port pour accoster) s'utilise depuis le 17e s. sur toute la Côte d'Opale pour la pêche côtière. Le terme flobart signifierait « apte à flotter » en vieux saxon. Construit en bois, il ressemble à une demi-coquille de noix de 5 m de long et 2 m de large. Son fond plat et son faible tirant d'eau le rendent peu sensible au mouvement des vagues. Depuis 1950, les moteurs remplacent les voiles, et la mise à l'eau se fait à l'aide d'un tracteur. Le flobart à voile se fait rare, et seuls quelques vieux loups de mer perpétuent la tradition, pour le plaisir.

# Circuit de découverte

## DE BOULOGNE-SUR-MER À CALAIS★

*49 km – environ 2h30. Sortir de Boulogne-sur-Mer par la D 940. Des parkings sont aménagés le long de la route.*

La D 940 traverse des paysages dénudés ou couverts de prairies, offrant des échappées sur la mer, les ports et les plages. Au nord du « cran » d'Escalles, on franchit un col d'aspect montagnard (114 m).

### Wimereux★

Nichée au creux de la baie Saint-Jean, cette station balnéaire dynamique et familiale a obtenu le label « Station Kid ». Elle est dotée de clubs de voile, d'équitation, de tennis et d'un golf. Située sur la digue, la plage des enfants est équipée de nombreux jeux adaptés aux différents âges. Des activités (ateliers, spectacles…) sont également proposées par le Dig'enfants.

Réputée pour son charme, la station a conservé du début du 20e s. de nombreuses **villas** de style anglo-normand, surtout visibles rue des Anglais, rue du Général-de-Gaulle, rue Napoléon, avenue de la Mer et sur le front de mer.

La **digue-promenade**, bordée de cabines blanches et bleues personnalisées, réserve de belles vues sur le pas de Calais, la colonne de la Grande Armée et le port de Boulogne. Dans son prolongement, s'amorce un sentier vers la **pointe aux Oies** *(10 km, facile, compter 2h30, départ de l'office de tourisme)* : le futur Napoléon III y débarqua le 6 août 1840, pour tenter de soulever la garnison de Boulogne.

Entre Wimereux et Ambleteuse, on longe de hautes dunes et le paysage devient plus accidenté.

### Ambleteuse

Situé au-dessus de l'embouchure de la rivière Slack, ce village bâti à flanc de coteau forme une station familiale agréablement animée. Port militaire, Ambleteuse était autrefois protégé par un **fort**, construit au 17e s. par Vauban. Le Fort Mahon d'Ambleteuse est le seul fort ayant survécut, sur les sept que comptait la défense des côtes boulonnaises. *✆ 03 20 54 61 54 - juil.-août : w.-end 15h-19h ; mai-juin et sept.-oct. : dim. 15h-19h (dernière entrée 30mn fermeture) - fermé nov.-avr. - 3 € (enf. 1,50 €).* En 1689, le port, déjà ensablé, vit débarquer le roi d'Angleterre Jacques II Stuart, chassé par ses sujets. Lors du camp de Boulogne, Napoléon y basa une partie de sa flottille. De la plage, vue sur l'entrée du port de Boulogne et, par temps clair, sur les falaises anglaises.

**Musée historique de la Seconde Guerre mondiale** – *À la sortie d'Ambleteuse. ✆ 03 21 87 33 01 - www.musee3945.com - ♿ - juil.-août : 10h-19h ; avr.-juin et sept.-oct. : 10h-18h ; nov. et mars : w.-end et j. fériés 10h-18h - fermé déc.-fév. - 6,50 € (7-14 ans 4,50 €).* Il retrace le conflit depuis la conquête de la Pologne jusqu'à la Libération, à travers une exposition d'uniformes, d'équipements, de véhicules, d'armes, etc.

*3 km après Audresselles, emprunter à gauche la D 191.*

### Musée du Mur de l'Atlantique

*✆ 03 21 32 97 33 - www.batterietodt.com - juin-sept. : 9h-19h ; fév.-mai et oct.-nov. : 9h-12h, 14h-18h - fermé déc.-janv. - 5,50 € (-14 ans 2,50 €).*

Le musée est installé dans un des quatre blockhaus de la **batterie Todt** (le septième plus gros ouvrage construit par l'armée allemande au cours de la Seconde Guerre mondiale). Les artilleurs allemands tiraient des obus de 380mm sur l'Angleterre, jusqu'à 42km de distance (Douvres se trouve à 35km d'ici). À l'intérieur, collections d'uniformes et d'armes; à l'extérieure, un très rare exemple d'un canon allemand d'artillerie marine, un « K5 » d'une portée maximale de 86 km, sur voie ferrée, construit par Krupp en 1942 en 25 exemplaires.

### Cap Gris-Nez★

Au sommet de la falaise du cap Gris-Nez (45 m), **vue★** sur les côtes anglaises. On aperçoit également le cap Blanc-Nez *(à droite)* et le port de Boulogne *(à gauche)*… ainsi que des oiseaux migrateurs à l'automne et au printemps. Au bout de la presqu'île parsemée de blockhaus allemands se dresse un phare haut de 28 m et d'une portée de 45 km, reconstruit après 1945. Une base souterraine abrite le Centre régional d'opérations de surveillance et de sauvetage, organisme chargé de surveiller ce détroit où le trafic maritime est très dense. Une stèle commémorative rappelle le sacrifice du capitaine de corvette Ducuing et de ses marins, tombés le 25 mai 1940 en défendant le sémaphore contre les blindés de Guderian.

### Wissant

Cette plage de sable fin est dotée du label « Station Kid ». Protégée des courants et des vents, elle forme une ample courbe entre les caps Gris-Nez et Blanc-Nez. Les villas étagées dans les dunes dominent le rivage.

Au **musée du Moulin**, la minoterie, actionnée par la force hydraulique, conserve ses machines en bois de pin, ses roues en fonte et son monte-charge par courroie à godets. *03 21 35 91 87 - www.lemoulin-wissant.com - 14h-18h - fermé janv. - 3 € (enf. 1,50 €), gratuit Journée des moulins.*

**Petites promenades thématiques** – *Renseignements auprès de l'office du tourisme de la Terre des Deux Caps.*



### Cap Blanc-Nez★★

Il est reconnaissable de loin, surmonté de l'obélisque de la Dover Patrol (patrouille de Douvres), qui fut érigé en mémoire des marins français et anglais morts pendant la Première Guerre mondiale, en défendant le détroit du Pas-de-Calais. Du haut du cap, le spectacle est vertigineux : la masse verticale de la falaise, à 134 m de haut, surplombe le « pas » et son trafic incessant de navires. **Vue★★** étendue sur les falaises anglaises et la côte, de Calais au cap Gris-Nez, mais aussi sur les douces collines cultivées du Calaisis, préservées de toute construction. Belles promenades pédestres balisées, souvent bien ventées *(voir la rubrique « Randonnée »)*, au cours desquelles quelque 300 espèces d'oiseaux peuvent être observées : goélands, mouettes rieuses, pétrels…

*Revenir sur ses pas et s'arrêter au mont d'Hubert.*

### Maison du Transmanche

*03 21 85 57 42 - de mi-avr. à fin oct. : tlj sf lun. 14h-18h (dernière entrée 45mn av. fermeture) - fermé reste de l'année - 3,80 € (-12 ans 2,30 €).*

Dans une ambiance amusante, ce musée retrace l'histoire du détroit et évoque les multiples projets qu'il suscita pour relier la France aux îles Britanniques (tunnel ferroviaire flottant entre deux eaux, voûte sous-marine en béton, pont mobile et même bicyclette volante…), bien avant Eurotunnel.

En contrebas, près de la D 940, monument à **Latham** (1883-1912), aviateur qui tenta, sans succès, la traversée de la Manche en même temps que Blériot.

Entre Sangatte et Blériot-Plage, des bungalows sont disséminés sur la dune. L'Eurotunnel passe à cet endroit.

#### L'aventure commence en 1751

Nicolas Desmarets est le premier à imaginer une liaison avec les îles Britanniques. Plus tard, Aimé Thomé de Gamond propose un tunnel composé de tubes métalliques, une voûte sous-marine en béton, un bac flottant, un isthme artificiel, un pont mobile, un pont-viaduc. Il n'hésite pas à plonger pour rassembler des échantillons géologiques. Des traversées mémorables sont réalisées en ballon (Blanchard), en avion (Blériot), en bateau à vapeur (1re ligne régulière en 1816), mais aussi en radeau, etc.

### Blériot-Plage

Sa belle plage s'étend jusqu'au cap Blanc-Nez. Aux Baraques, près de la D 940, un monument commémore la traversée de la Manche par **Blériot** (1872-1936) qui, le 25 juillet 1909, posa son avion dans une échancrure des falaises de Douvres, au terme d'un vol d'une demi-heure.

## Randonnée

### Du cap Blanc-Nez au cap Gris-Nez

Une des plus belles promenades de la côte consiste à suivre (à pied ou en VTT) le GR 121. Les panoramas, entre dunes, plages, landes et falaises, sont grandioses. Pour parcourir la boucle entière de 22 km AR (il faut être bon marcheur), entièrement balisée, prenez une journée et un copieux pique-nique. Si vous préférez faire plus court, il est possible de suivre une partie de la boucle et de revenir sur vos pas…

Par temps très clair, vous apercevrez les côtes anglaises (Douvres) ! *Départ de l'un des deux caps ou de la mairie de Wissant. Topoguide conseillé (environ 2 €), à retirer à l'office du tourisme de La Terre des Deux Caps (à Wissant, Marquise ou Ambleteuse).*

# La Côte d'Opale pratique

## Adresses utiles

**Office du tourisme de la Terre des Deux Caps** – *Pl. de la Mairie - 62179 Wissant - ✆ 03 21 82 48 00 - juil.-août : 9h-19h ; sept.-juin : 9h-12h, 14h-18h, dim. 10h-12h30.*
Antenne de Marquise – *15 pl. Louis-le-Sénéchal - 62250 Marquise - ✆ 03 21 87 50 52.*
Antenne d'Ambleteuse – *R. de Lille - 62164 Ambleteuse - ✆ 03 21 83 50 05.*

**Office du tourisme de Wimereux** – *Quai Giard - 62930 - ✆ 03 21 83 27 17 - avr.-sept. : 9h-12h 14h-18h ; oct.-mars : lun.-sam. 9h-12h 14h-17h.*

## Visite

**Éden 62** – *BP 113 - 2 r. Claude - 62240 Desvres - ✆ 03 21 32 13 74 - www.eden62.fr.* Toute l'année, visites guidées sur les espaces naturels sensibles du Pas-de-Calais - *programme sur simple demande.*

**Le circuit du mont de la Louve** – *Se renseigner auprès de l'office du tourisme de Wissant.* Départ face à la mairie de Wissant (sur la D 940). Circuit balisé pour les VTT, en bordure du littoral.

**Petites promenades thématiques** – L'office du tourisme de la Terre des Deux Caps organise, tout au long de l'année, des balades-découvertes, en ville ou dans la nature, sur des thèmes variés.

## Se loger

**⊖ Chambre d'hôte La Grand'Maison** – *Hameau de la Haute-Escalles - 62179 Escallles - 2 km à l'E du cap Blanc-Nez par D 243 - ✆ 03 21 85 27 75 - ⌧ - 6 ch. 40/60 €* ☕. Randonneurs, cavaliers et véliplanchistes apprécient cette ravissante ferme fleurie du 18e s. située à mi-chemin des deux caps, entre mer et campagne. Les chambres « prestige », avec TV, sont plus confortables. Quatre gîtes disponibles et boxes pour chevaux.

**⊖⊖ Hôtel du Centre** – *78 r. Carnot - 62930 Wimereux - ✆ 03 21 32 41 08 - www.hotelducentre-wimereux.com - fermé 20 déc.-20 janv. - P - 23 ch. 68/75 € - ☕ 7,50 € - rest. 20/29 €.* Bâtisse ancienne bordant la rue principale. Les chambres, toutes rénovées, sont parfois dotées d'une mezzanine. Le restaurant affiche un sympathique « look » bistrot ; plats traditionnels et produits de la mer.

**⊖⊖ Chambre d'hôte La Goélette** – *13 digue de Mer - 62930 Wimereux - ✆ 03 21 32 62 44 - www.lagœlette.com - ⌧ - 4 ch. 80/130 €* ☕. Nul ne saurait résister au charme de cette villa 1900 idéalement située sur la digue-promenade. Les chambres, rénovées, ont retrouvé leur éclat originel (moulures, décor de pin maritime…) ; la bleue et la jaune offrent une vue saisissante sur la mer.

## Se restaurer

**⊖⊖ La Sirène** – *Rte du Cap - 62179 Audinghen - ✆ 03 21 32 95 97 - fermé 15 déc.-25 janv., le soir sf sam. de sept. à Pâques, dim. soir et lun. - 22/39 €.* Sur la plage du cap Gris-Nez, ce restaurant offre une magnifique vue sur la mer. Dans l'une de ses deux salles ouvertes par de grandes baies vitrées, vous pourrez déguster des homards grillés, la spécialité de la maison, ou d'autres produits de la mer.

**⊖⊖⊖ La Liégeoise et Atlantic Hôtel** – *Digue de mer - 62930 Wimereux - ✆ 03 21 32 41 01 - fermé fév., dim. soir et lun. midi - 33/61 €.* Ici, vous pourrez déguster des fruits de mer en vous installant au grand bar, sur la promenade du front de mer, ou vous attabler tranquillement dans la salle panoramique, au 1er étage. Côté hôtel, préférez les chambres avec vue sur la mer.

## Événements

**Rip Curl Funboard** – *Club nautique ✆ 03 21 83 18 54.* Wimereux accueille une étape du championnat de France de funboard (période variable).

**Fête de la Moule** – Le dernier w.-end de juil., dans tous les restaurants et en centre-ville de Wimereux, on célèbre la grande spécialité culinaire de la Côte d'Opale. Accompagnée de frites et de bière bien sûr !

**Fête du Flobart** – Le flobart est e bateau traditionnel de la région. Le dernier w.-end d'août), Wissant vous fait revivre l'époque de gloire de cette embarcation. C'est une fête maritime, avec mise à l'eau de flobarts, défilés musicaux et folkloriques, produits régionaux.

**Festival de la Côte d'Opale** – *✆ 03 21 30 40 33 - www.festopale.cx.* Les 3 premières semaines de juil., différentes villes de la Côte d'Opale (Berck, Boulogne-sur-Mer, Calais, Desvres, Dunkerque, Étaples, Hardelot, Le Portel, Le Touquet-Paris-Plage et Wimereux) s'associent autour d'un festival de toutes les musiques, du rock au jazz en passant par la variété et la musique classique. En novembre, le festival **Tendance** est consacré au jazz et à la création.

# Coucy-le-Château-Auffrique★

1 041 COUCYSIENS
CARTE GÉNÉRALE C4 – CARTE MICHELIN DEPARTEMENTS 306 B5 – AISNE (02)

**« Roy ne suis, ne Prince, ne Duc, ne Comte aussi. Je suis le Sire de Coucy », telle était la fière devise du constructeur de cette imposante forteresse. Dans son enceinte médiévale, Coucy s'étire sur un promontoire dominant les vallées de l'Oise et de l'Ailette, dans un site★ défensif impressionnant. Les habitants font aujourd'hui revivre ce lieu chargé d'histoire.**

**Se repérer** – À 20 km au nord de Soissons. Accès par la D 1, la D 934 ou la D 13. Sur les contreforts des forêts de Saint-Gobain et de Coucy-Basse, le village se divise entre la ville basse et l'ancien village fortifié, en hauteur.

**À ne pas manquer** – La vue du haut de la porte de Soissons ; le spectacle médiéval « Coucy à la Merveille » *(voir l'encadré pratique).*

**Organiser son temps** – Comptez deux heures pour la visite des remparts, une heure pour le musée de la Tour.

**Pour poursuivre la visite** – Voir aussi la forêt de Saint-Gobain, Blérancourt, Soissons.

**Le saviez-vous ?**

Le nom de Coucy dériverait de Cuise, ancien massif forestier ; de *cociacus* ou de *cotia*, « clairière » ou « éclaircie » pratiquée dans un bois. Auffrique était un village au pied de Coucy, avec lequel il fusionna en 1921.

Après un combat à Bouvines, Enguerrand III (1192-1242), sire de Coucy, convoita le trône de France sous la régence de Blanche de Castille.

## Visiter

### Château

*03 23 52 71 28 - ♿ - mai-août : 10h-13h, 14h-18h30 ; sept.-avr. : 10h-13h, 14h-17h30 - dernière entrée 45mn av. fermeture - fermé 1er janv., 1er Mai, 25 déc. - 5 € (enf. gratuit).*

Rachetée par Louis-Philippe, classée sous Napoléon III, la cité médiévale occupait 12 ha. Subsistent aujourd'hui d'impressionnants pans de mur, des soubassements et des souterrains.

La basse-cour précède le château. À droite, une salle des gardes renferme une maquette et des documents sur Coucy. En avançant, on voit les bases d'une chapelle romane. Les grosses tours qui flanquaient le château, coiffées de hourds, dépassaient 30 m de haut. Les bâtiments d'habitation ont été reconstruits à la fin du 14e s. par Enguerrand VII, puis complétés au début du 15e s. par Louis d'Orléans, qui avait acheté Coucy à la fille d'Enguerrand VII. Il subsiste des vestiges de la salle des Preuses et de celle des Preux, sous laquelle s'étend un cellier.

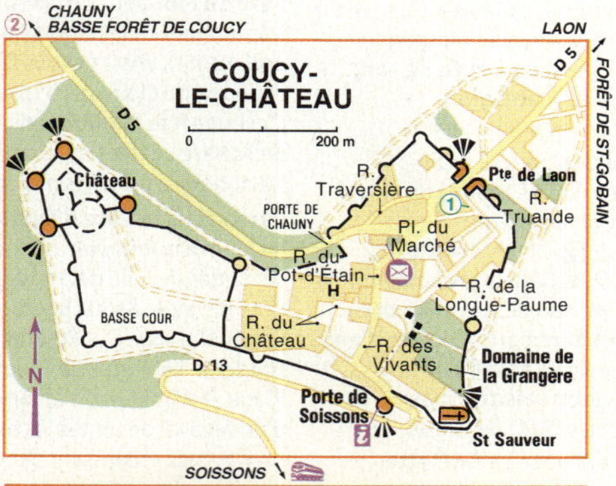


| SE LOGER | SE RESTAURER |
|---|---|
| Hôtel Le Belle Vue ......... ① | La Ferme des Michettes ......... ② |

En 1917, les Allemands firent sauter le donjon, dont les murs de pierre atteignaient 7 m d'épaisseur, 31 m de diamètre et 54 m de hauteur, à l'aide de 28 t d'explosifs ! Du haut de la tour de la terrasse, restaurée, **vue** sur la vallée.

### Porte de Soissons

Datant du 13e s., elle est renforcée par la tour de Coucy et abrite le **musée de la Tour** : maquette de la ville et du château, gravures et photos, figurines. De la plate-forme, **vue★** sur la vallée de l'Ailette. *✆ 03 23 52 44 55/22 22 - juin-sept. : 10h-19h ; mars-mai et oct. : 14h-18h ; nov.-fév. : sur demande - gratuit.*

### Église Saint-Sauveur

*Visite guidée sur demande à l'office de tourisme - 3 €.*

Au bord des remparts, cet édifice à façade romane et nefs gothiques (12e et 14e s.) a été presque totalement reconstruit après la guerre de 1914-1918.

### Porte de Laon

Du 13e s. À la base du promontoire et d'accès facile, son rôle défensif était capital. Deux grosses tours rondes aux murs épais l'encadraient.

### Domaine de la Grangère

Ce jardin dépendait de la maison du Gouverneur, où naquit, en 1594, César, duc de Vendôme, bâtard d'Henri IV et de Gabrielle d'Estrées, duchesse de Beaufort.

## Aux alentours

### BASSE FORÊT DE COUCY

*Quitter Coucy par la porte de Chauny ; au carrefour situé au pied du promontoire, prendre à gauche, vers Noyon, la D 934 traversant le bois du Montoir.*

### Bois du Montoir

Dans ce bois était camouflé un obusier de 380 mm qui a tiré de mars 1915 à novembre 1915 sur Compiègne, Fismes et Trosly-Breuil.

### Folembray

Au chenil du Rallye-Nomade, équipage de chasse à courre. François Ier aimait séjourner au château avec sa favorite Françoise de Foix, comtesse de Châteaubriant. À quelques tours de roue se trouve le circuit d'essai de Folembray, géré par Henri Pescarolo, vétéran de la course automobile.

## Coucy-le-Château-Auffrique pratique

### Adresse utile

**Office du tourisme de Coucy-le-Château** – *8 r. des Vivants - 02380 - ✆ 03 23 52 44 55. www.coucy.com. - lun.-vend. 10h-18h - fermé de mi-déc. à déb. janv., w.-end et j. fériés.*

### Se loger

⊖ **Hôtel Le Belle Vue** – *Ville haute - ✆ 03 23 52 69 70 - www.hotel-bellevue-coucy.com - fermé 1 sem. à Noël - P - 8 ch. 44 € - ☕ 6 € - rest. 11/33 €.* Cet hôtel au décor simple est bien situé dans la ville haute. Préférez une des chambres du 2e étage offrant une vue imprenable sur la plaine et le château. Salle à manger un brin rétro et cuisine traditionnelle.

### Se restaurer

⊖⊖ **La Ferme des Michettes** – *Champs - 2,3 km de Coucy-le-Château-Auffrique par D 934 rte de Blérancourt - ✆ 03 23 52 77 26 - www.lesmichettes.com - fermé lun., mar. et le soir - 💳 - réserv. obligatoire - 26/27 €.* Ce bâtiment contemporain, flanqué d'un grand parking, abrite une auberge atypique dans un cadre à mi-chemin entre rustique et moderne. Menu unique, à volonté, avec cochon farci cuit à la broche dans le monumental four à bois, légumes assortis et vin rouge au tonneau. Après-midi dansant pour éliminer les calories !

### Événement

**« Coucy à la Merveille »** – *✆ 03 23 52 01 53 - www.coucyalamerveille.com - juil. : vend. et sam. soir.* Un des plus beaux spectacles médiévaux de la région : celui de la légende du sire de Coucy. Décors et costumes d'époque, « banquet du Sire » (réservation conseillée), scènes de reconstitution historique, son et lumière.

Association de mise en valeur du château de Coucy

# Crécy-en-Ponthieu

**1 548 CRÉCÉENS**
**CARTE GÉNÉRALE A2 – CARTE MICHELIN DEPARTEMENTS 301 E6 – SOMME (80)**

**Ce bourg paisible du beau pays de Ponthieu campe à deux pas de la forêt de Crécy. Il a été le théâtre d'une terrible bataille durant la guerre de Cent Ans : son issue tragique pour la noblesse française serait due à une étourderie des arbalétriers génois…**

**Se repérer** – Crécy s'étage sur les bords d'un bassin cultivé. Accès depuis Abbeville par la D 928 et la D 12.

**À ne pas manquer** – La forêt de Crécy ; la vue depuis le moulin Édouard-III.

**Organiser son temps** – La visite du Ponthieu peut être couplée au circuit de la vallée de la Somme *(voir Amiens)* ou de l'Authie.

**Pour poursuivre la visite** – Voir aussi Rue, Saint-Valéry-sur-Somme, la baie de Somme, l'abbaye et les jardins de Valloire, la vallée de l'Authe, Saint-Riquier, Abbeville.

**Le saviez-vous ?**

Crécy, nom usité depuis les Mérovingiens, trouve son origine dans le mot « croissant ». Les armes crécéennes sont d'ailleurs composées de trois croissants d'or entrelacés, sur champ d'azur.

## Comprendre

**La bataille de Crécy** – Le 26 août 1346, au début de la guerre de Cent Ans, Philippe VI de France subit ici une sévère défaite devant Édouard III d'Angleterre. Ce dernier, ayant débarqué en Normandie et remontant vers les Flandres, établit son camp près de Crécy. C'est alors qu'il est attaqué, avec une fougue irréfléchie, par Philippe VI et la chevalerie française. Leur assaut se brise sur les lignes d'archers anglais, soutenus, pour la première fois dans l'histoire européenne, par des bombardes (canons primitifs tirant des boulets de pierre). La bataille rassembla à l'époque 3 900 chevaliers anglais, 11 000 archers et 5 000 coutiliers gallois, contre 1 200 chevaliers français, 6 000 archers génois et 20 000 fantassins. 11 princes, 1 542 chevaliers et 10 000 soldats y laissèrent la vie.

**L'erreur fatale des Génois** – Méticuleux et prévoyants, les archers anglais ont protégé leurs arcs de la pluie, ce que n'ont pas fait les Génois. Éblouies par le soleil, noyées par un orage qui a détendu les cordes des arcs, les troupes sont décimées. Édouard III fait tirer les canons. Les coutiliers gallois poignardent les chevaux français, puis leurs cavaliers désarçonnés. Atteignant le soir même le château de La Broye, Philippe VI hèle les sentinelles : « Ouvrez, c'est l'infortuné roi de France ! » Une phrase célèbre, consignée par le chroniqueur Froissart.

## Visiter

### Église

À l'intérieur, les grandes toiles de l'atelier de Poussin, provenant de l'abbaye de Dommartin, illustrent la vie de Moïse.

### Croix du Bourg

Dressée au bas de la place vers le 12e s., cette **lanterne des morts** serait le témoin d'un mouvement communal qui déferla alors en Ponthieu. Elle est peut-être dédiée à Aliénor de Castille, reine d'Angleterre et comtesse de Ponthieu, qui avait épousé Édouard Ier en 1254. La partie supérieure ne peut être antérieure au 17e s.

S. Sauvignier / MICHELIN

*La croix du Bourg.*

### Moulin Édouard-III

*1 km au nord par la D 111.*

Le tertre marque l'emplacement du moulin d'où le roi d'Angleterre aurait assisté à la bataille. Du sommet, **vue** sur la plaine ondulée (table d'orientation).

### Croix de Bohême

*Sur la D 56, au sud-est.* Elle honore la mémoire de Jean l'Aveugle, roi de Bohême et allié de Philippe VI, qui périt au cœur du combat, alors qu'il se faisait porter près de son fils grièvement blessé. Elle est érigée à l'endroit même où il tomba.

# Circuit de découverte

## FORÊT DE CRÉCY

*29 km – environ 1h.*

*Office national des forêt - Maison forestière - 80120 Forest-Montiers - ✆ 03 22 28 31 72. Aire de repos et de pique-nique, 8 circuits de randonnées pédestres balisés, sentiers équestres. 25 arbres remarquables : « promenade des vieux chênes » à faire en voiture ou à vélo. Plan d'orientation en lisière de Forest-Montiers et Forest-l'Abbaye. Parcours ludo-sportif à la clairière du Muguet…*

Le massif forestier (4 300 ha) couvre le plateau situé au sud de la Maye. Peuplé de chênes, de hêtres et de charmes, il est giboyeux. Parmi les arbres remarquables, voyez le chêne des Ramolleux qui aurait été planté après la bataille de Crécy.

*De Crécy, suivre au sud-ouest la D 111 jusqu'au carrefour du Monument, puis à droite la route de Forest-Montiers.* La route longe de belles futaies de hêtres et de chênes.

*Continuer jusqu'au poteau de Nouvion, prendre à droite la route forestière du Chevreuil jusqu'au carrefour de la Hutte-des-Grands-Hêtres.*

### Hutte-des-Grands-Hêtres

La futaie est ici remarquable. On peut emprunter à pied le sentier des Deux-Huttes.

*Revenir au poteau de Nouvion et prendre à droite vers Forest-Montiers.*

### Forest-Montiers

Saint Riquier y établit son ermitage, et le fils de François Ier, Charles, y mourut de la peste à 23 ans.

*Prendre la N 1 vers le nord.*

### Bernay-en-Ponthieu

Sur le versant sud de la vallée de la Maye, Bernay conserve sa vieille **maison de poste**, face à l'église. La façade sur rue du **relais-auberge** date du 15e s. : l'étage en encorbellement a pour base une poutre sculptée de guirlandes et de têtes grotesques. Dans une lettre de 1837, Victor Hugo soulignait la position stratégique de l'établissement : « Il est situé au point précis où la diligence qui arrive de Paris a faim pour déjeuner, et la diligence qui arrive de Calais a faim pour dîner… »

Autour de Bernay, la Maye s'épand en étangs.

*Prendre à droite la D 938 qui rejoint Crécy-en-Ponthieu.*

On surplombe la **vallée de la Maye** où alternent cultures, prairies et bosquets. La forêt couronne le versant sud.

## Crécy-en-Ponthieu pratique

### Adresse utile

**Syndicat d'initiative de Crécy-en-Ponthieu** – *32 r. Mar.-Leclerc-de-Hauteclocque - 80150 - ✆ 03 22 23 93 84 - www.crecyenponthieu.com - 9h-12h30, 14h-18h30 (mar. 10h), dim. 10h-12h30 - fermé 1er janv. et 25 déc.*

### Se loger et se restaurer

⊜⊜ **Hôtel La Maye** – *13 r. de Saint-Riquier - ✆ 03 22 23 54 35 - fermé dim. soir et lun. sf j. fériés de sept. à juin - P - 11 ch. 55/80 € ☕ - rest. 17/37 €.*

Dans un style convivial et chaleureux, ce restaurant propose une formule brasserie le midi, et une carte gastronomique avec, parmi les spécialités, la salade tiède de homard et foie gras.

À l'étage, 11 chambres fort convenables avec TV et bonne literie. Grand parking et joli jardin en bordure de rivière.

# Desvres

5 056 DESVROIS
CARTE GÉNÉRALE A2 – CARTE MICHELIN DEPARTEMENTS 301 E3 – PAS-DE-CALAIS (62)

**Petite cité industrielle connue depuis le 18e s. pour ses faïences, Desvres s'est spécialisée dans la copie de décors anciens : Delft, Strasbourg, Nevers, Rouen, Moustiers… Ici, les plaques des maisons, ainsi que les panneaux de rue, sont en faïence. Et plusieurs fabriques perpétuent la tradition.**

**Se repérer** – La ville s'étend d'est en ouest dans un paysage vallonné et verdoyant. Accès par la D 341 ou la D 127.

**À ne pas manquer** – La Maison de la faïence et les façades de la place Léon-Blum.

**Pour poursuivre la visite** – Voir aussi Boulogne-sur-Mer et la Côte d'Opale, Étaples, Montreuil, Guînes.

### Le saviez-vous ?

Le nom de la ville apparaît vers le 12e s. et proviendrait de Divernia, qui remonte à l'époque romaine. Depuis le 19e s., Desvres désigne aussi la production des faïenceries locales.

Sur l'emblème, le nom de Desvres se détache sur fond bleu, en caractères stylisés blancs. La lettre D suggère une demi-soucoupe de faïence, tandis que le feuillage du R fait référence à la forêt, toute proche.

Autre trésor du coin : la tarte au papin. Son nom viendrait de la colle à papier peint dont la consistance rappelle la crème pâtissière qui couvre cette spécialité aux pruneaux. Non-moulée, cette tarte est dite « à gros bords » : ceux-ci sont roulés pour retenir la crème.

## Visiter

### Maison de la faïence

*R. J.-Macé. ☎ 03 21 83 23 23 - www.desvresmuseum.org - ♿ - juil.-août : tlj sf lun. matin 9h30-12h30, 14h-18h30 ; avr.-juin et sept. : tlj sf dim. matin et lun. 9h30-12h30, 14h-18h30 ; oct.-mars : tlj sf lun. 14h-17h30 - fermé 1er janv., 25 déc. - 4,60 € (6-18 ans 3,90 €).*

Elle se trouve à l'entrée d'un parc. Son architecture étonnante est formée de panneaux de carreaux de faïence bleus et blancs, un décor courant à Desvres. On y découvre l'histoire et le développement industriel de la faïence, ses procédés de fabrication à partir de l'eau de la terre et du feu. De remarquables pièces illustrent le propos. La salle d'expositions temporaires fait la part belle aux créations contemporaines.

J. Berquez / MICHELIN

*L'architecture originale et très évocatrice de la Maison de la faïence.*

### Place Léon-Blum

Quelques façades, comme celle du n° 15, sont ornées de carreaux bleutés et de frises polychromes du 19e s. Dans le café Le Parisiana, trois panneaux en faïence cloisonnée ont été réalisés en 1930 par Jean Louwerse, et dans la brasserie L'Agriculture, des scènes rurales sont l'œuvre de Georges Avril (1939).

## Aux alentours

### Forêt de Desvres

Au nord de la ville s'étend une forêt domaniale vallonnée et plantée d'essences variées. On peut la sillonner par les D 253, D 127 et D 238 : jolies vues sur le massif et la vallée de la Liane. Parcours sportif et pêche : **étang de Menneville** (accès par la route de Menneville et la rue Monsigny). À l'ouest, **Crémarest** est un charmant village avec son église des 15e-16e s.

### Wierre-au-Bois

*7 km au sud-ouest par la D 215.*

Ce village, siège d'un pèlerinage à saint Gendulphe, entretient le souvenir de l'œuvre de **Sainte-Beuve** (1804-1869). Ses parents sont inhumés dans le cimetière, à l'entrée duquel une inscription rappelle que le critique littéraire passa ses vacances de jeunesse au village, où il connut l'amitié et l'amour. À l'intérieur de l'**église**, statue équestre de saint Gendulphe et, au-dessus de l'autel, groupe en bois sculpté figurant Dieu le Père tenant le corps du Christ. *S'adresser au café de la place près de l'église (fermé le lun.).*

### Samer

*2 km au sud-ouest de Wierre-au-Bois.*

Petit marché agricole dans la belle campagne boulonnaise, Samer est aujourd'hui, à l'approche de l'été, l'étape favorite des amis des fraises. La qualité des sols, le microclimat du Boulonnais et l'exposition des parcelles favorisent les cultures et donnent aux fruits leur saveur. Pavée et rectangulaire, la **Grand'Place** de Samer est bordée de maisons anciennes, en majeure partie du 18e s. La ville doit son nom au moine saint Wulmer qui y fonda au 7e s. une abbaye bénédictine. L'**église** du 15e s., vestige de l'abbatiale, possède un clocher octogonal et renferme une cuve baptismale romane décorée de bas-reliefs figurant les baptisés.

Une légende médiévale rapporte que deux biches conduisaient chaque année la procession en l'honneur de saint Wulmer. Tandis que l'une regagnait le bois, l'autre restait pour être nourrie, puis mangée. L'année suivante, la biche qui s'était retirée menait la procession… puis restait, et sa compagne retournait au bois. Cette tradition durerait encore si les habitants n'avaient capturé le deuxième animal. Ce qui leur valut le surnom de « mangeurs de biche ».

## Desvres pratique

### Adresses utiles

**Office du tourisme du pays de la faïence de Desvres** – *41 bis r. des Potiers - 62240 Desvres - 03 21 92 09 09 - www.desvresmuseum.org - avr.-oct. : mar.-sam. 10h-12h30, 14h-18h (dim. en juil.-août) ; nov.-mars : mar.-sam. 14h-17h - fermé j. fériés sf 14 Juil. et 15 août.*

**Office du tourisme de Samer** – *R. de Desvres - 62830 Samer - 03 21 87 10 42 - www.ville-samer.fr - lun.-mar. et jeu.-vend. 9h-12h15, 14h-18h, merc. et sam. 9h-12h15- fermé dim. et j. fériés.*

### Se loger

**Ferme du Moulin aux Draps** – *Rte Crémarest - 03 21 10 69 59 - P - 20 ch. 81/88 € - 9 €.* Ce séduisant hôtel niché entre forêt et prairie a été reconstruit sur le modèle de l'ancienne ferme familiale. Plaisantes chambres et piscine couverte dans la cour intérieure.

### Que rapporter

**Desvres Tradition** – *1 r. du Louvre - 03 21 92 39 43 - 8h-12h30, 13h30-19h, dim. et j. fériés 10h-12h30.* Faïencerie d'art artisanale.

**Céramiques modernes ANI-C** – *108 chaussée Brunehaut - 62240 Longfossé - 03 21 91 49 94 - tlj sf dim. mat. et lun. mat. 9h-12h, 14h-19h* Faïence de Desvres.

### Événements

**Fête de la Fraise** – Le fruit fétiche de Samer est célébré tous les ans, l'avant-dernière semaine de juin. Concours et expositions sont organisés autour de ce rendez-vous.

**Fête de la Faïence** – La Maison de la faïence de Desves organise une grande fête le dim. qui suit le 14 Juil.

**Festival de la Côte d'Opale** – *Voir l'encadré pratique de la Côte d'Opale.*

# Douai★

518 727 DOUAISIENS (AGGLOMÉRATION)
CARTE GÉNÉRALE B2 – CARTE MICHELIN DEPARTEMENTS 302 G5 – NORD (59)

**Ancien cœur du bassin minier, Douai conserve des maisons du 18ᵉ s. et cette allure aristocratique qu'évoqua Balzac dans « La Recherche de l'absolu ». Les quais silencieux de la Scarpe invitent à la promenade, comme les rues pavées et pentues des vieux quartiers. Gayant, le célèbre géant, les parcourt début juillet au son du tambour.**

- **Se repérer** – Un périphérique dessert Douai, que l'on peut rejoindre par la N 43 et la N 421, la N 50, l'A 21 ou la N 455.
- **À ne pas manquer** – Le musée de la Chartreuse ; la montée au beffroi ; la Maison de la chicorée à Orchies.
- **Organiser son temps** – Prévoyez deux heures pour la visite du musée de la Chartreuse, de même pour vous promener en ville. Essayez de venir au mois de juillet, pendant la sortie des géants.
- **Avec les enfants** – Une promenade en barque sur la Scarpe ; un jeu-itinéraire pour découvrir le musée de la Chartreuse *(à demander à l'accueil)* ; l'aquarium municipal, en face du musée ; une activité nautique à Aubigny-au-Bac (étangs de la Sensée).
- **Pour poursuivre la visite** – Voir aussi le centre historique minier de Lewarde, Lens et le circuit des Gueules noires, Arras, Cambrai, le Parc naturel régional Scarpe-Escaut (Saint-Amand-les-Eaux).

## Comprendre

**Un centre industriel et judiciaire** – Deuxième port fluvial de France, l'agglomération regroupe d'importantes industries (métallurgie, chimie, alimentaire), un établissement de l'Imprimerie nationale et une Bourse d'affrètement fluvial. La cour d'appel de Douai est l'héritière du parlement de Flandre qui siégea ici de 1714 à la Révolution. De nombreux établissements ont succédé à l'université, fondée en 1562 et transférée à Lille en 1887.

### Le saviez-vous ?

Capitale française du **carillon**, Douai possède l'un des plus importants ensemble d'Europe, avec ses deux carillons, l'un au beffroi (62 cloches) et l'autre ambulant (50 cloches), qui sillonne les routes de France. Une école française de carillon est installée à Douai, fondée et animée par Stefano Colletti.

**Une ville de géants** – Le 16 juin 1479, Douai, aux mains du comte de Flandres, Maximilien d'Autriche, manque d'être pris par les Français : les habitants attribuent leur succès à la protection de saint Maurand, patron de la ville. En remerciement, ils instituent une procession annuelle en son honneur. En 1530, la paix ayant été signée avec la France, Douai organise une procession plus solennelle. Chaque corporation fournit un char, garni de personnages symboliques. Les manneliers, fabricants d'objets d'osier, ont créé en 1530 un Gayant (« géant », en picard). L'année suivante, les fruitiers lui ont donné une épouse. Les enfants ont suivi…

**Les avatars de Gayant** – En 1770, l'évêque d'Arras interdit la procession, qui glorifiait une défaite française, et la remplace par une autre, qui célèbre l'entrée des Français à Douai le 6 juillet 1667. Les géants ressuscitent en 1778, mais la Révolution les balaie de nouveau… Ils réapparaissent en 1801 et reçoivent vingt ans plus tard leurs costumes actuels. Détruits en 1918 et en 1944, ils sont à chaque fois reconstitués avec le même soin. Les personnages sont restés les mêmes au fil des siècles : Gayant père (8,50 m pour 370 kg), le plus vieux (1530) et le plus populaire du Nord ; sa femme, Marie Cagenon (6,25 m pour seulement 250 kg), et leurs enfants, Jacquot, Fillon et Binbin. Les Douaisiens se disent eux-mêmes « enfants de Gayant ».

## Se promener

Partir de la **porte de Valenciennes**, gothique sur une face (15ᵉ s.) et classique sur l'autre (18ᵉ s.), à côté de laquelle se dresse l'**Hôpital général** (18ᵉ s.), bâti sous Louis XV, et l'**église Notre-Dame** *(voir « Visiter »)*, pour rejoindre la place d'Armes, en partie piétonnière, avec ses terrasses de cafés et ses jeux d'eau. L'**hôtel du Dauphin**, seule maison du 18ᵉ s. subsistant sur la place, abrite l'office de tourisme. Sa façade est ornée de trophées.

*Prendre la rue de la Mairie.*

**Jean Bellegambe (1470-1534)**

Cet artiste, qui semble avoir passé sa vie à Douai, révèle une personnalité attachante et multiple. Son œuvre relie la tradition gothique (sujets religieux traités avec le souci du détail vrai et du coloris harmonieux) et l'italianisme de la Renaissance (décor de colonnes, pilastres, coquilles et guirlandes). Elle associe également le réalisme flamand, objectif et familier, à l'intellectualisme de l'école française. Bellegambe a peint pour les abbayes de la vallée de la Scarpe. On reconnaît dans ses œuvres les sites et monuments de la région : beffroi, portes de Douai, tours de l'abbatiale d'Anchin, bois de Flines, paysages de la Scarpe et de la Sensée.

## Hôtel de ville★ et beffroi B2

*✆ 03 27 88 26 79 - www.ville-douai.fr - visite guidée (1h) juil.-août : 10h-11h, 14h-18h ; reste de l'année : 11h (sf lun.), 15h-17h (ttes les h.) - fermé 1er janv., 25 déc. - 3,50 € (enf. 2 €).*

La construction de cet ensemble gothique, dominé par la sombre tour du beffroi, débuta en 1380. Elle reprit plusieurs fois, de 1471 à 1873.

À l'intérieur de l'hôtel de ville, on parcourt la halle aux Draps, la salle gothique du Conseil et la chapelle devenue vestibule d'honneur (15e s.), le salon Blanc avec ses boiseries du 18e s. et la salle des fêtes. La visite continue avec la montée au beffroi ; achevé en 1410, il mesure 64 m de haut et 40 m au niveau de la plate-forme. Son couronnement, hérissé de tourelles, de lucarnes, de pinacles, de girouettes, s'achève par un lion des Flandres. Au 4e étage, l'actuel **carillon** (62 cloches) remplace celui qui fut détruit par les Allemands en 1917. Aux heures, il joue l'air des *Puritains d'Écosse*, aux demi-heures une barcarolle, aux quarts et trois quarts quelques mesures de l'air de Gayant. *Chaque samedi (hors vac. scol.) entre 10h45-11h30, les carillonneurs de la ville interprètent des concerts. Festival des carillons (voir l'encadré pratique).*

*Par le passage voûté et la cour de l'hôtel de ville, gagner la rue de l'Université.* Cette rue passe devant le **mont-de-piété** (17e s.), transformé en laboratoire agroalimentaire (lycée agricole de Wagnonville). On parvient ensuite au **théâtre** (18e s.), dont la façade a été remaniée au 19e s.

## Rue de la Comédie A-B3

À droite, l'**hôtel d'Aoust** est un bel édifice Louis XV dont la porte possède un décor rocaille. La façade sur cour est ornée de statues allégoriques évoquant les quatre saisons.

## Rue des Foulons A2-3

Le nom de cette rue rappelle l'activité des drapiers au Moyen Âge. Sur la gauche s'alignent des maisons du 18e s. Au n° 132, l'**hôtel de la Tramerie**, de style Louis XIII.

*Prendre la rue de la Mairie à droite, puis la rue L.-Gambetta, prolongée par la rue Bellegambe.*

P. Vantighem / MICHELIN

*Les fontaines de la place d'Armes avec, à l'arrière-plan, le beffroi.*

| SE LOGER | SE RESTAURER | |
|---|---|---|
| Hôtel Ibis........................ ① | Au Turbotin..................... ① | Le Chat Botté.................... ④ |
| Hôtel de la Terrasse........ ③ | | Le Storez........................ ⑦ |

### Rue Bellegambe B2

À gauche, on découvre une devanture de boutique modern style, ornée de tournesols, et, au n° 5, la maison natale du peintre H.-E. Cross (1856-1910). Elle débouche sur la collégiale Saint-Pierre *(voir « Visiter »)*.

## Visiter

### Musée de la Chartreuse★★ A1

*130 r. des Chartreux - ✆ 03 27 71 38 80 - tlj sf mar. 10h-12h, 14h-18h - possibilité de visite guidée - fermé 1er janv., 1er Mai, Ascension, 14 Juil., 15 août, 1er et 11 Nov., 25 déc. - 3 €, gratuit 1er dim. du mois.*

*Compter 2h de visite.* L'ancienne chartreuse forme un bel ensemble de constructions du 16e au 18e s. Édifié par Jacques d'Abancourt dans le style Renaissance en pierre et brique, l'hôtel d'Abancourt (1559), à gauche, avec sa tour ronde, fut agrandi en 1608 par Jean de Montmorency, qui construisit un bâtiment dans le même style, dominé par une tour carrée. Des chartreux s'y installèrent au 17e s. et construisirent le petit cloître, le réfectoire, la salle capitulaire, le bâtiment dit « du Prieur » et la chapelle. Le grand cloître et les cellules des moines furent démolis au 19e s. Après plusieurs campagnes de travaux, la restauration s'est achevée par le portail d'entrée et la chapelle.

**Section beaux-arts** – Dans la **salle 1** : primitifs flamands et hollandais (Maître de la Manne et Maître de Flemalle), italiens (*Le Jardin d'amour* un plateau d'accouchée, avec au verso un échiquier), et école catalane.

Dans la **salle 2**, Les grands retables du 16e s. proviennent des abbayes de Marchiennes, d'Anchin et de Flines. Le *Polyptyque de Marchiennes*, œuvre de Van Scorel (école d'Utrecht, 16e s.), est dédié à saint Jacques et saint Étienne. Le **Polyptyque d'Anchin★** de Bellegambe, présente, selon que les volets sont ouverts ou fermés l'*Adoration de la Croix* ou l'*Adoration de la sainte Trinité*.

La **salle 3** comprend les chefs-d'œuvre de la Renaissance italienne : *Portrait d'une Vénitienne* de Véronèse et des œuvres de Vasari et Morandini, *La Flagellation du Christ* de Louis Carrache, œuvre d'une rare intensité dans un jeu de clair-obscur, et *Le Reniement de Saint Pierre* du Pensionnaire de Saraceni, œuvre caravagesque. Une statue de bronze, la *Vénus de Castello*, évoque l'art de Jean de Bologne, sculpteur et architecte né à Douai en 1529, qui fit l'essentiel de sa carrière à Rome et à Florence.

Dans les **salles 4 à 6** : plan en relief de Douai (1709) ; maniéristes flamands et hollandais (16e s.) : œuvres de Jan Mandyn (les *Épreuves de Job*, évoquant les malheurs de Job sur son tas de fumier), de Roland Savery, des Anversois Jean Matsys (fils de Quentin) et Frans Floris, des Hollandais Van Hemessen, Van Reymerswaele (*Saint Jérôme* méditant sur une bible), Goltzius, Cornelis Van Haarlem, etc.

*Par l'escalier de la salle 4, on accède au 1er étage.*

Dans les **salles 7, 8, 9 et 10** : œuvres de Rubens (*Cérès et Pan*) et Jordaens (*Tête d'étude*) ; paysages de Ruysdael, Momper et Govaerts ; *Scène de sorcellerie* de David Teniers ; intéressante série de petits maîtres hollandais du 17e s., dont un *Cortège grotesque* de Van de Venne et une *Scène de beuverie* de Brouwer.

Dans la **salle 11**, l'école française des 17e s. et 18e s. est représentée notamment par Le Brun (*Portrait équestre de Louis XIV*), Chardin (*Nature morte*), Nattier, Largillière et Boucher

Dans la **salle 12** est exposée une série de chefs-d'œuvre méconnus : *Vue du Tréport* de Constant Dutilleux (natif de Douai), *Impression d'Italie* et *Château de Wagnonville* de Corot, *Moulin de Hollande* de Boudin et *Vue d'Overshie* de Jongkind. Quelques impressionnistes – Renoir (*Portrait de femme*), Sisley, Pissarro (*La Sente du chou*)… – voisinent avec des postimpressionnistes (Cross, Bonnard, Maurice Denis).

Dans les **salles 13-14**, artistes douaisiens des 19e s. et 20e s.

*Redescendre au rez-de-chaussée.*

Construit en plein classicisme (1663) mais voûté d'ogives, le **cloître** marie harmonieusement l'appareil de briques roses avec la pierre blanche des nervures et des encadrements sculptés de motifs baroques. La **chapelle**, entièrement rénovée, présente la collection de sculptures : terres cuites de Calot, buste de Rubens par Carrier-Belleuse, l'*Enfant prodigue* de Rodin, *Jean de Bologne* par Bra.

Bâtie à la même date et dans le même style que le cloître, la **salle capitulaire** accueille des expositions temporaires.

**Section archéologie, sciences naturelles, aquarium municipal et photothèque** – Prendre à gauche en sortant de la chartreuse, puis tourner à gauche dans la rue Saint-Albin. Dans cette annexe, qui couvre la période du paléolithique jusqu'à 400 apr. J.-C., est exposé le crâne de l'homme de Biache, découvert à Biache-Saint-Vaast (250 000 ans av. J.-C.). Des statuettes mises au jour à Bavay et des bustes de

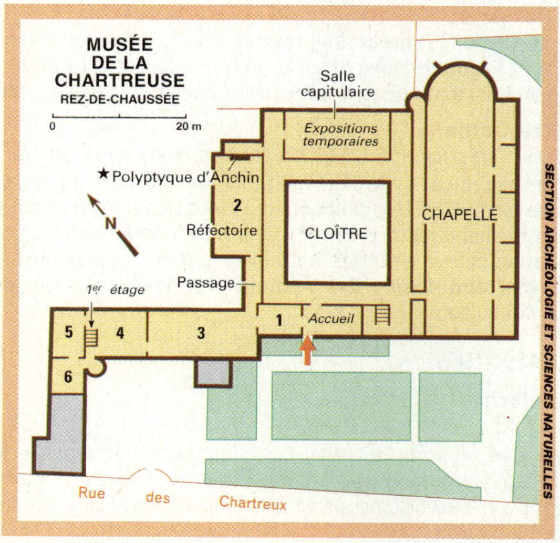

*Le palais de justice se reflète dans la Scarpe.*

Lewarde datent de la période gallo-romaine. Maquettes du village mérovingien de Brébières et de la nécropole d'Hordain. L'annexe comporte également 20 aquariums où nagent notamment des poissons d'eau douce et d'eau de mer : cichlidés des lacs africains, poissons-clowns des mers tropicales… Une collection rassemble des oiseaux naturalisés de la région. **Photothèque** *✆ 03 27 71 38 85 - tlj sf mar. et dim. 14h-17h - fermé août, j. fériés - gratuit.*

### Palais de justice A2

*Pl. de Pollinchove - juil.-sept. : visite guidée de la Grand'Chambre du parlement 2e et 4e mar. du mois et j. fériés 18h30 (juil.-août : sam. 15h30) - réserv. préalable à l'office de tourisme - 3,50 €.*

Édifié au 16e s. et rebâti au 18e s., ce fut le refuge des moines de l'abbaye de Marchiennes, puis, en 1714, le siège du parlement de Flandre. La façade d'entrée et son portail austère ont été remaniés sous Louis XVI par le Lillois Lequeux.

Les prisons d'où s'échappa Vidocq *(accès par le quai)* accueillent aujourd'hui des maquettes : histoire de la ville et du palais de justice. Au 1er étage, la **grande chambre du Parlement** (1762) est décorée d'une cheminée de marbre, de boiseries sculptées Louis XV, du portrait de Louis XIV et de toiles allégoriques de Nicolas Brenet (1769).

### Collégiale Saint-Pierre B2

*✆ 03 27 88 26 79 - tlj sf lun. 10h-11h30, 15h-16h30, dim. et j. fériés 15h-17h.*

Cette ancienne collégiale est l'une des plus vastes églises du nord de la France. Placez-vous sur le côté gauche pour en discerner les parties principales : clocher de pierre (16e-17e s.), nef et chœur en brique à parements de pierre, chapelle absidiale coiffée d'un bulbe (18e s.).

Aussi long que la nef, le **chœur** était réservé aux chanoines et aux membres du parlement. On remarque le buffet d'orgues (18e s.) provenant de l'abbaye d'Anchin et, dans le bras droit du transept, trois toiles (18e s.) dues à Deshayes et à Ménageot.

### Église Notre-Dame B3

*✆ 03 27 88 26 79 - tlj sf lun. 10h-12h30, 15h-16h30, dim. et j. fériés 15h-17h.*

Jadis adossée au rempart, elle a été mêlée à toute l'histoire de Douai. La nef en grès et brique est du 13e s. Le chœur gothique (14e s.) est couvert de cinq travées de voûtes d'ogives à nervures de pierre et voûtains de brique. L'abside à cinq pans est percée de hautes baies à lancettes. Au chevet, la statue de la poétesse élégiaque douaisienne **Marceline Desbordes-Valmore** (1786-1859) est l'œuvre du sculpteur douaisien A. Bouquillon.

## Aux alentours

### Flines-lez-Raches

*11 km au nord-est par les D 917 et D 938.*

La curieuse **église** comporte un clocher-porche en grès et brique très ancien (certains le datent de 800). Les poutres de charpente des deux premières chapelles, à droite, sont ornées de corbeaux historiés portant les armoiries de Philippine Torck, abbesse de Flines de 1561 à 1571.

### Pecquencourt

*12 km à l'est par la N 455.* L'**église** abrite des œuvres provenant d'Anchin, comme l'autel, le banc de communion en fer forgé (18e s.) et plusieurs toiles dont la *Résurrection de Lazare* (17e s.) – *centre du bas-côté droit.* Ses personnages en gros plan et sa lumière contrastée rappellent les peintres hollandais inspirés par Le Caravage.

### Ancienne abbaye d'Anchin

*1 km au nord de Pecquencourt.* Deux petits pavillons du 18e s., en pierre, indiquent l'entrée de cette abbaye bénédictine, l'un des plus anciens établissements religieux du Nord. Les bâtiments furent détruits en 1792. Au bord de la Scarpe se dressaient les cinq tours de son église, qui abritait des richesses considérables, dont le célèbre *Polyptyque d'Anchin*. On peut le contempler aujourd'hui au musée de la Chartreuse de Douai.

### Maison de la chicorée à Orchies

*18 km au nord-est par la D 917, puis à droite par la D 938. 03 20 64 83 70 - www.lamaisondelachicoree.org - - visite guidée + dégustation (1h15) mar.-vend. 14h-17h - fermé j. fériés, 25 déc.-1er janv. - 3 €.*

Si les usines Leroux sont situées en bordure de la petite ville, la Maison de la chicorée s'est installée dans la demeure même du fondateur, Alphonse Leroux (1866-1947). En 1998, un bâtiment contemporain, entièrement vitré, donnant sur un très beau parc, a été ajouté à la maison familiale. Un parcours de visite retrace l'aventure de la chicorée, de l'Égypte ancienne à aujourd'hui. Plus de 10 000 pièces sont réunies : paquetages et prospectus du 19e s., photographies, affiches et étiquettes, boîtes métalliques, majoliques italiennes et faïences d'apothicaires servant à protéger et à transporter les divers remèdes à base de chicorée. Au sous-sol, expositions temporaires et salle de conférences.

Un livret de visite adapté est distribué aux enfants.

**Vallée de la Sensée**

La vallée de la Sensée, à un jet de pierre de Douai, est réputée pour ses mystérieux menhirs et dolmens : pierres de Lécluse ou d'Aubigny-au-Bac, gros caillou d'Oisy-le-Verger... La plupart de ces monolithes témoignent d'une religion primitive. Aujourd'hui, les légendes ressurgissent, les langues se délient et les mythes ont encore de beaux jours devant eux. Interrogez donc les villageois. Chacun ira de sa version personnelle, plus piquante que celle du voisin : fées, géants, moulin maudit, farfadets facétieux, pactes avec le diable...

### Étangs de la Sensée

*12 km au sud par la N 43 et la D 47 ou la D 14E4.* Cet affluent de l'Escaut sépare le Cambrésis et la Flandre. Il a donné son nom au canal qui emprunte une partie de son cours, joint le bassin de l'Escaut à celui de la Scarpe et reçoit, près d'Arleux, le canal du Nord.

De Lécluse à Wasnes-au-Bac, plus à l'ouest, la rivière forme un chapelet de jolis étangs entourés de hautes herbes et de peupliers.

Les localités les plus fréquentées sont **Lécluse** (étang), **Hamel** (centre équestre), **Féchain**, **Arleux** (culture d'aulx), **Brunémont** (belle vue sur le lac depuis la D 247, base de voile) et surtout **Aubigny-au-Bac**, où une base de loisirs (baignade, pêche, pédalo, voile, ski nautique, karting, petit train) a été aménagée. *De mi-avr. à fin sept. : 10h-20h. Tarif non-communiqué. 03 27 89 24 24.*

### Centre historique minier de Lewarde★★ *(voir ce nom)*

## Douai pratique

### Adresses utiles

**Office du tourisme de Douai** – *70 pl. d'Armes - 59500 - 03 27 88 26 79 - www.ville-douai.fr - avr.-sept. : 10h-13h, 14h-19h, dim. et j. fériés 15h-18h ; oct.-mars : lun.-sam. 10h-12h30, 14h-18h30.*

**Syndicat d'initiative d'Aubigny-au-Bac** – *Base de loisirs - r. de la Plage - 59265 - 03 27 89 24 24 - de déb. juil. à mi-sept. : tlj sf lun. et dim. matin 9h-12h, 13h30-18h30 ; mars-juin : mar., jeu. et vend. 15h-17h, merc. 9h-12h, 14h-17h, sam. 14h-17h. - fermé de mi-sept. à déb. mars.*

**Office du tourisme d'Arleux** – *7 r. Georges-Lefebvre - 59151 - 03 27 93 10 00 - www.arleux.com - 9h-12h30, 14h-18h30 ; fermé sam. sept.-mars, dim. et j. fériés.*

**Syndicat d'initiative d'Orchies** – *42 r. Jules-Roch - 59310 - ☏ 03 20 64 86 32 - mar. 10h-12h, 13h30-17h, vend. 8h30-12h.*

## Visites

**Promenade en barque sur la Scarpe** – *Juil.-août : jeu., vend., w.-end. et j. fériés 14h-19h ; mai-juin et sept. : w.-end et j. fériés 15h-19h (dép. embarcadère du palais de justice) - 4,50 € (enf. 3 €).*

**Visite guidée** – *Avr.-sept. : dim. 15h30 - 4,50 € (enf. 2,50 €) - se renseigner à l'office de tourisme ou sur www.vpah.culture.fr.* Douai, qui porte le **label Ville d'art**, propose des visites-découvertes animées (2h) par des guides-conférenciers agréés par le ministère de la Culture et de la Communication.

**Audioguides** – *4 € pour 1 parcours (-16 ans 3 €).* L'office de tourisme propose 5 parcours thématiques pour découvrir la ville à l'aide d'un audioguide : « Cœur de Cité », « Douai, une ville flamande », « Douai à la mode française », les « 19e et 20e s. : deux siècles de modernité » et « Au milieu coule la Scarpe ».

## Se loger

⊜⊜ **Hôtel Ibis** – *Pl. Saint-Amé - ☏ 03 27 87 27 27 - [P] - 42 ch. 49/61 € - ☕ 6,50 €.* Les standards Ibis dans une demeure historique. Ces maisons des 16e et 18e s. abritent des chambres fonctionnelles de tailles variées ; poutres et mansardes au 3e étage.

⊜⊜⊜⊜ **Hôtel de la Terrasse** – *36 terrasse Saint-Pierre - ☏ 03 27 88 70 04 - [P] - 24 ch. 110 € - ☕ 8,50 € - rest. 18/71 €.* Hostellerie traditionnelle nichée dans une ruelle située derrière l'église Saint-Pierre. Les chambres, sobrement fonctionnelles, sont bien insonorisées. De nombreux tableaux égayent les deux salles à manger, où l'on sert une cuisine classique. Superbe carte des vins avec quelque 800 appellations.

## Se restaurer

⊜ **Le Storez** – *116 r. Storez - ☏ 03 27 98 88 80 - fermé dim. soir et lun. - 13,50/28 €.* Face à la porte d'Arras, cette maison de brique tient commerce depuis 1896. On y sert une cuisine aux accents du terroir dans un décor tendance rétro.

⊜⊜ **Au Turbotin** – *9 r. de la Massue - ☏ 03 27 87 04 16 - fermé 7-20 fév., août, sam. midi, dim. soir et lun. - 18/43 €.* Cette ancienne graineterie réhabilitée en une petite salle à manger aux teintes lumineuses, accueille toute l'année une clientèle de gens de robe qui vient déguster les copieuses recettes de poisson du chef. Tendez un peu l'oreille pour vous inspirer de leur discours, mais n'oubliez surtout pas de vous régaler !

⊜⊜ **Le Chat Botté** – *Château de Bernicourt - 59286 Roost-Warendin - 10 km au N. de Douai par D 917 et D 8 - ☏ 03 27 80 24 44 - fermé 2 sem. en août, dim. soir et lun. 16 € déj. - 26/50 €.* Ce restaurant occupe l'une des dépendances du château de Bernicourt, au milieu d'un parc ombragé. La salle à manger, agrémentée de chaises en rotin coloré et de tableaux, est complétée par une agréable terrasse ouverte sur la nature. Cuisine classique et beau choix de vins.

## En soirée

**Aux Grès** – *2 pl. Saint-Amé - ☏ 03 27 86 83 53 - mar.-jeu. 18h-1h, vend. 18h-2h, sam. 20h-3h - fermé août et j. fériés.* Auvent garni de tuiles au-dessus du bar, troncs sciés en guise de tables, vieille cheminée allumée dès les premiers frimas et murs de brique composent le décor de ce sympathique pub. Jeux de fléchettes et d'échecs.

**L'Hippodrome** – *Pl. du Barlet - ☏ 03 27 99 66 66 - www.hippodromedouai.com - tlj sf dim. et lun. 15h30-19h - fermé juil.-août, vac. scol. et j. fériés - 7 à 20 €.* Cette scène nationale de forme dodécagonale se module selon les spectacles (c'est aussi un cinéma d'art et essai). Des pièces classiques aux nuits techno, la programmation audacieuse de ce théâtre en fait un lieu vivant fréquenté par tous.

## Que rapporter

**Aux Délices** – *68 r. de la Mairie - ☏ 03 27 88 69 19 - tlj sf dim. 9h-12h30, 14h-19h, lun. 14h-19h - fermé 1er-21 août.* Cette boutique officie depuis 1910 face au beffroi. Vous y trouverez de délicieuses confiseries locales comme la gayantine, caramel parfumé à la vanille et enrobé de caramel au lait, les Tuiles du Nord aux fèves de cacao du Venezuela ou les Boulets du Ch'ti, fourrés de praliné aux amandes.

## Loisirs-détente

**Randonnée pédestre** – *Aubigny-au-Bac - ☏ 03 27 80 91 40 ou 03 27 89 24 24.* Nombreux circuits balisés : plaquettes disponibles à l'office de tourisme.

## Événements

**Fête des Gayants** – La famille des géants au grand complet défilent dans la ville trois jours d'affilée, le 1er w.-end de juil.

**Festival des carillons** – *☏ 03 20 64 80 61.* Chaque année de mai à sept., la ville propose des concerts sur le carillon ambulant ou sur celui de l'hôtel de ville.

**Fête de l'Ail** – À Arleux, 1er w.-end de sept.

P. Vantighem / MICHELIN

*Le carillon du beffroi.*

# Doullens

6 252 DOULLENNAIS
CARTE GÉNÉRALE B2 – CARTE MICHELIN DEPARTEMENTS 301 H7 – SOMME (80)

**Tranquillement installée sur les premiers méandres de l'Authie, Doullens a su préserver son caractère picard, avec ses maisons de brique et de pierre à lucarnes saillantes. Dominant la ville, sa citadelle, devenue prison d'État, a logé des personnages célèbres : Blanqui, Raspail et Albertine Sarrazin. C'est aussi dans son hôtel de ville que le maréchal Foch reçut officiellement le commandement unique des armées alliées, en mars 1918.**

**Se repérer** – Doullens se trouve au nord du département de la Somme. On peut y accéder par la N 25, la D 916 ou la D 925 (d'Abbeville).

**À ne pas manquer** – La citadelle ; le château de Lucheux.

**Organiser son temps** – Venez plutôt en semaine ou le samedi matin pour découvrir la salle « du commandement unique », dans l'hôtel de ville. Attention aux horaires de visite pour la citadelle (après-midi seulement). Doullens est également le point de départ du circuit longeant la vallée de l'Authie *(voir ce nom)*.

**Pour poursuivre la visite** – Voir aussi la vallée de l'Authie, la cité souterraine de Naours.

## Visiter

### Hôtel de ville

*03 22 77 00 07 - www.mairie-doullens.fr - tlj sf dim. et j. fériés 8h-12h, 14h-18h (vend. 17h), sam. 10h-12h - fermé j. fériés - gratuit.*

C'est dans la salle dite « du commandement unique » que le général Foch fut désigné, le 26 mars 1918, pour diriger les forces françaises et britanniques. Photographies, documents, bustes et vitrail de Gérard Ansart rappellent cet événement, décisif pour la victoire.

### Église Notre-Dame

*03 22 32 42 15 - sur demande préalable uniquement.*

Du 13e s. mais presque entièrement reconstruite aux 15e et 16e s. Le chœur à chevet plat et le transept sont voûtés d'ogives. La salle basse (bras droit du transept) abrite une **Mise au tombeau★** (1583) que ses personnages grandeur nature rendent particulièrement saisissante.

### Musée Lombart

*03 22 77 02 55 - www.mairie-doullens.fr - Mar.-vend. 14h-17h (sur RV le matin), sam. 10h-12h, 14h-17h.*

Dans l'ancien couvent des Dames de Louvencourt. Collections : archéologie, folklore et peinture.

### Citadelle

*03 22 32 54 52 - visite guidée (1h30) juil.-août : tlj 14h30 et 16h30, w-end de juin à sept. 14h30 et 16h30 - 4 € (enf. 2 €).*

Ville frontière entre 1435 et 1679, longtemps disputé par la France et l'Espagne qui occupait l'Artois, Doullens fut doté par François Ier d'une citadelle à bastions et demi-lunes. Modernisée par Henri IV et Louis XIII, celle-ci comprend des éléments du 16e s. en pierre, et du 17e s. en brique. Une promenade dans les fossés permet de découvrir cinq demi-lunes intactes.

### Le saviez-vous ?

Doullens est une déformation de Dourlans, d'origine germanique, appellation médiévale de la ville. Le nom désigne aussi une spécialité locale, sorte de millefeuille.

Fin mars 1918... L'offensive de Ludendorff vers la mer menace de faire sauter la charnière entre les armées française et anglaise. Des problèmes de commandement aggravent la situation. Le 26 mars, à l'hôtel de ville de Doullens, une conférence réunit, dans la salle du conseil, lord Milner, le maréchal Douglas Haig et le général Wilson d'une part, Poincaré, Clemenceau, Foch et Pétain d'autre part. Au cours des débats, Douglas Haig déclare : « Si le général Foch consentait à me donner ses avis, je les écouterais bien volontiers. » Le principe du commandement unique est adopté ; Foch conduit les armées alliées à la victoire.

## Aux alentours

### Lucheux

*6 km au nord-est par la D 5.*

Ce village est agréablement situé dans un vallon boisé. Les puissants comtes de Saint-Pol y séjournaient au Moyen Âge, et Jeanne d'Arc, prisonnière des Anglais, y passa quelques jours avant d'être transférée à Saint-Valery puis à Rouen.

**Château** – *Visite guidée du village et du château (2h) - juil.-août : 15h vend. et sam. ; juin et sept. : w.-end 15h - 4 € (7-12 ans 2 €)- sur demande préalable à l'office de tourisme ✆ 03 22 32 54 52 (RV sur la pl. du Beffroi).* À l'orée de la forêt de Lucheux, les ruines de cette forteresse (12e-16e s.) dominent le bourg. Accès par la porte du Bourg encadrée par deux tours rondes coiffées de poivrières. La façade du corps de logis, à gauche, serait due à Bullant, frère aîné de l'architecte d'Écouen. Du 13e s. il reste la grande salle à baies géminées s'ouvrant sous des arcatures en tiers-point, et une curieuse console à trois têtes ; le donjon roman de plan carré, édifié sur une motte, est doté de tourelles d'angle cylindriques.

**Église** – *✆ 03 22 32 54 52 - visite guidée sur demande à l'office de tourisme - dép. pl. du 8-Mai-1945- juil.-août : 15h ; juin et sept. : w.-end 15h - 4 €.* Du 12e s. Croisée du transept et chœur présentent des chapiteaux romans historiés. Ceux du chœur évoquent les péchés capitaux : l'avarice est symbolisée par un Judas, la colère par un Goliath à qui deux hommes tirent les moustaches. Le chœur conserve ses voûtes d'ogives primitives, décorées de motifs sculptés.

**Beffroi** – Ancienne porte de ville datant des 12e et 14e s.

### Saint-Amand

*18 km à l'est par la N 25 puis la D 23.*

Aux confins de l'Artois et de la Picardie, Saint-Amand abrite, dans la **chapelle** de son cimetière (belle voûte en carène), une grande **Vierge à l'Enfant★**, en pierre, de la fin du 13e s. Celle-ci affiche une grande noblesse dans son attitude. L'élégant drapé de sa tunique et la finesse de ses traits ne sont pas sans rappeler la Vierge dorée de la cathédrale d'Amiens. Remarquez ses yeux en amande, malicieux, sous les sourcils épilés suivant la mode de l'époque. *✆ 03 21 48 25 66 - sur demande auprès de M. Bray Gérard.*

## Doullens pratique

### Adresse utile

**Office du tourisme du Doullennais** – *Le Beffroi - 80600 Doullens - ✆ 03 22 32 54 52 - www.doullens-tourisme.com - 10h-12h30, 14h-18h (17h oct.-mars) - fermé dim. et jours fériés.*

### Faire une pause

**Boulangerie-pâtisserie Au blé d'or** – *78 r. du Bourg - ✆ 03 22 77 12 02 - tlj sf lun. 7h-20h - fermé de mi-à fin août.* Vous trouverez dans cette boulangerie-pâtisserie le Mexicain, le Doullennais et les macarons picards.

# Dunkerque

AGGLOMÉRATION DE 191 173 DUNKERQUOIS
CARTE GÉNÉRALE B1 – CARTE MICHELIN DEPARTEMENTS 302 C1 – NORD (59)

**Reconstruit après la guerre, Dunkerque a connu une expansion rapide, liée au prodigieux développement de son port. Initié au début des années 1990, le projet Neptune a remodelé son centre. Dans cette ville de « joyeux drilles », avec son célèbre carnaval, trois musées vous attendent, et pourquoi pas une initiation au char à voile sur la « côte des Dunes » ?**

**Se repérer** – Dunkerque se trouve à 50 km de la sortie du tunnel sous la Manche et à 13 km de la Belgique. Deux voies d'eau s'y croisent (l'exutoire des Warteringues et le canal de Furnes) et délimitent le centre. Accès par l'A 16/E 40, par l'A 25 (de Lille) ou par la route côtière D 940.

**À ne pas manquer** – Le port et le trois-mâts *Duchesse Anne* amarré devant le musée portuaire ; le quartier Excentric ; le jardin des Scultures au LAAC.

**Organiser son temps** – Prévoyez une demi-journée pour sillonner la ville, puis partez vers les « Dunes de Flandre » et la Belgique. Venez plutôt en février, durant le carnaval : pour vous mêler aux bandes de « carnavaleux », prévoyez un accoutrement loufoque et une longue canne surmontée d'un parapluie bariolé.

**Le carnaval de Dunkerque**

Il remonte à la fin du 19e s. Avant de partir pour de longs mois de pêche à la morue vers les mers glacées d'Islande, les *visscherbende* (« bandes de pêcheurs », en flamand) s'offraient une fête de tous les diables aux frais des armateurs. Venaient ensuite les adieux pathétiques, puis le départ des hommes. C'est aujourd'hui l'un des carnavals les plus populaires du Nord. Cinq semaines de folie collective : cortèges surexcités qui serpentent au rythme des fifres et des tambours, danses au coude à coude et longue succession de bals bien arrosés.

**Avec les enfants** – Le musée portuaire ; les plages et les sports nautiques des « Dunes de Flandres » (stations Kid) ; le parc zoologique de Fort-Mardyck ; l'aquarium de Malo-les-Bains.

**Pour poursuivre la visite** – Voir aussi Gravelines, Bergues, Hondschoote.

## Comprendre

**Un port convoité** – Créé vers 800, Dunkerque n'est d'abord qu'un bourg flamand de pêcheurs. Son nom, dont le premier témoignage remonte à 1067, signifie « église des dunes ». Jusqu'à la fin du 17e s., défendu par une mauvaise enceinte, il suscite les convoitises des Espagnols, des Français, des Anglais et des Hollandais. Turenne s'en empare en 1658 après la bataille des Dunes, Louis XIV l'achète à Charles II d'Angleterre en 1662, et **Vauban** fortifie la place peu après.

J. Berquez / MICHELIN

*Vue aérienne de Dunkerque : l'hôtel de ville se tient à quelques pas du port de plaisance.*

**Jean Bart, « pirate officiel du roi »** – Par opposition au pirate, hors-la-loi attaquant tous les navires et massacrant l'équipage, le corsaire reçoit du roi des « lettres de course » qui lui permettent de traquer les navires de guerre ou marchands. Sous le règne de Louis XIV, ceux de Dunkerque détruisent ou capturent 3 000 navires, font 30 000 prisonniers et anéantissent le commerce hollandais. Jean Bart (1650-1702), virtuose de la guerre de course en mer du Nord, fut le plus intrépide des corsaires dunkerquois. En 1694, durant la bataille du Texel, il sauve le royaume de la famine en capturant 130 navires de blé. Multipliant les exploits, il est élevé au grade de chef d'escadre en 1697. On raconte que Louis XIV en personne lui annonça sa nomination : « Jean Bart, je vous ai fait chef d'escadre… » Ce à quoi le marin aurait répondu : « Sire, vous avez bien fait. » L'année suivante, chargé de conduire le prince de Conti en Pologne, il échappe à neuf vaisseaux. Le danger passé, le prince lui dit : « Attaqués, nous étions pris. » Bart rétorqua : « Jamais ! Nous aurions tous sauté, car mon fils était dans la soute à munitions avec ordre de mettre le feu à un tonneau de poudre, au premier signal. »

**Opération « Dynamo »** – Du 25 mai au 4 juin 1940, une partie des Forces alliées, coupées de leurs bases après la percée allemande de Sedan en direction de la mer, rembarquent à Dunkerque, enjeu d'une sanglante bataille. Le port ainsi que les plages de Malo-les-Bains à Bray-Dunes abritaient les bateaux qui faisaient la navette entre les côtes françaises et anglaises. Malgré les mines magnétiques, les torpilles, les bombardements et le pilonnage de l'artillerie lourde allemande, près de 350 000 hommes, dont deux tiers d'Anglais, furent embarqués. Dernière ville libérée, le 10 mai 1945, Dunkerque est détruit à 80 %.

# Découvrir

## LE PORT★★

Troisième port de France, Dunkerque voit son activité dépendre en grande partie du complexe industriel, basé sur la sidérurgie, le pétrole et la pétrochimie. Depuis 1987, les ports est et ouest sont reliés au Pas-de-Calais par un **canal à grand gabarit** qui se prolonge vers la Belgique et le Bassin parisien. L'ensemble des installations portuaires s'étend sur 15 km. Les Ateliers et Chantiers de France, qui ont cessé leur activité en 1987, ont produit ici plus de 300 navires.

### Port est

Il est desservi par un avant-port (80 ha) et trois **écluses**, dont la plus grande, dénommée Charles-de-Gaulle (365 m sur 50 m), accueille des navires de 115 000 t. Le **bassin maritime** (6 km de long) se divise en six darses et en bassins industriels spécialisés, auxquels s'ajoutent les installations de stockage. Équipé pour la réparation navale, il compte quatre formes de radoub et un dock flottant. Du nord de la darse 6 jusqu'à l'entrée du canal à grand gabarit s'étendent des **quais**, équipés pour les trafics céréaliers et d'aciers.

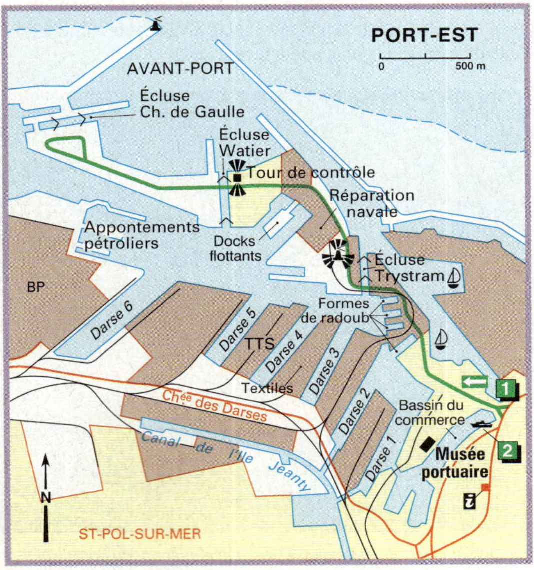

### Visite à pied 1

*Environ 1h. Départ place du Minck, où l'on vend le poisson à la criée. Traverser le quartier de l'ancienne citadelle. À droite se trouve le chenal avec le port de plaisance. Franchir l'écluse Trystram et prendre à droite la direction du phare.*

### Phare

*✆ 03 28 63 33 39 - visite guidée (1h) juil.-août : dim. 15h-18h ; reste de l'année : visite guidée certains dim. : se renseigner au Musée portuaire - 2,50 € (7-12 ans 2 €, famille 6 €).*
Construit entre 1838 et 1843, il s'élève à 63 m. D'une puissance de 6 000 W, il porte à 48 km. Du sommet, **panorama** sur le port, Malo-les-Bains et l'arrière-pays.
Après les docks flottants, on atteint l'écluse Watier. À l'entrée et à droite sur le blockhaus : tour de contrôle du port est ; sur la terrasse, **vue** sur le port et l'avant-port, que borde à l'est la longue jetée où les troupes françaises s'embarquèrent en 1940.

### Visite en bateau 2

*Croisière à bord de la Bazenne - juil.-août : tlj sf lun. 14h30 et 16h30, w.-end et j. fériés 15h et 17h ; mars-juin et sept.-oct. - se renseigner au ✆ 03 28 59 11 14 (embarcadère) ou 03 28 66 79 21 (office de tourisme) - 7, 50 € (enf. 5,50 €, famille 22 €).*
Partant du bassin du Commerce, le plus grand des trois anciens bassins, la vedette parcourt tout le port. On longe les remorqueurs, les ateliers, les écluses, darses et zones de stockage, le transterminal sucrier, la raffinerie BP et les appontements pétroliers, la centrale EDF, etc.

### Port ouest

Il bénéficie de la profondeur (20,50 m) de son avant-port, doté à l'entrée d'un appontement pour pétroliers. L'arrière-port sert au transit rapide : accessible sans écluse, pourvu de 2 km de quais et d'un puissant matériel de levage, il peut accueillir les plus gros navires porte-conteneurs.

## Se promener

### DE JEAN BART À L'EXCENTRIC

*Compter 2h30.* La balade vous mène du centre-ville commerçant au quartier résidentiel de Rosendaël, parsemé d'Art nouveau.

### Beffroi A2

*✆ 03 28 66 79 21 - www.ot-dunkerque.fr - visite guidée (30mn) juil.-août : dim. et j. fériés 10h, 11h, 14h et 15h ; avr.-juin et sept.-oct. : 14h, 15h, 16h et 17h ; reste de l'année : sur demande à l'office de tourisme - 2,80 €. (7-12 ans 2 €).*
Construit au 13e s., il servit de clocher à l'église Saint-Éloi, incendiée par les Espagnols en 1558. Rebâti en 1562, haut de 58 m, il domine le bassin du Commerce et abrite un **carillon** (48 cloches) qui joue en certaines occasions la *Cantate de Jean Bart* ainsi que d'autres airs populaires. Sous l'arche, en face de l'église Saint-Éloi, monument aux morts.

### Église Saint-Éloi A2

*✆ 03 28 66 79 21 - visite libre tlj sf dim. 10h-11h30, 14h-17h - visite guidée, se renseigner à l'office de tourisme.*
Reconstruite également après l'incendie de 1558, elle a été remaniée aux 18e et 19e s. Elle présente une façade néogothique, une toiture en pyramides alignées sur les bas-côtés et l'abside. Ses proportions sont curieuses (68 m sur 53 m) depuis la suppression du transept. Remarquez l'ampleur des nefs dont les voûtes croisées d'ogives sont soutenues par d'élégants piliers, et l'abside à chapelles rayonnantes. Les fenestrages en ogive, restaurés, mettent en valeur les vitraux du maître verrier Gaudin. Sur le côté nord du chœur, une dalle en marbre blanc indique le **tombeau de Jean Bart**.

Y. Tierny / MICHELIN

*Jean Bart, le plus intrépide des corsaires dunkerquois.*

À l'entrée sur la gauche se dresse le « tronc pour le rachat des esclaves », en forme de captif enchaîné. Les offrandes permettaient le rachat des prisonniers.

*Tourner à gauche en sortant de l'église.*

### Place Jean-Bart A2

Sur cette place commerçante, au cœur de la cité, s'élève la statue du corsaire, œuvre de David d'Angers (1845).

*Faire demi-tour et prendre la rue Georges-Clemenceau jusqu'à l'hôtel de ville.*

### Hôtel de ville A2

Bâti dans le style néoflamand en 1901 par l'architecte régional Louis Cordonnier, il possède un beffroi de 75 m de haut. Le vitrail de Félix Gaudin illustre le retour de Jean Bart après sa victoire du Texel, en 1694.

*Continuer par la rue Jean-Jaurès.*

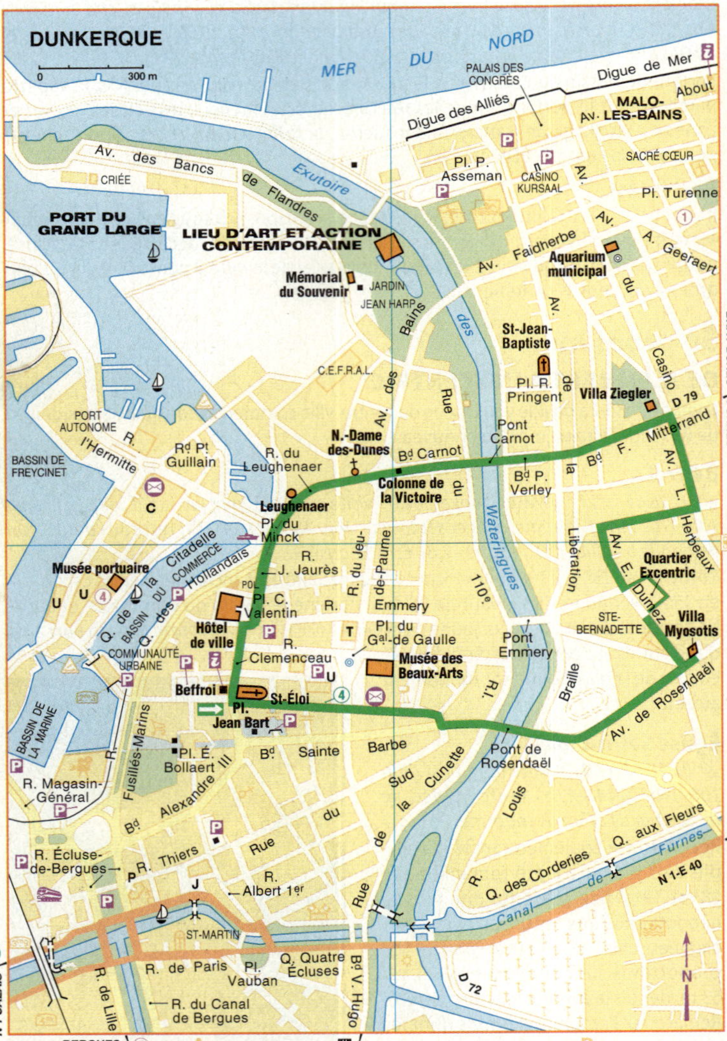


| SE LOGER | | SE RESTAURER | |
|---|---|---|---|
| Chambre d'hôte Le Withof | 1 | L'Hirondelle | 1 |
| | | Le Corsaire | 4 |
| Hôtel Welcome | 4 | Soubise | 7 |

### Leughenaer A1
C'est le plus vieux monument de Dunkerque, vestige de la muraille bourguignonne, dotée de 28 tours, qui entourait la cité au 14e s. Son nom flamand signifie « tour du Menteur » : allusion probable aux faux signaux qu'on émettait depuis cette tour pour tromper les navires qui venaient s'échouer sur les bancs de sable.
*Poursuivre à droite dans la rue Leughenaer.*

### Chapelle N.-D.-des-Dunes A1
*✆ 03 28 63 76 41 - lun.-vend. 10h-12h, 14h30-16h30.*
Reconstruite au 19e s., elle abrite une statue en bois de N.-D. des Dunes, vénérée par les marins depuis 1403. Ex-voto et maquettes réalisées par les marins.

### Colonne de la Victoire B1
Sur la place de la Victoire, cette colonne fut érigée en 1893 pour commémorer le centenaire de la levée du siège de la cité, pendant la Révolution, lors de la bataille d'Hondschoote.
*Prendre tout droit jusqu'au boulevard François-Mitterrand.*

### Villa Ziegler B1
Édifiée en 1881, cette petite maison cossue, en bois peint, abrite aujourd'hui la **Maison de l'environnement**. Elle marque aussi l'entrée dans le quartier Rosendaël.
*Prendre à droite l'avenue Louis-Herbeaux, puis la 2e à droite, rue Marcel-Hériaux.*
C'est le cœur résidentiel de la ville, constitué de rues étroites et de petits pâtés de maisons. L'architecture y est très variée, parfois loufoque, les couleurs toujours bigarrées.
*Emprunter à gauche l'avenue Eugène-Dumez et rejoindre le quartier Excentric, entre les rues André-Chenier et Martin-Luther-King.*

### Quartier Excentric B2
Ce petit quartier en forme de U est l'œuvre de François Reynaert, né à Rosendaël en 1887. Maçon, artiste décorateur, inventeur, médaillé d'or à l'Exposition des arts décoratifs de 1925, Reynaert s'improvise architecte en 1927 : avec pour devise, « Tout est matière à tout ». Il achète un terrain maraîcher et y construit progressivement trois rues, dessinant les maisons en fonction du nom choisi par le propriétaire. La première bâtie est l'Escargot. Au fil des commandes, il conçoit 35 maisons, dont Suzette, le Baldaquin, les Disques, les Volutes, les Anneaux, les Copeaux, dont la façade est entaillée comme par un rabot, ou l'Excentric Moulin, dancing aujourd'hui abandonné. Autant de maisons privées qui ne se visitent pas mais que l'on contemple à l'envi.
*Poursuivre sur l'avenue Eugène-Dumez, puis à gauche, l'avenue Rosendaël.*

### Villa Myosotis B2
Pour contourner l'interdiction de construire qui régissait au 19e s. cette zone de servitude militaire, la villa fut entièrement bâtie en bois, en 1894. De style scandinave, elle est très représentative de la légèreté et de l'élégance architecturale du quartier avant 1945. Techniquement originale, elle obtint le Prix d'architecture de Paris en 1900.
*Faire demi-tour pour rejoindre le beffroi par le pont de Rosendaël, puis la rue du Président-Poincaré.*

## Visiter

### Musée portuaire★ A2
*✆ 03 28 63 33 39 - www.museeportuaire.fr - musée à quai : juil.-août : 10h-18h ; reste de l'année : tlj sf mar. 10h-12h45, 13h30-18h - fermé 1er janv., veille Mardi gras, 1er Mai, 25 déc. - 4 € (7-12 ans 3 €).*
Aménagé dans un bel entrepôt des tabacs du 19e s., au cœur du port historique, il est le lieu de mémoire maritime.
Au **rez-de-chaussée**, la collection permanente retrace l'histoire de Dunkerque et de son port, jadis consacré à la pêche et au commerce, avant de devenir, dans les années 1960, un grand site industriel. Dioramas, lettres et carnets de bords, figures de proue, plans, cartes marines, peintures, gravures et outils de dockers. Évocations du corsaire Jean Bart et nombreuses maquettes de navires. Reconstitution de scènes de quai : déchargement, transbordement, caisses, outils, et photographies de dockers. Expositions temporaires.
Au **1er étage**, plusieurs pièces évoquent l'essor du port commercial après l'anéantissement de 1945. Photographies et affiches des métiers et des activités (capitaine, conducteur, mécanicien, grutier). Espace bibliothèque pour les enfants.

*Le trois-mâts « Duchesse Anne », amarré devant le Musée portuaire.*

Au **2e étage**, à côté d'un centre de documentation (ouvert au public), sont exposées plus de 30 **maquettes★** représentant une impressionnante galerie navale, des goélettes, gréements et trois-mâts du 18e s. aux super-tankers géants de nos jours.

Parallèlement au Musée portuaire (*visite guidée combinée ou indépendante de juil. à la Toussaint*), sur le quai, on peut monter à bord de trois bateaux pour des visites thématiques. Le **Sandettie** (1949) est un bon exemple de bateau-feu, mis en place dans les années 1860 pour indiquer les passes et les bancs de sable à l'entrée du port. L'intérieur retrace l'histoire de la signalisation en mer du Nord. À ses côtés trônent la péniche **Guilde** (1929), qui évoque l'univers de la batellerie, mais surtout la **Duchesse-Anne★** (1901). Superbe trois-mâts, 85 m de long pour une mâture de près de 50 m, cet ancien navire-école de la marine marchande allemande, entièrement restauré, a été classé Monument historique. Visite du pont, des entreponts et des espaces intérieurs, des cabines d'officiers et des salles de cartes ; évocation de l'histoire du bateau, de la voile au long cours et de la vie à bord.

## Musée des Beaux-Arts★ A2

*℘ 03 28 59 21 65 - tlj sf mar. 10h-12h, 14h-18h - fermé 1er janv., dim. précédant Mardi gras, 1er Mai, 15 août, 1er nov., 25 déc. - 4,50 €, gratuit 1er dim. du mois.*

Riche collection de peintures du 16e au 19e s. exposées dans un vaste espace particulièrement lumineux. Dans le hall d'entrée, un panneau de 540 carreaux de Delft représente le bombardement du port en 1695.

**École flamande** (16e et 17e s.) – Peintures de Snyders, Pourbus, Schoubroeck (*La Tentation de saint Antoine*), Van Dyck, Van Cleef (*Les Feux de la Saint-Jean*), Teniers le Jeune…

**Écoles hollandaise et italienne** – Portraits de femmes par Morelse, Aert De Gelder et Bylert, natures mortes par Van der Poel, Claez. Peintres italiens (18e s.), dont Giordano et Magnasco. Vaisselle de Delft, objets religieux (ostensoir, calice, chandelier, boîte aux saintes huiles).

**École française du 17e au 19e s.** – Œuvres de Largillière, Vignon, Rigaud, Lesueur (*Allégorie d'un ministre parfait*), La Fosse, Hubert Robert, Vernet, Carrier-Belleuse. Paysages de Corot, portrait de Le Sidaner par Duhem et délicieuse *Plage de Trouville* de Boudin.

Au sous-sol, section d'**histoire naturelle**. Reptiles, fauves, coquillages, papillons, oiseaux de jardins, de plaine, de montagne, de forêt et de plage.

## Lieu d'Art et Action contemporaine (LAAC)★ A-B1

*℘ 03 28 29 56 00 - avr.-oct. : tlj sf lun. 14h-18h30 (20h30 le jeu.), w.-end 10h-12h30, 14h-18h30 ; reste de l'année : tlj sf lun. 14h-17h30 (20h30 le jeu.), w.-end 10h-12h30, 14h-17h30 - fermé 1er janv., dim. précédant Mardi gras, 1er Mai, 1er nov., 25 déc. - 4 €.*

Le musée offre un large panel, dans un cheminement pourtant intime, de la période 1950-1980, en grande partie dû aux collections de Gilbert Delaine : œuvres de CoBrA, César, Soulages, Warhol, Télémaque. Les architectes Grafteau et Klein ont respecté l'esprit années 1970 des collections et du bâtiment, habillé de grès céram blanc et précédé d'un beau portique en azobé (bois d'Afrique). L'intérieur se divise en trois espaces : un forum, lieu de vie et de création qui accueille ponctuellement des manifestations d'art vivant, des salles d'exposition claires, et un cabinet d'art graphique et de documentation.

Des sentiers parcourent les ondulations du **jardin des Sculptures★**, laissant apparaître les grandes pierres du sculpteur Dodeigne, les structures métalliques de Féraud ou les compositions de Viseux, Arman et Zvenijorovsky, avec la mer du Nord pour toile de fond - *juin-août : 9h-20h ; avr.-mai et sept.-oct. : 9h30-18h30 ; nov.-mars : 9h30-17h30.*

### Mémorial du souvenir A1

*Rue des Chantiers-de-France. Horaires et périodes de visite : se renseigner à l'office de tourisme.*

Dans les casemates du bastion 32, qui servirent en 1939 de quartier général aux Forces armées françaises, le **Centre historique de Dunkerque et de la Flandre** présente une exposition consacrée à la bataille de Dunkerque et à l'opération « Dynamo », en mai-juin 1940. Documents commentés, collection d'armes et d'uniformes.

## Aux alentours

### Parc zoologique de Fort-Mardyck

*R. des Droits-de-l'Homme - ✆ 03 28 27 26 24 - fév.-mars et oct.-nov. : 10h-17h - avr.-sept. : 10h-18h - fermé déc.-janv. - 3 € (enf. 1,50 €).*

Une centaine d'animaux représentant quelque 40 espèces sont regroupés dans cet espace dédié à la découverte zoologique, mais aussi à la sensibilisation à la nature. Ours bruns, phoques, castors, loutres et lynx rivalisent, sans compter les volières, dans lesquelles le visiteur peut parfois pénétrer pour contempler les perroquets, les pélicans ou les cigognes. Le parc abrite aussi une ferme pédagogique.

## Circuit de découverte

### VERS LA BELGIQUE

*62 km – 3h. Quittez Dunkerque par le pont Carnot.*

### Malo-les-Bains B1

Fondée avant 1870 par un armateur dunkerquois nommé Malo, cette station balnéaire est devenue le quartier résidentiel de Dunkerque. Nombre de **maisons Art nouveau** sont nées de l'imagination débridée de quelques architectes décorateurs rivalisant d'audace. Parmi les plus belles demeures, on relève la Quo Vadis (n° 76) et les Pingouins (n°°92), le long de la digue remontant vers l'est, la villa Isabelle au n° 20 de l'avenue Foch, la villa Jean-Germaine au n° 34 de la rue de Flandre, les villas Magrite (n° 3b), sur trois étages, et Cécile (n° 23) de la Belle Rade, ou encore la villa Ringot (n° 51) de la rue Lemaire, classée Monument historique. La **plage** de sable fin, en pente douce, s'étend à l'est du port. Elle est longée par une digue-promenade où se dresse le casino.

**Aquarium municipal** – *45 av. du Casino - ✆ 03 28 59 19 18 - ♿ - tlj sf mar. 10h-12h, 14h-18h - fermé 1er janv., 1er Mai, 25 déc. - 2 €, gratuit dim. et j. fériés.*

Ses 20 bassins accueillent 1 000 poissons de 150 espèces différentes, provenant de la mer du Nord, d'Amérique du Sud, d'Afrique et d'Océanie.

**Église Saint-Jean-Baptiste** – *✆ 03 28 63 52 19 - sept.-juin : 9h30-11h30, 14h30-17h30 (vend. 17h) ; juil.-août : 9h30-11h30 (vend. 17h).*

Cette église de briques (1962) en forme de proue de navire est isolée de son clocher en bois, qui se dresse tel un mât.

### Les « Dunes de Flandre »

À l'est, bordée par 700 ha de dunes classées Réserve naturelle, une plage de 15 km court jusqu'à La Panne, en Belgique. Dotée de cabines qu'on appelle ici « kiosques », elle fait le bonheur des enfants et des plus grands, avec ses équipements distingués par les labels « Station Kid » et « Station Voile » : jardin des mers, stages de dériveur, voile, flysurf, planche à voile, kayak de mer, char à voile, etc.

**Zuydcoote** – Cette localité a connu la renommée littéraire avec le roman de Robert Merle *Week-end à Zuydcoote*, qui évoque les durs épisodes du rembarquement de 1940. Henri Verneuil en tira un film qui se déroule autour du sanatorium.

**Bray-Dunes** – Sur la **digue-promenade**, une stèle commémore le sacrifice des soldats de la 12e division d'infanterie motorisée qui combattirent « pour l'honneur » jusqu'au 4 juin 1940.

Plusieurs circuits de promenade permettent de découvrir les dunes à pied : circuit de la dune Marchand *(8,5 km - 3h)*, circuit de la dune fossile de Ghyvelde *(8 km - 2h40)*,

*Les « Dunes de Flandre », plantées d'oyats.*

circuit de la dune du Perroquet *(5 km - 1h40)*, etc. *Dépliants en vente dans les offices de tourisme des Dunes de Flandres (2 €) ou à télécharger sur www.ot-dunkerque.fr.*

Pour les enfants, demandez la **Musette des dunes**, élaborée par le Centre permanent d'Initiatives pour l'environnement, qui contient des fiches pédagogiques et différents instruments pour découvrir la nature *(gratuit)*.

*Rejoindre la N 1.*

### Écomusée-ferme du Bommelaers-Wall★

*En face de l'usine des Dunes, sur la N 1. ✆ 03 28 20 11 03 - ♿ - avr.-oct. : 10h-18h, dim. et j. fériés 14h-18h - visite guidée 1er dim. du mois ; nov.-mars et vac. scol. : tlj sf dim. 10h-18h - 4 € (enf. : 2,50 €).* Au milieu des champs, les superbes écuries, étables et grange de la ferme en activité de Bernard et Christine Carette-Six ont été aménagées depuis 1994 en un lieu d'exposition sur les us et coutumes de la région au début du 20e s. Elle présente la torréfaction de la chicorée, les moyens de transport (notamment une rutilante Packard 1931 et une collection de vieux chariots), l'école, les jeux et jouets traditionnels, la sorcellerie en Flandre (avec instruments de torture !) et le braconnage. Boutique de produits du terroir (avec, entre autres, la chicorette, apéritif fabriqué artisanalement dans la ferme).

*Continuer sur la N 1 qui, en Belgique, devient la N 39. Tourner à gauche (N 34).*

En passant la frontière, les paysages sont absolument identiques, mais ne vous laissez pas surprendre : ici, on parle le néerlandais ! La route longe le tramway, aussi pratique que touristique, et la mer, qui n'est jamais bien loin.

### De Panne

Cette station balnéaire belge est particulièrement appréciée des touristes français et des chars à voile pour sa **plage**, dépourvue de brise-lames, qui peut atteindre jusqu'à 250 m à marée basse.

À l'ouest de la station, le **Westhoek**, classé Réserve naturelle, étend ses dunes sur 340 km, appelant à la promenade entre oyats et saules rampants, argousiers et sureaux noirs… Au sud-est, c'est dans la réserve naturelle communale d'**Oosthoek**, sur 61 ha de dunes et de bois, que l'on peut flâner. Pour les enfants, ne manquez pas le parc à thèmes **Plopsaland** à Adinkerke *(3 km au sud)*.

### Koksijde

Cette petite ville contient à elle seule deux stations balnéaires, Koksijde-Bad et Saint-Idesbald, et la plus haute dune du littoral belge, qui s'élève à 33 m au-dessus du niveau de la mer.

**Duinenabdij (abbaye des Dunes)** – *Koninklijke Prinslaan nº 8.* Fondée en 1107 par les bénédictins, l'abbaye devint, vers 1300, une des plus importantes d'Europe occidentale, sous la conduite de l'abbé Elias Van Koksijde. Puis elle déclina, jusqu'à être détruite par les calvinistes en 1566. Menées depuis 1949, des fouilles ont permis de mettre au jour les lignes majestueuses de l'abbatiale et de constituer un **musée**, consacré à l'histoire, la faune et la flore de la région (dioramas). En sortant, remarquez un moulin à vent (Zuid-Abdijmolen) en bois, à pivot, datant de 1773.

**Museum Paul-Delvaux** – *Delvauxlaan 42, à Saint-Idesbald.* À travers les peintures, aquarelles, dessins, gravures et les esquisses de l'artiste, on suit son évolution depuis ses œuvres postimpressionnistes, puis expressionnistes, jusqu'aux peintures surréalistes. Paul Delvaux a su développer un style très personnel empreint d'onirisme et de poésie. Reconstitution de son atelier à Watermael-Boitsfort et exposition d'objets personnels.

### Oostduinkerke

À marée basse, les pêcheurs volent la vedette aux chars à voile et aux flysurfs ! Ils pratiquent encore la pêche aux crevettes à cheval, laissant traîner derrière l'animal, qui s'enfonce dans l'eau jusqu'au poitrail, un lourd chalut. La tradition est vivace : le dernier week-end de juin est consacré à la fête de la Crevette.

**Nationaal Visserijmuseum (musée national de la Pêche)** – *Pastoor Schmitzstraat 5.* Ce musée moderne présente une belle collection de maquettes de bateaux, d'instruments de marine et de peintures d'artistes ayant travaillé dans la région vers 1900. Reconstitution d'une maison typique de pêcheur et d'une taverne de 1920.

**Folklore Museum** – *Koksijdesteenweg 24.* Dans cet écomusée ont été reconstitués un intérieur régional, des ateliers, des boutiques, une chapelle et une petite école.

*Prendre à droite la N 330, puis de nouveau à droite la N 396. Emprunter la N 34 puis, à La Panne, la N 39. Retour à Dunkerque par la N 1.*

## Dunkerque pratique

### Adresses utiles

**Office du tourisme de Dunkerque** – *Beffroi - r. de l'Amiral-Ronarc'h - 59140 - 03 28 66 79 21 - www.ot-dunkerque.fr - juil.-août. : 9h30-18h30 ; sept.-juin : 9h30-12h30, 13h30-18h30, dim. et j. fériés 10h-12h, 14h-16h.*

**Office du tourisme de Bray-Dunes** – *Pl. Jérôme-Rubben - BP 09 - 59123 - 03 28 26 61 09 - www.braydunes.fr - juil.-août : 9h-18h ; sept.-juin : lun.-vend. 9h-12h, 14h-17h, w.-end 10h-12h, 14h-17h.*

### Se loger

**Chambre d'hôte Le Withof** – *Chemin du Château - 59630 Bourbourg - 14 km au sud-ouest de Dunkerque par A 16 dir. Calais (sortie 23 b), suivre fléchage gîte de France N° 1123 - 03 28 62 32 50 - 5 ch. 41/52 €.* Loin des bruits de la ville, cette ferme fortifiée du 16e s. qui semble flotter sur les douves invite au calme et à la détente. Vous profiterez de sa quiétude dans l'une de ses chambres réservées aux non-fumeurs et, si le cœur vous en dit, vous taquinerez le poisson dans les douves.

**Hôtel Welcome** – *37 r. Raymond-Poincaré - 03 28 59 20 70 - www.hotel-welcome.fr - 40 ch. 77 € - 10,50 €.* Cet hôtel du centre-ville a bénéficié d'une cure de jouvence. Chambres fonctionnelles au décor actuel et gai ; bar moderne agrémenté d'un billard. Pimpant cadre contemporain dans la salle de l'Écume bleue où trône le buffet de hors-d'œuvre et de desserts.

### Se restaurer

**Le Corsaire** – *6 quai de la Citadelle - 03 28 59 03 61 - fermé dim. soir et merc. - 24/50 €.* Couscous de la mer, espadon aux poivrons, courgettes et beurre d'estragon, filets de sole soufflés au saumon fumé et sauce champagne ou encore filet de bœuf aux saveurs du Nord, le chef fait preuve d'une inventivité qui ne peut que retenir l'attention des gourmets. À déguster sur la terrasse équipée d'un vélum ou dans la salle à manger joliment colorée.

**Soubise** – *49 rte de Bergues - 59210 Coudekerque-Branche - 4 km au sud de Dunkerque par D 916 - 03 28 64 66 00 - fermé 19-28 avr., 22 juil.-17 août, 16 déc.-5 janv. et w.-end - 25/48 €.* Cet ancien relais de poste du 18e s. bâti en briques du pays et bordant le canal abrite aujourd'hui un restaurant. Confortable salle à manger bourgeoise égayée de nombreux tableaux. La savoureuse cuisine panache recettes du terroir et plats traditionnels.

**L'Hirondelle** – *46 av. Faidherbe - 03 28 63 17 65 - www.hotelhirondelle.com - 26/50 € - 53 ch. 61/79 € - 7 €.* L'immeuble est au cœur de la petite station balnéaire de Malo-les-Bains. Chambres bien tenues, équipées d'un mobilier pratique. Produits de la mer, cuisine classique et vins du Languedoc-Roussillon proposés dans un cadre contemporain.

### En soirée

**Les 4 Écluses** – *R. de la Cunette - 03 28 63 82 40 - www.4ecluses.com - jeu.-sam. 20h30-2h - fermé 15 juil.-15 sept.* Ce café organise des concerts de rock, fusion, blues, pop, folk, électro, métal, hardcore, soul, chansons et quelques bœufs ouverts à tous, amateurs et professionnels... Cette scène dédiée aux musiques actuelles est un lieu de métissage des cultures.

**L'Estaminet** – *6 r. des Fusiliers-Marins - ✆ 03 28 66 98 35 - tlj sf dim. 11h-15h, 18h-23h, sam. 18h-2h.* Un véritable estaminet flamand superbement décoré de sorcières et de vieux objets insolites dénichés dans les brocantes. Tout en dégustant l'une des nombreuses bières flamandes, nature ou flambée, vous découvrirez des jeux de société traditionnels, comme la grenouille ou le billard Nicolas.

**Le Bateau Feu** – *Pl. du Gén.-de-Gaulle - ✆ 03 28 51 40 40 - www.lebateaufeu.com - selon le calendrier des manifestations - location : tlj sf dim. et lun. 14h-19h - fermé août - 5 à 18 €.* La programmation de cette scène nationale est un savant dosage entre plaisir et vocation culturelle : théâtre, danse, cirque, musique et opéra. Deux salles : 760 et 150 places.

## Que rapporter

**Pâtisserie Vandewalle** – *6 r. du Sud - ✆ 03 28 66 72 78.* On y trouve une petite douceur typique de la région, **les Doigts de Jean Bart,** sorte de praline au chocolat, créée en l'honneur du célèbre corsaire.

## Sports & Loisirs

**Mer et Rencontres** – *4 digue Nicolas-II - ✆ 03 28 29 13 80 - www.meretrencontres.com - activités sur réserv. et selon marée - fermé 17 déc.-3 janv.* Kayak de mer, char à voile, VTC et cerf-volant; possibilité d'hébergement.

**Pass vacances Éole** – *Brochure à l'office de tourisme.* Valable à Dunkerque et sur tout le littoral des Dunes de Flandre, possibilités de stages de nautisme, chars à voile, funboard... à tarifs préférentiels. Prix intéressants également pour d'autres activités (culture, sports...).

**École de plaisance Dunes de Flandre** – *Quai d'Armement nord - ✆ 03 28 66 38 72 - réserv. conseillée - mars-nov. : mar.-sam - 32 € la sortie, 119 € pour une famille de 5 pers.* Sorties en mer à bord du voilier « Dunes de Flandre ».

**Union des cyclotouristes du Littoral nord Dunkerque** – *77 r. Soubise - ✆ 03 28 25 35 38 - www.ulcn-dunkerque.fr.st.* Promenades organisées, randonnées, école agréée par la Fédération française de cyclotourisme.

**Quad Aventures** – *63 r. Texier - ✆ 03 28 69 24 16 - www.quad-aventures.fr.* Location et initiation au quad, sur réservation.

## Événements

**Carnaval** – Chaque week-end, de fin janvier à mi-mars, la frénésie envahit la ville. Au son des fifres et des tambours, des hordes de Dunkerquois déguisés et maquillés investissent tous les quartiers et entonnent les chants du carnaval. Un événement unique à ne pas manquer. Malo-les-bains a aussi ses fêtes carnavalesques, le dim. suivant Mardi gras.

**Festival des folklores du monde** – *Se renseigner à l'office du tourisme de Bray-Dunes.* 1re quinz. de juil. à Bray-Dunes. Une douzaine de pays sont représentés chaque année à ce festival de musique, danses et chants traditionnels. Les troupes tournent ensuite dans toute la région et en Belgique.

**Festival de la Mouette Rieuse** – *✆ 03 28 26 26 26.* Au mois d'août, le théatre envahit les plages pour des animations en plein air, en journée comme en soirée.

**Fête de la Saint-Martin** – Pour fêter saint Martin, qui réalisa un miracle à Dunkerque, une procession est organisée chaque année, aux alentours du 11 novembre. Défilés dans les quartiers (Malo, Rosendaël, Petite-Scynthe...), fanfares et animations de rue.

**Les 4 Jours de Dunkerque** – Une des plus grandes manifestations du calendrier cycliste international, qui rassemble le gratin de la discipline, tous les ans vers la mi-mai.

**Bénédiction de la mer** – Le 15 août, après une messe célébrée à la chapelle N.-D. des Dunes, une procession emmènent les pélerins jusqu'au port, où les bateaux sont bénis.

**Festival de la Côte d'Opale** – *Voir l'encadré pratique de la Cote d'Opale.-*

Ville de Dunkerque

*Le célèbre carnaval de Dunkerque.*

# Blockhaus d'Éperlecques★

CARTE GÉNÉRALE B1 – CARTE MICHELIN DEPARTEMENTS 301 F3 – PAS-DE-CALAIS (62)

**Montagne de béton émergeant de la forêt d'Éperlecques, ce blockhaus haut de 22 m était prévu pour le lancement des V2 destinés à détruire Londres. À quelques encablures, rendez-vous avec une machine plus humaine et agréable : le moulin de Watten, qui produit encore de la farine en été, si le vent est de la partie.**

**Se repérer** – Le blockhaus se trouve à 15 km au nord-ouest de Saint-Omer par la N 43, puis la D 300 et la D 205.

**À ne pas manquer** – Le blockhaus ; Millam et le point de vue de Merckeghem.

**Organiser son temps** – Comptez 2h pour visiter le blockhaus. Attention, il est fermé entre décembre et février, et n'est ouvert que l'après-midi en basse saison.

**Pour poursuivre la visite** – Voir aussi Saint-Omer, la coupole d'Helfaut-Wizernes, Gravelines, Guînes.

## Visiter

### Blockhaus

*03 21 88 44 22 - mai-sept. : 10h-19h ; avr. et oct. : 10h-12h, 14h15-18h ; mars : 14h15-18h ; nov. : 14h15-17h - 7 € (enf. 4,50 €).*

La dalle supérieure, épaisse de 5 m, fut montée au fur et à mesure de la construction par un système de vérins qui permettait de protéger des bombardements ceux qui y travaillaient. Le 27 août 1943, 185 « forteresses volantes » venues d'Angleterre déversent des tonnes de bombes sur le blockhaus, le mettant hors d'usage... au prix de la vie de nombreux déportés qui y travaillaient. Après cet épisode, le blockhaus fut agrandi pour devenir une usine d'oxygène liquide.

Un circuit avec points sonorisés donne un aperçu des terrifiantes « armes secrètes » du III^e Reich. Sur la courtine sud, remarquez la partie inférieure de la tour de contrôle. De la plate-forme située au sommet du mur nord inachevé, on constate l'impact de la bombe Tallboy lancée le 25 juillet 1944. Dans le blockhaus, où l'on pénètre par une porte blindée (2 m d'épaisseur !), l'immensité des halls et les structures déchiquetées créent une atmosphère oppressante.

## Aux alentours

### Mont de Watten

*Le long de l'Aa, près du carrefour de la D 207 et de la D 213.*

Il termine la chaîne des monts de Flandre à l'ouest, dominant (72 m) la vallée de l'Aa et la plaine flamande. Turenne utilisa cet observatoire avant la bataille des Dunes, ainsi que, bien plus tard, le général allemand Guderian, tacticien de la « guerre éclair » (1940).

Le **moulin** qui domine Watten a été construit au 18^e s. à l'emplacement d'un bastion. Il est restauré, et ses ailes tournent à nouveau, l'été venu. Toujours sur le mont, on peut contempler les vestiges d'une abbaye *(propriété privée)* à tour carrée gothique. De l'esplanade en face de l'entrée de l'abbaye, **vue** sur la coupure formée par l'Aa (canal, voie ferrée) et sur la **forêt domaniale d'Éperlecques**. En mai 1940, l'hydravion *Jules-Verne* venait chaque nuit y lâcher une bombe d'une tonne, puis regagnait sa base de Rochefort en Charente-Maritime. Ce même appareil bombarda Berlin en juin.

De Watten, on rejoint les écluses de Wattendam en suivant les berges de l'Aa.

### Millam et le point de vue de Merckeghem

*12 km au nord-est, D 226.*

De la route qui longe la crête, vue sur les monts de Flandre *(à droite)* et sur la Flandre maritime *(à gauche)*. On franchit un vallon où se cache la **chapelle Sainte-Mildrède** (18^e s. ; commune de Millam). À l'intérieur, six toiles (1780) du Dunkerquois Pieters retracent la vie de la sainte.

**Millam** séduit par son habitat traditionnel : maisons aux pignons de brique jaune, toits couverts de « pannes » rouges. Avant Merckeghem, **vue** sur la plaine flamande jusqu'à la mer. À l'horizon, on distingue Dunkerque.

## Blockhaus d'Éperlecques pratique

### Adresses utiles

**Syndicat d'initiatives d'Éperlecques** – *4 r. de la Mairie - 62910 - ✆ 03 21 95 66 25 - juil.-août : lun.-mar. et jeu. 9h-12h, 13h30-16h30, merc. et vend.-sam. 9h-12h ; sept.-juin : lun.-mar. et jeu. 9h-12h, 13h30-16h30 - fermé dim. et j. fériés.*

**Office du tourisme de Watten** – *12 r. de Dunkerque - 59143 - ✆ 03 21 88 27 78 - 10h-12h, 14h-18h - fermé lun. mat. et dim. de sept. à juin.*

### Se loger

**⊖⊖ Chambre d'hôte Château de Saint-Pierre-Brouck** – *287 rte de la Bistade - 59630 Saint-Pierre-Brouck - 8 km au N de la forêt domaniale d'Éperlecques par D 1 - ✆ 03 28 27 50 05 - www.lechateau.net - réserv. obligatoire - 5 ch. 65/70 € - repas 25 €.* Cet ancien hôtel particulier très plaisamment rénové offre un décor châtelain avec lit à baldaquin et superbe armoire dans chacune d'elles. Belle véranda ouverte sur le jardin pour les petits déjeuners.

### Événement

**Sortie du Géant** – Le lundi de Pentecôte, le géant de Watten, Gilles Dindin, est de sortie pour sa « cavalcade d'été ».

# Étaples

11 813 ÉTAPLOIS
CARTE GÉNÉRALE A2 – CARTE MICHELIN DEPARTEMENTS 301 C4 – PAS-DE-CALAIS (62)

**Aux confins de la Manche et de la mer du Nord, Étaples est un port de pêche côtière (soles, carrelets, merlans, crevettes) et hauturière actif. Ses gros chalutiers opèrent surtout à partir de Boulogne-sur-Mer, à cause de l'ensablement de la Canche. Mais les équipages restent attachés à leur port d'origine : le Centre de la pêche artisanale et le musée de la Marine invitent à mieux comprendre leur vie quotidienne et les risques du métier.**

- **Se repérer** – Accès par l'A 16/E 402, la N 39 ou la D 940. À l'embouchure du fleuve, c'est l'entrée dans la baie de Canche.
- **À ne pas manquer** – Maréis ; une halte sur le marché au poisson.
- **Avec les enfants** – Les aquariums, les animations et le film 3D de Maréis ; le musée Quentovic.
- **Pour poursuivre la visite** – Voir aussi Le Touquet-Paris-Plage, Montreuil-sur-Mer, Hardelot-Plage, Berck-sur-Mer, la Côte d'Opale.

## Comprendre

**Le Traité d'Étaples** – Lors du traité d'Étaples, le 11 mars 1492, l'Angleterre, qui assiégeait Boulogne, accepte de se retirer contre 745 000 écus, payables en dix ans.

**L'artisanat de la mer** – Au milieu du 19e s., un habitant sur cinq est marin : on comprend qu'Étaples soit surnommé « la cité des pêcheurs ». Plus de 40 bateaux sont rattachés au port, pour une population de 2 300 habitants. Sans compter les ouvriers des chantiers navals, et ceux de la corderie où l'on fabrique les filets… Les femmes pêchent la crevette, recueillent des vers et vendent le poisson. Aujourd'hui, plusieurs centaines de familles vivent encore de la pêche, mais la plupart des bateaux restent basés à Boulogne. La tradition la plus vivace est liée au hareng. Il se consomme sous toutes ses formes : salé, saur, bouffi, gendarme, mariné au vinaigre…

H. Le Gac / MICHELIN

*Un chalutier au port d'Étaples.*

## Visiter

### Maréis - Centre de découverte de la pêche en mer★

*Bd Bigot-Descelers. Visite 1h30. ☎ 03 21 09 04 00 - www.mareis.fr - ♿ - avr.-sept. et vac. scolaires oct.-mars : 10h-13h, 14h-19h ; reste de l'année : tlj sf lun. 14h-18h - fermé janv., 25 déc. - 6 € (enf. 4,50 €, famille 17 €).*

Inaugurée en 2001, dans une ancienne corderie qui a conservé ses pavés d'asphalte et ses charpentes métalliques, l'exposition-spectacle (2 000 m²) de Maréis – qui signifie « les choses de la mer » en latin – évoque la pêche d'aujourd'hui, avec une mise en scène inventive et concrète : film en 3D, bornes interactives, bassin où l'on peut toucher des poissons… Sur un quai reconstitué, un circuit **« à terre »** aborde la construction d'un chalutier, la formation du marin, la vie des femmes. . On peut réaliser des nœuds de marine, piloter un bateau sur un écran de simulation, avant de monter **« à bord »** d'un chalutier (24 m) doté d'équipements de pointe : radars, traceurs de route informatique, sondeurs, etc. Des bancs de poissons évoluent dans 7 aquariums. Des effets spéciaux restituent l'environnement du pêcheur – vibrations du moteur, sensations de tangage, « coup de vent ». Autant d'animations qui font efficacement percevoir les tensions du métier.

### Musée de la Marine

*Halle à la Criée - bd de l'Impératrice - ☎ 03 21 09 77 21 - www.musee-marine-etaples.asso.fr - mai-sept. : 9h-12h, 14h-19h, dim. 14h-19h ; oct.-avr. : tlj sf mar. 10h-12h, 15h-18h, dim. 15h-18h - fermé janv., 25 et 31 déc. - 2 € (enf. 1 €).*

Plus traditionnel, ce musée (600 m²) présente l'évolution des bateaux de pêche : navires de taille réelle et maquettes. Il revient sur leur construction, le tannage des filets et des voiles, la sécurité en mer, et présente quelques surprises remontées dans les filets, comme une dent de mammouth ou une vertèbre de bison. Vous pourrez observer plusieurs types de filets : le **chalut** est un filet traîné par deux bateaux, des diabolos (poids) le maintiennent au fond ; le **filet fixe** s'installe sur le sable à marée basse et se lève à marée montante ; les **filets dérivants** s'utilisent pour le hareng, d'octobre à décembre. Tableaux d'artistes de la fin du 19e s. Reconstitution d'un intérieur de marin dans les années 1950. Voyez aussi les **balouettes**, signes de reconnaissance placés en tête de mât des navires d'Étaples.

### Musée Quentovic

*8 pl. du Gén.-de-Gaulle - ☎ 03 21 94 02 47 - juil.-août : 10h-12h, 14h30-19h ; sept.-juin : 14h30-18h - fermé mar., vac. de Noël, 1er Mai et pdt la Ducasse (déb. oct.) - 2 €.*

Deux bâtiments du 18e s. accueillent ce musée, consacré à l'archéologie de la région : fossiles, silex taillés et pointes de flèche du paléolithique au néolithique, et, pour la période gallo-romaine, fibules, monnaies et céramiques. Évocation de l'ossuaire du port mérovingien et carolingien de Quentovic, un des plus grands ports de la région durant le haut Moyen Âge, à l'emplacement actuel d'Étaples et du Touquet, trait d'union entre les îles anglo-saxonnes, l'Europe scandinave et le continent.

Le musée propose un questionnaire ludique pour les enfants.

## Aux alentours

### Cimetière militaire du Commonwealth

*1 km au nord d'Étaples par la D 940.* C'est le plus grand cimetière du Commonwealth en France, plus de 10 000 soldats y reposent depuis son inauguration, en 1922. Installé sur un site dominant l'estuaire, il offre une **vue** sur la baie de Canche.

## Étaples pratique

### Adresse utile

**Office du tourisme d'Étaples** – *La Corderie - bd Bigot-Descelers - 62630 - ☎ 03 21 09 56 94 - www.etaples-tourisme.com - juil.-août : 9h30-18h30 ; avr.-juin et sept. : 9h30-12h30, 14h-18h ; oct.-mars : tlj sf dim. 10h-12h30, 14h-17h.*

### Visite

**Pass'Port** – *10 € (enf. 7 €).* Ce forfait proposé par l'office de tourisme permet de visiter à prix réduit les trois musées décrits ci-dessus (Maréis, musée de la Marine, musée Quentovic) ainsi que l'atelier-maison de la miniature (maquettes animées du port et de bateaux).

### Se restaurer

⊜⊜ **Aux Pêcheurs d'Etaples** – *Quai de la Canche - ☎ 03 21 94 06 90 - fermé 1er-25 janv. et dim. soir du 1er oct. à fin mars - 19/35 €.* Au rez-de-chaussée, une belle poissonnerie bien approvisionnée. À l'étage, le restaurant dont le décor bleu et blanc est en parfait accord avec l'assiette garnie de spécialités iodées. Préférez les tables donnant sur le quai de la Canche.

### Sports & Loisirs

**Balades en mer** – *Renseignements à l'office de tourisme - mars-oct. : selon les horaires des marées - fermé nov.-fév.* Le bateau-promenade Ville-d'Étaples, qui peut accueillir jusqu'à 35 passagers, vous emmène découvrir la baie de la Canche jusqu'à la pointe du Touquet *(45mn AR - 6,40 €)*. À son bord, il est aussi possible de partir une journée à la pêche (12 passagers) avec une équipe de marins reconvertis dans le tourisme *(12h - 45,80 €)*. Matériel de pêche à louer.

**Randonnées** – *Topoguides disponibles à l'office de tourisme.* À partir de l'estuaire bordé de dunes, où se mêlent eau douce et eau salée, la baie de Canche est un point de départ idéal pour des balades à travers plus de 500 ha d'espaces naturels. De petits observatoires dominant les prés salés permettent d'observer les nombreux oiseaux migrateurs.

### Événements

**Grande ducasse Saint-Michel** – 1re sem. d'oct. L'animation de l'année : foire aux manèges, braderie… C'est l'occasion de la **« Joute à canotes »** sur le fleuve, le dimanche, selon la marée. Depuis la fin du 19e s., cette régate fait concourir les canots de sauvetages de la cité. Autrefois réservée aux pêcheurs, elle est aujourd'hui ouverte à tous et rassemble plus de 60 embarcations sur la Canche.

**Rencontres internationales de sculpture contemporaine** – Une quarantaine d'artistes de toute l'Europe exposent à la Corderie, pendant les vac. de Pâques. Un des grands rendez-vous de la sculpture contemporaine.

**Bénédiction de la mer** – Messe en plein air, le w.-end du 15 août. Bénédiction des bateaux et procession en mer.

**Fête du Hareng-Roi** – *☏ 03 21 09 56 94.* Aux alentours du 11 Nov., les Étaplois célèbrent l'ouverture de la saison de pêche aux harengs et l'arrivée du roi des poissons sur leurs étals. Dégustations, ateliers artisanaux et animations diverses.

**Festival de la Côte d'Opale** – *Voir l'encadré pratique de la Côte d'Opale.*

# Fère-en-Tardenois

3 313 FÉROIS
CARTE GÉNÉRALE C4 – CARTE MICHELIN DEPARTEMENTS 306 D7 – AISNE (02)

**Dans la capitale du Tardenois, rafraîchie par l'Ourcq qui prend sa source à quelques kilomètres, le château et son impressionnant pont-galerie constituent un moment fort de la visite. Fère fut très disputé en 1918 au cours de la seconde bataille de la Marne : le grand cimetière américain en témoigne.**

- **Se repérer** – Fère est situé à égale distance de Soissons et de Château-Thierry. De Paris (100 km) ou Reims (50 km), on atteint Fère par l'A 4.
- **À ne pas manquer** – Le pont-galerie du château de Fère ; le château de Nesle ; le monument de la butte de Chalmont.
- **Organiser son temps** – La découverte de la ville et des circuits demande une petite journée. Sauf réservation, le château de Nesles n'est ouvert que le samedi.
- **Pour poursuivre la visite** – Voir aussi Soissons, l'abbaye de Longpont, Villers-Cotterêts et la forêt de Retz, La Ferté-Milon.

**Le saviez-vous ?**

C'est ici qu'est né le sculpteur **Camille Claudel** (1864-1943), sœur aînée de Paul Claudel, compagne et inspiratrice de Rodin.

## Se promener

### Halles

Construites en 1540 sous le règne du connétable Anne de Montmorency, elles abritaient le marché au blé. Belle charpente en châtaignier ; de gros piliers cylindriques en pierre la soutiennent.

### Église Sainte-Macre

*Visite sur demande au presbytère - ☏ 03 23 82 24 58 ou M. Bertin au ☏ 03 23 82 93 89.* Elle fut rebâtie au 16e s. L'abside est éclairée par des vitraux modernes de Simon, qui évoquent le sacrifice dans l'Ancien et le Nouveau Testament. Dans le collatéral gauche, une châsse abrite une relique de sainte Macre, vierge martyrisée en 303. Au maître-autel : toile de Vignon figurant l'Adoration des Mages. L'**orgue**, reconstruit en 1990, sert pour des concerts et des enregistrements discographiques.

*Le pont-galerie du château de Fère-en-Tardenois.*

# Circuits de découverte

## L'EST DU TARDENOIS

*16 km – environ 2h. Quitter Fère-en-Tardenois au nord par la D 967. La route traverse les bois de Saponay.*

### Château de Fère★

Un château fort, élevé au début du 13e s. sur une terre appartenant à une branche cadette de la famille royale, est à l'origine de cette construction. En 1528, François Ier l'offrit à Anne de Montmorency (1493-1567), qui le transforma en demeure de plaisance ; c'est lui qui fit jeter sur le fossé un pont monumental, couvert d'une galerie Renaissance. Après la condamnation à mort d'Henri II de Montmorency en 1632, le château, confisqué par Louis XIII, passa au prince de Condé et revint à Philippe Égalité, qui le fit démolir en partie. Face à la motte, confortée de pavés de grès, se trouve la sépulture de Raymond de La Tramerie, propriétaire du château de 1971 à 1984, date à laquelle il en fit don au conseil général du département. La notion de motte féodale prend ici tout son sens, le magnifique pont-galerie venant adoucir l'aspect encore martial de la forteresse ruinée. Gagnez la pile est du pont monumental et prenez l'escalier aménagé dans cette pile. Édifié, selon la tradition, par Jean Bullant sur les ordres du Grand Connétable, le **pont-galerie★★** repose sur cinq arches en plein cintre. Donnant accès au château, il n'était ouvert qu'aux piétons. Une galerie d'agrément, en partie démolie, le surmonte. Une porte encadrée de deux petites tours à bec ouvre sur l'ancienne cour. Observez les sept tours rondes, soigneusement appareillées, dont les assises présentent un curieux dispositif en dents d'engrenage.

*Poursuivre la D 967 jusqu'à Mareuil-en-Dôle, puis prendre à droite la D 79.*

### Château de Nesles

*✆ 03 23 82 90 93 - de mi-avr. à mi-oct. : 11h30-19h ; reste de l'année : 11h-17h - fermé 24 déc.-2 janv. - 3 €.*

Cette forteresse de plaine (13e s.) a conservé la base de ses courtines et de ses huit tours, et, dans un angle, à l'extérieur de l'enceinte, un donjon cylindrique de 55 m de périmètre. Le corps de logis date du 15e s.

*Prendre la D 2.*

### Cimetière américain Oise-Aisne

*✆ 03 23 82 21 81 - www.abmc.gov - 9h-17h - visite guidée sur demande - fermé 1er janv., 25 déc. - gratuit.*

Parmi les cimetières américains de la Première Guerre mondiale en Europe, c'est le deuxième par son importance (plus de 6 000 tombes). Il marque l'un des terrains les plus disputés lors de la grande offensive franco-américaine de juillet 1918. La 42e division « Rainbow » (arc-en-ciel), qui progressait de l'Ourcq vers la Vesle, y refoula, au cours d'une semaine sanglante (28 juillet-3 août), des troupes d'élite allemandes, notamment la 4e division de la Garde prussienne. La colonnade du mémorial est calée sur deux piles abritant une chapelle et un musée.

*Revenir à Fère-en-Tardenois par la D 2.*

## À L'OUEST DE FÈRE-EN-TARDENOIS

*25 km – environ 3h. Quitter Fère, au sud, par la D 967 vers Beuvardes. À Villemoyenne, prendre à droite la D 79 vers Villeneuve.*

### Villeneuve-sur-Fère

C'est dans le presbytère au chevet de l'église Saint-Georges qu'est né Paul Claudel (1868-1955), diplomate et écrivain français. La maison familiale, encore habitée par des descendants, se trouve à droite de l'église.

*Poursuivre sur la D 79, puis prendre à gauche la D 310 vers Coincy.*

### La Hottée du Diable

Dans la forêt de Coincy, un sentier sablonneux mène à un énorme chaos gréseux aux rochers sculptés par l'érosion ; au sommet de la butte se découvre un joli panorama sur le chaos ruiniforme et la forêt qui l'entoure.

La route serpente sur les mélancoliques plateaux labourés du Tardenois. À Coincy, traversez le ruisseau pittoresque dénommé l'**Ordrimouille**. Il doit son nom aux moines du prieuré Saint-Pierre-et-Saint-Paul (vestiges) qui y lavaient leur linge.

*Prenez tout de suite à droite la D 80 en direction d'Armentières.*

### Château d'Armentières-sur-Ourcq

Les ruines de cet ensemble fortifié du 13e s. sont complétées par une tour-poterne du 15e s. et quelques éléments architecturaux de la Renaissance. Il a subi de lourds dommages lors de la bataille de la Marne en 1918.

*Prendre la route d'Oulchy, puis à droite la D 473 vers Cugny-lès-Crouttes et, à l'entrée de Wallée, la D 229 à gauche.*

### Monument de la butte de Chalmont

Au flanc de cette butte, dominant toute la plaine du Tardenois, s'élève un monument en granit, en deux parties, dû au ciseau de Landowski. Il fut érigé en 1934 pour commémorer la seconde bataille de la Marne.

Au premier plan, en bordure de la route reliant Beugneux à Wallée, une statue de femme, haute de 8 m, symbolise la France tournée vers l'est. Par quatre paliers successifs, figurant les quatre années de guerre, on atteint, à environ 200 m, le groupe **Les Fantômes**. Il représente huit soldats de différentes armes, les yeux clos, sur deux rangées. Sur la première rangée, on reconnaît la jeune recrue, le sapeur, le mitrailleur, le grenadier. Sur la seconde, le colonial, le spectre de la Mort, le fantassin, l'aviateur. Ce sobre monument impressionne par sa puissance et son **site★** solitaire.

*Revenir à Wallée, prendre à gauche.* Abris troglodytiques habités dès la préhistoire.

*Tourner à droite vers Trugny. La route traverse l'Ourcq. Prendre la D 796 à droite, tourner à gauche, puis encore à gauche sur la D 310.* À 250 m sur la droite, au bout d'une allée, en plein champ, on aperçoit la **ferme de Bellefontaine**, ancienne propriété de la famille Claudel. C'est à la **ferme de Combernon** *(800 m sur la droite)* que se déroule une grande partie de *L'Annonce faite à Marie* de Paul Claudel.

## Fère-en-Tardenois pratique

### Adresse utile

**Office du tourisme de Fère-en-Tardenois** – *18 r. Moreau-Nélaton - 02130 - ✆ 03 23 82 31 57 - www.fereentardenois.com - mar.-sam. 10h-12h, 14h15-18h15 (juil.-août : dim. 15h-17h).*

### Se loger

**Chambre d'hôte Le Val Chrétien** – *02130 Bruyères-sur-Fère - 8 km à l'ouest. de Fère-en-T. par la D 310 - ✆ 03 23 71 66 71 - perso. orange. fr/valchretien - - 5 ch. 40/64 € - repas 20 €.* Cette demeure jouit d'une situation assez exceptionnelle, au bord de l'Ourcq et au cœur des vestiges de l'abbaye du Val-Chrétien. Chambres sobrement décorées, sauf une (avec lit à baldaquin). Tennis.

**Chambre d'hôte Manoir de la Semoigne** – *Chemin de la Ferme - 02130 Villers-Agron - 25 km à l'ouest de Reims - ✆ 03 23 71 60 67 - http://manoirdelasemoigne.online.fr - - réserv. obligatoire - 4 ch. 70/90 € - repas 38 €.* Très agréable demeure du 18e s., dont le parc traversé par une petite rivière se prolonge d'un golf. Chambres, spacieuses et calmes. À table, produits de la ferme.

### Sports et loisirs

**Détente** – *✆ 03 23 82 20 44 (mairie) - juil.-août : baignade surveillée 14h-19h.* Au nord de la ville, un parc boisé de 110 ha offre repos et loisirs autour de 2 plans d'eau (sentiers pédestres et équestres, VTT, pêche, planche à voile, pique-nique).

# La Ferté-Milon★

**2 292 FERTOIS**
**CARTE GÉNÉRALE B4 – CARTE MICHELIN DEPARTEMENTS 306 A7 – AISNE (02)**

**Agréable petite « ville à la campagne », surmontée d'une puissante forteresse dont les origines remontent au haut Moyen-Âge, La Ferté-Milon vous propose de partir à la rencontre de Jean Racine, l'enfant du pays, et de Jean de la Fontaine, originaire de Château-Thierry, qui vint ici en voisin à plusieurs reprises.**

- **Se repérer** – En lisière de l'Oise et de la Seine-et-Marne, à 35 km de Soissons et Compiègne. La ville s'étage sur une colline dominant l'Ourcq et le canal.
- **À ne pas manquer** – Le musée Jean-Racine ; les bas-reliefs du château.
- **Organiser son temps** – Comptez 2h pour découvrir la ville. Lors de la visite du château, munissez-vous de jumelles pour scruter les détails architecturaux.
- **Pour poursuivre la visite** – Voir aussi Villers-Cotterêts, la forêt de Retz.

## Comprendre

**De Milon à Louis d'Orléans** – Au 8e s., l'un des premiers seigneurs, Milon, érige ici une forteresse. Au 14e s., Charles VI donne cette seigneurie à son frère, Louis d'Orléans. Ce grand bâtisseur, qui a fait reconstruire le château de Pierrefonds, ordonne de rebâtir celui de La Ferté-Milon. Quand le roi est atteint de folie, le duc devient le maître du royaume avant d'être assassiné, en 1407, par les hommes de Jean sans Peur. Et l'édifice ne sera jamais terminé… Les Ligueurs l'occupent en 1588 et y résistent six ans devant l'armée royale. Henri IV le reprend et ordonne le démantèlement des remparts. Les toits du château sont démontés, et les murs intérieurs démolis, comme la tour carrée qui dominait la vallée.

**L'enfance de Racine** – Né à La Ferté-Milon le 21 décembre 1639 d'une famille fraîchement anoblie, Jean Racine est orphelin de mère à deux ans, de père à quatre. Il est recueilli par sa grand-mère paternelle, dont une fille et deux sœurs sont religieuses à Port-Royal. Devenue veuve en 1649, elle les rejoint à l'abbaye et envoie alors son petit-fils, pour ses « humanités », au collège de Beauvais. Racine y reste jusqu'à l'âge de 16 ans puis entre aux Petites Écoles des Granges. Il y découvre sa vocation de poète, que désapprouvent ses maîtres. Après l'année de philosophie au collège d'Harcourt, l'actuel lycée Saint-Louis à Paris, Racine fait son entrée dans le monde, où il connaît vite le succès. C'est entre 1667 et 1677 que le dramaturge écrit la plupart de ses chefs-d'œuvre : *Andromaque, Les Plaideurs, Britannicus, Bérénice, Bajazet, Mithridate, Iphigénie* et *Phèdre*.

## Découvrir

*2h. Partir du parking aménagé dans l'île de l'Ourcq. Traversez le bras du moulin (il conserve sa grande roue) vers la ville ancienne, sur le coteau autour de l'église Notre-Dame. Prendre à gauche, après le pont, la rue de Reims.*

### Musée Jean-Racine

*03 23 96 77 42 - ♿ - avr.-oct. : w.-end et j. fériés 10h-12h30, 15h-17h30 - 4 €.*

C'était la maison de sa grand-mère paternelle, où il passa son enfance. Documents sur le dramaturge, son œuvre et l'histoire de la ville. Statue à l'antique de Racine par David d'Angers (1822).

*Tourner à droite dans la rue Racine, vieille rue pavée.* Au n° 1, belle maison où vécut Marie Rivière, sœur de Racine. La rue conduit au chevet de l'église et au château.

### Église Notre-Dame

*Fermé pour travaux.* C'est ici que Jean de La Fontaine (né à Château-Thierry), à 26 ans, épousa Marie Héricart, âgée seulement de 14 ans. Cette église (12e s.), souvent remaniée, possède un chevet demi-circulaire édifié et décoré par Philibert de L'Orme à la demande de Catherine de Médicis. Vitraux du 16e s.

### Château★

L'esplanade rectangulaire était l'ancienne cour intérieure de la forteresse. Elle se termine en terrasse au-dessus de la vallée. En découvrant de l'intérieur la « coque » du château, on remarque que les arrachements datant du démantèlement de 1594 ne sont que peu de chose, comparés aux pierres d'attente appelant une extension, jamais réalisée. Passez la porte de Bourneville, découronnée, et prenez du recul sur la prairie pour admirer la façade. Percée de trois étages de fenêtres, défendue par des mâchicoulis et trois grosses tours à bec dont la section de base a été dessinée en amande, la forteresse se termine par le donjon rectangulaire éventré en 1594. Au sommet des tours, voyez les magnifiques **bas-reliefs★** (15e s.) inscrits dans des niches en anse de panier : effigies décapitées de « preuses ». Un des bas-reliefs s'orne d'un **Couronnement de la Vierge★** *(entre les 2 tours centrales de l'entrée)*. Sous cette scène, 3 anges soutiennent les armes de France. La traverse horizontale (ou lambel) désigne une branche cadette : les Orléans.

*Par la rue des Bouchers et la rue de Reims, gagner à droite la place du Port-au-Blé. Franchir la passerelle.*

### Bords de l'Ourcq

Jolie vue. En aval : tour d'enceinte et jardin de la propriété Héricart, où La Fontaine courtisa sa fiancée. En amont, le « grenier sur l'eau » : le bâti en avancée abritait les poulies de la grue qui descendait les sacs de blé dans les « flûtes » de l'Ourcq.

### Église Saint-Nicolas

*R. de la Chaussée.* Cet édifice du 15e s. recèle un très bel ensemble de **vitraux** du 16e s. : vision de l'Apocalypse et scènes de la vie du Christ.

## La Ferté-Milon pratique

### Adresse utile

**Office du tourisme de La Ferté-Milon** – *31 r. de la Chaussée - 02460 - ✆ 03 23 96 77 42 - lun.-vend. 14h-18h, sam. 9h-12h, 14h-18h, dim. et j. fériés 9h-12h - fermé 1er janv. et 25 déc.*

### Visite

**Bon à savoir** – *Se renseigner à l'office du tourisme de La Ferté-Milon ou à celui de Villers-Cotterêts (✆ 03 23 96 55 10).* L'office de tourisme propose un parcours de découverte, « En chemin avec Dumas et Racine », entre la Ferté-Milon et Villers-Cotterêts. Partez sur les pas de deux grands écrivains picards, tout en découvrant le patrimoine du pays axonais.

### Se loger

**Hôtel Racine** – *Pl. du Port-au-Blé - ✆ 03 23 96 72 02 - http://ileauxpeintres.free.fr – fermé janv. - 5 ch. 53 € - 6,50 €.* On se sent transporté par le charme de ces lieux chargés d'histoire. Cet ancien hôtel particulier du 16e s., devenu maison d'hôte, compte 5 chambres à la décoration sobre mais personnalisée. La salle des petits-déjeuners ouvre sur un magnifique jardin ombragé en bordure de l'Ourcq.

### Se restaurer

**Les Ruines** – *2 pl. du Vieux-Château - ✆ 03 23 96 71 56 - fermé août et lun. - 12 € déj. - 21/32 €.* Ne vous méprenez pas : le nom de ce restaurant sur les hauteurs de la ville fait référence aux ruines des alentours. Mais ici, les terrasses paysagées et le décor intérieur vous laisseront sous le charme. Au menu, cuisine traditionnelle, viandes et poissons grillées, gibier en saison. Réservation conseillée.

### Sports & Loisirs

**Port aux Perches** – *2 r. François-Mitterrand - 02460 Silly-la-Poterie - ✆ 03 23 96 41 25 - www.portauxperches.com.* Minicroisières, promenades et dîners-croisière sur l'Ourcq.

# Fourmies

13 155 FOURMISIENS
CARTE GÉNÉRALE C3 – CARTE MICHELIN DEPARTEMENTS 302 M7 – NORD (59)

**Cette ville est cernée par de vastes forêts et un chapelet d'étangs créés par les moines de Liessies, d'où le nom d'étangs des Moines pour les trois principaux. La cité développa une puissante industrie textile au 19e s. Des générations d'hommes, de femmes et d'enfants ont fait de Fourmies une capitale de la filature de laine peignée.**

- **Se repérer** – Fourmies se trouve à 15 km au sud-est d'Avesnes par la D 951 puis la D 42, à 10 km au nord d'Hirson par la D 963 puis la D 964, et à 20 km à l'ouest de Chimay par la N 593 puis la D 95 et la D 83.
- **À ne pas manquer** – Le musée du Textile et de la Vie sociale.
- **Organiser son temps** – Optez pour la visite guidée, d'une petite heure.
- **Avec les enfants** – L'étang des Moines (baignade, jeux, loisirs).
- **Pour poursuivre la visite** – Voir aussi Hirson, Avesnes-sur-Helpe, Sars-Poteries.

### Le saviez-vous ?

Le nom de la ville dérive du latin *fourmiœ*, « fosse d'eau » ou « rade », allusion aux vallées sillonnées de rivières et parsemées d'étangs en bordure desquels la ville s'est développée.

## Comprendre

**L'aubépine du 1er mai** – Une tradition toujours vivace veut que le 1er mai les jeunes aillent couper pour leur fiancée une branche d'aubépine en fleur. Ce jour-là, en 1891, devant le mépris des directeurs d'entreprise face aux revendications des ouvriers, ces derniers se mettent en grève. Un rassemblement se forme devant une usine ouverte. Les gendarmes arrêtent quelques bagarreurs. L'après-midi, la manifestation s'amplifie. La foule afflue sur la place de la mairie, dans le but de libérer les camarades incarcérés. Un des officiers, voyant sa troupe plier sous la poussée de la foule, fait ouvrir le feu. Des coups partent. En quelques minutes, c'est l'effroi et la débandade. Neuf morts et de nombreux blessés sont allongés sur le pavé. Un monument au cimetière et un visuel, au musée du Textile et de la Vie sociale, rappellent cet épisode douloureux des luttes ouvrières.

## Visiter

### Musée du Textile et de la Vie sociale★★

*03 27 60 66 11 - www.ecomusee-avesnois.fr - ♿ - fév.-nov. : 9h-12h, 14h-18h, w.-end et j. fériés 14h30-18h30 - possibilité de visite guidée (45mn) - fermé déc.-janv. - 5 € (enf. 2,50 €).*

OT de Fourmies

*Les plaisirs du kayak sur l'étang des Moines.*

Installé dans une ancienne filature, le musée présente une intéressante collection de métiers à tisser du 19e s. à nos jours, en état de marche, ainsi que d'autres machines d'époque, liées au textile : premières lessiveuses, créées dans le Nord, peigneuse, ourdissoir… Après une salle consacrée à la tragédie du 1er mai 1891, vous pénétrez dans un grand hall exposant photographies et fidèles reconstitutions d'un atelier de bonneterie, d'un intérieur ouvrier, d'une salle de classe, d'une rue avec ses boutiques et son estaminet… On y présente la vie quotidienne des villes textiles de la région avec un réalisme saisissant. Remarquez les fusils qui pendent dans la salle de classe, symbole de la période « revancharde » de la France entre 1870 et 1914.

Ce musée est à l'origine d'une association de sites touristiques groupés au sein de l'**écomusée de l'Avesnois** *(voir Avesnes-sur-Helpe)*.

## Aux alentours

### LES ÉTANGS

#### Étangs des Moines

*Au sud-est.*

Situés en bordure de la forêt de Fourmies, essentiellement plantée de chênes, ils servaient de réservoir d'eau pour alimenter les moulins. Ils sont aménagés pour la pêche, le canotage et la baignade. Nombreuses possibilités d'activités *(voir l'encadré pratique)*.

#### Étang de la Galoperie★

*9 km à l'est.*

Alimenté par le ruisseau des Anorelles, qui arrose Anor et se jette dans l'Oise à Hirson, ce vaste étang s'étire au creux de la forêt, à quelques pas de la Belgique.

*(45mn à pied AR)* Le sentier de la rive nord-ouest, après de belles échappées sur l'étang, aboutit à une casemate en béton (1938). Cet élément du système défensif, dit « de la trouée de Trélon », pouvait recevoir une mitrailleuse et un canon antichar.

## Fourmies pratique

### Adresse utile

**Office du tourisme de Fourmies** – *20 r. Jean-Jaurès - 59610 - ☏ 03 27 59 69 97 - www.mairie-fourmies.fr - tlj sf dim. 9h30-12h, 14h-18h - fermé j. fériés.*

### Se loger

**Chambre d'hôte L'Arbre Vert** – *70 rte de Fourmies - 02500 Mondrepuis - 5,8 km au sud de Fourmies par D 288 dir. Hirson, La Capelle - ☏ 03 23 58 14 25 - www.gites-de-france.fr - - 5 ch. 42 € - 3 € - repas 16 €.* Cette belle grange en brique, typique de l'architecture du Nord, abrite des chambres d'hôte mansardées ; leur double vitrage efficace fait vite oublier la proximité de la route. Accueil parfait.

### Se restaurer

**Auberge des Étangs des Moines** – *Aux Étangs des Moines - 59610 Fourmies - ☏ 03 27 60 02 62 - fermé 15-28 fév., 24 juil.-14 août, sam. midi, dim. soir et lun. sf j. fériés - 17/33 €.* La famille Cato tient depuis trois générations cette chaleureuse auberge nichée dans la verdure, près des étangs creusés par les moines de Liessies. Dans l'attachante salle à manger rustique plaisamment éclairée, ou sur la grande terrasse en été, vous vous régalerez de plats traditionnels concoctés par le chef.

### Sports & Loisirs

**Base de loisirs des Étangs des Moines** - *☏ 03 27 57 69 83 - mai, juin et sept. : merc. apr.-midi et w.-end ; juil.-août : tlj - 2 €.* Pédalo, minigolf, parcours de santé… Toute l'année : circuits de randonnée (pédestre, équestre et VTT) balisés, sentiers de découverte.

**Sentiers pédestres** – Circuits balisés au départ de la salle des fêtes de Wignehies. *Renseignements à l'écomusée de l'Avesnois.*

### Événement

**Féron'art** – *☏ 03 27 60 10 46.* Chaque année, autour du 15 août, Féron, à quelques kilomètres au nord-est de Fourmies, se transforme en village d'artistes. Au programme, musique, cinéma, peinture, théâtre…

**Bon à savoir** – Fourmies, Hirson et Chimay, en Belgique, proposent un programme culturel transfrontalier et éclectique tout au long de l'année. *Renseignements auprès de l'office du tourisme de Fourmies.*

# Gerberoy★★

95 GERBORÉENS
CARTE GÉNÉRALE A3/4 – CARTE MICHELIN DEPARTEMENTS 305 C3 – OISE (60)

**Cette minuscule place forte médiévale, à l'histoire millénaire, est l'un des « plus beaux villages de France ». Des centaines de rosiers, dont les douces fragrances parfument le parcours, s'accrochent à ses demeures à colombages des 17e s. et 18e s. Le torchis se mêle à la brique rouge et aux poutres peintes de couleurs pastel, dans des ruelles escarpées aux pavés irréguliers. Mais loin du musée à ciel ouvert, Gerberoy reste animée et aussi vivante que lorsqu'elle inspirait le peintre Le Sidaner.**

**Se repérer** – Village fortifié sur une motte naturelle à 20 km au nord-ouest de Beauvais, d'où l'on a une belle vue sur le val d'Arondel et le bois de Caumont. Accès par la D 901 puis la D 133 après Troissereux.

**Se garer** – Circulation interdite dans le centre. Plusieurs parkings gratuits à l'entrée du village.

**À ne pas manquer** – Le musée Le Sidaner ; la fête des Roses, chaque 3e dimanche de juin.

**Organiser son temps** – Attention, le musée est fermé le matin : l'idéal est d'arriver à Gerberoy en fin de matinée et de commencer par un petit tour du village. Après un pique-nique sur les remparts, il sera temps de se diriger vers le musée.

**Pour poursuivre la visite** – Voir aussi Beauvais et le circuit en pays de Bray.

### Le saviez-vous ?

Le village fut redécouvert par le peintre **Henri Le Sidaner** (1862-1939). En 1903, il y acquiert une maison de campagne dans laquelle il passera tous les étés, en famille, jusqu'à la fin de sa vie. Les décors du village lui inspirent quelque deux cents toiles, parmi lesquelles *La tonnelle* ou *La table au soleil*. Elles ont souvent pour cadre le merveilleux jardin à l'italienne qu'il créa pour en peindre les détails.

## Se promener

Sillonnez les rues étroites, « perdez-vous » dans ce petit village ravissant, aux odeurs enchanteresses. Ici, les fleurs sont reines : roses, jonquilles, hortensias se succèdent sans agencement mais avec un indéniable charme. Les maisons restent entretenues, le cadre est soigné sans être stéréotypé. Il laisse parfois place à la fantaisie, aux couleurs chatoyantes des boiseries et colombages. En grimpant, vous arrivez jusqu'au remparts.

### Remparts

De ce point de vue, à la hauteur du château d'eau, admirez les **jardins en terrasses** aménagés par le peintre sur les ruines de la forteresse. Par la porte qui desservait le château, montez à la collégiale en longeant d'anciennes maisons de chanoines.

A. Cassaigne / MICHELIN

*Une rue fleurie de Gerberoy.*

### Collégiale Saint-Pierre

Cette église du 15e s. possède des stalles ornées de miséricordes sculptées (1460) et des tapisseries d'Aubusson (17e s.).

Derrière l'édifice, dans la rue du Château, jolie vue sur la Maison bleue, au coin (1691) : une poterne surplombe des murs envahis par la verdure. Agréable promenade bordée d'arbres aménagée sur les anciens fossés.

## Visiter

### Musée Le Sidaner

*✆ 03 44 82 33 63 - www.gerberoy.fr - avr.-sept. : 14h30-18h - fermé reste de l'année - gratuit.*

Situé au 1er étage de l'hôtel de ville (18e s.), il retrace le passé de la commune : céramiques, livres anciens, statuettes, gravures, toiles d'Henri Le Sidaner. Le rez-de-chaussée accueille des expositions temporaires d'artistes locaux souvent contemporains.

## Gerberoy pratique

### Adresse utile

**Office du tourisme de la Picardie verte et de ses vallées** – *49 bis r. du Gén.-Leclerc - 60690 Marseille-en-Beauvaisis - ✆ 03 44 46 32 20 - www.ot-picardie-verte-vallee.com - mai-aout : 9h30-12h30, 13h30-17h, dim. et j. fériés 9h-12h - sept.-avr. : tlj sf dim. 9h30-12h30, 13h30-17h.*

### Se restaurer

**Hostellerie du Vieux Logis** – *25 r. du Logis-du-Roy - ✆ 03 44 82 71 66 - www.vieuxlogisgerberoy.com - fermé vac. de fév., vac. de Noël, du lun. soir au vend. de nov. à fév, mar. soir, dim. soir et merc. en sais. - 24/46 €.* Cette maison à colombages cadre bien avec le décor de ce pittoresque village de Gerberoy. Salle à manger à charpente avec son imposante cheminée en brique. Essayez le menu sucré ou le « barbecue médiéval ». Salon de thé l'après-midi, en terrasse l'été.

### Événements

**Fête des Roses** – S'il y a bien une manifestation annuelle à ne pas manquer, c'est la fête qui honore chaque année la reine des fleurs, la rose, le 3e dimanche de juin (sf élections).

**Les Estivales de Gerberoy** – Fin juin-début juillet, concerts classiques et musique du monde dans la collégiale, promenades et animations de rue.

# Gravelines

11 828 GRAVELINOIS
CARTE GÉNÉRALE B1 – CARTE MICHELIN DEPARTEMENTS 302 A2 – NORD (59)

**Paré de toits rouges, tracé au sabre, Gravelines se protège derrière son enceinte de brique et de pierre. Quatre bastions et deux demi-lunes restent intacts, la verdure y a pris ses aises. Le port formé par l'Aa canalisé abrite des voiliers de plaisance.**

- **Se repérer** – À 2 km de la mer, Gravelines se trouve à mi-chemin entre Calais et Dunkerque. La station sert d'avant-port à Saint-Omer. Accès par l'A 16/E 40, la D 940 ou la N 1.
- **À ne pas manquer** – Un tour des remparts ; le musée du Dessin et de l'Estampe originale ; le chantier de construction du *Jean-Bart*.
- **Organiser son temps** – Prévoyez une heure pour les remparts. La découverte des alentours peut prendre une demi-journée.
- **Avec les enfants** – Les stages et animations de la Maison du patrimoine. Dotée du label « Station Kid », la station offre diverses activités aux enfants et aux familles.
- **Pour poursuivre la visite** – Voir aussi Dunkerque, Calais, le blockhaus d'Éperlecques.

# Découvrir

### Remparts, contregardes et demi-lunes

Les remparts, dont on peut faire le tour, sont bien conservés ; l'arsenal de Charles Quint les renforce du côté de l'Aa *(ouest)*. Chaque bastion d'angle est couvert par un système de demi-lunes, de fossés en eau et de contregardes, destiné à retarder l'avancée de l'ennemi.

Pour découvrir ce réseau défensif, prenez la rue de Calais qui traverse le fossé et devient le boulevard Salomé. À gauche, après le pont, longez le sentier et empruntez un pont. Dirigez-vous à gauche vers une première contregarde pour atteindre, vers la droite, une demi-lune boisée. Traversez un pont à droite vers une seconde contregarde que vous longez jusqu'au pont qui mène vers la caserne Varenne.

### Le saviez-vous ?

- Le nom de Gravelines vient de Graveningis ou Graveningen, « pays des grèves ». À l'origine, la cité émergeant des marais se nommait Nieuwpoort, « nouveau port ».
- Les militaires, redoutant une mutation à Gravelines, caricaturaient ainsi l'austérité des lieux : « De la peste, de la famine/Des garnisons de Bergues et de Gravelines/Préservez-nous Seigneur ! »

# Visiter

### Musée du Dessin et de l'Estampe originale

*7 r. André-Vanderghote - ✆ 03 28 24 99 70 - juil.-août : 14h-18h, w.-end et j. fériés 10h-12h, 15h-18h ; sept.-juin : 14h-17h, w.-end et j. fériés 15h-18h - fermé mar., 1er déc.-1er janv., 1er Mai - 2 € (enf. gratuit), gratuit 1er dim. du mois.*

Il est installé dans la **poudrière**, bâtie en 1742. Le rez-de-chaussée est consacré à l'histoire et aux techniques de l'estampe et de la gravure, illustrées par Dürer et

| SE LOGER | SE RESTAURER |
|---|---|
| Hostellerie du Beffroi ............ 1 | Le Turbot ............ 1 |

Léger. Au sous-sol, expositions temporaires sur le patrimoine historique de la ville. Une belle copie à l'identique du plan-relief (1756) de Gravelines donne lieu à une présentation vivante et ludique : un spectacle son et lumière de 20mn animé par diaporama vous plonge au temps de Vauban. Deux soldats de l'époque évoquent à travers leurs pérégrinations l'histoire de leur petite ville fortifiée.

L'autre partie du musée occupe la casemate souterraine (1693), ancienne salle d'armes intégrée aux fortifications. La salle dite « du Pilier » – son pilier central s'ouvre sur quatre voûtes en plein cintre – abrite des expositions temporaires d'estampes, gravures et dessins. Des œuvres de Gromaire, Leroy, Dodin... sont régulièrement présentées.

L'ensemble est ceint d'agréables jardins. Belles sculptures de Charles Gadenne : *La Conversation* et *La Vigie*.

### Gravelines Port-Royal

*Rte de Calais - ✆ 03 28 21 22 40 - www.tourville.asso.fr - mar.-sam. 10h-12h - lun. 14h-17h - 5 € (enf. 2,50 €).*

Dans les locaux de l'arsenal, une petite exposition, l'**espace Tourville**, présente l'histoire de Jean Bart et des corsaires du 17e s. : maquettes, panneaux, reconstitutions. La visite est couplée avec le **chantier de construction du « Jean-Bart »**, de l'autre côté du bassin Vauban. Ce vaisseau de premier rang de la marine de Louis XIV est une fidèle reconstitution des navires qui sillonnaient les mers du 17e s., élaborée notamment grâce à l'*Album* de Colbert (1670) et à la découverte d'une partie de la flotte de l'amiral Tourville au large de l'île Tatihou (Cotentin). Les données sont impressionnantes : 1 400 tonnes de charges, 84 canons, 150 hommes d'équipage pour le manœuvrer. La quille (44 m) est déjà posée, le reste devant suivre progressivement. Lancé en 2003, le projet ne devrait pas être abouti avant 2015, mais l'avancement des travaux vaut le coup d'œil.

### Église Saint-Willibrord

*✆ 03 28 23 00 15 - vend. 9h30-11h30 - visite sur demande à l'association « Echos et nouvelles des rives de l'Aa » (✆ 03 28 23 28 28).*

De style gothique flamboyant, à l'exception du portail fin Renaissance, cette église est dédiée à l'apôtre des Pays-Bas au 7e s. Les murs de la nef sont revêtus de belles boiseries du 17e s. Parmi le mobilier, voyez les confessionnaux, le buffet d'orgues et plusieurs monuments funéraires, dont le cénotaphe de Claude Berbier du Metz, sculpté par Girardon *(bas-côté gauche)* ; voyez le portrait en médaillon, très expressif, du gouverneur de Gravelines, tué au siège de Saint-Venant en 1657.

La citerne, reliée à l'église par une arcade, date du 18e s. ; ses pompes ont des embouts sculptés en forme de dauphins.

### Maison du patrimoine

*2 r. Léon-Blum. ✆ 03 28 51 94 00 - ♿ - de fin avr. à fin sept. : tlj sf lun. 14h-17h, w.-end et j. fériés 15h-18h - fermé 1er Mai - gratuit.*

Très active, elle organise des expositions de peintures d'artistes locaux, des stages « nature » pour jeune public et d'autres animations pour découvrir la région.

### Moulin du Polder

*Rte de Petit-Fort-Philippe.* Ce tout petit moulin sur pivot en pitchpin (bois de différentes espèces de pins d'Amérique du Nord) a été bâti en 1925.

## Aux alentours

### Petit-Fort-Philippe

*2 km par la D 11.* Reconstruit dans le style flamand après la guerre, Petit-Fort-Philippe doit son nom au roi d'Espagne Philippe II. C'est un port de pêche, où l'on peut déguster d'excellents poissons frais, et une station balnéaire. Jolie vue sur le canal animé par les chalutiers et sur Grand-Fort-Philippe. Le **phare** offre une

S. Sauvignier / MICHELIN

*La porte de Dunkerque se reflétant dans l'Aa.*

belle vue sur les alentours, du haut de ses 35 m et 104 marches. *Avr.-sept. : mar.-sam. 14h-19h, dim. 10h-12h, 15h-19h ; oct.-mars : merc. et sam. 14h-17h, dim. 15h-18h - 1,50 € (enf. 1 €).*

## Grand-Fort-Philippe

*2 km par la D 11G.*

Son activité principale a longtemps été liée aux métiers de la pêche (corderie, saurisserie, construction navale). Deux musées en retracent le souvenir. *✆ 03 28 51 94 00 - avr.-mi-sept. : tlj sf mar. 14h-17h, dim. et j. fériés 15h-18h - fermé 1er Mai - 2 € (enf. gratuit) billet valable pour les deux musées.*

**Maison de la mer** – *28 bd Carnot.* Elle évoque l'histoire du port et de la construction navale, les techniques de pêche, la vie quotidienne des marins…

**Maison du sauvetage** – *Bd de la République.* Ancien abri à canots, elle a été convertie en musée à la gloire du sauvetage en mer. Maquettes de canots, archives retraçant les grandes heures du sauvetage, canot restauré…

## Réserve naturelle du Platier d'Oye

*À l'ouest de Grand-Fort-Philippe.* Cette réserve naturelle de 400 ha est un vaste espace dunaire (dunes grises et blanches) dans lequel évoluent canards et limicoles. Des promenades commentées sont organisées chaque 1er dim. du mois *(dép. 9h30 de la Maison dans la dune - se renseigner à l'office de tourisme).*

## Bourbourg

*9 km au sud-est par D 11.*

Petite sœur de Gravelines dans les terres, cette cité typique de la Flandre maritime était déjà mentionnée dans des documents du 10e s. L'ancienne **prison communale,** du 16e s., siège de l'office de tourisme, conserve ses geôles et ses cachots *(gratuit).*

# Gravelines pratique

### Adresses utiles

**Office du tourisme de Gravelines** – *11 r. de la République - 59820 - ✆ 03 28 51 94 00 - http://asso.proxiland.fr/otrivesAa - juil.-août : 10h-13h, 14h-19h ; avr.-juin et sept. : 9h-12h, 14h-18h, dim. et j. fériés 10h-12h, 15h-18h ; oct.-mars : tlj sf lun. mat. et dim. 9h-12h, 14h-18h.*

**Office du tourisme de Bourbourg** – *29 pl. du Gén.-de-Gaulle - 59630 - ✆ 03 28 65 83 83 - juil.-août : 10h-12h, 14h-17h, sam. 10h-12h, 15h-17h, dim. et j. fériés 10h-12h ; sept.-juin : lun. 14h-17h, mar. 9h-12h, 14h-17h, merc.-vend. 10h-12h, 14h-17h, sam. 10h-12h, fermé dim. et j. fériés.*

### Visites

**Bon à savoir** – Des promenades commentées en bateau sont organisées autour des fortifications *(se renseigner à l'office de tourisme).*

L'office de tourisme de Gravelines loue également des **audioguides** qui vous permettront de découvrir la cité de Vauban en toute autonomie.

### Se loger

**Hostellerie du Beffroi** – *2 pl. Charles-Valentin - ✆ 03 28 23 24 25 - www.hoteldubeffroi.com - fermé sam. midi et dim. soir - 40 ch. 69/75 € - 9 € - rest. 16/30 €.* Bâtisse moderne située au pied du beffroi, dans l'enceinte aménagée par Vauban. Chambres fonctionnelles bien tenues. Salle à manger contemporaine, terrasse ouverte sur la place et cuisine traditionnelle sans prétention.

### Se restaurer

**Le Turbot** – *26 r. de Dunkerque - ✆ 03 28 23 08 54 - www.leturbot.com - fermé dim. soir, jeu. soir et lun. - réserv. conseillée - 16/27 €.* La coquille Saint-Jacques est une des spécialités de ce restaurant au décor simple. Entre cuisine traditionnelle et cuisine régionale, de quoi mettre vos papilles en émoi.

### Que rapporter

**Bon à savoir** – Dans le passé on comptait les **saurisseries** par dizaines, mais aujourd'hui ne subsiste que deux entreprises salant, séchant et fumant le poisson au bois de hêtre, dans le respect des méthodes traditionnelles.

**Saurisserie Jannin** – *1 bis av. de Dunkerque - 59153 Grand-Fort-Philippe - ✆ 03 28 65 22 81.* Transformation de saumons, harengs, flétans et autres.

**Saurisserie Nathalie-Dutriaux** – *29 r. Félix-Faure - 59153 Grand-Fort-Philippe - ✆ 03 28 65 34 05 - tlj sf dim. et lun. 9h-12h, 14h-18h - fermé 1 sem. en janv. - visite et dégustation 6 € (enf. 4 €).* Saumon, flétan, hareng, etc. sont fumés à la sciure de bois dans des cheminées.

### Sports & Loisirs

**Sportica** – *Pl. du Polder - 59820 Petit-Fort-Philippe - ✆ 03 28 65 35 00 - www.sportica.fr - 9h-21h, lun. 14h-21h (dim. 20h).* Avec ses 25 000 m2 d'infrastructures, ce complexe sportif peut se targuer d'être le plus grand établissement de ce type au nord de Paris. La piscine dispose d'un toboggan de 90 m, d'une pataugeoire et même d'une fosse à plongée. Salle omnisports, cinéma, restauration et hébergement collectif.

**Le Christ Roi** – *Réserv. à l'office du tourisme de Gravelines.* Dernier crevettier à voile, il permet de découvrir les paysages côtiers de la mer du Nord mais également d'en savoir plus sur la pêche et la navigation traditionnelle à Gravelines.

### Événements

**Les Estivales Vauban** – Replongez dans l'ambiance de la cité au 17e s., au travers de spectacles historiques et sons et lumière, durant trois jours fin août.

**Bénédiction de la mer** – Tous les ans, le 15 août à Grand-Fort-Philippe.

**Sortie des géants** – Bourbourg met à l'honneur les géants de sa cité, le dernier dim. de juin. À cette occasion, toute la ville est en fête. À Gravelines, on profite de la **fête de la Matelote**, le 1er w.-end d'avr. pour faire la ronde des géants.

# Guînes

5 291 GUÎNOIS

CARTE GÉNÉRALE A1 – CARTE MICHELIN DEPARTEMENTS 301 E2 – PAS-DE-CALAIS (62)

**Campé dans un paysage verdoyant, entre forêts et marais, Guînes promet de mémorables ripailles et de jolies balades à travers les « Trois Pays ». La petite ville fut le siège d'un puissant comté, vassal de la couronne d'Angleterre de 1352 à 1558.**

- **Se repérer** – Guînes se trouve à 8 km au sud de Calais et du tunnel sous la Manche. Accès par la D 231 ou la D 127.
- **À ne pas manquer** – La tour de l'Horloge ; la forteresse de Mimoyecques.
- **Avec les enfants** – Les jeux et animations de la tour de l'Horloge ; l'écomusée Saint-Joseph-Village ; Passion d'Aventure (parcours accrobranche).
- **Pour poursuivre la visite** – Voir aussi la côte d'Opale, Calais, Gravelines, Boulogne-sur-Mer.

### Le Camp du Drap d'or

Près de Guînes, sur la route d'Ardres, **François Ier** de France et **Henri VIII d'Angleterre** se rencontrent le 7 juin 1520 pour débattre d'une hypothétique entente. Tous deux sont accompagnés d'une cour nombreuse. Le premier loge à Ardres, le second au château de Guînes. Le camp s'étend autour de lices destinées aux joutes. Le roi d'Angleterre occupe un « palais de cristal », François Ier une tente brochée d'or, décorée par le peintre Jean Bourdichon. Mais le pavillon anglais résiste difficilement aux vents, et Henri VIII est terrassé par son royal adversaire au cours d'une partie de lutte. Battu et vexé, il regagne Gravelines et fait alliance avec Charles Quint.

*Une route du Camp du Drap d'or traverse l'Oise, la Somme et le Pas-de-Calais sur les pas de François Ier. Renseignements à l'office du tourisme de Guînes.*

## Visiter

### Tour de l'Horloge★

*03 21 19 59 00 - www.tour-horloge-guines.com - visite guidée (1h15) de déb. avr. à mi-sept. : tlj sf sam. 14h-17h (dernière entrée 1h av. fermeture) - 6 € (enf. 3,50 €).*

Elle coiffe la motte féodale depuis 1763. De là, sur 360°, large **panorama** sur Calais et la Côte d'Opale, la plaine de Flandre et le bocage boulonnais. Au pied de la tour, un **musée interactif** évoque le passé de Guînes : arrivée des vikings et fondation de la ville par Sifrid autour de l'an 800, visite de Thomas Becket, entrevue du Camp du Drap d'or… Jeux interactifs, découvertes sensorielles ludiques, reconstitution d'un drakkar viking, diaporama, maquettes et animations seront à même d'intéresser les enfants.

### Écomusée Saint-Joseph-Village

*Au Marais de Guînes. 03 21 35 64 05 - www.st-joseph-village.com - 10h-19h (20h en juil.-août) - fermé de mi-nov. à fin janv. - 10 € (7-16 ans 5 €, famille 25 €).*

De l'école à l'épicerie, en passant par le moulin, cet écomusée est une reconstitution d'un village des années 1900-1950.

# Aux alentours

## Forêt de Guînes

*Au sud de Guînes, une route goudronnée traverse la forêt qui longe le rebord nord des collines du Boulonnais.*

785 ha de chênes, hêtres, charmes et bouleaux. La voie mène à la **clairière du Ballon**. À gauche, en retrait, la **colonne Blanchard** marque l'endroit où atterrit, le 7 janvier 1785, le ballon monté par Blanchard – l'inventeur du parachute – et Jeffries, les premiers à avoir franchi la Manche par voie aérienne.

## Forteresse de Mimoyecques

*10 km à l'ouest-sud-ouest par la D 231 et, après Landrethun-le-Nord, la D 249. ✆ 03 21 87 10 34 - www.baseV3-mimoyecques.com - ♿ - juil.-août : 10h-19h ; avr.-juin et de déb. sept. au 11 Nov. : 11h-18h - fermé reste de l'année - 5,50 € (enf. 4 €).*

Mimoyecques était destiné à devenir une base de lancement de V3. Cette arme aurait alors servi à anéantir Londres. Pour lancer ces obus, les Allemands avaient conçu des canons de 130 m de long. Le chantier débuta en septembre 1943 ; des milliers de prisonniers participèrent au creusement du tunnel ferroviaire (600 m de long sous 30 m de craie) et au percement des puits pour recevoir les canons. Les Alliés bombardèrent Mimoyecques dès l'hiver 1943. En juillet 1944, une bombe Tallboy percuta la couche de béton, provoquant une inondation qui mit fin au sinistre projet.

## Ardres

*8 km à l'est, D 231.*

Jadis fortifié, Ardres est un marché agricole à la croisée de la plaine maritime et des collines de l'Artois. Convoitée par les Anglais et les Espagnols aux 15e et 16e s., la ville frontière accueillit François Ier lors de l'**entrevue du Camp du Drap d'or**.

Triangulaire et pavée, la **Grand'Place** (ou place d'Armes) est bordée de vieilles maisons aux toits aigus. L'ancienne chapelle (17e s.) des Carmes fait face au chevet de l'église (14e-15e s.)

# Guînes pratique

## Adresses utiles

**Office du tourisme de Guînes** – *14 r. Clemenceau - BP 37 - 62340 - ✆ 03 21 35 73 73 - www.calais-cotedopale.com - juil.-août : tlj sf w.-end 9h30-18h ; sept.-juin : tlj sf w.-end 10h-12h30, 14h-18h - fermé 25 déc.-1er janv.*

**Office du tourisme de l'Ardrésis et de la vallée de la Hem** – *Chapelle des Carmes - pl. d'Armes - BP 03 - 62610 Ardres - www.ardresis.com - mai-sept. : mar.-sam. 10h-12h30, 15h-18h (17h le sam.), dim. 10h-12h30, fermé lun. et j. fériés ; oct.-avr. : mar.-sam. 1h-12h30, 15h-17h (16h30 sam.) - fermé dim., j. fériés et sam. (janv.-fév.).*

## Se loger

**Chambre d'hôte les Draps d'Or** – *152 r. Lambert d'Ardres - 62610 Ardres - 11 km au sud-est de Guînes par D 231, rte d'Ardres et D 225 à gauche - ✆ 03 21 82 20 44 - http://www.drapsdor.com - 3 ch. 52 €.* Construite en 1630, cette grosse bâtisse au centre de la localité semble accueillir des hôtes depuis toujours. Le jaune d'or, présent sur les murs extérieurs, revient dans toutes les pièces, du salon aux chambres, confortables et décorées avec goût. Joli jardin fleuri et arboré.

**Auberge du Colombier** – *La Bien-Assise - ✆ 03 21 36 93 00 - www.lafermegourmande-guines.com - fermé 23 déc.-31 janv. - P - 7 ch. 49/61 € - 6,50 € - rest. 18/49,50 €.* Belle propriété du 18e s. située en pleine campagne. Les chambres, calmes et bien tenues, sont aménagées dans une bâtisse ancienne rénovée, auprès d'un pigeonnier. Piscine couverte, camping, petits chalets (en saison) et restaurant sur le domaine.

**Chambre d'hôte Au Petit Tambour d'Autingues** – *288 r. de Louches - 9 km à l'est de Guines par D 231 - ✆ 03 21 36 25 38 - www.petit-tambour.com - 5 ch. 58 €.* D'allure faussement moderne, cette maison simple, indépendante de l'habitation principale dispose d'un four à pain d'époque dans l'une des chambres du rez-de-chaussée. Les 3 autres, à l'étage (dont une suite mansardée) dégagent le même charme avec leurs poutres apparentes. Joli parc boisé.

## Se restaurer

**Bon à savoir** – Parmi les spécialités du coin, on compte le sauté de cerf, le foie gras et l'hydromel.

**Le Grand Air** – *132 r. Henry-Hamy - 62132 Le Mont-de-Fiennes - 8 km au sud-ouest de Guînes par D 127 - ✆ 03 21 35 01 60 - www.legrandair.com - fermé de fin janv. au 10 fév. - formule déj. 14 € - 26/49 € - 5 ch. 58/68 € - 6 €.* Juchée sur le mont de Fiennes, cette ancienne ferme offre un joli panorama sur Calais. Vous apprécierez l'ambiance feutrée de sa salle à manger décorée d'objets de la ferme ainsi que ses chambres, spacieuses et bien tenues. Cuisine du terroir et produits de la mer. Accueil souriant.

## Sports & Loisirs

**Passion d'Aventure** – *Au cœur de la forêt domaniale - ✆ 06 87 61 32 72 - www.passiondaventure.com - 22 €.* Parcours suspendu à 15 m maximum au-dessus du vide, totalement surveillé et sécurisé ; 4 itinéraires.

**Loisirs-Détente** – *62610 Ardres.* Un lac est aménagé sur d'anciennes tourbières. Baignade, pêche, planche à voile (au nord d'Ardres).

**Le Haras des Trois Pays** – *692 r. Haute - 62850 Alembon - ✆ 03 21 19 20 50 - harasdestroispays. free. fr.* Centre équestre et poney-club, le haras organise aussi des balades à cheval dans la région.

## Évenement

**Le Camp du Drap d'or** – *14 r. Clemenceau - ✆ 03 21 35 73 73 - réserv. fortement recommandée - 32 € (enf. 22 €).* En oct., un repas-spectacle, les « Ripailles du Camp du Drap d'Or », reprend ce thème.

**Fête de la Dinde** – À l'approche de Noël (2e w.-end de déc.), la capitale de la volaille met la dinde à l'honneur. Marché artisanal, dégustation, animations diverses.

# Guise

5 532 GUISARDS
CARTE GÉNÉRALE C3 – CARTE MICHELIN DEPARTEMENTS 306 D3 – AISNE (02)

**Aux portes de la Thiérache, Guise est une charmante petite ville, calme et verdoyante. Résolument moderne, elle conserve pourtant son vieux quartier, près de l'église, et le familistère Godin, témoignage d'une aventure ouvrière exceptionnelle. Trois tonalités s'y disputent : le rouge et le blanc des maisons, et le vert des massifs arborés et fleuris.**

- **Se repérer** – Dominé par les ruines du château, Guise est rafraîchi par l'Oise. Accès par la N 29, la D 967 (de Laon), la D 934 (de Valenciennes), la D 960 (de Cambrai ou Vervins).
- **Organiser son temps** – Prévoyez 2h pour visiter le familistère Godin et autant pour le château.
- **Pour poursuivre la visite** – Voir aussi Saint-Quentin, Marle, Le Cateau-Cambrésis.

## Comprendre

**Un chef d'entreprise visionnaire et audacieux** – Fils d'artisan serrurier, Jean-Baptiste André Godin achève son compagnonnage à travers la France en 1837. À son retour, il imagine un poêle tout en fonte dont la chaleur serait plus constante et la fabrication plus rapide. Il dépose son brevet d'inventeur en 1840 et crée sa propre fonderie en 1846. Installée à Guise, l'entreprise grossit au rythme de ses inventions, des améliorations techniques et des commandes, devenant un véritable empire industriel. Pour concrétiser ses idées sur l'épanouissement de l'individu, le partage des richesses et la solidarité entre les hommes, Godin fait construire un « Palais social », calqué sur les thèses de Charles Fourier, une « utopie réaliste » reposant sur la participation des employés de l'usine et de leur famille. En 1880, Godin crée l'Association coopérative du capital et du travail, et la propriété du Palais social et de l'usine passe peu à peu aux mains du personnel. Si l'association a cessé d'exister, les usines Godin fonctionnent toujours. Le familistère est aujourd'hui habité par des copropriétaires indépendants.

## Visiter

### Château fort des ducs de Guise★

*Accessible depuis Guise, au-delà de l'église Saint-Pierre. ✆ 03 23 61 11 76 - www.chateau-deguise.free.fr - visite guidée (1h15) de juin à mi-oct. : 10h-12h, 14h-18h (17h de mi-oct. à mi-mars et 17h30 de mi-mars à mai) - fermé de mi-déc. à mi-janv. - 5 € (10-15 ans 2 €).*
Bâtie en grès des Ardennes au 11e s., ce fut l'une des premières forteresses bastionnées de France au 16e s., sous l'impulsion des ducs de Guise Claude et François. Au 17e s., Vauban la renforce afin qu'elle résiste aux invasions de la vallée de l'Oise. Cible de l'artillerie en 1914-1918, elle tombe peu à peu en ruine. Dans les années 1950, le Club du

### Le saviez-vous ?

👁 Le nom de la ville se prononce Gu-ize et provient de la contraction de « gué » (endroit peu profond d'une rivière où l'on peut traverser à pied) et d'« Ise », ancien nom de l'Oise.

👁 Érigé en duché par François Ier, Guise donna son nom à une branche de la maison de Lorraine. **François de Guise** (1519-1563) défendit Metz contre Charles Quint et reprit Calais aux Anglais. **Henri de Guise** (1550-1588), chef de la Ligue, fut assassiné à Blois lors des guerres de Religion, sur ordre d'Henri III.

👁 **Camille Desmoulins** (1760-1794) est né à Guise. Fils d'un lieutenant au bailliage, le jeune révolutionnaire est guillotiné en même temps que Danton. Pour avoir protesté auprès de Robespierre, sa femme connut le même sort.

vieux manoir entreprend son sauvetage. Aujourd'hui, ce sont plus de 50 000 bénévoles qui ont participé aux travaux de fouilles et de restauration.
*L'Assassinat du duc de Guise*, tourné en 1908 par André Calmettes et Charles Le Bargy, est le premier film d'art de l'histoire du cinéma.
Franchissez la porte ducale (16e s.), située côté ville. Du bastion de la Haute-Ville, un passage médiéval donne sur l'allée voûtée de l'entrée des carrosses pour atteindre le bâtiment des prisons et le cellier qui servait de garnison à 3 000 hommes en temps de siège. L'allée voûtée du Gouverneur conduit aux vestiges du palais et au donjon. On voit les soubassements de la collégiale Saint-Gervais-Saint-Protais et les bastions de la Charbonnière et de l'Alouette. Les salles des gardes, converties en musée, présentent les objets découverts lors des fouilles. Par une suite de souterrains, on retrouve le bastion de la Haute-Ville et la galerie dite « des Lépreux ».

### Familistère Godin★

*☎ 03 23 61 35 36 - www.familistere.com - visite guidée (1h30) tlj sf lun. 10h30, 14h30 et 16h30 - fermé 25 déc.-1er janv. - 6 € (enf. 4,50 €).*
À la fois projet social inédit et réalisation industrielle, cette cité de 2 000 âmes fut élevée par **Jean-Baptiste André Godin** (1817-1888), fondateur des usines fabriquant des appareils de chauffage et de cuisson. Les trois pavillons d'habitation formant le « Palais social » furent construits chacun autour d'une vaste cour vitrée à charpente en bois ou métallique, à proximité de l'usine, entre 1859 et 1883. Ils abritent 500 logements au confort moderne (eau courante, grilles d'aération, toilettes et vide-ordures à chaque étage dans un souci d'hygiène permanent), mais aussi des équipements complémentaires : une école, laïque et mixte, un théâtre à l'italienne, lieu de débats, de rencontres et de fêtes, une bibliothèque, un kiosque à musique, un lavoir, une piscine, un jardin, une caisse de mutualité et des magasins d'approvisionnement (économats). À chaque étage, une galerie ou coursive permet une circulation continue sur l'ensemble des bâtiments, où s'échafaude la vie du « petit peuple des balcons ».
L'Association coopérative du capital et du travail Godin qui gérait le Familistère disparaît en 1968, et ce n'est qu'en 2000 qu'un nouveau Syndicat mixte (ville, département, Région et Europe) met en œuvre un programme pour restaurer l'unité du site, classé monument historique. Baptisé Utopia, le programme de rénovation doit faire cohabiter logements et musées. Les travaux avancent par tranches successives, et l'achèvement est prévu en 2015.
Aujourd'hui, le Jardin d'agrément et le nouveau Jardin de la presqu'île sont reliés par une passerelle qui enjambe l'Oise. La buanderie et la piscine ont également fait l'objet de restaurations. L'appartement où Godin vivait avec sa compagne et collaboratrice,

S. Sauvignier / MICHELIN
*J.-B. A. Godin au milieu de son familistère.*

Marie Moret, est ouvert au public. Une grande photo du maître des lieux surveille l'entrée du domicile de ce patron qui voulait vivre au milieu de ses ouvriers. Il n'y a pas de meubles d'époque dans l'appartement restauré, mais le visiteur appréciera la vue stratégique sur l'entrée de l'usine ! En 2010, la verrière reprend son apparence première et le théâtre rouvre ses portes.

En projet, l'aile gauche du palais devrait abriter un hôtel « multistandard » respectant le caractère des lieux jusqu'aux sanitaires collectifs ou encore la salle du réfectoire.

## Guise pratique

### Adresse utile

**Office du tourisme de Guise** – *2 r. Chantraine - 02120 - ✆ 03 23 60 45 71 - http://office.tourismeguise.free.fr - 14h-18h, sam. 9h-12h, 14h-18h, dim. et j. fériés 9h-12h - fermé 25 déc.-1er janv.*

### Se loger et se restaurer

**Guise** – *103 pl. Lesur - ✆ 03 23 61 17 58 - fermé 15-31 déc., vend. soir, dim. soir et sam. - 12/23 €. - 8 ch. 42/52 € - ☕ 5 €.* Dominé par le château fort des ducs de Guise (les célèbres « balafrés » de l'histoire de France), un restaurant familial sans prétention où l'on propose une cuisine traditionnelle. Quelques petites chambres dépanneront les voyageurs.

**Le Petit Manoir** – *83 r. Camille-Desmoulins - ✆ 03 23 61 38 24 - fermé 2 sem. en août, sam. midi, dim. soir et lun. - formule déj. 15 € - 20/29 €.* Installé dans une rue commerçante donnant sur le château fort, ce petit restaurant dispose d'une bien belle carte, où les spécialités thiérachiennes (comme la tarte au maroilles) côtoient des recettes d'autres horizons. Élégante mise en place des tables dans une salle à manger agréable.

### Que rapporter

**Brasserie de Bernoville** – *34 r. Pierre-de-Martimprey - 02110 Aisonville-et-Bernoville - ✆ 03 23 66 00 40 - tlj sf dim. 9h-20h.* Vente directe de bière artisanale. Visite de la brasserie et des caves *(sur RV)*.

# Ham

5 221 HAMOIS

CARTE GÉNÉRALE B3 – CARTE MICHELIN DEPARTEMENTS 301 L9 – SOMME (80)

**Entre Santerre et Vermandois, cette ancienne place forte est située dans la haute vallée marécageuse de la Somme. Ville industrielle et cité sucrière, elle conserve un port fluvial actif, liant les canaux de la Somme et de Saint-Quentin. Ham est aussi connue pour sa prison, dont le futur Napoléon III s'évada en 1846.**

- **Se repérer** – C'est ici que la Somme entre dans le département du même nom. Ham se trouve à l'est d'Amiens et à 18 km au sud-ouest de Saint-Quentin. Accès par la D 930 au départ de Saint-Quentin ou, au départ d'Amiens, par la D 934 puis la D 930 que l'on prend à Roye.
- **À ne pas manquer** – L'église Notre-Dame ; le circuit du Jardinet.
- **Organiser son temps** – Prévoyez 1h pour la visite de la ville, 2h pour le circuit.
- **Avec les enfants** – Le défilé des Géants, le 1er week-end de mai.
- **Pour poursuivre la visite** – Voir aussi Saint-Quentin, Péronne, Noyon.

## Comprendre

**Une prison d'État** – Le château de Ham, détruit en 1917 par les Allemands, était une forteresse aux murs épais de 11 m par endroits. Sa construction, commencée au 13e s., avait été achevée au 15e s. Utilisé dès son origine comme prison politique, Ham reçut à ce titre, au 18e s., le corsaire Cassard et Mirabeau, puis, après la Révolution de 1830, les ministres de Charles X. Le plus illustre détenu reste Louis-Napoléon Bonaparte, emprisonné ici après son débarquement manqué à Boulogne. Le futur **Napoléon III** y passa six ans à écrire et… à filer le parfait amour avec la fille de son geôlier ! Il s'évada le 25 mai 1846, déguisé en maçon, franchit le poste de garde et passa en Angleterre. Du grand château érigé par la puissante famille du Luxembourg au 15e s. ne subsiste aujourd'hui que la tour de la Porte. On y aperçoit en lettres gothiques la devise de Louis de Luxembourg, connétable de France et beau-frère de Louis XI : « Mo Myeux », c'est-à-dire « Ce que j'ai fait de mieux ». *Ne se visite pas.*

**Friandises historiques** – L'hamoise est un bonbon qui rappelle l'évasion de Louis-Napoléon, tandis que les croquants du général Foy sont à l'effigie de cet officier napoléonien né à Ham en 1775.

S. Sauvignier / MICHELIN
*L'ancienne forteresse de Ham.*

## Visiter

### Église Notre-Dame

En bordure de l'enceinte, cette ancienne abbatiale est de style romano-gothique (12e-13e s.). Les parties hautes de la nef ont été refaites au 17e s. dans un style s'accordant avec la construction primitive. La façade à portail roman et le transept sont percés d'un triplet (trois baies associées). L'intérieur, en dehors du transept et du chœur, a été rhabillé au 17e s. Sur la droite, bâtiments de l'**ancienne abbaye** (1701). La très belle **crypte** de Notre-Dame est fermée au public mais on peut la visiter sur demande à l'office de tourisme.

### Les fresques de la gare

La gare de Ham fut reconstruite en 1929, après sa destruction par les Allemands en 1917. D'extérieur, elle reste assez banale, malgré quelques touches Art déco. Mais l'**intérieur** vaut un coup d'œil, notamment pour ses grandes fresques. Quatre tableaux réalisés par Marie-Fernande Van Driesten-Parys, née à Lille en 1874 : l'histoire du château ; l'industrie sucrière, qui a fait la richesse de la ville ; les grandes cultures céréalières, symboles du Santerre ; les blasons des communes environnantes.

## Circuit de découverte

### LE PAYS HAMOIS

*35 km – environ 2h.*

Autour de Ham s'étend le plateau santerrois, dominant la haute vallée de la Somme. C'est le pays des grandes exploitations agricoles, parfois démesurées, des champs ouverts à perte de vue et le royaume de l'industrie sucrière.

*Quitter Ham par la D 937, direction Péronne. Traverser Sancourt, Matigny et arriver à Croix-Moligneaux.*

### Croix-Moligneaux

Petit village tout en briques et accueillant quelques belles maisons de maître. En son centre, l'**église** Saint-Médard, édifiée au 13e s., présente un porche Renaissance et un maître-autel du 17e s. Remarquez le clocher à deux coqs, marque féodale du puissant marquisat de Nesle. *Visite sur demande à la mairie : ✆ 03 22 88 90 64.*

*Poursuivre sur la D 937 jusqu'à Athies.*

### Athies

Le roi des Francs, Clotaire Ier, fils de Clovis, possédait ici un palais où fut élevée Radegonde, sa future épouse qui, retirée à Poitiers, y fonda un monastère et fut canonisée. L'**église** présente un beau portail du 13e s. à tympan sculpté. On y voit une Nativité et une Fuite en Égypte.

*À l'entrée du village, prendre à gauche, la D 45. À Ennemain, quitter le plateau pour descendre vers la Somme. Prendre la D 103 jusquà Falvy.*

### Falvy

*Visite sur demande préalable à M. Pierre Maquet : ✆ 03 22 88 96 46.*

L'**église** rurale du 12e s., rustique et bien conservée, mêle art roman et gothique primitif, les arcs plein-cintre alternant avec les arcs voûtés. Du perron, **vue** sur les étangs de la vallée de la Somme.

*Prendre la direction de Y.* Remarquez au passage que c'est le nom de village le plus court de France. La Somme possède aussi le plus long, Saint-Quentin-la-Motte-Croix-au-Bailly, sur le littoral, entre Ault et Eu.

*Prendre la D 615 direction Ham puis la D 17 jusqu'à Offoy.*

### Offoy

Le village est entouré de marais et d'étangs qu'irriguent la Somme, toute proche. Belle **vue** sur la vallée et possibilité de pêche.

*Rejoindre la D 930, que l'on prend à gauche.*

### Eppeville

La petite ville en banlieue de Ham abrite une des plus grandes sucreries du nord de la France. Sur votre gauche, remarquez les immenses bâtiments de la sucrerie Saint-Louis, en briques rouges, des années 1930. C'est le poumon économique de la région, employant encore plusieurs centaines de salariés.

*Poursuivre tout droit jusqu'à Ham.*

## Ham pratique

### Adresse utile

**Office de tourisme Haute-Somme - bureau de Ham** – *R. André-Audinot - 80400 - ✆ 03 23 81 30 00 - www.ot-payshamois.com - mai-oct. : merc.-vend. 10h-12h, 14h-18h ; fermé hors saison.*

### Se loger

**⊖⊖ Hôtel Le France** – *5 pl. de l'Hôtel-de-Ville - ✆ 03 23 81 00 22 - fermé dim. soir - 6 ch. 35/67 € - ☕ 7,30 € - rest. 13,80/41 €.* Le dernier hôtel-restaurant de la ville, repris et relooké il y a quelques années, compte 6 chambres à l'étage, très simples mais fort convenables. Le buffet vaisselier et la rôtissoire confèrent un charme convivial à la salle à manger. Menus variés, recettes picardes et grand choix de poissons.

### Que rapporter

**Les Canards de la Germaine** – *3 r. de l'Église - 3 km au nord-ouest de Ham par D 937 - 80400 Sancourt - ✆ 03 23 81 01 57 - www.sancourt.com - boutique : 9h-12h30, 14h-19h, dim. 10h-12h, 14h-16h.* Cette ferme familiale est spécialisée dans l'élevage de canards et produit foies gras, confits, magrets, pâtés et rillettes de canard. Elle propose également des volailles (poulets, coqs, pintades, canes), des lapins et des œufs.

### Sports & Loisirs

**Canoë-kayak Club** – *80400 Estouilly - ✆ 03 23 36 53 84.* Base nautique.

**Domaine des Îles** – *9 r. du Moulin - 6 km au nord-ouest de Ham - 80400 Offoy - ✆ 03 23 81 10 55 - www.domaine-des-iles.com - réserv. obligatoire.* Parc de 35 ha dont 18 d'étangs et 5 km de canaux : ce domaine est dédié aux plaisirs de la pêche en eau douce. Chalets de pêche loués en formules week-end, « mid-week » ou à la semaine. Brochet, carpe, silure ou gardon sont au bout de l'hameçon !

**Le Vivier d'Omignon** – *28 r. de l'Église - 15 km de Ham par D 937 puis D 45 - 80200 Saint-Christ-Briost - ✆ 03 22 84 13 05 - www.vivier-omignon.com - tlj sf mar. - fermé du 15 déc. au 15 janv.* C'est l'un des derniers sites de fumage *(voir p. 342)*. Visite guidée d'une anguillère et d'un fumoir, restauration et hébergement possibles sur place, pêche sur un étang de 20 ha, parc animalier et jeux pour enfants.

**Le circuit du Jardinet** – *Dépliant à demander à l'office de tourisme.* Une randonnée pédestre de 5 km autour du village de Villecourt. À découvrir : la source et l'église Saint-Barthélémy, les bois de l'Étang brûlé et du Jardinet.

### Événement

**Le mariage des Géants** - Chaque année, le dernier week-end d'avril, la ville met ses géants à l'honneur. Tchou'Jaques sort de l'ombre pour laisser éclater au grand jour son amour pour Armandine. Ham fête ainsi joyeusement les noces des deux géants. Mais ils ont consommé avant le mariage et déjà donné naissance à leur premier fils, Dudule, le troisième géant de la ville. Mais qu'importe pour les Hamois, pourvu que la fête soit réussie…

# Hardelot-Plage

CARTE GÉNÉRALE A2 – CARTE MICHELIN DEPARTEMENTS 301 C4 – PAS-DE-CALAIS (62)

**Cette élégante station de la Côte d'Opale, dotée du label « Station Kid » pour l'accueil qu'elle réserve aux enfants, déroule sur 10 km sa plage de sable fin. Dans un style très anglais, des villas cossues et de jolis cottages se nichent dans la forêt de pins, de frênes et de bouleaux qui couvre ses larges dunes.**

**Se repérer** – Entre Boulogne et Le Touquet. Accès par la D 940 ou l'A 16.

**Avec les enfants** – La plage (station Kid) ; le Parcours aventure de la Côte d'Opale ; Festi'mômes, fin oct.-début nov. *(voir l'encadré pratique)*.

**Pour poursuivre la visite** – Voir aussi Le Touquet-Paris-Plage et Étaples, Boulogne-sur-Mer, Desvres.

## Séjourner

### Plage

Le sable fin et le léger dénivelé de la plage font d'Hardelot le paradis des amateurs de char à voile. À marée basse, c'est un lieu de prédilection pour les amateurs de **speedsail**, une planche à voile sur roulettes où l'on se tient debout (un raid international se déroule à la Pentecôte). Sur la base nautique, initiation au **char à voile** : mini-chars pour les 6-12 ans, biplaces… Enfin, une **école de cerf-volant** propose des ateliers de fabrication pour les petits et des cours de pilotage pour tous.

**Le saviez-vous ?**

Hardelot dérive du terme saxon *hard lob*, mentionné en 596, qui désigne une place forte. Ce hameau est détaché de la commune de Neufchâtel-Hardelot.

Sur la plage de sable fin, **Louis Blériot** prépara son premier survol de la Manche en solitaire. Il s'entraîna en aéro-plage, l'ancêtre du char à voile.

### Sports

Des sentiers pédestres et équestres sont balisés dans la forêt domaniale. À vélo, on pédale au nord jusqu'aux **dunes d'Ecault**, un site classé, et jusqu'au mont Saint-Frieux, au sud (alt. : 152 m). La station possède deux golfs (18 trous), des courts de tennis et un centre équestre.

## Se promener

### Château

*Quitter Hardelot par la D 113 puis tourner à gauche vers Le Choquel. Un petit chemin mène aux abords du château (ne se visite pas).* Sur la commune de Condette, il fait face au lac des Miroirs et conserve des vestiges de ses fortifications du 13e s. Sir John Hare le fit

Y. Tierny / MICHELIN

*Char à voile en action.*

reconstruire au 19e s. en s'inspirant du château de Windsor. Le propriétaire suivant, John Whitley, le convertit en centre d'attractions. Puis une congrégation religieuse s'y installa. Il appartient aujourd'hui à la commune.

## Hardelot-Plage pratique

### Adresse utile

**Office du tourisme de Hardelot-Plage** – *476 av. François-Ier - 62152 - ✆ 03 21 83 51 02 - www.hardelot.info - juil.-sept. : 10h-19h, dim. 10h-13h, 14h-18h ; oct.-juin : 10h-12h30, 14h-18h, dim. 10h-13h (10h-13h, 14h-18h d'avr. à juin).*

### Se loger

**Hôtel du Parc** – *111 av. Francois Ier - ✆ 03 21 33 22 11 - www.hotel-duparc-hardelot.com - P - 80 ch. 95/140 € - 12 € - rest. 26/75 €.* Au milieu des arbres, cet hôtel moderne est un havre de paix. Ses chambres, décorées de meubles en bois peint et de tissus discrets, sont spacieuses et ouvrent pour la plupart sur la nature. Jeux d'enfants dans le jardin ; piscines et tennis.

### Se restaurer

**Brasserie L'Océan** – *100 bd de la Mer - ✆ 03 21 83 17 98 - www.brasserie-ocean.fr - 16,50/32,90 €.* Cette vaste brasserie bâtie face à la plage offre un beau panorama sur la mer. Décor moderne d'esprit bateau et agréable terrasse d'été. Cuisine honnête, axée sur les produits de l'océan, bien sûr…

### Sports & loisirs

**Parcours aventure de la Côte d'Opale** - *Ch. des Bateaux - 62176 Camiers Sainte-Cécile - ✆ 06 81 64 23 42 - www.opaleaventure.com - juil.-août : 9h30-19h ; sept.-juin : tlj sf mar. 9h30-19h (18h en mars-avr. et oct.-nov.) - fermé déc.-fév. - 21 € (enf. 13 €).* Cinq parcours d'accrobaties en forêt, pour toute la famille.

### Événements

**Festi'mômes** – À Hardelot, les vac. de la Toussaint sont réservées aux enfants ! Marionnettes, jeux, musique et théâtre.

**Festival de la Côte d'Opale** – *Voir l'encadré pratique de la Côte d'Opale.*

**Raid speedsail international** – Sur 3 jours en mai (Pentecôte).

# Hazebrouck

21 101 HAZEBROUCKOIS
CARTE GÉNÉRALE B2 – CARTE MICHELIN DEPARTEMENTS 302 D3 – NORD (59)

**Ville active au cœur de la Flandre, Hazebrouck s'est développé au 19e s. en devenant un important nœud ferroviaire. Pour saisir une part de l'âme flamande, tâchez de vous y rendre lors du carnaval d'été, pour le défilé des trois géants.**

- **Se repérer** – À mi-chemin de Lille et Dunkerque et de Bailleul et Saint-Omer (22 km). Accès par la N 42 qui relie ces deux dernières villes en contournant Hazebrouck par le nord. De Steenvoorde, prendre la D 916.
- **À ne pas manquer** – Les géants, visibles toute l'année au musée municipal.
- **Pour poursuivre la visite** – Voir aussi Cassel, Saint-Omer, Bailleul et les monts de Flandre, Aire-sur-la-Lys.

## Visiter

### Musée municipal

*Place Georges-Degroote - ✆ 03 28 43 44 46 - ♿ - merc., jeu., sam. 10h-12h, 14h-17h, dim. 10h-12h, 15h-18h - fermé j. fériés - 2,20 €, gratuit 1er dim. du mois.*

Dans l'ancien couvent des Augustins (17e s.) orné de beaux pignons de la Renaissance flamande sont exposés les **géants** de la ville : Roland, preux chevalier qui rejoignit le comte de Flandre, Baudouin, lors de la quatrième croisade, sa femme Toria et sa fille Babe-Tisje.

### Le saviez-vous ?

Le nom d'Hazebrouck est formé de *haze*, le « lièvre », et de *broeck*, le « marais » en flamand. Les lapins s'y cuisinent encore aux pruneaux, mais ils ont dû se trouver d'autres garennes et regrettent bien leur ancien marais.

Blessé en octobre 1914, L.-F. Céline reçoit des soins au lycée Saint-Jacques. Cette expérience marque l'auteur du *Voyage au bout de la nuit*.

Y. Tierny / MICHELIN

*L'ancien couvent des Augustins abrite le Musée municipal.*

À voir aussi, la reconstitution d'une cuisine flamande et l'évocation du passé de la ville. Dans les galeries du cloître : peintures flamandes et hollandaises (16e-17e s. – Rubens, Van Dyck, Teniers –, d'objets d'art sacré et tableaux des 19e et 20e s., œuvres d'Isabey, Théodore Rousseau, Bouguereau, Bastien-Lepage, Émile Lévy…

### Église Saint-Éloi

Ce bel édifice à trois nefs en brique et pierre renferme des boiseries du 17e s. La flèche a été détruite lors de la Seconde Guerre mondiale ; elle ne l'a retrouvée qu'en 1994.

## Hazebrouck pratique

### Adresse utile

**Service municipal de tourisme d'Hazebrouck** – *Hôtel de ville - BP 70189 - 59524 Hazebrouck Cedex - ☎ 03 28 43 44 37 - www.ville-hazebrouck.fr - lun., merc.-vend. 10h30-12h30, 14h-18h (jeu. 19h), mar. 14h-18h, sam. 9h30-12h30, 14h-17h - fermé dim. et j. fériés.*

### Se loger

⊖⊖ **Hôtel Le Gambrinus** – *2 r. Nationale - ☎ 03 28 41 98 79 - fermé 7-21 août et dim. soir - 15 ch. 49/55 € - ☕ 6 €.* Hôtel central dont l'enseigne évoque le joyeux roi de la bière, grande figure des Flandres. Petites chambres, toutes différentes, simples et bien tenues ; certaines ont été rénovées.

### Se restaurer

⊖⊖ **Auberge Saint-Éloi** – *60 r. de l'Église - ☎ 03 28 40 70 23 - fermé 23 juil.-18 août, dim. soir, jeu. soir et lun. - 15 € déj. - 20/42 €.* Au pied de l'église Saint-Éloi, accueil aimable en cette lumineuse salle à manger où l'on propose une cuisine soignée ancrée dans la tradition. Également, rôtisserie et grillades.

### Que rapporter

**Le Marais du Livre** – *15 r. de l'Église - entre la Grand'Place et l'église Saint-Éloi - ☎ 03 28 41 08 20 - www.maraisdulivre.com - tlj sf lun. 9h-12h30, 14h-19h - fermé j. fériés.* Cette librairie fondée en 1994 est souvent décrite comme l'une des meilleures de la région. Vous y trouverez assurément l'excellent polar de ce romancier paraguayen connu… de vous seul, ainsi que le dernier « tube » à la mode puisque un espace est également dédié aux disques.

### Sports & loisirs

**Club Montgolfière passion** – *253 r. d'Aire - 59190 Hazebrouck - ☎ 03 28 41 65 59.* Pour découvrir autrement les paysages de Flandre, ce club propose deux vols en montgolgière par jour.

### Événements

**Championnat de Flandre de montgolfière** – À Hazebrouck, le w.-end de la fête des Mères.

**Carnaval** – Le 1er w.-end de juil. C'est l'occasion de faire prendre l'air aux géants de la ville, Roland, Tisje, Tasje, Toria et Babe-Tisje.

# Coupole d'Helfaut-Wizernes★★

CARTE GÉNÉRALE B2 – CARTE MICHELIN DEPARTEMENTS 301 G3 – PAS-DE-CALAIS (62)

**Cette gigantesque base de lancement de fusées V2 compte parmi les plus imposants vestiges de la Seconde Guerre mondiale. Symbole de la folie et de la démesure nazies, le site a été converti en Centre d'histoire de la guerre et des fusées, un lieu de mémoire et d'éducation.**

- **Se repérer** – La coupole se trouve sur les hauteurs d'Helfaut et de Wizernes, à 5 km au sud de Saint-Omer par la D 928. Accès par l'A 26. Des autobus assurent la liaison entre la gare de Saint-Omer et la coupole.
- **À ne pas manquer** – Le mur des Fusillés et la lettre de Félicien Joly, les films sur l'Occupation.
- **Organiser son temps** – Prévoyez deux bonnes heures pour la visite.
- **Pour poursuivre la visite** – Voir aussi Saint-Omer, le blockhaus d'Éperlecques, Aire-sur-la-Lys.

LA COUPOLE

*La coupole, en partie masquée par la verdure, et son entrée.*

## Comprendre

**Un projet démesuré** – Après la destruction du blockhaus d'Éperlecques en août 1943, Hitler fait construire un nouveau bunker. Dans une carrière de craie, l'Organisation Todt aménage un dôme de protection en béton de 72 m de diamètre et de 5 m d'épaisseur, des tunnels ferroviaires pour transporter les fusées et des galeries souterraines pour les stocker. Auguste Moro, qui vécut l'enfer du percement des galeries, se souvient : « On travaillait 12h/24, une semaine de jour, une semaine de nuit. Le chantier prenait des proportions hors du commun… le béton coulait sans cesse. »

**Première fusée stratosphérique** – Mises au point dans le centre secret dirigé par Wernher von Braun sur une île de la Baltique, les fusées V2 étaient fabriquées par les déportés du camp de concentration de Dora-Nordhausen. Haut de 14 m, le V2 est un assemblage de 22 000 pièces. Il peut atteindre une vitesse de 5 800 km/h, sa portée est de 300 km. Ce terrible engin inaugura la conquête spatiale.

**Tallboy contre V2** – Malgré les bombardements de mars à septembre 1944, dont certains avec des bombes Tallboy de 5 t, la coupole reste intacte. Suite à la percée des Alliés, les Allemands abandonnent le projet en juillet 1944, notamment la zone de tir. Des V2 meurtriers seront tirés ultérieurement, à partir de bases mobiles, sur Londres et Anvers.

**Course à l'espace** – À la fin de la guerre, von Braun se rallie aux Américains et devient l'un des pères d'Apollo. Commence alors une formidable compétition spatiale entre les États-Unis et l'ex-URSS.

## Visiter

### La coupole

*✆ 03 21 93 27 27 - www.lacoupole.com - ♿ - juil.-août : 10h-19h ; reste de l'année : 9h-18h - fermé vac. de Noël - 9 € (enf. 6 €) - audioguides.*

Après un parcours dans le tunnel ferroviaire puis les galeries souterraines destinées au stockage des fusées, on parvient sous l'énorme coupole (55 000 t). Deux expositions présentent les armes secrètes allemandes (bombes volantes V1 et fusées V2) et la vie des populations dans le nord de la France de 1940 à 1944 (affiches d'époque, graffitis). Parmi les moments les plus émouvants de la visite figure la lecture de la lettre d'adieu d'un jeune résistant qui s'imprime sur une reconstitution du mur des Fusillés de la citadelle de Lille. Plusieurs films traitent de thèmes variés de la Seconde Guerre mondiale (*Les Armes secrètes d'Hitler, La France du Nord sous l'Occupation*...).

Un espace consacré aux fusées fait découvrir la conquête de l'espace de 1945 à 1969, avec les maquettes de *Titan*, *Soyouz*, *Saturn*, *Ariane* et un film *(20mn) : De la Terre à la Lune*. Une maquette animée montre le site de tir tel qu'il aurait dû être, une bombe volante V1 et une authentique fusée V2 pesant 12 t.

La grande salle octogonale, restée inachevée, servait à préparer les fusées au tir (chargement en oxygène liquide et mise en place de la charge explosive). Elles passaient ensuite par deux tunnels communiquant avec deux aires de lancement extérieures.

Le parcours est adapté à chaque âge, grâce à des questionnaires ludiques.

# Hesdin

**2 420 HESDINOIS**

**CARTE GÉNÉRALE A2 – CARTE MICHELIN DEPARTEMENTS 301 F5 – PAS-DE-CALAIS (62)**

**Au creux d'un bassin verdoyant formé par le confluent de la Canche et de la Ternoise, Hesdin a le charme d'une ville à la campagne. Fondée par Charles Quint, la cité vit en 1697 la naissance de l'abbé Prévost, auteur de *Manon Lescaut*. Alentour s'étendent les paysages agricoles du pays des Sept Vallées, sillonné par la Lys, l'Authie, la Canche et ses quatre affluents.**

- **Se repérer** – La Canche, qu'enjambent sept ponts, se glisse entre les maisons de la ville. Accès nord-sud par la D 928, à l'ouest par la D 439 qui suit la vallée depuis Montreuil, et à l'est par la N 39.
- **À ne pas manquer** – La bretèche de l'hôtel de ville ; le portail de l'église Notre-Dame.
- **Pour poursuivre la visite** – Voir aussi la vallée de la Canche, Montreuil, Azincourt, l'abbaye et les jardins de Valloires.

## Se promener

### Hôtel de ville

*✆ 03 21 86 07 37 - tlj sf w.-end et j. fériés 8h30-12h15, 13h30-17h30.*

Cet élégant édifice de brique et pierre (16e s.) servit de palais à Marie de Hongrie, sœur de Charles Quint. La bretèche est ornée d'écussons sculptés et de niches garnies des statues de Philippe IV d'Espagne et Isabelle de Bourbon entourés des sept vertus. Elle date de la transformation du palais en hôtel de ville (1629) ; son couronnement fut ajouté en 1702.

On visite le musée (souvenirs locaux), la salle des Tapisseries aux tentures du 18e s. et la salle de bal de Marie de Hongrie, transformée en théâtre. Du sommet du beffroi (1876), vue sur la ville.

*Prendre la rue de la Paroisse et traverser la Canche.*

### Église Notre-Dame

Son beau portail formant arc de triomphe est typique de la fin de la Renaissance ; voyez l'arc en plein cintre à caissons sculptés et les pilastres cannelés d'ordre corinthien. L'intérieur, de style « église-halle », a été enrichi au 18e s. d'un mobilier baroque. Au bout de la nef centrale, une gloire encadrant l'Assomption de la Vierge, un baldaquin auquel est suspendu la colombe du Saint-Esprit. Au fond de la nef gauche, bel autel sculpté d'anges, de fruits et de fleurs.

*Contourner l'église par la gauche et gagner le chevet.*

Du pont sur la Canche, **vue** sur la rivière bordée de maisons de brique à toits de tuiles, et sur une placette servant de marché aux poissons.

*Revenir par la rue Daniel-Lereuil.*

Au n° 11, maison natale de l'**abbé Prévost**.

*La bretèche de l'hôtel de ville.*

## Aux alentours

### Forêt d'Hesdin

*Par la D 928 au nord.* Ses 1 020 ha couvrent le plateau au nord de la Canche : futaies de chênes et de hêtres, vallons retirés. Du carrefour du Commandeur, où se dresse le chêne de la Vierge, on peut emprunter sur 15 km les routes forestières. Un sentier de grande randonnée traverse la forêt sur 5 km.

## Circuit de découverte

### TERNOISE ET PLANQUETTE

*44 km – environ 1h. Quitter Hesdin par la N 39 à l'est et prendre à gauche la D 94 vers la vallée de la Ternoise.*

La route sillonne une campagne luxuriante, ponctuée de maisons paysannes typiques, basses et chaulées.

### Auchy-lès-Hesdin

Cette localité industrielle conserve son **abbatiale Saint-Georges** (13e-17e s.), dont le chœur est décoré de boiseries et des stalles de l'abbé et du prieur, marquées d'un Christ et d'une Vierge. À l'entrée, une plaque rappelle le nom des chefs de l'armée française tués à la bataille d'Azincourt, et qui furent inhumés ici.

*Continuer sur la D 94. À Blangy, prendre à gauche la D 104, puis à droite vers Ambricourt.*

### Ambricourt

C'est le cadre du *Journal d'un curé de campagne*, roman de **Georges Bernanos** (1888-1948). « Que c'est petit un village », murmura le curé en le découvrant.

### Tramecourt

Une « allée royale » mène au château de brique à parements de pierre (17e s.). Celui-ci avoisine l'église, dont l'intérieur est orné de plaques funéraires de la famille Tramecourt. Trois membres de cette famille sont morts en déportation en 1945 (monument face au château).

### Azincourt *(voir ce nom)*

*Prendre à gauche la D 928 et, à droite, la D 155. On gagne Fressin (voir Azincourt).*

La D 154 suit au sud le vallon de la Planquette jusqu'à la Canche. *On retrouve Hesdin par la D 349.*

## Hesdin pratique

### Adresse utile

**Office du tourisme d'Hesdin** – *Pl. d'Armes - 62140 - ✆ 03 21 86 71 69 - www.tourisme7vallees.com - de déb. avr. à mi-sept. : 9h-12h, 14h-18h, dim. et j. fériés 10h-13h, 15h-18h ; de mi-sept. à fin mars : tlj. sf lun. mat. et dim. 9h-12h, 14h-17h - fermé vac. de Noël.*

### Se loger

⊖⊖ **Trois Fontaines** – *16 rte d'Abbeville - Marconne - ✆ 03 21 86 81 65 - www.hotel-les3fontaines.com - fermé 20 déc.-4 janv., dim. soir de janv. à mars, lun. midi et sam. midi - P - 16 ch. 55/69 € - ☕ 6,50 € - rest. 19/32 €.* Les petites chambres de cet hôtel, composé de deux bâtiments, ouvrent de plain-pied sur son jardin ; préférez celles de l'extension récente bâtie « à la scandinave ». Cuisine servie dans une conviviale salle à manger avec cheminée.

### Se restaurer

⊖ **L'Écurie** – *17 av. Jacquemont - ✆ 03 21 86 86 86 - fermé 24 fév.-3 mars, 3-24 juil., lun. et mar. - formule déj. 14 € - 24/32 €.* À deux pas de la place d'Armes, dans le centre-ville, vous pourrez vous attabler dans un décor simple et clair et goûter une cuisine traditionnelle qui change au gré des arrivages. Plusieurs menus.

# Hirson

9 660 HIRSONNAIS
CARTE GÉNÉRALE C3 – CARTE MICHELIN DEPARTEMENTS 306 G3 – AISNE (02)

**Entre Thiérache et Avesnois, la « ville des hérissons » est un point de départ pour découvrir ces deux régions. La forêt de Saint-Michel et ses étangs, à deux pas, incitent à quelques balades rafraîchissantes.**

**Se repérer** – Sur une courbe de l'Oise, au nord-est du département de l'Aisne. Accès : N 43/E 44 ou D 1050/D 963.

**À ne pas manquer** – La rose et les peintures murales de l'abbaye de Saint-Michel.

**Organiser son temps** – L'abbaye n'est ouverte que l'après-midi. Comptez deux heures pour la visiter (musée compris) et une petite demi-journée en forêt.

**Pour poursuivre la visite** – Voir aussi Fourmies, la Thiérache, Avesnes-sur-Helpe.

### Le saviez-vous ?

Des archives indiquent que la ville tire son nom de la quantité de hérissons qu'on y trouvait. Ce sympathique insectivore se cache toujours en forêt.

Le cheval Bayard des quatre fils Aymon fit trembler le pays et laissa son empreinte dans la forêt.

## Se promener

### LES ÉTANGS

Reliés par l'Oise, ils s'égrènent dans la forêt d'Hirson. Chaque étang possédait sa forge, dont les marteaux actionnés par le courant travaillaient le fer issu des gisements de Féron, Glageon, Trélon et Olhain.

#### Étang de Blangy

*2 km au nord par la N 43. Face au cimetière, prendre à droite la rue qui traverse l'Oise, puis un chemin à gauche.* Vallon boisé et encaissé. Après le viaduc du chemin de fer, on parvient à l'étang et à sa cascade.

#### Étang du Pas-Bayard

*6 km au nord par la N 43. Prendre à droite la D 963, puis le chemin du Pas-Bayard.* Le cheval Bayard aurait laissé la profonde empreinte où se niche l'étang. La « route Verte » pénètre en **forêt d'Hirson** (domaine privé), aux imposantes futaies de chênes.

## Aux alentours

### Abbaye de Saint-Michel

*4 km à l'est par la D 31. ☏ 03 23 58 87 20 - www.abbaye-saintmichel.com - ♿ - visite guidée (1h30 sur demande préalable 15 j. av.) avr.-oct. : 14h-18h, w.-end et j. fériés 14h30-18h30 - 4 € (13-18 ans 2,50 €).*

En lisière de la forêt du même nom, l'abbaye bénédictine de Saint-Michel est aujourd'hui connue pour son festival de musique sacrée. Elle a été fondée en 945 par des moines irlandais sur un site de pèlerinage existant depuis le 7e s. L'abbatiale est vaste. Chœur, transept et cloître témoignent de l'abbaye gothique édifiée fin 12e s.-début 13e s. La nef qui s'était effondrée au 16e s. fut reconstruite vers 1700 par l'abbé de Mornat, qui fit élever une façade baroque à l'italienne inspirée du Gesù de Rome. L'orgue de Boizard (1714) a gardé sa tuyauterie d'origine. Le transept est éclairé par une grande **rose★** à douze rayons. Les bâtiments monastiques, en brique et

S. Sauvignier / MICHELIN

*Les peintures murales de l'abbaye de Saint-Michel.*

pierre, s'ordonnent autour de la galerie du cloître. Dans la galerie nord, des **peintures murales** du 16e s. évoquent la légende de saint Benoît. Un **musée de la Vie rurale et forestière** occupe les dépendances agricoles (élevage, exploitation du bois, fonderie, vannerie).

### Forêt de Saint-Michel

Ses 3 000 ha vallonnés, plantés de chênes, hêtres, charmes et résineux, s'étendent entre l'abbaye de Saint-Michel et la Belgique. Vous verrez de nombreuses rivières à truites où viennent s'abreuver les chevreuils. Des oiseaux migrateurs, comme la cigogne noire, font leur nid dans les frondaisons.

### Musée du Souvenir militaire de la Thiérache à Martigny

*12 km au sud-est d'Hirson, par N 43 puis D 383 - rte de Besmont - ✆ 03 23 58 02 54 - juin-sept. : 14h-18h ; avr.-oct : w.-end et j. fériés 14h-18h ; reste de l'année : sur RV.*

Ce musée retrace la vie et l'évolution des armées européennes, américaine et d'outre-mer de 1870 à nos jours. 200 mannequins et autant de costumes, plus de mille objets de toute sorte : armes, objets personnels, véhicules militaires (en état de marche)… Reconstitution de scènes de guerre et de vie quotidienne.

### Prélude à l'armistice

Le soir du 7 novembre 1918, un brouillard tapisse la campagne. La délégation de plénipotentiaires allemands, conduite par le général von Winterfeldt et le secrétaire d'État Erzberger, franchit les avant-postes français à Haudroy. Elle arrive à la villa Pasques *(17 r. de l'Armistice)*, où elle est reçue par le commandant de Bourbon-Busset, membre de l'état-major de Foch. Le convoi se dirige alors vers le QG de Debeney, commandant la Ire armée, près de Saint-Quentin. Puis ce sera Rethondes…

### La Capelle

*15 km au nord-ouest, par la N 43.*

En 1918, la ville reçut les plénipotentiaires allemands venus de Spa pour signer l'armistice, le 7 novembre *(voir l'encadré)*. Ce gros bourg, coincé entre Thiérache et Avesnois, est aussi connu pour son industrie du pinceau, mais surtout pour son hippodrome. Le champ de courses, créé en 1874, possède un des plus longs anneaux de vitesse d'Europe (1 609 m). Il accueille plusieurs réunions par an.

**Église Sainte-Grimonie** – Elle est due à **Charles Garnier**, mais on ne peut dire que l'architecte de l'Opéra de Paris ait réalisé ici un chef-d'œuvre.

**Pierre d'Haudroy** – *3 km au nord-est par la D 285.* Au bord de la route, sur une légère éminence, le **monument de l'Armistice**, nommé « Pierre d'Haudroy », marque l'endroit où les plénipotentiaires allemands se présentèrent devant nos lignes et où le clairon **Sellier**, un Comtois du 171e RI, sonna le cessez-le-feu.

## Hirson pratique

Voir aussi l'encadré pratique de la Thiérache.

### Adresse utile

**Office du tourisme de Hirson** – *Pl. Victor-Hugo - 02500 - ✆ 03 23 58 03 91 - www.hirson.net - lun.-sam. 10h-12h, 14h30-18h30 (dim. 10h-13h en juil.-août).*

### Se loger et se restaurer

**Le Cheval Blanc** – *124 r. Charles-de-Gaulle - ✆ 03 23 58 27 86 - fermé dim. soir - 9 ch. 36/42 € - 6 € - rest. 12,50/23 €.* Voici une adresse sans prétention mais d'une excellente tenue. Les chambres, peu spacieuses mais efficacement insonorisées, sont très bien équipées. Au restaurant, cuisine franco-orientale avec une spécialité : le couscous.

**Chambre d'hôte de Mme Fourdrignier Pointier** – *7 rte de Landouzy - 02500 Éparcy - 7,5 km d'Hirson par D 963, D 75 à gauche et rte secondaire - ✆ 03 23 98 46 17 - - 5 ch. 42 € - repas 13 €.* Cette maison de maître de la fin du 19e s. bénéficie d'un cadre magnifique, au cœur d'un grand jardin boisé et fleuri qui court jusqu'aux berges du Thon. Le hall d'accueil rustique annonce l'atmosphère de toute la demeure, y compris les 5 chambres garnies de bibelots et d'objets chinés. Table d'hôte sur réservation.

### Que rapporter

**Comté de Lalouzy** – *Le Petit Château - rte de Guise - 02170 Le Nouvion-en-Thiérache - ✆ 03 23 98 97 02 - tlj sf lun. 9h30-12h30, 14h30-19h - fermé janv.-fév. et j. fériés sur RV.* Vente de spécialités à base de canard (foie gras, magrets, cassoulet, terrines, pâtés, etc.).

**Vannerie** – Dans la région d'Origny *(à 7,5 km au sud-ouest d'Hirson par la D 963)*, en Thiérache, les oseraies ont permis le développement de la vannerie.

### Sports & Loisirs

**Thiérache Sport Nature** – *Base de Blangy - 02500 Hirson - ✆ 03 23 58 34 41 - www.thierache-sport-nature.com.* Cette grosse structure aux alentours d'Hirson propose une gamme complète d'activités sportives en milieu naturel. Tir à l'arc, VTT, courses d'orientation, escalade sur les rochers du Pas Bayard, mais aussi (surtout) canoë et kayak sur les 3 rivières du bocage thiérachien. Manifestations d'envergure durant l'année.

**Hippodrome de la Thiérache** – *Av. du Gén.-de-Gaulle - 02260 La Capelle - ✆ 03 23 97 20 58* - Une vingtaine de réunions par an. Minigolf, attractions variées et restaurant panoramique. Manège et tours de poney pour les enfants.

### Événements

**Festival** – *Réserv. d'avr. à juin - ✆ 03 23 58 23 74 - www.festival-saint-michel.com.* Un festival de musique ancienne et baroque se déroule dans le cadre de l'abbatiale ; solistes et ensembles instrumentaux de qualité. 5 dim. en juin et juil., avec 2 ou 3 concerts chaque jour.

**Les Transfrontalières** – *Renseignements à l'office du tourisme d'Hirson.* Fourmies, Hirson et Chimay, en Belgique, proposent un programme culturel transfrontalier et éclectique d'avril à septembre.

# Hondschoote

3 803 HONDSCHOOTOIS
CARTE GÉNÉRALE B1 – CARTE MICHELIN DEPARTEMENTS 302 D2 – NORD (59)

**Cette petite cité rurale, de langue flamande, recèle deux moulins et de belles maisons anciennes, dont quelques-unes à pignon. Jusqu'au 17e s., Hondschoote s'est développé grâce au tissage de la sayette.**

- **Se repérer** – À 1 km de la Belgique, dans la plaine flamande. Accès par la D 947 ou la D 110.
- **À ne pas manquer** – Les moulins.
- **Organiser son temps** – Pensez à réserver pour la visite du moulin Spinnewijn, qui prend environ une heure.
- **Pour poursuivre la visite** – Voir aussi Bergues, Dunkerque, Cassel.

## Visiter

### Hôtel de ville

*Visite libre de la salle des mariages (sf si manifestations) et du hall de l'hôtel de ville tlj sf w.-end et j. fériés 9h-12h, 14h-18h (17h vend.) - ✆ 03 28 62 53 00.*

De style gothique-Renaissance (1558), il présente vers la Grand'Place une façade en pierre rythmée par de hautes baies à meneaux que relient de délicates moulures. La façade arrière en brique et pierre a une tourelle aiguë coiffée d'un bulbe. Au rez-de-chaussée, des inscriptions évoquent les liens de Lamartine avec les Coppens d'Hondschoote, un grand tableau représente la bataille d'Hondschoote en 1793. Au 1er étage, voyez les 10 tableaux du 17e s. figurant *Les Neuf Preuses et Jeanne d'Arc*, et des œuvres de l'école hollandaise.

### Église Saint-Vaast

Cette église-halle est typique de la Flandre maritime. Seule la tour du 16e s. (82 m) a réchappé à l'incendie d'Hondschoote en 1582. Les nefs ont été rebâties au début du 17e s. À l'intérieur, le buffet d'orgues en forme de lyre et la chaire de vérité de style baroque datent du 18e s. On peut entendre, tous les quarts d'heure, le carillon de l'église composé de 60 cloches.

La maison en face (Caisse d'épargne) est l'ancien manoir des Coppens, seigneurs d'Hondschoote.

### Le saviez-vous ?

En flamand, Hondschoote signifie « enclos des chiens ». Une interprétation fantaisiste fait dériver ce nom d'Hunschoote, « enclos de Huns », en référence à un camp mystérieux établi par Attila. Prononcez « hondchotte ».

Au 17e s., le tissage de la sayette, étoffe de laine légère, occupa jusqu'à 3 000 ateliers de la ville, qui comptait alors 28 000 âmes.

### Moulin Spinnewyn

*Rue de Bergues - ✆ 03 28 62 54 20 - visite guidée sur demande préalable auprès de Mme Elisabeth Beddeleem - 3 € (enf. 2 €).*

Ce moulin à vent en bois a été reconstruit pour le bicentenaire de la bataille d'Hondschoote, défaite anglaise qui permit à la France de garder Dunkerque (8 septembre 1793).

### Moulin Noord-Meulen

*À 500 m au nord.* Fondé en 1127, il compte parmi les plus vieux d'Europe, mais ses ailes ont cessé de tourner en 1959. Sa cabine de bois repose sur un pivot également en bois et une base en brique.

Y. Tierny / MICHELIN

*Le moulin Noord-Meulen.*

### Moeres

Ce terme, qui signifie marais, s'applique à l'ancienne lagune asséchée au 17e s. par Coebergher au moyen de digues, de canaux et de 20 moulins à vent munis de vis d'Archimède pour le pompage des eaux.

Inondés à nouveau de 1645 à 1746, puis en 1940, les moeres sont des polders fertiles, entrecoupés de canaux poissonneux (tanches, brèmes, brochets) et parsemés de fermes. Ils se prolongent en Belgique jusqu'à Furnes, sous le niveau de la mer. À l'horizon se profilent le beffroi et les usines de Dunkerque.

*Quitter Hondschoote par la D 947 et tourner à gauche dans la D 3 vers Bergues ; puis prendre à droite la D 79 et la route menant aux moeres. Revenir par la D 947.*

## Hondschoote pratique

### Adresse utile

**Office du tourisme de Hondschoote** – *2 r. des Moëres - 59122 - ✆ 03 28 62 53 00 - mar.-vend. 10h-12h30, 14h-17h30, sam. 10h-12h - fermé dim. et j. fériés.*

### Se restaurer

**Les Jardins de l'Haezepoël - chez Éric** – *1151 chemin du Looweg - ✆ 03 28 62 50 50 - www.hzpl.com - fermé lun. soir, merc. soir et mar. - formule déj. 15 € - 25 € bc.* Si cet établissement fait le plein tous les week-ends avec ses soirées cabaret (vend. et sam.) et son thé dansant, le dim. apr.-midi, son restaurant bénéficie également d'une certaine notoriété. Joli choix de viandes, grillées ou poêlées, accompagnées de frites et salade à volonté. Agréable terrasse fleurie.

### Que rapporter

**Le Musée-Atelier de jeux flamands** – *86 bis r. de la Libération - ✆ 03 28 68 37 65 - tlj sf w.-end 8h30-12h, 13h30-19h.* Cet artisan, spécialisé dans la fabrication et la restauration de jeux traditionnels flamands en bois, vous fera partager sa passion dans son atelier qui fleure bon la cire et le copeau. Il est, par ailleurs, le seul menuisier en France à fabriquer des carrosseries pour les voitures du début du 20e s. Vente sur place.

### Événement

**Karyole Feest** – Le 1er dimanche de septembre, c'est la foire agricole cantonale. Défilés de chevaux de trait et concours de vaches laitières, animations musicales…

# Laon★★

26 522 LAONNOIS
CARTE GÉNÉRALE C3 – CARTE MICHELIN DEPARTEMENTS 306 D5 – AISNE (02)

**Aux portes de la Champagne, entre Thiérache et Soissonnais, Laon surplombe la plaine, perché sur son rocher haut de plus de 100 m. La vieille cité carolingienne a tout pour plaire : sa splendide cathédrale gothique, ses demeures anciennes, ses remparts médiévaux et son festival de musique française. C'est aussi le pays des artichauts.**

*Le portail de la basilique de Laon.*

**Se repérer** – Accès par l'A 26 ; de Paris (130 km) ou Bruxelles (160 km) par la N 2 ; de Reims (50 km) par la N 44. La ville haute comprend deux quartiers : la **Cité**, noyau primitif autour de la cathédrale, et le **Bourg**.

**Se garer** – Circulation difficile et places de parking limitées dans la cité médiévale. Il est donc préférable de laisser son véhicule dans la ville basse et rejoindre la ville haute par le minimétro *(voir l'encadré pratique)*.

**À ne pas manquer** – La visite guidée de la vieille ville, la montée aux tours de la cathédrale.

**Organiser son temps** – Arrivez le matin pour faire le tour de la ville et consacrez une à deux heures, dans l'après-midi, au musée. Rafraîssez-vous dans les souterrains, puis terminez votre journée par la découverte du Laonnois.

**Avec les enfants** – La visite adaptée des souterrains ; la chasse au trésor, organisée par l'office de tourisme. Un « Pass enfant » permet de cumuler plusieurs activités, ludiques ou culturelles, à moindre coût.

**Pour poursuivre la visite** – Voir aussi le Chemin des Dames, Liesse-Notre-Dame, la forêt de Saint-Gobain, Marle.

## Comprendre

**Un « îlot tertiaire »** – À la lisière nord-est du Bassin parisien se dresse un abrupt calcaire nommé par les géologues « falaise de l'Île-de-France ». La butte qui porte Laon est une sorte d'îlot, d'époque tertiaire, travaillé par l'érosion. Jadis couverte de vignes, elle reste creusée de grottes naturelles, les *creuttes*.

**Les premiers rois** – Berthe aux grands pieds, mère de Charlemagne, naît à Samoussy, entre Laon et Liesse. À l'époque carolingienne, Charles le Chauve, Charles le Simple, Louis IV d'Outremer, Lothaire, Louis V résident sur le

### Le saviez-vous ?

Nés près d'ici, les **frères Le Nain** (17e s.) ont évoqué le Laonnois dans leurs peintures.

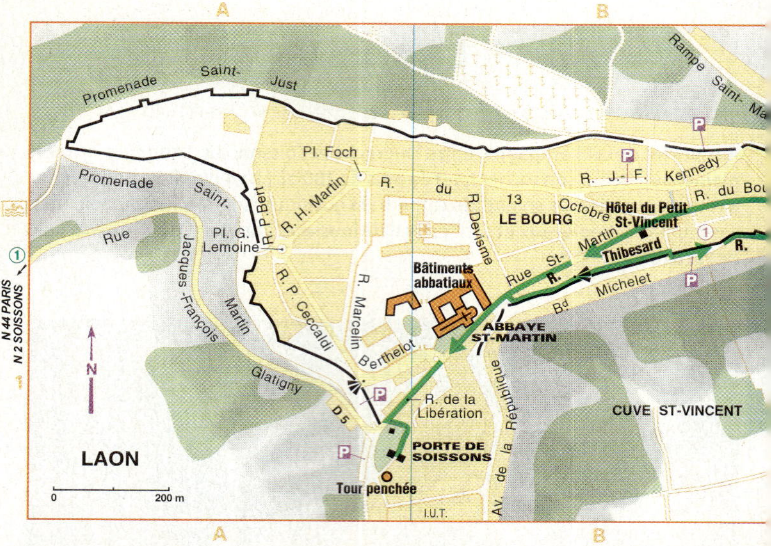


| | |
|---|---|
| SE LOGER | Hostellerie Les Chevaliers ③ |
| | Hôtel du Commerce ⑤ |
| Au Bon Accueil ① | Hostellerie Saint-Vincent ⑦ |

« mont Laon » dans un palais près de la porte d'Ardon. Laudunum devient la capitale du royaume de Louis IV d'Outremer (10e s.). Hugues Capet s'empare de Laon par traîtrise et boute dehors la descendance de Charlemagne.

**Laon, cité épiscopale** – Saint Remi, né à Laon, fonde le premier évêché au 5e s. Sous Hugues Capet, les évêques, devenus ducs et pairs, ont le privilège d'assister le roi lors du sacre à Reims. Au 9e s., les Irlandais Jean Scot Érigène et Martin Scot font de Laon un centre religieux et intellectuel. Aux 11e et 12e s., l'école de Laon fleurit sous les auspices d'Anselme et de Raoul de Laon. Au 12e s., l'évêque Gautier de Mortagne fait édifier la cathédrale. Au 13e s., la cité s'entoure de nouveaux remparts. À partir du 16e s., elle devient une place militaire qui subit plusieurs sièges.

**Une citadelle toujours obsolète** – En réponse à l'affront des Laonnois, ralliés à la Ligue du duc de Guise, Henri IV, lorsqu'il prend la ville en mai 1694, décide de raser le quartier bourgeois et d'y bâtir une grande citadelle. Cependant, l'objectif n'est pas de défendre la ville, mais de pointer ses armes contre elle. C'est donc une enceinte qui menace Laon plus qu'elle ne la protège. Par la suite, la citadelle fut maintes fois remaniée, mais toujours avec un temps de retard. Elle n'a donc jamais été d'une grande utilité. En 1870, l'explosion de la poudrière, avec plus de 26 tonnes d'explosifs, fit plus de 500 victimes. Toutes les fenêtres de Laon volèrent en éclat, même la rosace de la cathédrale. Le léger arrondi des remparts, au niveau du côté sud de la citadelle, est un stigmate de l'accident.

**Les Sept merveilles de Laon** – Avant la Révolution, on venait de tout le royaume pour admirer les sept merveilles de la ville, dont certaines sont encore visibles aujourd'hui : la cathédrale Notre-Dame, les églises abbatiales Saint-Martin et Saint-Vincent (détruite à la Révolution), la Tour penchée de Dame Ève, l'étang des moines de Saint-Vincent (dont le niveau ne baisse jamais), l'Os qui pend (une demi-mâchoire de baleine rapportée d'Angleterre par les chanoines au 12e s.), la Pierre à clous (des clous plantés à la main dans une pierre par une mère dont les enfants innocents avaient été pendus).

**La ville basse** – Laon ne connut de véritable développement moderne qu'avec l'arrivée du train, en 1854. Dès lors, ce n'est plus sur la butte, mais à ses pieds que la ville prend de l'ampleur. Cette partie de la ville a subi de fortes destructions durant les deux guerres mondiales et ne présente pas d'attraits touristiques particuliers.

## Les tours de la cathédrale

À son origine, la cathédrale comptait sept tours : deux en façade, une sur la croisée du transept et quatre sur les croisillons, mais deux de ces dernières ont perdu leur flèche en 1789.

Il est possible de monter aux tours de la façade. *Renseignements à l'office de tourisme.*

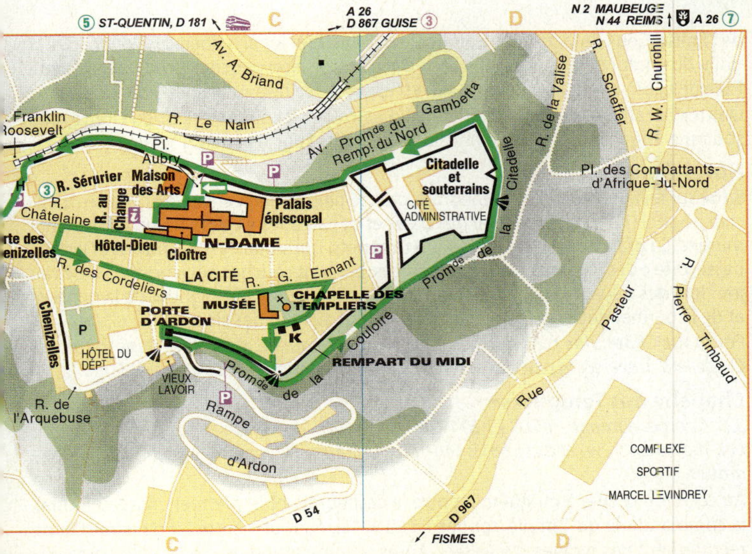


SE RESTAURER

L'Estaminet Saint-Jean ........ 1
La Petite Auberge ........ 3

Prieuré du Val des Écoliers et Refuge de l'Abbaye du Val-St-Pierre ........ K

# Se promener

## DE LA CITÉ AU BOURG

### Palais épiscopal C1

Devenu palais de justice, il est précédé par une cour d'où l'on a une vue sur le chevet de la cathédrale. Le bâtiment de gauche (13ᵉ s.) repose sur une galerie à arcs brisés retombant sur des chapiteaux à décor végétal. À l'étage, la grande salle du Duché (plus de 30 m) sert de cour d'assises. Le bâtiment du fond (17ᵉ s.) abritait les appartements de l'évêque qui communiquaient avec une chapelle du 12ᵉ s. à deux étages. La partie basse était réservée aux serviteurs, tandis que la chapelle haute, en forme de croix grecque, revenait à l'évêque.

Face au palais, la **Maison des arts et loisirs** (1971) occupe l'emplacement du troisième hôpital fondé au 13ᵉ s. Ce théâtre municipal accueille dans son hall des expositions d'art contemporain… *03 23 26 30 30 - ♿ - tlj sf dim. et lun. 13h30-18h - fermé de mi-juil. à fin août, j. fériés - tarifs variables selon expos, spectacles ou films.*

Au nº 53 de la rue Sérurier, beau portail du 15ᵉ s. Au nº 33 bis, porte de l'ancien hôtel de ville (18ᵉ s.). Aux nºs 7-11 de la rue au Change, l'ancienne hôtellerie du Dauphin (16ᵉ-17ᵉ s.) conserve sa belle galerie en bois.

### Cathédrale Notre-Dame★★ C1

Commencée dans la seconde moitié du 12ᵉ s., achevée vers 1230, c'est l'une des plus anciennes cathédrales gothiques de France. Très homogène, la façade comporte trois porches profonds ornés d'une majestueuse statuaire (refaite au 19ᵉ s.) et surtout deux illustres tours (56 m) attribuées à **Villard de Honnecourt**, qui vantait son œuvre en ces termes : « J'ai été en beaucoup de terres, nulle part n'ai vu plus belles tours qu'à Laon. » Imposantes mais légères, elles sont ajourées par de longues baies et encadrées par de graciles tourelles. Elles portent aux angles de grands bœufs. Les deux tours des croisillons, bâties sur le même modèle, culminent à 60 m et à 75 m.

**Intérieur** – 110 m de long, 30 m de large, 24 m de haut (N.-D. de Paris *:* 130 m, 45 m, 35 m).

*Pour une description en image, voir l'ABC d'architecture p. 77.*

Couverte de voûtes sexpartites, la **nef★★★** offre une magnifique élévation à quatre étages *:* grandes arcades, tribunes, triforium aveugle, fenêtres hautes. Elle se prolonge par un chœur, très développé, que termine un chevet plat comme dans les églises cisterciennes. À la croisée du transept, admirez la perspective sur la nef, le chœur, les croisillons et la tour-lanterne d'influence normande haute de 40 m. Des **vitraux** du 13ᵉ s. garnissent les baies lancéolées et la rose de l'abside consacrée à la glorification

de l'Église. Ceux de la rose du croisillon nord illustrent les arts libéraux. Voyez aussi la grille du chœur et les orgues du 17e s. Dans le croisillon gauche, l'icône de la Sainte Face de Laon, originaire des pays slaves, est vénérée depuis le milieu du 13e s.
Quittez la cathédrale par le croisillon sud et longez le mur extérieur du cloître, que souligne une frise sculptée de rinceaux ; à l'angle, ange au cadran solaire.

### Hôtel-Dieu C1

Situé sur le flanc droit de la cathédrale, c'est le plus ancien conservé en France. L'ancien hôpital (12e s.) s'ouvrait par des baies et des arcades en tiers-point, aujourd'hui murées. La grande salle des malades à trois nefs, gothique et souterraine, et la salle basse, dite « des Passants », sont préservées. Les sept couches polychromes mises au jour lors des travaux d'installation de l'office de tourisme témoignent de la richesse et de la permanence de l'activité caritative tout au long des siècles.
*Par la rue Châtelaine puis une des deux ruelles à gauche, s'engager dans la rue des Cordeliers. Traverser la place des Frères-Le-Nain et continuer dans la rue G.-Ermant.*

### Chapelle des Templiers★ C1

*32 r. Georges-Ermant - ✆ 03 23 20 19 87 - juin-sept. : 9h-18h, w.-end et j. fériés 11h-18h ; oct.-mai : 9h-18h, w.-end et j. fériés 14h-18h - fermé lun., 1er janv., 1er Mai, 14 Juil., 25 déc. - gratuit.*
Au cœur de la cité, à mi-chemin entre la cathédrale et le premier château féodal, la commanderie du Temple, fondée ici au 12e s., était un centre administratif et de recrutement des moines-chevaliers. Après la suppression de l'ordre, elle passa aux mains des chevaliers de Saint-Jean de Jérusalem. Un jardin remplace le cimetière des templiers, mais la chapelle romane a été conservée, avec son clocher-pignon et son chœur qui s'achève par une abside en cul-de-four. Le porche et la tribune sont des ajouts des 13e et 14e s. À l'intérieur, voyez les deux remarquables statues-colonnes de prophètes provenant de la façade de la cathédrale.
*Reprendre à droite la rue G.-Ermant, puis suivre la rue Vinchon.*
Au no 44, le prieuré du Val-des-Écoliers est du 13e s. (chapelle du 15e s., portail du 18e s.).
Au no 40, le refuge de l'abbaye du Val-Saint-Pierre fut bâti aux 15e et 16e s.

### Rempart du Midi et porte d'Ardon★ C1

En bordure du rempart du Midi, la porte d'Ardon (13e s.), ou porte Royée (« qui appartient au roi »), est flanquée d'échauguettes en poivrière. Elle surplombe un vieux lavoir-abreuvoir. Du rempart du Midi qui mène à la **citadelle** édifiée sur ordre d'Henri IV par Jean Errard, vues agréables. On contourne la citadelle à pied par la promenade qui mène au rempart du nord.
*Continuer jusqu'au rempart Saint-Remi, prendre à gauche et rejoindre la place du Gén.-Leclerc. Suivre les rues du Bourg, Saint-Jean puis Saint-Martin.*

### Hôtel du Petit Saint-Vincent B1

Il fut édifié au 16e s. comme refuge de l'abbaye Saint-Vincent, sise hors des remparts. Le bâtiment sur rue, gothique, possède un corps de logis encadré de tourelles, flanqué d'une voûte d'entrée surmontée d'une chapelle. Sur cour, l'aile perpendiculaire est plus tardive.

*La porte d'Ardon.*

### Abbaye Saint-Martin★ B1

*☏ 03 23 20 28 62 - juil.-août : 14h-18h - en cas de fermeture, clé disponible sur demande au presbytère - ☏ 03 23 20 26 54.*

Bel ensemble gothique primitif, l'ancienne abbatiale des prémontrés (12e-13e s.) a été restaurée après l'incendie de 1944. Du terre-plein, appréciez la longueur de la nef d'aspect roman, les hautes tours (35 m) à l'angle de la nef et du transept (influences rhénanes), l'élévation du croisillon sud avec sa rosace surmontée d'arcatures. Sur la façade principale, la grande baie est surmontée par un pignon orné d'un haut-relief figurant saint Martin partageant son manteau. Sur les tympans des portes latérales, on peut observer la Décollation de saint Jean-Baptiste *(à droite)* et le Martyre de saint Laurent sur son gril *(à gauche)*.

**Intérieur** – Le chœur et les chapelles sont à chevet plat, suivant la mode cistercienne. Remarquez les gisants de Raoul de Coucy, chevalier laonnois (fin 12e s.), et de Jeanne de Flandre, abbesse du Sauvoir-sous-Laon (14e s.) ; les boiseries Louis XV *(nef)* et Louis XIII *(chœur)* ; à droite dans la chapelle Saint-Éloi, Christ de pitié du 16e s.

**Bâtiments abbatiaux** – La partie du 18e s. se découvre en traversant le cloître. Elle abrite la bibliothèque municipale. Bel escalier elliptique de pierre.

### Porte de Soissons★ A1

Construite au 13e s. en moellons, renforcée de tours rondes, la porte est reliée par une courtine à la grosse tour de Damet ou tour de Dame Ève, dite aussi « Tour penchée » en raison d'un glissement de terrain.

Dans le jardin qui jouxte la porte, un monument rappelle que **Jacques Marquette** (1637-1675), missionnaire jésuite né à Laon, découvrit le Mississippi.

La **rue Thibesard** suit le chemin de ronde du rempart : **vues★** sur la cathédrale. Ses tours émergent des vieux toits d'ardoises à cheminées de briques roses. Par le rempart et la **rue des Chenizelles**, gagnez la **porte des Chenizelles** (13e s.) à deux tours, qui délimite un passage vers la rue du Bourg.

## Visiter

### Musée d'Art et d'Archéologie de Laon★ C1

*32 r. Georges-Ermant - ☏ 03 23 20 19 87 - http://perso.orange.fr/musee.laon - juin-sept. : 11h-18h ; reste de l'année : 14h-18h - fermé lun., 1er janv., 1er Mai, 14 Juil., 25 déc. - 3,40 € (-14 ans gratuit), gratuit dim. (oct.-mars).*

En entrant, remarquez le transi, bien conservé, de **Guillaume de Harcigny** (14e s.). Né à Laon, ce médecin fut initié par des médecins arabes en Syrie. Médecin du roi Charles VI, il fut psychanalyste avant l'heure.

Dans la section d'archéologie méditerranéenne se trouve une riche collection d'art grec, qui comprend quelque 1 700 vases, figurines de terre cuite et sculptures (tête d'Alexandre le Grand). Dans la section d'archéologie régionale sont présentés des outils, des bijoux, des armes, des figurines et de la vaisselle gallo-romains et mérovingiens. Parmi les peintures, voyez les œuvres du Maître des Heures de Rohan (15e s.), des frères **Le Nain**, de Desportes (17e s.) et de Berthélemy (18e s.).

### Les souterrains de la citadelle★ D1

*Visite guidée (1h30) juil.-août : tlj ; reste de l'année : w.-end et j. fériés - pour les horaires, se renseigner à l'office de tourisme - réserv. conseillée - 3 €.*

Laon est bâti sur les **carrières** de calcaire qu'elle a exploité au fil des siècles pour sa construction. Dès l'époque gallo-romaine, le site est utilisé, notamment, pour conserver les récoltes, comme en témoignent les quelques **silos** que l'on peut encore observer. Mais l'apogée de l'exploitation de la carrière se situe du 6e s. au 12e s. et elle continue jusqu'au 16e s. Les souterrains ont ensuite servi de prison au Moyen Âge. Construit sous Louis-Philippe, le nouveau **système défensif** de la ville s'appuie sur ces souterrains et comprend casemates, salles de garde et poudrières, qui se succèdent le long des remparts. La citadelle est déclassée en 1912, mais durant la Grande Guerre, le lieu sert de cantonnement et d'hôpital pour les troupes allemandes, qui occupent la région. Sous la citadelle, aujourd'hui cité administrative, subsistent les traces de ces kilomètres de couloirs, sur trois étages. Un parcours de 450 m de long vous plonge dans les entrailles de la ville.

## Circuit de découverte

### LE LAONNOIS★

*31 km – environ 2h. Quitter la ville basse par l'ouest et la route de Chauny (D 7). Avant Molinchart, prendre à gauche la D 65.*

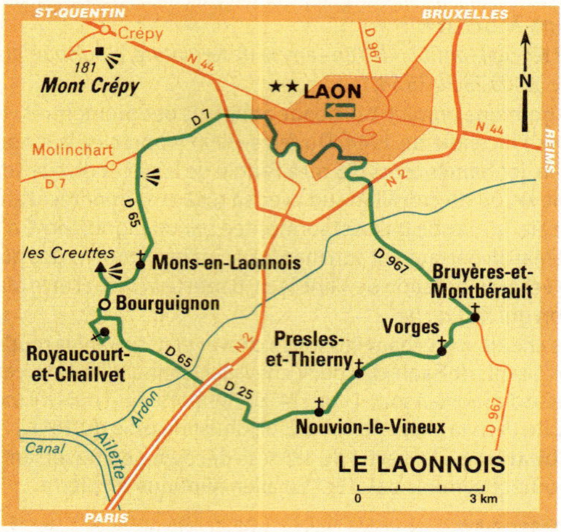


On chemine en plaine, puis la route grimpe dans la « **montagne de Laon** », qui culmine à 180 m d'altitude.

### Mons-en-Laonnois

Ce bourg possède une **église** en croix grecque des 13e (chœur) et 14e s. (nef). On remarque une échauguette à l'angle du croisillon gauche. *✆ 03 23 24 12 93 - visite guidée sur demande au secrétariat de la mairie.*

*Au bas de la place principale de Mons-en-Laonnois, suivre la direction « panorama des Creuttes ».*

Une route se détache de la D 65 et gravit les pentes d'un chemin creux, jadis couvertes de vignes, où l'on voit des **creuttes**, ou grottes troglodytiques Au sommet, **vues★** sur la « montagne couronnée » de Laon et, au premier plan, l'église de Mons.

*Revenir à la D 65.*

### Bourguignon

Village classé aux belles demeures de pierre. Les Le Nain y possédaient une maison et la ferme de la Jumelle.

### Royaucourt-et-Chailvet

La fine silhouette de l'**église** (13e-14e s.) de Royaucourt est épaulée par des arcs-boutants. Des abords, vue sur un terroir paisible, représenté par les frères Le Nain.

*La D 65 rejoint la N 2 qu'on franchit pour gagner la D 25.*

On longe les collines séparant la plaine de Laon de la vallée de l'Ailette. De charmants villages s'égrènent au milieu des vergers, qui coexistaient autrefois avec les vignes.

### Nouvion-le-Vineux

*Visite sur demande à Mme Carcagno - ✆ 03 23 20 13 87.*

Dans l'**église** (12e s.), la nef est couverte de voûtes gothiques primitives qui retombent sur des chapiteaux romans historiés ou à décor de feuilles d'acanthe. Remarquez les fonts baptismaux romans, en pierre de Tournai.

De la colline derrière l'église, on profite d'une jolie vue sur le clocher.

### Presles-et-Thierny

La modeste **église** romane de Presles possède un beau porche et un chevet fortifié à meurtrières étroites. Sur la colline, les **ruines du château** sont incorporées dans une ferme. On en distingue quelques parties crénelées.

### Vorges

L'**église** gothique (13e s.) a été fortifiée pendant la guerre de Cent Ans. Une tour percée de baies géminées surmonte le transept. Sur la façade, la rose à colonnettes est décorative. Des fouilles ont mis au jour des sarcophages mérovingiens (7e s.). Le résultat des découvertes effectuées au 19e s. a été déposé au musée des Antiquités nationales de Saint-Germain-en-Laye.

### Bruyères-et-Montbérault

L'**église** romano-gothique (12e-13e s.) s'illustre par l'ampleur de son plan. Les parties hautes du transept ouest furent refaites au 15e s. Une tour carrée domine le chevet à abside et absidioles voûtées en cul-de-four où l'on note les modillons et les chapiteaux romans sculptés. Les frises de l'abside représentent des animaux, des végétaux, ainsi que les vices sous les regards de diables grimaçants.

*Retour par la D 967 ; belle perspective sur la ville.*

# Laon pratique

## Adresse utile

**Office du tourisme de Laon** – *Pl. du Parvis-Gautier-de-Mortagne - 02000 - ✆ 03 23 20 28 62 - www.tourisme-paysdelaon.com - juin-sept. : 10h-19h, dim. 11h-13h, 14h-18h ; oct.-mai : 10h-12h30, 14h-18h, dim. 13h-18h - fermé 1er-2 janv., 1er Mai.*

## Visite

**Visite guidée de la cité médiévale** – *De déb. avr. à la Toussaint : w.-end et j. fériés - 6 € - renseignements à l'office de tourisme, de même que pour les visites guidées de la cathédrale et des souterrains.* Laon, qui porte le **label Ville d'art et d'histoire**, propose des visites-découvertes animées (1h30) par des guides-conférenciers agréés par le ministère de la Culture et de la Communication.

**Pass Découverte du pays de Laon** – L'office de tourisme propose un pass journée *(10 €)* incluant au choix une montée aux tours, une visite audioguidée de la cathédrale ou une visite des souterrains ; un guide de visite ; un aller-retour en funiculaire ou une location de vélo ; une collation ; une entrée au musée de Laon ou au musée des Temps barbares de Marle. D'autres pass *(de 30 à 140 €)* ajoutent à cette offre une nuit en hôtel.

## Transport

**Funiculaire** – *Agence commercial TUL - ✆ 03 23 79 07 59 - www.tul-laon.net - lun.-sam. 7h-20h (juil.-août : dim. 14h30-19h) - fermé j. fériés - 1 € AR.* Le Poma, mini-métro à traction par câble, part de la ville basse toutes les 5mn pour parvenir en 4mn devant l'hôtel de ville.

## Se loger

**Hostellerie Les Chevaliers** – *5 r. Sérurier - ✆ 03 23 27 17 50 - 14 ch. 35/60 €* . Cette maison d'origine médiévale, habilement restaurée, a trouvé un second souffle en devenant hôtel. Ses pierres, ses briques, ses poutres apparentes, et l'accueil convivial évoquent l'atmosphère des chambres d'hôte dont, il a le charme et l'esprit.

**Hôtel du Commerce** – *11 pl. des Droits-de-l'Homme - ✆ 03 23 79 57 16 - www.hotel-commerce-laon.com - P - 24 ch. 39 € - 5 €.* À deux pas de la gare et du funiculaire, cet établissement est très pratique pour ceux qui voyagent en train. Les automobilistes apprécieront quant à eux les garages de l'hôtel. Chambres bien tenues et confortables ; des balcons, belle vue sur la cathédrale.

**Hostellerie Saint-Vincent** – *Av. Charles-de-Gaulle - ✆ 03 23 23 42 43 - www.stvincent-paon.com - fermé vac. de Noël - P - 47 ch. 56/64 € - 7,50 € - rest. 18 €.* Établissement moderne de type motel bâti au pied de la ville haute. Chambres fonctionnelles. Spacieuse salle de restaurant où la gastronomie alsacienne est à l'honneur.

**Au Bon Accueil** – *24 r. de Paris - 02000 Étouvelles - ✆ 03 23 20 15 72 - www.multimania.com/aubonaccueil - - 5 ch. 51/57 € - repas 16 €.* Ancienne hostellerie dont la partie principale date de 1828, cette solide bâtisse compte 5 chambres à thèmes, certaines exotiques (comme la chinoise ou l'africaine) mais toutes modernes et confortables. Grande salle de jeux avec 2 billards, baby-foot et flipper. Joli parc et jeux pour enfants.

## Se restaurer

**L'Estaminet St-Jean** – *23 r. St-Jean - ✆ 03 23 23 04 89 - www.estaminetsaintjean.com - à partir de 13 €.* Cuisine régionale (gratin d'endives aux maroilles, carbonnade flamande... ) dans un décor d'anciens ustensiles de cuisine en émail, lianes de houblon accrochées au plafond, jeux picards, tables de bistrot du début du siècle et autres objets rappelant l'histoire de la région. Convivial et familial.

**La Petite Auberge** – *45 bd Brossolette - ✆ 03 23 23 02 38 - fermé 29 fév.-4 mars, 24 avr.-1er Mai, 7-20 août, sam. midi, lun. soir et dim. sf j. fériés - 19/41 €.* Deux espaces de restauration aménagés dans une maison de style régional : le Bistrot Le Saint-Amour qui propose des formules simples, et la salle à manger principale égayée de chauds coloris, où l'on prend place pour savourer une cuisine personnalisée réussissant un étonnant mariage entre tradition et modernité.

## Que rapporter

**Marché du terroir** – 3e vend. de chaque mois de 16h à 20h, dans le cloître de l'abbaye de Saint-Martin.

## Événements

**Euromédiévales** – *✆ 03 23 22 30 34 - www.ville-laon.fr.* Tous les ans, le 3e dim. de mai, Laon replonge au temps de ses splendeurs du MoyenÂge, dans la ville haute.

**Montée historique** – *✆ 03 23 79 83 58.* Rassemblement de voitures anciennes de France et d'Europe dans les rues de Laon, le 1er w.-end de juin

**Festival de Laon** – *www.festival-laon.com.* Festival de musique classique de fin sept. à fin oct.

# Lens

35 583 LENSOIS
CARTE GÉNÉRALE B2 – CARTE MICHELIN DEPARTEMENTS 301 J5 – PAS-DE-CALAIS (62)

**Capitale du pays de Gohelle, Lens fut le cœur du « haricot » minier, un bassin d'exploitation qui s'étendait sur 120 km de Bruay-en-Artois à Valenciennes. Ici siégeait la grande compagnie des mines de Lens, propriétaire des corons, mais aussi des écoles, des hôpitaux… Çà et là, au coin d'une rue, resurgit cet horizon de brique et de terrils, aujourd'hui classés. Signe de la renaissance du bassin minier, l'ouverture du Louvre II à Lens est prévue en 2012.**

- **Se repérer** – Au centre du quadrilatère formé par Lille, Douai, Arras et Béthune. De Béthune, accès par la N 43 ; d'Arras, N 17 ; de Lille, N 41-N 47 ; de Douai, A 21.
- **À ne pas manquer** – Le circuit des Gueules noires, en particulier la fosse 11/19 de Loos-en-Gohelle.
- **Organiser son temps** – Comptez une journée pour le circuit.
- **Avec les enfants** – Le musée de l'école et de la mine à Harnes.
- **Pour poursuivre la visite** – Voir aussi la colline de Notre-Dame-de-Lorette, le mémorial canadien de Vimy, le château d'Olhain, Arras, Béthune, Douai.

## Comprendre

### L'ÉVOLUTION DE L'HABITAT MINIER

« Maisons de mineurs, maisons fraternelles, où brique à brique leurs vies s'usèrent, nulle réponse aux fronts soucieux, que la sueur. » (*Symphonie en sol mineur*, de Bernard Desmaretz).

**Les corons** – Au 19e s., pour loger les mineurs, de grandes cités ouvrières sont bâties : ce sont d'abord des alignements continus de dizaines de maisons basses, en briques brutes ou badigeonnées. Seule forme d'habitat minier entre 1820 et 1870, ils tirent leur nom de leur implantation et portent le numéro du carreau de fosse tout proche, dominé par le chevalement et le terril. Ils s'étirent sur 100 m et plus, non loin de la route menant au village dont ils constituent le « bout » : la « corne » ou le coron, dans le dialecte local. Après la parution du *Germinal* de Zola (1885), le terme désigne tout groupe de logements ouvriers en pays minier.

À l'arrière de l'étroite habitation, un chemin appelé « voyette » mène au jardin potager, encombré de constructions disparates : buanderie, clapier, poulailler et volière pour les « coulons » (pigeons). Les lieux d'aisances sont relégués au fond dans le « carin ». Il reste environ 67 000 corons sur l'ensemble du bassin minier.

**Les barreaux** – Le développement des activités industrielles fait naître de véritables « cités linéaires », avec des centaines de logements. Les maisons, semblables et contiguës, sont groupées dos à dos. Les jardins s'installent en façade. Dès 1870, l'habitat change encore : il faut pallier les affaissements du sol dus à l'extension des mines. Les barres se coupent en enfilades de 10, de 8, puis de 6 maisonnettes. Des blocs de 4 maisons en carré précèdent la généralisation des maisons jumelles mitoyennes.

**Les cités pavillonnaires** – Inspirées de Kœchlin à Mulhouse (1835) ou des Alouettes à Montceau-les-Mines (1867), elles regroupent environ 400 maisons. Les habitations s'espacent, leur surface habitable augmente, les jardins prennent de l'ampleur. L'espace des cités minières est strictement hiérarchisé. Aux résidences des ingénieurs répondent les quartiers des porions (contremaîtres) et ceux des mineurs. L'ensemble, traversé de grands axes rectilignes, s'articule autour d'une esplanade où s'élèvent – expression du paternalisme des compagnies – l'église, les écoles, la coopérative d'achat, le dispensaire et le stade.

**Les cités-jardins** – L'aube du 20e s. inaugure « le règne de la courbe, de la fantaisie et de la variété ». De taille et d'aspect variés, les maisons s'entourent de jardins. Les larges avenues sont bordées d'arbres et de squares publics. Ces cités, dont le plan libre s'impose dans l'Entre-deux-guerres, se rapprochent de la ville.

**Le saviez-vous ?**

- Le nom de Lens apparaît pour la première fois sur des monnaies mérovingiennes sous forme de Lenna Castrum, « forteresse des sources ».
- Les fils des porions, cafus, galibots et autres « gueules noires » ont décidé de mettre en valeur leurs terrils. Réserves naturelles, lieux d'expositions et de concerts, bases de sports ou de loisirs, autant d'exemples de reconversion réussie.

## LES TERRILS

Les terrils sont constitués de déblais non utilisables issus de l'exploitation minière. Nombreux (environ 360) et atteignant jusqu'à 100 m de haut, ils ont contribué à modifier le paysage. Depuis qu'ils sont désaffectés, ils se transforment en espaces de découverte naturelle, de tourisme, de sport et de détente. Le terril de **Pinchonvalles** à Avion bénéficie d'un arrêté préfectoral pour la protection de son biotope. Certains sont boisés, comme le terril **Sabatier** à Raismes ou celui de la **Mare à Goriaux** à Wallers : frênes, érables et surtout bouleaux. Sur les pentes des terrils d'**Audiffet-Sud** à Escaudin ou de **Bleuze Borne** à Anzin poussent des espèces thermophiles : vipérines, onagres, millepertuis, cerisiers, et même orchidées. D'autres ont été reconvertis en bases de loisirs : terril de **Nœux-les-Mines**, terril de **Wingles**, terril de **Rieulay**...

Y. Tierny / MICHELIN

*L'ancien terril de Loos-en-Gohelle.*

# Se promener

### Gare

À la grande époque des mines, Lens était un important nœud ferroviaire où transitait le charbon des compagnies minières situées à l'ouest de l'agglomération. Reconstruite en 1926 dans le style Art déco, la gare devait pouvoir résister aux affaissements du sous-sol minier. Son architecture évoque une locomotive à vapeur. Le hall est décoré d'une mosaïque en grès sur le thème de l'exploitation du charbon.

### Anciens bureaux de la Compagnie minière

L'université d'Artois occupe cet édifice Art déco, dû à l'architecte lillois Cordonnier. Au milieu d'un parc à la française, l'édifice témoigne de la puissance passée des houillères. Remarquez les toits pentus ornés de lucarnes, les pignons à redans, les oriels, la richesse décorative de la brique.

# Circuit de découverte

## LA ROUTE DES GUEULES NOIRES

*115 km – une journée. Quitter Lens au sud-ouest.*

### Liévin

*À l'entrée de Liévin, prendre à droite la D 58 vers Béthune, puis encore à droite au rond-point, vers le chevalement.* La place est dominée par le **chevalement** de la fosse n° 3 bis, dite « Sainte-Anne » (1923), fermée depuis 1978.

Le **Mémorial national des mineurs** entretient le souvenir de la catastrophe minière du 27 décembre 1974 : un coup de grisou, le plus meurtrier de l'après-guerre, fit 42 victimes.

*Contourner le chevalement, puis, aux feux, prendre à droite vers Loos-en-Gohelle.*

Les silhouettes imposantes de **terrils** jumeaux (130 m) dominent l'ancienne fosse n° 11.

## Loos-en-Gohelle

*À l'entrée de l'agglomération, suivre à droite la signalisation du site 11/19.* L'importante **fosse n° 11/19** a fermé en 1986. Le site est désormais protégé. Haut de 184 m, le terril est le plus élevé d'Europe ; des visites guidées y sont organisées *(voir l'encadré pratique)*. Les bâtiments réhabilités accueillent la Fabrique théâtrale de l'association Culture commune, scène nationale du bassin minier ; plusieurs compagnies y ont leur atelier.

*Regagner la route principale, tourner à droite, passer le pont. Aux feux, prendre à gauche la N 43 vers Béthune et encore à gauche la D 165 vers Grenay. Passer Bully-les-Mines et continuer vers Sains-en-Gohelle (D 166E).*

## Sains-en-Gohelle

*Au rond-point, prendre à gauche la D 937 vers Hersin-Bruay, puis la première à droite, même direction.* La **cité n° 10**, construite selon un plan orthogonal, est un exemple de cité pavillonnaire édifiée entre 1905 et 1914, avec ses maisons jumelles mitoyennes. *Prendre la 3e rue à gauche, puis tourner à droite.* On remonte la rue centrale, plantée d'arbres et menant à l'église. Autour de celle-ci s'ordonnent écoles de filles et de garçons, maisons d'instituteurs et presbytère.

*Revenir vers Sains-en-Gohelle. Devant l'église, tourner à droite puis, au stop, à gauche. Prendre la D 75E, puis la D 188 vers Hersin-Coupigny.*

## Hersin-Coupigny

À la sortie de l'agglomération, à gauche, les **corons de Longue-Pierre** sont en réalité des barres, coupées de 10 logements. Leur disposition rappelle, à juste titre, celle des corons.

*Suivre la D 188 vers Barlin, puis Haillicourt.*

## Haillicourt

*Dans la ville, aux feux, tourner à gauche vers Houdain.* Sur la gauche, les **terrils** jumeaux de la fosse n° 6 de Bruay-la-Buissière.

*Au rond-point, prendre à droite vers Bruay-la-Buissière.*

On entre dans la **cité n° 16** dite **du Nouveau-Monde** par une rue bordée de maisons jumelles, « fragments » de barre annonçant la cité pavillonnaire. Des détails rompent la monotonie de l'architecture : gerbières (porte haute ou fenêtre d'un grenier) sur les toitures, encadrements peints en blanc, jeux d'appareil.

## Bruay-la-Buissière

*La cité n° 16 se poursuit dans Bruay. Prendre à droite avant l'église, que l'on contourne.* Dans la rue de Mauritanie et celle du Cap-Vert s'alignent des maisons jumelles, d'aspect plus austère.

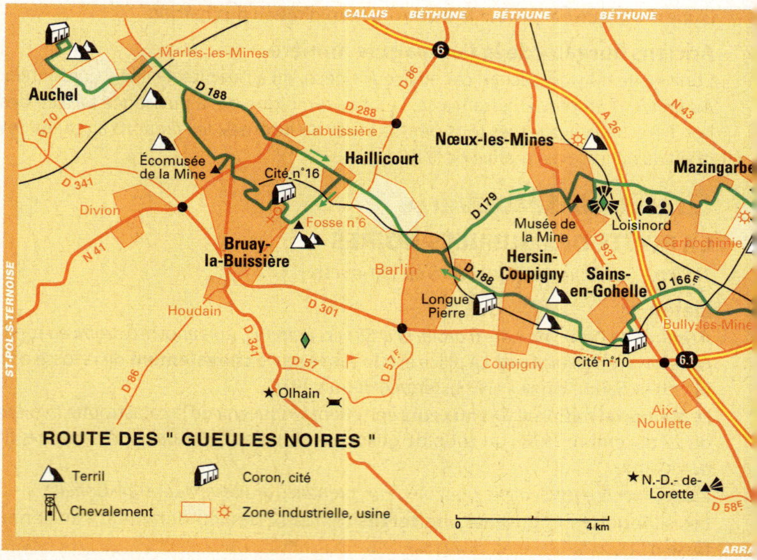

*Au bout, tourner à gauche puis, à droite, aux feux.* Sur la gauche, les **barreaux** (1899) sont constitués d'une trentaine de logements contigus auxquels des dépendances ont été ajoutées au début du 20$^{e}$ s. Le programme de réhabilitation décidé au début des années 1990 a transformé ce secteur en véritable quartier urbain.

*Tourner à droite puis à gauche, direction centre-ville. Face au lycée Carnot, prendre à droite et suivre la direction « hôtel de ville », puis « parking Wery ». À gauche, signalisation de l'écomusée de la Mine.*

**Écomusée de la Mine –** *✆ 03 21 53 52 33 - visite guidée (50mn) juil.-août : 14h-17h (sf 14 Juil.) ; avr. juin et sept.-oct. : w.-end 14h-17h - reste de l'année sur demande - 4,50 € (enf. 2,50 €).*

La visite d'une ancienne **mine-école**, avec commentaires et bruits du fond, rappelle la dure existence des mineurs.

*Revenir sur ses pas. Au stop, prendre à gauche. Par la D 188, gagner Marles-les-Mines. Prendre la D 70 vers Auchel. Devant l'hôtel de ville de Marles, tourner à droite vers la cité de Marles ; suivre la direction « Auchel centre ».*

## Auchel

*Au niveau du terrain vague, tourner à droite vers les alignements d'habitations.* Dominée par des terrils, la **cité d'Auchel**, avec sa dizaine de barres coupées, est caractéristique du pays minier.

*Revenir vers Marles, reprendre la D 188 vers Bruay-la-Buissière. À Barlin, tourner à gauche sur la D 179.*

## Nœux-les-Mines

*Dans l'agglomération, prendre à droite la D 937 et suivre la direction « piscine »* Le **musée de la Mine**, ancien centre de formation pour « galibots », les jeunes mineurs, présente l'évolution des techniques de travail (200 m de galeries reconstituées). *Av. Guillon - ✆ 03 21 25 98 58 - visite libre ou guidée (1h30) tlj sf w.-end 14h-16h, w.-end et j. fériés sur RV - 4,50 € (-12 ans 2 €).*

*Retour sur la D 937, tourner 2 fois à droite vers Loisinord (voir l'encadré pratique).* Après réhabilitation, le **coron** n° 3 est de nouveau habité.

*Revenir au rond-point, prendre à droite vers Mazingarbe.*

## Mazingarbe

*Direction centre-ville. Après l'église, prendre à droite.* Le boulevard des Platanes, bordé par de belles maisons d'ingénieurs *(à gauche)*, longe l'usine carbochimique, aux impressionnantes superstructures.

*Prendre à droite, longer l'entrée principale de l'usine et tourner à gauche après le passage à niveau. S'engager dans la N 43 vers Lens, que l'on contourne par l'A 21, direction Arras-Douai. Sortir à Loison ; N 17, direction Lille, puis, au niveau d'Annay, D 39 à gauche vers Harnes.*

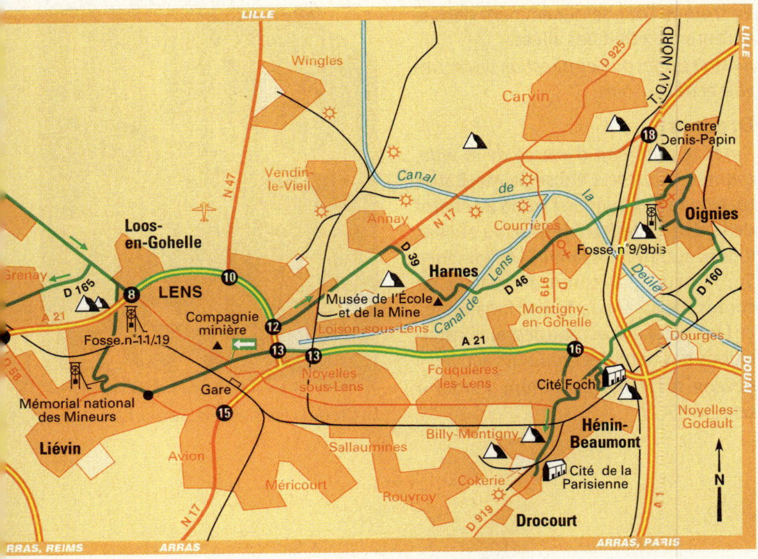

### Musée de l'École et de la Mine à Harnes

*R. Montceau-les-Mines - ✆ 03 21 75 38 97 - visite guidée (1h30) mar.-jeu. 14h-18h sur RV - gratuit.*

Tenu en famille par une institutrice à la retraite et un ancien porion, ce musée se divise en deux parties. La première reconstitue l'univers d'une salle de classe d'antan, type 1900, avec objets insolites et souvenirs divers. L'autre partie est consacrée à la mine et au mineur. C'est un « petit Lewarde », avec sa lampisterie, sa galerie et ses machines. Tous les objets présentés ont servi au fond de la mine. Au 1er étage, reconstitution d'un estaminet traditionnel.

*Quitter Harnes au sud-est et prendre la D 46 à gauche, vers Courrières, jusqu'à Oignies.*

### Oignies

La ville a été témoin de la naissance et de la fin de l'exploitation du bassin du Pas-de-Calais. C'est ici que fut découvert en 1842 un gisement houiller de meilleure qualité que celui du Valenciennois. En 1990, c'est de la fosse n° 9 que sont remontés les derniers mineurs.

**Centre Denis-Papin** – *R. Émile-Zola ; un panneau indique, à droite, l'entrée du centre. ✆ 03 21 69 42 04 - ♿ - avr.-oct. : les 2e et 4e dim. du mois 14h-19h - 3,90 € (8-16 ans 3,20 €).*

Lieu de mémoire de l'ancienne fosse n° 2 d'Oignies et musée du Chemin de fer. Un grand bâtiment, abritant la puissante machine d'extraction, est parcouru de trains miniatures. Voyez la superbe Pacific 231 C 178 (plus de 100 t) ainsi que l'exposition des machines du fond, dont la dernière berline de *gaillettes*, remontée de la fosse n° 9 en 1990.

À l'extérieur, un circuit à l'échelle 1/8 invite les enfants à voyager sur des wag onnets tirés par des répliques de locomotives à vapeur.

*Continuer sur la même route ; prendre à droite, puis, au 2e rond-point (1 km), à gauche vers la fosse n° 9/9 bis.*

Les bâtiments, chevalements et terril de la **fosse n° 9/9 bis**, intacts, ont reçu l'équipe de Claude Berri en 1992 pour le tournage d'une scène de *Germinal* (la remontée des « jaunes »).

*Revenir sur la voie principale, prendre la D 160 à droite vers Dourges, passer au-dessus de l'autoroute du Nord et gagner Hénin-Beaumont.*

### Hénin-Beaumont

*À l'entrée, prendre à gauche le boulevard Mar.-Gallieni.* La **cité Foch** (1922) marque une étape importante dans l'architecture de l'habitat ouvrier. C'est l'une des plus belles cités-jardins de France : avenues courbes et ronds-points mènent à des maisons d'allure cossue regroupant deux à quatre logements. Ces pavillons blancs, dont la façade est égayée par un colombage en trompe l'œil, se disséminent dans la verdure en retrait des allées.

*Revenir sur ses pas, en direction du centre-ville et de Drocourt.*

### Drocourt

*Après le panneau d'entrée de la ville, tourner à gauche.* L'église Sainte-Barbe (patronne des mineurs) trône au centre de la **cité de la Parisienne**, où étaient logées autrefois les familles de mineurs. Sur la gauche s'étirent des barres de corons dépassant parfois 40 logements. En face, la cokerie est une des rares installations des houillères toujours active.

*Revenir sur Hénin-Beaumont. Retour à Lens par l'A 21.*

T. Demont / MICHELIN

*La cité de la Parisienne à Drocourt.*

# Lens pratique

## Adresses utiles

**Office du tourisme de Lens** – *26 r. de la Paix - 62300 - ✆ 03 21 67 66 66 - www.tourisme-lenslievin.com - tlj sf dim. et j. fériés 9h30-12h, 13h30-18h.*

**Syndicat d'initiatives de Bruay-la-Buissière** – *32 r. Henri-Hermant - 62700 - ✆ 03 91 80 44 45 - www.artoiscom.fr - mar.-vend. 15h-17h - horaires susceptibles de changements.*

**Syndicat d'initiatives de la région d'Auchel** – *61 r. Laënnec - 62260 - ✆ 03 21 61 51 80 - www.artoiscom.fr - tlj sf w-end et j. fériés 8h-12h, 13h30-17h30.*

## Visite

**CPIE La Chaîne des Terrils** – *Base 11/19 - r. de Bourgogne - 62750 Loos-en-Gohelle - ✆ 03 21 28 17 28 - http://chaine.des.terrils.free.fr.* Créée en 1988, cette association (labellisée Centre permanent d'initiative à l'environnement - CPIE) propose de découvrir les terrils en compagnie d'un guide sur des thèmes différents (histoire, faune, flore, lecture de paysage). Calendrier des visites et autres activités sur simple demande.

## Se loger

⊖⊖ **Hôtel Espace Bollaert** – *13C rte de Béthune - ✆ 03 21 78 30 30 - www.espace-bollaert.com - P - 54 ch. 62 € - ☕ 8 € - rest. 18/32 €.* Devant le mythique stade des « sang et or », un hôtel récent aux chambres fonctionnelles. Les soirs de match, profitez de la formule « entrée au stade-repas-chambre ». Restaurant en rotonde ou espace bar : les deux conviennent pour grignoter un petit plat.

## Se restaurer

⊖⊖ **Restaurant Lyonnais** – *Parc de la Glissoire - 62210 Avion - 3 km au S de Lens - ✆ 03 21 70 04 03 - http://restaurantlyonnais.com - fermé sam. midi, dim. soir et lun. - 22/50 €.* Un magnifique parc agrémenté de deux petits lacs nommés « Amour » et « Désiré » entoure ce séduisant restaurant, jadis école des houillères. Vaste et élégante salle à manger contemporaine aux tons abricot. Cuisine d'inspiration lyonnaise.

## En soirée

**Café de l'Estrade** – *10 r. Gustave Spriet 62300 - ✆ 03 21 43 88 05 - estrade-cafe.jimdo.com – mar.-merc. 11h à 20h, jeu. 11h à 21h, vend.-sam 11h à 23h.* Petits plats et grands débats, ce lieu associatif participe à l'insertion professionnelle et allie nourriture physique et spirituelle avec des rencontres thématiques.

## Que rapporter

**Brasserie Castelain** – *13 r. Pasteur - 62410 Bénifontaine - ✆ 03 21 08 68 68 - www.chti.com - visite (1h), tlj sf w.-end sur RV - fermé 14-18 août.* Depuis 1926, Bénifontaine, petit village d'Artois, change l'eau en bière. L'entreprise Castelain est l'une des dernières brasseries artisanales. Elle vous accueille pour une **visite guidée** : histoire, fabrication, musée, film vidéo suivi d'une dégustation de la Ch'ti, bière de garde.

**Brasserie d'Annœullin** – *4 Grand'Place - 59112 Annœullin - ✆ 03 20 86 83 60.* Depuis 1905, cette brasserie artisanale est chère au cœur des amateurs de bonnes mousses. Parmi quelques bières phares de la maison : l'Angélus, la Pastor'Ale et la Bock 4.

## Sports & Loisirs

**Loisinord** – *R. Léon-Blum - 62290 Nœux-les-Mines - ✆ 03 21 26 84 84.* Outre sa piste de ski artificielle, Loisinord comporte également une base nautique avec diverses activités : téléski nautique, pédalo, planche à voile, minigolf. Le plan d'eau a été créé dans une dépression où s'accumulaient les résidus de l'exploitation minière.

## Événement

**Meeting international d'athlétisme** – *✆ 03 21 44 89 89.* Mi-février, Liévin reçoit le gratin de l'athlétisme mondial pour un meeting désormais reconnu.

# Centre historique minier de Lewarde★★

CARTE GÉNÉRALE B2 – CARTE MICHELIN DEPARTEMENTS 302 H5 – NORD (59)

**De la fosse Delloye sortirent jusqu'à 1 000 tonnes de charbon par jour entre 1930 et 1971, extraites par un millier de « gueules noires ». L'ancien carreau sert aujourd'hui de cadre au Centre historique minier, le plus grand musée de la mine en France, retraçant trois siècles d'activité.**

- **Se repérer** – L'ancien site minier est à 8 km à l'est-sud-est de Douai par la N 45.
- **À ne pas manquer** – La visite commentée par d'anciens mineurs.
- **Organiser son temps** – La visite guidée prend 1h30 mais on peut passer plus de deux heures sur le site.
- **Avec les enfants** – Même sans activités spécifiques, la visite est susceptible de les intéresser. En été, ateliers à leur attention.
- **Pour poursuivre la visite** – Voir aussi Douai, Cambrai, Valenciennes, Saint-Amand-les-Eaux et le Parc naturel régional Scarpe-Escaut.

### Le saviez-vous ?

Sur le logo du Centre historique minier, on reconnaît le chevalement du carreau de la fosse Delloye.

Depuis le début du 20e s., la lampe à flamme des mineurs du Nord-Pas-de-Calais était fabriquée par l'usine d'Arras. Si elle est aujourd'hui confinée au musée, sa silhouette flotte toujours sur les maillots du Racing-Club de Lens. Regardez de près son emblème !

## Visiter

*03 27 95 82 82 - www.chm-lewarde.com - visite guidée (1h30) mars-oct. : 9h-17h30 ; nov.-fév. : 13h-17h, dim., vac. scol. et j. fériés 10h-17h (dernière entrée 2h av. fermeture) - fermé janv., 1er Mai., 25 déc. - 10,90 € haute sais., 9,90 € basse sais. (enf. 5,90 €/4,90 €).*

Le lumineux bâtiment d'accueil, tout de verre et d'acier, abrite une boutique et une cafétéria. La visite libre débute dans les anciens magasins (1927) par une projection et une exposition temporaire. Passé le chemin extérieur qui longe le réseau ferroviaire, avec ses locomotives et wagons, plusieurs expositions évoquent le monde de la mine. Elles présentent l'histoire du charbon depuis 345 millions d'années, les bureaux des cadres, les trois siècles d'exploitation minière (dioramas, statue, maquettes…), la vie quotidienne du mineur, ses drames et souffrances (photos, peintures, objets personnels).

Les visites du musée sont commentées par d'anciens mineurs, qui travaillaient pour la plupart dans le Pas-de-Calais. Personnalités attachantes et de fort tempérament, ce sont les derniers héros de la grande épopée des houillères du Nord. Chargés de souvenirs, ils vous guident sur les pas des « gueules noires » partant travailler : d'abord le vestiaire, les bains-douches – ou « salle des pendus » à cause des crochets auxquels étaient suspendus vêtements, casques et bottes, appelés par les mineurs « loques

P. Cheuva/Réflexion / Centre historique minier, Lewarde

*La force de traction des chevaux était fréquemment utilisée pour déplacer les wagonnets.*

de fosse » –, puis, face à l'infirmerie, la lampisterie, où les femmes distribuaient les lampes.

Casque vissé sur le crâne, vous voilà embarqué dans le petit train qui mène au puits n° 2. Près du hangar du triage-calibrage, où les femmes séparaient à la main la pierre du charbon, l'ascenseur vous fait descendre dans les galeries (autrefois, c'était à la vitesse de 8 m par seconde !). Le long d'un parcours de 450 m, les dix chantiers d'extraction du charbon : ils retracent l'évolution du métier depuis l'époque de *Germinal* jusqu'en 1990, son atmosphère, ses bruits assourdissants et sa pénombre inquiétante. La force de traction des chevaux était fréquemment utilisée pour le déplacement des wagonnets dans les galeries. La visite se termine par le bâtiment d'exploitation : machine d'extraction, écurie de la fosse.

### Lewarde pratique

#### Se restaurer

**Le Briquet** – *Dans le Centre minier - 59287 Lewarde - 8 km de Douai sur N 45 - 03 27 95 82 82 - fermé janv., 1er Mai et 25 déc. - 15,40/21,80 €.* Vous pourrez poursuivre la visite du site en vous attablant dans l'ancienne scierie de la mine. Au menu, plus de « briquet » (casse-croûte des mineurs), mais une cuisine d'inspiration régionale.

# Liesse-Notre-Dame

1 202 LIESSOIS
CARTE GÉNÉRALE C3 – CARTE MICHELIN DEPARTEMENTS 306 E5 – AISNE (02)

**Entre Thiérache et Laonnois, ce petit bourg est le siège d'un important pèlerinage à Notre-Dame. Les rois de France, de Charles VI à Louis XV, ont pris part à cette tradition, qui remonte au 12e s.**

- **Se repérer** – Liesse se niche dans une région boisée, au nord-est de la Champagne picarde, à 15 km au nord-est de Laon. Accès par la D 977.
- **Organiser son temps** – Des pèlerinages sont toujours organisés le lundi de Pentecôte et le 15 août.
- **Pour poursuivre la visite** – Voir aussi Marle et Laon.

### Le saviez-vous ?

Avant 1134, Liesse était connue sous le nom de Liance. Aujourd'hui elle évoque involontairement la joie des chevaliers qui construisirent la première chapelle dressée en ces lieux.

En route vers Jérusalem, trois chevaliers du pays capturés par les Égyptiens convertissent la fille du sultan et lui offrent une statuette de la Vierge. Ils sont alors transportés par les airs, avec la princesse, jusqu'à leur pays natal, où ils décident d'élever une chapelle en l'honneur de la statue miraculeuse…

## Visiter

### Basilique Notre-Dame

*2 r. Abbé Duploye - 03 23 22 20 21 - www.notredamedeliesse.com.*

Construite par les trois chevaliers, comme ils l'avaient promis *(voir l'encadré)*, l'église fut rebâtie en 1384 et agrandie en 1480. En 1913, elle fut érigée en « basilique », titre lié au pèlerinage. Remarquez la flèche d'ardoises en légère spirale et le portail du 15e s. À l'intérieur, un jubé du 16e s. sépare la nef du chœur, à l'extrémité duquel se tient la Vierge noire (copie). Voyez les vitraux (1981) de Jacques Despierre et l'ex-voto marin suspendu à la nef : *Le Soleil royal*. La toile ex-voto de Vignon, *Nativité (croisillon droit)*, remplace un tableau semblable offert par Louis XIII et Anne d'Autriche en remerciement de la naissance du futur Louis XIV. À gauche du chœur, la sacristie, bâtie sous Louis XIII, abrite aussi des ex-voto. Dans la chapelle Saint-Louis, à droite, le diorama illustre la légende et l'origine du pèlerinage.

## Aux alentours

### Château de Marchais

*3 km au sud par la D 24. Ne se visite pas.* Ce château Renaissance fut achevé par le cardinal de Lorraine. Remarquez les lucarnes à frontons sculptés et pinacles ; au bout de l'aile droite se trouve la chapelle. Les rois de France descendaient au château de Marchais quand ils venaient prier à Liesse. Il est aujourd'hui propriété des Grimaldi, famille princière de Monaco.

# Lille★★

226 014 LILLOIS POUR LA MÉTROPOLE,
1 000 900 HABITANTS POUR LA COMMUNAUTÉ URBAINE
CARTE GÉNÉRALE B2 – CARTE MICHELIN DEPARTEMENTS 302 G4 – NORD (59)

**Capitale de la Flandre française, Lille fut aussi « capitale européenne de la culture » en 2004, opportunité qu'elle a su saisir pour revenir sur les devants de la scène culturelle française. Réputée pour sa Grande Braderie de septembre et ses marchés exubérants, son goût de la fête et ses nuits très longues, elle recèle un vieux centre superbement restauré et mis en valeur, riche de monuments et demeures colorées des 17e et 18e s., au style atypique, mêlant la brique et la pierre sculptée. Il fait bon flâner dans les ruelles, sur les places, mais aussi dans les brasseries de cette ville animée et conviviale. Et pour une plongée culturelle, rien de tel qu'un petit tour dans son magnifique musée des Beaux-Arts.**

**Se repérer** – L'A 1 de Paris, l'A 27/E 42 de Bruxelles ou Tournai et l'A 23 de Valenciennes desservent la ville par le sud-est. L'A 17 de Bruges et l'E 17 de Gand et Anvers rejoignent l'A 22 qui dessert le nord de Lille. Les D 700 (est), N 356 et une section de l'A 25/E 42 (sud) servent de périphérique externe et donnent accès aux boulevards qui enserrent le centre. Sur un axe est-ouest se succèdent le nouveau et l'ancien Lille, puis la citadelle.

**À ne pas manquer** – Le palais des Beaux-Arts ; une promenade dans le vieux Lille ; les hospices Comtesse et Gantois ; une soirée sur place.

**Organiser son temps** – La découverte de la ville demande plusieurs jours, entre les quartiers typiques du vieux Lille et de Saint-Sauveur, les musées, le shopping dans les magasins d'usines de Roubaix et la vie nocturne. Si vous ne craignez pas la foule, rendez-vous le 1er week-end de septembre, durant la Grande Braderie.

**Avec les enfants** – Le bois de Boulogne et son parc zoologique.

**Pour poursuivre la visite** – Voir aussi Roubaix, Tourcoing, Villeneuve-d'Ascq, Seclin.

## Comprendre

### UN PEU D'HISTOIRE

**Les comtes de Flandre** – La première mention de L'Isle, qui vient d'*insula*, apparaît en 1066 dans une charte de dotation de la collégiale Saint-Pierre par Baudouin V, comte de Flandre et propriétaire d'un château situé sur une île de la Deûle. Au 11e s., Lille se développe autour de ce château et du port situé à l'emplacement de l'avenue du Peuple-Belge. Au fil des siècles, les marais sur lesquels la ville est bâtie sont asséchés, la Deûle est canalisée et le port se déplace progressivement, en même temps que le développement de Lille, jusqu'à son emplacement actuel. Le comte de Flandre Baudoin IX devient empereur de Constantinople en 1204, à l'issue de la quatrième croisade, mais il est tué l'année suivante. Il laisse deux héritières. À l'âge de 5 ans, l'une d'elle, Jeanne, épouse le fils du roi du Portugal, Ferrand, sur ordre de Philippe Auguste. Le couple s'installe à Lille.

**La bataille de Bouvines** – Vassale du roi de France, la Flandre est économiquement liée à l'Angleterre et au Saint Empire romain germanique. Aussi, devant les prétentions de Philippe Auguste sur les régions du Nord, une coalition se forme : elle rassemble le roi d'Angleterre Jean sans Terre, l'empereur germanique Otton IV, les comtes de Boulogne, du Hainaut et de Flandre. Le 27 juillet 1214, Bouvines est la première grande victoire française. Fait prisonnier, « Ferrand le bien enferré » est enfermé au Louvre, tandis que Jeanne gouverne la ville.

#### Le saviez-vous ?

Parmi les natifs de Lille, on retiendra dans le domaine artistique l'acteur **Philippe Noiret** (1930-2006), et le dessinateur de BD **François Boucq**. En politique, **Pierre Mauroy** (né en 1928 à Cartignies) compte parmi les figures locales. Premier ministre de mai 1981 à juillet 1984, il fut président du conseil régional du Nord-Pas-de-Calais, député du Nord et premier secrétaire du parti socialiste. Il reste sénateur du Nord depuis 1992 et président de la communauté urbaine de Lille depuis 1989.

Le célèbre bonbon « Carambar » a été inventé en 1954 à quelques kilomètres de Lille (Marcq-en-Barœul).

*Lille depuis la Grand'Place : la Vieille Bourse, l'Opéra, le beffroi de la chambre de commerce.*

**Des Bourguignons aux Espagnols** – En 1369, par le mariage de Marguerite de Flandre et de Philippe le Hardi, le comté devient possession des ducs de Bourgogne. Une belle résidence est bâtie pour **Philippe le Bon** (1419-1467) qui, lors de fêtes splendides et de banquets somptueux, le 17 février 1454, prononce le « vœu du Faisan », promettant de partir en croisade. Il est alors entouré d'une cour brillante, où figure le peintre **Van Eyck**.

Le mariage de Marie de Bourgogne, fille de Charles le Téméraire, avec Maximilien d'Autriche fait passer le duché de Bourgogne à la maison de Habsbourg, puis à l'Espagne lorsque Charles Quint devient empereur. Après les guerres de Religion, sous la domination espagnole, les « gueux » dévastent la campagne. Lille échappe à l'assaut des Hurlus (« hurleurs ») grâce à ses habitants conduits par la cabaretière **Jeanne Maillotte**.

**La conquête de Louis XIV** – Faisant valoir les droits de son épouse, Marie-Thérèse, à une part de l'héritage d'Espagne, le roi réclame les Pays-Bas. En 1667, il dirige le siège de Lille. Après seulement 9 jours de résistance, la ville devient capitale des Provinces du Nord. Le Roi-Soleil s'empresse de faire construire une citadelle par Vauban, agrandit la ville et réglemente alignements et modèles de maisons.

**Le siège autrichien** – En **septembre 1792**, 35 000 Autrichiens assiègent Lille, défendue par une faible garnison. Les boulets pleuvent sur la ville. Cependant, grâce au courage des habitants, la métropole tient bon…

**De 1914 à 1940** – Au début d'octobre 1914, attaquée par six régiments bavarois, la ville se rend après trois jours de résistance acharnée. Le prince de Bavière, qui reçoit la reddition, refuse l'épée du colonel de Pardieu « en témoignage de l'héroïsme des troupes françaises ».

En mai 1940, sept divisions allemandes et les blindés de Rommel attaquent Lille. Les 40 000 soldats français tiennent trois jours et capitulent avec les honneurs militaires, au matin du 1er juin.

## LA VIE À LILLE

**L'économie hier et aujourd'hui** – Au Moyen Âge, Lille est une cité drapière. Les lissiers d'Arras, chassés par Louis XI, s'y installent au 15e s. À la tapisserie succède la filature du coton et du lin au 18e s., tandis que Roubaix et Tourcoing travaillent la laine. Avec le développement de la grande industrie apparaît dès le 18e s. un prolétariat urbain avec son cortège de misère. En 1846, la mortalité infantile atteint 75 % dans les courées de Saint-Sauveur. Les moulins à huile broyant le lin, le colza, l'œillette constituent, avec la dentelle et la céramique, d'autres spécialités lilloises. Aux industries traditionnelles (textile, imprimerie, industrie mécanique, chimie, agroalimentaire…) sont maintenant venues s'ajouter des entreprises de pointe. Capitale européenne de la vente par correspondance, Lille-Roubaix-Tourcoing est aussi un carrefour des affaires avec le centre Euralille, la chambre de commerce et d'industrie et la Bourse des valeurs. Le tertiaire représente près de 70 % des emplois.

**L'art du mouvement** – D'importants efforts de restauration ont été entrepris dans le quartier ancien, riche en demeures et monuments des 17e et 18e s. La ville s'est modernisée avec la reconstruction du quartier Saint-Sauveur et du Forum, la création de Villeneuve-d'Ascq et d'Euralille. Transparente et audacieuse, la gare Lille-Europe (1994) est un bel exemple d'architecture contemporaine. Dans le métro VAL, certaines stations sont ornées d'œuvres d'art. À la station **République** sont exposées *Les Muses*, sculptures de Debeve, *Spartacus* de Foyatier, *L'Automne* et *Le Printemps* de Carrier-Belleuse et des reproductions de tableaux du musée des Beaux-Arts. À voir également : *La Main* de César (station **Porte-de-Valenciennes**) ; la lave émaillée *Source de vie* (station **Wazemmes**) ; les fresques de Degand *Le Cri* et *Graffitis* (station **Fives**) ; *La Paternité*, bronze de Mme Léger (station **Pont-de-Bois**). Entièrement automatisé, le VAL a séduit Orly et Toulouse, comme Chicago et Taipei. Au célèbre Mongy, qui parcourait le Grand-Boulevard entre Lille, Roubaix et Tourcoing, s'est substitué un tramway, dessiné par Sergio Pininfarina, le designer de Ferrari.

**Le sens de la fête** – Chaque quartier a sa fête, la ducasse. Les Lillois, à cette occasion, sortaient autrefois leurs **géants**, **Phinaert** et **Lydéric**. Selon la légende, vers l'an 600, Phinaert le brigand occupait un château à l'emplacement de Lille. Un jour, il attaqua le prince de Dijon et sa femme en route pour l'Angleterre. Le prince fut tué, mais sa femme, qui était enceinte, réussit à s'échapper. Elle mit au monde un garçon qu'elle cacha, avant d'être rattrapée par le brigand. Le bébé fut recueilli par un ermite, baptisé Lydéric et allaité par une biche. Devenu adulte, il tua Phinaert pour venger ses parents, puis épousa la sœur du roi Dagobert et se vit confier la garde des forêts de Flandre. La ville s'est également affirmée comme une métropole culturelle avec l'Opéra du Nord, l'Atelier lyrique, à Tourcoing, les Ballets du Nord et des troupes comme celle du Théâtre du Nord. Plusieurs festivals s'y déroulent : celui d'automne présente un programme de concerts, de pièces de théâtre et de spectacles de danse.

## Découvrir

### PALAIS DES BEAUX-ARTS★★★ B3

*Pl. de la République - M° 1, arrêt République Beaux-Art - ✆ 03 20 06 78 00 - ♿ - tlj sf lun. matin et mar. 10h-18h (dernière entrée 30mn av. fermeture) - fermé 1er janv., 1er Mai, 14 Juil., 1er w.-end de sept. (braderie de Lille), 1er et 11 Nov., 25 déc. - 5,50 € (12-25 ans 3 €), gratuit avec le City Pass et le 1er dim. du mois.*

Construit entre 1887 et 1892, il fait face à la préfecture, place de la République, et présente sur 22 000 m² des collections exceptionnelles. Entre 1992 et 1997, le palais a fait l'objet d'une restauration. Les architectes Jean-Marc Ibos et Myrto Vitart lui ont rendu son volume original tout en créant de nouveaux espaces. À l'arrière a été édifié un **bâtiment-lame** de 70 m de long et 6,50 m de large, dont la façade en verre sérigraphiée renvoie l'image du palais et lui rend la dimension initiale du projet, jamais réalisé. Il abrite notamment un café-restaurant *(au Rdc)* et le cabinet des Dessins *(sur RV pour les chercheurs)*. Entre ces bâtiments s'étend le jardin : au centre, une dalle de verre laisse entrer la lumière vers la salle d'expositions temporaires située au-dessous. L'entrée mène à un vestibule éclairé par de grands lustres en verre coloré, dus à l'Italien G. Pesce. Libre accès à l'atrium (librairie-boutique) et au café-restaurant *(entrée possible par le jardin, r. de Valmy)*.

Y. Tierny / MICHELIN

*Le palais des Beaux-Arts de Lille.*

## Sous-sol

*Escalier à droite au fond de l'atrium.*

**Archéologie** – Œuvres du pourtour méditerranéen : Égypte, Chypre, Rome, Grèce (céramiques à figures noires).

**Moyen Âge et Renaissance** – Dans les galeries voûtées, la salle consacrée à l'Allemagne et à l'Autriche abrite un monumental retable dédié à saint Georges (Tyrol du sud, fin 15e s.). La salle suivante regroupe des œuvres françaises, italiennes et espagnoles du 12e au 15e s. : parmi les rares témoins de la sculpture romane de la région, fragments d'un haut-relief en calcaire figurant la Déposition de Croix ; ivoires provenant d'abbayes du nord de la France, *Vieillard de l'Apocalypse* (Saint-Omer, vers 1100) ; fameux encensoir en laiton finement ciselé et doré (art mosan du 12e s.), formé de deux coupes hémisphériques avec au sommet les trois jeunes Hébreux. L'art gothique est abondamment représenté : une croix-reliquaire (1200-1220) qui contenait un morceau de la vraie Croix ; le superbe *Festin d'Hérode*, le plus beau bas-relief en marbre de Donatello conservé en France. Dans la galerie des anciens Pays-Bas (15e et 16e s.), deux volets d'un triptyque de Dirk Bouts, pièces majeures de la collection, et le triptyque du *Bain mystique* de Jean Bellegambe.

**Plans-reliefs★** – La grande salle expose 15 plans-reliefs de villes situées à la frontière nord du « Pré carré » à l'époque de Louis XIV. 7 sont **françaises** : Aire-sur-la-Lys, Avesnes (1822), Bergues, Bouchain, Calais (1690), Gravelines (1758), Lille (1743). 7 sont **belges** : Audenarde (1746), où l'on remarque la précision des détails et des couleurs, Charleroi, Menin, Namur, Ostende, Tournai, Ypres. Enfin, la quinzième est **hollandaise** : Maastricht.

## Rez-de-chaussée

**Galerie de céramique** – *Au fond de l'atrium à gauche.* Belle collection de majoliques italiennes, de faïences de Nevers, Rouen, Lille, Strasbourg, et du Midi de la France, de Delft (belles bouteilles Flesch), de grès allemands et wallons, de porcelaines de Chine et du Japon.

**Galerie de sculpture** – *Au fond de l'atrium à droite.* Dans la rotonde, le *Chevalier errant* de Frémiet ; à l'opposé, le *Napoléon Ier, protecteur de l'industrie* d'Henri Lemaire. Panorama de la sculpture française : David d'Angers *(Bienfaits de l'imprimerie*, maquettes pour le monument dédié à Gutenberg à Strasbourg érigé en 1840-1844), Préault (40 médaillons en bronze figurant des personnalités), Camille Claudel *(Giganti, Louise de Massary)*, Bourdelle *(Pénélope)*.

## 1er étage

Peintures accrochées de façon chronologique, stylistique et thématique autour de l'atrium. *L'accrochage est régulièrement renouvelé.*

**École flamande** – Plusieurs toiles de Jordaens, traitant de genres différents : religieux *(Tentation de la Madeleine)*, mythologique *(Enlèvement d'Europe)* ou rustique *(Le Piqueur)* ; son étude de vaches sera reprise par Van Gogh. Parmi les tableaux d'autel : *Christ en Croix* de Van Dyck pour le couvent des Récollets, et la *Tentation de saint Antoine* de Teniers le Jeune. Chef-d'œuvre de Rubens : la *Descente de Croix*.

**École française du 17e au 19e s.** – Œuvres de Pieter Van Mol *(Annonciation)* et de Charles de La Fosse *(Remise des clefs à saint Pierre)*. Petits formats de Philippe de Champaigne *(Nativité)*, La Hyre *(Paysage pastoral)*, Largillière *(Portrait de J.-B. Forest)*, Le Sueur et Chardin *(Le Gobelet d'argent)*. Toiles de Louis Watteau *(Vue de Lille)* et de son fils François *(Bataille d'Alexandre)*. Bel ensemble de Boilly : *Jeu du pied de bœuf, Triomphe de Marat* et portraits. Peintures néoclassique de David *(Bélisaire demandant l'aumône)*, romantique de Delacroix *(Médée)*, réaliste de Courbet *(L'Après-dîner à Ornans)*, impressionniste de Monet *(Parlement de Londres)*, symboliste de Puvis de Chavannes *(Le Sommeil)*.

**Galerie d'Arts graphiques** – Cette galerie présente par roulement un choix de dessins issus du cabinet des Dessins du musée, riche de plus de 4 000 feuilles.

**Galerie d'Actualité** – Ouverte sur l'atrium, cette galerie reçoit une sélection temporaire de peintures et de sculptures et présente régulièrement les récentes acquisitions et restaurations du musée.

**Galerie hollandaise** – *Galerie donnant sur l'atrium.* Chefs-d'œuvre de Lastman *(Mise au Tombeau)* et d'E. de Witte *(Intérieur de la Nieuwe Kerk de Delft)*. Natures mortes de Van der Ast et de Van Beyeren. Paysages de Ruisdael *(Le Champ de blé)* et de Van Goyen *(Les Patineurs)*. Scènes de genre.

**Galerie italienne (16e au 17e s.) et Pavillon espagnol** – *Moïse sauvé des eaux* de Johann Liss, une *Esquisse du Paradis* de Véronèse et le *Portrait d'un sénateur* du

Tintoret illustrent la peinture vénitienne. L'école espagnole est d'une grande qualité : *Saint François en prière* du Greco ; *Saint Jérôme* de Ribera ; *Les Jeunes* et *Les Vieilles*, remarquables toiles de Goya, féroce satire de son siècle.

## Se promener

### LE VIEUX LILLE★★ B2

*2h30.* Depuis les années 1970, le quartier ancien a retrouvé ses belles façades des 17e et 18e s. Les crépis ont été grattés pour mettre en valeur l'originalité du « style lillois », mélange de briques et de pierres sculptées. Des îlots entiers ont changé de physionomie, et des commerces de luxe, des décorateurs, des antiquaires s'y sont installés.

**Le style lillois**

Les façades, ornées de moellons de pierre taillés en « pointes de diamant », apparaissent au début du 17e s. (pl. Louise-de-Bettignies). La Renaissance flamande (Vieille Bourse, maison de Gilles de La Boé) se caractérise par un décor exubérant. Fin 17e s., l'influence française se fait sentir dans l'alignement des maisons, les « rangs » et dans la décoration. Le rez-de-chaussée comporte des arcades de grès (gresseries). La pierre au grain serré freine l'humidité. Au-dessus, la brique alterne avec la craie sculptée d'angelots, d'Amours, de cornes d'abondance et de gerbes de blé.

#### Place Rihour

Le palais Rihour, de style gothique, abrite l'office de tourisme. Il fut construit entre 1454 et 1473 pour Philippe le Bon. La façade est ornée de belles fenêtres à meneaux et d'une tourelle octogonale de brique. À l'intérieur, la salle des gardes, qui abrite l'office de tourisme, est voûtée d'ogives élancées *(Rdc)*. Au-dessus, la chapelle dite, « salle du Conclave » *(étage)*, et l'oratoire ducal sont desservis par une cage d'escalier en pierre aux voûtes en réseau. *✆ 0 891 562 004 (0,22 €/mn) - lun.-vend. 9h-12h, 14h-17h, w.-end 10h-12h, 14h-17h - fermé j. fériés - gratuit.*

On rejoint la place du Gén.-de-Gaulle par une allée piétonne le long de laquelle s'alignent les cafés. Sur la gauche, les façades sont caractéristiques de l'architecture du 17e s. où se mêlent les influences flamande et française.

#### Place du Général-de-Gaulle (Grand'Place)★

Ancienne place du marché au Moyen Âge, la Grand'Place a toujours été le centre de l'activité lilloise. Près du théâtre s'élève la **Grand'Garde** (1717), surmontée de frontons, où logeait la garde du roi. Sur le terre-plein central, la **colonne de la Déesse** (1845), tenant un boutefeu, symbolise la résistance héroïque de Lille lors du siège en 1792. Le bâtiment au fronton à redans abrite les services administratifs du quotidien *La Voix du Nord* depuis 1944.

#### Vieille Bourse★★

Construite en 1653 par Julien Destrée à la demande des commerçants, elle devait rivaliser avec les Bourses des grandes villes des Pays-Bas. 24 maisons à mansardes encadrent une cour rectangulaire où avaient lieu les transactions. Julien Destrée, qui a décoré les façades, était sculpteur sur bois, spécialiste de l'écrin et du petit meuble. Les guirlandes, mascarons, grappes de fruits et chutes de fleurs qui ornent la façade de la Vieille Bourse évoquent un bahut flamand. Sous les arcades, bustes en bronze, médaillons, angelots et cartouches honorent les sciences et leurs applications. La cour intérieure est ouverte tous les après-midi (mar.-dim.) pour accueillir un marché aux livres d'occasion, parfois des joueurs d'échecs.

#### Place du Théâtre

La Nouvelle Bourse et son beffroi néoflamand, qui avoisine l'opéra de style Louis XVI édifié au début du 20e s., sont dus à Louis Cordonnier. L'alignement de maisons à pilastres (1687) surmontés d'élégants cartouches, nommé **Rang du Beauregard**, est l'ensemble le plus caractéristique de l'architecture lilloise de la fin du 17e s. Un remarquable bâtiment néoflamand abrite la chambre de commerce.

#### Rue de la Bourse

Observez le bel ensemble de façades du 18e s., décorées d'anges joufflus et de masques au 1er étage.

#### Rue de la Grande-Chaussée

Les « gresseries » à arcades ont été rénovées, et les magasins de luxe y ont installé leurs vitrines. Quelques balcons en fer forgé et les dessus-de-fenêtres sont ouvragés. Remarquez la première maison à droite et les nos 9, 23 et 29.

*La riche façade de la Vieille Bourse.*

## Rue des Chats-Bossus

Elle doit son nom à une vieille enseigne de tanneurs. **L'Huîtrière**, à la fois poissonnerie et célèbre restaurant de fruits de mer, présente une façade et un intérieur Art déco (1928). La rue des Chats-Bossus débouche sur la toute petite place des Patiniers, bordée de boutiques, aux maisons colorées alignées les unes contre les autres.

## Place du Lion-d'Or

Au n° 15, remarquez la maison des Poissonniers, qui date du 18e s.

## Place Louise-de-Bettignies

Elle porte le nom d'une héroïne de la Grande Guerre. Au n° 29, à l'angle de la place, la **demeure de Gilles de La Boé★**, un épicier grossiste, est richement ornée de corniches et de frontons en saillie (1636), parée de rouge, noir et or. Elle bordait un port sur la basse Deûle, actif jusqu'au 18e s. La rivière fut comblée en 1936. Elle a fait place à l'avenue du Peuple-Belge, où s'élève la tour du palais de justice.

## Rue de la Monnaie★

L'hôtel des Monnaies se trouvait dans cette rue où s'alignent des maisons du 18e s. *(côté gauche).* Au n° 3, le mortier et l'alambic servaient d'enseigne à un apothicaire. Les maisons suivantes (nos 5 à 9) sont décorées de dauphins, de gerbes de blé, de palmes… Au n° 8, statue de Notre-Dame de la Treille. Pignons à pas de moineaux aux nos 12 et 14. Les maisons suivantes datent du début du 17e s. et encadrent le portail à bossages (1649) de l'hospice Comtesse *(voir description dans « Visiter »).*

*En face de l'hospice Comtesse, prendre le passage Notre-Dame-de-la-Treille pour rejoindre la cathédrale.*

## Cathédrale Notre-Dame-de-la-Treille★

De style néogothique, elle présente une façade surmontée d'une rosace dessinée par l'artiste Ladislas Kijno et illustrant la Résurrection. Le **portail en bronze★★**, œuvre ultime de Georges Jeanclos (mort en 1997), est à la fois épuré et émaillé de

### La longue histoire d'une statue

La statue miraculeuse de Notre-Dame de la Treille, œuvre de la fin du 12e s., est vénérée dès le milieu du siècle suivant dans la collégiale Saint-Pierre (fondée par Baudoin de Lille en 1066). En mai 1354, un incendie ravage Saint-Pierre, mais épargne la statue. Partiellement reconstruit en 1368, l'édifice attire les grands de ce monde, princes et chefs d'État, jusqu'à la Révolution, où la collégiale est détruite. La statue, une nouvelle fois sauvée, sera honorée en 1854 par les catholiques lillois, qui décident d'édifier une église monumentale. Charles Leroy en sera l'architecte. La première pierre est posée au cœur du Vieux Lille, à l'emplacement de l'ancienne motte féodale, berceau de la cité. En 1913, avec la création de l'évêché de Lille, elle devient cathédrale. Elle est enfin inaugurée le 12 décembre 1999.

corps ployés, arc-boutés. Dans le chœur, la statue de Notre-Dame de la Treille domine l'autel. Autour de la nef se succèdent plusieurs petites chapelles. Table en granit rose des Vosges et retable en orfèvrerie émaillée et ciselée dans la chapelle Saint-Joseph, trois verrières consacrées aux trois patrons corporatifs les plus honorés à Lille (Arnoult, Éloi et Nicolas) dans la chapelle Sainte-Anne, bas-reliefs retraçant l'histoire de Flandre et de Lille dans la chapelle Charles-le-Bon, mosaïques rurales célébrant les sciences de la vérité dans la chapelle Saint-Jean-l'Évangéliste. La Sainte Chapelle s'illumine de onze verrières consacrées à la vie de la Sainte Vierge. Dans la travée gauche, maquette de la cathédrale datée de 1912. Au sous-sol, la crypte accueille des expositions temporaires.

SE LOGER

As Hôtel........................ 1
Chambre d'hôte Chez B and B.............. 4
Chambre d'hôte Chez Julie.................. 7
Hôtel Brueghel.............. 10
Hôtel Flandre Angleterre. 13
Ibis Opéra...................... 16
Novotel Centre Grand Place............... 17
Nord Hôtel..................... 22

SE RESTAURER

Aux Moules..................... 1
Le Bistrot de Pierrot........ 4
Brasserie de la Paix........ 5
Clément Marrot.............. 7
L'Assiette du Marché...... 10
L'Écume des Mers.......... 13
La Cave aux Fioles......... 16
La Tête de l'Art.............. 25
Le Passe-Porc................ 31
Les 3 Brasseurs............. 34
Omnia........................... 37
Le Why Not.................... 39

INDEX DES RUES

Bettignies (Pl.)...................3
Chats-Bossus (R. des).......6
Doudin (R.).......................8
Gaulle (Pl. Gén.-de) (Grand Place)..............10
Grande Chaussée (R. de la).....................12
Monnaie (R. de la)...........16
Sec-Arembault (R. du).....20
Vieille-Comédie (R. de la).....................24
Wault (Q. du)..................26

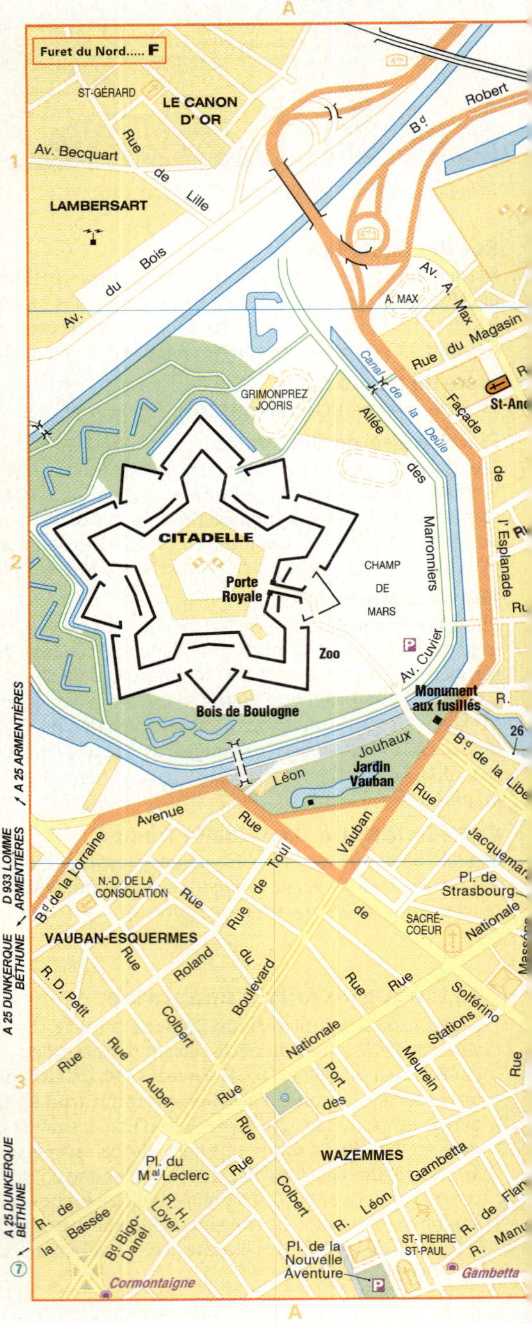

*Revenir rue de la Monnaie et continuer tout droit par la rue de la Collégiale, tourner à gauche dans la rue d'Angleterre, puis dans la rue Royale.*

## Rue Royale

Jadis voie principale d'un élégant quartier aménagé au 18e s. entre la citadelle et la vieille ville. À droite, au fond, s'élève le clocher de l'église Saint-André. En longeant la rue, remarquez à droite l'**église Sainte-Catherine**, avec sa tour austère datant du 15e s. Les beaux hôtels particuliers qui bordent la rue sont marqués par l'influence française. Au n° 68, l'ancien hôtel de l'intendance fut bâti en 1787 par l architecte lillois Lequeux. Au n° 75, la Banque de France a installé ses bureaux dans l'hôtel d'Hespel (1893).

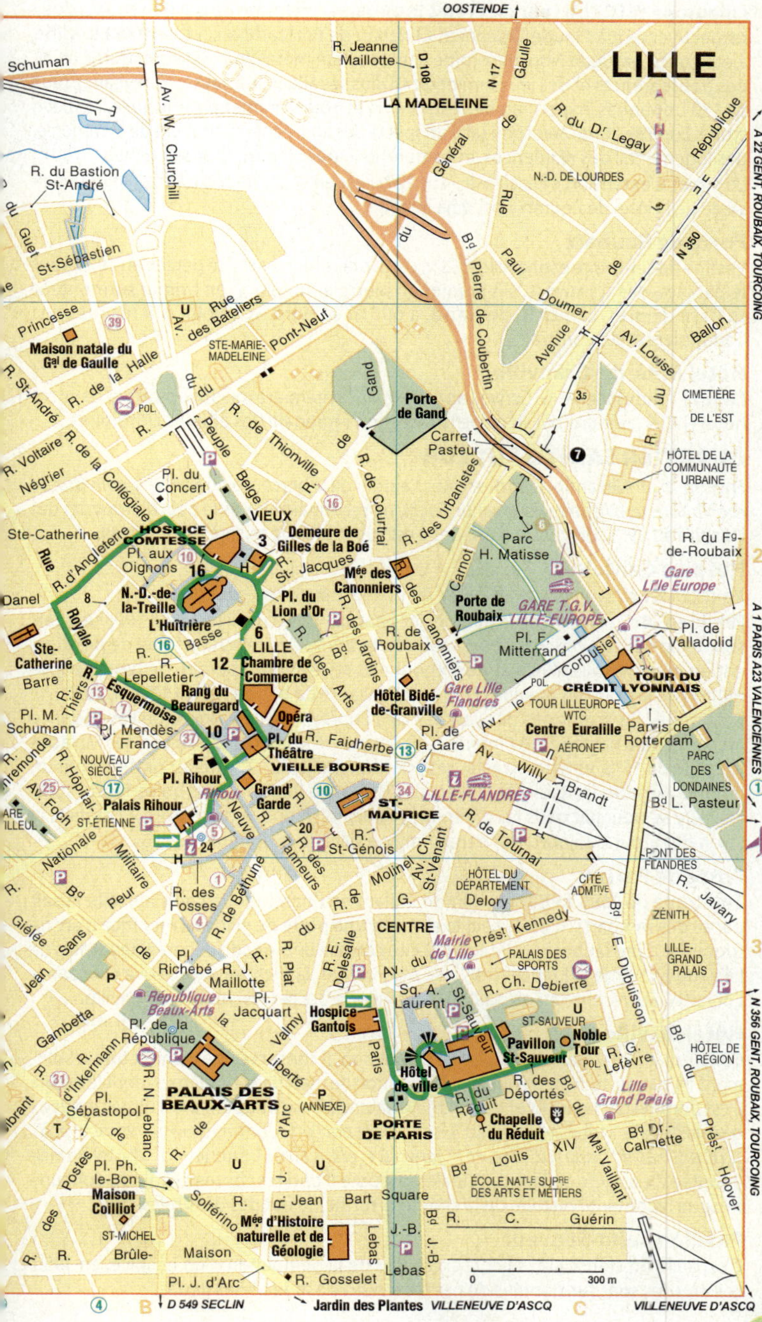

### Rue Esquermoise

Bordée de maisons des 17e-18e s. Aux nos 6 et 4, les Amours s'embrassent ou se tournent le dos selon qu'ils appartiennent ou non à la même maison. En face, la belle demeure restaurée était celle du fourreur.

*Rejoindre la place Rihour par la Grand'Place.*

## LILLE, CÔTÉ EST C2

### Euralille

Ce nouveau quartier a été conçu par l'urbaniste néerlandais Rem Koolhaas. La gare de Lille, rebaptisée **Lille-Flandres** en 1993, est reliée par l'avenue Le Corbusier à la nouvelle gare **Lille-Europe**, immense façade de verre qu'enjambent deux tours : la **tour Lilleurope WTC** et la **tour du Crédit Lyonnais★**, en forme de L, à pan coupé, dues respectivement à Claude Vasconi et Christian de Portzamparc. Le **centre Euralille** a été conçu par Jean Nouvel comme « un feuilleté métallique, perforé, tramé, avec des transparences et des jeux lumineux ». Dans ses allées spacieuses (2 niveaux), plus de 150 boutiques, hypermarché, restaurants et pôle d'animation culturelle, l'Espace croisé. Euralille abrite aussi une salle de spectacles, une école supérieure de commerce, des logements, des résidences, et comprend le **parc Henri-Matisse** (8 ha).

Le projet d'extension « Euralille II » sur 22 ha est en cours de réalisation ; le nouveau siège de l'Hôtel de Région y est déjà installé.

### Porte de Roubaix

Vestige de l'enceinte espagnole (1621), cette porte massive a été percée en 1875 pour le passage des tramways. Un larmier en pierre et un étage en brique surmontent sa base de grès. La **porte de Gand**, à 600 m au nord, se rejoint par les rues des Canonniers et de Courtrai.

### Hôtel Bidé-de-Granville

En 1821, l'industriel A.-D. Scrive Labbe installa la première machine à carder dans cet hôtel (1773), aujourd'hui siège de la Direction régionale des affaires culturelles.

## QUARTIER SAINT-SAUVEUR B-C3

*Environ 1h30.* Alexandre Desrousseaux, l'auteur de la berceuse du *P'tit Quinquin (statue rue Nationale, à l'entrée de l'avenue Foch)*, ne reconnaîtrait pas le quartier ouvrier qui l'inspira au 19e s. Un centre d'affaires s'est substitué à la misère des courées.

### Hospice Gantois★

*Visite guidée (1h) mar. 14h-17h - visite libre le reste du temps - gratuit.*

Fondé en 1462 par Jean de la Cambe, dit Gantois, il a accueilli jusqu'en 1995 des personnes âgées défavorisées et des malades, et abrite désormais un hôtel de prestige, entièrement rénové alliant style d'époque et style contemporain. De l'extérieur, le pignon de la salle des malades (15e s.) est encadré de bâtiments du 17e s. *(r. de Paris).* Remarquez les sculptures des vantaux de la porte (1664), typiques de l'abondance architecturale flamande. À l'intérieur, l'hôtel ouvre les portes de la salle des Malades (fresque du 15e s. et vitraux restaurés), de la chapelle du 17e s., assez grande pour un hôpital. Admirez les tableaux anversois inspirés de Rubens et les boiseries du 18e s. La visite se poursuit dans les différentes cours (d'Honneur, des Sœurs…) et dans le salon des Sœurs, aujourd'hui transformé en salle de réception.

### Porte de Paris★

Construite de 1685 à 1692 par Simon Vollant en l'honneur de Louis XIV, elle faisait partie des remparts. C'est le seul exemple d'une porte de ville faisant office d'arc de triomphe. Côté faubourg, elle se présente comme une arcade décorée des armes de Lille (un lys) et de la France (trois lys). Au sommet, la Victoire s'apprête à couronner Louis XIV, représenté en médaillon. Côté ville, la porte ressemble à un pavillon.

### Hôtel de ville

Construit en 1927 par le Lillois Émile Dubuisson, il conserve une architecture résolument flamande, tout en privilégiant l'utilisation de matériaux modernes, dont le béton. Il est dominé par un **beffroi** de 104 m de haut à la base duquel sont sculptés les deux géants de Lille, Lydéric et Phinaert *(visite guidée par l'office de tourisme sur réserv. - vend., sam. à 10h30 et 11h30 sf 25 déc. et 1er janv. - 6 €, enf. 4,50 €).* L'intérieur de l'hôtel de ville (montée d'escaliers, salles municipales) est orné d'œuvres contemporaines, dont une fresque racontant l'histoire de la cité, sous forme de bandes dessinées.

### Pavillon Saint-Sauveur

C'est l'aile du cloître (18e s.) conservée lors de la démolition d'un hospice, en 1959. Les arcades sont surmontées de hautes fenêtres à médaillons fleuris.

### Noble Tour

Ce donjon, seul témoin de l'enceinte du 15e s., est devenu un mémorial de la Résistance. Belle composition du sculpteur Bizette-Lindet.

### Chapelle du Réduit

Seul vestige du fort du Réduit, construit à la même époque que la citadelle, elle garde une jolie façade Louis XIV, ornée des armes de France et de Navarre.

Non loin du quartier Saint-Sauveur, mais en dehors du circuit, la **maison Coilliot** fut construite en 1898 par Hector Guimard pour M. Coilliot, céramiste lillois. Elle illustre l'Art nouveau avec sa façade en lave émaillée, ses lignes courbes et la présence originale de son double toit.

## CITADELLE★ A2

*La citadelle est toujours occupée par des militaires - visite guidée (1h) sur réservation auprès de l'office de tourisme (24h avant) - 1er et 3e vend. du mois à 15h et à 16h (sf 25 déc. et 1er janv.) - 7 € (enf. 5,50 €).*

Au cœur du plus grand espace vert de Lille, cette « reine des citadelles », créée par Vauban, est la première réalisation de Louis XIV après la conquête de Lille. Le chantier occupa 2 000 hommes pendant trois ans (1667-1670). Cinq bastions et cinq demi-lunes, que protègent des fossés autrefois alimentés par la Deûle, défendent une véritable ville dans la ville.

On entre par la **Porte royale** qui donne sur une vaste place d'armes pentagonale, cernée par les bâtiments de Simon Vollant : chapelle classique, logements d'officiers et superbe arsenal. Ces édifices en grès, brique et pierre sont représentatifs du style franco-lillois au 17e s. Autonome, la citadelle avait ses puits et ses commerces (boulangerie, brasserie, tailleurs, cordonniers...). Des patriotes ont été fusillés pendant les dernières guerres dans les fossés extérieurs. Dans le square Daubenton, le **monument aux Fusillés**, dû à Félix Desruelle, exprime la noble attitude des patriotes lillois exécutés en 1915. Les remparts, dont on peut faire le tour, sont aujourd'hui aménagés en agréable promenade.

### Parc zoologique

*Près du Champ-de-Mars - av. Mathias-Delobel - 03 28 52 07 00 - avr.-oct. : lun.-vend. 9h-18h, w.-end et j fériés 9h-19h ; reste de l'année : 10h-17h - fermé de mi-déc. à mi-fév. - gratuit.*

Il abrite un parc africain (rhinocéros, panthères, antilopes...), un parc d'Amérique du Sud (pandas roux, alpagas...) et quelques belles volières. La **Maison tropicale** reconstitue le milieu naturel d'espèces spécifiques (tortues géantes, iguanes, tamarins...). Proche du parc, une vaste **aire de détente** est réservée aux enfants (pique-nique, manèges et jeux).

### Jardin Vauban

*Le long du canal de la Deûle. 03 28 36 13 50 - mar.-sam. 9h-12h, 13h-17h.* Parc paysager typique du Second Empire ; allées sinueuses, massifs arborés et fleuris, bassins. Statue du poète lillois A. Samain (1859-1906).

# Visiter

### Hospice Comtesse★ B2

*32 r. de la Monnaie - 03 28 36 84 00 - tlj sf lun. matin et mar. 10h-12h30, 14h-18h - fermé 1er janv., 1er Mai, 14 Juil., 15 août, 1er w.-end et lun. de sept., 1er et 11 Nov., 25 déc. - 3,50 € (-12 ans gratuit) gratuit avec le City Pass et le 1er dim. de chaque mois.*

Sa fondatrice, Jeanne de Constantinople, était comtesse de Flandre. Elle fit édifier un hôpital en 1237 pour le salut de son mari, Ferrand de Portugal, fait prisonnier à Bouvines. Le bâtiment, incendié en 1468, est reconstruit, puis agrandi aux 17e et 18e s. Transformé en hospice en 1789, puis en orphelinat, il abrite à présent le musée régional d'Histoire et d'Ethnographie, ainsi qu'un lieu d'expositions et de concerts. On entre par le portail monumental (17e s.) : « gresserie » à bossages.

**Salle des Malades** – *Dans la cour d'Honneur.* Ce long bâtiment reconstruit après 1470 sur les fondations du 13e s. accueille des expositions temporaires. La **chapelle** a été agrandie et séparée par un jubé après l'incendie de 1649. À l'intérieur, le vaisseau frappe par sa **voûte en carène★★** faite de bois lambrissé. Deux tapisseries, tissées à Lille en 1704. L'une montre Baudouin IX, comte de Flandre et du Hainaut, avec son épouse et ses deux filles, et l'autre Jeanne, la fondatrice, entourée de son premier et de son second mari.

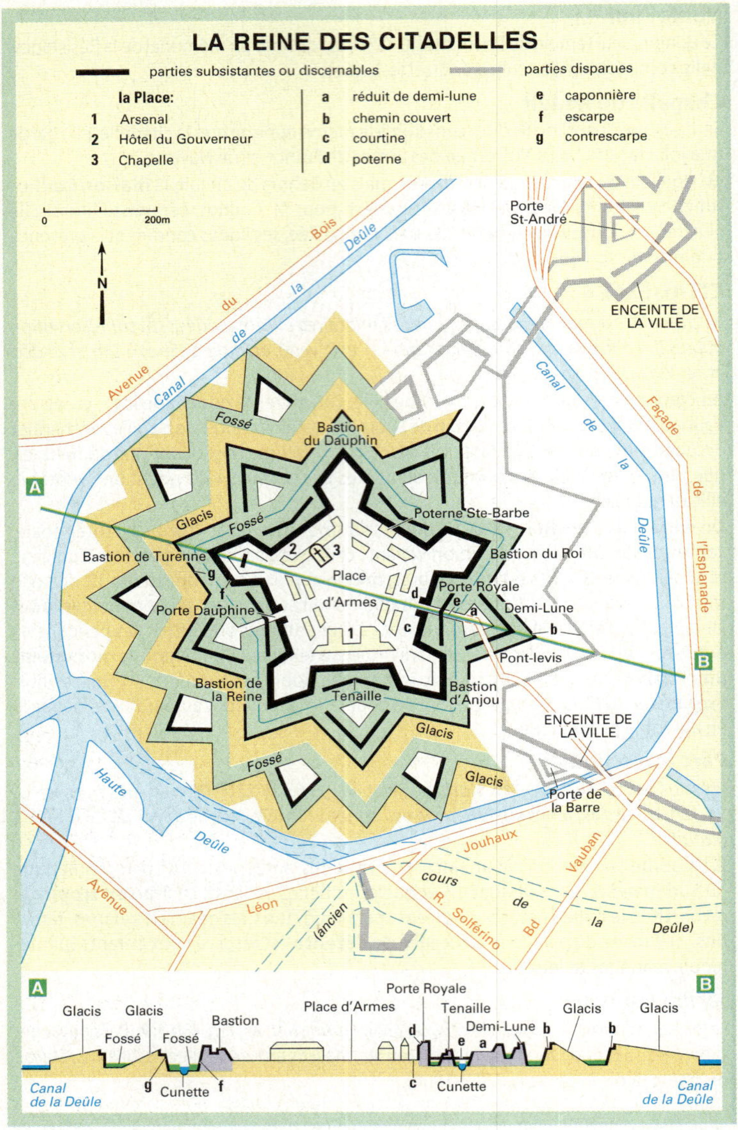


**Musée** – *Dans l'aile droite.* Baptisé « bâtiment de la communauté » (fin du 15e s.). Il a été surélevé au 17e s. Meubles et objets d'art évoquent l'atmosphère flamande d'une fondation pieuse au 17e s. Cuisines revêtues de faïences bleutées de Hollande et de Lille. Dans le réfectoire, le manteau de cheminée baroque encadre une Nativité (16e s.), copie d'une peinture de Martin De Vos exposée à Anvers. Nature morte, table à pieds, balustres, niche abritant une Vierge à l'Enfant et armoire à deux corps. Le **parloir**, récemment restauré, est orné de sobres lambris décorés d'ex-voto du 17e s. et de portraits des ducs de Bourgogne. Les appartements de la prieure, recelant des boiseries Louis XV, ont été harmonieusement réaménagés en pièces d'ambiance. Armoire à linge, vases de Delft, bureau à secrets et fauteuil, bougeoirs, encrier et coffret. La pharmacie (cruche, pichet, chevrette, chauffe-plat, etc.) et la lingerie (vaisselle du 17e s.) constituent les deux dernières pièces du rez-de-chaussée.

Au 1er étage, l'ancien dortoir présente, sous son plafond à poutres sculptées, des peintures flamandes et hollandaises du 17e s. et un beau Christ picard (16e s.). De part et d'autre du dortoir, deux salles évoquent l'histoire régionale : éléments d'architecture, porte lilloise du 17e s. en bois et en fer, tambour de la Garde nationale, tableaux de Louis et François Watteau représentant Lille au 18e s.

### Église Saint-Maurice★ B2

C'est un bel exemple d'église-halle de style gothique (15e au 19e s.), aux cinq nefs d'égale hauteur. Dans la chapelle du faux transept gauche, le Christ de Pitié (16e s.) est recouvert d'un manteau de velours et vénéré sous le vocable de « Jésus flagellé ». Au milieu de la nef, admirez la superbe chaire en bois sculpté. Au sud de l'église, voyez la croix de Saint-Maurice (1729) et la maison du Renard (1660), et rue de Paris, au nº 74, la maison des Trois Grâces.

### Maison natale de Charles de Gaulle B2

*9 r. Princesse - ✆ 03 28 38 12 05 - www.maison-natale-degaulle.org - ♿ - juin-août : merc.-dim. 10h-13h, 14h-18h ; sept.-mai : merc.-sam. 10h-13h, 14h-18h ; dim. 13h30-18h30 (dernière entrée 1h av. fermeture) - fermé lun., mar. et j. fériés - 6 € (audioguide inclus) - gratuit avec le City Pass.*

Dans cette maison en briques chaulées, le grand-père maternel de Charles de Gaulle tenait une fabrique de dentelles. Un musée rassemble photos et souvenirs : robe de baptême du petit Charles, baptisé dans l'**église Saint-André** *(rue Royale)*, ex-chapelle des Carmes (18e s.), le 22 novembre 1890 ; réplique de la célèbre DS où se tenaient le général et son épouse lors de l'attentat du Petit-Clamart en 1962. Si les impacts de balles, matérialisés par des croix blanches, ne sont pas tout à fait au bon endroit, la plaque d'immatriculation est d'époque.

**Qu'est devenu l'original ?**

La DS authentique, revendue au général Robert-Pol Dupuy en 1964, fut sévèrement accidentée par ce dernier en 1971. L'épave fut alors offerte à l'institut Charles-de-Gaulle, qui confia sa réparation à Citroën. Trop endommagée, elle finit à la casse, sauf l'intérieur (sièges, volant, tableau de bord, etc.), qui a été préservé pour la reconstitution.

### Musée des Canonniers Sédentaires C2

*44 r. des Canonniers (entrée par la rue de Urbanistes) - ✆ 03 20 55 58 90 - tlj sf dim. 14h-17h - fermé de mi-déc. à mi-fév., les 3 premières sem. d'août et j. fériés - € € (-15 ans gratuit) - gratuit avec le City Pass.*

En 1804, l'édifice fut légué par Napoléon au corps des canonniers de Lille fondé en 1483 et connu sous le nom de confrérie Sainte-Barbe. Le musée militaire évoque l'histoire des sièges soutenus par la ville et les faits d'armes de Faidherbe et Négrier. Exposition de 3 000 objets : fusils de 1777 à 1945, armes blanches... Deux pièces de canons exceptionnelles, les fameux **Gribeauval**, sont un don de Napoléon aux canonniers.

### Musée d'Histoire naturelle et de Géologie B3

*19 r. de Bruxelles - ✆ 03 28 55 30 80 - lun. et merc.-vend. 9h-12h, 14h-17h, dim. 10h-13h, 14h-18h - fermé mar., sam., 1er janv., 1er Mai, 14 Juil., 15 août, 1er et 11 Nov., 25 déc. - 3 € (enf. 1,50 €), gratuit avec le City Pass et accès gratuit aux collections permanentes 1er dim. du mois.*

Créé en 1822, il a été enrichi au 20e s. par deux géologues de la région. Des squelettes de baleine et des reconstitutions d'animaux préhistoriques, dont un carnassier des mers de la période jurassique, vous accueillent à l'entrée. Expositions temporaires.

**Zoologie** – Mammifères et oiseaux naturalisés, reptiles... sont rassemblés ici. Des dioramas présentent la faune française (sangliers, biches, castors). Voyez dans l'insectarium les mygales, les scorpions... et dans la section ornithologique, 5 000 oiseaux, dont certains ont disparu.

**Géologie** – Fossiles et roches illustrent l'histoire de l'Europe du Nord, de – 600 millions d'années à l'époque gallo-romaine, dans un espace muséographique entièrement transformé en 2002 (dioramas, écouteurs, microscopes...). Parmi les 100 000 fossiles, roches et minéraux, remarquez les coquilles d'ammonite sciées et polies, les fossiles de poissons et crustacés, vieux de 95 millions d'années, trouvés au Liban, le fossile de l'oiseau primitif archéoptéryx et de la libellule datant du jurassique (150 millions d'années)... Les fossiles végétaux (extraits de puits miniers) sont les vestiges de la forêt qui couvrait la région voici 300 millions d'années. Une veine de charbon reconstituée évoque l'univers de la mine et ses ambiances sonores.

### Jardin des plantes

*Du boulevard J.-B.-Lebas, prendre la rue de Douai, la rue A.-Carrel et à droite après le boulevard des Défenseurs-de-Lille - ✆ 03 28 36 13 50 - jardin : avr.-sept. : 7h30-21h ;*

Château du Vert Bois, Bondues

*L'une des tapisseries de Bruxelles qui ornent les murs du château du Vert-Bois.*

*oct.-mars. : 8h-18h30 ; visite guidée en semaine de la serre équatoriale : rens. et réserv. au n° de tél. ci-dessus - gratuit.*

Au milieu de 12 ha de pelouses, d'arbres et de fleurs rares se dresse la serre tropicale, structure moderne de béton et de verre qui abrite la flore tropicale et équatoriale.

## Aux alentours

### Village des métiers d'art du Septentrion et château du Vert-Bois★

*9 km au nord. Sortir par la N 17, traverser Marcq-en-Barœul puis Bondues et suivre une route à droite (panneaux indicatifs). Chemin des coulons - ✆ 03 20 46 26 37 ou 03 20 72 60 87 (office du tourisme de Marcq-en-Barœul) - village des métiers d'art : jeu.-dim. 14h-18h - gratuit ; parc et collection de minéraux : jeu.-dim. 14h-18h - 2 € (-10 ans gratuit) ; visite guidée du château (1h) juil.-août. : sur réservation dim. 15h30 et 17h - 9 € (-10 ans gratuit).*

Le **village des métiers d'art du Septentrion** occupe les bâtiments de l'ancienne ferme des Marguerites, proche du château du Vert-Bois. On y trouve une galerie d'art contemporain, un restaurant, un salon de thé, une boulangerie artisanale, une brocante et différentes échoppes d'artisans. Au cœur du village, la **fondation Prouvost** organise des expositions temporaires et présente une très belle **collection de minéraux** rares rassemblés par Anne et Albert Prouvost au cours de leurs voyages.

Le **parc** (60 ha), peuplé de tilleuls argentés, de marronniers et de chênes rouges, permet de gagner le Vert-Bois. Dans le secteur planté de tulipiers de Virginie, on remarque *L'Enlèvement des Sabines*, bronze de Jean de Bologne, et *Le Bélier*, œuvre moderne de Paul Hémery. De nouvelles sculptures viennent régulièrement enrichir cette collection.

Dans le **château★**, on peut voir un beau mobilier (18e s.), des tapisseries (16e-17e s.), dont une imposante tapisserie de Bruxelles, des peintures du 18e s. évoquant la marine et attribuées à Van Loo, des pièces d'orfèvrerie 18e s. et Empire, des souvenirs de Napoléon et de sa famille, des faïences persanes du 9e au 15e s. *(au sous-sol)*. Le château est précédé d'un charmant jardin clos agrémenté de roses aux beaux jours.

### Mosaïc - Jardin des cultures à Houplin-Ancoisne

*15 km au sud par A 1 puis D 952. R. Guy-Mocquet - ✆ 03 20 58 08 61 - juin-août : 10h-19h ; mars-mai et sept.-oct. : tlj sf mar. 10h-18h (mars et oct. 17h) - 5 € (enf. 3 €, famille 15 €).*

Au cœur du parc de la Deûle, les 33 ha de Mosaïc offrent une bouffée d'air pur à quelques kilomètres de Lille. Partez à la découverte de la mosaïque de peuples et de cultures qui ont choisi la métropole lilloise comme lieu de vie, à travers un espace paysager contemporain et original. Mosaïc mêle grands espaces (étang, vastes pelouses, aires de jeux) et reconstitutions de jardins traditionnels du monde entier (les Terrasses de Méditerranée, le Jardin des figuiers, le Jardin tissé ou celui du dragon…).

### Comines

*20 km au nord par la N 17, puis la D 108 à gauche et la D 945 à droite.*

Sur la Lys, sa rive gauche est belge, la droite est française. Lors de la **fête des Louches**, ces ustensiles enrubannés sont jetés du haut de l'hôtel de ville : cette coutume rappelle le geste légendaire d'un seigneur du lieu emprisonné qui se fit connaître en jetant ses cuillers par la fenêtre. Les géants cominois **Grande Gueuloute** et **P'tite Chorchire** apparaissent costumés en rubaniers, accompagnés de la confrérie de la Grande Louche *(voir l'encadré pratique)*.

## Wambrechies★

*7 km au nord de Lille par la rocade nord-ouest, sortie 9 ou 10. Bus ligne 3 ou 9.*

En bordure de l'agréable canal de la Deûle, ce bourg, autrefois prisé par les riches industriels de la région, conserve autour de la Grand'Place son élégant office de tourisme, ancien **hôtel de ville** (1868), dont l'architecture en brique rappelle le maniérisme de la Renaissance flamande, et sa superbe église, ainsi qu'un peu plus loin son château entouré de douves. On y perpétue, depuis 1817, la tradition du genièvre distillé *(voir l'encadré pratique)*.

**Église Saint-Vaast** – *Vend. 9h-17h.* Néogothique, elle fut reconstruite en 1860 sur les ruines de l'ancienne église du 14e s., incendiée au cours des guerres de Religion (1581) et malmenée durant la Révolution. Son architecte, Charles Leroy, réalisa ensuite les plans de la future cathédrale Notre-Dame-de-la-Treille de Lille. Elle perdit son clocher, haut de 72 m, en 1940, les Allemands estimant qu'il gênait les avions au décollage. Remarquez les vitraux d'Haussaire, célèbre maître verrier de la fin du 19e s., et les prie-Dieu sculptés à l'entrée.

**Musée de la Poupée et du Jouet ancien★** – *☎ 03 20 39 69 28 - www.musee-du-jouet-ancien.com - ♿ - merc., dim. et j. fériés 14h-18h ; fermé 1er janv. et 25 déc. - 4 € (-12 ans 2 € - entrée + activités 4 €).*

Installé dans les salles voûtées du **château de Robersart**, lieu de résidence des seigneurs de Wambrechies, construit à la fin du 18e s. dans le style Renaissance et rénové en 1995, le musée abrite une superbe collection de poupées et de jouets anciens, du milieu du 19e s. aux années 1960. Les vitrines ont été aménagées en contrebas, dans un espace un peu étroit, par un couple de passionnés : petits trains, objets de culte miniatures, Barbies des années 1960, voitures André Citroën (1920-1939), bateaux Radiguet et Bing, soldats de plomb, avions en tôle, poupées parisiennes époque Napoléon III, poupées Steiner, Bleuette, illustrés *Lisette*, collection d'albums *Bécassine* (1913-1958)… Expositions temporaires thématiques et jeux en bois flamands en libre accès. Fête du Jouet ancien chaque année *(voir l'encadré pratique)*.

# Lille pratique

## Adresses utiles

**Office du tourisme de Lille** – *Palais Rihour - pl. Rihour - 59000 - ☎ 0 891 562 004 (0,225 €/mn) - www.lilletourism.com - 9h30-18h30, dim. et j. fériés 10h-12h, 14h-17h - fermé 1er mai, 25 déc. et 1er janv.*

**Office de tourisme du Val de Deûle** – *2 pl. du Gén-de-Gaulle - 59118 Wambrechies - ☎ 03 28 38 84 21 - www.tourisme-wambrechies.com - mar.-vend. 10h-12h30, 14h-17h30 (dim. et j. fériés 14h-19h de mi-avr. à mi-oct.).*

## Visites

**Visite guidée** – Lille, **Ville d'art et d'histoire**, propose toute l'année des visites-découvertes animées par des guides-conférenciers agréés par le ministère de la Culture et de la Communication. Découverte du vieux Lille *(9 € - 2h)*, de la citadelle *(7 € - 1h)* ; le Grand Boulevard *(8 € - 1h30) ; Une hure, un site (4 €) ; Un dimanche, un quartier…*

**City Pass Lille Métropole** – *Information et vente dans les offices de tourisme des villes concernées - www.lilletourism.com.* Ce pass permet d'accéder gratuitement au réseau de transports en commun de la métropole de Lille (Transpole) et à de nombreux sites et prestations touristiques à Lille et dans la région pour 1, 2 ou 3 jours (18, 30 et 45 €).

**Forfaits touristiques** – L'office de tourisme propose des forfaits thématiques (découverte, marché de Noël, culturel, braderie de Lille…) comprenant une ou plusieurs nuits d'hôtels, un City Tour, une entrée de musée ou un spectacle, etc.

**City Tour** – Tour de Lille en minibus (50mn) - *dép. ttes les h 10h-17h (sf 13h) ; horaires susceptibles d'être modifiés, se renseigner à l'office de tourisme - ♿ - 10 € (-18 ans 8 €) gratuit avec le City Pass - départ du palais Rihour.* Visite commentée en 8 langues avec casque.

**Tramway Ancien** – *R. de la Deûle - 59520 Marquette-lez-Lille - ☎ 03 28 38 84 21 - www.amitram.asso.fr - dim. apr.-midi 14h-18h, 1er dim. avr.-dernier dim. sept. - dép. ttes les 20mn du « Vent de Bise » à Wambrechies et de la rue de la Deûle à Marquette - 4 € (enf. 1 €).* Sur la rive droite du canal de la Deûle, 3 vieux tramways remis en service par l'association Amitram circulent entre Marquette-Lez-Lille et Wambrechies (2,9 km), au rythme du début du 20e s.

**Lille en Segway** – Ce nouveau mode de transport totalement écologique permet une découverte plus étendue de la ville. *Sam. à 11h - durée 2h (formalités administratives, initiation et visite) - 20/30 € pour 2 pers. - dép. du Champ de Mars - inscription préalable obligatoire auprès de l'office de tourisme.*

**Lille à vélo** – Enfourchez votre bicyclette et rejoignez votre guide pour une visite sur le thème du patrimoine industriel réhabilité, des châteaux de l'industrie aux Maisons folie, bureaux et lofts. *Dim. à 10h - 2h (environ 10 km, sans aucune difficulté). 7/5 € - dép. et inscription préalable obligatoire à l'office de tourisme.*

## Se loger

**Chambre d'hôte chez B and B** – *78 r. Caumartin - 03 20 13 76 57 - www.bedbreakfast.fr.fm - fermé 15 juil.-15 août - - 3 ch. 45/60 €* . B & B comme « Bed and Breakfast », mais aussi comme Béatrice et Bernard, les actuels propriétaires de cette maison bâtie sous Napoléon III. Les chambres (non-fumeurs) sont coquettes et l'une d'entre elles offre l'intimité d'une mansarde. Salle des petits-déjeuners donnant sur le jardin. Séjour de 2 nuits minimum.

**Chambre d'hôte Chez Julie** – *8 r. de Radinghem - 59134 Beaucamps-Ligny - 03 20 50 33 82 - www.chezjulie.fr - P - - 3 ch. 49 €* . Vous vous sentirez vite à l'aise dans cette agréable fermette en brique rouge située aux portes d'un village de la campagne lilloise. Ses chambres aux teintes pastel sont bien tenues. Un piano, un poêle à bois et deux jeux traditionnels flamands agrémentent la salle des petits-déjeuners.

**Nord Hôtel** – *48 r. du Fg-d'Arras - 03 20 53 53 40 - www.nord-hotel.com - P - 80 ch. 49/80 € - 7,50 €.* Cet hôtel, situé sur un grand boulevard, proche de la station de métro « Porte d'Arras » et facilement accessible par autoroute, représente une étape pratique. Les 80 chambres, réparties sur 4 étages, sont spacieuses et fonctionnelles. Accès Internet, garage gratuit.

**As Hôtel** – *98 r. Louis-Braille - 59790 Ronchin - 03 20 53 05 05 - www.ashotel.com - P - 48/100 € - 8 € - rest. 16/20 €.* Cet établissement cubique propose des chambres récentes, toutes équipées d'une literie neuve, ainsi que de l'accès Wifi. Carte variée servie dans une agréable salle de restaurant en jaune et bordeaux. Une étape pratique à deux pas de l'A 1.

**Hôtel Flandre Angleterre** – *13 pl. de la Gare - 03 20 06 04 12 - www.hotel-flandre-angleterre.fr - 44 ch. 63/92 € - 7,50 €.* Face à la gare, à proximité des rues piétonnes, cet hôtel familial met à votre disposition des chambres modernes, confortables et douillettes. Son emplacement et ses prix abordables en font une adresse à ne pas négliger

**Ibis Opéra** – *21 r. Lepelletier - 03 20 06 21 95 - www.ibishotel.com - 59 ch. 65/94 € - 8 €.* Jolie façade traditionnelle et chambres neuves conformes aux normes de la chaîne (mobilier moderne, coin bureau) : un bon point de départ pour la visite du centre historique.

**Novotel Centre Grand Place** – *116 r. de L'Hôpital-Militaire - 03 28 38 53 53 - www.novotel.com - 104 ch. 70/179 € - 15 €.* Hôtel refait à neuf selon le nouveau concept Novotel : grandes chambres contemporaines, pensées pour la détente et le travail (mobilier modulable) et salles de bains modernes.. Plats traditionnels à tendance diététique au restaurant. Service à toute heure au Novotel Café.

**Brueghel** – *Parvis St-Maurice - 03 20 06 06 69 - www.hotel-brueghel.com - 65 ch. 94 € - 8,50 €.* Façade typiquement flamande, charme rétro du hall et de l'ascenseur, jolies petites chambres personnalisées et situation centrale font de cet hôtel une adresse prisée.

## Se restaurer

**Aux Moules** – *34 r. de Béthune - 03 20 57 12 46 - www.auxmoules.com - fermé 24-25, 31 déc. et 1er janv. - 7/11 €.* Des moules, bien sûr... et quelques autres spécialités flamandes, mais aussi une carte de brasserie traditionnelle et du poisson. Cette brasserie au cadre 1930, dans une rue piétonne animée, attire les amateurs. Un incontournable de la ville...

**Le Passe-Porc** – *155 r. de Solférino - 03 20 42 83 93 - fermé 3 sem. août et dim. et le soir sf vend. - - P - 10,50/18,80 €.* Voici un bistrot comme on les aime Carrelage, banquettes et plaques émaillées sur les murs servent d'écrin à une collection de cochons... Son ambiance sympathique et sa cuisine copieuse (spécialités de tripes) s'accordent parfaitement avec son cadre amusant.

**Les 3 Brasseurs** – *22 pl. de la Gare - 03 20 06 37 27 - www.les3brasseurs.com - formule déj. 7,80/18,50 € - 7/15 €.* Une odeur de houblon accueille le visiteur dans cette véritable institution lilloise, fondée en 1928 qui tient à la fois du bistro et de la micro-brasserie. Vous pourrez y déguster les quatre variétés d'une bière pression tirée toute fraîche des cuves exposées derrière le comptoir. Flammekueches, choucroutes et plats du terroir. Décor convivial inspiré des estaminets.

**L'Assiette du Marché** – *61 r. Monnaie - 03 20 06 83 61 - www.assiettedumarche.com - fermé 2-24 août et dim. - formule déj. 16 € - 20 €.* Le joli décor – mariage de moderne et d'ancien – et la verrière coiffant la cour intérieure magnifient l'hôtel des Monnaies (18e s.). L'assiette se garnit en fonction du marché.

Nimbus / Fotolia.com

*Cocottes de moules de la braderie de Lille.*

**Omnia** – *9 r. Esquermoise - 03 20 57 55 66 - omnia-restaurant.com - 20 €.* Jadis cabaret, maison close puis cinéma, l'adresse accueille aujourd'hui une minibrasserie très animée. Ballet des serveurs, ambiance bruyante et bières maison coulant à flots : vous êtes dans un haut lieu de la gaieté lilloise. Cuisine traditionnelle et quelques spécialités régionales.

**La Tête de l'Art** – *10 r. de l'Arc - 03 20 54 68 89 - www.latetedelart-lille.com - fermé dim., lun. soir, mar. soir - 21,50/23,50 € bc.* Derrière la façade rose de cette maison bourgeoise de 1890 se cache un sympathique restaurant animé. Au bout d'un couloir, chaleureuse salle à manger où les Lillois aiment déguster une cuisine traditionnelle. Sélection de vins à prix réduit.

**La Cave aux Fioles** – *39 r. de Gand - 03 20 55 18 43 - www.lacaveauxfioles.com - fermé sam. midi, dim, lun. et j. fériés - formule déj. 10 € - 17/35 €.* Ne soyez pas rebuté par le long couloir un peu triste qui conduit à ce restaurant aménagé dans deux maisons des 17e et 18e s., car l'intérieur vous réserve de bonnes surprises : briques, boiseries, poutres apparentes et tableaux de peintres régionaux composent un chaleureux décor, et l'étage abrite une amusante collection de chaises percées. Atmosphère conviviale. Cuisine traditionnelle.

**Le Bistrot de Pierrot** – *6 pl. Béthune - 03 20 57 14 09 - www.bistrot-de-pierrot.fr - fermé 10-16 août, janv., dim. et lun. - 30/45 €.* Les nouveaux propriétaires des lieux ont su préserver l'âme et le décor de cet authentique bistrot. Au menu : bon choix de plats canailles et cuisine plus légère pour ces dames.

**Le Why Not** – *9 r. Maracci - 03 20 74 14 14 - www.lewhynot-restaurant.fr - fermé 28 juil.-17 août, 1er-6 janv., sam. midi et dim. - formule déj. 22 € - 26/35 €.* Dans le vieux Lille, ce restaurant convivial a pour cadre une cave tendance (décor design, tableaux). Plats actuels savoureux signés par un chef globe-trotter de retour au pays.

**Brasserie de la Paix** – *25 pl. Rihour - 03 20 54 70 41 - www.restaurantsdelille.com - fermé dim. - formule déj. 15 € - 18/26 €.* Céramiques, boiseries, banquettes et tables serrées composent le cadre Art déco de cette sympathique brasserie située à deux pas du palais Rihour. Convivialité de mise.

**L'Écume des Mers** – *10 r. Pas - 03 20 54 95 40 - www.ecume-des-mers.com - fermé 20 juil.-30 août et dim. soir - formule déj. 18 € - 25 €.* Ambiance animée, carte journalière de poissons, joli banc d'écailler et quelques viandes pour les « accros » : cette vaste brasserie a le vent en poupe.

**Clément Marot** – *16 r. Pas - 03 20 57 01 10 - www.clement-marot.com - fermé dim. soir - formule déj. 18 € - 36/66 € bc.* Petite maison de briques tenue par les descendants du poète cadurcien Clément Marot. Cadre contemporain, murs ornés de tableaux et atmosphère conviviale.

## Faire une pause

**Chocolat Passion** – *67 r. Nationale - 03 20 54 74 42 - www.chocolatpassion.com - lun.-sam. 13h30-19h - fermé j. fériés, dim. et lun. matin.* Fleur de Lille, Noir de Houlle (parfumé au genièvre), Réserve de Bacchus (aux vins d'Alsace et de Bourgogne), chocolats à la bière Jenlain, aux thés et aux épices : un vrai festival de saveurs pour amateurs de plaisirs sucrés.

## En soirée

**Bon à savoir -** Le journal *Sortir*, disponible auprès de l'office de tourisme, présente chaque semaine toutes les manifestations, concerts et expositions organisés en ville. Le bi-annuel *Rendez-vous* recense les événements culturels majeurs de Lille et de sa métropole. Cet agenda est disponible gratuitement dans les offices de tourisme.

**L'Échiquier - Bar de l'hôtel L'Alliance** – *17 quai du Wault - 03 20 30 62 62 - www.alliance-lille.com - 10h-1h, dim. et j. fériés 10h30-23h - pas d'animation musicale en juil., août.* Ce bar se trouve au sein de l'hôtel Alliance aménagé dans les murs de l'ancien couvent des Minimes datant du 17e s. Ambiance feutrée et belle sélection de cocktails et de champagnes. Un pianiste s'y produit tous les jours sauf le lundi.

**L'Illustration** – *18 r. Royale - 03 20 12 00 90 - www.bar.lillustration.com - lun.-vend. 12h30-3h, sam.14h-3h, dim. 15h-1h.* Petit bar convivial et tranquille datant du début du 20e s., où les artistes (écrivains, peintres) se retrouvent pour bavarder. Soirées littéraires et autres animations à thème pour une clientèle d'habitués. Spécialités : cocktails.

**Planet Bowling** – *R. du Grand-But - 59160 Lomme - 0 892 707 004 - www.planetbowling.com - lun.-jeu. 10h-2h,* *vend.-sam. 10h-4h., dim. 10h-2h ; 5,40/8,90€.* Complexe à l'américaine : le plus grand bowling d'Europe avec 40 pistes, 25 billards pool anglais, karaoké le samedi soir.

**Orchestre national de Lille** – *30 pl. Mendès-France - ✆ 03 20 12 82 40 - www.onlille.com - tlj sf w.-end 9h12h45, 14h-18h. - fermé août - 10/30€.* Depuis 1976, l'Orchestre national de Lille donne en moyenne 120 concerts par saison. Son activité se partage entre Lille, la région Nord-Pas-de-Calais et l'étranger (30 pays visités). Grand répertoire, créations, spectacles destinés au jeune public, interprètes confirmés et talents en herbe traduisent la politique artistique de la maison : « porter la musique partout où elle peut être reçue ».

**Théâtre de marionnettes du jardin Vauban** – *1 av. Léon-Jouhaux - chalet des chèvres du jardin Vauban - ✆ 03 20 42 09 95 - hors vac. scol. mai-juin et sept.-oct. ; merc. 15h30, dim.et j.fériés 16h, avr. juil. août, mar.-vend. 14h et 15h30, ouv. tlj pdt vac. scol. - entrée 4,40 €.* Le Théâtre Le P'tit Jacques est un spectacle de marionnettes en plein air, dans la tradition de Guignol, mais avec des personnages du cru, Jacques de Lille, sa famille et ses amis.

**Théâtre Le Grand Bleu** – *36 av. Marx-Dormoy - ✆ 03 20 09 88 44 - www.legrandbleu.com - bureau 9h-12h, 14h-18h, spectacles 20h, merc. et sam. 15h, dim. 17h - fermé août - 8,60/11 €.* Cette salle destine toute sa programmation au jeune public. Certains spectacles sont même accessibles dès l'âge de trois ans, d'autres plairont davantage aux adolescents : danse, cirque, théâtre, conte, hip-hop et autres bonnes surprises.

**La Vieille Bourse** – *Juil.-sept. : dim. 19h-22h.* Soirées tango.

## Que rapporter

**Bon à savoir -** À partir de la Vieille Bourse et ses bouquinistes commence le triangle d'or du shopping lillois. Entre le Rang de Beauregard et la rue de la Monnaie, les grands noms de la mode succèdent aux orfèvres et aux bijoutiers, tandis que la rue de la Clef s'ouvre sur des territoires plus branchés. La rue Basse regroupe un grand nombre d'antiquaires, mais on y trouve aussi d'autres boutiques peu communes, tel Bleu Nattier : meubles, décoration, cadeaux d'art, artisan bijoutier. Pavée, animée et colorée, la rue de Gand attire l'œil. Boucheries, estaminets, bars et surtout restaurants proposant divers styles de cuisine s'y succèdent.

**Marché de Wazemmes** – *7h30-14h.* Mardi, jeudi et surtout dimanche matin, le marché de Wazemmes anime la place de la Nouvelle-Aventure et sa grande halle en brique rouge. Étals alimentaires côtoient brocante et marché aux puces dans une joyeuse ambiance populaire.

OT de Lille

*Marché aux livres anciens, dans la Vieille Bourse.*

**Pâtisserie Meert** – *27 r. Esquermoise - ✆ 03 20 57 07 44 - www.meert.fr - 9h30-19h30, sam. 9h-19h30, dim. 9h-13h, 15h-18h30 - fermé lun.* Cette pâtisserie confiserie fondée en 1761 est une véritable institution à Lille. Miroirs, arabesques, moulures dorées et balcons ciselés : le superbe décor datant de 1839 est inscrit à l'Inventaire des monuments historiques. Ne ratez pas la spécialité maison : la fameuse gaufre fourrée à la vanille de Madagascar, dont la recette remonte à 1849.

**Le Furet du Nord** – *15 pl. du Gén.-de-Gaulle - ✆ 03 20 78 43 43 - www.furet.com - lun.-sam. 9h30-19h30 - fermé dim.* Cette incontournable librairie lilloise, fondée en 1936, occupe plus de 7 000 m² répartis sur 9 niveaux : de quoi fureter quelques heures. Escaliers, passerelles et multiples couloirs vous conduiront à vos rayons favoris : livres, jeux, disques, vidéos, bandes dessinées, papeterie ou billetterie de spectacles.

**Distillerie Claeyssens** – *1 r. de la Distillerie - 59118 Wambrechies - ✆ 03 20 14 91 91 - www.wambrechies.com - 10h-12h, 14h-16h - visite guidée sur RV - 6 € avec dégustation - fermé 1er janv. et 25 déc.* Passionnante visite d'une des dernières distilleries traditionnelles de genièvre en France. Au programme : histoire de cette maison fondée en 1817 par Guillaume Claeyssens, découverte des différentes étapes de fabrication, dégustation, puis, pour ceux qui le souhaitent, vente de bonnes bouteilles.

**La Maison Leroux** – *25 r. Jules Roch - 59310 Orchies - ✆ 03 20 64 83 70 - mar.-vend. 10h-12h, 14h-17h30, sam. 14h30-17h30 - fermé dim., lun. - 3 € (5-12 ans 2 €).* Un parcours permanent « l'Aventure de la chicorée, de l'Antiquité à nos jours » permet de découvrir la plante, suivi d'une dégustation.

## Sports & Loisirs

**Hippodrome Serge Charles** – *59700 Marcq-en-Barœul - ✆ 03 20 45 45 45.* Ouvert à tous, le parc urbain offre de belles occasions de se promener et se distraire au gré des salons et des animations qui s'y déroulent tout au long de l'année. L'ancien Croisé-Laroche est aussi l'un des 15 hippodromes les plus actifs de France, avec 225 épreuves réparties sur 36 réunions, les plus belles étant celles programmées en nocturne, grâce à l'éclairage des pistes.

**Les Ballons Migrateurs** – *3 r. Boileux - ☏ 06 16 93 91 07 - www.vol-en-ballon.com.* Vols en montgolfière à l'aube ou en fin de journée depuis Bondues *(170 €)* ou le Mont des Cats *(190 €)*.

## Événements

**Grande Braderie de Lille** – Le 1er w.-end de sept, Lille ne vit que pour la Braderie. Des kilomètres de trottoirs conquis par les forains et les particuliers. On s'installe n'importe où pour vendre n'importe quoi. Animation garantie, surtout dans le quartier piéton de la place Rihour, sur le boulevard de la Liberté et le boulevard Jean-Baptiste-Lebas. À cette occasion, restaurants et cafés servent des moules-frites. Dans la tradition du Nord, deux tas de moules subsistent malgré l'interdiction, sur la pl. Rihour.

**Marché aux livres anciens**

Véritable havre de paix en plein centre de Lille, le marché aux livres de la Vieille Bourse est le rendez-vous des amateurs de vieux livres et de cartes postales et des joueurs d'echecs.. *Du mardi au dimanche, tous les après-midi. Métro: Station Gare Lille-Flandres, Rihour, Bus: 12, (Arrêt Gare Lille-Flandres)*

**Lille 3 000** – *☏ 08 91 56 30 00 (0,225 €/mn) -www.lille3000.com.* Dans la dynamique de Lille 2004, cet événement culturel est prévu tous les deux ans. Trois mois de festivités autour d'un theme géographique (Inde, Europe de l'Est) : expositions, fêtes, concerts, conférences, spectacles, décorations et illuminations... Prochaine édition : 2011.

**Fête du Jouet ancien** – Le dernier w.-end de sept. à Wambrechies. Le musée organise Eurotoy, la Bourse internationale de poupées et jouets anciens.

**Fête des Louches** – C'est le carnaval annuel de Comines, avec la sortie des géants Grande Gueuloutte et P'tite Chorchire. Le 2e dim. du mois d'oct.

# Lillers

**9 926 LILLÉROIS**

**CARTE GÉNÉRALE B2 – CARTE MICHELIN DEPARTEMENTS 301 H4 – PAS-DE-CALAIS (62)**

**Aux confins de l'Artois, Lillers conserve une collégiale romane et quelques vieilles rues. La ville possédait jadis nombre de puits artésiens, dont certains subsistent encore. Si la cordonnerie appartient aujourd'hui au passé de Lillers, la sucrerie-distillerie est restée active et près de 200 employés y travaillent en saison.**

- **Se repérer** – Accès par l'A 26. De Saint-Omer, Aire-sur-la-Lys ou Béthune, suivre la N 43 ; de Saint-Pol-sur-Ternoise ou Hazebrouck, la D 916.
- **Organiser son temps** – Comptez une heure pour visiter le bourg, deux heures pour les alentours. La collégiale Saint-Omer n'est ouverte que pendant les vacances scolaires.
- **Pour poursuivre la visite** – Voir aussi Béthune, Aire-sur-la-Lys, le château d'Olhain, Lens et le circuit des Gueules noires.

## Comprendre

**Lugle et Luglien** – Selon la légende, vers l'an 700, deux princes d'Irlande, en pèlerinage vers Rome, furent assassinés sur ces terres. Une nuit d'orage, leurs corps enterrés à la hâte remontèrent à la surface. Leurs reliques furent conservées dans une chapelle, sur une île entourée de marécages. La ville se développa autour et fut baptisée Lilia, nom de leur sœur, qui venait entretenir le souvenir des princes.

**L'industrie de la chaussure** – Elle a fait les beaux jours de la cité au 19e s., notamment grâce à la famille Fanien.

### Le saviez-vous ?

Lillers (prononcer « lilèr ») apparaît sous cette forme en 1310. Ce nom viendrait de *ledelaer* : du préfixe *lede*, « conduit » ou « cours d'eau » (la Nave), et du suffixe *lear*, « pâturage commun ».

Le maréchal **Pétain** (1856-1951) est né à Cauchy-à-la-Tour, à 8 km de Lillers. Figure de la Grande Guerre aux côtés de Joffre et Foch, il obtint les pleins pouvoirs après l'armistice du 22 juin 1940. Tandis que d'autres se ralliaient au général de Gaulle, il engagea le pays dans la voie de la « collaboration ». Condamné à mort en août 1945, il vit sa peine commuée en détention perpétuelle. Il finit ses jours interné à l'île d'Yeu.

Enfant du pays et père de la dynastie, Charles Fanien ouvre une première usine dans les années 1820. À sa mort en 1867, l'entreprise compte plus de 300 employés, sans compter les nombreux ateliers à domicile. C'est la période faste de la ville, qui s'offre, grâce au paternalisme social des Fanien, un vélodrome, un jardin public... En 1914, la ville compte quelque quinze manufactures. Les premières difficultés économiques apparaissent lors de la Grande Guerre, qui prive la région de débouchés. L'entreprise tente bien de se relever, mais la crise de 1929 et la Seconde Guerre mondiale viennent à bout de la manufacture, qui ferme ses portes en 1951. L'industrie de la chaussure continuera de survivre à Lillers par des petites structures jusqu'en 1996, année qui voit la fermeture du dernier atelier.

**Les puits artésiens et les cressonnières** – Sous une fine couche argileuse et imperméable s'étend la nappe phréatique, contenue dans la craie. L'argile met sous pression l'eau située en dessous, si bien que, dès que l'on perce un puits, l'eau jaillit naturellement, sans pompage. C'est un phénomène local (on comptait jadis environ 500 puits artésiens à Lillers) à l'origine de la culture du **cresson** dans la région. Plante typiquement artésienne, elle apprécie particulièrement les milieux semi-aquatiques.

Une cressonnière est aménagée en ville *(au n° 51 de la rue de Cantrainne).*

## Visiter

Le centre de la ville est la place Roger-Salengro, à l'extrémité de laquelle s'élève une chapelle du 18e s.

### Collégiale Saint-Omer

*03 21 25 26 71 - lun.-sam. 9h-12h, 14h-18h, dim. 10h-12h30, 14h30-17h (mai-sept.).*

C'est le seul édifice roman (12e s.) de la Flandre et de l'Artois complet dans son gros œuvre. La façade a été restaurée, comme le pignon tronqué du transept, sur lequel la toiture a été raccordée. À l'intérieur, l'élévation à trois étages comprend des arcades brisées à double rouleau suivant la formule cistercienne, un triforium et des fenêtres hautes en plein cintre sous un plafond de bois. Voyez les chapiteaux romans découpés en feuilles d'eau dans le déambulatoire et le *Christ du Saint Sang du miracle* (12e s.) dans la chapelle absidiale. À sa cuisse droite, un trou obturé marque l'endroit où un iconoclaste porta le coup qui fit couler un sang vermeil. Devant ce Christ, les comtes de Flandre faisaient brûler une lampe votive.

*Pour une description en image, voir l'ABC d'architecture p. 75.*

## Aux alentours

### Amettes

*7 km au sud-ouest par la D 69.* Ce bourg, au sein d'un vallon, est le but d'un pèlerinage à **saint Benoît Labre** (1748-1783), qui visita les grands sanctuaires en Europe et mourut à Rome dans le dénuement. On peut voir la maison natale du saint et ses reliques dans l'église (16e s.).

### Jardin et château de Créminil

*15 km à l'ouest par N 43 puis D 94 et D 341 - 62145 Estrée-Blanche - 06 75 87 65 92 - visites guidées du jardin en juil.-août : tlj sf lun. 13h-19h - 5 € (enf. gratuit).*

À côté d'un élégant château du 15e s. *(ne se visite pas)*, entouré de ses douves, s'étend un **jardin médiéval** original. On y cultive les légumes consommés à l'époque (fèves, pois...), des plantes médicinales ainsi que de nombreuses espèces de fleurs.

### Bours

*15 km au sud par la D 916 ; tourner à gauche après Pernes.* Au milieu d'un champ, le **donjon** dresse sa silhouette flanquée de six tourelles en encorbellement. Les seigneurs de Bours l'avaient érigé (fin 14e s.) sur les ruines d'une forteresse. À l'intérieur, des sculptures grossières représentent des têtes humaines. *03 21 62 19 88 - visite guidée (30mn) de mi-mars à fin oct. : w.-end et j. fériés 14h-18h - gratuit.*

### Ham-en-Artois

*5 km au nord par la D 188.* L'allée de tilleuls mène à l'ancienne abbaye Saint-Sauveur, dont subsistent un pavillon d'entrée (16e s.) et l'**abbatiale**. Sa nef romane contient un Christ entre la Vierge et saint Jean *(revers de façade)*, un retable circulaire doré du 17e s. *(chœur)* et des statues polychromes *(sacristie).*

### Guarbecque

*8 km au nord par la D 916 puis la D 187.* L'**église** est surmontée d'un robuste clocher du 12e s., dont la flèche à pans est cantonnée de clochetons. Les baies géminées apparaissent sous des arcs de décharge ornés de billettes, de pointes de diamants et de chevrons.

### Isbergues

*10 km au nord par la D 188 puis la D 186.* Isbergues, la sœur de Charlemagne, mourut ici. Canonisée, elle donna son nom au village. L'**église** de pèlerinage (15e s.) présente une tour imposante, analogue à celle de Saint-Pierre d'Aire, et recèle la châsse de la sainte.

## Lillers pratique

### Adresse utile

**Office du tourisme de Lillers** – *4 pl. Roger-Salengro - BP 44 - 62192 Lillers Cedex - ✆ 03 21 25 26 71 - www.tourismelillerois.com - mar.-sam. 9h-12h, 14h-18h, dim. et j. fériés 10h-12h30, 14h30-17h (mai-sept.).* Contiguë à l'office de tourisme, la **Maison de la chaussure** présente des machines et des outils relatifs à l'industrie qui enrichit autrefois la ville.

### Se restaurer

**Le Buffet** – *22 r. de la Gare - 62330 Isbergues – 9 km au N de Lillers par D 186, D 188 puis N 43 - ✆ 03 21 25 82 40 - fermé 26 fév.-5 mars, 1er-24 août, lun. sf j. fériés à midi et dim. soir - 20/55 €.* Élégante mise en place, goûteuse cuisine régionale renouvelée régulièrement puisque le chef se laisse guider par les opportunités du marché : qui va penser que ce charmant restaurant abrita naguère un buffet de gare ? Ce n'est en tout cas plus ici – et peut-être même plus ailleurs – que vous trouverez les fameux « sandwichs SNCF » !

### Événement

**Fête du Pays** – Le 3e dim. de mai, la ville organise une grande fête de la randonnée, l'occasion aussi de découvrir les nombreux produits gastronomiques de la région (cresson, échalotes, lingots du Nord…).

# Abbaye de Longpont★

CARTE GÉNÉRALE C4 – CARTE MICHELIN DEPARTEMENTS 306 B7 – AISNE (02)

**Les imposantes ruines de l'église et quelques bâtiments d'une abbaye cistercienne, fondée par saint Bernard au 12e s., dominent le paisible village de Longpont, en lisière de la forêt de Retz. Ce sont d'abord les quatre belles tourelles coniques de la porte fortifiée du 14e s., vestige de l'enceinte primitive, que l'on découvre en quittant les bois.**

- **Se repérer** – Situé dans une large vallée bordant la forêt de Retz, le village est accessible par la D 804 ou la N 2.
- **À ne pas manquer** – La porte fortifiée, le chauffoir au moine du 13e s.
- **Organiser son temps** – Comptez une heure sur place. L'abbaye n'est ouverte que le week-end et les jours fériés, de mi-mars à fin octobre.
- **Pour poursuivre la visite** – Voir aussi la forêt de Retz, Villers-Cotterêts, Soissons, La Ferté-Milon.

## Visiter

*✆ 03 23 96 01 53 - www.longpont.com - ♿ - visite guidée (30mn) de mi-mars à fin oct. : w.-end et j. fériés 11h-12h, 14h30-18h30 - fermé nov.-mars - 6 € (8-15 ans 3 €).*

Le vaste ensemble formé par l'abbatiale en ruine (14e s.) et les bâtiments remaniés au 18e s. est mis en valeur par des jardins intérieurs ouvrant sur le parc et les étangs.

**Ruines de l'abbatiale** – D'un style gothique très pur, l'église est consacrée en 1227 en présence de Louis IX et de sa mère, Blanche de Castille. Les biens de l'abbaye sont dispersés à la Révolution, et les acquéreurs de l'église la démantèlent pour vendre ses pierres. En 1831, la famille de Montesquiou la rachète.

### Le saviez-vous ?

- Longpont vient de Longus Pons, allusion à la voie romaine de Soissons à Meaux qui traversait la Savières et ses marais, formant une succession de ponts.
- Imposante et austère, l'abbaye de Longpont exprime l'idéal des Cisterciens. Fondé voici 1 000 ans par Robert de Molesme, l'ordre de Cîteaux se répandit dans toute l'Europe sous l'impulsion de Bernard de Clairvaux. La région est riche en abbayes cisterciennes : Longpont, mais aussi Ourscamps, Valloires, Vaucelles.

La façade principale subsiste, mais le remplage de la rose a disparu. À l'intérieur, les vestiges des murs et des piliers donnent une idée de l'ampleur du monument (105 m de long et 28 m de haut sous voûte).

**Bâtiments abbatiaux** – Du grand cloître subsiste la galerie sud, refaite au 17e s. Elle donne sur le **chauffoir des moines** (13e s.), dont la cheminée centrale repose sur quatre piliers. Le bâtiment ouest a été transformé au 18e s. : les façades ont été percées de fenêtres décorées de balcons en fer forgé. Dans le vestibule, l'escalier possède une belle rampe en fer forgé (18e s.). Le cellier des moines (13e s.) est couvert de voûtes gothiques.

**Église paroissiale** – *Entrée sur la place.* Elle occupe quatre travées du cellier et conserve les reliquaires (13e s.) de Jean de Montmirail, conseiller de Philippe Auguste, et du chef de saint Denys l'Aréopagite.

### Longpont pratique

#### Se loger et se restaurer

⊖⊖ **Hôtel de L'Abbaye** – *8 r. des Tourelles - ✆ 03 23 96 10 60 - P - 11 ch. 56/66 € - ☕ 9 € - rest. 23/50 €.* Dans les ruelles du village, il se murmure qu'autrefois cette auberge était tenue par des moines qui accueillaient pèlerins et voyageurs. Aujourd'hui, la salle à manger et la cuisine ont pris des couleurs, et les chambres, bien que simples, sont loin d'être spartiates.

# Longueil-Annel

2 276 LONGUEILLOIS
CARTE GÉNÉRALE B4 – CARTE MICHELIN DEPARTEMENTS 305 I4 – OISE (60)

**Sur le canal de l'Oise, les péniches passent toujours devant les petites maisons de brique rouge. Et près de l'écluse, nul n'ignore la devise des mariniers : « Se hâter lentement. » C'est à ce rythme tranquille que l'on découvre la cité des Bateliers, un parcours très vivant dédié aux « gens de l'eau ».**

- **Se repérer** – À 6 km au nord-est de Compiègne, le bourg s'étend le long de l'Oise et de son canal latéral. Accès par l'A 1, sortie 10, puis la N 32 vers Noyon.
- **Organiser son temps** – Comptez une demi-journée pour découvrir le patrimoine des mariniers.
- **Pour poursuivre la visite** – Voir aussi Compiègne et sa forêt, l'abbaye d'Ourscamps, Noyon.

G. Targat / MICHELIN

*L'écluse de Janville, sur le canal de l'Oise.*

## Comprendre

**La ruée vers l'eau** – En 1826, le canal de l'Oise est construit entre Janville et Chauny (34 km) pour se substituer au parcours sinueux de la rivière. Doté de quatre écluses, il relie l'Oise aux régions du nord de la France et de l'Europe. Les péniches y sont remorquées en file indienne par des chevaux, puis des machines à vapeur... C'est l'âge d'or de Longueil-Annel, avec sa forêt de mâts, ses chantiers de réparation et ses Bourses d'affrètement où les mariniers attendent les commandes.

**Le temps du déclin** – Après la Seconde Guerre mondiale, la batellerie est concurrencée par le chemin de fer et la route. Dans les années 1960, quelque 140 péniches franchissent chaque jour l'écluse de Janville. Aujourd'hui, seulement une quarantaine y passent, dans le calme décor du canal.

**Le saviez-vous ?**

Les villages de Longueil et Annel ont été réunis en 1826. Annel tire peut-être son nom de l'aulne, qui apprécie les sols humides.

De nombreux bateliers en retraite vivent au bord du canal. Après d'incessants voyages, ils ont « débarqué », comme on dit ici.

Voici les dix commandements du marinier :

Regarde toujours à tes pieds.
Hâte-toi lentement.
Ne meurs pas loin de la rivière.
Sois ton propre patron.
Méfie-toi des gens d'à terre.
Salue le bateau qui passe.
Tiens la péniche en bon état.
Accueille les animaux.
Ménage l'éclusier et le docker.
Ne navigue jamais seul.

# Visiter

## CITÉ DES BATELIERS★

*59 av. de la Canonnière - ✆ 03 44 96 05 55 - www.citedesbateliers.com - de mi-mars. à mi-oct. : tlj sf lun. 10h-19h ; de mi-oct. à mi-mars. : tlj sf lun. 13h-18h, w.-end 10h-18h - fermé janv. et 25 déc. - 5,30 € (5-12 ans 3,10 €).*

La cité des Bateliers forme un « parcours scénographique » varié, d'un petit musée à la cale d'une péniche, des berges du canal jusqu'à l'écluse.

### Maison des bateliers

Un café, où se retrouvaient les mariniers, a été transformé en musée. Il retrace l'histoire de Longueil-Annel, les inventions de la batellerie pour s'affranchir du relief, la lente disparition du halage, puis du remorquage, au profit de la péniche automotrice. Voyez le harnais que les haleurs passaient autour de leur poitrine, pour tirer les bateaux « à col d'homme », depuis la rive. Avançant arc-boutés, d'où leur surnom de « mangeurs de persil », ils parcouraient 900 m à l'heure. Cette activité subsistait encore, de façon marginale, dans les années 1970. Un film évoque les luttes des bateliers : partage solidaire du travail, scolarisation des enfants, survie du métier. Des familles racontent leur vie itinérante au moyen de « livres sonores ».

### Péniche Freycinet

Amarrée en face de la maison, elle porte le nom de Charles Louis de Freycinet, ministre des Travaux publics de 1877 à 1879. Il imposa le même gabarit à toutes les voies d'eau, fixant par conséquence la taille maximale des péniches : 38,50 m de longueur pour 5,05 m de large. On y découvre la timonerie et, grâce un film et une exposition, ce « mariage à trois » qui lie un homme, une femme et leur péniche.

# Se promener

## AU BORD DU CANAL

*De la péniche, prendre la direction de l'écluse.*

Sur la rive, des **kiosques sonores** évoquent les rendez-vous entre bateliers et « gens d'à terre » : café des mariniers, jours de fête, chantier naval, où l'on répare toujours les péniches.

L'**écluse de Janville** possède deux sas où peuvent se croiser une péniche « montante » et une péniche « avalante ». On observe l'éclusier, qui déclenche l'ouverture des portes depuis sa cabine de pilotage, et la **vue** sur les berges, où s'alignent les petites maisons de brique.

La balade se poursuit sur l'ancien chemin de halage (1,6 km), où des bornes rappellent les dix commandements du marinier *(voir l'encadré page précédente)*.

## Longueil-Annel pratique

### Se loger

**Chambre d'hôte de M. et Mme Benattar** – *3 r. de la Mairie - 03 44 76 16 28 - www.gites-de-france.fr - - 2 ch. + 1 suite 70 €* . Gare au coup de foudre si vous passez devant cette ancienne ferme du 18e s. entièrement restaurée. Même les canards, pataugeant dans le cours d'eau qui traverse le superbe jardin paysager, semblent conquis. Aménagées à l'étage, 2 chambres et une suite avec un petit salon qui domine la magnifique salle à manger.

### Événements

Le 1er dim. de juil., le **Pardon des bateliers** attire la foule : messe sur le bateau-chapelle, fanfare, feu d'artifice, guinguette, animation de rue, marché du terroir et de l'artisanat...

**L'Oise en guinguette** – À la mi-mai, les bords du canal de l'Oise sont en fête, entre Longueil-Annel, Pont-l'Évêque et Noyon. Animations le long des berges, concerts et spectacles de rue *(se renseigner auprès de la Cité des bateliers).*

# Marle

2 432 MARLOIS
CARTE GÉNÉRALE C3 – CARTE MICHELIN DEPARTEMENTS 306 E4 – AISNE (02)

**Installé sur les hauteurs du pays de la Serre, Marle, autrefois ceint de remparts, est une ancienne cité à vocation agricole, coulant des jours paisibles avec ses vieilles maisons, ses relais de poste et sa jolie église gothique. Mais ne vous y fiez pas, un petit tour du côté de son musée qui évoque l'époque mérovingienne vous éclairera sur son passé barbare !**

- **Se repérer** – Sur un piton crayeux, à 25 km au nord de Laon. De Paris, Soissons, Laon ou Bruxelles, prendre la N 2.
- **Organiser son temps** – Le musée des Temps barbares n'est ouvert que l'après-midi. Comptez deux heures pour le visiter.
- **Avec les enfants** – Le parc archéologique.
- **Pour poursuivre la visite** – Voir aussi la Thiérache, Guise, Laon, Liesse-Notre-Dame.

## Se promener

### Terrasse

Une petite rue bordée de vieilles maisons signalées par des plaques (ancien presbytère du 18e s.) mène, place de la Motte, à la cour du château (fin 19e s. - *propriété privée*), formant une terrasse au-dessus de la vallée de la Serre.

**Le saviez-vous ?**

Marle vient de marne et de *margila*, terme latin d'origine gauloise désignant une terre argileuse et calcaire.

### Relais de poste

Au n° 26 du faubourg Saint-Nicolas, qui descend vers le pont sur la Serre, subsiste un relais (1753) en brique et pierre décoré de bas-reliefs sculptés. Plus bas, à gauche (n° 53), autre maison de poste datant du Premier Empire.

### Église

*03 23 20 02 09 - sur demande tlj sf dim. 9h-18h.*

De style gothique homogène (12e-13e s.). Les parties les plus remarquables sont le portail à voussures du croisillon sud, une superbe Vierge à l'Enfant au trumeau de la façade ouest et, à l'intérieur, le chœur aux hautes voûtes d'ogives (stalles et boiseries du 18e s.) qu'éclairent des baies lancéolées. Outre le gisant (15e s.) d'Enguerrand de Bournonville *(1er enfeu du bas-côté gauche)*, l'église abrite des toiles (17e-18e s.), dont une *Nativité de la Vierge* au revers de la façade, une *Adoration des bergers* dans le bras droit du transept et une *Assomption aux armes de France* dans le bras gauche.

## Visiter

### Musée des Temps barbares

*03 23 24 01 33 - www.museedestempsbarbares.fr - mars-oct. : tlj sf mar. 14h-19h - fermé 1er Mai, 14 Juil. - 5 € (enf. 2 €).*

Musée des Temps Barbares – Marle

*Musée des Temps barbares.*

Ce musée étudie spécialement l'époque mérovingienne, entre le 6e s. et l'an mil.
**Moulin de Marle** – Dans l'entrée, remarquez l'appareillage de l'ancienne turbine électrique du moulin, quelque peu anachronique avec ce qui suit dans le musée. Sur deux étages, celui-ci présente en effet le mobilier archéologique découvert sur le site de Goudelancourt-lès-Pierrepont, à 8 km à l'est de Marle, nécropole mérovingienne fouillée depuis 1980. Au 1er étage, parures féminines bien conservées et étonnamment modernes, verreries, céramiques, orfèvreries et armements. Au second, le musée s'attache à l'étude des rites funéraires et à l'organisation de l'habitat au haut Moyen-Âge : nécropole et sarcophages, mobilier des 6e et 7e s., objets de la vie quotidienne.
**Parc archéologique** – Dans le square voisin, reconstitution d'une ferme mérovingienne avec ses dépendances : la maison du chef de famille, le grenier, la forge, le mobilier et les outils. À quelques pas, dans un second parc, reconstitution, selon les hypothèses les plus probables, d'un village franc (6e -7e s.) découvert lors de la construction de l'A 26. Une vingtaine de huttes s'échelonnent sur 4 ha.
*Certains dimanches après-midi, de mai à sept., les Journées mérovingiennes sont l'occasion d'animations en costumes dans le parc archéologique (ateliers de travail du bois, taille de la pierre, poterie, tissage, vannerie…)*

## Marle pratique

### Se loger

**Chambre d'hôte de M. et Mme Benattar** – *3 r. de la Mairie - 03 44 76 16 28 - www.gites-de-france.fr - - 2 ch. + 1 suite 70 €* . Gare au coup de foudre si vous passez devant cette ancienne ferme du 18e s. entièrement restaurée. Même les canards, pataugeant dans le cours d'eau qui traverse le superbe jardin paysager, semblent conquis. Aménagées à l'étage, 2 chambres et une suite avec un petit salon qui domine la magnifique salle à manger.

### Événements

Le 1er dim. de juil., le **Pardon des bateliers** attire la foule : messe sur le bateau-chapelle, fanfare, feu d'artifice, guinguette, animation de rue, marché du terroir et de l'artisanat…

**L'Oise en guinguette** – À la mi-mai, les bords du canal de l'Oise sont en fête, entre Longueil-Annel, Pont-l'Évêque et Noyon. Animations le long des berges, concerts et spectacles de rue *(se renseigner auprès de la Cité des bateliers)*.

# Parc du **Marquenterre**★★

CARTE GÉNÉRALE A2 – CARTE MICHELIN DEPARTEMENTS 301 C6 – SOMME (80)

**Sous un ciel brouillé, voici un paradis concédé aux oiseaux et aux admirateurs de la nature. Sans cesse redessiné au gré des marées, le Marquenterre est le fruit d'un combat entre l'homme, la mer, le sable et le vent. Toute la vie privée de la gent ailée s'y dévoile. D'un poste de guet à l'autre, on assiste aux ballets des oiseaux, à d'étranges parades nuptiales, ou à une éclosion inattendue…**

**Se repérer** – Le parc ornithologique (250 ha) borde une réserve naturelle de 3 000 ha, entre les estuaires de l'Authie et de la Somme. Ces étendues sont formées de dunes, de marécages d'eau saumâtre, de prés salés… D'Abbeville, prendre la D 40 puis la D 940 vers Le Crotoy et Rue *:* suivre ensuite les panneaux « Marquenterre ».

**Le saviez-vous ?**

Marquenterre vient probablement de l'expression « mer qui entre en terre ». La cartographie du 17e s. signale la région sous l'appellation Marck-en-Terre.

**À ne pas manquer** – Les postes de guet du parcours d'observation ; les volières dans lesquelles les oiseaux blessés sont soignés (on peut alors les observer de près).

**Organiser son temps** – Il existe trois parcours pour apprécier le parc (1h, 2h ou 3h). Chaque saison est intéressante et vous permet d'observer des espèces différentes *(voir l'encadré pratique)*. Pendant les vacances de Noël et de février, visite guidée tous les matins à 10h15. Ne pas oublier de bonnes chaussures de marche, un coupe-vent et un habit de pluie si nécessaire. Pensez à vous munir d'une paire de jumelles (ou louez-en sur place).

**Avec les enfants** – Le parcours pédagogique, avec ses panneaux explicatifs.

**Pour poursuivre la visite** – Voir aussi la baie de Somme, Saint-Valery-sur-Somme, Rue, la vallée de l'Authie.

## Comprendre

**La conquête du Marquenterre** – Au 12e s., les moines de Saint-Riquier et de Valloires érigent les premières digues et tentent de canaliser les rivières. Les canaux d'écoulement se multiplient. La colline de Rue, future capitale du Marquenterre, cesse d'être une île au 18e s. Mais qu'une marée capricieuse ou qu'une pluie torrentielle survienne, et voici les frêles endiguements balayés et les cultures ensablées. Au cours du 19e s., digues et grèves sont stabilisées, ce qui permet le développement de cultures maraîchères et céréalières.

**Assèchement à la hollandaise** – En 1923, l'industriel H. Jeanson acquiert une garenne marécageuse le long de la côte. Endiguée et asséchée par ses successeurs, la zone accueille la bulbiculture dans les années 1950. La conversion s'accompagne d'un reboisement. Mais l'entreprise ne survit pas à la crise qui frappe le secteur horticole. L'idée vient alors d'offrir cette étendue aux oiseaux et à leurs admirateurs.

**Naissance du parc** – Le Marquenterre, et plus largement la baie de Somme, a toujours été une étape d'hivernage pour les oiseaux migrateurs. De leurs huttes, les chasseurs s'en donnaient à cœur joie… ce qui fit disparaître nombre d'espèces. En 1968, l'Office de la chasse créa sur le site maritime une réserve de 5 km. En 1973, Henri Jeanson décide, lui aussi, d'aménager un parc ornithologique sur le domaine bordant la Réserve, afin de permettre au public d'observer les oiseaux dans ce cadre naturel. En 1986, le site devient la propriété du Conservatoire du littoral et acquiert, huit ans plus tard, le statut de réserve naturelle nationale, gérée par le Syndicat mixte pour l'aménagement de la côte picarde (Smacopi).

**Les habitants** – Depuis 1973, 344 espèces d'oiseaux – sur les 650 existant en Europe – ont été observées *:* hérons, cigognes, bécasseaux, aigrettes, balbuzards, oies, sarcelles, pinsons, rossignols, martinets et tant d'autres… On dénombre aussi une quarantaine d'espèces de mammifères, dont la plus importante colonie de phoques veaux marins (150 individus)*;* à marée haute, les plus curieux se manifestent parfois près des quais de Saint-Valery-sur-Somme et du Crotoy. En outre, quelque 350 espèces de plantes apprécient les sols de cette partie du littoral.

**Le cheval Henson** – Ce petit cheval robuste (1,50 m à 1,60 m au garrot) est né en 1978 dans un village de la baie de Somme, grâce au Dr Berquin. Il est issu du croisement de chevaux de selle français avec des chevaux des fjords norvégiens. Sa robe de couleur isabelle varie du jaune très clair au marron, avec une crinière noire et or. La raie de mulet, qui s'étend du garrot à la naissance de la queue, est caractéristique. D'une remarquable endurance, ce cheval vit toute l'année dans les pâturages et peut parcourir sans fatigue de grandes distances. Il excelle régulièrement dans les épreuves d'attelage, horse-ball et concours complet. Sa docilité et son attachement en font un compagnon idéal pour les enfants amateurs de randonnée ou d'attelage.

S. Sauvignier / MICHELIN

*Les paisibles étendues du Marquenterre accueillent chevaux et oiseaux.*

## Découvrir

### Parc du Marquenterre★★

*☏ 03 22 25 68 99 - www.baiedesomme.fr - avr.-sept. : 10h-19h30 (dernière entrée 17h) ; fév.-mars et de déb. oct. à mi-nov. : 10h-18h (dernière entrée 16h) ; de mi-nov. à fin janv. : 10h-17h (dernière entrée 15h) - fermé 1er janv., 25 déc. - 9,90 € (enf. 7,90 €).*

Trois parcours pédestres, balisés de panneaux pédagogiques, sillonnent le parc. Au détour de ces 6 km de sentiers, dans les postes d'observation, vous rencontrez des guides naturalistes passionnés, qui vous aident à mieux découvrir les richesses naturelles du site.

*Une fois passé l'accueil, il n'existe qu'un seul W.-C. dans tout le parc du Marquenterre : il est situé au poste 4 (parcours bleu).*

**Une proximité naturelle** *(1h), fléché en rouge* – Ce parcours de 2 km, d'accès facile, serpente autour de nombreux plans d'eau. En mars et juin, le passage par la héronnière permet d'assister à la nidification, puis aux naissances et à la becquée donnée aux oisillons (spatules blanches, aigrettes garzette, cigognes blanches, hérons cendrés, hérons garde-bœufs). La grande volière fait partie d'un programme régional de réintroduction d'espèces en voie de disparition.

**Une approche discrète** *(2h), fléché en bleu* – Un circuit de 4 km, dans les dunes, mène aux divers postes de guet. On surprend les vols groupés d'huîtriers pie, de bécasseaux, d'avocettes, ainsi que les **grands migrateurs** : bécasseaux venus de Sibérie, spatules blanches d'Afrique, bernaches des terres arctiques… Chaque espèce a son habitat privilégié : prés salés, broussailles, haies, clairières, marécages, étangs parsemés d'îlots ou bosquets de résineux…

**Un espace préservé** *(3h), fléché en vert* – Une boucle supplémentaire (2 km) dévoile un autre aspect du site. De vaste prairies inondées en eau douce sont le reposoir diurne de milliers de canards (pilets, sarcelles, souchets…) en hiver. Au printemps nichent les vanneaux huppés, alors que d'importantes troupes de spatules se reposent avant de gagner les Pays-Bas. La fin d'été est un moment apprécié pour l'observation des limicoles en migration.

### L'Asinerie du Marquenterre

*Lieu dit Ferme la Bonne Dame 80120 Quend ☏ 06 21 26 02 94. Du 1 avr. au mi-sept. : 10h-18h, tlj sf lun. Visite de la Ferme: 4 € ; randonnées en demi-journée: 30 €.*

Les animaux de cet ancien corps de ferme réjouiront les jeunes enfants : poules, coqs, canards, oies, jards, chèvres, lapins, cochons, cheval circulent avec beaucoup de liberté. Dans le poulailler, les enfants sont invités à une sympathique course aux oeufs, et peuvent assister à l'éclosion des poussins. Mais la ferme a surtout été rénovée et aménagée pour accueillir les ânes. A deux pas de la mer, une dizaine de races y paissent tranquillement : le Baudet du Poitou, l'âne du Cotentin, l'âne pie, l'âne blanc d'égypte (rare), l'âne bouchard, etc. Visite guidée ou libre, animations, aire de pique nique, salle, sanitaires. Réservez pour randonner avec un âne !

## Parc du Marquenterre pratique

### Visite

Le **printemps** correspond à la période de nidification des cigognes blondes, des petits échassiers (avocettes, huîtriers, vanneaux), des oies cendrées, tadornes de Belon. La héronnière est particulièrement spectaculaire avec la nidification en haut des pins de 5 espèces de grands échassiers, dont la rare spatule blanche.

L'**été** est surtout favorable à la migration et aux rassemblements des limicoles (petits échassiers) à marée haute et à la migration des cigognes noires, des grands regroupements de spatules, grands cormorans, aigrettes, garzettes, grandes aigrettes.

À l'**automne**, de nombreuses espèces de canards arrivent pour hiverner (jusqu'à 6 000 individus dont de nombreux canards pilets venus de Russie et de Finlande). Le Parc est le plus important centre français de baguage d'oiseaux d'eau et permet d'étudier leurs migrations avec le Muséum national d'histoire naturelle de Paris.

Des **sorties en voiture à cheval** sont proposées par les agents du parc. Au départ du pavillon d'accueil, des sorties naturalistes en voitures tirées par des chevaux de trait boulonnais sont organisées dans la partie nord de la baie de Somme. C'est l'occasion de découvrir – avec un biologiste – en petit groupe, la faune et la flore du littoral, les activités et l'évolution de la baie.

S. Sauvignier / MICHELIN

*Une des nombreuses aigrettes du parc.*

### Sports & Loisirs

**Espace Équestre Henson Marcanterra** – *34 chemin des Garennes - suivre Saint-Quentin-en-Tourmont - près du parc du Marquenterre - 80120 Saint-Quentin-en-Tourmont - ✆ 03 22 25 03 06 (réservation) ou 03 22 25 68 64 - www.marcanterra.fr - tte l'année.* L'espace équestre organise des balades en compagnie d'un guide, sur des chevaux doux et endurants que peuvent monter des cavaliers de tous niveaux, y compris les débutants et les enfants, pour découvrir le domaine de Marcanterra Sea Ranch (à côté du parc qui, lui, ne se visite qu'à pied !) et la baie de Somme. Également des promenades en attelage, à vélo ou à pied.

### Événement

**Festival de l'Oiseau et de la Nature en Baie de Somme** – *Voir l'encadré pratique de la baie de Somme.*

# Maubeuge

**AGGLOMÉRATION DE 117 470 MAUBEUGEOIS**
**CARTE GÉNÉRALE C2 – CARTE MICHELIN DEPARTEMENTS 302 L6 – NORD (59)**

**Maubeuge s'est tout d'abord développé autour d'un monastère de femmes, fondé au 7e s. Plus tard, la construction des fortifications, par Vauban, a mobilisé quelque 11 000 hommes. Enfin, son centre-ville a été reconstruit après la Seconde Guerre mondiale, mais la porte de Mons, dotée d'un pont-levis, évoque toujours les remparts du Roi-Soleil.**

- **Se repérer** – Maubeuge se trouve à 6 km de la Belgique, le long de la vallée de la Sambre et au croisement des N 2 et N 49, dans une région marquée par l'industrie sidérurgique. Un boulevard périphérique longe une partie de ses remparts.
- **À ne pas manquer** – Le carillon de l'église Saint-Pierre-Saint-Paul ; la porte de Mons.
- **Organiser son temps** – Prévoyez deux heures pour découvrir la ville.
- **Avec les enfants** – Le parc zoologique ; le musée de la Poterie à Ferrières-la-Petite.
- **Pour poursuivre la visite** – Voir aussi Bavay, Le Quesnoy et la forêt de Mormal, Avesnes-sur-Helpe, Sars-Poteries.

## Comprendre

**De sainte Aldegonde à la crise sidérurgique** – Fondée par sainte Aldegonde au 7e s., la ville tient son nom du bas latin *malboden*, juxtaposition de *mahal* et de *boden*, qui désignait le siège d'une assemblée de chefs. Malbodium est d'abord une cité drapière, qui s'oriente au 12e s. vers la métallurgie. Son nom devient Maubeuge dès 1293. C'est la cité des peintres **Jean Gossart, dit Mabuse** (vers 1478-1532), et **Nicolas**

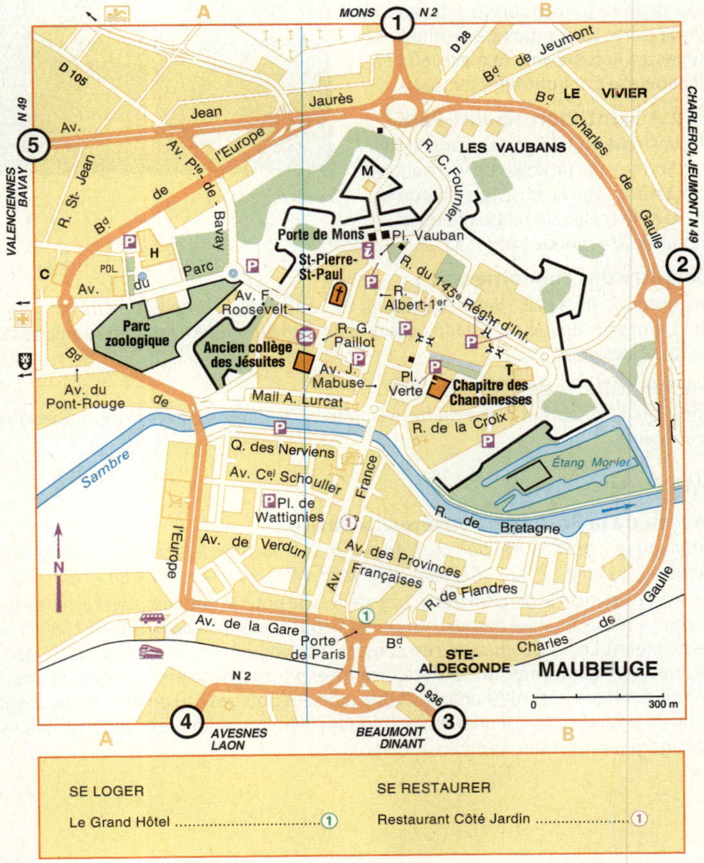


| SE LOGER | SE RESTAURER |
|---|---|
| Le Grand Hôtel ........ ① | Restaurant Côté Jardin ........ ① |

**Régnier**, dit Niccolo Renieri (vers 1590-1667). De 1637 à 1667, la ville est convoitée par les Espagnols et les Français, puis rattachée à la France après le traité de Nimègue en 1678 et fortifiée par Vauban. Ses remparts ne dissuaderont pas les envahisseurs. En 1940, la ville est détruite à 90 % par un déluge de bombes. Son plan actuel est dû à l'architecte André Lurçat. La sidérurgie, regroupée dans un bassin industriel qui va d'Aulnoye et Hautmont à Jeumont, a subi la crise de plein fouet.

## Se promener

### Parc zoologique A

*☏ 03 27 53 75 84 - www.zoodemaubeuge.fr - juil.-août : 10h-19h ; de mi-avr. à fin juin et sept. : 10h-18h ; oct. : 13h-17h30 (dernière entrée 1h30 av. fermeture) - fermé fin vac. de la Toussaint à mi-avr. - 6 € (enf. 3 €).*

Dans le cadre verdoyant des glacis dominant les fossés de l'enceinte flânent daims, lamas, otaries, hippopotames et lions. La ferme du zoo abrite des animaux domestiques en liberté. Jeux pour enfants, aires de pique-nique.

### Porte de Mons B

Construite en 1682, c'est l'élément principal de l'enceinte de Vauban et l'une des parties les mieux conservées des fortifications. Elle était autrefois complétée par un arsenal et un système de redoutes extérieur. La place pouvait, quant à elle, accueillir jusqu'à 40 000 hommes.

Côté ville, la porte forme un pavillon à fronton et comble mansardé. Le corps de garde est intact, avec ses épaisses portes de bois et le treuil du pont-levis. Franchissez le fossé par le pont courbe vers la demi-lune, pourvue, elle aussi, d'une porte avec loges de sentinelles. Repassez le fossé vers le glacis où l'on découvre le front nord des remparts.

S. Sauvignier / MICHELIN

*La porte de Mons.*

### Église Saint-Pierre-Saint-Paul B

Reconstruite en 1955 sur les plans de Lurçat. Son clocher de dalles de verre abrite un **carillon**. Voir la mosaïque du porche et, dans le trésor, un reliquaire du voile de sainte Aldegonde (fin 15e s.).

### Chapitre des chanoinesses B

En contrebas de la place Verte se dressent les bâtiments de brique et pierre (fin 17e s.) des Dames de Maubeuge, chanoinesses séculières qui succédèrent aux moniales de Sainte-Aldegonde.

### Ancien collège des Jésuites A

Édifié au 17e s., sur les plans du frère Du Blocq, il compose un ensemble baroque homogène.

## Aux alentours

### Musée de la Poterie à Ferrières-la-Petite

*10 km au sud, par la D 936 puis D 27. Après Ferrières-la-Grande, prendre à gauche vers Ferrières-la-Petite. ☏ 03 27 62 79 60 - lun.-vend. 14h-17h, w.-end 15h-18h - 3 €.*

Le musée est installé dans un des douze ateliers de poterie que comptait Ferrières-la-Petite au 19e s., organisé autour d'un ancien « four-bouteille » en brique de 1880 (5 m de diamètre). Le rez-de-chaussée est consacré aux poteries en grès salé, spécialité de la région. Le 1er étage présente une importante exposition de faïences, ainsi qu'un film *(20mn)* expliquant les méthodes de fabrication des poteries de Ferrières. Au sous-sol subsiste un atelier dans lequel sont fabriquées les poteries (démonstrations, ateliers pédagogiques), ensuite vendues sur place.

## Maubeuge pratique

### Adresse utile

**Office du tourisme de Maubeuge** – *Pl. Vauban - 59600 - ℘ 03 27 62 11 93 - www.ville-maubeuge.fr - avr.-sept. : 9h-18h, dim. et j. fériés 10h-12h, 15h-17h ; oct.-mars : tlj sf dim. 9h-12h, 14h-18h. Visites thématiques avec audio guide (téléchargeable ou en location).*

### Se loger

⊖⊖ **Le Grand Hôtel** – *1 Porte-de-Paris - ℘ 03 27 64 63 16 - www.grandhotelmaubeuge.fr - P - 30 ch. 48/76 € - ☕ 6,80 € - rest. 13/47 €.* Certes, cet établissement est situé sur une route souvent empruntée, mais n'ayez aucune inquiétude, car l'insonorisation vient d'être totalement refaite, de même que les chambres, claires, spacieuses et dotées de salles de bains bien équipées.

### Se restaurer

⊖ **Restaurant Côté Jardin** – *55 av. de France - ℘ 03 27 64 34 47 - fermé août, dim. soir et lun. soir - 12/22 €.* Installé dans une des rues les plus commerçantes de la ville, ce restaurant caché derrière une discrète façade vitrée est une halte bienvenue entre deux emplettes. Agréable décor contemporain et honorable cuisine traditionnelle.

### En soirée

**Le Manège** – *R. de la Croix - ℘ 03 27 65 93 83 - www.lemanege.com.* Cette scène nationale et centre culturel transfrontalier propose du théâtre mais aussi de la danse et de la musique, avec une prédilection pour la création actuelle. Elle organise des festivals *(voir « Événements »)*.

### Sports & loisirs

**Union aérienne Sambre et Helpe** - *Aérodrome de la Salmagne – 59600 Maubeuge - ℘ 03 27 68 40 25.* École de pilotage et promenades aériennes à la carte au-dessus du val de Sambre et de l'Avesnois.

**Location de vélo (VTC, VTT)** : à l'Office du tourisme. Plusieurs circuits, dont un rélié à la voie verte de l'Avensnois.

### Événements

**Les « Folies »** – Fin juin, c'est la grande fête de Maubeuge : animations, concerts, théâtres de rues, feu d'artifice…

**Fête de Jean-Mabuse** – Comme partout dans le Nord, une journée est dédiée au géant de la ville, Jean Mabuse. Défilés carnavalesques, animations de rues… Le dim. suivant l'Ascension.

**Jazz manège** – *℘ 03 27 65 65 40.* Festival de jazz, la 1re sem. de fév., organisé par le théâtre du Manège *(voir ci-dessus)*. Une représentation par soir et différentes animations en ville.

# Montdidier

6 006 MONTDIDÉRIENS
CARTE GÉNÉRALE B3 – CARTE MICHELIN DEPARTEMENTS 301 I10 – SOMME (80)

**Bâtie sur le flanc d'un coteau crayeux, à l'extrémité sud-ouest du plateau du Santerre, la cité de Parmentier fut gravement endommagée lors de la Première Guerre mondiale. Renée de ses cendres en 1931, époque de l'édification de son actuel hôtel de ville et de la reconstruction de ses deux églises, la calme cité poursuit son développement grâce au commerce et à l'industrie.**

- **Se repérer** – À l'intersection de la D 930 et de la D 935, Montdidier se trouve à égale distance de Compiègne et d'Amiens.
- **À ne pas manquer** – Le portail de l'église Saint-Pierre ; les vitraux de Grüber et les tapisseries dans l'église du Saint-Sépulcre ; le tombeau de Raoul de Lannoy et de Jeanne de Poix, dans l'église de Folleville.
- **Organiser son temps** – Si vous le pouvez, venez plutôt au mois de septembre, durant les fêtes médiévales de Folleville.
- **Pour poursuivre la visite** – Voir aussi Amiens, Beauvais, Compiègne, Noyon.

### Le saviez-vous ?

La ville tire son nom de Didier, le roi des Lombards, qui fut enfermé ici par Charlemagne, après avoir été défait à Pavie en 774.

Parmi les personnalités de la ville, aux côtés de **Parmentier**, citons **Maurice Blanchard** (1890-1960), poète surréaliste et grand ami de René Char.

## Comprendre

**Urbs cultissima** – La devise de Montdidier, « ville très cultivée », est issue d'une note de marge rédigée en 1648 par un prêtre et géographe abbevillois dans un de ses ouvrages : « ville très cultivée dont les indigènes l'emportent par la sagacité sur tous les Picards ». Cette réputation d'excellence se maintint tout au long des 18e et 19e s., en particulier grâce à quelques familles montdidériennes qui pourvurent régulièrement à la charge de conservateurs de la bibliothèque du roi (devenue bibliothèque nationale) à Paris.

**Le père de la pomme de terre** – Connue depuis le 16e s. en Europe, la pomme de terre est encore boudée en France lorsqu'**Antoine-Augustin Parmentier**, né à Montdidier en 1737, vulgarisa sa culture à partir de 1786. Agronome et apothicaire, il a découvert ses qualités lors de sa captivité à Hanovre. La petite histoire précise qu'il fit garder son champ par des soldats afin d'attiser la curiosité pour ce tubercule. Une statue honore l'illustre propagateur de la pomme de terre sur la place qui porte son nom.

## Visiter

### Hôtel de ville

L'intérieur de ce bâtiment de style Art déco est décoré de peintures murales de Maurice Picaud, dit « Pico », illustrant l'histoire de la ville. Dans le hall, l'impressionnant lustre en fer forgé pèserait plus d'une tonne.

### Église du Saint-Sépulcre

*Ouverture sur demande à l'office de tourisme.* L'église du 16e s., de style gothique flamboyant, fut rebâtie à l'identique dans les années 1930 après sa destruction en 1918. À l'intérieur, outre une Mise au tombeau du 16e s., on peut admirer de rares exemples de vitraux de Jacques Grüber à thèmes religieux : fidèle au style caractéristique de l'école de Nancy, l'artiste a représenté l'histoire du peuple hébreu, la découverte de la Vraie croix, les croisades. Quant aux six tapisseries de Bruxelles exposées dans la nef, elles furent tissées au 17e s. et illustrent plusieurs épisodes de l'Exode.

### Église Saint-Pierre

*Ouverture sur demande à l'office de tourisme.* Édifiée entre le 14e s. et le 16e s., cette église subit le même sort que la précédente. On doit le portail à Chappion, maître maçon de la cathédrale de Beauvais. À l'intérieur, belle Mise au tombeau (16e s.), fonts baptismaux romano-byzantins du 11e s. et christ roman (12e s.).

### Prieuré

Bâti au 14e s. grâce aux pierres d'un ancien donjon, l'édifice servit principalement à rendre la justice : auditoire royal puis palais de Justice, il subit les dommages de 1914-1918. Reconstruit dans le style néo-gothique, il accueille aujourd'hui le Trésor public. Au bout de la promenade du prieuré, **vue** sur la vallée des Trois Doms.

## Aux alentours

### Église★ et vestiges du château de Folleville

*18 km à l'ouest par la D 26 puis la D 109. ✆ 03 22 41 49 52 - mai-sept. : mar.-dim. 10h-12h, 14h-18h - 3 €. (enf. 1,50 €).*

Le petit village, sur une butte qui domine la vallée de la Noye, fut jadis le fief de Raoul de Lannoy, chambellan et conseiller de Louis XI, Charles VIII et Louis XII. Le courage dont il fit preuve au siège du Quesnoy (1477) lui valut ce mot de Louis XI, lui passant au cou une chaîne d'or : « Pasques Dieu, mon amy, vous estes trop furieux en un combat, il vous faut enchaîner pour modérer votre ardeur, car je ne vous veux point perdre… » La famille de Lannoy se rallia au 16e s. au protestantisme. En 1621, un bateau d'émigrants, fuyant les persécutions liées aux guerres de Religion, débarqua à Plymouth, en Amérique du Nord. Parmi les colons, un certain Philippe de Lannoy, descendant des seigneurs de Folleville… et ancêtre d'un futur président américain. De son nom aurait dérivé plus tard celui de Delano.

**Église★** – Cette église des 15e et 16e s. est ornée, à l'extérieur, d'une statue de saint Jacques *(angle de la façade)* et d'une Vierge à l'Enfant *(contrefort)*. La **nef**, de style gothique rural, comporte, près de l'entrée, des fonts baptismaux Renaissance, dont la vasque en marbre de Carrare est sculptée de la chaîne donnée par Louis XI à Raoul de Lannoy. La chaire est celle où prêcha Vincent de Paul *(voir l'encadré)*. L'architecture gothi-

**La première mission de Monsieur Vincent**

Janvier 1617. **Vincent de Paul** parcourt les terres de Françoise de Gondi, héritière par sa mère, Marie de Lannoy, du fief de Folleville. Les campagnes sont dans un état avancé de déchristianisation. Bouleversé, l'humble prêtre monte en chaire et parle au peuple de façon si éloquente qu'une confession générale s'ensuit. Vincent de Paul fonde, en 1625, la congrégation des Prêtres de la Mission (ou lazaristes).

*La tour de l'église de Ravenel.*

que flamboyant du **chœur★** comporte une décoration Renaissance ; observez les voûtes aux nervures finement découpées. Le premier **tombeau★★** à gauche est celui de Raoul de Lannoy et de sa femme, Jeanne de Poix. Le sarcophage de marbre blanc a été réalisé en 1507 par le Milanais Antonio Della Porta. On aperçoit ici encore la fameuse chaîne en or. Sur la base du tombeau, les armes des familles et l'épitaphe, flanquées d'enfants pleureurs. Le fond du tombeau est semé de guirlandes de fleurs de pois, allusion au nom de la dame du lieu. Une double accolade couronne l'enfeu, encadrant une gracieuse Vierge à l'Enfant sortie d'une fleur de lys. Le second **tombeau★** montre l'évolution de l'art funéraire, passé en cinquante ans des gisants aux priants de pierre. Ceux-ci figurent François de Lannoy, fils de Raoul, mort en 1548, et sa femme, Marie d'Hangest. L'encadrement de marbre blanc est orné des effigies des vertus cardinales. Derrière l'autel s'ouvre un grand **enfeu** à arc découpé en festons et surmonté d'une accolade. Le Christ y apparaît à Madeleine. Sur les côtés des anges portent les attributs de la Passion. À droite, une jolie **piscine** ornée de statuettes figurant saint François et saint Jean-Baptiste, patrons de François de Lannoy et de Jeanne de Poix.

**Vestiges du château** – Il ne subsiste du château (13e - 16e s.) que la tour de guet, haute de 25 m. Cylindrique à la base, elle devient hexagonale à hauteur des mâchicoulis puis dodécagonale au sommet. *Ne se visite pas.*

## Ravenel

*18 km au sud par la D 329, la D 929 jusqu'à Crèvecœur-le-Petit, puis la D 47.* Voici l'un des villages paisibles typiques du nord de l'Oise, qui tire son nom de la ravenelle, cousine sauvage du radis. Au 16e s., les terres picardes entre Ravenel et Rollot formaient le duché d'Halluin. Grands constructeurs et mécènes, les Halluin ont pourvu leur domaine d'églises remarquables, dont celle de Ravenel. Sa **tour★** associe les motifs flamboyants (parties aveugles) et Renaissance (parties ajourées). Les contreforts, couronnés de pinacles, et la tourelle d'escalier flamboyante relient les étages. Le couronnement Renaissance (1550) présente deux étages de baies au-dessus d'une balustrade ouvragée. Un dôme en charpente coiffe la plate-forme supérieure. Parmi les détails originaux, des logettes arrondies « meublent » les angles rentrants des contreforts. *Actuellement en travaux.*

## Saint-Martin-aux-Bois

*6 km par la D 47, puis la D 73 à Maignelay-Montigny.*

Dominant la plaine picarde, l'**abbatiale de Saint-Martin★** est isolée à la limite nord du village *(accès par l'ancienne porte fortifiée)*, auquel elle a donné son nom.

Le **vaisseau★** (13e s.), mutilé lors de la guerre de Cent Ans, est très élancé : il est presque aussi haut (27 m) que large (31 m). Les piliers de la nef reçoivent très haut la retombée des voûtes. Un décor de lancettes et de roses aveugles anime les parois des bas-côtés. Au-dessus, sous chaque fenêtre haute, trois ouvertures tréflées percent le mur. Le chevet, chef-d'œuvre gothique rayonnant, est entièrement ajouré : la verrière à sept pans commence presque au ras du sol pour se terminer dans chaque lancette par un trèfle. À droite s'ouvre la gracieuse porte Renaissance de la sacristie. Une Vierge la surmonte. Les superbes **stalles** (fin du 15e s.) présentent un décor flamboyant. Leurs miséricordes illustrent des scènes de la vie quotidienne et des dictons populaires. Sur les jouées figurent deux des quatre Pères de l'Église latine : saint Jérôme à gauche, saint Ambroise à droite. *Lun. et vend. 14h-18h, jeu. 9h-12h (emprunter la clé à la mairie), merc. et w.-end sur demande préalable - ✆ 03 44 51 03 55.*

## À Fleur d'O

*9 km au nord-est par D 41. 23 r. de la Chaussée - 80500 Davenescourt - ✆ 03 22 78 09 83 - fin mai-sept., sf les 14/07 et 15/08 : 14h30-18h30 - 6 € (enf. gratuit).*

Trois jardins (2 ha) s'organisent harmonieusement autour d'un étang de 3 ha, baigné par la petite rivière de l'Avre. Jardins anglais, français et belle collection de 650 rosiers, anciens et modernes.

## Montdidier pratique

### Adresses utiles

**Office du tourisme de Montdidier** – *5 pl. du Gén.-de-Gaulle - 80500 - ✆ 03 22 78 92 00 - www.ot-montdidier.fr - labellisé « Tourisme et handicap » - mai-sept. : lun.-sam. 14h-18h30 (lun. 14h-18h30 et dim. 10h-12h. en juil.-août) ; oct.-avr. : mar.-sam. 10h-12h, 14h-18h.*

**Association « site de Folleville »** – *2 r. Saint-Vincent - 80250 - ✆ 03 22 41 49 52 - www.folleville.c.la.*

### Se loger et se restaurer

⊜⊜ **Hôtel de Dijon** – *1 pl. du 10-Août-1918 - 80500 Montdidier - ✆ 03 22 78 01 35 - fermé 9 août.-2 sept. et dim. soir - 19 ch. 44/63 € - ☕ 6,50 € - rest. 18/29 €.* Cet hôtel proche de la gare offre un cadre rustique soigné. Toutes les chambres ont été refaites ; celles en façade sont équipées de double-vitrage. Accueil charmant. Table traditionnelle.

### Événements

**Les Médiévales de Folleville** – Marché d'antan, restauration médiévale, animations costumées et combats de chevaliers. Le 1er w.-end de sept.

**Foire agricole de Montdidier** – Chaque lun. de Pâques.

**Marché de Saint-Nicolas** – À Montdidier, le 1er w.-end de déc.

# Montreuil★

2 331 MONTREUILLOIS
CARTE GÉNÉRALE A2 – CARTE MICHELIN DEPARTEMENTS 301 D5 – PAS-DE-CALAIS (62)

**Cette tranquille sous-préfecture entretient une certaine forme de nostalgie. Ses vieilles rues bordées de maisons des 17e et 18e s. ont été préservées de la modernité. Sa citadelle et ses remparts ombragés dominent de vastes horizons. Le site a inspiré Victor Hugo et séduit nombre de visiteurs.**

- **Se repérer** – Montreuil occupe un **site★** au bord du plateau qui domine la vallée de la Canche. Du Touquet, accès par la N 39 ; de Boulogne ou Abbeville, par la N 1.
- **À ne pas manquer** – Les remparts ; l'église Saint-Saulve ; la rue Clape-en-Bas.
- **Organiser son temps** – Prévoir environ 1h pour faire le tour complet des remparts (accessible aux handicapés). Des itinéraires invitent à découvrir le patrimoine militaire, économique, urbain et religieux de la ville *(dépliant à l'office de tourisme)*.
- **Pour poursuivre la visite** – Voir aussi Le Touquet-Paris-Plage, Étaples, Berck-sur-Mer, la vallée de la Canche, l'abbaye et les jardins de Valloires.

## Se promener

### AUTOUR DES FORTIFICATIONS

#### Citadelle★

*✆ 03 21 06 10 83 - mars-oct. : 10h-12h, 14h-18h - fermé mar., déc.-fév. - 3 €.*

Élevée dans la seconde moitié du 16e s., remaniée au 17e s. par Jean Errard, puis par Vauban, elle intègre des éléments de l'ancien château (11e et 13e s.). Côté ville, une demi-lune, due à Vauban, protège l'entrée. Après les deux tours rondes (13e s.) de

### Le saviez-vous ?

**Victor Hugo** choisit la cité en 1837 comme cadre d'un épisode capital des *Misérables*. L'ancien forçat Jean Valjean, réhabilité par toute une vie de générosité et de sacrifices, devient maire de Montreuil, lorsqu'il apparaît qu'un innocent va être jugé à sa place : Valjean subit une terrible crise de conscience immortalisée par Hugo sous le titre « Tempête sous un crâne ».

Deux établissements sont à l'origine de Montreuil : le monastère fondé au 7e s. et la forteresse édifiée vers l'an 900 par Helgaud, comte de Ponthieu. Dès le 11e s., Montreuil passe dans le domaine royal. En 1537, les troupes de Charles Quint ravagent la cité. Les remparts sont rétablis par les ingénieurs de François Ier, Henri IV et Louis XIII. Montreuil compta jusqu'à 8 églises. En 1804, Napoléon séjourne à Montreuil. Et, en 1916, la cité abrite le QG de Douglas Haig, chef des armées britanniques.

l'entrée du château royal, on visite la tour de la Reine Berthe (14e s.), qui servit de porte de ville jusqu'en 1594. Incluse dans un bastion (16e s.), elle abrite les blasons des seigneurs tués à Azincourt en 1415. Le chemin de ronde offre de belles **vues★★** sur la vallée de la Canche : l'ancienne chartreuse N.-D.-des-Prés et le débouché de la vallée de la Course *(à droite)* ; les fonds humides de la Canche, l'estuaire et Le Touquet *(à gauche)*, signalé par son phare. La visite se clôt par les casemates (1840) et la chapelle (18e s.).

Un livret de jeu est destiné aux enfants et distribué à l'accueil.

*En sortant de la citadelle, traverser le pont et prendre à droite, sur 300 m, le chemin longeant les remparts, vers la porte de France.*

S. Sauvignier / MICHELIN

*La citadelle.*

**Remparts★**

On découvre la perspective sur la courtine et son enfilade de tours (13e s.) incorporées dans l'enceinte bastionnée, composée d'un appareillage de briques roses et de pierres blanches (16e-17e s.). D'un côté, vue sur les toits, de l'autre, sur la vallée de la Canche et le plateau du pays de Montreuil. Si vous avez le temps, vous pouvez effectuer le tour complet des remparts *(1h - accessible aux handicapés)*.

### DANS LA VILLE

**Rue du Clape-en-Bas**

Cette charmante rue pavée est bordée de maisons basses chaulées aux toits de tuiles moussues, typiques de la vallée de la Canche. Des artisans s'y installent en saison.

**Chapelle de l'Hôtel-Dieu**

*De déb. juil. à mi-sept. : 15h-18h - 1,50 €.*

Rebâtie en 1874 par un disciple de Viollet-le-Duc, elle conserve un portail flamboyant (15e s.).

**Église Saint-Saulve★**

L'ancienne abbatiale bénédictine du 11e s. (la face nord-est du clocher-porche date de cette époque) fut remaniée aux 13e et 16e s. après l'effondrement des voûtes. Elles ont été refaites plus basses, d'où l'obscurité qui règne dans l'église.

À l'intérieur, il faut voir les frises des chapiteaux, du côté droit de la nef, et deux toiles du 18e s. : au maître-autel, la *Vision de saint Dominique* de Jouvenet ; à gauche, dans la chapelle Notre-Dame (ancienne chapelle des Arbalétriers), la *Prise de voile de sainte Austreberthe* de Restout.

## Circuit de découverte

### VALLÉE DE LA COURSE

*27 km – env. 1h. Quitter Montreuil par la D 126 à droite et prendre presque aussitôt la D 150 à gauche en direction d'Estrée.*

La D 150 suit la vallée marécageuse de la Course, puis remonte un vallon.

**Montcavrel**

L'**église** de style gothique flamboyant est élancée, bien que sans nef. À l'intérieur, trois des chapiteaux (début du 16e s.) présente des frises historiées. Le plus intéressant *(à gauche)* conte la vie de la Vierge de façon naïve. *✆ 03 21 81 58 92 - clé disponible au coin de l'église, chez Mme Davenne.*

*Suivre la D 149 jusqu'à Recques-sur-Course, puis la D 127 vers le nord.*

Cette route longe la vallée de la Course, jalonnée de prairies d'élevage, de cressonnières et de piscicultures. Elle traverse, entre autres, **Inxent, Doudeauville** – ce village possède un manoir de 1613 – et le hameau de **Course**, près duquel la rivière prend source, avant de parvenir à Desvres *(voir ce nom)*.

# Montreuil pratique

## Adresses utiles

**Office du tourisme de Montreuil et ses vallées** – *21 r. Carnot - BP 13 - 62170 Montreuil - ✆ 03 21 06 04 27 - www.tourisme-montreuillois.com - juil.-août : 10h-18h, dim. 10h-12h30, 15h-17h ; avr.-juin et sept.-oct. : 10h-12h30, 14h-18h, dim. 10h-13h ; nov.-mars : tlj sf dim. et j. fériés 10h-12h30, 14h-17h.*

**Office du tourisme de Rang-du-Fliers** – *152 rte de Merlimont - 62180 - ✆ 03 21 84 34 00 - www.ot-rangdufliers.com - juin-août : 9h-12h, 14h-18h, mai-sept. : tlj sf dim., lun. et j. fériés 9h-12h, 14h-18h.*

## Visites

**Dépliant** – *À demander à l'office de tourisme.* 3 itinéraires vous invitent à découvrir le patrimoine de Montreuil (militaire, économique et religieux).

**Visite-spectacle** – *Juin.-sept : w.-end - 7 € (enf. 4 €).* L'office de tourisme organise des promenades guidées de Montreuil en soirée. La visite est mise en scène avec décors et costumes évoquant l'histoire de la ville du Moyen-Âge au 19e s.

## Se loger

**L'Écu de France** – *5 Porte-de-France - ✆ 03 21 06 01 89 - www.ecudefrance.fr - fermé merc. et jeu. en hiver - 8 ch. 40/45 € - 5,50 € - rest. 11,50/24 €.* Cette engageante maison à la façade immaculée abrite des chambres modernes aux belles tonalités rouge et jaune. À table, généreuse cuisine flamande servie dans un plaisant cadre médiéval (vitraux, épées accrochées aux murs…).

**Manoir Francis** – *1 r. de l'Église - 62170 Marles-sur-Canche - 5,5 km au sud-est de Montreuil par D 113 - ✆ 03 21 81 38 80 - - 3 ch. 40/60 €.* Passez sous le porche monumental, puis traversez le jardin rempli d'animaux de basse-cour pour accéder à cette belle ferme seigneuriale du 17e s. Chambres spacieuses dotées de meubles d'époque et d'un salon privatif. Magnifique salle des petits-déjeuners.

**Chambre d'hôte La Commanderie** – *Allée des Templiers - 62990 Loison-sur-Créquoise - ✆ 03 21 86 49 87 - www.lacommanderie.com - fermé fév. - - réserv. conseillée en hiver - 3 ch. 50/70 €.* Une longue allée mène à cette magnifique demeure du 12e s., jadis commanderie de Templiers. Ses chambres, décorées avec goût, ont chacune été baptisées d'un prénom féminin. Beaux objets anciens disposés çà et là et plaisant parc bordé d'une rivière. À découvrir absolument.

**Chambre d'hôte La Haute Chambre** – *124 rte d'Hucqueliers, hameau le Ménage - 62170 Beussent - 10 km au N de Montreuil par N 1 puis D 127 - ✆ 03 21 90 91 92 - fermé 1er-15 sept. et 15 déc.-15 janv. - - 5 ch. 90 €.* Si le Boulonnais est un écrin, la Haute Chambre en est la perle ! Assez difficile à trouver, ce manoir de 1858 magnifiquement restauré par ses propriétaires ne peut que vous séduire. Dans le cadre idyllique du parc et grâce au confort des chambres, vous vivrez la vie de château à votre rythme. Visite possible de l'atelier de sculptures et de peintures du maître des lieux.

## Se restaurer

**Auberge d'Inxent** – *62170 Inxent - 9 km au nord de Montreuil par D 127 - ✆ 03 21 90 71 19 - fermé 28 juin-9 juil., 13 déc.-19 janv., mar. et merc. sf juil.-août et lun. en juil.-août - 13/38 € - 5 ch. 54/70 € - 8 €.* Point central du village, cette jolie maison de 1765 à la façade blanc et bleu a toujours été une auberge. Étape agréable de la vallée de la Course pour déguster les spécialités artésiennes et séjourner dans de petites chambres soignées. Le jardin mérite un détour.

**Auberge La Grenouillère** – *62170 Madelaine-sous-Montreuil - 2,5 km à l'ouest de Montreuil par D 139 puis rte secondaire - ✆ 03 21 06 07 22 - fermé 27 juin-2 juil., 5-10 sept., 20 déc.-3 fév., merc. sf juil.-août et mar. - 30/70 € - 4 ch. 75/100 € - 13 €.* Les grenouilles sont les invitées d'honneur de cette pittoresque auberge de campagne bordant la Canche : aux murs, sur des toiles des années 1930, en céramique sur les tables ou à déguster dans les assiettes… Quelques chambres.

## Que rapporter

**M. et Mme Leviel** – *Fond des Communes - 62170 Montcavrel - ✆ 03 21 06 21 73 - fermé dim. et j. fériés.* Vente de produits à base de lait de vache ou de chèvre dont une spécialité fromagère : les apérichèvres. Accueil de groupes sur rendez-vous.

## Sports & Loisirs

**Club Canoë-kayak** – *4 r. des Moulins-des-Orphelins - ✆ 03 21 06 20 16 - http://ckmontreuil.free.fr - 10h-17h.* Base de kayak de rivière.

## Événements

**« Les Misérables »** – *✆ 03 21 06 72 45 - le soir, fin juil.-déb. août. - 14 € (enf. 9,50 €).* Spectacle d'après l'œuvre de Victor Hugo.

**Festival « Les malins plaisirs »** – *Théâtre de Montreuil - pl. du Gén.-de-Gaulle - ✆ 03 21 98 12 26 - www.lesmalinsplaisirs.com.* Opéras, comédies, ballets, mais aussi promenades insolites, concerts impromptus, jeux littéraires ou dégustations… 2e quinzaine d'août.

**Journée des peintres dans la rue** – Montreuil ressemble étrangement au Montmartre d'antan le 15 août. Les toiles réalisées dans la journée sont exposées le soir pl. Darnétal.

# Morienval★

1 038 MORIENVALOIS
CARTE GÉNÉRALE B4 – CARTES MICHELIN : DEPARTEMENTS 305 I5 – OISE (60)

**Entre les massifs forestiers de Compiègne et de Retz, dans ce village de la vallée de l'Automne, le temps a ralenti son cours. Morienval est, avec Saint-Denis et Thérouanne, l'une des premières expressions de l'architecture gothique en France. Son cadre verdoyant est le refuge de nombreux oiseaux. Le muguet fleurit à foison en mai dans la proche forêt.**

- **Se repérer** – À 7,5 km au sud-ouest de Pierrefonds par la D 335.
- **À ne pas manquer** – L'église Notre-Dame et la statue éponyme.
- **Organiser son temps** – Comptez une journée pour le circuit dans la vallée de l'Automne, visites comprises.
- **Pour poursuivre la visite** – Voir aussi Pierrefonds, Compiègne, Villers-Cotterêts, Crépy-en-Valois (Guide Vert Île-de-France).

## Visiter

### Église Notre-Dame★

*03 44 88 66 36 - 9h-18h, sur demande préalable.*

L'église Notre-Dame dépendait d'une abbaye de femmes fondée, selon la tradition, par Dagobert au 7e s., pourvue richement par Charles le Chauve au 9e s., puis détruite par les Normands en 885. À partir du 11e s. commence la reconstruction de l'église et du monastère. L'abbesse Anne II de Foucault opéra au 17e s. de nombreux remaniements, marqués de son chiffre (sur les clefs de voûte de la nef).

L'abbatiale, qui doit être vue du nord-est, n'a pas changé depuis le 12e s., sauf la partie haute du chœur : les étroites baies actuelles datent de la restauration de la fin du 19e s.

Sa silhouette est caractéristique, avec la tour nord légèrement plus courte que celle du sud. La base du clocher-porche est la partie la plus ancienne (11e s.), avec le transept, la travée droite du chœur et les deux tours est. Il faut se représenter le clocher-porche non point empâté dans le prolongement des bas-côtés (disposition du 17e s.), mais se détachant en avancée sur une façade romane. Au chevet, remarquez le déambulatoire plaqué contre l'hémicycle du chœur (12e s.) pour en assurer la stabilité.

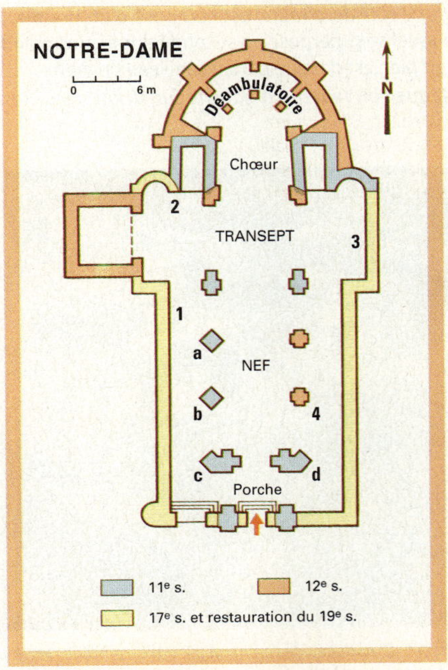

À l'intérieur, le déambulatoire, artifice architectural, est la partie la plus originale. Ses arcs, montés vers 1125, comptent parmi les plus anciens de France. Pour la première fois, les ogives ont été employées pour couvrir la partie tournante d'un édifice. Cependant, elles sont solidaires des quartiers de voûtes qu'elles supportent. On assiste ici à la transition entre voûtes d'arêtes et voûtes sur croisée d'ogives. Au 17e s., la nef et le transept ont été également voûtés d'ogives. Les chapiteaux de la nef **(a, b, c, d)** sont du 11e s. : spirales, étoiles, masques, animaux sont les seuls témoins sûrs de l'église romane, tandis que les chapiteaux du chœur, également intéressants, sont un peu plus récents. Dans le bas-côté gauche, série de dalles funéraires, dont celle **(1)** de l'abbesse Anne II Foucault (1596-1635). Sur le mur du bas-côté opposé, des gravures du 19e s. montrent l'état ancien de l'abbatiale. Les statues les plus remarquables sont : la statue **(2)** de **Notre-Dame de Morienval** (17e s.) ; un groupe **(3)** de la Crucifixion (16e s.) provenant d'une poutre de gloire déposée ; un *Saint Christophe* **(4)** en terre cuite (17e s.).

Le célèbre **évangéliaire** enluminé de Morienval est conservé à l'hôtel de ville de Noyon *(voir ce nom)*, où il est occasionnellement visible.

# Circuit de découverte

## VALLÉE DE L'AUTOMNE

*41 km – 2h.*

L'itinéraire traverse d'est en ouest le canton de Crépy-en-Valois. De remarquables monuments s'y égrènent, mis en valeur par un paysage verdoyant et préservé.

*Quitter Morienval au sud par la D 335 en direction de Crépy-en-Valois. À Élincourt, tourner à droite dans la D 123 et de nouveau à droite à Orrouy.*

### Champlieu

Les vestiges d'une église romane rappellent l'importance passée de ce hameau, proche de la forêt de Compiègne.

Dégagées au siècle dernier, les **ruines gallo-romaines** sont traversées par l'ancienne voie romaine de Senlis à Soissons : la « chaussée Brunehaut ».

Avec ses 70 m de diamètre, le **théâtre** pouvait contenir 3 000 places. Seuls subsistent les trois premiers rangs de gradins. Au-dessus, l'hémicycle est gazonné. En bas, on reconnaît les soubassements de la scène et des coulisses ; au-dessus, les six entrées du public sont encore visibles.

Les **thermes** sont de dimensions restreintes pour un bâtiment public (53 m sur 23). On reconnaît l'emplacement de l'atrium, cour d'entrée carrée, du frigidarium, du tepidarium et du caldarium, au centre duquel l'eau jaillissait d'une vasque calcaire.

Le **temple** *(de l'autre côté de la route)* est composé d'un premier sanctuaire (1er s.) de type *fanum*, auquel se superpose un second temple plus grand, de forme carrée (20 m de côté). Son plan est dessiné par un caniveau de pierre.

*Revenir à la D 32, que l'on reprend à gauche sur 10 km ; Lieu-Restauré se trouve à droite.*

Jean-Paul Boudot

*Les ruines de Champlieu : un haut lieu de l'archéologie gallo-romaine ; les thermes.*

## Morienval pratique

Voir aussi l'encadré pratique de Pierrefonds.

### Événement

**35 clochers en vallée de l'Automne** – 03 44 59 03 97. Visites guidées, expositions, animations, autour des 35 clochers de la vallée de l'Automne (mi-sept., les années paires).

### Abbaye de Lieu-Restauré

*01 44 88 55 31 - mai-nov. : w.-end et j. fériés 10h-12h, 14h-18h ; reste de l'année : sam. 10h-12h, 14h-16h, dim. et j. fériés 10h-12h, 14h-16h (en fonction du temps) - fermé 25 déc.-janv.-fév. - 2,50 € (enf. gratuit).*

Érigée au 12e s. pour succéder à une chapelle plus exiguë – d'où son nom –, cette abbaye de prémontrés fut rebâtie au 16e s., après la guerre de Cent Ans. Depuis 1964, des travaux ont permis de restaurer ce site, préservant les constructions d'une ruine définitive.

Descendez à l'église, parée d'une **rose★** au remplage flamboyant, et entrez dans la nef par le côté gauche.

Puis contournez les ruines des bâtiments abbatiaux. Au sud, les fouilles ont dégagé le cloître et le réfectoire, avec les bases de ses colonnes et de sa cheminée. Hôtellerie et cellier (18e s.) sont restaurés. Un musée expose le résultat des fouilles (poteries, chapiteaux, etc.).

*Poursuivre sur la D 32 ; 1 km plus loin, prendre à gauche ; 50 m après une tour au bord de la route, se garer à l'entrée du parc.*

### Vez★

Ce tout petit village, à flanc de coteau, a donné son nom au Valois, dont il représente le cœur initial. Vez viendrait du latin *vadum* : « le gué ». En 1918, il accueillit le général Mangin et son état-major, avant l'offensive de l'armée française qui, en juillet, assura la victoire des Alliés.

D'origine très ancienne, le **château★** fut rebâti au 14e s. L'enceinte carrée est dominée par le **donjon**. Au milieu de la cour, la chapelle abrite des antiquités gallo-romaines et des objets préhistoriques du Valois, ainsi que des gisants en marbre sculptés par Frémiet. Sol LeWitt, artiste américain courtisé par les musées les plus prestigieux, a réalisé en 1995 un **Wall Drawing** sur les murs de la pièce principale du rez-de-chaussée du donjon. Du haut de la chapelle, **vue** sur la vallée de l'Automne. À l'angle droit de la courtine, une tourelle porte une plaque rappelant que Jeanne d'Arc est passée ici en 1430, lors de son voyage vers Compiègne. Derrière la chapelle subsistent les ruines du logis du châtelain (13e s.). *03 44 88 55 18 - de mi-juin à fin oct. : 14h-18h ; mars-mai : dim. et j. fériés 14h-18h - 6 €.*

Le jardin paysager, minimaliste, recèle parfois des sculptures contemporaines.

*Poursuivre la D 32/D 231 ; on passe dans l'Aisne.*

### Villers-Cotterêts *(voir ce nom)*

*Prendre au nord-est la D 80 ; à Corcy, prendre à gauche la D 17.*

### Abbaye de Longpont★ *(voir ce nom)*

# Cité souterraine de Naours★

1 139 NORIENS
CARTE GÉNÉRALE B3 – CARTE MICHELIN DEPARTEMENTS 301 G7 – SOMME (80)

**Ce village, remarquable pour son architecture en torchis, doit surtout sa réputation à son incroyable réseau de grottes-refuges, creusées dans le calcaire du plateau voisin. Ces abris sont encore nombreux en Picardie et dans une partie de l'Artois. On les nomme « creuttes », « boves » ou « muches », c'est-à-dire « cachettes » en picard.**

- **Se repérer** – Sur un plateau calcaire à 13 km au nord d'Amiens. Accès par la N 25, que l'on quitte à Talmas pour la D 60.
- **Organiser son temps** – Comptez 1h pour la visite.
- **Avec les enfants** – S'ils ne rechignent pas devant la marche à pied, la visite leur plaira assurément.
- **Pour poursuivre la visite** – Voir aussi Doullens et la vallée de l'Authie, le château de Bertangles, Amiens.

## Comprendre

Naours vient de Nor, dont il existe une mention en 57 av. J.-C. Vers 1340, Nor évolue en Nochere : « gouttière » en vieux français, allusion au relief de la ville. L'aménagement des *muches* remonterait aux invasions normandes (9e s.), mais c'est seulement au 14e s. que des documents les mentionnent. Elles sont très fréquentées lors des guerres de Religion et de la guerre de Trente Ans. Au 18e s., les contrebandiers du sel s'y réfugient pour échapper aux gabelous. Tombées dans l'oubli, elles furent redécouvertes par le curé de Naours en 1887. Après les avoir explorées et déblayées, les habitants trouvèrent notamment, en 1905, un trésor de 20 pièces d'or. Les Allemands occupèrent les *muches* en 1942.

## Visiter

*03 22 93 71 78 - www.grottesdenaours.com - visite guidée (45mn) mai.-août : 9h30-18h ; 21 janv. - 7 nov. : 10h-12h, 14h-17h30 - fermé de mi-nov à fin janv., ouverture exceptionnelle du 27 au 30 déc. et du 2 au 6 janv., 14h-16h30 - 10 € (enf. 8 €).*

La cité souterraine pouvait abriter 3 000 personnes avec leur cheptel et comprend 2 km de rues, des places, 300 chambres, trois chapelles, des étables, une boulangerie avec fours… Des cheminées relient les galeries à la surface du plateau, 30 m plus haut. Lors de la visite, on découvre les composantes du terrain : craie, argile, silex alignés en bancs parallèles. Le **musée du Folklore** présente des métiers picards, à l'aide de dioramas géants et de personnages de cire.

On peut compléter la visite en montant sur la colline du Guet, où deux **moulins à vent** en bois, sur pivot, sont reconstitués – le village en possédait sept. Vues plongeantes sur Naours.

## Cité souterraine de Naours pratique

### Se loger

**Chambre d'hôtes Au Logis de l'Oie** – *10 r. du Cul-de-Sac - 80260 Naours - 03 22 93 72 62 - - 5 ch. 50 € - repas 20 €.* Cette fermette de style picard compte 4 chambres de plain pied, décorées avec goût selon un mélange d'ancien et de contemporain. Le mobilier qui orne les différentes pièces trahit le petit faible de la propriétaire pour les brocantes. Table d'hôtes régionale préparée de façon copieuse avec un maximum de produits maison.

### Faire une pause

**La Chèvrerie de Canaples** – *172 r. de Fieffes - 80670 Canaples - 6 km au nord de Naours par D 60 et D 933 - 03 22 52 93 06 - fermé nov.-mars, dim. et j. fériés - - réserv. obligatoire.* Voici une façon originale de terminer la visite des grottes : cette adresse propose des goûters fermiers (sur réservation et pour 10 personnes minimum) ou des dégustations de fromages (sauf de midi à 14h). Visite libre de l'élevage de chèvres ; boutique de produits régionaux.

# Colline de **Notre-Dame-de-Lorette**★

CARTE GÉNÉRALE B2 – CARTE MICHELIN DEPARTEMENTS 301 J5 – PAS-DE-CALAIS (62)

**Dans un site dépouillé, sous l'infini d'un ciel souvent gris, la colline de Notre-Dame-de-Lorette fut l'objectif principal de nombreuses attaques menées lors de la Première Guerre mondiale. En un an, entre octobre 1914 et septembre 1915, quelque 188 000 soldats y perdirent la vie sur cette colline, dont 100 000 Français. Balayant d'un rai de lumière les plaines de l'Artois, la tour-lanterne leur rend hommage chaque nuit.**

- **Se repérer** – C'est le point culminant (166 m) des collines de l'Artois. 11 km au sud-ouest de Lens par la D $58^{E}$. De Béthune ou Arras, D 937 puis la D $58^{E3}$.
- **À ne pas manquer** – La basilique ; les dioramas du musée vivant.
- **Pour poursuivre la visite** – Voir aussi le mémorial canadien de Vimy, Arras, Lens et le circuit des Gueules noires, Béthune, le château d'Ohlain.

### Le saviez-vous ?

Notre-Dame-de-Lorette figure parmi les noms fréquemment cités dans les communiqués de la guerre 1914-1918, notamment au cours de la première bataille d'Artois, de mai à septembre 1915. Les autres étaient : La Targette (cimetière allemand), où le général Pétain avait son poste de commandement lorsque le 33e corps enfonça les lignes allemandes, Neuville-Saint-Vaast, Vimy *(voir ce nom)*, Souchez, avec son monument au général Barbot et ses 1 500 chasseurs alpins tués en mai 1915, Carency et Ablain-Saint-Nazaire.

Notre-Dame-de-Lorette fait partie du réseau de nécropoles nationales conçu dès la Première Guerre mondiale.

## Visiter

### Cimetière

Inauguré en 1925, c'est le plus grand cimetière militaire français. Il rassemble les tombes de 20 000 soldats français identifiés, morts sur le champ de bataille. Une table d'orientation en bronze se dresse à gauche de l'entrée : elle évoque les combats d'octobre 1914 à septembre 1915. En entrant dans le cimetière, on découvre la sépulture du général Barbot, premier monument situé à gauche de l'allée principale.

L'intérieur de la **basilique**, de style roman byzantin, consacrée en 1937, est décoré de marbre et de mosaïque. Sur les murs, des milliers de noms gravés : autant de soldats français tombés sur la colline et aux alentours.

Haute de 42 m, la **tour-lanterne** surmonte l'ossuaire principal et les sept autres ossuaires, qui rassemblent les restes de plus de 20 000 soldats inconnus des deux guerres mondiales, d'Indochine et d'Algérie. *03 21 45 15 80 - juin-août : 9h-12h, 14h-18h30 ;*

Y. Tierny / MICHELIN

*Le cimetière, la basilique et la tour-lanterne.*

*avr.-mai et sept. 9h-12h, 14h-17h30 ; oct.-mars : 9h-12h, 14h-16h - gratuit.*

Un ordinateur est à votre disposition dans l'ossuaire afin de trouver, dans le cimetière, l'emplacement de la tombe de vos ancêtres. N'hésitez pas à demander des renseignements aux gardes d'honneur de Lorette, des bénévoles auprès desquels vous serez bien accueillis.

### Musée vivant 1914-1818

*03 21 45 15 80 - 9h-20h - fermé 1er janv., 25 déc. - 4 € (enf. 2 €).*

À 100 m de la basilique, ce musée expose de nombreux objets (photographies, uniformes, obus, casques) et plusieurs reconstitutions d'abris souterrains qui évoquent le quotidien des poilus, représentés par 42 mannequins en tenue (animations laser). Dans une petite salle accolée au musée, 16 **dioramas★** présentent des vues d'époque, en relief, avec plusieurs thématiques (la cantine, l'hôpital, le front, les blessés de guerre…).

À côté, le **champ de bataille** s'étend sur 3 ha, avec son labyrinthe de tranchées françaises et allemandes et ses vestiges de la Grande Guerre (canons, mitrailleuses, tourelles).

### Macabre décompte

« En comparaison avec le temps mis par les troupes alliées à descendre les Champs-Élysées lors du défilé de la victoire, environ trois heures je crois, j'ai calculé que dans les même formations de marche et de vitesse réglementaire, le défilé des pauvres morts de cette inexpiable folie n'aurait pas duré moins de onze jours et onze nuits. Pardonnez-moi cette précision accablante. »

*La vie et rien d'autre* de **Bertrand Tavernier.**

## Aux alentours

### Ablain-Saint-Nicaise

Le petit village, en contrebas de la colline, fut au cœur de la bataille d'Artois. Totalement détruit en 1915, les ruines de son église, toujours debout malgré tout, témoignent de la violence des combats.

### Musée de La Targette

*7 km au sud-est sur la D 937. 48 rte Nationale à Neuville-Saint-Vaast - 03 21 59 17 76 - 9h-20h - fermé 1er janv., 25 déc. - 4 € (enf. 2 €).*

Ce musée, sur deux étages, évoque les combats d'Artois à travers la reconstitution de scènes et plus de 2 000 pièces, notamment des armes anciennes (sabres, baïonnettes…), des uniformes, de l'artisanat de tranchée. Deux dioramas, allié et allemand, mettent en valeur le sacrifice des troupes coloniales d'outre-mer, à travers des prises de vue saisissantes.

### Mont-Saint-Éloi

*12 km par Souchez et la D 937, puis la D 58 à droite ; à Carency, prendre à gauche vers Mont-Saint-Éloi.* Sur cette colline (135 m) qui domine la vallée de la Scarpe fut fondée une abbaye par saint Éloi au 7e s. L'armée de Louis XI y installa son campement en vue du siège d'Arras au 15e s., de même que le prince de Condé face à Turenne deux siècles plus tard. Vandalisée, l'abbaye est recontruite au 18e s. par des augustins. Mais la Révolution vend les murs comme bien national et elle est progressivement démolie. Les combats des deux guerres (en particulier en 1915 et 1940) finissent d'endommager l'édifice, qui conserve malgré tout deux tours, encore imposantes (53 m).

## Colline de Notre-Dame-de-Lorette pratique

### Adresse utile

**Point information** – *100 r. Pasteur - 62153 Souchez - 03 21 72 66 55 - mar.-vend. 10h-12h, 14h-18h, lun. et sam. 14h-18h, dim. 15h-18h.* Au sous-sol, le **centre européen de la Paix** présente une reconstitution de la vie quotidienne des soldats dans une mise en scène moderne. Un film *(50mn)* retrace les grandes étapes de la guerre et de la bataille d'Artois. Au rez-de-chaussée, **panorama** sur le bassin minier et sur le site 11-19 de Loos-en Gohelle.

### Se restaurer

**Auberge du Cabaret rouge** – *1 r. Carnot - 62153 Souchez - 3 km à l'est de N.-D.-de-Lorette par D 58e et D 937 - 03 21 45 06 10 - fermé dim. soir- merc. soir - réserv. obligatoire - formule déj. 10 € - 16/25 €.* Cette maison proche de la route abrite trois petites salles à manger égayées de multiples bibelots. À table, vous apprécierez légumes du potager, volailles et autres produits des fermes voisines.

# Noyon★

14 260 NOYONNAIS
CARTE GÉNÉRALE B3 – CARTE MICHELIN DEPARTEMENTS 305 J3 – OISE (60)

**Cité de Calvin, Ville d'art et d'histoire, Noyon est dominé par son imposante cathédrale, l'une des premières grandes églises gothiques de France. Bien conservés, les bâtiments canoniaux restituent l'atmosphère de l'époque. En plein cœur de la Picardie, le Noyonnais offre un paysage riant et doucement vallonné qui lui vaut le surnom de « petite Suisse ». C'est aujourd'hui la capitale française des fruits rouges.**

- **Se repérer** – 24 km au nord-est de Compiègne par la N 32. D'Amiens, prendre la D 934 ; de Saint-Quentin, la D 1 puis la N 32.
- **À ne pas manquer** – L'intérieur de la cathédrale N.-D. ; le musée Jean-Calvin.
- **Organiser son temps** – Venez le 1er w.-end de juil. (marché aux fruits rouges).
- **Pour poursuivre la visite** – Voir aussi l'abbaye d'Ouscamps, Blérancourt, Ham.

S. Sauvignier / MICHELIN

*Derrière la cathédrale Notre-Dame, la bibliothèque du Chapitre.*

## Comprendre

**De saint Médard à Hugues Capet** – D'origine gallo-romaine, Noyon fut érigé par saint Médard en un évêché uni à Tournai en 581. Au 7e s., saint Éloi en fut un des titulaires. La ville a vu les fastes du couronnement de Charlemagne en 768, et d'Hugues Capet en 987. Noyon fut l'une des premières cités françaises à obtenir une charte des libertés communales, dès 1108.

**Vive les fraises !** – L'activité industrielle est variée (alimentation, imprimerie, fonderie). L'agriculture, favorisée par le climat et la présence d'entreprises de conserverie et de stockage, accorde une place importante à la culture des fruits rouges, dont 90 % sont destinés à la fabrication de sorbets.

## Visiter

### Cathédrale Notre-Dame★★

*03 44 44 21 88 - visite libre - visite guidée sur demande à l'office de tourisme.*

Les évêques de Noyon, comtes et pairs de France, ont fait bâtir l'une des premières grandes églises gothiques de France – quatre édifices l'avaient précédée. La construction débuta en 1145 par

**Le saviez-vous ?**

Le nom de la ville vient de *noviomagus*, « nouveau marché ». Sa première mention remonte au 3e s.

Noyon fut la patrie de **Jean Calvin** (1509-1564), partisan de la Réforme *(voir le musée Jean-Calvin, page suivante)*, du sculpteur **Jacques Sarazin** (1588-1660), précurseur du classicisme officiel, et de **Joseph Pinchon**, créateur de *Bécassine*, en 1905.

le chœur et s'acheva en 1235 par la façade. La cathédrale conserve la sobre robustesse du style roman, mais atteint la mesure et l'harmonie caractéristiques des grands maîtres d'œuvre de l'âge d'or. Sa restauration a été entreprise après 1918.

**Extérieur** – La façade comprend un porche à trois travées (13e s.) épaulé par deux arcs-boutants ornés de gâbles (14e s.). Une grande baie centrale, surmontée d'une galerie à hautes colonnettes, est encadrée par deux clochers aux contreforts d'angle saillants. La tour sud, plus ancienne (1220), est aussi plus austère. La tour nord, un des plus beaux clochers du nord de la France élevés au 14e s., est finement décorée : moulures, cordons de feuillage aux arcatures de la galerie, bandeaux de feuillage soulignant les glacis supérieurs des contreforts. Dans les deux tours, la disposition du couronnement indique que le projet initial comportait des flèches, qui ne furent jamais réalisées.

La **place du Parvis** est bordée en demi-cercle de maisons canoniales aux portails surmontés de chapeaux de chanoine. Elle garde son charme vieillot.

En contournant la cathédrale par le sud, observez l'hémicycle qui clôt le transept. Laissant à droite les ruines de la chapelle de l'évêché, on atteint le chevet, entouré de jardins. L'étagement des chapelles rayonnantes, du déambulatoire et des fenêtres hautes est d'un bel effet, malgré quelques adjonctions du 18e s.

À droite, l'ancienne **bibliothèque du chapitre** *(ne se visite pas, sauf lors de visites thématiques en été)* est un beau bâtiment à pans de bois du 16e s. « L'enfer » désignait la pièce de la bibliothèque dans laquelle on archivait les ouvrages mis à l'index.

On distingue difficilement le transept nord, englobé en partie dans les bâtiments canoniaux.

**Intérieur★★** – Les proportions de la nef et du chœur sont harmonieuses. La nef compte cinq travées doubles et s'élève sur quatre étages : grandes arcades, tribunes à double arcature impressionnantes, surtout depuis la croisée du transept, triforium et fenêtres hautes. Parmi les chapelles des bas-côtés, celle de N.-D.-de-Bon-Secours, richement décorée, possède une voûte en étoile à clefs pendantes où sont représentées les sibylles. Les voûtes du chœur sont aussi élevées que celles de la nef. Les huit nervures de l'abside rayonnent autour d'une clef centrale et retombent sur des faisceaux de colonnettes. Neuf chapelles s'ouvrent sur le déambulatoire.

L'absence de vitraux accentue la sévérité du transept. Les croisillons, de même ordonnance que le **chœur**, sont arrondis à leur extrémité. Cette particularité, que l'on retrouve à Soissons et à Tournai, serait due à l'influence rhénane. Voyez le maître-autel Louis XVI en forme de temple ; des grilles de fer forgé (18e s.) ferment le chœur et les chapelles de la nef.

Dans le bas-côté gauche, l'**ancien cloître** ne conserve qu'une galerie, ouvrant sur le jardin par de grandes baies au remplage rayonnant. Le mur opposé est percé de fenêtres en tiers-point et d'une porte qui donne accès à la **salle capitulaire** (13e s.). Une rangée de colonnes reçoit les retombées des voûtes d'ogives.

### Musée du Noyonnais

*✆ 03 44 09 43 41 - visite guidée sur demande à l'office de tourisme - avr.-oct. : 10h-12h, 14h-18h ; nov.-mars : 10h-12h, 14h-17h - fermé lun., 1er janv., 11 Nov., 25 déc. - 2,50 €, gratuit 1er dim. du mois.*

Les collections trouvent place dans un pavillon Renaissance de l'ancien palais épiscopal et dans une aile du 17e s. reconstruite après 1918. Les objets sont issus des fouilles menées à Noyon et dans la région (Cuts, Béhéricourt) : trésor monétaire gallo-romain, pièces de jeu d'échecs (12e s.), mobilier funéraire, céramiques. Les **coffres** en chêne (12e-13e s.) contenaient les vases sacrés et les vêtements liturgiques de la cathédrale. Voyez aussi les nombreuses peintures orientalistes de J.-F. Bouchor (1856-1937) et les plâtres – modèles de la fontaine monumentale construite en 1770 par François Masson, sur la place de l'Hôtel-de-ville, pour célébrer le mariage de Louis XVI et de Marie-Antoinette.

### Musée Jean-Calvin

*✆ 03 44 44 03 59 - visite guidée sur demande à l'office de tourisme - avr.-oct. : 10h-12h, 14h-18h ; nov.-mars : 10h-12h, 14h-17h - fermé mar., 1er janv., 11 Nov., 25 déc. - 2,50 €, gratuit 1er dim. du mois.*

Construite en 1927, cette maison occupe l'emplacement de celle où est né Calvin en 1509. Les collections illustrent l'histoire du protestantisme au 16e s. autour de la personnalité de Jean Calvin, depuis son enfance en pays catholique jusqu'à la dimension politique du bras de fer religieux entre pouvoir royal, protestants et catholiques. Portraits, gravures et lettres manuscrites. Bibliothèque de 1 200 volumes

(16e au 20e s.). Le musée conserve la Bible de Lefèvre d'Étaples, ainsi qu'un exemplaire de la Bible traduite en 1535 par le Picard Pierre Olivétan, avec une préface de Calvin, son cousin. À l'époque, la Bible ne se lisait qu'en latin.

**Hôtel de ville**

Souvent remaniée, la façade conserve un décor Renaissance : les niches aux dais ouvragés abritaient des statues. Le fronton aux lions fut ajouté au 17e s. L'intérieur présente des bas-reliefs sculptés par le Noyonnais Émile Pinchon – frère de l'auteur de *Bécassine* – pour l'Exposition coloniale de 1931.

L'hôtel de ville conserve le précieux évangéliaire de Morienval (9e s.). *Visible uniquement dans le cadre de visites guidées.* L'évangéliaire est exceptionnellement transféré à la bibliothèque du chapitre à l'occasion des visites thématiques d'été autour du livre.

## Aux alentours

**Roye**

*20 km au nord-ouest par la D 934.* Étagé sur le versant nord de la vallée de l'Avre, riche en blé et en betterave, Roye est le siège d'une sucrerie et d'un marché de grains. C'est aussi un centre industriel. La ville a été reconstruite après la guerre 1914-1918, y compris l'**église** qui conserve cependant son chœur du 16e s.

## Noyon pratique

### Adresse utile

**Office du tourisme de Noyon** – *1 pl. Bertrand-Labarre - 60400 - 03 44 44 21 88 - www.noyon-tourisme.com - avr.-oct. : lun.14h-18h15, mar.-vend. 9h-12h, 14h-18h15, sam. 9h-12h, 14h-18h (dim. et j. fériés 14h-17h de mi-juin à mi-sept.) ; nov.-mars : lun. 14h-18h15, mar.-vend. 9h-12h, 14h-18h15 (sam. 17h).*

### Visite

**Visite guidée** – *Se renseigner à l'office de tourisme ou sur www.vpah.culture.fr - 4 € (enf. 2 €).* Noyon, qui porte le label Ville d'art et d'histoire, propose des visites-découvertes (1h30) animées par des guides-conférenciers agréés par le ministère de la Culture et de la Communication. Des visites de la cathédrale et de son quartier sont programmées, en alternance avec des visites à thème *(mai-sept. : dim. 15h).*

### Se loger

**Hôtel Le Cèdre** – *8 r. de l'Évêché - 03 44 44 23 24 - www.hotel-lecedre.com - P - 35 ch. 70 € - 7 €.* Cette bâtisse récente (1989) construite en briques rouges respecte l'harmonie architecturale de la cité. Ses chambres, bien rénovées, sont confortables et chaleureuses ; la plupart offrent une vue sur la cathédrale.

### Se restaurer

**Le P'tit Resto** – *76 r. de Paris - 03 44 44 02 85 - fermé dim. et le soir de lun. à jeu. - 12,50 €.* Situé à l'extrémité de la principale rue commerçante, cet établissement à la décoration printanière assure un service traiteur ainsi qu'une petite restauration à des prix très raisonnables. La carte propose plusieurs formules qui tournent autour de 3 thèmes de base : « saladerie », « tartinerie » ou « pataterie ».

**Dame Journe** – *2 bd Mony - 03 44 44 01 33 - www.damejourne.fr - fermé 2-8 janv., 4-15 sept., dim. soir, mar. soir, merc. soir et lun. - 20/42 €.* Ce petit restaurant proche du centre-ville propose des plats traditionnels parmi un bon choix de menus. La salle à manger, chaleureuse et soignée, est décorée dans un plaisant style bourgeois.

**Auberge de Crisolles** – *Sur D 932 - 60400 Crisolles - 4 km au nord-est de Noyon par D 932 dir. Ham - 03 44 09 02 32 - fermé dim. soir et lun. - formule déj. 19 € - 27,50 €.* Papier peint vieux rose, mobilier de style et mise en place soignée composent le cadre de cette gentille auberge postée en bordure d'une route départementale peu fréquentée. Cuisine classique élaborée avec des produits frais et les légumes du jardin en saison ; saumon fumé maison.

**Saint Eloi** – *81 bd Carnot - 03 44 44 01 49 - fermé 1 sem. en fév., 2 sem. en juil., 26-30 déc., sam. midi et dim. soir - 27/39 €.* Restaurant aménagé avec élégance dans une belle demeure du 19e s. En salle : moulures, luminosité et confortables sièges de style Louis XV. Chambres logées dans une annexe.

### Événement

**Marché aux fruits rouges** – À Noyon le 1er dimanche de juillet. À cette occasion, le parvis et le pourtour de la cathédrale se tapissent de barquettes alléchantes, de fraises, groseilles, cerises, cassis et framboises. Au programme, producteurs, artisans, produits de bouche et animations, de quoi réjouir petits et grands.

# Château d'Olhain★

CARTE GÉNÉRALE B2 – CARTE MICHELIN DEPARTEMENTS 301 I5 – PAS-DE-CALAIS (62)

**Ce château féodal des 13e-15e s. est l'un des mieux conservés de la région. Doté d'une « baille », vaste avant-cour à usage agricole, il domine un étang, au creux d'un vallon. À deux pas de la chaussée Brunehaut, célèbre voie romaine, et du dolmen de Fresnicourt, on en oublierait presque que le pays minier n'est qu'à quelques kilomètres.**

- **Se repérer** – D'Arras, suivre la D 341 au nord-ouest vers Bruay-la-Buissière. Après Estrée-Cauchy, prendre à droite la D 73.
- **Avec les enfants** – Le parc départemental de nature et de loisirs.
- **Pour poursuivre la visite** – Voir aussi la colline de Notre-Dame-de-Lorette, Béthune, Lillers, Lens.

## Info pratique

### Sports & Loisirs

**Parc départemental de nature et de loisirs** – *1 km au nord - 62150 Houdain* - Aires de jeux et de pique-nique, sentiers de promenade, piscine, tennis, golf dans ce nid de verdure au cœur du pays minier.

**Parcours Aventure** dans les arbres *(✆ 03 21 25 15 33 - www.passiondaventure.com).*

## Visiter

*✆ 03 21 27 94 76 - www.chateau-olhain.com - juil.-août : w.-end et j. fériés 15h-18h30 ; avr.-juin et sept.-oct. : dim. et j. fériés 15h-18h30 - fermé nov.-mars - 4 € (enf. gratuit).*

Le château a été construit vers 1200 à l'initiative d'**Hugues d'Olhain**, dont il a pris le nom. Au 15e s., le domaine revient par mariage à la famille de Nielles, au service des ducs de Bourgogne. C'est à cette époque que les imposantes tours sont achevées. Dans les siècles suivants, le château passe de main en main, suivant le pays qui occupe la région (Autriche, Hollande, France…). Laissé à l'abandon entre 1870 et 1900, il sert de cantonnements lors des deux guerres, sans être détruit. La famille Dutoit, qui a acquis le domaine aux enchères, restaure ensuite progressivement le château, tout en conservant sa structure médiévale. Il reste aujourd'hui encore l'archétype du château fort de plaine au Moyen Âge. Un pont-levis dessert la cour, où l'on voit une tourelle de guet *(escalier de 100 marches)*, une salle gothique dite « salle des gardes », des caves aux murs épais de 2 à 3 m et une chapelle. Promenade agréable le long des douves.

## Aux alentours

### Dolmen de Fresnicourt

*3 km par la D 57.* Cette « table des fées », d'un aspect imposant quoique irrégulier (la dalle supérieure a glissé), se dissimule à l'orée d'un bois qui fut sacré, sur la crête des hauteurs qui séparent la Flandre et l'Artois. De ses abords, jolies vues.

A. Cassaigne / MICHELIN

*Le château d'Olhain, entouré de ses douves.*

# Abbaye d'Ourscamps★

CARTE GÉNÉRALE B4 – CARTE MICHELIN DEPARTEMENTS 305 I3 – OISE (60)

**Une jolie légende entoure cette abbaye fondée en 1129 par les cisterciens entre l'Oise et la forêt. La vie monastique s'y développa surtout aux 17e et 18e s. et se perpétue encore aujourd'hui.**

- **Se repérer** – 6 km au sud de Noyon, entre un bras de l'Oise et la forêt d'Ourscamps. De Noyon, prendre la D 165 puis la D 48 à droite. De Compiègne, la D 130 à Choisy-au-Bac, puis la D 165 au carrefour du Puits-d'Orléans (en forêt de Laigue) et la D 48 à gauche.
- **À ne pas manquer** – La grille d'honneur ; la chapelle.
- **Organiser son temps** – Prévoyez une bonne heure pour découvrir le site.
- **Pour poursuivre la visite** – Voir aussi Noyon, Blérancourt, Longueil-Annel, Compiègne.

## Visiter

*03 44 75 72 10 - - avr.-oct. : 9h-12h, 14h-18h30, dim. et j. fériés 11h-12h, 14h-18h30 ; fermé mar. - 3,50 €.*

En entrant par l'ancienne porterie, à gauche de la grille d'honneur (1784), on ne voit que les constructions du 18e s. de part et d'autre d'un avant-corps à colonnade dorique, ouvrant maintenant sur le vide. Ce pavillon central masquait intentionnellement la façade gothique de l'église abbatiale, devenue démodée. À gauche, le logis abbatial du 18e s. abrite des moines ; à droite, le bâtiment, dévasté en 1915, n'a pas été restauré. *Passer la voûte.*

### Ruines de l'église

Au bout d'une allée qui occupe l'emplacement de la nef – démolie au 19e s. – se dresse le squelette du chœur gothique (13e s.). Son déambulatoire, double dans la partie droite, simple au chevet, desservait cinq absidioles. Ce chœur décharné révèle le dessin initial de l'architecte.

### Chapelle

Ex-infirmerie, cette salle du 13e s. conserve sa distinction monastique. De fins piliers, alignés sur deux rangs, supportent les nervures des ogives. Des fenêtres à oculus dispensent une grande clarté. La perspective est, hélas, rompue par l'adjonction de hautes stalles du 17e s. formant un chœur.

### Le saviez-vous ?

On dit que **saint Éloi** se rendait souvent sur le site de l'abbaye. Un jour qu'un char à bœufs transportait des pierres pour la construction de l'édifice, un ours dévora l'une des deux bêtes. Le saint demanda à l'animal de s'atteler à la place du bœuf afin de terminer la besogne. L'ours s'exécuta, et le site conserva le nom d'Ourscamps, « champ de l'ours ».

L'abbaye est de nouveau occupée, depuis 1941, par des religieux : les Serviteurs de Jésus et Marie.

# Péronne

8 218 PÉRONNAIS
CARTE GÉNÉRALE B3 – CARTE MICHELIN DEPARTEMENTS 301 K8 – SOMME (80)

**Péronne, la ville de l'anguille et de la bière Colvert, en plein cœur de la campagne picarde, est parsemée d'étangs et de verdures. Cette ancienne place forte a payé un lourd tribut en 1914-1918, période évoquée dans un musée moderne qui restitue la vie des populations durant la Grande Guerre.**

**Se repérer** – Port de commerce et de plaisance sur le canal du Nord, au confluent de la Cologne et de la Somme, Péronne s'étire le long d'étangs poissonneux et de *hardines*, cultures maraîchères. Entre Amiens et Saint-Quentin, accès par la N 29, puis la N 17 ou la D 44.

**À ne pas manquer** – L'historial de la Grande Guerre et ses eaux fortes d'Otto Dix; le chemin qui longe les remparts depuis la porte de Bretagne.

**Organiser son temps** – La visite de l'historial demande au moins deux heures. Pour compléter vos connaissances sur la bataille, suivez le « circuit des champs de bataille de la Somme », ou « circuit du Souvenir », au départ d'Albert. Péronne peut en être une étape.

**Pour poursuivre la visite** – Voir aussi Albert, Ham, Saint-Quentin, Riqueval.

### Le saviez-vous ?

L'anguille n'est plus pêchée dans la Somme mais les pêcheurs locaux perpétuent la tradition en fumant des anguilles importées de la Loire et des Pays-Bas. Elles entrent dans la préparation de savoureuses spécialités gastronomiques locales : le pâté d'anguilles et les anguilles fumées.

## Comprendre

**L'entrevue de Péronne** – En 1468, elle réunit **Charles le Téméraire** et **Louis XI**, qui se disputent la Picardie. Louis, ayant soutenu l'insurrection des Liégeois contre Charles, est séquestré à Péronne par son rival. Pour recouvrer la liberté, il doit signer un traité humiliant et néfaste à ses intérêts, puisqu'il est obligé de se déclarer contre les Liégeois. Il se souviendra de l'affront... La petite histoire raconte que, pour attiser sa rancœur contre Charles le Téméraire, un perroquet lui répétait : « Péronne ! Péronne ! »

**Les ravages de la guerre** – Rattachée à la France après la mort du Téméraire (1477), la ville subit en 1536 un violent assaut de Charles Quint. Mais la résistance s'organise, galvanisée par l'héroïque **Marie Fouré**. Chaque année, en juillet, une procession et une fête commémorent l'événement.

En 1870, c'est au tour des Prussiens d'assiéger la ville, qu'ils bombardent treize jours durant. Occupé par les Allemands, Péronne sert de point d'appui lors de la bataille de la Somme en 1916. La ville est alors presque entièrement détruite.

Historial de la Grande Guerre, Peronne

*La tenue des poilus - Historial de la Grande Guerre.*

# Visiter

## Historial de la Grande Guerre★★

*✆ 03 22 83 14 18 - www.historial.org - ♿ - 10h-18h (dernière entrée 45mn av. fermeture) ; fermé de mi-déc. à mi-janv. - 7,50 € (-18 ans. 3,80 €).*

Ce musée est situé sur l'ancienne ligne de front de la bataille de la Somme. Le bâtiment en béton blanc, crée par l'architecte Henri-Édouard Ciriani, dessine des courbes douces encastrées dans le front sud-ouest de l'ancien château médiéval, en harmonie avec ses quatre belles tours cylindriques d'un diamètre de 9 mètres. Du côté de l'étang du Cam, une série de pilotis, des colonnes de béton blanc lisse et épurée, soulèvent le volume architectural, qui se reflète dans le plan d'eau. On accède aux salles par une faille, taillée dans le mur même du **château**, édifié au 13e s. par les comtes de Vermandois. Charles le Téméraire enferma Louis XI dans une de ses tours.

Musée trilingue, l'Historial explique la Première Guerre mondiale, ses origines et ses implications pour les civils, avec le souci constant d'offrir une vision comparative, celle des principaux pays – Allemagne, France, Royaume-Uni… – qui participèrent au conflit : une horreur dénoncée par les 50 eaux-fortes du peintre expressionniste allemand Otto Dix.

Des cartes jalonnent le parcours, permettant de suivre l'évolution des fronts. Chaque vitrine comporte trois niveaux, correspondant aux trois pays : objets, œuvres d'art, documents et courrier témoignent du quotidien des populations. Des excavations en marbre figurent les tranchées : les uniformes des soldats y sont entourés de pièces d'armement, d'effets personnels… Des bornes vidéo diffusent des films d'archives. Un film *(20mn)* évoque la bataille de la Somme.

# Se promener

## Hôtel de ville

Détruit pendant la bataille de la Somme, il fut reconstruit en 1927. Il présente une façade Renaissance flanquée de tourelles, et, sur la rue Saint-Sauveur, un corps de bâtiment Louis XVI. À l'intérieur, le **musée Alfred Danicourt** expose des monnaies antiques et des bijoux gréco-romains et mérovingiens… *✆ 03 22 73 31 10 - www.ville-peronne.fr - tlj sf dim. et lun. 14h-17h30, sam. 9h-12h, 14h-16h30 - fermé j. fériés, 3 dernières sem. de mai, entre Noël et 1er janv. - gratuit.*

## Porte de Bretagne

Cette porte (1602) conserve ses battants et forme un pavillon de brique à toit d'ardoises. Elle est ornée du blason et de la devise de Péronne. Au-delà du fossé, après la porte de la demi-lune, suivez les **remparts** de brique à chaînages de pierre (16e-17e s.). Jolie **vue** sur les étangs de la Cologne et les *hardines*.

# Péronne pratique

### Adresse utile

**Office de tourisme Haute-Somme - bureau de Péronne** – *16 pl. André-Audinot - 80203 Péronne Cedex - ✆ 03 22 84 42 38 - www.hautesomme-tourisme.com - juil.-août : lun.-sam. 9h-12h, 14h-18h30 (dim. 10h-12h, 14h-17h30) ; avr.-sept. : lun.-sam. 10h-12h, 14h-18h30 ; oct.-avr. : lun.sam. 10h-12h, 14h-17h.*

👁 Nouveau support de découverte des **champs de bataille de la Somme** ; un audioguide du circuit du Souvenir téléchargeable gratuitement sur www.somme14-18.com et un MP3 en vente (20 €) sur les sites et offices de tourisme.

### Se loger

⊖⊖ **Hôtel Le Prieuré** – *80360 Rancourt - 10 km au N de Péronne par N 17 - ✆ 03 22 85 04 43 - P - 27 ch. 68/73 € - ☕ 7,50 € - rest. 19/40 €.* Cette grande bâtisse blanche au bord de la nationale en impose par son architecture récente. La brique et la pierre habillent les salons, le bar et la salle à manger rehaussée d'une chaiserie Louis XVI. Chambres modernes colorées.

### Se restaurer

⊖⊖ **Best Western Hôtel-Restaurant Le Saint-Claude** – *42, pl. Louis-Daudré - ✆ 03 22 79 49 49 - www.hotel-saintclaude.com - 40 ch. 60/105 € 10 €.* Situé en centre-ville, tout près de l'Historial de la Grande Guerre, cet hôtel propose des chambres uniques, spacieuses et confortables.

# Picquigny

1 383 PICQUINOIS
CARTE GÉNÉRALE B3 – CARTE MICHELIN DEPARTEMENTS 301 F8 – SOMME (80)

**Les vestiges du château des vidames de Picquigny, représentants de l'évêque d'Amiens, couronnent ce bourg qui défendait un passage de la Somme. La ville basse garde une allure médiévale avec ses pignons à redans et ses escaliers de grès. Les environs sont parsemés de nombreux étangs et de marais aux couleurs changeantes.**

- **Se repérer** – Picquigny se situe sur la Somme, à 13 km au nord-ouest d'Amiens par la N 235.
- **À ne pas manquer** – Le château et sa cour d'honneur; la collégiale Saint-Martin.
- **Organiser son temps** – Hors saison, le château n'est ouvert que sur réservation. La ville peut être découverte en parcourant du circuit de la vallée de la Somme, entre Amiens et Abbeville.
- **Pour poursuivre la visite** – Voir aussi le parc Samara, Amiens, le château de Bertangles, Airaines, Poix-de-Picardie.

### Le saviez-vous ?

La première mention de Picquigny daterait de 942, sur un document relatif à l'assassinat de Guillaume Longue-Épée, duc de Normandie.

À la fin du 16e s., **Henri IV** s'apprête à rejoindre à Picquigny sa favorite, la capiteuse Gabrielle d'Estrées : « Je mènerai à Picquigny une assez bonne bande de violons pour vous réjouir », lui écrit-il.

Jusqu'en 1780, le château reste la propriété des sires de Picquigny, dont les possessions englobent les trois quarts de l'Amiénois. Plus tard, une branche émigre en Angleterre sous le nom de Pinkenni, qui deviendra Pinkney, famille fondatrice de la banque Barclay.

## Visiter

### Château

*03 22 51 46 85 - http://otccoa.com - visite guidée (1h30) juil.-août : tlj sf lun. 11h, 15h, 16h30 ; dim. et j. fériés 15h-16h30 ; hors sais. : sur réservation - 3 €.*

**Enceinte** – Ses murailles de pierre à soubassements de grès englobent, au 14e s., la résidence seigneuriale, la collégiale et les demeures des officiers de la vidamie. Côté plateau, à l'endroit le plus exposé, les éléments de défense les plus imposants sont la barbacane et le donjon *(à droite),* dont les murs font 4 m d'épaisseur. Côté ville, on remarque la porte du Gard, en arc brisé, avec tourelles d'angle et corps de garde.

Le **pavillon Sévigné** tient son nom d'un séjour de la marquise qui, dans une lettre à sa fille, évoque ce château du début du 17e s. : « C'est un vieux bâtiment élevé au-dessus de la ville, comme à Grignan ; un parfaitement beau chapitre, comme à Grignan : un doyen, douze chanoines ; [...] des terrasses sur la rivière de Somme qui fait cent tours dans les prairies, voilà qui n'est pas à Grignan. »

**Terrasse supérieure (cour d'honneur)** – Les bâtiments d'habitation s'ordonnaient le long des côtés est et sud. Il ne reste que la cuisine Renaissance à l'immense cheminée et, partiellement, la grande salle où le seigneur rendait justice. On visite les souterrains et les prisons (graffitis). **Vue** sur la vallée jusqu'à Amiens.

### Collégiale Saint-Martin

*03 21 51 46 85 - de mi-avr. à fin oct., visite guidée sur demande à l'office de tourisme - fermé j. fériés - 3 € - visite combinée avec celle du château.*

La nef (13e s.) est éclairée par de petites ouvertures en tiers-point. L'abside est du 15e s., comme la tour, placée à la croisée du transept et percée de baies flamboyantes, qui joue le rôle de tour-lanterne.

Redescendez vers le bourg par une longue poterne voûtée (14e s.) et un escalier en pente douce.

### Île de la Trêve

Un sentier longe la Somme et permet de voir l'île de la Trêve, au milieu de la rivière. Son nom rappelle l'entrevue qui se déroula le 29 août 1475 entre Louis XI et Édouard IV d'Angleterre. Elle aboutit au traité de Picquigny, qui mettait fin à la guerre de Cent Ans. Comme les deux souverains se méfiaient l'un de l'autre, ils se rencontrèrent dans une sorte de loge coupée en deux par des barreaux, « comme on fait aux cages des lions », raconte le chroniqueur Philippe de Commynes.

## Picquigny pratique

### Adresse utile

**Office du tourisme de l'Ouest Amiénois à Picquigny** – *115 pl. du Gén.-de-Gaulle - 80310 - ✆ 03 22 51 46 85 - http://otccoa.com - sais. : lun.-vend. 9h30-12h30, 14h-18h30 (sam. 17h30) ; dim. et j. fériés 14h-17h (juil.-août seult) ; hors sais. lun.-vend. 9h30-12h30, 14h-18h (sam. 17h), fermé dim. et j. fériés.*

### Se restaurer

**Une Histoire d'Épices** – *95 r. Au-delà-du-Pont - ✆ 03 22 52 42 35 - fermé dim.-lun. - réserv. conseillée - formule déj. 11/13,50 € - 19/27 €.* L'aspect général de ce petit restaurant reflète une grande simplicité, mais les murs couleur safran laissent présager une surprise. Ici, la carte se pare d'épices et de parfums exotiques. Essayez donc la brouillade de jambon fumé et son éventail de melon sorbet pamplemousse. Une belle surprise.

# Château de Pierrefonds★★

1 945 PÉTRIFONTAINS
CARTE GÉNÉRALE B4 – CARTE MICHELIN DEPARTEMENTS 305 I4 – OISE (60)

**En entrant dans la cour de ce château féodal, qui domine le bourg, on se trouve transporté dans un roman ou un film de cape et d'épée. Depuis 1924, ce monument médiéval occupe, en raison de sa photogénie, une place privilégiée dans l'histoire du septième art.**

- **Se repérer** – De Compiègne, accès par la D 973. De l'A 1, sortie 9, suivre la D 123 vers l'est jusqu'à Fresnoy-la-Rivière et prendre à gauche la D 335.
- **À ne pas manquer** – Le tour des murailles ; la salle des Gardes.
- **Organiser son temps** – Comptez deux heures pour la visite.
- **Pour poursuivre la visite** – Voir aussi Morienval, Compiègne et sa forêt, Villers-Cotterêts, la forêt de Retz.

## Comprendre

**Une place forte du Valois** – Un château s'élève ici dès le 12e s. La châtellenie forme, avec celles de Béthisy, Crépy et La Ferté-Milon, le comté de Valois, érigé en duché quand Charles VI le donne à son frère **Louis d'Orléans**. Ce prince assure la régence pendant la folie du roi et périt en 1407, assassiné par son cousin Jean sans Peur. Avant de mourir, il a mis en place sur ses terres du Valois un réseau de forteresses dont Pierrefonds est le pivot : vers le sud, à peine espacés de 10 km, Verberie, Béthisy, Crépy, Vez, Villers-Cotterêts et La Ferté-Milon forment une barrière de l'Oise à l'Ourcq.

Louis d'Orléans fait reconstruire le château féodal par l'architecte Jean le Noir. Pierrefonds résiste aux sièges des Anglais, des bourguignons et des troupes royales. Fin 16e s., il revient à Antoine d'Estrées, marquis de Cœuvres et père de la belle Gabrielle.

S. Sauvignier / MICHELIN

*Le château de Pierrefonds émergeant de la forêt.*

À la mort d'Henri IV, le marquis de Cœuvres prend le parti du prince de Condé, opposé à Louis XIII. Assiégé une dernière fois par les forces royales, le château est pris et démantelé.

**Le Moyen Âge revisité** – En 1813, Napoléon Ier achète les ruines pour moins de 3 000 francs-or. Napoléon III, féru d'archéologie, en confie la restauration en 1857 à **Viollet-le-Duc**. Il ne prévoit qu'une réfection de la partie habitable, les « ruines pittoresques » des courtines et des tours, consolidées, subsistant pour le décor. Cependant, fin 1861, le chantier prend une ampleur nouvelle : Pierrefonds doit devenir résidence impériale. Passionné de civilisation médiévale et d'art gothique, Viollet-le-Duc entreprend une réfection complète, suggérée par les vestiges de murs qui subsistaient. Les travaux durent jusqu'en 1884. Désireux d'« approprier l'architecture médiévale aux nécessités d'aujourd'hui », il ne s'interdit pas d'imaginer certaines parties de l'édifice – suscitant la critique des spécialistes de l'architecture militaire – et de céder à son inspiration pour l'ornementation sculptée et peinte.

### Le saviez-vous ?

Pierrefonds provient des noms latins *petra fontana*, *petra fontis* et *petra fons*, qui signifient « sources » ou « fontaines des pierres ».

Au 19e s., la découverte d'eaux de qualité fit connaître à Pierrefonds un destin insoupçonné : celui de ville thermale, sous le nom de Pierrefonds-les-Bains. Témoins de ce succès éphémère, l'hôtel des Thermes et la gare ferroviaire, aujourd'hui désaffectée.

## Visiter

*Se garer place de l'Hôtel-de-Ville et gagner l'entrée principale du château, au pied de la tour Arthus. Contourner le château par la route charretière. 03 44 42 72 72 - www.monum.fr - de déb. mai à déb. sept. : 9h30-18h ; reste de l'année : tlj sf lun. 9h30-12h30, 14h-17h30 (dernière entrée 45mn av. fermeture) - possibilité de visite guidée (1h) - fermé 1er janv., 1er mai, 25 déc. 6,50 € (-18 ans gratuit), gratuit 1er dim. du mois.*

### Extérieur

De forme quadrangulaire, long de 103 m, large de 88 m, le château présente une tour défensive aux angles et au milieu de chaque face. Sur trois côtés, il domine à pic le village. Au sud, un profond fossé le sépare du plateau.

Les murailles ont deux chemins de ronde superposés : celui du dessous, couvert, comporte des mâchicoulis ; celui du dessus, seulement des merlons. Les murs des **tours** sont épais de 5 à 6 m et hauts de 38 m ; un double étage de défense les

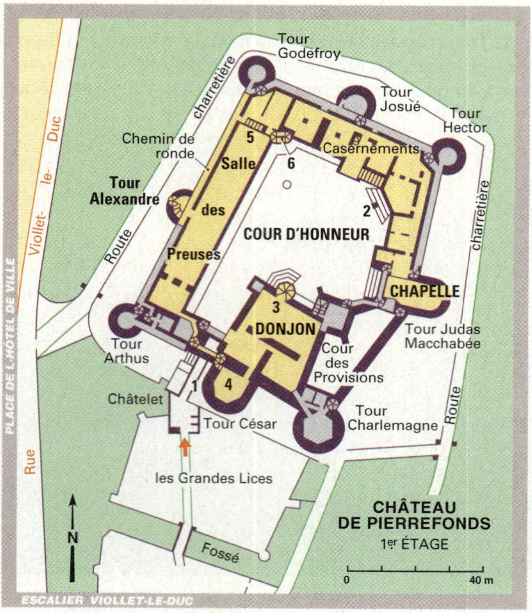

couronne. Elles sont ornées de huit statues de preux, qui portent leur nom : Arthus, Alexandre, Godefroy, Josué, Hector, Judas Macchabée, Charlemagne et César. De la route charretière, elles produisent une impression écrasante. Une statue de saint Michel domine le toit de la chapelle.

On arrive sur une esplanade puis, après le premier fossé, dans l'avant-cour dite « les Grandes Lices ». Un double pont-levis **(1)** (pour les piétons et les voitures) mène à la porte du château, ouvrant sur la **cour d'honneur**. Jetez un coup d'œil aux fenêtres hautes : 32 statues de chats y sont perchées, dans des postures naturelles.

## Intérieur

les casernements abritent deux expositions. L'une illustre les travaux de Viollet-le-Duc. L'autre, consacrée aux **ateliers Monduit**, présente des trésors de plomberie d'art, dont le lion-girouette du beffroi d'Arras, le Cupidon de la cathédrale d'Amiens et des gargouilles de Notre-Dame de Paris. Les pièces réalisées sont d'« authentiques doubles ». Fabriquées parallèlement à l'exécution des commandes, elles illustraient le savoir-faire des ateliers Monduit auprès du public, lors d'expositions universelles. Le talent des frères Monduit fut mis à contribution par l'architecte pour la réalisation des ouvrages de couverture du château. Ils œuvrèrent aux côtés de Garnier, de Bartholdi et de Petitgrand.

La **façade** principale présente des arcades en anse de panier formant un préau, surmonté d'une galerie. Ni l'un ni l'autre n'existaient dans le château primitif, mais ils furent imaginés par Viollet-le-Duc, qui s'inspira du château de Blois. La statue équestre de Louis d'Orléans **(2)**, due à Frémiet (1868), se dresse devant l'escalier monumental.

L'intérieur de la **chapelle**, surhaussée au 19e s., se distingue par une élévation audacieuse, avec sa tribune voûtée jetée au-dessus de l'abside, pure invention du maître d'œuvre. Au trumeau du portail, saint Jacques le Majeur a d'ailleurs les traits de Viollet-le-Duc.

Entre la chapelle et l'entrée s'élève le **donjon**, logis du seigneur. Viollet-le-Duc a mis l'accent sur son rôle résidentiel en le dotant d'un élégant escalier à jour. Résidence du seigneur, le donjon est flanqué de trois tours : deux rondes *(extérieur)* et une carrée *(intérieur)*.

La **cour des provisions**, ménagée entre la chapelle et le donjon, commun que avec la cour d'honneur par une poterne, et avec l'extérieur par une autre poterne dominant de 10 m le pied de la muraille. Pour introduire les vivres dans la forteresse, un tablier de bois en forte pente était abaissé. On hissait les provisions sur ce plan incliné.

## Logis au donjon

Au 1er étage du donjon, on parcourt les salles du couple impérial : **salle des Blasons**, ou Grande Salle **(3)**, dont les boiseries et les meubles, rares, furent dessinés par Viollet-le-Duc. Remarquez l'aigle napoléonien sous les poutres maîtresses, le chardon de l'impératrice Eugénie en haut des murs, le blason de Louis d'Orléans (armes de France « brisées ») sur la cheminée et le bâton noueux, autre attribut de la famille, de chaque côté des poutres maîtresses. De la chambre de l'Empereur **(4)** (vue plongeante sur l'entrée fortifiée), passer dans la salle des Preuses, en quittant le donjon

**Salle des Preuses** – Vaisseau (52 m sur 9) créé par Viollet-le-Duc, couvert d'un plafond en carène renversée. Sur le manteau de la cheminée **(5)**, les statues de neuf preuses, héroïnes des romans de chevalerie. Sémiramis *(au centre)* est représentée sous les traits de l'impératrice ; les autres sont les portraits des dames de la cour.

**Tour d'Alexandre et chemin de ronde nord** – Sur cette face, les murailles de la ruine s'élevaient encore à 22 m (remarquez la teinte des pierres). Viollet-le-Duc a utilisé, le long de ce chemin de ronde, les derniers progrès des systèmes de défense avant l'ère du canon : les cheminements à niveau, sans marches ni portes étroites, permettaient aux défenseurs d'affluer aux points critiques, sans se heurter à des chicanes. Vue dégagée sur le vallon de Pierrefonds.

**Salle des Gardes ou des Mercenaires** – Accès par un escalier à double vis **(6)** dans cette salle où sont regroupés des fragments lapidaires, dont les vestiges des statues originales (15e s.) des preux qui ornaient les tours. Une maquette en pierre du château conclut la visite.

*Retour au parking par l'escalier direct.*

Avant de quitter la ville, faites un petit détour par la belle **église Saint-Sulpice** *(sortie sud-ouest de la ville)*, dont la crypte et certaines parties datent du 11e s. À l'entrée, petite avancée crénelée et tourelle.

# Château de Pierrefonds pratique

## Adresse utile

**Office du tourisme de Pierrefonds** – *Pl. de l'Hôtel-de-Ville - 60350 - ✆ 03 44 42 81 44 - pierrefonds-tourisme.com - avr.-sept. : 9h30-12h30, 14h-18h, dim. et j. fériés 10h-12h30, 14h30-17h, fermé 1er Mai.*

## Visite

**Le Bal des Gisants** – *Jusqu'en déc. 2008.* Grâce à une scénographie de Skertzò dans les caves du château, une centaine de copies en plâtre de gisants et d'orants, venant pour la plupart de la basilique de Saint-Denis, prennent vie dans la pénombre par des jeux d'éclairages et des effets sonores.

## Se loger

**Hôtel des Étrangers** – *10 r. du Beaudon - ✆ 03 44 42 80 18 - www.hotel-pierrefonds.com - 18 ch. 40/56 € - 8,50 €.* Offrant, pour la plupart, une vue imprenable sur le lac et le château, les chambres de cet hôtel se répartissent en deux catégories : celles avec sanitaires privatifs et TV, et celles plus simples, avec commodités sur le palier. Un brin désuètes mais propres et surtout à prix raisonnable. Restaurant traditionnel.

**Camping La Croix du Vieux Pont** – *02290 Berny-Rivière - 19 km au nord-est de Pierrefonds par D 335, D 81 puis D 91 - ✆ 03 23 55 50 02 - réserv. conseillée - 370 empl. 24 € - restauration.* Une canne à pêche à la main, vous profiterez ici de l'étang et de la rivière ! Le camping, plutôt bien aménagé, propose aussi d'autres activités comme le poney pour les enfants, le pédalo ou la natation dans une de ses piscines, dont une couverte...

**Domaine du Bois d'Aucourt** – *1,1 km à l'O de Pierrefonds par D 85, dir. Saint-Jean-aux-Bois - ✆ 03 44 42 80 34 - www.boisdaucourt.com - fermé janv. - P - 11 ch. 68/113 € - 9 €.* Les chambres de ce calme manoir du 19e s. érigé au cœur de la forêt de Compiègne bénéficient toutes d'une décoration thématique : l'écossaise, la sévillane, la toscane, la Colette, la Montgolfier ou encore la Santos Dumont, évoquant l'histoire de l'aïeul des propriétaires de cette maison, constructeur automobile.

**Chambre d'hôte L'Ermitage** – *74 r. Impératrice-Eugénie - sortie nord-est par D 335, rte de Soissons et 1 km par r. à gauche - ✆ 03 44 42 85 64 - www.oisermitage.com - 4 ch. 80 €.* Entièrement rénovée, cette demeure de 1860 n'a pas pour autant perdu son cachet d'origine, mélange de sobriété et de raffinement. Du hall de réception, avec son sol en ardoise d'époque, jusqu'aux belles chambres, toutes à l'étage, on retrouve cette atmosphère particulière. Grand parc aux arbres centenaires.

**Le Manoir de Rochefort** – *60350 Berneuil-sur-Aisne - 9 km au nord-est de Pierrefonds par D 335 - ✆ 03 44 85 81 78 - fermé janv.-fév. - P - 4 ch. 79 €.* L'ancienne chapelle (17e s.) de ce manoir abrite des chambres sobres et élégantes, toutes prolongées d'un salon de jardin installé sur la terrasse. Petits « plus » : la forêt voisine et le calme.

## Se restaurer

**Ouradon** – *8 r. du Beaudon - ✆ 03 44 42 86 62 - 9/15 €.* Face au lac, cette crêperie affiche un look contemporain. Murs jaune citron, devanture bleu marine pourvue d'une baie vitrée. Et au menu, un choix de galettes au sarrasin, de crêpes au beurre demi-sel et de bonnes salades composées, le tout préparé à partir de produits frais.

**Aux Blés d'Or** – *8 r. Jules-Michelet - ✆ 03 44 42 85 91 - www.auxblesdor.net - fermé 3-16 janv., 19-27 fév., 29 nov.-12 déc., mar. et merc. - 18/39 €.* Cette auberge est une halte familiale sympathique. Chambres récentes offrant un confort simple et une bonne tenue. De la terrasse du restaurant, vous pourrez admirer la silhouette imposante du château médiéval. Bon choix de menus de cuisine traditionnelle.

## Sports & Loisirs

**Promenade en bateau sur le lac de Pierrefonds** – *✆ 06 10 99 99 99 - de déb. avr. à mi-oct. : 9h-20h (22h vend. et sam.) - 3,50 €.* Promenade sur l'eau à la rencontre de la faune et à la découverte du patrimoine historique : le domaine des Thermes et sa source, datant de Napoléon III, l'ancienne gare, le château...

# Poix-de-Picardie

2 335 POYAIS
CARTE GÉNÉRALE A3 – CARTE MICHELIN DEPARTEMENTS 301 E9 – SOMME (80)

**Sise sur les bords de la paisible rivière de la Selle, Poix fut le siège d'une principauté appartenant à la famille de Noailles. Les occupants, habiles au pic, étaient des durs à cuire. Aujourd'hui, faire une halte dans cette « station verte » de vacances est toujours un plaisir, car elle est conviviale et accueillante, dans la tradition picarde. On peut y découvrir quelques spécialités gastronomiques régionales.**

**Se repérer** – La localité a été reconstruite après les destructions de juin 1940. En amont se profile le viaduc de la voie ferrée Amiens-Rouen. La ville se trouve à 24 km au sud-ouest d'Amiens par la N 29/E 44 et à 20 km au sud d'Airaines par la D 901.

**À ne pas manquer** – Le circuit des Évoissons ; l'église Saint-Antoine à Conty.

**Pour poursuivre la visite** – Voir aussi Amiens, Picquigny, le parc Samara, Airaines.

S. Sauvignier / MICHELIN

*L'église Saint-Denis.*

## Visiter

### Église Saint-Denis

*℘ 03 22 90 09 98 - juil.-août : 15h-18h ; reste de l'année : visite guidée sur demande à Mlle Denier : 10 r. de l'Église, ou au Syndicat d'initiative : ℘ 03 22 90 11 71.*

Entourée du cimetière, l'église (16e s.) domine le bourg. Elle se dressait autrefois dans l'enceinte du château, dont quelques vestiges subsistent. De style gothique flamboyant, elle possède un portail surmonté d'une accolade. Près du portail, une niche abrite le saint patron portant dans ses mains sa tête tranchée. À l'intérieur, voyez les voûtes à liernes et tiercerons et à clefs pendantes polychromes. Dans le transept, piscines sculptées.

## Aux alentours

### Château de Courcelles-sous-Moyencourt

*7 km au nord-est par N 29 puis à gauche, par la D 258. ℘ 03 22 90 82 51 - visite guidée juil. et sept. : 14h-18h - 5 € (enf. 2,50 €).*

On accède à cet élégant **château** du 18e s., construit en pierre à panneaux de brique, par un parc à la française, précédé d'un portail monumental.

### Église Saint-Antoine de Conty

*17 km à l'est par D 920. ℘ 03 22 41 24 30 - visite sur demande.*

De style flamboyant homogène des 15e et 16e s., elle aligne sur son côté droit une étrange perspective de gargouilles très saillantes. Coiffée d'un comble pyramidal, comme la collégiale de Picquigny, la tour porte des traces d'éclats de boulets datant du siège de Conty par la Ligue (1589). À l'angle, statue de saint Antoine ermite. À gauche de la façade, un escalier mène à la fontaine Saint-Antoine.

## Circuit de découverte

### LES ÉVOISSONS

*30 km – environ 2h.* L'itinéraire sillonne la campagne, le long de vallées plantées de peupliers où coulent des rivières poissonneuses.

*Au départ de Poix, prendre la D 920 vers Conty, à l'est.*

La route longe **Blangy-sous-Poix**, dominé par une église romane au clocher polygonal (12e s.). Continuez jusqu'à **Famechon**, dont l'église de style gothique flamboyant, date du 16e s.

*Prendre à droite la D 94.*

### Guizancourt

Traversé par la rivière des Évoissons, ce village se blottit à flanc de coteau. À l'entrée, un sentier mène au sommet de la colline *(1/2h AR)*, d'où l'on a une jolie **vue** sur la vallée.

*Couper la D 901 ; prendre le chemin de Baudets qui suit la vallée jusqu'à Méréaucourt ; poursuivre vers Agnières.*

### Agnières

**Église** isolée au pied d'une motte féodale. Le chœur est du 13e s. Balade le long du sentier *(2 km)* autour de l'édifice.

*Traverser Souplicourt, puis Sainte-Segrée.*

Une forêt étend ses ombrages sur quelques kilomètres, puis la route débouche sur Saulchoy-sous-Poix.

*À Lachapelle, prendre la D 919 pour rejoindre Poix.*

## Poix-de-Picardie pratique

### Adresse utile

**Office du tourisme de Poix-de-Picardie** – *Camping municipal - rte de Forges-les-Eaux - 80290 - ✆ 03 22 90 12 23 - www.ville-poix-de-picardie.fr - avr.-sept. 8h-12h, 14h-22h ; reste de l'année, se renseigner à la mairie : ✆ 03 22 90 32 90.*

### Se loger et se restaurer

**Camping Municipal le Bois des Pêcheurs** – *Adresse : voir ci-dessus - ✆ 03 22 90 11 71 - avr.-sept. - réserv. conseillée - 135 empl. 14,80 €.* Ce camping compte 135 emplacements spacieux et délimités, dans un cadre soigné et sur un sol herbeux. Salle de télévision et laverie sur place. Nombreuses activités proposées à proximité, courts de tennis, piscine, cinéma et circuits de randonnée en forêt.

**Le Cardinal** – *Pl. de la République - ✆ 03 22 46 05 26 - fermé dim. soir - 20 ch. 65 € - 8 € - rest. 19/39 €.* Entièrement restauré et remis aux normes après une longue fermeture, cet hôtel, dans un bâtiment imposant au cœur de la localité, a retrouvé sa fraîcheur. Desservies par un large couloir, les chambres, à l'étage, disposent toutes d'un agréable équipement actuel. Brasserie et restaurant élégant au rez-de-chaussée.

### Sports & loisirs

**Ateliers du Val de Selle** – *47 rte de Lœuilly - 80160 Conty - ✆ 03 22 41 23 31 - www.valdeselle.com.* Cette école d'équitation propose une gamme complète d'activités en relation avec les chevaux. Stages et cours, attelage et randonnées accompagnées, mais aussi location à la journée d'une roulotte aménagée, d'une capacité de 6 personnes. Équipement labellisé « Tourisme et Handicap ». Hébergement de groupes.

# Le Quesnoy★

**5 112 QUERCITAINS**
**CARTE GÉNÉRALE C2 – CARTE MICHELIN DEPARTEMENTS 302 J6 – NORD (59)**

**Isolée en pleine campagne, dans un cadre de verdure et d'eau à proximité de la belle forêt de Mormal, la tranquille cité, qui conserve quelques maisons basses blanchies à la chaux, reste un beau témoignage de notre histoire militaire. Elle était autrefois appréciée pour sa position stratégique entre la vallée de l'Oise et le Cambrésis.**

- **Se repérer** – Trois étangs entourent les fortifications. De Valenciennes ou Bavay, accès par la N 49 puis la D 934 ; du Cateau-Cambrésis, D 932 puis D 934 à Englefontaine ; de Cambrai, D 942.
- **À ne pas manquer** – Le tour des remparts ; une balade en forêt de Mormal.
- **Organiser son temps** – Le tour complet des fortifications nécessite 1h30 à 2h. Découvrez la cité le matin et partez avec un pique-nique en forêt de Mormal.
- **Pour poursuivre la visite** – Voir aussi Valenciennes, Bavay, Maubeuge, Le Cateau-Cambrésis, Avesnes-sur-Helpe.

**Le saviez-vous ?**

Quesnoy vient du latin *quercitum*, « endroit couvert de chênes », allusion à la forêt de Mormal. Sur le blason, on distingue trois chênes et un rameau.

Les Quercitains sont devenus français en 1659, après avoir appartenu aux comtes de Flandre, aux ducs de Bourgogne et avoir profité de la protection de Charles Quint lors du siège de leur cité en 1568, convoitée par Guillaume d'Orange.

## Se promener

### Fortifications★

Intactes, elles illustrent le caractère d'ancienne place forte propre au Quesnoy. Construites en pierres grossières et en silex, noyés dans un mortier de chaux et couverts

SE LOGER

Chambre d'hôte la Petite Couronne ........ ①

SE RESTAURER

La Brumaudière ........ ①

de briques, elles présentent un tracé polygonal le long duquel s'ordonnent des bastions en saillie, dont les flancs sont reliés par des courtines. C'est un bel exemple du système à la Vauban, bien que certaines parties, comme les bastions à orillons, datent de Charles Quint. Plusieurs modifications sont encore effectuées au 19e s., notamment l'ajout des casemates et de l'hôpital de siège.

Le tour des remparts (5 km), praticable en toute saison, permet une agréable balade. Des panneaux expliquent les arcanes de ce système défensif. Pour un aperçu plus rapide, suivez le circuit proposé ci-après.

*Partir de la place du Gén.-Leclerc, ex-place d'Armes, et passer la porte du château. Prendre l'avenue des Néo-Zélandais pour gagner la poterne.*

Elle donne accès aux fossés, à l'endroit même où les hommes de la New Zealand Rifle Brigade escaladèrent la muraille le 4 novembre 1918. Un « monument des Néo-Zélandais » commémore leur exploit.

*De là, contourner le front sud des remparts par le fossé.*

Le fossé a été aménagé en parc et théâtre de verdure. On arrive à l'**étang du Pont-Rouge**, puis au **lac Vauban**, qui s'étend au pied des remparts, de part et d'autre de la porte Faurœulx. Du pont, vue sur les courtines et les bastions de brique rose se reflétant dans les eaux.

*Pour une description en image, voir l'ABC d'architecture p. 80.*

## Étang du Fer-à-Cheval

Dans la partie nord-ouest de la ville, l'étang a été tracé et creusé d'après les directives de Vauban. Autour de ses 3 ha, qui ne forment pas vraiment un fer à cheval, promenade agréable dans un cadre verdoyant.

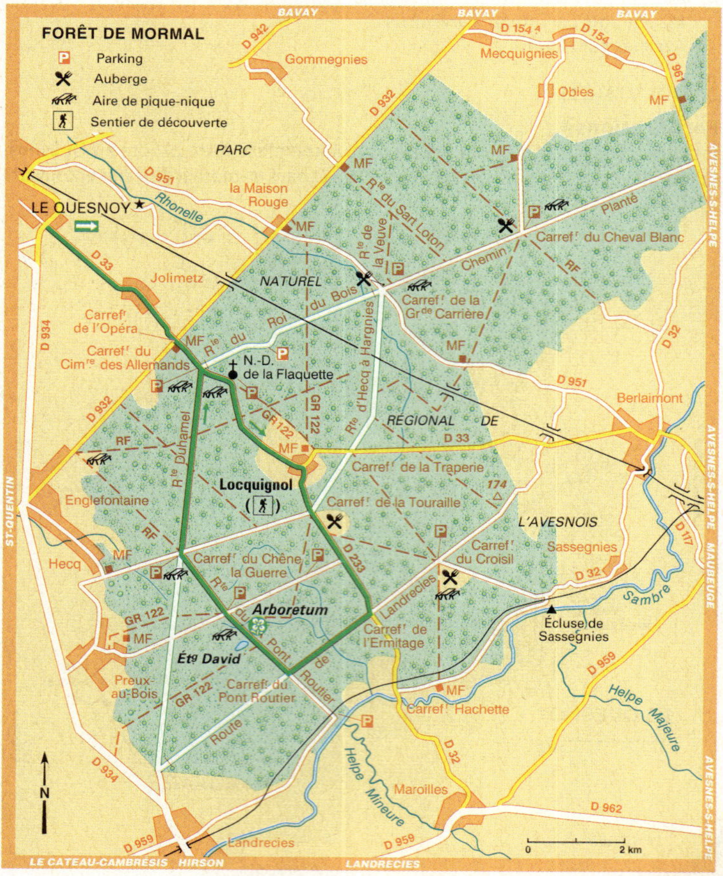

# Circuit de découverte

## LA FORÊT DE MORMAL★

*26 km – 1h30.*

Avec ses 9 100 ha, la forêt de Mormal est la plus grande de la région Nord-Pas-de-Calais. Riche de nombreuses essences d'arbres, elle se caractérise également par sa diversité faunistique. Le grand gibier, en particulier les sangliers, y abonde. L'exploitation forestière y étant conséquente, certains chemins sont parfois provisoirement fermés à la circulation.

De nombreux chemins, souvent goudronnés, sillonnent la forêt. Ainsi, le sentier de grande randonnée GR 122 (21 km), des sentiers pédestres (des Nerviens, des Etoquies, des Druides, des Sabotiers), des pistes cavalières (81 km), ainsi que plusieurs aires d'accueil (l'arboretum de l'étang David, la Pâture d'Haisne et son sentier pédagogique - ✆ *03 20 74 66 10.*) permettent d'arpenter les bois à son rythme.

*Quitter Le Quesnoy par la D 33. Traverser Potelle puis Jolimetz. Croiser la D 932, qui marque l'orée de la forêt sur un axe nord-est sud-ouest.*

### Notre-Dame-de-la-Flaquette

Cette petite chapelle, au cœur du sous-bois, est consacrée à la Vierge. La légende raconte qu'un bûcheron trouva une statue de la Vierge à cet endroit, à côté d'une mare, appelée ici « flaque ». Après l'édification et la consécration de la chapelle, on y implorait jadis la statue contre les fièvres paludéennes. L'endroit fait encore l'objet de pèlerinages ; une messe y est dite tous les ans, le 15 août.

*Poursuivre tout droit, jusqu'à Locquignol.*

### Locquignol

Cet ancien centre artisanal de sabotiers et de sculpteurs sur bois se trouve au cœur du massif. C'est le plus grand village du Nord, car son territoire couvre toute la forêt.

*Après Locquignol, continuer sur la D 233 jusqu'au carrefour de l'Ermitage. Prendre à droite, puis de nouveau à droite au carrefour du Pont-Routier.*

### Arboretum

Face à l'étang David, de l'autre côté de la route, il permet de mieux connaître les espèces : le chêne pédonculé domine depuis les reboisements des années 1920 et 1930 ; le hêtre, autrefois majoritaire, est toujours présent avec ses hautes futaies, qui ont parfois 200 ans.

*Continuer tout droit. Au carrefour du Chêne-la-Guerre, prendre en face pour retrouver la D 33 et retourner au Quesnoy.*

## Le Quesnoy pratique

### Adresses utiles

**Office du tourisme du Quesnoy** – *1 r. du Mar.-Joffre - 59530 - ✆ 03 27 20 54 70 - juin.-sept. : 9h-12h, 14h-18h (15h-18h le sam.), dim. et j. fériés 10h-12h30 ; avr.-mai 9h-12h, 14h-17h30 (15h-18h le sam.), dim. 15h-18h, j. fériés 10h-12h, 15h-18h ; oct.-mars : lun.-vend. 9h-12h, 14h-17h30, sam. 9h-12h ; fermé entre Noël et 1er janv.*

**Syndicat d'initiative de Mormal** – *La Place - 59530 Locquignol - ✆ 03 27 35 05 05 - avr.-sept. : sam. 13h30-15h30, dim. 10h-12h.*

### Se loger

**Chambre d'hôte La Petite Couronne** – *✆ 03 27 41 36 36 - ⊭ - 50 €* ☕. Un peu cachée derrière son beau portail en bois, cette maisonnette en plein cœur de la ville dispose d'une terrasse et d'un jardin très agréables. On trouve à l'étage 2 chambres communicantes, simples mais confortables. Une adresse intéressante d'autant que les alentours n'offrent que peu de solutions d'hébergement.

### Se restaurer

**La Brumaudière** – *3 rte du Quesnoy - 59530 Locquignol - ✆ 03 27 36 37 87 - fermé 2 sem.en mars, le soir sf vend. et sam. - 13 € déj. - 19/27 €.* Installé dans une ancienne bergerie, le bar-restaurant surplombe légèrement un petit étang à l'entrée du village. On n'échappe pas à la décoration rustique de la salle avec les vieux outils agricoles accrochés aux murs, les poutres et la cheminée. Cuisine traditionnelle saupoudrée toutefois d'une touche contemporaine.

### Événement

**Fête de Bimberlot** – C'est le carnaval du Quesnoy, qui voit défiler ses géants, Bimberlot et son cousin Maori, le 1er w.-end d'août, avec braderie nocturne le sam. et défilé carnavalesque le dim.

# Château fort de Rambures★

CARTE GÉNÉRALE A3 – CARTE MICHELIN DEPARTEMENTS 301 D8 – SOMME (80)

**Au cœur d'un parc à l'anglaise et d'un arboretum, ce château de plaine, tout en rondeurs, est un bel exemple d'architecture militaire du 15e s. Enclave française en territoire anglais, il a joué un rôle important lors de la guerre de Cent Ans. Depuis cinq siècles, il appartient à la famille de Rambures.**

- **Se repérer** – À 6 km au nord-est de Blangy-sur-Bresle par la D 928, puis la D 180 à droite. D'Abbeville (24 km), prendre la D 928 vers le sud, puis la D 180 à gauche.
- **À ne pas manquer** – Le mobilier picard à l'intérieur; la roseraie dans le parc.
- **Organiser son temps** – Entre novembre et février, pensez à réserver. On passe environ 1h30 à 2h sur place.
- **Pour poursuivre la visite** – Voir aussi Abbeville et le Vimeu, Airaines, Ault.

## Info pratique

### Se restaurer

**Les Pieds dans le Plat** – *27 r. Saint-Denis - 76340 Blangy-sur-Bresle - 6 km au sud-ouest de Rambures - ✆ 02 35 93 38 36 - fermé vac. de fév., jeu. soir et dim. soir d'oct. à mai et lun. - 16/29 €.* Terroir picard ou normand ? Les recettes fétiches des deux régions figurent bien souvent sur l'ardoise de cette maison accueillante. Ce sont toutefois des plats traditionnels qui composent l'essentiel des menus : tête de veau ravigote, etc.

## Visiter

*✆ 03 22 25 10 93 - www.chateaufort-rambures.com - visite guidée (1h) du 14 juil. au 25 août : 10h-18h ; mars-oct. : 10h-12h, 14h-18h (dernière entrée 1h av. fermeture) ; nov.-fév. : lun.-sam. sur RV, dim. 14h30-16h ; vac. scol. zone B : dim. 14h-17h - fermé merc., 1er janv., 25 déc. - 7 €.*

### Extérieur

Cette puissante forteresse fut conçue pour résister à l'artillerie. Ses fossés, ses tours rondes à mâchicoulis, ses courtines arrondies et sa tour de guet lui permirent de repousser les assauts : aucune surface plane ne s'offrait au tir de l'ennemi. Les murs de briques (de 2 à 6 m d'épaisseur) sont percés de 16 canonnières. Au 18e s., le château fort devient une demeure de plaisance et la façade sur cour est percée de baies. Le parc romantique à l'anglaise est planté d'arbres séculaires : séquoias géants, mûriers blancs, marronniers d'Inde... La **roseraie**, aux abords du pavillon Henri-IV, permet d'admirer plus de deux cents variétés de roses.

### Intérieur

Certaines pièces ne sont encore éclairées que par des meurtrières. Les aménagements du 18e s. ont doté le 1er étage de salles de réception comprenant des cheminées de marbre, des boiseries et un mobilier picard (15e-17e s.). Au 2e étage, après un tour sur le chemin de ronde du 15e s., on découvre le billard-bibliothèque et ses portraits.

A. Cassaigne / MICHELIN

*Tout en rondeurs, le château de Rambures.*

Sous la cuisine se trouvent les oubliettes. Les caves abritaient les villageois lors des invasions.

## Aux alentours

### Musée de la Verrerie à Blangy-sur-Bresle

*7 km au sud-ouest par D 180 puis D 928. Manoir de la Fontaine - ✆ 02 35 94 44 79 - mars.-nov. : merc.-vend. 10h-12h, 14h-18h ; lun., sam. et dim. 14h-18h - visites à 10h30, 14h30, 15h30 et 16h30 - fermé mar. - 4,50 € (enf. 1,80 €).*

Ce musée, installé dans un manoir du 16e s., retrace l'aventure de la verrerie dans la vallée de la Bresle. La région est en effet spécialisée dans le flaconnage de parfumerie. Présentation de collections, démonstrations de souffleurs…

# Forêt de Retz★

CARTE GÉNÉRALE B4 – CARTE MICHELIN DEPARTEMENTS 306 A7 – AISNE (02)

**Terrain de chasse favori de François Ier, sylve « maternelle » qui accueillit les flâneries du jeune Alexandre Dumas – un adepte de l'école buissonnière –, épaisse hêtraie d'où fut lancée l'offensive qui conduisit les Alliés à la victoire en 1918, la forêt de Retz s'est forgée au fil des siècles une personnalité bien marquée. De nombreux sentiers de randonnées jalonnent cette vaste forêt, la plus étendue du département, pour vous mener à la découverte des ermitages, fontaines, rochers ou monuments commémoratifs qui se cachent derrière les futaies.**

- **Se repérer** – Au sud-est de la forêt de Compiègne, cette forêt domaniale dessine un croissant aplati qui entoure Villers-Cotterêts. Le massif couronne le sommet du plateau du Valois. De Paris (75 km), Soissons (25 km) et Laon (55 km), on traverse le massif par la N 2.
- **Organiser son temps** – La meilleure façon de découvrir la forêt est de la parcourir à pied : pensez à vous munir de chaussures de marche. Si vous optez pour le circuit en voiture, prévoyez du temps pour visiter les villes des alentours.
- **Pour poursuivre la visite** – Voir aussi Villers-Cotterêts, La Ferté-Milon, l'abbaye de Longpont, Morienval, le château de Pierrefonds, Soissons.

## Comprendre

**Un bastion de la Grande Guerre** – Lors de la seconde bataille de la Marne, déclenchée le 27 mai 1918, la forêt est tenue par l'armée Mangin, tandis que l'avancée ennemie dessine une « poche » vers Château-Thierry, au sud. Le 12 juillet, Foch attaque le flanc ouest de la poche. La concentration de l'armée Mangin s'opère en trois nuits. Le général Fayolle mène l'ensemble de l'opération. Le 18, les deux armées, précédées de centaines de chars, s'élancent sur un front de 45 km. Un barrage roulant d'artillerie s'est déclenché en même temps que l'attaque. La surprise est foudroyante : la ligne allemande est enfoncée. Mangin dirige cette poussée décisive, prélude de la grande offensive qui contraindra les Allemands à signer l'armistice, le 11 novembre 1918.

**La forêt** – Elle est couverte de très belles futaies de hêtres. Elle est aussi peuplée de chênes, charmes, frênes, merisiers, érables, bouleaux, châtaigniers. Les conifères sont nombreux dans les zones sableuses. Une quinzaine d'arbres remarquables sont à découvrir, dont les hêtres du Saut-du-Cerf, du Pré Gueux, aux Amours, le chêne des Crapaudières, celui du Roi de Rome, etc. La faune abonde : biches, cerfs, chevreuils, sangliers, renards et faisans…

### Le saviez-vous ?

- Bien avant de devenir la Forest de Rest, ce massif s'appelait forêt des Sylvanectes. Il groupait les actuelles forêts de Chantilly, Ermenonville, Halatte, Compiègne, Laigue, Saint-Gobain et la basse forêt de Coucy.
- On raconte que c'est en chassant dans la forêt de Retz que François Ier aurait recueilli une salamandre et décidé d'en faire son symbole.
- « L'une des plus grandes raretés du Valois est la Forest de Rest, la plus belle et renommée de toute la France », écrivait un certain Muldrac en 1662.
- La forêt de Retz en quelques chiffres : 360 km de périmètre ; 13 339 hectares ; 60 km de routes forestières ; 560 km de laies et de sentiers ; 400 carrefours.

## Circuit de découverte

*45 km – environ 2h30. Quitter Villers-Cotterêts par la D 973 vers Pierrefonds ; après 1 km, tourner à droite et se garer à l'étang de Malva.*

**Bon à savoir** – Des aires de pique-nique et des aménagements récréatifs sont à votre disposition dans les secteurs de Malva, de l'étang de la Grande-Ramée, de la fontaine du Prince, du Rond-Capitaine et de la fontaine Gosset (Fleury). Un topoguide sur la forêt de Retz (éd. Chamina) est en vente *(3 €)* dans les librairies, les offices de tourisme et au comité départemental du tourisme de l'Aisne.

### Ermitage Saint-Hubert

*15mn à pied AR en remontant la trouée à travers bois.* On coupe, à mi-chemin, la perspective principale du château, l'allée Royale. La petite construction, restaurée en 1970 et décorée des salamandres de François Ier, abrita un ermite jusqu'en 1693. Elle constitue l'un des regards du réseau de canalisations qui, à partir du 12e s., approvisionna le château en eau pure, collectée dans les « pleurs ». Le système de conduites souterraines (15 km) est jalonné, tous les 100 m environ, de « pots », des puits de visite destinés aux fontainiers. En 1900, ce système débitait 250 m$^3$ d'eau par jour. Il n'alimente plus aujourd'hui que l'étang de Malva.

*Suivre la route forestière ; tourner à gauche pour monter au faîte de la forêt. À hauteur du monument « Passant, arrête-toi », prendre à droite la route du Faîte. À 2 km, parking dans un virage. Monter à pied à travers bois.*

### Monument Mangin

Une stèle de granit marque l'emplacement de l'observatoire militaire (tour de bois de 7 étages) qui servit de poste de commandement à Mangin les 18 et 19 juillet 1918.

*Suivre la route du Faîte. 1 km après la traversée de la N 2, au carrefour des Princesses, bifurquer à gauche, dans la route de Chavigny. Au carrefour de Chavigny, prendre la première route à droire, la route des Chamarts, qui conduit au carrefour de la Croix-Baquet. Là, on rejoint la route du Faîte, que l'on prend à gauche. 500 m plus loin, se garer et prendre à gauche la « promenade de Château-Fée ».*

### Château-Fée

*30mn AR par le chemin forestier.* Il ne s'agit pas d'un château mais d'une éminence, dans un secteur en partie reboisé. Vue sur la forêt à travers les laies.

### Abbaye de Longpont★ *(voir ce nom)*

*Faire demi-tour. Gagner Corcy, puis l'entrée de Fleury. Tourner à gauche en passant sous la voie ferrée.*

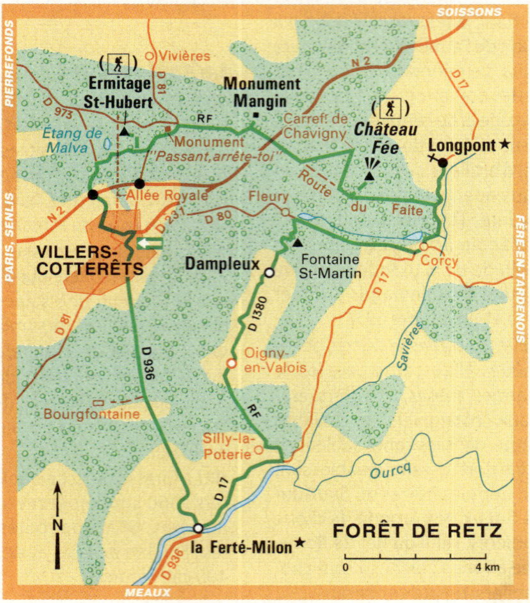

### Dampleux

La **fontaine Saint-Martin** est une source abondante dont le captage (regard, bassin, déversoir) est l'un des symboles de la forêt de Retz, château d'eau de l'Île-de-France.

La route traverse la clairière d'Oigny-Dampleux. *À Oigny-en-Valois, s'engager dans la route forestière de Silly-la-Poterie (à gauche).* Du sommet, descendez au fond de la vallée de l'Ourcq, près de l'origine du canal.

*La D 17, à droite, mène à La Ferté-Milon (voir ce nom). Emprunter ensuite la D 936 pour retourner à Villers-Cotterêts.*

### Forêt de Retz pratique

#### Sports & Loisirs

**Domaine de la Salamandre** – *R. du Wadon - 02210 Latilly - ✆ 06 61 31 41 67 - http://reseau.overdream.free.fr.* Centre de pêche à la mouche, stages trappeurs. Chalets.

# Riqueval

CARTE GÉNÉRALE C3 – CARTE MICHELIN DEPARTEMENTS 306 B3 – AISNE (02)

**Riqueval est connu pour son Grand Souterrain, long de 5 670 m, qui permet au canal de Saint-Quentin de franchir le plateau séparant le bassin de la Somme de celui de l'Escaut. Point fort de la visite : l'arrivée du « toueur » qui remorque les bateaux dans le souterrain… à la vitesse de 2,5 km/heure.**

- **Se repérer** – 12 km au nord de Saint-Quentin et 28 km au sud de Cambrai par la N 44. De Péronne, à l'ouest, prendre la D 6, la D 331, puis la N 44 à droite.
- **Organiser son temps** – Le touage des péniches n'a lieu que deux fois par jour, de chaque côté du tunnel, soit quatre occasions d'assister à l'opération, à condition de se trouver au bon endroit au bon moment *(horaires ci-après)*. Hors saison, le musée du Touage n'est ouvert que le week-end. Prévoyez deux heures pour le circuit de découverte.
- **Pour poursuivre la visite** – Voir aussi Saint-Quentin, l'abbaye de Vaucelles, Le Cateau-Cambrésis.

## Comprendre

**Le Grand Souterrain –** Le tunnel, conçu à la demande du Premier consul en 1801, fut réalisé de 1802 à 1810 sous la direction de l'ingénieur **A.-N. Gayant**. Il fut inauguré en 1810 par Napoléon Ier et l'impératrice Marie-Louise, qui embarquèrent dans une gondole. Durant la guerre 1914-1918, il servit d'abri aux Allemands.

**Le touage** – La mauvaise ventilation du souterrain contraint à faire la traversée par touage : la rame de péniches, dont les moteurs sont éteints, est remorquée par un toueur électrique. Ce bateau (25 m de long, 5 de large, 90 t) se déplace à l'aide d'un treuil et d'une chaîne. Longue de 8 km, celle-ci est fixée au fond du canal et s'enroule sur des tambours situés au centre du bateau. Jusqu'en 1863, le halage nécessitait l'énergie musculaire de 7 à 8 hommes, et la traversée du souterrain durait de 12 à 14 heures. Plus tard, on installa un remorqueur à manège appelé *rougaillou*, mû par des chevaux. Un toueur à vapeur prit sa place en 1874, puis un toueur électrique dès 1910.

### Le saviez-vous ?

C'est la prononciation picarde de « riche val » qui a donné *rikeval* (1178) puis *ricqueval* (1363), allusion à la fertilité de cette vallée où l'on exploitait aussi des carrières de pierre.

## Visiter

### Entrée du souterrain

*1 km au nord de Riqueval. Touage des péniches : dép. côté Riqueval (tête sud) 7h30 et 15h, dép. côté Vendhuile (tête nord) 9h30 et 17h - fermé 1er janv., dim. de Pâques, 1er Mai, 14 Juil., 11 Nov., 25 déc.*

Un chemin signalé « Grand souterrain du canal de Saint-Quentin » descend à travers bois vers l'entrée du souterrain, où l'on assiste au **touage** des péniches.

A. Cassaigne / MICHELIN

*L'entrée du Grand Souterrain de Riqueval : le canal de Saint-Quentin disparaît sous terre.*

### Musée du Touage

*Hameau de Riqueval (au bord de la N 44) - 02420 Bellicourt - ✆ 03 23 09 37 28 - www.cc-vermandois.com - 10h-12h30, 14h-17h30, j. fériés 14h-18h ; avr.-oct. : w.-end 14h-18h ; nov.-mars : w.-end 14h-17h - fermé 1er janv., 1er Mai, 1er et 11 Nov., 25 déc. - 3,50 € (8-12 ans) 1,50 € ; 12-18 ans 2,50 € (famille 7 €).*

Aménagé dans un toueur électrique de 1910, c'est aussi l'office de tourisme (Maison de pays du Vermandois). On y relate les techniques du touage et l'histoire du Grand Souterrain : panneaux explicatifs, vidéos. Produits du terroir.

## Circuit de découverte

### À LA NAISSANCE DE L'ESCAUT

*24 km. Quitter Riqueval au nord par la N 44.*

### Mémorial américain de Bellicourt

Un cénotaphe de pierre blanche commémore l'attaque, en 1918, de la ligne Hindenburg par le 2e corps d'armée américain.

Des abords du mémorial, **vue panoramique** sur le plateau que sillonnaient les tranchées allemandes.

*Poursuivre sur la N 44 vers Le Catelet et, à 2 km, prendre à droite une route qui conduit à Mont-Saint-Martin.*

### Mont-Saint-Martin

Ruines d'une ancienne abbaye de prémontrés.

*Prendre à droite la D 71 d'où se détache le sentier qui conduit à la source de l'Escaut (parking).*

### Source de l'Escaut

Elle se dissimule au creux des arbres dans un site mystérieux, qui fut un lieu de pèlerinage. C'est ici que débute aujourd'hui une course de 400 km à travers la France, la Belgique, les Pays-Bas, par Cambrai, Valenciennes, Tournai, Gand et Anvers.

De la source, suivez sur 100 m la berge du fleuve qui coule au milieu de trembles et de frênes.

*Passer de nouveau devant Mont-Saint-Martin, continuer jusqu'à Gouy et, là, prendre à droite vers Beaurevoir.*

### Beaurevoir

Ce village conserve une tour du château où Jeanne d'Arc fut retenue captive, d'août à novembre 1430, par le comte de Luxembourg, qui la livra aux Anglais.

*Revenir à Riqueval par la D 932.*

#### Info pratique

##### Se restaurer

⊜⊜ **Ferme-auberge du Vieux Puits** – *5 r. de l'Abbaye - 02420 Bony - ✆ 03 23 66 22 33 - www.isasite.net/ferme-du-vieux-puits - fermé 25 déc.-1er janv. et jeu. midi - réserv. obligatoire - 19/28 € - 6 ch. 54 €* ☕. Chambres confortables et simplement meublées. Une petite faim ? Allez-vous attabler à l'auberge pour goûter les bons produits fermiers. Piscine chauffée, tennis et VTT.

# Roubaix

97 952 ROUBAISIENS
CARTE GÉNÉRALE B/C2 – CARTE MICHELIN DEPARTEMENTS 302 H3 – NORD (59)

**Avec ses cheminées et ses murs de brique rouge caractéristiques des anciennes cités industrielles du Nord, la ville est en pleine mue. Elle a renové une de ses anciennes filatures de coton, véritable château de l'industrie, pour y accueillir un centre d'archives d'envergure nationale, converti sa Condition publique en centre culturel et transformé sa superbe piscine Art déco en musée.**

**Se repérer** – Entre Lille et Tourcoing. De Lille, accès par la N 356 ; de Tournai, par la N 509. Autres accès : E 42 puis D 710 ; A 1/E 17. Les voies rapides D 700, D 9 et N 356 encerclent la ville.

**À ne pas manquer** – La Piscine-Musée d'Art et d'Industrie ; la frise extérieure de l'hôtel de ville ; les murs-vitraux de la chapelle de Hem.

**Organiser son temps** – Comptez au moins 2h pour le musée d'Art et d'Industrie, 1h pour la manufacture des Flandres. N'oubliez pas de réservez du temps pour le shopping. Amateurs d'art, venez en décembre, pendant la braderie de l'Art.

**Avec les enfants** – La Piscine-Musée d'Art et d'Industrie dispose de salles adaptées aux enfants.

**Pour poursuivre la visite** – Voir aussi Lille, Tourcoing, Villeneuve-d'Ascq et Tournai (en Belgique, *voir p. 16*).

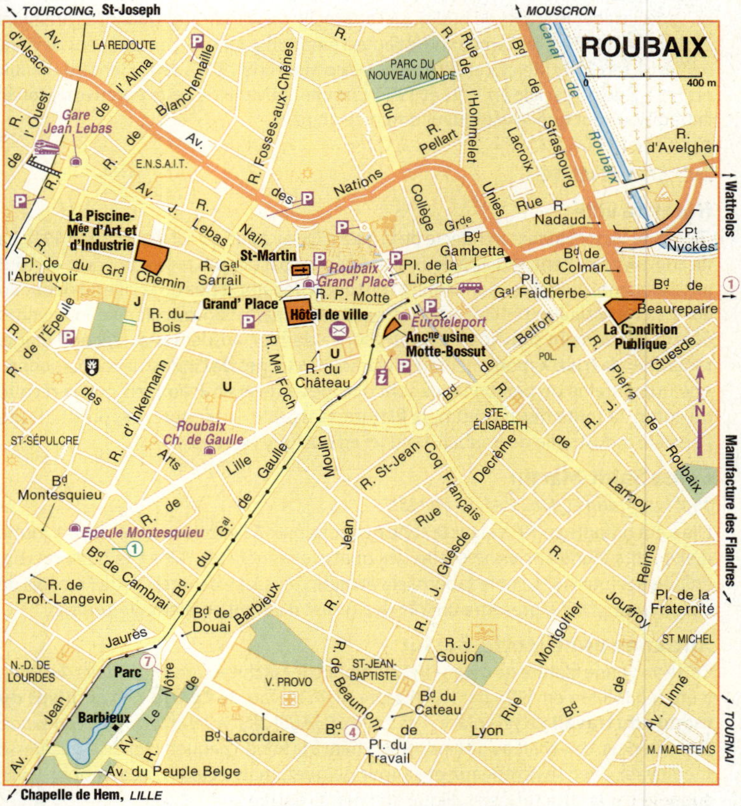


| SE LOGER | | SE RESTAURER | |
|---|---|---|---|
| Chambre d'hôte Abri du Passant | 1 | Auberge de la Marmotte | 1 |
| | | L'Auberge de Beaumont | 4 |
| | | Le Beau Jardin "saveurs" | 7 |

## Comprendre

**Le saviez-vous ?**

Roubaix tient son nom probablement de *rosbach*, « ruisseau aux roseaux ». Sa première mention apparaît dans une légende du 9e s. intitulée *Le Miracle de saint Éleuthère*.

Ancien fief du textile, Roubaix reste un bastion de la VPC (vente par correspondance) : la ville concentre 80 % des activités dans ce secteur. Un héritage de la grande tradition marchande du Nord.

**Du Téméraire à La Redoute** – En 1469, l'octroi par Charles le Téméraire, duc de Bourgogne et comte de Flandres, au seigneur Pierre de Roubaix d'une charte autorisant les habitants à faire « drap de toute laine » consacre déjà la vocation textile de la ville. Alors que Roubaix compte 8 000 habitants en 1800, l'explosion de l'industrie textile propulse la ville au rang de grande cité : 124 000 habitants en 1914. Après la profonde crise du textile de 1960, Roubaix devient un pôle universitaire et un centre d'affaires. Si l'activité textile demeure importante (le groupe La Lainière de Roubaix est l'un des plus importants de l'Union européenne), la ville est surtout connue pour la vente par correspondance (Trois Suisses, La Redoute…).

**La dangereuse Paris-Roubaix** – Au départ de Compiègne, l'itinéraire de 268 km créé en 1896 rallie le vélodrome de Roubaix et compte 22 secteurs pavés. Ces pavés, qui viennent des carrières arrageoises et bretonnes, couvraient déjà les routes du Nord-Pas-de-Calais aux 18e et 19e s. Il en reste environ 80 km dans le Nord, dont 57 sont utilisés pour la course. Les passages les plus difficiles sont le trajet de Préseau à Famars, le plus long (3,9 km), et la traversée de la forêt d'Arenberg. Lorsque la pluie s'en mêle, la course prend des allures d'apocalypse : chutes spectaculaires, crevaisons en série, visages maculés de boue… À l'approche du vélodrome, quand les premiers cyclistes entendent la clameur de la foule, l'émotion gagne… Le vainqueur devient un héros, tels Eddy Merckx en 1970, Francesco Moser de 1978 à 1980, Bernard Hinault en 1981, Duclos-Lasalle en 1992 et 1993. Comme souvenir de cette épreuve de force, la tradition veut que le vainqueur emporte un pavé.

## Se promener

### Hôtel de ville

Œuvre de Victor Laloux, architecte de la gare d'Orsay à Paris, il fut inauguré en 1911. La façade, un corps central relié à deux ailes latérales par des passages couverts, est tout aussi élégante qu'impressionnante, à la hauteur des ambitions de la ville au début du 20e s. La verticalité de l'édifice est encore accentuée par les douze colonnes ionniennes ornant le bâtiment principal. Toujours sur ce dernier, au-dessus du second étage, remarquez la **frise** ★ monumentale illustrant des scènes de l'industrie roubaisienne : une quarantaine de personnages sont occupés à divers travaux tels que la récolte du coton, la tonte des moutons, la filature, le tissage, la teinture, l'apprêt… Toute l'histoire industrielle de Roubaix tient ici en quelques scènes.

### Église Saint-Martin

*Tlj sf lun. matin et dim. 9h-12h, 14h-18h.*

Elle a été grandie au 19e s. dans le style néogothique. À l'intérieur, voyez l'autel formé d'éléments d'une ancienne chaire (les quatre évangélistes, 17e s.), le beau retable en bois sculpté (16e s.) et le tabernacle rocaille (18e s.). Le cénotaphe de François de Luxembourg (1472) présente un très rare gisant d'enfant en pierre de Tournai.

### Ancienne usine Motte-Bossut

Cette ancienne filature de coton (1862), témoin de l'architecture industrielle du 19e s., a été réhabilitée en 1993 par l'architecte Alain Sarfati ; le **Centre des archives du monde du travail** y a pris place - *✆ 03 20 65 38 00 - tlj sf w.-end 13h-18h selon expos.* De l'extérieur, ce « château de l'industrie » tient à la fois du paquebot et de la forteresse médiévale, avec ses créneaux et sa tour de guet, mais également son pont-levis, suggéré par la structure métallique dominant l'entrée.

Nombreuses sont les usines ainsi réhabilitées à Roubaix, transformées en logements, université, école de commerce, théâtre… Avant de devenir « Maison Folie », la **Condition publique** *(voir l'encadré pratique)*, bâtie en 1901, était le lieu où l'on mesurait le taux d'humidité dans le textile afin d'en chiffrer la vente. Symbole d'une industrie prospère, l'édifice est décoré de briques émaillées polychromes.

Y. Tierny / MICHELIN

*L'ancienne filature de coton Motte-Bossut.*

### Église Saint-Joseph

*✆ 03 20 24 92 84 - sam. 9h-11h - visite sur demande (en dehors du sam.) tlj sf merc.*
La sobriété extérieure de cet édifice néogothique en brique (1878) contraste avec la richesse du décor intérieur : les peintures qui ornent murs, voûtes et colonnes forment un véritable livre d'images. Dans le chœur, un retable en bois sculpté relate la vie de saint Joseph, patron des ouvriers.

### Parc Barbieux

Ce parc à l'anglaise, au creux d'un vallon, abrite de nombreuses essences. Ses massifs fleuris, ses monuments à la mémoire des grands Roubaisiens, ses étangs et ses jeux en font une pause idéale en famille.

## Visiter

### La Piscine - Musée d'Art et d'Industrie André-Diligent★

*23 r. de l'Espérance - ✆ 03 20 69 23 60 - ♿ - tlj sf lun. 11h-18h (20h vend.), w.-end et j. fériés 13h-18h - fermé 1er janv., 1er Mai, Ascension, 14 Juil., 15 août, 1er nov., 25 déc. - 3 € (-18 ans gratuit), gratuit 1er dim. du mois.*

Hier « temple de l'hygiène », fréquenté par les Roubaisiens pendant plus de soixante ans, ce splendide complexe Art déco de bains-douches (1927-1932) édifié par Albert Baert sert aujourd'hui de cadre au patrimoine artistique et industriel de la ville. Conçu comme une abbaye autour d'un cloître, il conserve encore deux salles de bains (une pour hommes, une pour femmes), et surtout sa **piscine★★** qui, telle une église, charme d'emblée par l'harmonie de son volume et de sa décoration. Les baigneurs ont laissé place aux sculptures et peintures des 19e et 20e s. – pour la plupart œuvres d'artistes locaux – à (re)découvrir : *La Petite Châtelaine* de Camille Claudel, *Marat assassiné* de Weerts, *Combat de coqs* de Cogghe, peintures de Dufy, Lempicka, Gromaire, etc. Les cabines, qui ouvrent sur le grand bassin, servent d'écrin aux riches collections de textiles : dessins, pièces d'habillement et d'ameublement. Pour un plongeon réussi dans l'art et les techniques.

La Piscine est classée parmi les meilleurs musées de France par *Le Journal des arts*, en fonction de critères qui vont au-delà de la collection elle-même, et comprennent la qualité de l'accueil, de dynamisme, les activités et la conservation.

Pour que les enfants s'amusent autant qu'en allant à la piscine, le musée met à leur disposition, dans les salles de la section beaux-arts, des malles à jeux pour découvrir les œuvres. Certains week-ends, proposition de parcours autour des cinq sens.

### Manufacture des Flandres - Flemish Tapestries

*25 r. de la Prudence. ✆ 03 20 20 09 17 - visite guidée : tlj sf lun. et j. fériés 14h, 15h, 16h, 17h - fermé 3 premières sem. d'août - 6 € (-8 ans gratuit).*

Au sein de ce musée vivant installé dans les bâtiments des Établissements Craye, une quinzaine de métiers à tisser (de la machine à bras du 17e s. à la machine assistée par ordinateur de nos jours) sont mis en marche au fur et à mesure de la visite guidée. On découvre ainsi l'évolution du jacquard, métier à tisser qui a pris le nom de son inventeur lyonnais au début du 19e s. Des reproductions de tapisseries célèbres et des créations sont visibles dans l'espace expo, ainsi que des accessoires de décoration dans la boutique.

## Aux alentours

### Chapelle de Hem★

*7 km par l'avenue Jean-Jaurès et la D 64.*

La chapelle Sainte-Thérèse-de-l'Enfant-Jésus-et-de-la-Sainte-Face, réalisée sur les plans de Hermann Baur, a été achevée en 1958. Sa silhouette se détache sur un fond de maisons flamandes blanchies à la chaux, rappelant un béguinage. Dès l'entrée s'impose une tapisserie de la Sainte Face, d'après Rouault. Autels, tabernacles, crucifix et statue de sainte Thérèse sont dus au sculpteur Dodeigne. Les admirables **murs-vitraux★★** ont été conçus par le peintre Manessier. Remarquez, à droite, les tons chauds et vibrants ; à gauche, des nuances plus légères, d'une grande délicatesse.

### Wattrelos

*10 km au nord-est.*

Le **musée des Arts et Traditions populaires** est installé dans une ferme de la fin du 19e s. On parcourt les ateliers de l'horloger et du tisserand, l'estaminet avec son bastringue, la cuisine. Voyez aussi les jeux traditionnels, tels que la grenouille, et le limonaire. *☎ 03 20 81 59 50 - ♿ - tlj sf lun. 9h-12h, 14h-18h, dim. 10h30-12h30, 15h-18h (fermé dim. matin oct.-mars) dernière entrée 15mn av. fermeture - fermé j. fériés, dim. de l'Épiphanie, du carnaval et de Berlouffes - gratuit.*

## Roubaix pratique

### Adresses utiles

**Office du tourisme de Roubaix** – *12 pl. de la Liberté - 59100 - ☎ 03 20 65 31 90 - www.roubaixtourisme.com - tlj sf lun., dim. et j. fériés 9h30-18h.*

**Office du tourisme de Wattrelos** – *189 r. Carnot - 59150 - ☎ 03 20 75 85 86 - www.ville-wattrelos.fr - tlj sf lun. et j. fériés 9h-12h, 14h-18h, dim. 9h-13h.*

### Visite guidée

**Roubaix revisitée** – *Toute l'année, le w.-end (programme à l'office de tourisme) - 5 € (-16 ans gratuit).* Visites guidées insolites avec la participation de comédiens, musiciens, danseurs.

### Transports

**Métro** – La ville de Roubaix est reliée à la métropole lilloise par le métro : 20mn suffisent pour rejoindre le centre de Lille et moins de 10mn pour Tourcoing.
5 stations de métro desservent le centre de Roubaix. Le métro circule de 5h30 à 0h (heure de passage à la gare Lille-Flandres), toutes les 2mn30 aux heures de pointe et toutes les 4 à 6mn aux heures creuses.

**Tramway et bus** – *☎ 0 820 42 40 40 - www.transpole.fr.* Roubaix est également reliée à Lille par le tramway (6 stations sont sur la commune) et desservie par de nombreuses lignes de bus.

### Se loger

⊜ **Chambre d'hôte Abri du Passant** – *14 r. Vauban - ☎ 03 20 11 07 62 - www.ifrance.com/abri-du-passant/ - fermé 3 sem. en août - ⊭ - 5 ch. 34/36,50 € - ☕ 5 €.* Vous ne serez pas déçu par le confort de cette belle demeure bourgeoise de 1890 située tout près du parc Barbieux. Les chambres et les salles de bains y sont spacieuses et bien aménagées.

### Se restaurer

⊜⊜ **Le Beau Jardin « saveurs »** – *Av. Lenôtre (parc Barbieux) - ☎ 03 20 20 61 85 - 20/40 €.* Environnement unique pour ce restaurant niché au cœur du parc Barbieux. Jolie salle contemporaine face à un plan d'eau et festival de saveurs dans l'assiette (herbes et épices).

⊜⊜ **Auberge de la Marmotte** – *5 r. Jean-Baptiste-Lebas - 59390 Lys-lez-Lannoy - 5 km au sud-est de Roubaix par D 206 - ☎ 03 20 75 30 95 - fermé 19-27 fév., 1er-8 mai, 1er-21 août, lun. et le soir sf vend. et sam. - 18/62 €.* Dans un quartier calme et excentré, maison en briques abritant deux grandes salles à manger au charme « vieille France » et un petit salon intime. Cuisine classique.

⊜⊜⊜ **L'Auberge de Beaumont** – *143 r. Beaumont - ☎ 03 20 75 43 28 - fermé 2-25 août, 26-31 déc., 20-26 fév., dim. soir, lun. soir, mar. soir, merc. et soirs fériés - 26/55 €.* Après un accueil tout sourire, la propriétaire de cette aimable auberge vous invitera à prendre place dans l'une de ses deux salles à manger au cadre rustique ou sur la terrasse dressée sur le trottoir. Quel que soit votre choix, vous dégusterez une sympathique cuisine traditionnelle préparée avec des produits frais.

### En soirée

**Théâtre Louis-Richard** – *26 r. du Château - ☎ 03 20 73 10 10 - www.theatre-louis-richard.com - tlj sf w.-end 9h-12h, 14h-18h - fermé août - 4 €.* Fondé en 1884 par Louis Richard, le théâtre qui a pris son nom perpétue la tradition des petits théâtres de marionnettes qui existaient à la fin du 19e s. En tournée, il propose expositions de marionnettes anciennes et spectacles. Ceux-ci, riches en couleurs, mouvement et lumière, raviront petits et grands.

**La Condition publique** – *14 pl. Faidherbe - ✆ 03 28 33 57 57 - www. laconditionpublique.com* - Dans cette « Maison-Folie » sont régulièrement organisées expositions et animations diverses (théatre, apéros-concerts…).

## Que rapporter

**L'Usine** – *228 av. Alfred-Motte - ✆ 03 20 83 16 20 - www.lusine.fr - tlj sf dim. 10h-19h - fermé 1er Mai, 14 Juil., 15 août et 25 déc.* Cette ancienne manufacture où l'on fabriquait des velours abrite désormais les magasins d'usine de la région. Vous y trouverez plus de 200 marques, proposées dans 80 boutiques.

**Mc Arthur Glen** – *44 mail de Lannoy - ✆ 03 28 33 36 10 - www.mcarthurglen.fr - tlj sf dim. 10h-19h.* Plus de 50 enseignes, 85 grandes marques proposées, des prix allant de moins 30 % à moins 50 %, un espace d'accueil pour les enfants : ce « village de boutiques » a de quoi vous faire tourner la tête !

**Les Aubaines de la Redoute** – *85 r. de l'Alma - ✆ 03 20 26 18 71 - tlj sf dim. 10h-19h.* Ce magasin de vente par correspondance vend des articles de fin de série ou supprimés du catalogue.

## Événements

**Braderie de l'Art** – *www.labraderiedelart. com* - Pendant 24 heures, l'Art se met à la portée de tous. Chaque année, le 1er ou 2e w.-end de décembre, plus d'une centaine d'artistes du monde entier mettent leur production en vente, à moindre coût.

**Fête des Berlouffes** – C'est l'un des plus grands vide-greniers du Nord, avec 2 500 exposants et 16 km de « bradeux ». Le 2e dim. de sept., à Wattrelos.

**Paris-Roubaix** – La grande classique cycliste réunit les plus grands noms du vélo chaque année, dans « l'enfer du Nord », le 2e dim. d'avr. Départ de Compiègne, arrivée à Roubaix.

# Rue★

3 104 RUÉENS
CARTE GÉNÉRALE A2 – CARTE MICHELIN DEPARTEMENTS 301 D6 – SOMME (80)

**Port de mer au début du Moyen Âge, Rue fut une place forte du comté de Ponthieu jusqu'au 17e s. Sa chapelle abrite une relique liée à une mystérieuse légende. Son puissant beffroi symbolise les libertés communales. Capitale du Marquenterre, c'est le paradis des chasseurs et des pêcheurs, et le point de départ de nombreuses randonnées.**

**Se repérer** – Entre les baies d'Authie et de Somme, Rue occupe une éminence du Marquenterre. La ville est cernée de mollières, de prés salés, de dunes, d'étangs et de vasières. Accès par l'A 16 ; à la sortie 24, prendre la D 32.

**À ne pas manquer** – Les chapelles du Saint-Esprit (voûtes) et de l'Hospice.

S. Sauvignier / MICHELIN

*Dentelles de pierre pour les voûtes de la chapelle du Saint-Esprit.*

**Pour poursuivre la visite** – Voir aussi le parc ornithologique du Marquenterre, Saint-Valery et la baie de Somme, Crécy-en-Ponthieu, l'abbaye et les jardins de Valloires, Abbeville.

**Le saviez-vous ?**

On raconte que des croisés, ayant découvert trois crucifix près du Golgotha à Jérusalem, les livrèrent aux flots. L'un d'eux échoua sur la grève de Rue. Les deux autres accostèrent en Italie et en Normandie.

Les frères **Gaston et René Caudron**, pionniers de l'aviation, ont effectué ici leurs premiers essais aéronautiques, vers 1910.

## Visiter

### Chapelle du Saint-Esprit★

*03 22 25 69 94 - visite guidée (combinée avec chapelle de l'Hospice) sur réserv. auprès de l'office du tourisme (6 pers. mini.) ; des vac. de fév. aux vac. de la Toussaint, visite libre du narthex : 9h30-17h30 ; juil.août : visite accompagnée par des étudiants de Rue - gratuit, visite guidée 3 €.*

Cette chapelle de style gothique flamboyant doit son raffinement aux dons faits par les fidèles lors du pèlerinage du Crucifix miraculeux. Elle témoigne du goût des 15e et 16e s. pour la sculpture décorative, qui forme ici une dentelle de pierre d'une rare délicatesse.

**Extérieur** – Sur les contreforts saillants, des statues grandeur nature superposées représentent des effigies royales *(à droite)*, la Visitation, saint Jacques et saint Jean *(au centre)*, les Pères de l'Église et les évangélistes *(à gauche)*. Les voussures du portail évoquent la passion du Christ. Le tympan est découpé en niches à dais très fouillés qui abritent des hauts-reliefs refaits au 19e s. illustrant les sept douleurs de la Vierge. Les portes du 15e s. ont des vantaux sculptés en plis de serviette (motif décoratif utilisé en menuiserie).

**Intérieur★★** – La voûte du narthex, très élancée, présente une énorme clef en pendentif. Le mur droit est orné d'arcatures lancéolées. Les portes de la **trésorerie** sont surmontées de représentations de la Sainte Face et de l'Esprit saint. Celle de droite conduit à la salle basse, où un escalier à vis mène à la salle haute ; celle de gauche donne sur un autre escalier desservant aussi la salle haute, ce qui permettait aux pèlerins de défiler suivant un sens unique. Dans la salle basse, remarquez l'arcade gauche. Sa voussure est sculptée de feuilles de vigne et de lierre entre lesquelles rampent des escargots. Au-dessus du gâble de la porte d'escalier, jolie Vierge à l'Enfant polychrome (16e s.). La salle haute, au fin décor sculpté, abrite le retable de l'ancien autel. De bas en haut se succèdent une galerie flamboyante, une frise de feuilles de chêne où se glissent escargots, coqs, oiseaux, et des scènes, dont l'Annonciation, les Adorations des bergers et des Mages, la Circoncision. À gauche du retable, la porte du second escalier séduit par son gâble, son couronnement à jours et ses vantaux (16e s.) en chêne.

*Revenir au narthex.* Une porte à jours donne accès à la chapelle. Ses voussures figurent la légende du Crucifix miraculeux. Dans les niches au-dessus des piédroits, voyez les statues des bienfaiteurs de la chapelle, Isabelle du Portugal et Louis XI.

La **nef** du 16e s., qui conserve les reliques, surprend par ses voûtes : les nervures y dessinent un réseau arachnéen autour de clefs sculptées avec une étonnante virtuosité. Trois peintures (19e s.) retracent la légende du Crucifix miraculeux.

### Beffroi

*03 22 25 01 57 - juil.-août : 10h-12h30, 14h30-18h ; fév.-juin et sept.-oct. : tlj sf lun. mat., dim. apr.-midi et merc. 10h-12h30, 14h30-18h - visite guidée (45mn) - fermé nov.-janv., 1er Mai - 3 €.*

Puissant et massif, il est cantonné de quatre tourelles. Son gros œuvre remonte au 15e s., mais le couronnement, avec sa loge de guetteur, date de 1860. Au rez-de-chaussée, le **musée des Frères Caudron** est consacré à l'aviation - *10 pl. Anatole-France - 03 22 25 69 94 - www.ville.rue.fr - lun. apr.-midi - sam. : 9h30-12h30, 14h-18h - visite sur réserv. auprès de l'office de tourisme (6 pers. mini.) - 3 € (enf. gratuit).*

*Pour une description en image, voir l'ABC d'architecture p. 80.*

### Chapelle de l'Hospice

*03 22 25 69 94 - visite guidée (combinée et au dép. de la chapelle du Saint-Esprit) sur demande à l'office de tourisme - mêmes conditions de visite que la chapelle du Saint-Esprit - 3 €.*

Sa charpente en carène de navire (16e s.) repose sur des poutres sculptées de scènes de chasse. Au-dessus du maître-autel, une toile attribuée à Philippe de Champaigne représente saint Augustin.

### Église Saint-Wulfy

L'actuel édifice est contruit sur le site de l'ancienne église du même nom, érigée au 12e s. et détruite en 1798 par une violente tempête. Elle est rebâtie dans les années 1820 par Charles Sordi, un enfant du pays, dans un style néoclassique. À l'intérieur, on peut admirer un riche **mobilier**, dont quelques éléments de la première église.

## Aux alentours

### Château d'Arry

*4 km à l'est par la D 938.*

De la route, perspective sur cette demeure Louis XV élevée en 1761. L'avant-corps arrondi et l'appareillage de briques roses à chaînages de pierre blanche rappellent le château de Bagatelle.

### Chapelle du Hamelet

*8 km au sud par la D 940 puis la D 140 à gauche ; traverser Favières.*

Cette petite chapelle, adossée à un campanile médiéval, possède une voûte en forme de coque de bateau renversée. Son chœur fut ajouté au 16e s. La cloche date de 1541.

## Rue pratique

### Adresse utile

**Office du tourisme de Rue** – *54 r. de Becray - 80120 - ✆ 03 22 25 69 94 - www.ville-rue.fr - juil.-août : 9h30-12h30, 14h-18h, dim. et j. fériés 9h30-12h30 ; sept.-juin : tlj sf dim. 9h30-12h30, 14h-18h (lun. 14h-18h).* L'office de tourisme propose des visites guidées (1 ou 2 sites) pour 3 €, à partir de 6 pers (sur réservation). En juil.-août, les étudiants de la ville vous accompagne pour découvrir les chapelles et le musée des Frères Caudon (3 €).

### Se loger et se restaurer

**Le Lion d'Or** – *5 r. Barrière - ✆ 03 22 25 74 18 - www.le-lion-dor-hotel.com - fermé 15 déc.-1er janv. et dim. soir hors sais. - P - 16 ch. 56/59 € - 7 €.* Maison à pans de bois au centre de la petite capitale du Marquenterre. Les chambres sont pratiques et toutes identiques ; préférez celles sur l'arrière, plus calmes. Convivialité, confort et cuisine classique vous donnent rendez-vous au restaurant.

**Chambre d'hôte La Fermette du Marais** – *360 rte d'Abbeville - A 16, sortie 24 dir. Rue - ✆ 03 22 25 06 95 - www.fermette-du-marais.com - fermé 1re quinz. de déc. - 3 ch. 73 € - repas 19/30 €.* Non loin de la mer et de la forêt, maison récente légèrement excentrée par rapport à la ville. La proximité de la route est largement compensée par un parc agrémenté de petits plans d'eau, une piscine et des chambres bien tenues. Location de studios meublés. Restauration assurée par le fils de la maison.

**Auberge de la Dune** – *80550 Saint-Firmin - 3 km à l'O de Rue par D 4 - ✆ 03 22 25 01 88 - www.auberge-de-la-dune.com - fermé en déc. - P - 11 ch. 65/75 € - 10 € - formule déj. 17 € - 24/33 €.* Si vous aimez la campagne, cette petite auberge est pour vous. Les chambres sont calmes et fonctionnelles. À table, spécialités picardes.

**La Tour Blanche** – *10 r. de la Ville - 80120 Forest-Montiers - 6 km au sud-est de Rue par D 32, dir. Nouvion-en-Ponthieu - ✆ 03 22 23 69 13 ou 06 88 61 31 62 - www.latourblanche.net - - 4 ch. 100 € - repas 40 €.* Un peu en retrait de la route principale, ce manoir construit entre deux époques présente une apparence décrépite. Le parc autour semble presque retourné à l'état sauvage. Mais heureusement, l'intérieur a été complètement rénové, tout en conservant le charme d'origine. Chambres de bon standing et sanitaires modernes.

# Saint-Amand-les-Eaux

16 590 AMANDINOIS
CARTE GÉNÉRALE C2 – CARTE MICHELIN DEPARTEMENTS 302 I5 – NORD (59)

**Au cœur du Parc naturel régional Scarpe-Escaut, Saint-Amand est réputé pour ses sources thermales, mais aussi pour ses eaux minérales… et pour quelques spécialités régionales : tarte aux glands, galette de noisettes, bière d'abbaye. À l'est, dans la forêt de Raismes-Saint-Amand-Wallers, les bouleaux ont déjà colonisé deux terrils, dernière trace de l'industrie minière, où se reposent les oiseaux migrateurs.**

**Se repérer** – À 30 km au sud-est de Lille par la D 955. À 15 km au nord-ouest de Valenciennes par l'A 23, puis par la D 169. À 20 km au sud de Tournai, en Belgique, par la N 507, puis la D 169.

**À ne pas manquer** – La tour abbatiale-musée ; la fosse de Wallers-Arenberg dans le Parc naturel régional Scarpe-Escaut.

**Organiser son temps** – Une journée peut s'avérer nécessaire pour le parc.

**Avec les enfants** – La Maison de la forêt et le Centre d'éducation à l'environnement de l'étang d'Amaury, dans la forêt de Raisme-Saint-Amand-Wallers ; le site des Argales à Rieulay.

**Pour poursuivre la visite** – Voir aussi Valenciennes, le centre minier de Lewarde, Douai, Tournai *(voir « Escapade à l'étranger » dans la partie « Organiser son voyage »)*.

## Séjourner

### Établissement thermal

*4 km à l'est par la D 954, puis la D 151.* Les sources curatives de Fontaine-Bouillon étaient déjà connues des Romains. Lorsque Vauban réorganisa leur exploitation, au 17e s., de nombreuses statues en bois, ex-voto laissés par les curistes, furent découvertes. L'**établissement thermal** *(voir l'encadré pratique)*, reconstruit après 1945, possède un hôtel et un casino. Son parc de 8 ha se prolonge en forêt par la drève du Prince, tracée sur ordre de Louis-Napoléon Bonaparte, qui fit une cure ici en 1805.

## Visiter

### Abbaye

De 1625 à 1673, l'abbé Nicolas Du Bois fait reconstruire le mur d'enceinte de Saint-Amand. Sous son égide, l'abbaye devient un vaste domaine de 180 m de côté, dominé par des tours et cerné d'eau de toutes parts, sauf du côté de l'église abbatiale. Propriété nationale en 1789, l'abbaye fut démantelée de 1797 à 1820. Deux édifices baroques, impressionnants témoignages de la Contre-Réforme, ont été épargnés : la tour abbatiale et l'échevinage, entrée de l'abbaye.

**Tour abbatiale-musée★** – *03 27 22 24 55 - avr.-sept. : 14h-17h, w.-end et j. fériés 10h-12h30, 15h-18h ; oct.-mars : 14h-17h, w.-end 10h-12h30, 14h-17h - fermé mar., 1er janv., 1er Mai, 1er nov., 25 déc. - 2 €.*

Avec ses 82 m de haut, ce colossal monument baroque constituait le narthex de l'église dont la nef, disparue, occupait l'essentiel du jardin public. La **façade** se divise en cinq étages qui correspondent chacun à un ordre architectural classique : de bas en haut, on voit les ordres toscan, dorique, ionique, corinthien et composite. Cette ordonnance, rythmée par des colonnes et des larmiers, comporte de nombreuses sculptures. Les statues mutilées évoquent Dieu le Père, saint Amand, saint Benoît… Les curieux dragons repliés en volute qui ornent la façade ouest de la tour *(au niveau de la*

Office de Tourisme de La Porte du Hainaut

*La tour abbatiale de Saint-Amand.*

**Le saviez-vous ?**

- Saint Amand, fondateur au 7e s. d'un monastère bénédictin qui devint l'une des plus importantes abbayes du nord de la France, est ici associé aux sources thermales, réputées depuis l'époque gallo-romaine.
- Au 17e s., l'histoire de St-Amand est dominée par la forte personnalité de l'abbé Nicolas Du Bois : il donne à la ville un aspect qu'elle va conserver durant deux siècles.

*colonne ionique)* sont particulièrement ouvragés. Au-dessus de la balustrade, la tour est coiffée d'une coupole qui abrite un bourdon du 17e s. de 4 560 kg.

À l'intérieur, le rez-de-chaussée est voûté de pierres sculptées, autour d'un vide central prévu pour le passage des cloches. Masques, enroulements de rubans, niches et bénitiers évoquent le style maniériste anversois. Au 1er étage, sous une voûte nervurée, sont exposées plus de 300 faïences issues des manufactures locales du 18e s. : Desmoutiers-Dorez et Fauquez.

**Carillon** – Actionné électriquement chaque quart d'heure, cet ensemble de 48 cloches est animé tous les jours par les carillonneurs, entre 12h et 12h30. Concerts de juin à septembre le week-end 16h-17h.

**Échevinage** – Conçu par Nicolas Du Bois comme pavillon d'entrée de l'abbaye, il devint le siège du « magistrat », composé du maire et de ses échevins. Flanquée de tours à coupole et lanternon, la façade à soubassement de grès est typique du style baroque flamand par ses encadrements de pierres en bossages vermiculés, ses colonnes baguées, ses cartouches sculptés. Une bretèche surmonte l'entrée. Dans le campanile, la « cloche du ban » est d'origine.

# Découvrir

## LE PARC NATUREL RÉGIONAL SCARPE-ESCAUT

Ce fut le premier parc naturel régional à voir le jour en France, en 1968. Véritable poumon vert pour le bassin minier tout proche, il regroupait au départ 56 communes autour de Saint-Amand-les-Eaux, soit une superficie de 43 240 ha. Depuis quelques années, il s'est associé à son pendant belge, le Parc naturel des Plaines de l'Escaut, pour former le Parc transfrontalier du Hainaut.

Côté français, on peut différencier trois zones. Au nord, la campagne habitée privilégie les activités agricoles et un espace rural aménagé (pépinières, chemins pavés, grosses fermes isolées). Au centre, c'est le cœur vert du parc, avec de grands massifs forestiers (forêts de Raismes-Saint-Amand-Wallers ou de Marchiennes), des zones humides et des corridors écologiques. Enfin, plus au sud, on rejoint les confins du bassin minier et les premières fortes concentrations urbaines, Denain et Valenciennes en tête.

### Condé-sur-l'Escaut

*13 km à l'est par la D 954.* Cette ancienne place forte se trouve, comme son nom l'indique, à un confluent, celui de l'Escaut et de la Haine. Une partie des remparts remaniés par Vauban subsiste. Né à Condé, le maréchal de France Emmanuel de Croÿ, familier de Louis XV, s'intéressa à l'exploitation de la houille et fut à l'origine des mines d'Anzin.

**Hôtel de Bailleul** – *Pl. Verte.* Austère mais beau, cet édifice (15e s.) en grès, cantonné de quatre tours en encorbellement, vit naître le maréchal de Croÿ.

**Hôtel de ville** – *Pl. Delcourt.* Édifice du 18e s.

### Château de l'Hermitage

*16 km au nord-est par la D 954, puis la D 75 à gauche, à Vieux-Condé. ☏ 03 27 28 89 10 - avr.-oct. : visite guidée (1h30) dim. 17h30 - sur demande préalable à l'office de tourisme - 5 €.*

Cerné par la forêt de Bonsecours, ce château aux 200 fenêtres a été bâti sous Louis XV par le maréchal de Croÿ. L'édifice, restauré, se complète de deux pavillons et d'un quadrilatère marquant la « cour du Grand Manège ».

Deux kilomètres plus loin, juste après la frontière belge, la **basilique Notre-Dame-de-Bon-Secours** (1885) est le siège d'un célèbre pèlerinage.

## Forêt de Raismes-Saint-Amand-Wallers★

Ce massif (6 000 ha) ne représente qu'un lambeau des vastes futaies qui couvraient le Hainaut au Moyen Âge. Le sol plat de sable et d'argile et les effondrements miniers sont à l'origine des marécages et des étangs. Traitée en futaie, la forêt est peuplée d'essences variées. De nombreux aménagements y sont proposés : sentiers, allées cavalières, aires de pique-nique…

**Étang d'Amaury** – Au nord de la forêt, cet étang (60 ha) est situé à l'emplacement d'un ancien site minier, sur lequel la nature a repris ses droits.

Quelques structures permettent de s'y divertir (base nautique, minigolf, location de VTT). Le **Centre d'éducation à l'environnement** sensibilise à la fragilité des milieux naturels. On y étudie la faune et la flore, aussi bien aquatique que de sous-bois. *03 27 25 28 85 - lun.-vend. 9h-12h-14h-18h ; dim. 15h-18h30 d'avr. à août - fermé vac. de Noël.*

**Maison de la forêt** – *À l'étoile de la Princesse. 03 27 36 72 72 - - avr.-oct. : merc. 14h-18h, dim. et j. fériés 15h-18h30 ; vac. scol. : tlj sf sam. 14h-18h, dim. et j. fériés 15h-18h30 - fermé nov.-mars - 2 € (enf. 1 €).*

Au sud, en lisière de la forêt, ce centre d'initiation évoque l'histoire forestière, la faune et la flore, les terrils et les étangs créés par l'exploitation minière.

La Maison de la forêt dispose d'un atelier pédagogique. Les animateurs du parc proposent des programmes, adaptés à tous les âges, de découverte du milieu.

**Site Sabatier** – *À l'étoile de la Princesse.* Cet ancien terril (103 m) est colonisé par la végétation, principalement des bouleaux, dont les graines ont été apportées par le vent, et par des séneçons d'Afrique du Sud ! Il a conservé son chevalement, mais un étang d'affaissement (5 ha) a pris la place du carreau de fosse. Une table d'orientation permet de se repérer et trois itinéraires, balisés par des panneaux explicatifs, grimpent au sommet : **vue** sur la forêt de Raismes et le Valenciennois.

**Fosse de Wallers-Arenberg** – Ce site minier n'est plus exploité depuis 1989. Claude Berri y a tourné certaines scènes de *Germinal*. À 500 m, l'ancien terril (20 m de haut, 2 km de long) est bordé par la mare à Goriaux.

**Mare à Goriaux** – Cet étang de 112 ha, issu d'un affaissement minier, constitue une **réserve ornithologique** où viennent nicher nombre d'oiseaux migrateurs : **grèbe huppé, foulque noire, balbuzard pêcheur**... Sentier d'observation *(2h)*.

Ne manquez pas la drève des Boules-d'Hérin, nom de la trouée entre Wallers et Arenberg (2,5 km), et ses fameux pavés, lieu de passage mythique de la course cycliste Paris-Roubaix *(voir Roubaix)*.

### Marchiennes

Entouré de forêts et de cours d'eau, Marchiennes doit son origine à un monastère fondé au 7e s. par sainte Rictrude. Celui-ci devint par la suite une riche abbaye bénédictine. Il en reste l'entrée monumentale (18e s.), qui forme un pavillon curviligne occupé par la mairie. Au rez-de-chaussée, un **musée** présente la riche histoire de l'abbaye (vestiges archéologiques, blasons, armes, plan en relief...) et des objets de la vie quotidienne. À voir aussi, les anciens cachots - *visite sur demande à l'office de tourisme ou au 03 27 94 01 63 - 2 €.*

### Forêt de Marchiennes

Forêt domaniale (800 ha) formée de futaies de chênes, bouleaux, aulnes, sorbiers, peupliers et résineux. Quatre routes de promenade se croisent près de la Croix-au-Pile.

### Rieulay

À Rieulay, le terril témoigne du passé minier de la ville. La **Maison du terril** présente un aperçu de la reconversion minière. *03 27 86 03 64 - www.rieulay.com - - 14h-17h, w.-end 15h-18h - fermé 1er janv., 1er Mai, 24-25 et 31 déc. - 1,50 € (6-14 ans 0,75 €).*
Balade sur les flancs du terril et, à deux pas, **site des Argales** (plan d'eau, loisirs).

## Saint-Amand-les-Eaux pratique

### Adresses utiles

**Office du tourisme de la Porte du Hainaut** – *Grand'Place - 59230 Saint-Amand-Les-Eaux - 03 27 48 39 65 - www.tourisme-porteduhainaut.fr - 10h-12h, 14h-18h, dim. 10h-12h30 ; fermé 1er janv., 1er Nov. et 25 déc.*

**Parc naturel régional Scarpe-Escaut** – *357 r. Notre-Dame-d'Amour - 59230 Saint-Amand-les-Eaux - 03 27 19 19 70 - www.pnr-scarpe-escaut.fr* - On y trouve toutes les informations pour partir à la découverte du patrimoine naturel, culturel et paysager du territoire (fiches de randonnée, carnet minier « frontière » et calendrier de sorties « natures »). Plus de 500 sorties « nature » sont organisées chaque année par les animateurs du parc. Le guide *Nature en poche*, téléchargeable sur le site Internet, les recense.

**Syndicat d'initiative de Marchiennes** – *Pl. Léon-Gambetta - 59870 - 03 27 90 58 54 - www.ot-marchiennes.fr - 9h-12h, 14h30-17h30, sam. 10h-12h, 14h-17h - fermé dim. et j. fériés.*

**Syndicat d'initiative de Rieulay** – *Maison du terril - 42 bis r. Suzanne-Laloy - 59870 - 03 27 86 03 64 - www.rieulay.com - lun.-vend. 14h-17h, sam.-dim. 15h-18h - fermé janv., j. fériés.*

**Office du tourisme du Valenciennois** – *26 pl. Pierre-Delcourt - 59163 Condé-sur-l'Escaut - 03 27 28 89 10 - lun. 14h-18h, mar.-sam. 9h30-12h, 14h-18h (juin-sept. : dim. 15h-19h) - fermé 1er janv., 1er Mai, 1er et 11 Nov., 25 déc.*

### Se loger et se restaurer

**Le Kursaal** – *1278 rte Fontaine-Bouillon - 03 27 48 89 68 - fermé 2 sem. en déc. - P - 5 ch. 40 € - 5 € - restaurant 19/35 €.* Cette demeure en brique rouge flanquée d'une magnifique véranda est située juste en face de l'établissement thermal. Chambres au confort simple impeccablement tenues. Cuisine traditionnelle servie, l'été, dans le jardin.

**Au Château des Thermes** – *58 r. du 2-Septembre-1944 - 03 27 27 60 60 - www.auchateaudesthermes.com - P - 10 ch. 110 € - 7 €.* Belle demeure bourgeoise au cœur d'un parc botanique riche d'une trentaine d'arbres et d'essences naturelles. Les 10 chambres sont décorées selon un thème familial, accessibles par l'escalier d'origine. Petits-déjeuners dans l'ancienne salle à manger ornée de boiseries et de vitraux d'époque.

**Hôtel du Pasino** – *Rocade nord - 03 27 48 20 20 - www.pasino-saintamand.com - P - 60 ch. 105/120 € - 11 €.* Relié au casino par une passerelle, cet établissement flambant neuf abrite 60 chambres réparties sur 7 étages dans une structure moderne et design. Couleurs pastel et confort dernier cri. Une fourchette de prix assez élevée, mais justifiée au vu des prestations fournies. Vue imprenable sur la tour abbatiale.

### En soirée

**Casino** – *Rocade nord - 03 27 48 19 00 - www.pasino-saintamand.com.* Aux portes de la cité thermale et à proximité immédiate du centre-ville, le casino fait partie d'un important complexe de loisirs. Outre les 275 machines à sous et les tables de jeux traditionnels, on trouve un programme complet de spectacles et d'animations. Restaurants à thèmes, galeries et boutiques.

### Sports & Loisirs

**Thermes de Saint-Amand-les-Eaux** – *1303 rte Fontaine-Bouillon - ✆ 03 27 48 25 00 - mars-nov. : tlj sf dim. à partir de 7h - fermé déc.-fév - à partir de 45 €.* L'établissement situé en lisière de forêt propose des formules de remise en forme à la journée ou en forfaits de 5 et 6 jours : Bien-être, Souffle, Belle allure, pour une remise en santé profonde et durable.

### Événements

**Festival de l'eau** – Chaque année, fin juin-déb. juil., Saint-Amand-les-Eaux met à l'honneur l'élément naturel qui a fait sa renommée.

**Cucurbitades** – Marchiennes, le 1er dimanche d'octobre, fêtes la courge et la sorcellerie. Artisanat, spectacles de rue, reconstitution d'un bûcher de sorcière, exposition botanique.

# Forêt de Saint-Gobain★

CARTE GÉNÉRALE C3/4 – CARTE MICHELIN DEPARTEMENTS 306 C5 – AISNE (02)

**Arbres majestueux, battements d'ailes dans les frondaisons, senteurs mêlées de fleurs sauvages et d'humus, étangs calmes, anciennes abbayes masquées par les frondaisons… il ne manque que l'ogre pour jouer au Petit Poucet. N'oubliez pas vos bottes de sept lieues !**

**Se repérer** – Cette forêt (6 000 ha) couvre un plateau entaillé de carrières et parsemé d'étangs. Le boisement est composé de chênes, de hêtres, de frênes sur les argiles, de bouleaux sur les sables et, dans les vallées, de peupliers. De Laon, accès par la D 7 ; de Saint-Quentin, N 44 puis D 13 ; de Soissons, D 1 puis D 13.

**À ne pas manquer** – L'abbaye de Prémontré (extérieur) ; le musée Jeanne-d'Aboville à La Fère.

**Pour poursuivre la visite** – Voir aussi Coucy-le-Château-Auffrique, Laon, le Chemin des Dames.

### Le saviez-vous ?

Saint-Gobain est né d'un pèlerinage au tombeau de l'ermite irlandais Gobain, décapité aux roches de l'Ermitage (670).

Le massif abrite toujours de nombreux cerfs, mais les loups et les sangliers ont disparu. La chasse à courre s'y pratique depuis Louis XV.

Le père Louis Augustin Bosc d'Antic (1759-1828), né à Saint-Gobain, fut l'un des premiers à s'intéresser à la zoologie du Nouveau Monde.

## Circuit de découverte

### ROUTE DES ABBAYES

*23 km – environ 2h.*

### Saint-Gobain

Ce bourg apparaît comme une clairière sur le rebord du banc de calcaire (alt. : 200 m). La légende raconte que l'ermite irlandais Gobain, en quête de terres à évangéliser, s'endormit dans la forêt de Voas. À son réveil, constatant qu'une source avait jailli, il y vit un signe et s'installa à cet endroit, où il resta vingt ans, jusqu'à sa décapitation par les Vandales.

Saint-Gobain doit surtout son renom à la **Manufacture royale des glaces** fondée par Louis XIV à la demande de Colbert. Établie en 1665 au faubourg Saint-Antoine à Paris, elle fut transférée en 1692 dans les ruines du château édifié au 13e s. par les sires de Coucy. Un nouveau procédé de coulage permit alors la fabrication de glaces de grandes dimensions. Cette manufacture est à l'origine de la Compagnie de Saint-Gobain, désormais intégrée au groupe Saint-Gobain-Pont-à-Mousson. C'est aujourd'hui l'un des premiers producteurs au monde de vitrages, flacons, tuyaux en fonte, matériaux isolants et de construction. Les vitrages de la pyramide du Louvre proviennent du groupe Saint-Gobain, mais il ne subsiste plus d'activité verrière au village lui-même.

On peut encore voir l'entrée et son portail monumental (18e s.), ainsi que quelques vestiges de maisons ouvrières *(rue de la Manufacture, vers la sortie de Saint-Gobain en direction de Chauny/La Fère).*

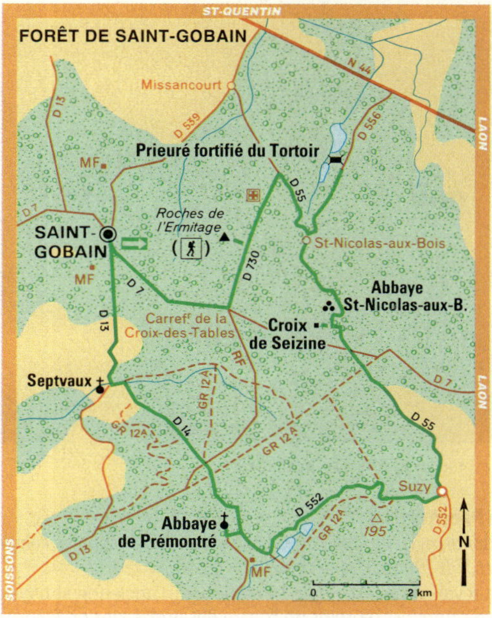


*Prendre la route de Laon (D 7) jusqu'au carrefour de la Croix-des-Tables et tourner à gauche sur la D 730.*

Les **roches de l'Ermitage** *(1/4h à pied AR)* constituent le point de départ de sentiers balisés par l'Office national des forêts.

*La D 730 rejoint la D 55 après le centre de rééducation. Prendre la D 55 à droite, puis la D 556 à gauche.*

## Le Tortoir

*Ne se visite pas.* Ce **prieuré fortifié** (14e s.), dépendance de l'abbaye de Saint-Nicolas-aux-Bois, se détache dans une clairière. Transformé en ferme, il comprend, autour de la cour, un bâtiment des hôtes et le logis du prieur aux jolies baies à meneaux. La chapelle date du début du 14e s.

*Revenir sur ses pas et rester sur la D 55 après Saint-Nicolas-aux-Bois.*

## Abbaye de Saint-Nicolas-aux-Bois

*Ne se visite pas.* Les vestiges de cette abbaye bénédictine, incorporés dans une propriété privée, occupent un site agréable au creux d'un vallon. La route longe les douves en eau et deux étangs enchâssés de frondaisons, au travers desquelles on peut distinguer – en hiver, surtout – le logis abbatial du 15e s.

## Croix de Seizine

*À 400 m de la D 55 sur la droite.* Ce monument expiatoire fut érigé par Enguerrand IV, sire de Coucy, condamné par Saint Louis en 1256 pour avoir exécuté quatre élèves de l'abbaye de Saint-Nicolas-aux-Bois, surpris à chasser sur ses terres.

*À Suzy, charmant village, prendre à droite la D 552.*

### L'ordre des Prémontrés

Né à la fin du 11e s. dans le duché de Clèves, le futur **saint Norbert** mène une vie mondaine lorsque, un jour d'orage, il tombe de cheval. Une voix lui reproche alors ses dissipations. Touché par la grâce, il vend tous ses biens et se retire en 1119 à Prémontré, où il fonde un monastère. Issu du latin *pratum monasterum*, qui signifie « pré découvert » ou « pré essarté », Prémontré a donné son nom à l'ordre, reconnu dès 1126 par le pape Honorius III. L'ordre, qui applique la règle de saint Augustin, prospère et se développe surtout en Europe centrale et aux Pays-Bas. Norbert meurt en 1134 à Magdebourg. Les prémontrés, ou norbertins, ont le titre de chanoines de Saint-Augustin et sont voués à l'apostolat ou à la liturgie ; les pères portent la barrette et l'habit blancs.

G. Surjous / MICHELIN

*Le magnifique escalier de l'abbaye de Prémontré.*

### Abbaye de Prémontré

*Abritant un hôpital psychiatrique, l'abbaye ne se visite que très partiellement. ✆ 03 23 23 66 12 - avr.-oct. : 9h-19h ; nov.-mars : 9h-17h - gratuit.*

Nichée dans un vallon de la forêt de Saint-Gobain, l'ancienne abbaye de Prémontré est l'un des trois derniers témoins de l'ordre des norbertins en France. Reconstruite au 18e s., convertie en verrerie en 1802, puis en hôpital psychiatrique, l'abbaye groupe trois **bâtiments★** remarquables par leur ordonnance et leur élévation, rythmés par des pilastres d'ordre ionique colossal. Le corps central présente un avant-corps circulaire, au fronton triangulaire incurvé. Une petite chapelle y a été aménagée au rez-de-chaussée. Remarquez les agrafes des baies, finement ciselées. Les bâtiments latéraux ont des avant-corps surmontés d'une coquille flanquée de vases monumentaux. Celui de gauche contient un **escalier** savant, sans autre appui que les murs de la cage ovale. La magnifique hélice de cet escalier est soulignée d'une rampe en fer forgé savamment ouvragée.

L'abbatiale n'a jamais été édifiée ; un bâtiment annexe abritait la chapelle des chanoines. Il ne subsiste aucun vestige des bâtiments du 12e s., à l'exception d'un mur qui longe l'actuel stade.

### Septvaux

L'église romane à deux clochers se trouve sur une hauteur dominant un beau lavoir du 12e s. *(sur la route de Coucy).*

*La D 13 ramène à Saint-Gobain.*

## Aux alentours

### Musée Jeanne-d'Aboville★ à La Fère

*9 km au nord de Saint-Gobain par la D 7 puis la D 13. ✆ 03 23 56 71 91 - avr.-oct. : tlj sf mar. 14h-18h (dernière entrée 30mn av. fermeture) ; nov.-mars : merc., w.-end et j. fériés 14h-17h - fermé 1er janv., 1er Mai, 14 Juil, 1er Nov, 25 déc. - 1,50 € (enf. 1 €).*

Sont présentés ici les maîtres de l'école du Nord, dont les maniéristes du 16e s., Jean Massys, Simon et Martin De Vos ; les Hollandais du 17e s. comme Emmanuel De Witte, spécialiste des intérieurs d'églises, Heem (natures mortes), Peeters (marines). De l'école française, pour le 17e s., voyez le *Combat de cavalerie et des Amazones* de Deruet et le *Panier de prunes* de Pierre Dupuis ; pour le 18e s., *Déjeuner de campagne* d'Étienne Jeaurat, le *Portrait de Madame Adélaïde* d'Élisabeth Vigée-Lebrun, les paysages de Lallemand et de Joseph Vernet. Une section d'archéologie expose le résultat de fouillles locales, notamment des vestiges gallo-romains à Versigny.

### Musée de la Résistance et de la Déportation de Picardie

*À Fargniers/Tergnier - 25 km au sud, par D 1. 1 pl. Carnégie - ✆ 03 23 57 93 77 - www.resistanceetdeportation.fr.st - mar.-sam. 10h-12h, 14h-18h, dim. et j. fériés 14h30-18h30 ; fermé lun., 1er Mai, 1er Nov. et 25 déc.-1er janv. - 4 € (7-16 ans 2 €).*

Installé dans un bâtiment Art déco de 1925, le musée se divise en deux espaces. Le premier est consacré à la Résistance : description des méthodes de sabotage et de la répression nazie, documents officiels et objets personnels – dont la mallette de Goering –, maquettes et objets symboliques (la fameuse Citroën Traction de la Gestapo, armes et parachutes, radio-émetteur...). En sous-sol, une salle est dédiée à la Déportation, avec la reconstitution d'une cellule de prisonniers, des plans de camps de concentration et de poignantes archives audio.

### Chauny

*30 km au sud, par D 1 puis D 938.*

C'est la ville sœur de Tergnier, quelques kilomètres plus au sud. Comme Saint-Quentin, Chauny a subi de fortes destructions durant la Première Guerre mondiale et fut reconstruite en grande partie dans le style Art déco. À voir, la belle **halle au marché**, des années 1920.

## Forêt de Saint-Gobain pratique

### Adresses utiles

**Syndicat d'initiative de Chauny** – *Pl. du Marché-Couvert - 02300 - ✆ 03 23 52 10 79 - tlj sf lun.et dim. 14h-18h.*

**Point info tourisme de La Fère** – *Mairie - 37 pl. de la République - 02800 La Fère - ✆ 03 23 56 62 00 - tlj sf w.-end 8h-12h, 13h30-17h30 (vend. 16h30).*

### Se restaurer

**Le Lautrec** – *Au bourg - 02410 Saint-Gobain - ✆ 03 23 56 83 64 - fermé lun. soir et merc. midi - 15/30 €.* Cette petite bâtisse en briques rouges, en bordure de la route principale, abrite le seul restaurant de la localité. Si le patron tient à limiter le choix de sa carte, c'est avant tout pour garantir une certaine qualité. On compose son menu avec les différentes propositions.

# Saint-Omer★★

15 004 AUDOMAROIS

CARTE GÉNÉRALE B1 – CARTE MICHELIN DEPARTEMENTS 301 G3 – PAS-DE-CALAIS (62)

**Avec ses rues paisibles bordées d'hôtels particuliers à pilastres, sa cathédrale qui conserve l'un des plus riches mobiliers de France, Saint-Omer garde son allure aristocratique. Dans le faubourg nord, les maisons basses à la flamande, mais à briques jaunes, s'alignent le long des quais de l'Aa et lui donnent un air populaire. Des barques à fond plat sillonnent toujours le marais audomarois.**

**Se repérer** – Le cours de l'Aa et le canal de Neufossé se croisent à Saint-Omer, desservi par une voie rapide. Accès par l'A 26, puis la N 42 ou la D 77. Par l'A 25, prendre la D 948 vers Cassel, ou la N 42 vers Hazebrouck. Le plan de Saint-Omer se dessine comme un fuseau de voies qui relient les deux établissements religieux.

**À ne pas manquer** – L'intérieur de la cathédrale ; le musée de l'hôtel Sandelin ; le marais audomarois.

**Organiser son temps** – La cathédrale demande une visite approfondie. Le musée de l'hôtel Sandelin est fermé le lundi et le mardi. On peut facilement passer deux jours dans la région pour découvrir la ville et l'Audomarois.

**Avec les enfants** – Bal Parc à Tournehem ; l'ascenseur à bateaux des Fontinettes.

**Pour poursuivre la visite** – Voir aussi la coupole d'Helfaut-Wizernes, le blockhaus d'Éperlecques, Cassel, Hazebrouck, Aire-sur-la-Lys.

### Le saviez-vous ?

Le futur **saint Omer**, aidé de Bertin et Momelin, fonde le monastère de Saint-Bertin sur une île du marais de l'Aa. Devenu évêque, il fait bâtir en 662, sur la colline dominant l'île, une chapelle autour de laquelle se forme un bourg.

Auteur en 1921 de *Ces dames au chapeau vert*, **Germaine Acremant** (1889-1986) est née à Saint-Omer.

Au 12e s., les audomarois se livrèrent à de gigantesques travaux de canalisation des eaux de l'Aa afin de se frayer un accès vers la mer du Nord. Devenue un port, la cité se développa alors grâce au commerce maritime. Les petits canaux creusés dans la ville pour faciliter le transport des marchandises furent aussi bien utiles aux artisans.

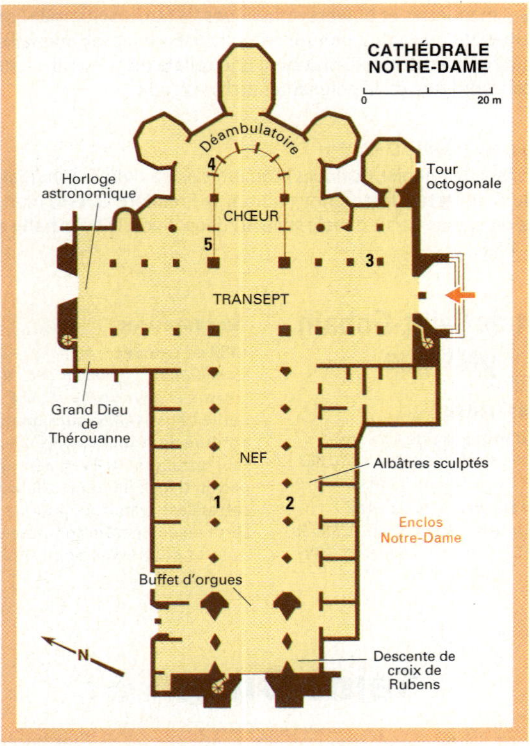


# Découvrir

## QUARTIER DE LA CATHÉDRALE★★

### Cathédrale Notre-Dame★★ plan II 1

Jadis « cloître Notre-Dame » des chanoines, cette cathédrale, le plus bel édifice religieux de la région, étonne par la majesté et l'ampleur de ses formes. Son **chœur** date de 1200, son transept du 13e s., sa nef des 14e et 15e s. Sa tour de façade (50 m de haut) est couverte d'un réseau d'arcatures verticales à l'anglaise et surmontée de tourelles de guet du 15e s. Le trumeau du portail sud porte une Vierge du 14e s., et le tympan un Jugement dernier où les élus sont peu nombreux. Dans l'angle du chœur, tour octogonale romane.

L'intérieur est vaste (100 m de long, 30 de large, 23 de haut). Son plan, très développé, comprend une nef à trois étages (arcades, triforium aveugle élancé, fenêtres hautes) flanquée de bas-côtés, un **transept** à collatéraux, un chœur à déambulatoire et chapelles rayonnantes : de riches clôtures à jours, en marbre polychrome, témoignent de l'opulence des chanoines auxquels elles étaient dévolues.

*Pour une description en image, voir l'ABC d'architecture p. 75.*

Le **labyrinthe** *(au centre du chœur)* est la copie de celui de l'abbatiale Saint-Bertin (13e s.). Ce pèlerinage en raccourci, dont on suivait le tracé en blanc, était appelé « la lieue de Jérusalem ».

**Principales œuvres d'art★★** – Voyez le cénotaphe (13e s.) de saint Omer **(1)** et le mausolée **(2)** d'Eustache de Croÿ, prévôt du chapitre de Saint-Omer et évêque d'Arras : c'est une œuvre saisissante de Jacques Dubroeucq (16e s.) qui a représenté le défunt agenouillé, en costume épiscopal, et gisant, nu, à la manière antique. Admirez les dalles funéraires gravées du 15e s. et la *Descente de Croix* de Rubens *(1re travée du bas-côté droit)*. Les monuments funéraires sont du 15e s., et les albâtres sculptés des 16e et 17e s. À voir encore : la *Madone au chat (bas-côté droit)* ; la statue (13e s.) de Notre-Dame des Miracles **(3)** qui fait l'objet d'un pèlerinage tous les ans en septembre ; la Nativité du 13e s. **(4)** et le tombeau (8e s.) de saint Erkembode **(5)**, abbé de Saint-Bertin – les mamans des bambins qui ont des difficultés à marcher y déposent des petites chaussures. L'horloge astronomique (1558) est surmontée d'un jacquemart qui sonne les heures *(bras gauche du transept)*. Au-dessus, rosace flamboyante.

Le *Grand Dieu de Thérouanne* (13e s.), groupe sculpté, était placé à 20 m de haut au-dessus du portail de la cathédrale de Thérouanne, fut détruite par Charles Quint. Les silhouettes paraissent déformées : elles ont été raccourcies par l'artiste pour les adapter à l'effet de perspective *(bras gauche du transept)*.

*Prendre la rue des Tribunaux au chevet de la cathédrale.*

Cette rue passe devant le **palais épiscopal** du 17e s., aujourd'hui palais de justice. On arrive place V.-Hugo, au centre de Saint-Omer, où se dresse une fontaine érigée pour la naissance du comte d'Artois, futur Charles X.

## Musée de l'hôtel Sandelin★ plan II 1

*☎ 03 21 38 00 94 - www.musees-ville-saint-omer.com - ♿ - 10h-12h, 14h-18h - possibilité de visite guidée dim. 15h15 - visite-concert un jeu. par mois 18h15-20h - fermé lun., mar. et j. fériés - 4,50 € (15-25 ans 3 €), visite guidée 6,50 € (15-25 ans 5 €).*

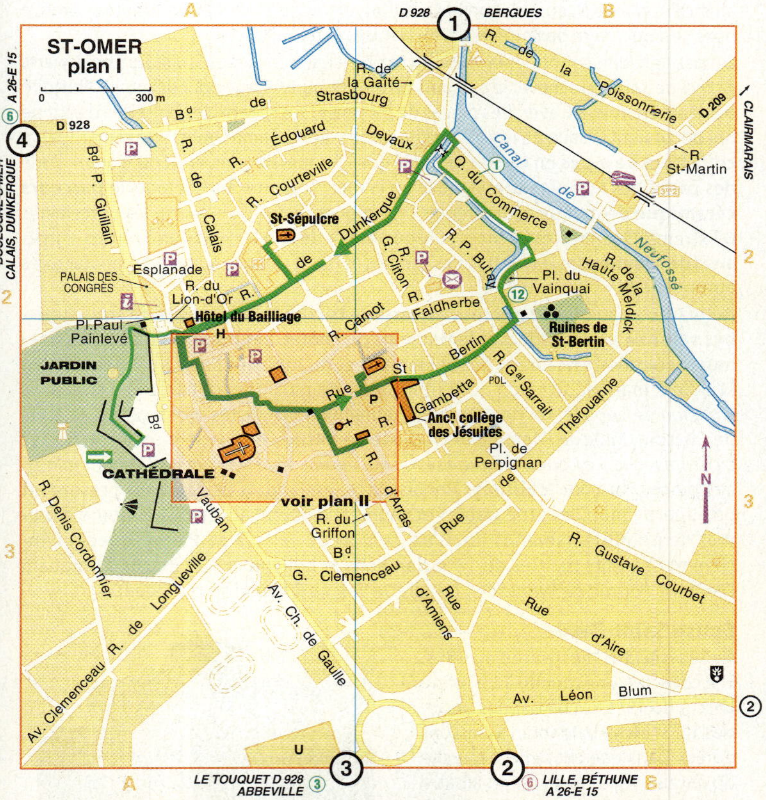


SE LOGER

- Chambre d'hôte Caps et Marais d'Opale........ ①
- Chambre d'hôte La Rêverie..... ③
- Château Tilques.................... ⑥
- Hôtel Ibis.............................. ⑩
- Hôtel Le Bretagne................... ⑫
- Hôtel Le Vivier....................... ⑭
- Hôtel Les Frangins.................. ⑯
- Hôtel St-Louis........................ ⑳

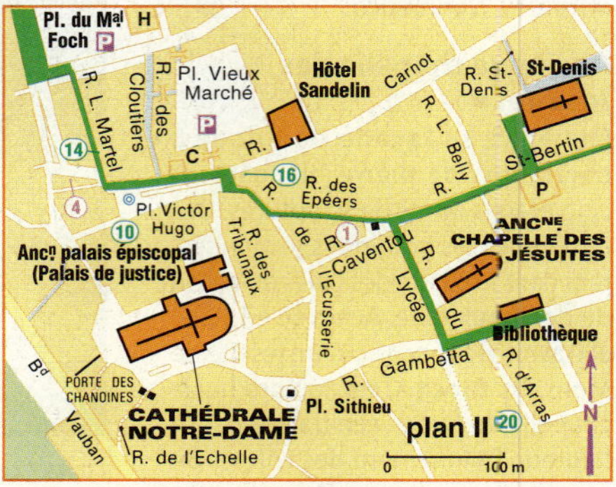


SE RESTAURER

- Le Cygne................................ ①
- Le St-Charles......................... ④
- Le St-Sébastien...................... ⑥

Édifié en 1777 pour Marie-Josèphe Sandelin, comtesse de Fruges, l'hôtel se trouve entre cour et jardin. On franchit le portail fermé par une grille Louis XV. Installé dans l'hôtel depuis 1904 et entièrement rénové en 2004, le musée propose trois parcours (histoire, beaux-arts et céramique) ponctués de panneaux très didactiques.

Le **parcours historique** débute dans les caves, par la présentation d'une collection d'épées et d'armes à feu du 12e au 17e s. L'histoire de Saint-Omer est ensuite retracée à travers ses vieilles pierres médiévales : amusants culs-de-lampe et corbeaux de l'ancien hôtel-de-ville, pierres tombales de la collégiale, chapiteaux et fragments de mosaïques de l'ancienne abbaye de Saint-Bertin, qu'une maquette du 19e s. permet de s'imaginer. Le parcours se poursuit au rez-de-chaussée avec l'art religieux. Parmi les éléments de décoration du chœur de l'abbaye de Saint-Bertin, remarquez un **pied de croix★** (12e s.), pièce majeure du musée, orné des effigies des évangélistes et d'émaux figurant des scènes de l'Ancien Testament. Dans le couloir de la Chapelle, ainsi dénommée à cause de son bel autel anversois du 17e s. (ébène, écaille et bronze doré), on découvre de l'orfèvrerie, des ivoires et des albâtres.

On peut ensuite continuer la visite du rez-de-chaussée avec le parcours beaux-arts *(voir ci-dessous)* ou achever le parcours historique au 1er étage pour découvrir l'histoire de l'Audomarois, à travers ses pièces de monnaie, ses sceaux, les boiseries de chêne qui décoraient la salle de justice de l'hôtel de ville de Saint-Omer. Une remarquable **collection de pipes en terre★** rappelle que l'Audomarois vit, en 1660, s'ouvrir l'une des premières manufactures à tabac en France. Toujours au 1er étage, le **parcours céramique** permet de comparer les céramiques du Proche-Orient, les porcelaines d'Extrême-Orient et les faïences européennes – de loin les plus nombreuses –, mais aussi de comprendre l'évolution des thèmes et des techniques dans les manufactures européennes.

Au rez-de-chaussée, le **parcours beaux-arts** comprend la visite de trois superbes **salons★** en enfilade, contemporains de l'hôtel. Les boiseries d'époque, finement sculptées, encadrent des cheminées et du mobilier Louis XV. En traversant la salle à manger, le salon doré et le salon de musique, remarquez *Le Lever de Fanchon* de Lépicié, un des premiers tableaux naturalistes, qui rappelle le style de Chardin, *Mme de Pompadour en Diane* de Nattier, et quatre œuvres de Boilly : *La Visite reçue, Le Concert improvisé, Ce qui allume l'amour l'éteint, L'Amant jaloux.* Les pièces sur cour (**cabinets** Renaissance, hollandais et flamand) présentent un superbe mobilier orné (tables et cabinets d'ébène anversois), entouré d'œuvres de primitifs flamands (*Excision de la pierre de folie* de Pieter Bruegel l'Ancien) et de petits maîtres du 17e s. flamands et hollandais (*Le Fumeur* d'Abraham Diepram, *Portrait de femme* de Cornelis De Vos, *La Ribaude* de Jan Steen).

## Église Saint-Denis plan II 1

*Ne se visite pas.* Restaurée au 18e s. Elle conserve une tour du 13e s. et un chœur du 15e s. caché par des boiseries 18e s. (riche baldaquin à caissons dorés). Dans une chapelle, à gauche du chœur, voyez le christ en albâtre attribué à Dubroeucq.

S. Sauvignier / MICHELIN

*L'ancienne chapelle des Jésuites.*

## Ancienne chapelle des Jésuites★ plan II 1

Elle élève sa **façade** de brique à parements de pierre blanche sur cinq étages ornés de sculptures. Des réminiscences gothiques se manifestent dans le dessin des baies et le plan du déambulatoire. Achevée en 1629, elle avait été conçue par un jésuite de Mons, **Du Blocq**. C'est aujourd'hui la chapelle du lycée : elle frappe par sa hauteur, l'alignement des volutes de part et d'autre de la nef, les étroites tours carrées qui encadrent le chœur suivant la tradition tournaisienne. La chapelle accueille aujourd'hui le service d'animation du patrimoine de la ville, qui organise des expositions temporaires.

### Bibliothèque plan II 1

*✆ 03 21 38 35 08 - www.bibliotheque-st-omer.fr - ♿ - juil.-août : 9h-12h, 13h-17h ; reste de l'année : 9h-12h, 13h-18h - fermé dim., lun., jeu. apr.-m. - abonnements 7,50/15 € (enf. 1,50 € ; + 14 ans 5 €).*

Dans des boiseries de l'abbaye Saint-Bertin se nichent 350 000 volumes, au nombre desquels plus de 1 600 manuscrits et près de 200 incunables, dont la Bible de Gutenberg.

## Se promener

### Jardin public★ plan I A3

Le parc (20 ha) est aménagé sur une section des remparts (17e s.). Le fossé forme un parterre à la française ; le glacis porte un jardin à l'anglaise. Vue sur le bastion, les toits et la tour de la cathédrale. Côté sud, dans le fossé, piscine.

### Place du Maréchal-Foch plan II 1

L'hôtel de ville a été construit de 1834 à 1841 avec des matériaux provenant de l'abbatiale Saint-Bertin. Un théâtre est implanté au cœur de l'édifice. Au 42 bis, **l'hôtel du Bailliage**, ancien tribunal royal opposé à l'ordre des échevins, est un élégant édifice Louis XVI orné de pilastres, de chapiteaux doriques, de ferronneries et de guirlandes florales. Quatre statues sur la balustrade représentent les vertus cardinales.

*Prendre la rue L.-Martel, traverser la place V.-Hugo et s'engager dans la rue des Epeers et la rue Saint-Bertin.*

### Ancien collège des Jésuites plan I B3

Édifié en 1593, il fut converti en hôpital militaire et remanié en 1726. La façade présente une belle ornementation de pilastres à chapiteaux composites et de guirlandes.

### Ruines de Saint-Bertin et faubourg nord plan I B2

Sur la place où s'élève une statue en marbre de l'abbé Suger, bienfaiteur de Saint-Bertin, quelques arcades et la partie basse de la tour (1460) constituent les vestiges de l'abbaye. De la rue Saint-Bertin, vue sur les ruines.

Par la place du Vainquai, on peut musarder dans le faubourg nord, le long des quais des Salines et du Commerce, où les maisons basses se reflètent dans les eaux calmes de l'Aa canalisé.

*Au bout du quai des Salines, prendre à gauche la rue de Dunkerque, puis la rue du Saint-Sépulcre à droite.*

### Église du Saint-Sépulcre plan I A2

La plus importante paroisse de la ville siégeait dans cette église-halle (trois vaisseaux de même largeur et de même hauteur) consacrée en 1387. Sa flèche mesure 52 m. Le nom de l'église (il n'y a que sept églises du Saint-Sépulcre en France) est lié à la participation de trois seigneurs audomarois aux croisades. Son portail, chef-d'œuvre d'ébénisterie, et deux statues baroques proviennent de l'abbaye Saint-Bertin. Beaux vitraux du 19e s. dans le chœur.

*La rue de Dunkerque rejoint la place du Mar.-Foch.*

## Aux alentours

### L'AUDOMAROIS

Cette région, dont le nom est dérivé du latin Audomar, signifiant Omer, s'étend autour de Saint-Omer. Elle fait partie du **Parc naturel régional des Caps et Marais d'Opale**. La zone dite « marais audomarois » en offre l'un des aspects les plus originaux ; on la découvre en barque, en canoë ou en bateau-promenade *(voir l'encadré pratique)*.

### Maison du Romelaëre

*À Clairmarais. ✆ 03 21 38 52 95 - ♿ - www.parc-opale.fr - de déb. avr. à déb. sept. : tlj sf lun. 14h-18h.*

C'est l'un des sites du Parc naturel qui présente des expositions et des audiovisuels sur la nature et la vie sauvage des animaux. C'est également le point de départ de nombreuses promenades, notamment dans la réserve naturelle du Romelaëre (sentiers d'observation…).

### Marais audomarois

*4 km au nord-est par la D 209.*

Fruit d'un aménagement mené dès le 7e s. par les moines de Saint-Bertin, cette dépression de 3 730 ha s'étire de Watten à Arques et de la forêt de Clairmarais aux cressonnières de Tilques.

### Alchimie du sable et du feu

Fondée en 1825, la verrerie-cristallerie d'Arques connut un formidable essor après 1945. Sous le nom d'Arc International, c'est un grand nom mondial des arts de la table. Le verre est réalisé à partir d'un mélange de sable, de soude et de chaux auquel s'ajoute le groisil (verre concassé). Les machines permettent la réalisation de grandes séries, tout en perpétuant la créativité et le savoir-faire des maîtres verriers. Le groupe compte 17 000 collaborateurs et produit chaque jour près de 6 millions d'articles : verres traditionnels, verres à four, vitrocéramique et cristal au plomb. Plus de 6 500 produits sont proposés pour différents usages, la cuisson, la table ou la décoration.

Environ 70 familles de maraîchers – habitants du marais – sillonnent encore les *watergangs* (chemins d'eau) à bord de leurs larges barques à fond plat, les bacôves. Ils rejoignent leurs parcelles dont une partie sert à la culture maraîchère. Pour atteindre les maisons des maraîchers, montées sur des pieux, et distribuer leur courrier, les postiers se déplacent encore en barque. Le marais, réputé pour son chou-fleur, est également apprécié pour sa flore (300 espèces dont 40 protégées et 150 champignons), ses ressources piscicoles et pour l'observation des **oiseaux migrateurs**.

Coupole d'Helfaut-Wizernes★★ *(voir ce nom)*

### Forêt de Rihoult-Clairmarais

*4,5 km à l'est.* Cette forêt (1 167 ha) vit chasser Charlemagne lorsqu'il séjournait à Saint-Omer. Au 12e s., elle fut la propriété de cisterciens. Elle est désormais aménagée pour le tourisme, notamment autour de l'**étang d'Harchelles**, dernier des sept plans d'eau que les moines exploitaient pour la tourbe et le poisson.

### Arques

Ville industrielle réputée pour sa cristallerie, Arques est aussi un port important à la jonction de l'Aa canalisé et du canal de Neuffossé, qui relie l'Aa à la Lys.

**Arc International**★ – *☏ 03 21 12 74 74 - www.arc-international.com - ♿ - visite guidée sur demande (1h30) tlj sf dim. et j. fériés 9h30, 11h, 14h et 15h30, accueil et expositions 9h-12h30, 13h30-17h30 - 6,50 € (enf. 4,50 €).*

La visite de cette cristallerie permet de découvrir l'ensemble du processus, de la goutte de verre en fusion jusqu'au produit fini. Présentation historique de l'entreprise, observation des techniques de production depuis une passerelle surplombant un atelier. Des écrans montrent les opérations en cours. Un visuel *(10mn)* résume les étapes de fabrication.

**Maison du Parc naturel régional des Caps et Marais d'Opale** – *☏ 03 21 87 90 90 - www.parc-opale.fr - tlj sf w.-end 9-12h, 14h-18h (vend. 17h) - fermé j. fériés - gratuit.*

Le Grand Vannage est un bâtiment de pierre blanche et brique rose enjambant l'Aa. On peut visiter la salle des vannes qui règlent le niveau des eaux de la rivière.

**Ascenseur à bateaux des Fontinettes**★ – *☏ 03 21 88 59 00 - avr.-sept. : 10h-12h, 14h-18h, w.-end et j. fériés 14h-18h (dernier dép. 45mn av. fermeture) - 4 € (enf. 2,50 €).*

Installé sur le canal de Neuffossé, cet ascenseur (1887) témoigne de la technologie du 19e s. Il a remplacé les cinq écluses nécessaires au passage d'une dénivellation de 13 m et facilité le passage des péniches jusqu'en 1967. Le principe de son fonctionnement était simple : les péniches prenaient place dans deux sas ou bassins remplis d'eau, fixés sur deux énormes pistons constituant une sorte de balance hydraulique. L'un des sas s'élevait quand l'autre descendait.

L'ascenseur a laissé place à une **écluse géante**, que l'on voit fonctionner 500 m en amont. Celle-ci peut contenir six péniches et demande 20mn de manœuvre.

**Chemin de fer touristique de la vallée de l'Aa** - *☏ 03 21 88 59 00 (Maison du tourisme d'Arques) - mai et septembre, dim. et j. fériés, l'après-midi ; juin, sam., dim. et j. fériés après-midi ; juillet et août, sam., dim. et j. fériés matin et après-midi - 7 € (enfants 4,50 €).* Le train circule grâce à une association qui compte près de 90 adhérents dont une dizaine de conducteurs de train. La ligne serpente dans la vallée de l'Aa entre Arques et Lumbres sur 15 km, au coeur du Parc Naturel Régional des Caps et Marais d'Opale. Le parcours de l'ancienne ligne St-Omer–Boulogne-sur-Mer longe trois grandes papeteries. Les trains spéciaux - de la musique, du père Noël ou d'Halloween – marquent les jours de fête. Le prochain défi de l'association : faire circuler le train à vapeur !

### Wisques

*5 km à l'ouest par la D 208[E2].*

Le long de la D 208, **panorama** sur Saint-Omer, la cathédrale Notre-Dame et la chapelle des Jésuites.

*Prendre à droite la D 212.* Wisques est dominé par l'immense abbaye Notre-Dame, monastère de bénédictines (1889). On côtoie ensuite le Petit Château (1770). L'**abbaye Saint-Paul** est occupée par des bénédictins, installés dans un grand château qui comprend des bâtiments anciens : tour (15e s.), portail et logis (18e s.). D'autres sont modernes : chapelle, cloître et réfectoire sont trois œuvres du célèbre moine-architecte Dom Bellot, réalisées vers 1930. Moderne également, le campanile abritant la Bertine, cloche de l'abbatiale Saint-Bertin qui date, elle, de 1470 et pèse 2 600 kg.

### Esquerdes

*8 km au sud-ouest par la D 211.*

Au creux de la vallée de l'Aa, lieu de production papetière depuis 1473, ce village compte encore plusieurs entreprises du secteur. Sur les ruines du moulin de Confosse, la **Maison du papier** explique sa fabrication, depuis son apparition en Chine jusqu'à l'industrie actuelle. Expositions d'artistes autour du papier et du carton. Dans l'atelier de fabrication artisanal, au rythme de la roue à aubes, on peut réaliser soi-même une feuille de papier. *✆ 03 21 95 45 25 - de mi-avr. à fin août : tlj sf lun. 14h-18h - 4 €.*

## Saint-Omer pratique

### Adresse utile

**Office du tourisme de Saint-Omer** – *4 r. du Lion d'Or - 62500 - ✆ 03 21 98 08 51 - www.tourisme-saintomer.com - 9h-18h, dim. et j. fériés 10h-13h - fermé 1er janv., 1er Mai et 25 déc.*

### Visite

**Visite guidée** – *Mai-oct. : dim. et j. fériés 15h30 - 5 € - renseignements à l'office de tourisme.* Saint-Omer, qui porte le label **Ville d'art et d'histoire**, propose des visites-découvertes animées (1h30) par des guides-conférenciers agréés par le ministère de la Culture et de la Communication. Différents thèmes sont proposés : « la cathédrale N.-D. et son enclos », « la ville, 1 000 ans d'histoire », visites couplées ville et musée de l'Hôtel Sandelin, l'hôtel de ville et son théâtre…

### Se loger

⊖⊖ **Hôtel Saint-Louis** – *25 r. d'Arras - ✆ 03 21 38 35 21 - www.hotel-saintlouis.com - fermé 22 déc.-5 janv. - P - 30 ch. 66 € - ☕ 7,50 € - restaurant 13,50/29 €.* Cet hôtel qui a succédé à un relais de poste officie à proximitié du quartier de la cathédrale. Préférez les chambres situées dans l'annexe, récemment rénovées. Salle de restaurant agencée dans un esprit brasserie moderne. Carte traditionnelle.

⊖⊖ **Hôtel Le Vivier** – *22 r. Louis-Martel - ✆ 03 21 95 76 00 - www.au-vivier-saintomer.com - fermé 31 déc.-8 janv., dim. soir et lun. midi - 7 ch. 55/58 € - ☕ 6,50 € - restaurant 17/35 €.* On ne peut rêver meilleure situation pour résider en ville. Les chambres, dotées de meubles en bois blond, sont insonorisées et bien équipées. Au restaurant, produits de la mer et spécialités régionales.

⊖⊖ **Ibis** – *2-4 r. Henri-Dupuis - ✆ 03 21 93 11 11 - www.ibishotel.com - P - 65 ch. 59/65 € - ☕ 6,50 €.* Installé dans un immeuble ancien, au cœur du centre-ville, cet hôtel-restaurant offre des chambres à l'équipements modernes, réparties sur 3 étages. Accueil professionnel, très efficace mais néanmoins convivial.

⊖⊖ **Hôtel Les Frangins** – *5 r. Carnot - ✆ 03 21 38 12 47 - www.frangins.fr - fermé 24 déc.-10 janv. - 26 ch. 59/65 € - ☕ 8 € - restaurant 9/15 €.* Dans le centre historique de Saint-Omer, les « frangins » mettent à votre disposition des chambres rénovées, fonctionnelles et tranquilles.

⊖⊖ **Hôtel Le Bretagne** – *2 pl. Vainquai - ✆ 03 21 38 25 78 - www.hotellebretagne.com - P - 75 ch. 67/82 € - ☕ 8 € - restaurant 23/29 €.* Cette imposante bâtisse moderne, située en centre-ville, abrite des chambres impeccablement tenues. Banquettes en velours rouge, miroirs et appliques donnent au restaurant une allure de brasserie parisienne ; cuisine traditionnelle.

⊖⊖ **Chambre d'hôte Caps et Marais d'Opale** – *11 quai du Commerce - ✆ 03 21 93 89 82 - www.bb-opale.fr.st - ⊭ - 2 ch. et 1 suite 53 € ☕.* En bordure du canal, cette maison de maître (fin 19e s.) a conservé son cachet d'origine. Une cheminée en marbre trône dans le salon, entre boiseries et moulures d'époque, tandis qu'à l'étage les chambres et la suite, décorées avec goût, offrent espace et confort. Jolie véranda donnant sur le jardin clos.

⊖⊖ **Chambre d'hôte La Rêverie** – *19 r. Jonnart - 62560 Fauquembergues - 17 km au sud-ouest de Saint-Omer par D 928, rte de Berck-sur-Mer - ✆ 03 21 12 12 38 - ⊭ - 3 ch. 58 € - repas 30 €.* Cette maison de maître de la fin du 19e s. est restée authentique, du hall d'entrée jusqu'aux 3 chambres, à l'étage. Le salon cossu, avec sa cheminée en marbre et ses boiseries d'origine, dispose de canapés douillets. Grand jardin et agréable terrasse à l'ombre des tilleuls.

**Château Tilques** – *62500 Tilques - 6 km au nord-ouest de Saint-Omer dir. Calais par N 43 puis rte secondaire - ✆ 03 21 88 99 99 - www.chateautilques.com - P - 53 ch. 140/395 € - ☕ 19 € - restaurant 35/85 €.* Ce château du 19e s. en brique rouge est entouré d'un tapis de verdure. Chambres de style dans le château, plus actuelles dans les annexes. Restaurant dans les anciennes écuries.

## Se restaurer

**Le Saint-Charles** – *6 r. Minck, près de la cathédrale, au centre-ville - ✆ 03 21 88 57 38 - fermé jeu. soir et dim. - 11/16,50 €.* Avec sa devanture en bois bleu nuit un peu rétro et sa décoration intérieure dans un style brasserie intime, ce restaurant du centre-ville limite volontairement son nombre de couverts pour mieux contenter les heureux élus. Une carte traditionnelle, enrichie de grillades et de poissons, à des prix très raisonnables.

**Le Cygne** – *8 r. Caventou - ✆ 03 21 98 20 52 - www.restaurantlecygne.fr - fermé 10-30 août, 15-28 fév., dim. soir et lun. sf j. fériés - 13/45 €.* Le restaurant des Wident est devenu en un peu plus de 10 ans « la » référence gastronomique de la ville. L'appétissante carte se dévore d'abord des yeux : dos de cabillaud à la bière blanche, souris d'agneau de pré-salé au thym… Le chef propose également quelques plats utilisant les fameux légumes du marais.

**Le Saint-Sébastien** – *2 Grand-Place - 62575 Blendecques - ✆ 03 21 38 13 05 - fermé 23-30 déc., dim. soir, lun. et soirs fériés - 14,50/34 €.* Sympathique adresse à dénicher dans une petite commune de l'agglomération audomaroise : accueil familial, décor rustique soigné et bonnes recettes traditionnelles.

## En soirée

**Le Queen Victoria** – *15 pl. Foch - ✆ 03 21 88 51 17 - 9h-1h, vend.-sam. 9h-2h, dim. 11h-1h.* C'est un beau pub chaleureux et intime avec un vieux parquet et des murs en brique. Grande terrasse sur la place.

## Que rapporter

**Les Chocolats de Beussent** – *30 r. des Clouteries - ✆ 03 21 12 66 82 - www.choco-france.com - tlj sf dim. et lun. 10h-12h30, 14h-19h - fermé 1eret 8 Mai, 1er et 11 Nov.* Cette minuscule boutique du centre-ville est l'une des dernières chocolateries en France à fabriquer son propre chocolat. Entre autres spécialités : le saucisson sec en cacao, la pâte à tartiner du cordonnier, le chocolat au marteau, la fristouille et la praline du chef à l'ancienne.

**Le Terroir** – *31 r. des Clouteries - ✆ 03 21 38 26 51 - tlj sf dim. 8h30-12h30, 14h-19h30, lun. sf vac. scol. 14h-19h30 - fermé j. fériés.* Entre les thés, le café Méo, les fruits et légumes, les bouteilles de whisky, de cognac et d'armagnac, la charcuterie fine et les conserves de foie gras, on ne sait plus où donner de la tête ! Sur une rue piétonne, à proximité de l'hôtel de ville, cette enseigne favorise les spécialités régionales et les petits producteurs.

**Distillerie Genièvrerie** – *19 rte de Watten - D 207 entre Moulle et Éperlecques - 62910 Houlle - ✆ 03 21 93 01 71 - genievredehoulle.com - magasin : tlj sf dim. 9h-12h, 14h-18h ; visite de la distillerie sur RV - fermé j. fériés.* Cette genièvrerie fondée en 1812 est l'une des dernières en France. L'eau-de-vie de grains est toujours fabriquée à l'ancienne et distillée dans des alambics. Visite guidée et dégustation.

## Sports & Loisirs

**Canoë-kayak Club** – *Bassin de l'Aa - écluse Saint-Bertin - ✆ 03 21 38 08 47.* Pratique du canoë-kayak sur le canal de Neufossé, l'Aa et dans le marais audomarois.

**Isnor Clairmarais** – *3 r. du Marais - 62500 Clairmarais - ✆ 03 21 39 15 15 - www.isnor.fr - avr.-juin et sept. : ouv. w.-end et j. fériés ; juil.-août : 10h-18h - fermé 15 déc.-15 janv. - 6,20 € (enf. 5,30 €).* Bateaux, canoës, barques à rames ou à moteur sont à votre disposition pour des balades dans les marais, seul ou accompagné par un guide.

**Arques Plaisance** – *R. d'Alsace - base nautique - ✆ 03 21 98 35 97 - avr.-sept. : 9h-22h.* Location de vélos nautiques *(surfbikes)* et de petits bateaux motorisés pour visiter le marais audomarois. Centre bateau-école (permis mer et fluvial).

**Bal Parc** – *207 r. du Vieux-Château - 62890 Tournehem - ✆ 03 21 35 61 00 - juin-août - 8 €.* Parc d'attractions et de loisirs.

**Le chemin de fer touristique de la vallée de l'Aa** – *Renseignements à l'office du tourisme de Lumbres - ✆ 03 21 93 45 46 ou auprès de M. Chambelland (président) - ✆ 03 21 12 19 19 - 6 € (4-14 ans 4 €).* Il emprunte l'ancien tronçon de la ligne Saint-Omer/Boulogne-sur-Mer. Le trajet de 15 km reliant Arques à Lumbres permet de découvrir, le w.-end de mai à sept., la vallée de l'Aa dans un train des années 1950, l'autorail dit « Picasso ». Il dessert : la gare d'Arques (départ), la coupole d'Helfaut-Wizernes et des itinéraires de randonnée.

**Rando-rail du pays de Lumbres** – *Rte de la Gare - 62380 Nielles-lès-Bléquin - ✆ 03 21 88 33 89 - www.rando-rail.com.* Un peu plus loin, sur la même voie de chemin de fer désaffectée, ce mode de transport à pédale permet de découvrir les grands bois du parcours du Chevalier de la Chapelle ou les vallons des collines de l'Artois (parcours d'Adelthur), sur 9 km AR. Chaque véhicule peut accueillir jusqu'à 4 adultes (ou 2 adultes et 3 enfants).

## Événement

**Cortège nautique** – Défilé sur l'eau dans le quartier du Haut Pont à Saint-Omer, le dernier dimanche de juillet.

# Saint-Quentin★

103 781 SAINT-QUENTINOIS (AGGLOMÉRATION)
CARTE GÉNÉRALE C3 – CARTE MICHELIN DEPARTEMENTS 306 B3 – AISNE (02)

**Capitale économique de la haute Picardie, Saint-Quentin est une cité dynamique et animée. Elle s'ordonne, comme il se doit, autour d'une grand'place, centre névralgique de la cité, dont la taille donne la mesure de l'importance de la ville autrefois. Non loin de là se dresse la magnifique basilique construite pour abriter les reliques de saint Quentin. Aujourd'hui, les pèlerins préfèrent aller au musée contempler les pastels de Maurice-Quentin de La Tour, portraitiste officiel de Louis XV, et parcourir les rues le regard levé pour repérer les détails des façades Art déco, style adopté lors de la reconstruction de la ville, durement éprouvée durant la Grande Guerre.**

**Se repérer** – Étagé sur une colline calcaire truffée de caves et de souterrains, Saint-Quentin surveille le cours de la Somme canalisée traversant les marais d'Isle. C'est un nœud de trafics ferroviaire et fluvial entre Paris et les pays du Nord, la Manche et la Champagne. L'A 26/E 17 dessert la ville, ainsi que la N 44 de Cambrai à Laon et Reims ; de Guise, prendre la N 29.

**À ne pas manquer** – La basilique ; les façades Art déco ; les portraits de Maurice-Quentin de La Tour au musée Antoine-Lécuyer.

**Organiser son temps** – Comptez 2h pour le tour de ville, 1h pour la basilique. Faites une pause au parc des Champs-Élysées avant d'entreprendre la visite du musée. Chaque période a son avantage : de mi-juillet à mi-août, une plage envahit la place de l'hôtel de ville ; en décembre, c'est un village de Noël, avec ses équipements de sports d'hiver ; à la Pentecôte, la fête du Bouffon anime la ville.

**Avec les enfants** – Le musée des Papillons dans l'espace Saint-Jacques ; les Journées de la BD début avril ; la découverte adaptée de la maison du Textile à Fresnoy-le-Grand. Pour plus d'informations sur les visites et animations à destination des enfants, demandez le *Tchot Quentin mag'* à l'office de tourisme.

S. Sauvignier / MICHELIN

*Façade de l'hôtel de ville.*

**Pour poursuivre la visite** – Voir aussi Riqueval, Guise, Ham, Péronne, la forêt de Saint-Gobain.

## Comprendre

**Un saint évangélisateur** – À la fin du 3e s., Quentin vint évangéliser la région. La légende du saint précise qu'il subit de nombreux et atroces supplices avant d'être décapité et jeté dans la Somme. Son corps fut retrouvé intact cinquante-cinq ans plus tard, suscitant une dévotion renouvelée. Le lieu de sa sépulture prit son nom.

**Convoitise espagnole** – En 1557, Saint-Quentin fut l'enjeu d'une sanglante bataille au cours de laquelle l'armée du connétable de Montmorency, venue au secours des habitants, fut défaite par les Espagnols. Un vœu alors prononcé par Philippe II fut à l'origine de la construction du palais et monastère de l'Escurial, au nord-ouest de Madrid. La rivalité avec les Espagnols a depuis trouvé une fin heureuse dans le jumelage des villes de Saint-Quentin et de San Lorenzo del Escorial.

**Le canal de Saint-Quentin** – Reliant les bassins de la Somme et de l'Oise à celui de l'Escaut, ce canal était, avant l'achèvement de celui du Nord, le plus important de France par son trafic, et le plus encombré. Long de près de 100 km, de Chauny à Cambrai, il était considéré par Napoléon Ier comme l'une des plus grandes réalisations de l'époque. Deux sections le composent : de l'Oise à la Somme, le **canal Crozat,** dont le nom évoque le financier qui le fit creuser, et le **canal de Saint-Quentin** proprement dit, qui franchit le plateau entre Somme et Escaut grâce aux tunnels du Tronquoy (1 km de long) et de Riqueval. Le canal assure l'écoulement des sables, des graviers et des céréales vers la région parisienne. La mise à grand gabarit, incluse dans un plan de travaux à long terme, doit améliorer les liaisons avec Dunkerque.

**Néo-classissisme du 19e s.** – Saint-Quentin, bien que détruite aux trois-quarts entre 1914 et 1918, conserve quelques façades néoclassiques intéressantes, reflets de la richesse industrielle de la ville au 19e s. En témoigne, sur la Grand'Place, le théâtre Jean Vilar, bâti à partir de 1842 à l'italienne, avec une façade d'inspiration grecque, un style repris dans la rue Victor-Basch, par la Caisse d'Épargne. Un peu plus loin, en face de l'office de tourisme, vous pourrez apprécier la démesure de l'hôtel de Fervaques, érigé à la fin du 19e s. sur les bases d'une ancienne abbaye bénédictine. C'est aujourd'hui le siège du palais de justice.

**Patrimoine Art déco** – La ville a été reconstruite dans le style des années 1920 par l'architecte Guindez. Les façades, dont certaines reprennent la structure traditionnelle des pignons d'inspiration flamande, sont agrémentées de bow-windows, de balcons en saillie, de motifs géométriques (cannelures, volutes, vaguelettes...) ou floraux (roses, palmiers, corbeilles de fleurs...), de mosaïques, de ferronneries caractéristiques. De très nombreux exemples jalonnent le centre : maisons, petits immeubles de rapport, grands magasins ; citons également l'École nationale de musique *(47 r. de l'Isle)*, le buffet de la gare et, à côté, le pont encadré de tours-lanternes.

## Se promener

### Hôtel de ville★ A2

*S'adresser à l'office de tourisme.* Joyau de l'art gothique flamboyant (début 16e s.), sa façade vigoureusement dessinée comporte des arcs en ogive ponctués de pinacles, des fenêtres à meneaux et un faux garde-corps (ajouté au 19e s.) surmonté de trois pignons. Les sculptures sont apparentées au style gothique flamboyant. Chaque étage de la façade présente un dessin différent qu'il faut prendre le temps de détailler. La rambarde fermant un des arcs du porche servait d'étalon aux marchands drapiers (l'aune saint-quentinoise mesurant environ 1,25 m). Le **campanile** a été entièrement reconstruit au 18e s. Il abrite un très beau carillon de 37 cloches qui sonne tous les quarts d'heure. Aux pignons de la façade correspondent les voûtes des trois nefs, en forme de carène de bateau. La **salle des mariages** conserve sa poutre ancienne et une très grande cheminée Renaissance (restaurée au 19e s.). Des blochets (pièce de charpente) sculptés montrent les principaux personnages de la ville : argentier, bourreau, mayeur (bourgmestre), architecte, bouffon... La **salle du conseil** (ainsi que l'escalier et le palier de l'étage) présente un habillage Art déco d'une très belle unité ; les lambris sculptés représentent les métiers de la ville en 1925.

Sur la place de l'Hôtel-de-Ville, la maison faisant angle avec la rue Saint-André présente une façade Art déco ornée en hauteur de bas-reliefs figurant les différents métiers traditionnels de la ville.

### Rue des Canonniers A2

Dans l'**hôtel Joly de Bammeville** (18e s.), au bel escalier à rampe en fer forgé, se trouve la bibliothèque municipale. Fondée en 1697, elle fut installée ici en 1934, après maintes péripéties. Le fonds ancien compte quelque 20 000 volumes. La verrière architecturale qui couvre la cour intérieure met en valeur la façade et les arcades sculptées du 18e s. Au no 21, la porte de l'**hôtel des Canonniers** présente des trophées militaires sculptés en bas relief.

*De la place de l'Hôtel-de-Ville, gagner la rue de la Sellerie.*

### Rue de la Sellerie A-B2

Elle offre de beaux exemples de façades Art déco de part et d'autre de la façade néo-gothique de l'Espace Saint-Jacques *(description des collections ci-après dans « Visiter »).* En face (no 23), typique bow-window et toitures en cheminée de fée.

### Rue de la Sous-Préfecture B2

Beaux exemples de grands magasins et de maisons Art déco aux belles ferronneries : nos 13, 19/21 *(remarquer la mention « Appartemt » sur la porte)*, 25 (ancien garage) et 47 (mosaïques de façade).

*Face à la préfecture, prendre la rue de l'Official.*

### Hôtel des Postes B2

Construit en 1936 à l'emplacement de la maison natale de Maurice-Quentin de La Tour. Outre une belle porte en fer forgé et un lustre monumental Art déco, le hall d'entrée est orné de six **mosaïques** d'inspiration cubiste détaillant les différents modes de communication de l'époque.

| SE LOGER | |
|---|---|
| Hôtel du Château ..... ① | Hôtel Le Florence ..... ④ |

En face, rue des Toiles, remarquez, à droite, la façade du **cinéma Le Carillon** avec sa belle enseigne aux dessins colorés.

## Basilique★ B1

*S'adresser à l'office de tourisme - possibilité de visite guidée : tlj sf lun.*

La collégiale Saint-Quentin, devenue basilique en 1876, est un édifice gothique qui peut rivaliser avec maintes cathédrales. Déjà éprouvée pendant le siège de 1557, puis en 1669 par un incendie, bombardée en 1917, elle échappa de peu à la destruction totale en octobre 1918.

**Extérieur** – La façade ouest présente une tour-porche massive (vestige de l'église carolingienne) dont les parties basses remontent au 12e s. et les derniers étages au 17e s. Le couronnement a été refait après 1918. Depuis 1976, une flèche culmine à 82 m, comme autrefois.

Après avoir contourné la collégiale par la gauche, on pénètre dans le square Winston-Churchill, avec son puits en fer forgé. Il offre une **vue★** sur le grand et le petit transept et sur le chevet : admirez l'élan des arcs-boutants. Plus loin, on découvre d'autres perspectives sur le monument avant d'arriver à hauteur du bras sud du petit transept, où se tient la chapelle Saint-Fursy (15e s.). Joli porche Lamoureux, flamboyant *(côté gauche)*.

**Intérieur** – Hardie, la nef du 15e s. atteint 34 m de hauteur. Sur le sol est tracé un labyrinthe, long de 260 m, que les fidèles parcouraient à genoux. Au tout début du bas-côté droit, voyez l'Arbre de Jessé sculpté (début 16e s.) et, dans la seconde chapelle, des peintures murales du 16e s. La visite des parties hautes, en saison, révèle une vue sur les pinacles et les contreforts, et jusqu'à Laon.

D'une ampleur impressionnante, le **chœur★★** (13e s.) comprend un second transept et un double collatéral. Le déambulatoire à chapelles rayonnantes répond à un plan radio concentrique unique à l'époque gothique ; les voûtes, au droit du déambulatoire, reposent sur deux colonnes, selon une disposition champenoise. La chapelle axiale conserve des vitraux anciens ; à l'entrée de la chapelle de gauche, statue de saint Michel (13e s.).

Les sculptures de la clôture du chœur, refaite au 19e s., illustrent la vie de saint Quentin. Le sacrarium en pierre (1409), ou armoire du trésor *(côté gauche)*, abritait les vases sacrés. Admirez aussi les vitraux à grandes figures hiératiques dans les fenêtres hautes ; au centre et dans le bras nord du petit transept, deux verrières du 16e s. où figurent le martyre de sainte Catherine et celui de sainte Barbe.

### Les béguinages

Institution du Moyen Âge, le béguinage accueillait des femmes pieuses n'ayant pas prononcé de vœux. À Saint-Quentin, la tradition remonte au 13e s. L'essor de la population au 19e s. nécessita la construction de lieux d'hébergement pour personnes seules ou âgées, auxquels s'étendit l'appellation de béguinage. Aujourd'hui subsistent six petits enclos et six autres, plus grands, regroupant une quarantaine de maisons autour d'un jardin commun. Les plus intéressants sont situés rue du Moulin, rue Quentin-Barré (façades aux pignons à redans) et rue de Bellevue *(dans le prolongement de la rue Ch.-Picard)*.

Depuis l'extrémité du chœur, on admire avec le recul nécessaire le buffet d'orgues (1690-1703) dessiné par Bérain. L'instrument de Clicquot a été détruit en 1917. Il est remplacé par un orgue moderne de 74 jeux.

### Champs-Élysées B1

On peut poursuivre la promenade par cet agréable parc public (10 ha), aménagé sous la Restauration à l'emplacement des fortifications : aires de jeux, de sport, jardin d'horticulture. Sur les avenues qui le bordent, belles demeures Art déco.

## Visiter

### Musée Antoine-Lécuyer★ A1

*✆ 03 23 06 93 98 - tlj sf mar. 10h-12h, 14h-17h (18h le sam. et juil.-août), dim. 14h-18h - fermé 1er janv., 1er Mai, dim. Pentecôte, 14 Juil., lun. qui suit le 1er dim. de sept. (braderie), 1er nov., 25 déc. - 2,50 € (enf. 1,60 €), gratuit 1er dim. du mois.*

Antoine Lécuyer, riche banquier saint-quentinois, décide au 19e s. de léguer son hôtel particulier à la ville afin d'y exposer les pastels du grand peintre de la région, Maurice-Quentin de La Tour. Détruite en 1917, la bâtisse est reconstruite à l'identique à la sortie de la guerre et le musée inauguré en 1932. Aujourd'hui, cette belle demeure renferme des collections dont les deux points forts sont les pastels de La Tour et le bel ensemble d'œuvres de l'Entre-deux-guerres. Le hall d'entrée présente un aperçu de la sculpture (18e-20e s.) ainsi qu'une œuvre imposante d'Ozenfant, autre prodige de

S. Sauvignier / MICHELIN

*Musée Antoine-Lécuyer.*

Saint-Quentin, fondateur du purisme avec Le Corbusier. *La Vie* rassemble des dizaines de visages, censés représenter l'extrême diversité des sentiments humains, excluant de la toile tout paysage et tout décor, symbolique ou pas.

La grande salle du rez-de-chaussée est consacrée à la peinture italienne, à l'école du Nord et à la peinture française des 17e et 18e s. Remarquez les deux tableaux monumentaux d'Antoine Coypel, représentant des scènes de l'Ancien Testament. Ces deux toiles servirent de modèles pour les tissiers de la manufacture des Gobelins. Dans la vitrine, délicieuses petites scènes de genre de Preudhomme et portraits de Vivant Denon. À gauche, une porte et une paire de colonnes en bois, finement ciselées et décorées de vignes, de fleurs et d'anges, sont issues d'une demeure du 18e s.

En face, trois salons sont réservés à la **collection de portraits★★** de **Maurice-Quentin de La Tour** : on y découvre 78 portraits au pastel de princes et princesses, seigneurs, financiers, clercs, hommes de lettres, artistes (Voltaire, Rousseau, la marquise de Pompadour). Tableaux de la société française du 18e s., ces figures sont d'« incomparables planches d'anatomie morale » : chaque sourire a sa personnalité. La Tour illustre la physionomie et la psychologie de ses modèles : parmi ses plus beaux portraits, voyez *L'abbé Huber lisant*, *Marie Fel* (son amie) et son *Autoportrait*, subtile introspection. Le réalisme de ces portraits est saisissant, malgré la faible luminosité. Quelques beaux meubles style Louis XV ou Régence jalonnent le parcours.

Sur le palier desservant l'étage, *L'Atelier* de Lucien Simon (1922) est un excellent témoin de la peinture réalisée en marge des courants d'avant-garde et saluée des connaisseurs de l'époque. De part et d'autres, deux salles présentent des peintures et pastels du 19e s. : paysages, portraits, peinture de genre et d'histoire (paysages de Corot, *Jugement de Pâris* de Fantin-Latour, *Lecture* de Denisse, toile d'inspiration symboliste réalisée en 1901 ; de Renoir, *Mademoiselle Dieterle*, ancienne choriste du Théâtre des Variétés et maîtresse de Gaston Gallimard).

Au sous-sol, une Vierge du 13e s., très bien conservée, vous accueille. Outre une petite salle d'histoire locale, le bas est consacré à la peinture des années 1920-1930 et à une collection de céramiques et d'émaux de diverses manufactures françaises et européennes. Un mur est dédié aux œuvres d'Amédée Ozenfant (1886-1966). On remarque également le poignant triptyque d'André Devambez, *La Pensée aux absents* (1928), recueillement laïc sur les douleurs de la Grande Guerre.

### Espace Saint-Jacques A2

*14 r. de la Sellerie.* À l'emplacement de l'église Saint-Jacques, ce très beau bâtiment néogothique, entièrement réaménagé autour de ses arcades, accueille une galerie d'art municipale (expositions temporaires d'arts plastiques) et, au 1er étage, le **musée des Papillons,** qui contient la plus importante collection de papillons et d'insectes en Europe. On peut observer toute une gamme de formes et de couleurs, surtout chez les espèces exotiques. *✆ 03 23 06 93 93 - tlj sf mar. 14h-18h - fermé 1er janv., 1er Mai, Pentecôte, 14 Juil., 1er nov., 25 déc. - 2,50 €, (enf. 1,60 €).*

### Parc d'Isle Jacques-Braconnier B2

Le **marais d'Isle** (plus de 100 ha) est en partie aménagé pour les sports nautiques et la pêche. Sa réserve naturelle est un lieu de passage des oiseaux migrateurs du nord et de l'est de l'Europe. La flore du marais comprend des espèces rares (ciguë vireuse) et carnivores (utriculaire). Une **Maison de l'environnement**, à l'entrée du parc, présente l'écosystème de l'étang. Un sentier périphérique facilite l'observation. *✆ 03 23 05 06 50 - ♿ - maison de l'environnement : lun.-vend. 8h-12h, 14h-17h30, w.-end 10h-12h, 14h-17h - fermé 1er janv., 25 déc. - gratuit.*

## Aux alentours

### Maison du textile à Fresnoy-le-Grand

*16 km au nord par D 8. 54 r. Roger-Salengro - ✆ 03 23 09 02 74 - avr.-sept. : 10h-18h ; oct.-mars : lun.-vend. 10h-12h, 14h-18h - fermé j. fériés - 7 € (famille 10 €).*

L'industrie textile a fortement marqué l'histoire de Fresnoy. Installée dans les locaux de la Filandière, une ancienne usine de confection, la Maison du textile est un musée vivant qui retrace l'épopée textile en Picardie. Exposition de métiers à tisser, dont 28 sont classés Monuments historiques, de tapisseries. Une salle est consacrée à la broderie blanche. La maison du tisserand nous replonge dans l'ambiance quotidienne d'une famille vivant du textile au 19e s.

La visite-découverte, les jeux et les ateliers pratiques sont à même d'amuser les enfants, tout en leur faisant découvrir le riche patrimoine de la région.

### Source de la Somme

*12 km au nord-est par la D 67.*

Elle surgit à Fonsommes, à côté de l'ancienne abbaye de Fervaques. Après une course de 245 km, le fleuve se jette dans la Manche.

## Saint-Quentin pratique

### Adresse utile

**Office du tourisme de Saint-Quentin** – *27 r. Victor-Basch - 02100 - ✆ 03 23 67 05 00 - www.tourisme-saintquentinois.fr - lun.-vend. 8h-12h30, 13h15-18h, sam. 9h-12h, 14h-18h, dim. et j. fériés 14h30-17h - fermé 1er janv., 1er Mai et 25 déc.*

### Visites

**Visite guidée** – *Renseignements à l'office de tourisme.* Saint-Quentin, qui porte le label **Ville d'art et d'histoire**, propose des visites-découvertes animées par des guides-conférenciers agréés par le ministère de la Culture et de la Communication : la basilique, l'hôtel de ville, le circuit Art déco…

**Visite technique** – *Réservation obligatoire - un guide recense les dates (sf août) et les conditions de visite pour chaque entreprise.* L'office de tourisme, en partenariat avec la chambre de commerce et d'industrie de l'Aisne et une trentaine d'entreprises du Saint-Quentinois (MBK, Le Creuset, textiles Bochard,…) propose un programme de visites techniques dans des domaines variés (textile, industrie, énergie, agro-alimentaire, etc.).

### Se loger

⊖ **Hôtel Le Florence** – *42 r. Émile-Zola - ✆ 03 23 64 22 22 - www.hotel-le-florence.fr - P - 29 ch. 37/42 € - ☕ 5,50 €.* Cet ancien relais de poste abrite maintenant un hôtel de chaîne comptant 29 chambres sur 3 étages (sans ascenseur). Fraîchement rénovées, elles offrent les garanties d'un confort actuel avec sanitaires modernes, TV par satellite et bonne literie. Le meilleur rapport qualité-prix de la ville.

⊖⊖ **Hôtel du Château** – *02100 Neuville-Saint-Amand - 3 km au sud-ouest de Saint-Quentin par N 44 puis D 12 - ✆ 03 23 68 41 82 - www.chateauneuvillestamand.com - fermé 2-24 août, 23 déc.-7 janv., sam. midi, dim. soir et lun. - P - 15 ch. 72 € - ☕ 9 € - rest. 54/62 €.* Au cœur d'un parc boisé, cette demeure du début du 20e s. vous accueillera pour un séjour au calme. Les chambres ont toutes été rénovées et leur décor, simple, associe meubles de style et actuels. La salle à manger et la terrasse dominent le domaine arboré.

### Faire une pause

**Henri** – *19 r. Saint-André - ✆ 03 23 62 23 86 - tlj sf lun. 8h-19h30.* Le magasin, cossu, a conservé son beau plafond mouluré et le salon de thé fait admirer aux esthètes ses quatre superbes fresques. Spécialités les plus prisées : les Pastels de Saint-Quentin (feuilleté praliné parfumé à la framboise et nappé de chocolat noir ou au lait) et l'Axonais (biscuit au chocolat, amandes et framboise).

### Sports & Loisirs

**Chemin de fer touristique du Vermandois** – *www.cftv.fr - renseignements et réservations : Laure Peillon, CFTV, 02104 Saint-Quentin Cedex, ✆ 03 23 64 88 38. Circule 1 fois par mois de fév. à déc., tous les dim. en juil.-août.* La ligne parcourt 22 km de Saint-Quentin à Origny-Sainte-Benoîte en passant par Ribemont. L'omnibus, qui traverse, puis longe le verdoyant canal de la Sambre à l'Oise, fait revivre le charme des trains départementaux d'avant-guerre. Par ailleurs, au cours de l'année, des journées à thème ainsi que des repas, à bord du Vermandois Express, dans des voitures-restaurants de 1928-1930 tractées par une locomotive à vapeur, sont organisées.

**Plage de l'étang d'Isle** – *Av. Léo-Lagrange - renseignements auprès de l'office de tourisme.* Une base de loisirs à quelques minutes du centre-ville.

### Événements

**Fête du Bouffon** – Le week-end de Pentecôte, la ville se tranforme pour le carnaval annuel : défilé costumé, concerts chorégraphiques et animations diverses.

**Braderie du centre-ville** – En sept., le 1er ou 2e lundi du mois. Environ 1 500 exposants.

**Place de l'Hôtel-de-Ville** – En un coup de baguette magique, la place se transforme de mi-juil. à mi-août en plage de sable avec bassins de baignade et activités. En déc., elle devient village de Noël avec chalets d'artisans, maison du Père Noël, patinoire, piste de ski et de luge…

**Les Journées BD de Saint-Quentin** – Concours, ateliers, expositions, dédicaces autour des bandes dessinées, au palais de Fervaques, début avril.

OT de Saint Quentin

*Chemin de fer touristique du Vermandois.*

# Saint-Riquier★

1 246 CENTULOIS
CARTE GÉNÉRALE A2/3 – CARTE MICHELIN DEPARTEMENTS 301 E7 – SOMME (80)

**Ce bourg du Ponthieu est issu d'une très ancienne abbaye bénédictine, réputée à l'époque carolingienne. Au cœur d'une campagne généreuse et paisible surgissent le clocher de son église gothique, qui rivalise avec beaucoup de cathédrales. Son beffroi à tourelles est inscrit au patrimoine mondiame de l'UNESCO.**

**Se repérer** – 9 km au nord-est d'Abbeville. Accès par la D 925. De l A 16, sortie Abbeville. Venant d'Abbeville, on découvre la **maison Petit**, bâtie pour un soldat de la Grande Armée et dont le pignon dessine la forme du chapeau de Napoléon.

**À ne pas manquer** – L'intérieur de l'église ; l'hôtel-Dieu.

**Avec les enfants** – Les « muches » de Domqueur.

**Pour poursuivre la visite** – Voir aussi Abbeville et la vallée de la Somme, Crécy-en-Ponthieu.

## Visiter

### Église★★

*✆ 03 22 71 82 20 - avr.-sept : tlj 10h-12h, 14h-18h, dim. et j. fériés 14h-18h - fermé oct.-mars - visite guidée salle du trésor (1h) - 3 €.*

Rebâtie plusieurs fois, l'église, dont l'intérieur a été entièrement restauré, est en majeure partie de style gothique flamboyant (15e-16e s.), mais conserve des éléments du 13e s. (parties basses du transept et du chœur). Elle a été restaurée au 17e s. par l'abbé Charles d'Aligre, qui changea le mobilier. L'abbaye survit à la période révolutionnaire et devient paroissiale au 19e s. Les bâtiments ont servi d'hôpital militaire durant les deux dernières guerres.

**Extérieur** – Tout en verticalité, la magnifique façade présente une grosse tour carrée (50 m de haut) flanquée de tourelles d'escalier. Elle est revêtue d'une ornementation sculptée très abondante et délicate. Au-dessus du portail central, le gâble porte une sainte Trinité encadrée par deux abbés et des apôtres. Plus haut est figuré un Couronnement de la Vierge. Entre les deux baies du clocher, on voit la statue de saint Michel. Au-dessus des voussures du portail droit, sainte Geneviève tient un cierge. On raconte que le diable l'éteignait et qu'un ange le rallumait toujours…

**Intérieur★★** – Admirez la beauté et la simplicité de l'ordonnance. La nef est large de 13 m, haute de 24 m et longue de 96 m. Ses étages sont séparés par une frise et une balustrade.

Le chœur a conservé le décor et le mobilier du 17e s. : **grille★** de fer forgé, lutrin et stalles des moines, clôture de marbre surmontée d'un grand christ en bois de Girardon.

Le bras droit du transept présente une disposition originale : l'extrémité en est coupée par trois travées de la galerie du cloître, occupées par la sacristie et le trésor, dont le mur est orné de sculptures.

Empruntez le déambulatoire à chapelles rayonnantes. Dans la 1re chapelle à droite, après l'escalier de la trésorerie, observez le tableau de Jouvenet, *Louis XIV touchant les écrouelles*. Dédiée à la Vierge, la chapelle axiale montre des voûtes en étoile aux nervures retombant sur des culs-de-lampe historiés (vie de la Vierge) ; à l'entrée, *Apparition de la Vierge à sainte Philomène* (1847) de Ducornet, artiste sans bras qui peignait avec ses pieds. Dans la chapelle Saint-Angilbert, les cinq statues de saints polychromes sont typiques de la sculpture picarde du 16e s. De gauche à droite : Véronique, Hélène, Benoît, Vigor et Riquier.

**Le saviez-vous ?**

Saint-Riquier se nomme Centule lorsque, vers 645, l'ermite **Riquier** trépasse en forêt de Crécy. Rejeton d'une noble famille, ce cénobite a évangélisé le Ponthieu. Sa sépulture, transportée à Centule, devient l'objet d'un pèlerinage. Un monastère bénédictin est fondé, qui sera l'un des plus importants de l'Empire carolingien.

En 790, Charlemagne confie la direction de l'abbaye à son gendre, le poète **Angilbert**. Celui-ci reçoit l'empereur et fait reconstruire les bâtiments avec de précieux matériaux : porphyre, marbre, jaspe d'Italie. L'église principale abrite le tombeau de Riquier. Deux églises secondaires sont réunies par un cloître triangulaire.

Le bras gauche du transept abrite un baptistère Renaissance; sa base est sculptée de bas-reliefs (vie de la Vierge et baptême de Jésus).

**Trésor** – C'ést l'ancienne chapelle privée de l'abbé. Les murs de cette salle voûtée (16e s.) sont ornés de peintures murales, dont la meilleure illustre la « rencontre des trois morts et des trois vifs » (1528), symbole de la brièveté de la vie.

Le trésor contient un christ byzantin (12e s.), des reliquaires (13e s.), un retable en albâtre (15e s.) et un curieux chauffe-mains (16e s.).

### Bâtiments abbatiaux – Musée départemental

*✆ 03 22 71 82 20 - mai-sept. : 10h-18h; de mi-mars à fin avr. et de déb. oct. à mi-nov. : 14h-18h, w.-end et j. fériés 10h-12h, 14h-18h - du 21 nov. au 14 déc. : vend.-dim. 14h-18h - gratuit.*

Reconstruits au 17e s., les bâtiments abbatiaux abritent le centre culturel et le **musée départemental de la Vie rurale**, qui présente la vie traditionnelle en Picardie, à travers la reconstitution de granges et d'ateliers évoquant les semailles et moissons, l'élaboration du cidre, le scieur de long, le coupeur de velours… et une collection consacrée à la viti-viniculture *(visible en été)*.

### Hôtel-Dieu

*Avr.-oct. : tlj sf vend. 14h-18h - 2 €.*

Début 18e s. La chapelle recèle de jolies grilles de fer forgé; le retable de l'autel (fin 17e s.) s'orne d'une toile de Joseph Parrocel; les deux anges et les statuts de saint Nicolas et saint Augustin sont l'œuvre de Pfaffenhoffen *(voir Valloires)*, qui habita longtemps Saint-Riquier. On visite également la sacristie et le cloître.

## Aux alentours

### Muches de Domqueur

*12 km à l'ouest par D 12, puis à gauche vers Domqueur. 4 pl. de l'Église - ✆ 03 22 28 09 17 - visite guidée avr.-août : 15h-18h - 4 € (enf. 3 €).*

Une cinquantaine de chambres composent ces souterrains-refuges du 17e s., classiques sur le plateau picard nord *(voir Naours)*. La visite guidée s'accompagne d'une initiation aux jeux traditionnels picards (palet, grenouille…) et de la découverte d'une fermette restaurée du début du 20e s.

## Saint-Riquier pratique

### Adresse utile

**Office du tourisme de Saint-Riquier** – *Le Beffroi - 80135 - ✆ 03 22 28 91 72 - www.saint-riquier.com - avr.-oct. : lun.-vend. 14h30-17h30, sam. 10h-12h.*

### Se loger

**Chambres d'hôte La Nicoulette** – *7 r. de Saint-Riquier - 80150 Gapennes - 5 km au N de Saint-Riquier par D 12, rte de Crécy-en-Ponthieu et rte secondaire à dr. - ✆ 03 22 28 92 77 ou 06 07 32 86 75 - www.nicoulette.com - 5 ch. 78 €.* De création récente, les 5 chambres de cette ancienne ferme bénéficient de la solide expérience en hôtellerie de la propriétaire et de sa passion pour le mobilier chiné. On ne peut qu'apprécier le résultat, mis en valeur par un accueil des plus charmants. Joli jardin verdoyant.

**Hôtel Jean de Bruges** – *18 pl. de l'Église - ✆ 03 22 28 30 30 - www.hotel-jean-de-bruges.com - fermé 25 déc. - 11 ch. 104/218 € - 14 €.* En face de l'église, cette belle demeure de pierre blanche du 17e s., transformée en hôtel par un avocat belge, est une étape séduisante au cœur de la cité médiévale. Ses chambres marient mobilier moderne et ancien dans un décor d'une élégante sobriété… Jolie terrasse-patio.

### Se restaurer

**Auberge du Pont** – *60 r. du Gén.-de-Gaulle - sortie sud-ouest par D 925, rte d'Abbeville - ✆ 03 22 28 80 28 - http://auberge-du-pont.picardieresto.com - fermé merc. - formule déj. 11,50 € - 18/27 €.* En reprenant cette sympathique auberge du 19e s., les propriétaires ont su la rénover tout en conservant son charme rustique. Bar en bois massif, carrelage à motif, grande cheminée picarde (un ancien four à pain) et pour ne rien gâter, alléchantes spécialités régionales, au gré des saisons.

### Événements

**Festival de musique classique** – *✆ 03 22 71 82 10 - www.festival-de-saint-riquier.fr.* 1re quinz. de juil. Plusieurs concerts par jour, à l'église ou à l'hôtel-Dieu.

**Jazz sur l'herbe** – Un rendez-vous à vivre en famille, l'après-midi du dernier dim. de juin, dans le parc abbatial.

# Saint-Valery-sur-Somme★

2 790 VALÉRICAINS
CARTE GÉNÉRALE A2 – CARTE MICHELIN DEPARTEMENTS 301 C6 – SOMME (80)

**Saint-Valery, c'est le charme d'un petit port de plaisance et de pêche, d'une plage et d'une ville haute, avec ses demeures à colombages et ses remparts. Près du cap Hornu, la chapelle Saint-Valery domine l'harmonieux paysage de la baie de Somme. Les « rives incertaines » décrites par Robert Mallet ont inspiré les artistes, comme Boudin, Degas ou Seurat.**

**Se repérer** – La capitale du Vimeu, nichée dans la verdure, comprend une ville haute et une ville basse plus commerçante, près du port. Entre Dunkerque et Le Tréport, accès par la D 940 ; d'Abbeville, D 3 ou D 40 puis D 940.

**À ne pas manquer** – La vue sur la baie depuis la digue ; les rues et les fortifications de la ville haute.

**Organiser son temps** – Pour apprécier Saint-Valery, sa lumière et ses couleurs, impensable de la traverser au pas de course. Prenez ici le temps de flâner avant de profiter des activités offertes en baie de Somme.

**Avec les enfants** – L'écomusée Picarvie.

**Pour poursuivre la visite** – Voir aussi la baie de Somme, le parc ornithologique du Marquenterre, Rue, Crécy-en-Ponthieu, Abbeville et le Vimeu, Ault.

### Le saviez-vous ?

En 611, une abbaye fut fondée par le moine Walrick, évangélisateur du Vimeu. Avant son arrivée, la ville s'appelait Leuconaus. Son nom actuel doit se prononcer « Saint Val'ry ».

Saint-Valery-sur-Somme a vu passer deux illustres personnages. En 1066, Guillaume de Normandie y fait escale avant de conquérir l'Angleterre. Prisonnière des Anglais, Jeanne d'Arc traverse la ville en 1430.

Le commerce du sel fit la fortune de Saint-Valery. Au 18e s., son entrepôt à sel, aujourd'hui abandonné, était réputé être « le plus grand et le plus solide du royaume ».

## Se promener

### VILLE BASSE

Elle s'étend sur près de 2 km jusqu'au débouché de la Somme où se trouve le port. Celui-ci abrite des bateaux de pêche côtière, dits « sauterelliers », qui traquent la « sauterelle », à savoir la crevette grise.

#### Digue-promenade★

Elle mène, sous les ombrages, à une plage abritée. De la digue, **vue** sur la baie de Somme, Le Crotoy et la pointe du Hourdel. Côté terre, on longe les villas entourées de jardins. Au-delà du Relais de Normandie apparaissent les remparts de la ville haute, où se perche l'église Saint-Martin.

S. Sauvignier / MICHELIN

*La chapelle des Marins.*

### Calvaire des marins

Par la rue Violette et le sentier du Calvaire, on chemine à travers le « Courtgain », quartier des marins dont les charmantes maisons peintes se serrent les unes contre les autres. Depuis le calvaire, **vue** sur la ville basse et l'estuaire.

### Écomusée Picarvie★

*☎ 03 22 26 94 90 - www.baiedesomme.fr - de fin mars à fin sept. : merc.-dim. 10h-12h30, 13h30-18h - 5,90 € (enf. 4,70 €).*

Ce musée évoque la vie picarde avant l'ère industrielle grâce aux reconstitutions d'ateliers et d'échoppes (travail du vannier, cordonnier, serrurier, tonnelier, etc.), mais aussi la place du village avec l'école, le café et le barbier. À l'étage, c'est la vraie ferme d'antan avec cuisine, étable, écurie, cidrerie, « écoucherie », où l'on battait le lin cultivé alentour.

## VILLE HAUTE

Elle conserve une partie de ses fortifications.

### Porte de Nevers

Construite au 14e s., surélevée au 16e s., elle doit son nom aux ducs de Nevers, qui possédaient Saint-Valery au 17e s.

### Église Saint-Martin

Au bord des remparts, cet édifice gothique comporte un appareil de grès et de silex en damier. Voyez le triptyque peint Renaissance *(nef gauche)*.

### Porte Guillaume

Du 12e s. Elle est située entre deux tours majestueuses ; large **vue** sur la baie de Somme.

### Herbarium des remparts

*36 r. Brandt - ☎ 03 22 26 69 37 - mai-oct. : 10h-18h, w.-end et j. fériés 10h-12h30, 15h-18h (19h de mai à août) - possibilité de visite guidée (1h) - 5 € (enf. gratuit).*

C'est à l'initiative d'une association d'habitants qu'a été créé ce coin de nature regroupant environ 1 000 espèces végétales étiquetées. Selon les saisons, coquelicots, valérianes ou jonquilles fleurissent dans ce lieu qui était autrefois le jardin des religieuses de l'hôpital.

### Château abbatial et chapelle des Marins

Au-delà de la porte Guillaume, empruntez la rue de l'Abbaye : le vallon abritait autrefois l'**abbaye Saint-Valery,** dont subsiste le château abbatial en brique et pierre, à fronton sculpté (18e s.).

*Pl. de l'Ermitage, prendre le chemin en montée (1/2h à pied AR) qui mène à la chapelle.*

Recouverte d'un damier de grès et de silex, la **chapelle des Marins** abrite le tombeau de saint Valery. Dominant la baie de Somme, elle offre une **vue★** sur les mollières, l'estuaire et le Marquenterre.

## Saint-Valery-sur-Somme pratique

### Adresse utile

**Office du tourisme de Saint-Valery-sur-Somme** – *2 pl. Guillaume-le-Conquérant - 80230 - ☎ 03 22 60 93 50 - www.saint-valery-sur-somme.fr - avr.-sept. : 9h-12h30, 14h-18h ; oct.-mars : tlj sf lun. 9h30-12h30, 14h30-18h - fermé 25 déc. et 1er-15 janv.*

### Se loger

⊖ **Le Walric** – *Rte d'Eu - ☎ 03 22 26 81 97 - www.campinglewalric.com - ouv. avr.-1er nov. - 263 empl. 24 € - rest.* Ce camping ressemble à une hôtellerie de plein air. Une grande réception, flanquée d'un snack-bar et d'une salle de jeux. Un secteur locatif neuf et de bon standing et des emplacements spacieux. Piscine, laverie et nursery.

⊖⊖ **Relais Guillaume de Normandy** – *Quai Romerel - ☎ 03 22 60 82 36 - fermé 17-31 déc. et mar. sf du 14 Juil. au 20 août - P - 14 ch. 64/80 € - ☕ 9 € - rest. 19/43 €.* Au cœur de la cité médiévale, la tour de ce petit manoir en briques rouges domine la Somme et son quai tranquille bordé de platanes et de tilleuls. Vos nuits y seront paisibles. Les hautes fenêtres de la salle à manger ouvrent sur la terrasse.

⊖⊖ **La Gribane** – *297 quai Jeanne-d'Arc - ☎ 03 22 60 97 55 - fermé 1er déc.-15 fév. - 🚭 - 3 ch. 82/102 € ☕.* Cette maison 1930 a emprunté son nom au bateau de marchandises utilisé, au 18e s., pour naviguer sur la Seine. Les chambres du bâtiment principal, habillées de bleu, beige et blanc, donnent sur la baie ; les autres sont logées dans un pavillon au milieu du jardin.

### Se restaurer

**Le Nicol's** – *15 r. de La Ferté - 03 22 26 82 96 - fermé 10 janv.-4 fév., lun. et merc. soir de mi-nov. à fin mars - 13,90/26 €.* Dans une rue commerçante du centre, derrière une belle façade régionale, salle rustique et chaleureuse où l'on fait des repas traditionnels enrichis de saveurs iodées.

### Sports & Loisirs

**Club de kayak de mer et de va'a de la Baie des Phoques** – *23 r. de la Ferté - 03 22 60 08 44 ou 06 08 46 53 34 - www.baiedesphoques.org - fermé déc.-mars - 18/50 €.* Accessibles à tous, randonnées en kayak ou en pirogue, accompagnées par un moniteur. Découverte de la baie de Somme et des phoques.

**Locations de vélo :**

**Au Brunch Café** – *1 pl. Guillaume-Le-Conquérant - 03 22 30 09 69 - www.brunch-cafe.com.*

**Vélo Baie de Somme** – *28 r. du Bois - 80132 Quesnoy-le-Montant - 03 22 29 07 51 - www.velo-baie-somme.com.*

**Traversée de la Baie :**

**Rando-Nature en Somme** – *BP 10006 - 80230 St-Valery-sur-Somme - réserv. : 03 22 26 92 30 ou OT - www.randonature-wbaiedesomme.com.*

### Événement

**Fête Guillaume** – Cette fête historique, qui a lieu chaque 1er w.-end de juil., commémore le départ de Guillaume le Conquérant de Saint-Valery pour la conquête de l'Angleterre : fête médiévale, camps médiévaux, marché, procession des reliques de saint-Valery.

# Parc Samara★

CARTE GÉNÉRALE B3 – CARTE MICHELIN DEPARTEMENTS 301 G8 – SOMME (80)

**Des reconstitutions de huttes néolithiques à l'ancien oppidum romain sur ses hauteurs, le plus grand parc de France consacré à la préhistoire vous plonge dans la vie des premiers hommes. Au cœur de la vallée de la Somme, entre falaise et anciennes tourbières, le parc Samara, ancien nom de la Somme, fait revivre ces époques par des démonstrations de tisserands, forgerons et autres tailleurs de silex. Prêts à remonter le cours du temps ?**

- **Se repérer** – Ce parc de 30 ha, à 15 km à l'ouest d'Amiens, est aménagé au pied d'un oppidum celtique d'où la vue s'étend sur la vallée de la Somme. Accès par la D 191 ou la N 1.
- **À ne pas manquer** – Le jardin botanique ; les démonstrations d'artisans.
- **Organiser son temps** – Comptez deux à trois heures pour découvrir le parc. La visite peut être intégrée au circuit de la vallée de la Somme entre Amiens et Abbeville.
- **Avec les enfants** – L'ensemble du site devrait les intéresser.
- **Pour poursuivre la visite** – Voir aussi Picquigny, Amiens, Airaines, le château de Bertangles.

S. Sauvignier / MICHELIN

*Reconstitution d'une habitation préhistorique (2e âge du fer) dans le parc Samara.*

## Visiter

*✆ 03 22 51 82 83 - www.samara.fr - juil.-août : 10h-18h30 ; mars-juin et sept.-oct. : 9h30-17h30, w.-end, j. fériés et vac. scol. (zones B et C) 9h30-18h30 - fermé nov.-mars - 9 € (+ 6 ans 7,50 €). Plusieurs dimanches par an, le parc organise des journées thématiques (la métallurgie, le feu, fête préhistorique, fêtes des enfants…).*

### Le saviez-vous ?

Samara est le nom gaulois de la Somme, qui traverse le département. Il désigne aujourd'hui ce site qui restitue 600 000 ans de l'évolution humaine, du néolithique jusqu'aux Gallo-Romains.

La tribu celtique des Ambiani occupait cette partie de la Gaule, devenue l'Amiénois. Elle se définit par rapport à son fleuve : le préfixe *ambi* signifie « des deux côtés » (de la Somme).

### Arboretum et jardin botanique

Avant d'observer les premiers habitats humains ou de s'initier à la taille du silex, on découvre l'**arboretum** en forme de monstre marin, riche de nombreuses essences d'arbres, et, au centre, le **jardin botanique**, conçu comme un labyrinthe, qui abrite environ 600 plantes à fleurs, certaines rares et protégées.

Le sentier continue ensuite et forme une boucle à travers le marais, ancienne tourbière en voie de comblement, invitant à la découverte de divers écosystèmes.

### Pavillon des expositions

En revenant sur ses pas, on découvre ce pavillon dont les deux coupoles centrales et les douze coupoles latérales symbolisent la silhouette humaine. L'exposition et les ateliers pédagogiques permettent d'appréhender scientifiquement, mais de façon ludique, l'évolution de l'être humain et de ses outils, ainsi que sa conquête de la Terre. Des **films** présentent brièvement les travaux de spécialistes du paléolithique et leurs techniques d'investigation. Une autre partie de l'exposition évoque le quotidien en Picardie, du paléolithique inférieur jusqu'à l'époque gallo-romaine : habitat de chasseurs de rennes, atelier de bronzier, atelier de forgeron de l'âge du fer, ruelle d'un village gaulois, cuisine gallo-romaine…

### Circuit des reconstitutions

De nouveau à l'extérieur, ce circuit, sillonnant à flanc de falaise, présente les **habitats** de plusieurs âges : néolithique, bronze et fer, avec leurs greniers, leurs caves et leurs puits. Des artisans présentent les **techniques** utilisées pendant la préhistoire : poterie, taille du silex, fabrication du feu, tissage, teinture, mosaïque…

### Oppidum romain

Un sentier escarpé mène à l'oppidum romain de la Chaussée-Tirancourt, vestige des fortifications romaines du début de notre ère. Là-haut vous attendent une table d'orientation et une belle **vue** sur la vallée de la Somme.

# Sars-Poteries

1 490 SARSÉENS
CARTE GÉNÉRALE C2 – CARTE MICHELIN DEPARTEMENTS 302 M6 – NORD (59)

**La terre de Sars-Poteries fut utilisée par les potiers dès le 15e s. Si la grosse industrie céramique a disparu, plusieurs ateliers artisanaux fonctionnent encore. De magnifiques collections de verreries anciennes et contemporaines sont exposées dans une grande demeure bourgeoise.**

- **Se repérer** – Au nord-est d'Avesnes-sur-Helpe, accès par la N 2, puis, au lieu dit les Trois-Pavés, par la D 962 à droite. De Maubeuge, prendre la N 2 puis la D 962, ou la D 27 jusqu'à Dimechaux puis la D 80.
- **À ne pas manquer** – Le musée-atelier du Verre.
- **Organiser son temps** – Prévoyez deux heures pour le musée.
- **Pour poursuivre la visite** – Voir aussi Avesnes-sur-Helpe, Fourmies, Maubeuge.

**Le saviez-vous ?**

👁 Le village s'appelle Sarto en 1100. Au 13ᵉ s., il devient Sars, qui signifie « défriché », puis Sars-Poteries au début du 17ᵉ s., lorsque naît la poterie de grès.

👁 Au 19ᵉ s., deux verreries se développent, créant services de table et flacons. En 1900, elles comptent 800 ouvriers, mais ferment en 1938, frappées par la crise. Quelques potiers perpétuent la tradition. D'autres se contentent d'entretenir leurs curieux épis de faîtage en verre, posés depuis le 19ᵉ s. sur le toit des maisons.

## Visiter

### Musée-atelier du Verre★

*✆ 03 27 61 61 44 - tlj sf mar. 10h-12h30, 13h30-18h (dernière entrée 30mn av. fermeture) - fermé 1er janv., 1er mai, 25 déc. - 3 € (gratuit 1er dim. du mois).* Dans l'ancienne demeure du directeur de la verrerie, ce musée rassemble une collection originale de verreries, exécutées par les ouvriers pour eux-mêmes. Ces œuvres faites en dehors des heures payées, les **« bousillés »**, permettaient aux verriers de déployer leur art et leur créativité : lampes gravées, coupes à plusieurs étages, « encriers de la revanche », ainsi dénommés car les verriers ne savaient pas écrire mais possédaient les plus beaux encriers, curieuses bouteilles de la Passion que l'on emportait au pèlerinage de N.-D. de Liesse et qui contenaient des ludions représentant instruments et personnages ayant trait à la Passion du Christ.

La très importante collection de verre contemporain s'enrichit chaque année d'acquisitions de sculptures en verre d'artistes internationaux, mais aussi d'œuvres réalisées par des artistes en résidence à l'atelier de Sars-Poteries. Le *Derviche dansant* (1994), de Guy Untrauer, est fait de verre travaillé à chaud, collé et passé à l'acide.

Des expositions temporaires présentent l'actualité la plus récente de l'art contemporain en verre.

Musée-atelier du Verre, Sars-Poteries

*« Derviche dansant » de Guy Untrauer.*

### Pierre de Dessus-Bise

Le menhir se dresse à 100 m de l'église, sur la place du Vieux-Marché. La tradition veut que les femmes stériles qui vont s'asseoir sur cette pierre deviennent fécondes.

### Moulin à eau

*✆ 03 27 61 60 01 - juil.-août : tlj sf mar. 15h-18h ; avr.-juin et sept.-oct. : dim. et j. fériés 15h-18h - 3 € (enf. 1,60 €).*

Sur la rivière au nord de la ville, ce moulin (1780) a conservé tout son mécanisme : la grande roue dentée, autrefois actionnée par une roue à augets entraînant trois paires de meules, et son système de monte-charge par courroie à godets.

## Sars-Poteries pratique

### Adresse utile

**Office du tourisme de Sars-Poteries** – *20 r. du Gén.-de-Gaulle - 59216 - ✆ 03 27 59 35 49 - www.chez.com/sarspoteries - mar. 9h30-12h, merc. 13h30-15h30, jeu. 9h-12h, 13h30-17h, vend. 10h-12h, 13h30-17h, sam. 9h30-12h, 13h30-16h30 - fermé dim. et j. fériés.*

### Se loger

⊖⊖ **Marquais** – *R. du Gén.-de-Gaulle - ✆ 03 27 61 62 72 - www.hoteldumarquais.com - P - 11 ch. 50 € - ☕ 7 €.* Vous serez certainement conquis par l'ambiance familiale de cette auberge sarséenne. Les chambres ont du cachet (meubles anciens et murs en briques peintes), et la table d'hôte dressée dans le hall à l'heure du petit-déjeuner ajoute au charme du lieu. Parenthèse sportive sur le court de tennis ou repos dans le jardin.

### Se restaurer

⊖⊖⊖ **L'Auberge Fleurie** – *67 r. du Gén.-de-Gaulle - ✆ 03 27 61 62 48 - auberge-fleurie.net - fermé 8-25 janv., 20-30 août, dim. soir et lun. - réserv. obligatoire - 26/74 €.* Niché dans une maison aux murs de brique peinte en blanc et aux fenêtres bien fleuries en été, ce restaurant à la cuisine soignée et savoureuse ouvre sur une terrasse-jardin, très agréable aux beaux jours. Quelques chambres récemment aménagées.

# Seclin

12 276 SECLINOIS
CARTE GÉNÉRALE B2 – CARTE MICHELIN DEPARTEMENTS 302 G4 – NORD (59)

**Proche de Lille et très ancienne capitale du Mélantois, Seclin vit des industries alimentaire, aéronautique et chimique. La ville s'enorgueillit de posséder l'un des meilleurs carillons de France.**

- **Se repérer** – À 10 km au sud de Lille, sur un plateau crayeux à l'ouest du Mélantois. De Lille, accès par la D 549 et l'A 1.
- **À ne pas manquer** – La crypte de la collégiale Saint-Piat ; la cour de l'hôpital Notre-Dame.
- **Organiser son temps** – Préférez une visite de la ville le lundi, entre 11h et 12h, vous profiterez du concert de carillon.
- **Pour poursuivre la visite** – Voir aussi Lille, Villeneuve-d'Ascq, Douai, Lens et le circuit des Gueules noires.

## Visiter

### Hôpital Notre-Dame

*Visite guidée sur demande à l'office de tourisme.*

À l'ouest de la ville, au bord du canal de Seclin, l'hôpital est annoncé par un tapis vert bordé de charmilles. Il a été fondé au 13e s. par Marguerite de Flandre, sœur de la comtesse Jeanne, qui fit édifier l'hospice Comtesse de Lille. Les bâtiments actuels (17e s.) sont de style baroque flamand, avec un appareil de briques et de pierres aux ornements très sculptés.

Entrez dans la **cour★** bordée d'arcades. À droite s'élève le pignon à gradins de la salle des malades que prolonge, suivant la tradition, une chapelle ; ces deux bâtiments sont du 15e s. La chapelle est couverte d'un berceau de bois.

### Collégiale Saint-Piat

*En centre ville. Visite guidée sur demande à l'office de tourisme.*

Cette église possède, dans la nef, des chapiteaux allongés d'un modèle original. À droite du chœur, rhabillé au 18e s., s'ouvre l'entrée d'une **crypte** préromane abritant le tombeau de saint Piat : une dalle funéraire du 12e s. recouvre le sarcophage d'origine. À droite du déambulatoire, salle capitulaire des 14e-15e s.

Dans le clocher, le **carillon** (42 cloches) offre une sonorité unique. C'est le seul de France réalisé en Angleterre, à partir d'une unique coulée de bronze. L'instrument servit de diapason au réglage de nombreux carillons français. *Chaque lundi (jour de marché), entre 11h et 12h, ainsi que les jours de fêtes civiles et religieuses, concert de carillons.*

## Circuit de découverte

### LA PÉVÈLE ET LE MÉLANTOIS

*52 km – environ 1h30.*

La Pévèle, région de sable et d'argile, très humide, forme une légère bosse dans la plaine flamande. En plus de cultures expérimentales, les agriculteurs cultivent la chicorée et produisent des semences. Le Mélantois est constitué d'une bande de terrain crayeux, couvert de limon.

*Quitter Seclin à l'est pour emprunter la D 8 vers Attiches.*

#### Forêt de Phalempin

Dans cette jeune futaie de chênes et de bouleaux, certaines zones sont aménagées pour le tourisme.

*Suivre la D 8 jusqu'à la D 954 que l'on prend à gauche.*

#### Mons-en-Pévèle

Campé sur sa butte (alt. 107 m), c'est le point culminant de la Pévèle. En 1304, Philippe le Bel y infligea une défaite aux « communiers » (artisans) flamands. Vue sur la Pévèle et, au-delà, sur la plaine de Flandre.

*Suivre la D 954, puis à gauche, la D 917. À Pont-à-Marcq, rejoindre la D 549 à droite, puis, à gauche, la D 19 jusqu'à Templeuve.*

### Templeuve

Le moulin de Vertain (17e s.) possède des dimensions impressionnantes : une tour de 10 m de hauteur, des murs de 1,25 m d'épaisseur et des ailes de 24 m de diamètre. C'est aussi l'unique exemple d'un concept original : deux planchers pivotent avec l'ensemble de la construction, ce qui permet à un homme seul d'orienter le moulin dans le bon sens. ✆ *03 20 79 23 23 - visite guidée (30mn) mai-sept. : dim. 15h30-19h - 2 € (enf. 1 €).*

*Quitter Templeuve au nord-est et rejoindre la D 94. Après Louvil, bifurquer à droite dans la D 94A.*

### Cysoing

Au sud de la petite ville s'élevait une abbaye d'augustins où logea Louis XV en mai 1744, un an avant la bataille de **Fontenoy**. En mémoire de sa victoire, les chanoines ont élevé un **obélisque** de 17 m *(accès : chemin « pyramide de Fontenoy »)*. Posé sur un piédestal rocaille, il se termine par une fleur de lys.

*Quitter Cysoing à l'ouest par la D 955.*

### Bouvines

Ce nom reste gravé dans l'histoire de France en raison de la bataille qui s'y déroula. Dans l'église Saint-Pierre, 21 **vitraux** relatent les épisodes de cette victoire française.

### Sainghin-en-Mélantois

Ce bourg possède de vieilles maisons flamandes chaulées, à toits de tuiles, et une vaste église gothique (15e-16e s.) reconstruite après l'incendie qui la dévasta en 1971.

*Revenir en arrière et tourner à droite dans la D 19. Continuer sur la D 54. À Avelin, on rejoint la D 549 qui ramène à Seclin.*

## Seclin pratique

### Adresses utiles

**Office du tourisme de Seclin** – *9 bd Hentgès - 59110 - ✆ 03 20 90 12 12 - www.seclin-tourisme.com - tlj sf dim., j. fériés, lun. mat., sam. apr.-midi 9h-12h30, 14h-17h30.*

**Office du tourisme de Cysoing - Pays de Pévèle** – *43 pl. Faidherbe - 59830 - ✆ 03 20 79 46 15 - tlj sf lun., dim. et j. fériés 10h-12h, 14h-17h.*

### Se loger

⊖⊖ **L'Escale des Flandres** – *59 r. Carnot - ✆ 03 20 90 09 59 - www.escalesdesflandres.com - fermé vend. soir, dim. soir et sam. - P - 9 ch. 46/55 € - ☕ 5,50 € - rest. 17/35 €.* Séduisante idée que de faire escale dans cet établissement de brique rouge. Ses chambres bleu ciel sont quasi neuves (mobilier et literie). Ses espaces de restauration (brasserie façon estaminet, salle aux blasons, salle aux fresques et cave à vins) valent le détour.

### Se restaurer

⊖⊖ **Aux Rois Fainéants** – *4 r. Seclin - 59139 Noyelles-les-Seclin - 4 km au N de Seclin par D 952 - ✆ 03 20 90 10 73 - www.lesroisfaineants.fr - fermé lun.-jeu. soir (sf sur réserv.) - 13,80 € déj. - formule déj. 11 € - 31/45 €.* Il vous faudra pousser très fort la lourde porte pour découvrir ce restaurant aménagé dans une ancienne grange. Décor campagnard agrémenté d'une cheminée pour les grillades (spécialité : le jambon cuit au jus de houblon) et d'une estrade pour les dîners-spectacles.

### Que rapporter

**Le Domaine Mandarine Napoléon** – *204 r. Burgault - ✆ 03 20 32 54 93.* Dans une ferme du 19e s., découvrez l'une des belles collections françaises dédiées à Napoléon. Le bar à dégustation vous dévoilera les secrets de la liqueur de mandarine, créée il y a 200 ans, et tellement appréciée par l'Empereur qu'elle fut baptisée à son nom. Vente directe à la boutique.

# Soissons★

28 442 SOISSONNAIS
CARTE GÉNÉRALE C4 - CARTE MICHELIN DEPARTEMENTS 306 B6 - AISNE (02)

**Capitale des premiers rois mérovingiens, célèbre pour son vase brisé, Soissons a été reconstruit après 1918, mais conserve sa cathédrale gothique, simple et pure, et les vestiges d'un monastère qui fut l'un des plus riches du Moyen Âge.**

**Se repérer** – À 100 km de Paris, Soissons domine une colline calcaire. De Saint-Quentin, Coucy-le-Château et Château-Thierry, accès par la D 1 ; de Rouen, Beauvais, Compiègne ou Reims, N 31/E 46 ; de Laon ou Paris, N 2.

**À ne pas manquer** – Le croisillon sud de la cathédrale Saint-Gervais-et-Saint-Protais ; l'abbaye Saint-Jean-des-Vignes ; le donjon de Septmonts.

**Organiser son temps** – Comptez 2h pour la cathédrale, 1h30 pour le musée, dans l'abbaye de Saint-Léger. En été, optez plutôt pour les visites à thème, les « Estivales ».

**Avec les enfants** – Une soirée au cynodrome *(voir l'encadré pratique)*.

**Pour poursuivre la visite** – Voir aussi le Chemin des Dames, Laon, la forêt de Saint-Gobain, Coucy-le-Château-Auffrique, Blérancourt, l'abbaye de Longpont, Villers-Cotterêts, Fère-en-Tardenois.

**Le saviez-vous ?**

Soissons est un dérivé de Suessions, l'une des trois cités celtiques du Soissonnais, proche de la capitale Noviodunum. À l'époque romaine, Noviodunum prend le nom d'Augusta Suessionum.

Les maraîchers perpétuent la tradition du haricot de Soissons, gros haricot sec et blanc, que leurs épouses accommodent en délicieux *soissoulet*. Les confiseurs le proposent sous forme de bonbons.

## Comprendre

**Le vase de Soissons** – Au 5e s., la cité joue un rôle important. C'est à ses portes que Clovis bat les Romains (486). À la suite de cette bataille a lieu l'épisode du **vase de Soissons**. Clovis avait réclamé dans son butin la restitution d'un vase volé dans une église de Reims. Un soldat s'y opposa et le brisa en déclarant : « Tu n'auras, ô Roi, que ce que le sort te donnera. » L'année suivante, passant en revue ses troupes, Clovis s'arrêta devant le soldat et lui fendit le crâne en disant : « Ainsi en as-tu fait du vase de Soissons. » L'histoire du fameux vase est illustrée par un bas-relief sur le monument aux morts, place Fernand-Marquigny.

**Capitale franque** – Clotaire Ier, fils de Clovis, fait de Soissons sa capitale, comme le fera son fils Chilpéric Ier, roi de Neustrie. En 751, Pépin le Bref, roi des Francs, est le premier des Carolingiens qui succèdent aux Mérovingiens déchus. À la suite d'un combat livré sous les murs de la ville en 923, Charles le Simple renonce au trône au profit de la maison de France.

## Visiter

### Ancienne abbaye Saint-Jean-des-Vignes★★ A2

*✆ 03 23 93 30 50 - avr.-sept. : 9h-12h, 14h-18h, w.-end 9h-12h, 14h-19h ; oct.-mars : 9h-12h, 14h-17h, w.-end 9h-12h, 14h-18h - fermé 1er janv., 25 déc. - visite guidée sur demande (1h30).*

Fondée en 1076, l'abbaye fut l'une des plus riches du Moyen Âge. Les libéralités des rois de France, des évêques, des seigneurs et des bourgeois permirent aux moines de construire, aux 13e et 14e s., une église abbatiale et des bâtiments monastiques. En 1805, un décret impérial, pris en accord avec l'évêché de Soissons, ordonna la démolition de l'église, dont les matériaux devaient servir à réparer la cathédrale. Devant les protestations, la façade fut sauvegardée.

**Façade** – Portails à redans, finement découpés et surmontés de gâbles (fin du 13e s.). Le reste est du 14e s., à part les clochers (15e s.). Une galerie à claire-voie sépare le portail central de la rose, qui a perdu son réseau d'arcatures. Aux contreforts des tours sont accolées, deux à deux, des statues de la Vierge et des saints. Le **clocher nord**, plus large, est le plus élevé et le plus orné : dais finement travaillés des contreforts,

*Soissons vue de la campagne.*

clochetons ajourés et surmontés de flèches à crochets, arêtes et crochets saillants. Sur la face ouest, contre le meneau de la baie supérieure, est fixé un Christ en Croix ; à ses pieds, les statues de saint Jean et de la Vierge.

**Réfectoire★** – Dans le prolongement de la façade, au dos du grand cloître, ce bâtiment (13e s.) comporte deux nefs voûtées d'ogives et conserve sa chaire de lecteur. Sept fines colonnes coiffées de chapiteaux à feuillage reçoivent la retombée des doubleaux et des nervures. Huit grandes roses à lobes percent les murs est et ouest.

**Cellier** – Sous le réfectoire dont elle reproduit le plan, cette salle est voûtée d'ogives retombant sur de robustes piles octogonales. En face, ancien logis de l'abbé (16e s.).

**Cloîtres** – Il ne reste du **grand cloître★** que deux galeries édifiées au 14e s. Les arcades en tiers-point, séparées par des contreforts ouvragés, possédaient une arcature dont les travées sud conservent des restes. Les chapiteaux sont ornés de délicats motifs de fleurs et d'animaux. Le **petit cloître** présente deux travées Renaissance.

**Arsenal** – Progressivement désaffectée au cours du 18e s., l'abbaye sert de caserne après la Révolution. Un arsenal est construit au 19e s. Des expositions temporaires consacrées à la création contemporaine ainsi que des concerts y sont régulièrement organisés. *℘ 03 23 53 42 40.*

## Cathédrale Saint-Gervais-et-Saint-Protais★★ A1

*9h30-12h, 14h-17h30 (mai-sept. 18h30).*

La pureté de ses lignes et la simplicité de son ordonnance en font l'un des plus beaux témoins de l'art gothique. Sa construction débute au 12e s. par le croisillon sud. Le 13e s. voit s'élever le chœur, la nef et les bas-côtés. Le croisillon nord et la partie haute de la façade sont du 14e s. La guerre de Cent Ans interrompt les travaux, et le clocher nord reste inachevé. Après la Grande Guerre, seuls le chœur et le transept sont restés intacts.

**Extérieur** – La façade asymétrique ne laisse pas présager la beauté intérieure de l'édifice. Au 18e s., des remaniements, corrigés en partie en 1930, ont défiguré les portails qui n'ont conservé que leurs profondes voussures. La rose, surmontée d'une galerie, s'inscrit dans un arc ogival. De la rue de l'Évêché, on aperçoit l'étagement du bras sud du transept qui se termine en hémicycle, et, de la place Marquigny, le chevet.

À l'est du croisillon nord s'ouvre un portail à gâble élancé, épaulé par deux contreforts ; l'art décoratif du 14e s., plus ouvragé, s'y manifeste. La façade du croisillon est ornée d'arcatures rayonnantes (14e s.). Percée d'une grande rose, inscrite dans un arc en tiers-point, elle s'achève par un pignon flanqué de deux pinacles.

**Intérieur★** – La cathédrale, longue de 116 m, large de 25,6 m et haute de 30,33 m, est absolument symétrique. Aucun détail ne rompt l'harmonie de ce vaisseau. Des colonnes cylindriques séparent les travées de la nef ou du chœur. Leurs chapiteaux, sobrement décorés, reçoivent la retombée des grandes arcades en tiers-point. Ils servent de point d'appui à cinq fûts qui soutiennent la voûte et sont prolongés jusqu'au socle par une colonne engagée. Les grandes arcades sont surmontées d'un triforium et de hautes fenêtres géminées.

Le **croisillon sud★★** est une merveille de grâce, due en partie à son déambulatoire. S'y ouvre une chapelle à deux étages. Une belle clef réunit les nervures de la voûte : elles retombent sur des colonnettes encadrant les fenêtres et sur les deux colonnes monolithes de l'entrée.

Le **chœur** est un des premiers témoins du style gothique lancéolé. Les fenêtres à cinq lancettes sont ornées de vitraux des 13e et 14e s. L'autel est encadré de statues de marbre blanc *(Annonciation)*. Les voûtes d'ogives des chapelles rayonnantes se combinent avec celles du déambulatoire ; les branches d'ogives s'entrecroisent à la même clef.

Le **croisillon nord** présente la même ordonnance que la nef. Sur le mur droit du fond, ornementation du 14e s. : rose avec vitraux anciens. À gauche, **L'Adoration des bergers** fut exécutée par Rubens pour les cordeliers, en remerciement des soins que ceux-ci lui avaient prodigués.

### Ancienne abbaye Saint-Léger - Musée de Soissons B1

*✆ 03 23 93 30 50 - www.musee-soissons.org - possibilité de visite guidée sur demande (1h30) - avr.-sept. : 9h-12h, 14h-18h, w.-end 14h-19h ; oct.-mars : 9h-12h, 14h-17h, w.-end 14h-18h - fermé merc., 1er janv., 1er Mai et 25 déc. - gratuit.* Fondée en 1139, l'abbaye fut dévastée en 1567 par les protestants, qui démolirent la nef de l'église.

**Église** – Le chœur, terminé par un chevet à pans coupés, et le transept (13e s.) sont éclairés par des fenêtres hautes et basses. La façade et la nef à double collatéral ont été reconstruites au 17e s. Remarquez la riche collection lapidaire gallo-romaine et médiévale.

**Crypte** – Elle est composée de deux galeries et deux travées (fin du 11e s.) dont les voûtes d'arêtes retombent sur des piliers flanqués de colonnes à chapiteaux cubiques ornés de feuilles. Une abside polygonale (13e s.), voûtée d'ogives, la prolonge.

| SE LOGER | | SE RESTAURER | |
|---|---|---|---|
| Chambre d'hôte Domaine de Montaigu | 1 | Hostellerie du Lion d'Or | 1 |
| Chambre d'hôte Ferme de la Montagne | 4 | Le Grenadin | 4 |
| Hôtel Prime | 8 | | |

**Salle capitulaire** – Donnant sur le cloître (13e s.), la salle capitulaire, de la même époque, est voûtée de six croisées d'ogives retombant sur deux colonnes.

**Musée** – Dans les bâtiments conventuels, le musée abrite des collections variées. Rez-de-chaussée : préhistoire, époques gauloise et gallo-romaine (tête de Clotaire). 1er étage : toiles (16e-19e s.) des écoles du Nord, italienne, française (Largillière, Courbet, Boudin...). Voyez l'*Allégorie de l'hiver*, un tableau anonyme flamand (1630-1650) ; il représente un vieillard barbu (clair-obscur). Dans l'autre salle, documents, plans, peintures et maquettes illustrent l'histoire locale.

Gagnez l'avenue du Mail pour jeter un coup d'œil sur le chevet de l'église et l'hôtel de ville, intendance sous l'Ancien Régime.

### Abbaye Saint-Médard

*Sur demande préalable à l'office de tourisme - ✆ 03 23 53 17 37.*

De cette abbaye, célèbre à l'époque franque, ne subsiste qu'une **crypte** préromane (9e s.) qui contenait le tombeau de saint Médard et les tombes des rois mérovingiens fondateurs : Clotaire et Sigebert.

## Aux alentours

### Courmelles

*4 km au sud* par la *D 1 ; à la sortie de la ville, emprunter une petite route.*

L'**église** (12e s.) au clocher trapu conserve son **chevet** roman arrondi. Quatre contreforts, formés de colonnettes aux chapiteaux finement sculptés, séparent les fenêtres en plein cintre, décorées de cordons d'étoiles et surmontées d'arcatures brisées.

### Septmonts

*6 km au sud par la D 1, puis la D 95 à gauche.*

Ce village de la vallée de la Crise conserve des maisons à pignons gradués dits « à pas de moineaux », caractéristiques de l'architecture soissonnaise.

**Donjon★** – *✆ 03 23 74 91 36 - mai-sept. : 9h-19h ; oct.-avr. : 10h-17h - gratuit.*

« Dans une charmante vallée, un admirable châtelet du 15e s. est encore parfaitement habitable... C'est la plus saisissante habitation que tu puisses te figurer. Une ancienne maison de plaisance des évêques de Soissons. » Cette lettre fut adressée par Victor Hugo à sa femme en 1835. Dans un beau site boisé, le donjon (14e s.) édifié par l'évêque Simon de Bucy, avec ses cheminées élancées et sa haute tourelle de guet, forme une construction élégante. On peut y monter, visiter les pièces qu'il abrite et profiter de ses différentes terrasses d'où se dégage une vue sur le village et le Soissonnais. La chapelle Saint-Louis est le seul vestige du château primitif (13e s.). Agréable pour la promenade, le parc est planté d'une centaine d'espèces d'arbres ; il est complété par un verger.

**Église** – *✆ 03 23 74 91 36 - tlj sf w.-end. sur demande à la mairie.*

Elle fut bâtie au 15e s. Le clocher-porche ajouré de baies est surmonté d'une flèche de pierre hérissée de crochets. À l'intérieur, la poutre de gloire polychrome est sculptée de médaillons représentant les apôtres.

### Fort de Condé à Chivres-Val

*12 km à l'est par la D 925. ✆ 03 23 54 40 00 - www.fortdeconde.com - juin-août : 9h30-12h, 13h30-18h30 (dim. 19h30) ; de mi-avr. à fin mai et de déb. sept. à mi-nov. : 9h30-12h, 13h30-17h30 - 5 €. (10-18 ans 2,50 €).*

Établi par Vauban, le fort constituait la deuxième ligne de défense protégeant Paris. Mis à mal en 1870, il est renforcé par la suite, puis progressivement désarmé jusqu'en 1912. C'est cependant un bel exemple de l'architecture militaire du 19e s. Un vaste fossé défend l'entrée du fort, constitué de casemates, de salles de tirs d'artillerie et d'une caserne, le tout relié par des galeries souterraines. De l'entrée vue sur le Soissonnais.

Braine

*17 km à l'est (N 31).*

Né d'un pont sur la Vesle, que commandait un château aujourd'hui en ruine, Braine fut une étape sur la route de Soissons à Reims. Sur la place du Gén.-de-Gaulle, anciennement place Martroi, subsiste une belle maison à pans de bois (16e s.) ; surmontée d'une tourelle, elle garde sa porte cochère.

En lisière de la localité, près de la Vesle, l'**église Saint-Yved-et-Notre-Dame**, ancienne abbatiale de prémontrés fondée par le comte de Braine à la fin du 12e s., ne conserve que deux travées de sa nef, son transept et son chœur à chapelles rayonnantes.

Au revers de la façade, deux sculptures (13$^{e}$ s.) : le Christ et la Vierge couronnée sont entourés par les 24 statues d'un Arbre de Jessé. À l'intérieur, vaste chœur à triforium et tour-lanterne analogue à celle de la cathédrale de Laon. *Sur demande à l'office de tourisme - ✆ 03 23 74 73 34.*

### Mont-Notre-Dame

*24 km au sud-est (N 31) ; prendre la D 14 à droite à Braine.*

Une **église** dédiée à sainte Marie-Madeleine couronne le « mont » qui domine la vallée de la Vesle. Ce bâtiment Art déco a remplacé une magnifique collégiale des 12$^{e}$-13$^{e}$ s., détruite par les Allemands en 1918. Son clocher (60 m) est surmonté d'une statue de Marie-Madeleine. *Sur demande préalable à M$^{me}$ Leroux (✆ 03 23 54 80 39).*

## Soissons pratique

### Adresses utiles

**Office du tourisme de Soissons** – *16 pl. Fernand-Marquigny - 02200 - ✆ 03 23 53 17 37 - www.ville-soissons.fr - avr.-sept. 9h30-19h ; oct.-mars : 9h30-17h30 - fermé 1$^{er}$ janv. et 25 déc.*

**Office du tourisme de Braine** – *34 pl. du Gén.-de-Gaulle - 02220 - ✆ 03 23 74 73 34 - www.braine.fr - mar.-vend. 10h-12h, 14h30-18h15, sam. 9h-12h - fermé dim., lun. et j. fériés.*

### Visite

**Visite guidée** – *Renseignements à l'office de tourisme - 5 € (enf. 2,50 €).* Soissons, qui porte le label **Ville d'art et d'histoire**, propose des visites-découvertes animées par des guides-conférenciers agréés par le ministère de la Culture et de la Communication. Visites sur demande (juil.-août - les Estivales) : « histoire et patrimoine de Soissons ».

### Se loger

⊖ **Chambre d'hôte Ferme de la Montagne** – *02290 Ressons-le-Long - 8 km à l'O de Soissons par N 31 et D 1160 - ✆ 03 23 74 23 71 - lafermedelamontagne.free.fr - fermé janv.-fév. - ⊭ - 5 ch. 45/50 € ☕.* Cette ferme de l'abbaye Notre-Dame de Soissons est située sur un plateau et domine superbement la vallée de l'Aisne. On peut admirer le magnifique paysage depuis le salon. Pour plus de confort, les chambres ont chacune un accès indépendant.

⊖⊖ **Hôtel Prime** – *Rte de Paris - ✆ 03 23 73 33 04 - P - 42 ch. 56 € - ☕ 8 €.* Cet hôtel implanté aux portes de la ville abrite de petites chambres fonctionnelles pouvant dépanner. Restaurant d'étape proposant des formules buffets.

⊖⊖ **Chambre d'hôte Domaine de Montaigu** – *16 r. de Montaigu, Hameau « Le Soulier » - 02290 Ambleny - 10 km à l'O de Soissons par N 31, rte de Compiègne et D 943 à gauche - ✆ 03 23 74 06 62 - www.domainedemontaigu.com - ⊭ - 5 ch. 75 € ☕ - repas 25 €.* Cette belle demeure de caractère combine calme, luxe et accueil décontracté pour vous offrir ce qu'on peut trouver de mieux en maison d'hôte. Des chambres très chic, un salon de grand standing, et une table d'hôte dressée de façon somptueuse. Une réussite totale.

### Se restaurer

⊖ **Le Grenadin** – *19 rte de Fère-en-Tardenois - 02200 Belleu - ✆ 03 23 73 20 57 - fermé 2 sem. en janv., dim. soir et lun. - 8/43,50 €.* Un accueil tout sourire et un service attentionné vous attendent dans ces deux petites salles de restaurant joliment rénovées dans des coloris pastel. Aux beaux jours, le couvert est dressé dans l'agréable jardin. Cuisine variant au fil des saisons.

⊖ **Hostellerie du Lion d'Or** – *1 pl. du Gén.-de-Gaulle - 02290 Vic-sur-Aisne - 12 km à l'O de Soissons par N 31 et D 2 - ✆ 03 23 55 50 20 - fermé 15 j. en fév., 1 sem. en mai, 2 sem. en août, dim. soir, mar. soir et lun. - réserv. le w.-end - formule déj. 12 € - 15/35 €.* Une bonne adresse pour faire bombance dans un cadre chaleureux. Depuis sa création en 1580, ce restaurant n'a jamais failli et continue de servir autour de sa cheminée une cuisine du marché fraîche et généreuse. Avant de quitter les lieux, demandez à voir l'« album historique »...

### En soirée

**Abbaye Saint-Jean-des-Vignes - Arsenal** – *www.musee-soissons.org - tlj sf merc. 9h-12h, 14h-18h, w.-end 14h-19h - fermé 1$^{er}$ janv. et 25 déc.* Des expositions temporaires consacrées à la création contemporaine, ainsi que des concerts sont organisés dans la salle de l'Arsenal. *Ouvert toute l'année. Gratuit. ✆ 03 23 53 42 40.*

**Cynodrome** – *10 bd Branly - ✆ 03 23 73 18 92 - dim. ttes les 2 sem. 14h - fermé oct.-avr.* De toute l'Europe, des lévriers viennent concourir sur cette piste de 450 m. Bals et animations sont organisés les jours de Grands Prix dans une ambiance bon enfant. Un spectacle rare à ne pas manquer. Le public peut assister aux entraînements.

# Baie de Somme★★

CARTE GÉNÉRALE A2 – CARTE MICHELIN DEPARTEMENTS 301 C6 – SOMME (80)

**La Somme hésite avant de rejoindre la Manche, elle se prélasse d'abord et c'est finalement comme si la mer venait la chercher dans les terres. Entre le Marquenterre et la pointe du Hourdel, d'immenses espaces se succèdent, offrant des vues baignées d'une luminosité parfois irréelle, teintée de rose, d'opale, de gris ou d'or. À marée basse, la mer découvre des étendues infinies de sable et d'herbe. La baie redouble alors de charme, tandis qu'on ne distingue plus l'eau du ciel.**

- **Se repérer** – L'estuaire de la Somme (72 $km^2$), improprement appelé « baie », atteint 5 km de large entre la pointe du Hourdel et celle de Saint-Quentin. Au nord-ouest d'Abbeville ; accès par la D 940.
- **À ne pas manquer** – Le chemin de fer de la baie de Somme ; la vue depuis Le Crotoy ; une randonnée accompagnée en baie, à pied ou à cheval *(voir l'encadré pratique)*.
- **Organiser son temps** – La découverte de la baie et de son pourtour demande au moins une journée.
- **Avec les enfants** – La Maison de l'oiseau et de la baie de Somme.
- **Pour poursuivre la visite** – Voir aussi Saint-Valery-sur-Somme, le parc ornithologique du Marquenterre, Rue, Crécy-en-Ponthieu, Abbeville et le Vimeu, Ault.

**Le saviez-vous ?**

La baie de Somme est le refuge de la plus importante colonie de phoques veaux marins en France. Leur présence remonterait au début du 19e s. Ne les approchez jamais à moins de 300 m, leur survie en dépend !

## Comprendre

**La conquête du sable** – Comme au Mont-Saint-Michel, la mer entre plus rapidement dans la baie qu'elle n'en sort : elle dépose donc plus de sédiments qu'elle n'en reprend (700 000 $m^3$ par an). La Somme, dont le cours paresseux tarde à rejoindre la mer, participe aussi à cet ensablement… sans oublier l'homme : création du canal de la Somme de 1786 à 1835 et d'une digue en 1911 ; drainage des marais et extension des cultures. Résultat : le fond de la baie s'élève d'1,8 cm par an. Partout, le sable gagne du terrain. Et la navigation, encore active voici cent cinquante ans, est en déclin.

**Salicorne et prés-salés** – Entre Saint-Valery et Le Crotoy s'étendent des **vasières**, composées de plages et de bancs sableux qui se découvrent suivant les marées : c'est le domaine de la salicorne ou « cornichon de mer », qui nourrit la sarcelle d'hiver et le canard siffleur… et que l'on déguste en salade, ou comme condiment. Au fond de l'estuaire, les alluvions épaississent progressivement les bancs de sable, formant des **mollières** où paissent les moutons. Leur viande savoureuse bénéficie du label « pré-salé de l'estran de la Somme ».

J. Berquez / MICHELIN

*Vue sur la station du Crotoy en baie de Somme.*

**Les traditions** – À Saint-Valery, au Crotoy et au Hourdel, on pêche la « sauterelle », une crevette grise savoureuse, mais aussi la coquille Saint-Jacques, l'encornet et de nombreux poissons plats : sole, carrelet, raie, lotte… La pêche au lancer permet de ramener les anguilles. La pêche des coques est pratiquée à pied le long des chenaux (certains habitants en vivent encore). Les moules de bouchot sont également élevées dans la baie. La baie a toujours constitué une halte de prédilection pour les oiseaux migrateurs, attirant ainsi les chasseurs. La chasse au gibier d'eau se pratique à la « botte » (à pied) ou à la « hutte » (à l'affût) : des canards domestiques (les appelants), auxquels s'ajoutent des leurres en bois ou en plastique (les blettes), attirent par leurs cris leurs congénères sauvages.

# Découvrir

## La baie à pied ou à cheval

Sans connaître le site, ni l'heure des marées, il est dangereux de s'y aventurer seul : la marée montante avance plus vite qu'un piéton et peut encercler les imprudents ; en descendant, elle peut aussi les emporter vers le large. D'autre part, il ne faut jamais traverser les chenaux, dont les cours varient au fil des marées.

Il existe cependant plusieurs propositions de promenade accompagnée en baie en toute sécurité, avec des guides expérimentés, à pied ou à cheval *(voir l'encadré pratique)*.

## Chemin de fer de la baie de Somme

*Train à vapeur (dép. de Saint-Valery et du Crotoy) : juil.-août : tlj ; vac. de printemps, juin et 1re quinz. de sept. : tlj sf lun. et vend. ; mai et 2e quinz. de sept. : merc., w.-end et j. fériés ; oct. et 1re nov. : dim. et j. fériés. Train Diesel (dép. de Cayeux) : de mi-juil. à fin août : tlj sf lun. et vend. Transport des vélos gratuit. Horaires et tarifs : se renseigner au ✆ 03 22 26 96 96 ou à l'office de tourisme - www.chemin-fer-baie-somme.asso.fr.*

Un train de voitures à plates-formes tractées par des locomotives à vapeur ou Diesel circule à 20 km/h entre Le Crotoy, Noyelles-sur-Mer, Saint-Valery-en-Somme et Cayeux-sur-Mer, permettant de découvrir la baie.

S. Sauvignier / MICHELIN

*Le petit train à vapeur de la baie de Somme.*

# Circuit de découverte

## AUTOUR DE LA BAIE★★

*42 km – 1h. Du parc ornithologique du Marquenterre à Cayeux-sur-Mer.*

### Parc ornithologique du Marquenterre★★ *(voir ce nom)*

*Traverser Le Bout des Crocs puis emprunter la D 204 vers Saint-Firmin et la D 4 jusqu'au Crotoy.*

### Le Crotoy

Cette agréable station balnéaire aux petites maisons blanches et bleues offre une **vue★** étendue sur la baie, Saint-Valery, Le Hourdel et en direction du large, en particulier depuis la terrasse de la **butte du Moulin**, près de l'hôtel Les Tourelles, manoir ayant appartenu à Pierre Guerlain *(voir ci-dessous et l'encadré pratique)*, dont les tours à échauguettes rouges se voient de loin. De l'**église Saint-Pierre**, on y accède par la rue de la Mer. La **plage** est le domaine du speedsail, du cerf-volant et du char à voile, qui entraîne les plus sportifs jusqu'à Fort-Mahon-Plage.

Jadis se dressait ici une place forte où Jeanne d'Arc fut enfermée le 21 novembre 1430, avant d'être conduite à Rouen. De 1865 à 1870, Jules Verne séjourna au n° 9 de la rue qui porte son nom, puis Toulouse-Lautrec et Seurat y vinrent. À la fin du 19e s., le parfumeur Pierre Guerlain entreprit de faire du Crotoy « la seule plage du Nord exposée au sud ». L'arrivée du train, dans les années 1880, avait déjà renforcé la réputation de la station, avec ses villas de style anglo-normand.

### Le cimetière chinois de Noyelles-sur-Mer

C'est la plus grande nécropole chinoise de France. Sur la route de Sailly-Flibeaucourt au hameau de Nolette, le cimetière compte plus de 825 stèles blanches gravées d'idéogrammes. Suite à un accord signé le 30 décembre 1916, des milliers de Chinois – pour la plupart des paysans venant du nord de la Chine – s'engagèrent à servir l'armée anglaise en échange d'un salaire. Les premiers débarquèrent en avril 1917 ; le camp en accueillit 12 000 entre 1917 et 1919. Travaillant dans des conditions éprouvantes, aussi bien pour la construction des dépôts de munitions, des voies ferrées et des hôpitaux que pour le nettoyage des champs de bataille et l'enfouissement des corps, ils étaient maintenus à l'écart de la population et ne pouvaient circuler librement. Beaucoup furent fauchés par la guerre, et surtout par l'épidémie de grippe espagnole de l'automne 1918. À la fin de l'année 1919, si quelques-uns restèrent en France, la plupart d'entre eux retournèrent dans leur pays.

*Emprunter la D 940 vers Saint-Valery.*

### Saint-Valery-sur-Somme *(voir ce nom)*

*Quitter Saint-Valery à l'ouest par la D 3. Environ 3 km après le rond-point, tourner à gauche.*

### Maison de la baie de Somme et de l'oiseau★

*Carrefour du Hourdel - D 204 - 80230 Lanchères - ✆ 03 22 26 93 93 - www.baiedesomme.fr - ♿ - juil.-août : 9h30-19h ; mars-juin et de déb. sept. à mi-oct. : 9h30-18h , janv.-mars et de mi-oct. à fon déc. : 10h-17h - fermé 25 déc. et 1er janv. - visite 6,90 € (6-16 ans 4,90 € - famille 19,90 €) - rapaces 6,70 € (6-16 ans 4,90 € - famille 19,30 €).*

La volonté de préserver une collection d'oiseaux naturalisés (300), rassemblée par un habitant de Cayeux, Gilles Becquet, taxidermiste, est à l'origine de la Maison de l'oiseau et de la baie de Somme. L'édifice imite le plan des fermes traditionnelles autour d'une cour.

Des dioramas mettent en valeur les oiseaux de la région dans leur cadre naturel. Dans une salle consacrée aux canards, une hutte de chasse a été reconstituée : le poste de guet donne sur une mare, à l'arrière de la maison, où vivent canards sauvages et oies.

Autour de l'étang, un parcours pédagogique, tracé le long des pelouses et des roselières, amène à découvrir la flore et les oiseaux des marais. Films, expositions et stages d'initiation à l'ornithologie.

Présentation de rapaces en vol libre. *Avr.-août : 3 présentations (45mn) à 11h30, 14h30, 16h30 ; sept.-oct. : sur demande, à 11h30 et 15h30 - 6,30 € (enf. 4,60 €).*

*Revenir à la D 3, que l'on prend à gauche sur 1 km avant de tourner à droite vers Le Hourdel (D 102).*

### Le Hourdel

Ce petit port de pêche étire ses maisons de style picard à la pointe du cordon littoral qui part d'Onival. Sur son quai, on vient acheter les « sauterelles » toutes fraîches.

Avec des jumelles, on peut observer les **phoques veaux marins**, une colonie protégée d'une vingtaine de congénères. Ils se vautrent à marée basse sur les « reposoirs » et les « microfalaises » de sable qui bordent l'estuaire. C'est au printemps, après une gestation de sept mois, que naissent les jeunes phoques veaux marins : deux bébés par an. L'animal, qui atteint 2 m au maximum pour un poids de 150 kg, possède un museau très court et un pelage gris clair semé de taches sombres.

*Retour sur la D 3.*

### Cayeux-sur-Mer

Cayeux tient son nom des galets (« cailloux » en picard). Leur ramassage est une activité ancienne. Ils sont principalement utilisés dans l'industrie, où ils sont broyés pour des usages divers : émeri, filtrants… Le galet bleu, le plus rare, est utilisé pour la fabrication de la porcelaine.

La **digue-promenade** de cette station climatique est doublée d'un des plus longs chemins de planches d'Europe (2 km), où s'alignent les cabines en bois. Les **plages de la Mollière** s'étendent du Hâble d'Ault au Hourdel. Des sentiers ont été aménagés dans le bois de Brighton.

**La chapelle des marins** – Les cotisations des marins-pêcheurs de Cayeux permirent la contruction de cette chapelle dédiée à la Vierge, dans les années 1860. À voir : le tympan sculpté en plein bois, d'origine.

# Baie de Somme pratique

Voir aussi l'encadré pratique de Saint-Valery-sur-Somme.

## Adresses utiles

**Office du tourisme du Crotoy** – *1 r. Carnot - 80550 - 03 22 27 05 25 - tlj sf mar. 9h30-12h30, 14h-18h, dim. et j. fériés 10h-12h30, 14h-17h30.*

**Office du tourisme de Cayeux-sur-Mer** – *2 pl. Aristide Briand - 80410 - 03 22 26 61 15 - www.ot-cayeux-sur-mer.fr - juin-sept. : lun.-vend. 9h30-12h30, 14h-19h, w.-end 9h30-19h ; oct.-mai : lun.-vend. 10h-12h, 15h-18h, w.-end 10h-12h, 14h-18h.*

## Se loger

**Les Tourelles** – *80550 Le Crotoy - 03 22 27 16 33 - fermé 4-30 janv. - 32 ch. 65/94 € - 10 € - rest. 23/34 €.* Belle maison de maître du 19e s. face à la baie de Somme. Chambres personnalisées, original dortoir pour les enfants, salon cosy. Nombreuses activités et expositions. Cuisine du terroir privilégiant les produits de la mer servie dans une sobre salle.

## Se restaurer

**Aux Trois Jean** – *Digue Jules-Noiret - 80550 Le Crotoy - 03 22 27 16 17 - www.auxtroisjean.fr - fermé mar., 24 et 25 déc. - 12/30 € - 14 ch. 74 € - 7,50 €.* Très belle situation pour cet établissement récent dominant la seule plage de la région exposée au Sud. La terrasse est d'ailleurs prise d'assaut dès les premiers rayons de soleil. Cuisine faisant la part belle aux produits de la mer. Spécialité : les moules de bouchot de la côte picarde.

**Au Relais de la Maye** – *R. Principale, à Saint-Firmin - 80550 Le Crotoy - 6,5 km du Crotoy par D 4 - 03 22 27 10 84 - 13/40 € - 8 ch. 55/80 € - 9 €.* La façade de ce restaurant ne paie pas de mine, mais une fois attablé, on se laisse séduire par l'appétissante cuisine proposée : bon choix de produits de la mer et de viandes grillées au feu de bois devant les convives. Cadre gentiment rustique et atmosphère empreinte de simplicité.

**Le Parc aux Huîtres** – *Le Hourdel - 80410 Cayeux-sur-Mer - 03 22 26 61 20 - www.leparcauxhuitres.com - 13,60/31 € - 7 ch. 45/65 € - 6 €.* Rien de tel que cette petite adresse pour vous régaler de fruits de mer et de poissons. Toutes les tables bénéficient de la vue sur le port de pêche du Hourdel et le va-et-vient des petits chalutiers. Les chambres rénovées donnent également sur la baie.

**La Clé des Champs** – *80120 Favières - 5 km au nord-ouest du Crotoy par D 940 puis D 140 - 03 22 27 88 00 - fermé 3-14 janv., 6-20 fév., 23-31 août, lun. sf j. fériés - 16/41 €.* Une adresse gourmande au cœur d'un tout petit village. Dans un décor d'assiettes et de casseroles de cuivre, prenez le temps de vous asseoir à l'une des tables rondes de cette auberge campagnarde toute simple pour savourer la cuisine du terroir du chef.

**Mado** – *6 quai Léonard - 80550 Le Crotoy - 03 22 27 81 22 ou 03 22 27 80 42 - 17,50/82 € - 3 ch. 68 € - 6 €.* Cette institution locale dispose de plusieurs salles à manger, décorées de lithographies à thème marin ou ornithologique. Pour profiter d'une vue imprenable sur la baie de Somme, choisissez celles situées à l'étage. Chambres agrémentées de meubles de style.

**La Marinière** – *27 r. de la Porte-du-Pont - 80550 Le Crotoy - 03 22 19 13 93 - fermé merc. (à partir de mi-oct.), 1er janv., 24, 25 et 31 déc. - réserv. conseillée - 18/24 €.* Sympathique restaurant situé dans une rue commerçante de la station. Marie-Ange vous accueille avec convivialité et bonne humeur dans une agréable salle à manger d'esprit maritime. En cuisine, le chef mitonne produits de la mer et bons petits plats aux accents régionaux.

S. Sauvignier / MICHELIN

*Le port de Saint-Valery-sur-Somme.*

## Que rapporter

**Aux Spécialités de la baie de Somme** – *Rte Nationale, impasse du Hamel - 80220 Brutelles - 03 22 26 76 88 - juil.-août : tlj 10h-12h, 15h-18h ; le reste de l'année : vend. et w.-end - fermé dim. fériés.* Exposition-vente de produits du terroir : terrines à l'ancienne, confitures, gâteau battu, cidre, bière, salicornes, etc. Possibilité de composer des paniers gourmands.

## Sports & Loisirs

**Centre équestre Le Val de Selle** – *5 r. des Jardins - 80550 Le Crotoy - 03 22 27 79 15 - www.valdeselle-attelage.fr.* Promenades à cheval en bord de mer (de 1h à 3h) et randonnées équestres accompagnées à la journée.

**Promenade en baie** – *5 allée des Soupirs - 80550 Le Crotoy - 03 22 27 47 36 - www.promenade-en-baie.com.* Promenade en baie propose un calendrier de randonnées accompagnées de 2 à 5h, dont la traversée de l'estuaire. L'aller ou le retour peut s'effectuer avec le petit train à vapeur de la Baie. L'association propose également des sorties à vélo pour découvrir le passé maritime des terres autour de la baie, les mollières, les habitants de la vase et du sable, les oiseaux migrateurs… (sorties accompagnées de 3h). Pour toutes ces sorties, la réservation est indispensable.

**Rando-nature en baie de Somme** – *Saint-Valery-sur-Somme - ✆ 03 22 26 92 30 - www.randonature-baiedesomme.com - 9 € (-12 ans 1 €).* Rando-nature vous fait découvrir, en compagnie d'un guide expérimenté, l'estuaire, sa flore et ses activités (cueillette de la salicorne, ramassage des coquillages…) et organise la sortie de votre choix (traversée de la baie, retour en train à vapeur, observation des oiseaux migrateurs, nuit d'observation à la hutte, etc.). Programme annuel disponible sur Internet.

**Noshoes-club** – *22 allée de la Grève - 80550 Le Crotoy - ✆ 03 22 27 11 50 - www.noshoes-club.com.* Sorties à pieds en baie de Somme et autres activités de loisirs (location de char à voile, kayak de mer, vélo).

### Événement

**Festival de l'oiseau et de la nature en Baie de Somme** – *✆ 03 22 24 02 02 - www.festival-oiseau-nature.com.* En période de remontée de certains oiseaux migrateurs vers le nord, au printemps, une association propose des « sorties nature », des ateliers pédagogiques et des promenades à la rencontre des oiseaux. Cela se passe tous les ans, au mois d'avril.

# La Thiérache★

CARTE GÉNÉRALE C3 – CARTE MICHELIN DEPARTEMENTS 306 D/G-3/4 – AISNE (02)

**Région frontalière jusqu'au règne de Louis XIV, la Thiérache fut sans cesse envahie, du Moyen Âge jusqu'aux luttes franco-espagnoles. Ici, pas de châteaux forts ni de remparts pour protéger les habitants : à défaut, ceux-ci ont fortifié les églises. Leur curieuse silhouette marie pierre et brique, dans ce terroir réputé pour son maroilles et son cidre.**

**Se repérer** – La Thiérache forme une tache verdoyante dans les plaines crayeuses de Picardie et de Champagne. Prolongée au nord par l'Avesnois, elle couvre Vervins et une partie du canton de Marle. Sa pluviosité et son imperméabilité en font un pays humide.

**À ne pas manquer** – Les églises fortifiées, bien sûr, en particulier celles de Montcornet et de Vervins.

**Organiser son temps** – Prévoyez une journée si vous souhaitez suivre les deux circuits.

**Pour poursuivre la visite** – Voir aussi Marle, Hirson, Guise.

### Le saviez-vous ?

Plusieurs étymologies s'affrontent. Thiérache dériverait de *Theorasia silva*, c'est-à-dire « forêt de Thierry », ou de *thier hasche*, « terrain de chasse ».

Au 16e s., **Nicole Obry**, la « démoniaque de Vervinx », attire tous les exorcistes dans la région. Charles IX insiste pour la rencontrer, et le pape lui-même s'inquiète de son état…

Né à Vervins, **Marc Lescarbot** (1570-1634) fut à la fois un avocat, un écrivain et un grand voyageur. Il prit part à la fondation de Port-Royal, en Acadie. Il est l'auteur de la première *Histoire de la Nouvelle-France* (1609), un classique de la littérature canadienne.

Le lait des vaches de race pie noir est en partie transformé en beurre ou en maroilles. Les pommes font un excellent cidre fermier.

## Découvrir

### LES ÉGLISES FORTIFIÉES★

Les Grandes Compagnies ont parcouru la Thiérache, mais aussi les fantassins allemands, les « gueux » de la guerre de Cent Ans, les armées françaises ou espagnoles sous Louis XIII et Louis XIV… En réaction, les villageois ont fortifié la plupart des églises. Bâties aux 12e et 13e s., elles ont été nanties aux 16e et 17e s. de donjons carrés percés de meurtrières, de tours rondes et d'échauguettes… D'autres ont été construites d'un seul jet au tournant du 17e s., comme l'église-forteresse de Plomion, très homogène.

## Au départ de Vervins 1

*79 km – environ 3h.*

S. Sauvignier / MICHELIN

*Église fortifiée de Prisces.*

### Vervins

De la route de Reims, perspective sur la ville, accrochée à la colline. Capitale de la Thiérache, elle est marquée par les vestiges de ses remparts, ses rues montueuses pavées, ses maisons à toits aigus et cheminées de brique.

L'**église Notre-Dame** est composée d'un chœur du 13e s., d'une nef du 16e s. et d'une imposante tour (même époque) haute de 34 m, en brique à chaînages de pierre, flanquée de quatre clochetons. Voyez les fresques du 16e s. *(piliers)* et *Le Repas chez Simon*, composition animée de Jouvenet (1699), ainsi que le buffet d'orgues et la belle chaire (18e s.).

*Prendre la D 372 jusqu'à Harcigny puis la D 37.*

### Plomion

L'**église** (16e s.) est remarquable par sa façade flanquée de deux tours et pourvue d'un donjon carré, dont la grande salle communique avec les combles. Devant l'église, une grande halle atteste le rôle commercial de Plomion.

*Prendre la D 747 en direction de Bancigny et Jeantes.*

### Jeantes

La façade de l'**église** est encadrée de tours carrées. À l'intérieur, les murs ont été recouverts en 1962, par le peintre néerlandais Charles Eyck, de fresques expressionnistes représentant des scènes de la vie du Christ. Remarquez les fonts baptismaux du 12e s.

### Dagny-Lambercy

Le vieux village de Dagny a conservé ses maisons en torchis et à pans de bois sur assises de briques.

### Morgny-en-Thiérache

Le chœur et la nef de l'**église** sont du 13e s. La fortification a porté sur le chœur, exhaussé d'un étage pour abriter une salle-refuge.

### Dohis

Maisons à pans de bois et torchis. L'**église**, dont la nef date du 12e s., possède un intéressant donjon-porche (17e s.).

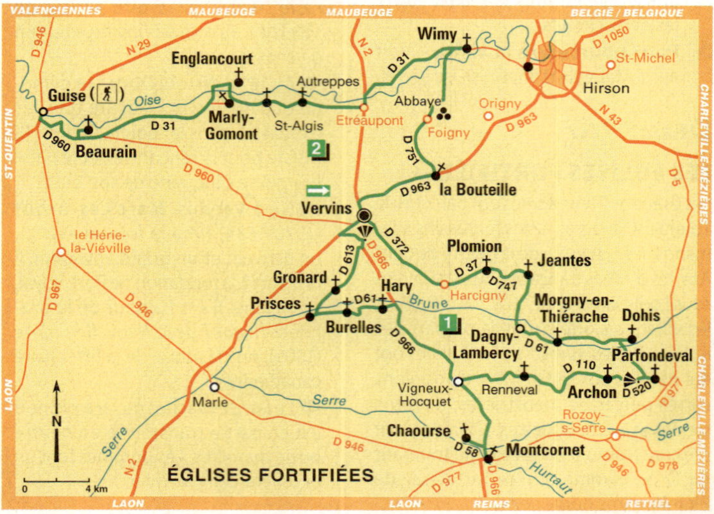

*De l'église, revenir en arrière et prendre la première rue à gauche, puis tourner de nouveau à gauche à une fourche, vers Parfondeval.*

### Parfondeval

Perché sur une colline, ce beau village se caractérise par ses maisons de brique aux chauds coloris. L'**église** du 16e s. apparaît au fond de la place, véritable forteresse derrière une enceinte formée par les maisons voisines. Son portail en pierre blanche est de style Renaissance. Sur les murs, des briques vernissées forment des dessins réticulés.

*Revenir à l'entrée du village ; suivre la D 520 vers Archon.* De cette route, vue sur Archon et le paysage vallonné.

### Archon

Les maisons en torchis et brique cernent l'**église**, gardée par ses deux grosses tours rondes entre lesquelles une passerelle servait de poste de guet.

La D 110 traverse **Renneval** (église fortifiée) et Vigneux-Hocquet. *Rejoindre Montcornet par la D 966.*

### Montcornet

L'**église Saint-Martin**, qui serait l'œuvre de templiers, est un imposant édifice gothique du 13e s., dont le chœur à chevet plat est presque aussi long que la nef. L'édifice a été pourvu au 16e s. d'un porche Renaissance et d'éléments fortifiés, dont huit tours ou échauguettes munies de meurtrières.

*Reprendre la D 966 vers Vigneux-Hocquet, puis la D 58 à gauche.*

### Chaourse

Ce bourg, qui fut longtemps le centre vital de la région, déclina au profit de Montcornet. L'**église** du 13e s. (nef et tour) fut fortifiée au 16e s. Vue sur la vallée de la Serre.

*Faire demi-tour pour reprendre la D 966 vers Hary.*

### Hary

Au chœur et à la nef de l'**église** romane du 12e s., construite en pierre blanche, fut ajouté un donjon en brique.

*La D 61 suit la vallée de la Brune.*

### Burelles

L'**église** (16e-17e s.) comporte de nombreux éléments défensifs : meurtrières, donjon avec tourelle et échauguette, croisillon gauche du transept à bretèche et échauguettes, chœur flanqué d'une tourelle. L'étage du transept est aménagé en une vaste chambre forte.

### Prisces

Le chœur et la nef (12e s.) de l'**église** sont surmontés par un donjon carré en brique (25 m) présentant deux tourelles opposées en diagonale. À l'intérieur, les quatre étages pouvaient abriter une centaine de combattants avec armes et provisions. *Fermé pour travaux de restauration. Réouverture prévue en 2007.*

*Franchir la Brune pour gagner Gronard par la D 613.*

### Gronard

La façade de l'**église** disparaît quasiment derrière des tilleuls. Le donjon est flanqué de deux tours rondes.

*Regagner Vervins par la D 613 et la D 966.*

## De Vervins à Guise 2

*51 km – environ 2h. De Vervins, prendre la D 963 jusqu'à La Bouteille.*

Cet itinéraire suit en grande partie la vallée de l'Oise, riche en églises fortifiées.

### La Bouteille

Quatre tourelles cantonnent l'église, édifice aux murs épais de plus de 1 m, bâtie par les cisterciens de la proche **abbaye de Foigny**, aujourd'hui en ruine.

### Vie et mort d'un prétendant au trône

C'est au Nouvion-en-Thiérache *(nord de la Thiérache)* que naît, en 1908, **Henri d'Orléans**, fils du duc de Guise. Il devient en 1926 chef de la famille de France. Cette succession, qui vaut au jeune prince le titre de **comte de Paris**, contraint les siens à l'exil. Belgique, Maroc et Portugal voient naître et grandir ses onze enfants. Un court passage dans la Légion étrangère (1940), une tentative pour obtenir un poste à Alger (1942), le retour en France (1950) après l'abrogation de la loi d'exil n'apportent pas à l'héritier du trône de Louis-Philippe le rôle de premier plan dont il rêvait, illusion dans laquelle l'avait entretenu le général de Gaulle, auquel il s'était rallié (1958) en approuvant l'instauration de la Ve République. Le comte de Paris est décédé le 19 juin 1999 en Eure-et-Loir.

*La D 751 et la voie communale 10 mènent à Foigny. Traverser la D 38 et prendre la route qui longe l'abbaye, jusqu'à Wimy.*

### Wimy

Le donjon de l'église est flanqué de tours cylindriques. À l'intérieur : deux cheminées, un puits et un four à pain. L'étage servait de refuge.

La D 31 traverse Étréaupont et continue vers **Autreppes**, village en brique. On passe devant son église fortifiée, puis on longe **Saint-Algis**, dominé par son église.

### Marly-Gomont

L'église en grès de Marly, avec son beau portail en tiers-point, a été complétée par deux grosses échauguettes. À la base, remarquez les meurtrières pour le tir des arbalètes.

### Englancourt

L'**église** de ce joli site, dominant le cours de l'Oise, possède une façade flanquée d'échauguettes, un donjon carré en brique et un chœur à chevet plat, renforcé de tours rondes.

*Rejoindre la D 31 par la D 26.*

### Beaurain

Située en hauteur, l'**église**-forteresse a été construite d'un seul jet. Le donjon carré et le chœur sont flanqués de tours. À l'entrée, fonts baptismaux romans.

*Gagner Guise par la D 960.*

## La Thiérache pratique

Voir aussi les encadrés pratiques de Guise et Hirson.

### Adresse utile

**Office du tourisme de Vervins et du Vervinois** – *Pl. de l'Hôtel-de-Ville - 02240 - 03 23 98 11 98 - www.ot-vervins.com - tlj sf dim. et j. fériés 10h-12h15, 14h15-16h45.*

### Se loger

**Chambre d'hôte Mme Piette** – *7 pl. des Marronniers - 02120 Chigny - 13 km à l'E de Guise par N 29 et D 26 - 03 23 60 22 04 - - 6 ch. 44 € - repas 15 €.* Cette maison a le charme désuet des vieilles demeures. Dans un décor qui semble ne pas avoir changé depuis des années, Mme Piette reçoit les voyageurs avec beaucoup d'attention. Trois chambres n'ont pas de salle de bains particulière. Repas du soir (spécialités régionales) sur réservation.

**Le Cheval Noir** – *33 r. de la Liberté - 02140 Vervins - N 2 - 03 23 98 04 16 - www.cheval-noir-vervins.com - - 8 ch. 48/58 € - 6 € - rest. 12/45 €.* Cet ancien relais de poste bâti sur les remparts de Vervins abrite des chambres spacieuses rénovées avec goût, deux salles de restaurant plaisamment aménagées et un bar au décor très original, proposant une belle carte de bières. Cuisine régionale.

**Hôtel Clos du Montvinage** – *8 r. Albert-Ledant - 02580 Étréaupont - 8 km au N de Vervins par N 2 - 03 23 97 91 10 - www.clos-du-montvinage.fr - fermé 2-9 janv. et 20-27 déc. - - 19 ch. 65/106 € - 9,50 €.* Avenante maison de maître du 19e s. toute en briques, aux chambres de style Louis-Philippe. Charmante salle de billard d'esprit « dandy », minicourts de tennis, vélos.

### Se restaurer

**Auberge du Val de l'Oise** – *8 r. Albert-Ledent - 02580 Étréaupont - 03 23 97 40 18 - www.clos-du-montvinage.fr - fermé 2-9 janv. et 20-27 déc. - 22/39 €.* Cette avenante maison de maître du 19e s. abrite un restaurant au décor pastel et à l'atmosphère feutrée. Plats traditionnels et menu du terroir. Salle de billard, tennis, vélos et croquet dans le parc.

### Sports & Loisirs

**Axe vert de Thiérache** – De Guise à Saint-Michel (45 km), l'axe vert de Thiérache est une ancienne voie ferroviaire réhabilitée pour le plus grand plaisir des randonneurs ; elle serpente le long de l'Oise, où quelques gares sont converties en gîtes d'étape.

# Le Touquet-Paris-Plage★★

**5 438 TOUQUETTOIS**
**CARTE GÉNÉRALE A2 – CARTE MICHELIN DEPARTEMENTS 301 C4 – PAS-DE-CALAIS (62)**

**Bien située entre l'estuaire de la Canche, la Manche et la forêt, l'élégante station au style très anglais a gardé un charme désuet, loin des mondanités démonstratives que connaissent Cannes ou Deauville, avec ses villas rétro qui s'égrènent sous les pinèdes au milieu de pelouses fleuries cernées de haies impeccables. Seuls les immeubles du front de mer ne méritent pas que l'on s'y attarde. Dans son écrin de verdure, Le Touquet révèle son dynamisme à travers un programme varié d'expositions, de concerts, de conférences, de tournois et de courses hippiques en toutes saisons. Et la belle ne manque pas d'attraits pour les sportifs, qui peuvent allier char à voile, équitation et cerf-volant.**

- **Se repérer** – De la D 940, accès par le port d'Étaples ; on traverse le pont sur l'estuaire de la Canche. La gare la plus proche est celle d'Étaples. De la N 39 et de l'A 16, on est accueilli par l'**école hôtelière**. Le centre dessine un quadrillage : des rues parallèles à la côte coupent une trentaine de voies d'accès à la plage.
- **À ne pas manquer** – La forêt, qui valut à la station son surnom de « jardin de la Manche » ; les belles villas 1900 et l'hôtel de ville ; la plage.
- **Organiser son temps** – Comptez une demi-journée pour la balade 1900 et n'hésitez pas à louer un vélo pour parcourir la forêt. À votre disposition à l'office de tourisme, un programme des animations de la saison.
- **Avec les enfants** – Boolaboo (location de véhicules à pédales) ; Aqualud (parc d'attractions aquatiques) ; une initiation au char à voile. La plage du Touquet est une station Kid : nombreuses animations à l'intention des enfants.
- **Pour poursuivre la visite** – Voir aussi Étaples, Berck-sur-Mer, Montreuil-sur-Mer, la vallée de la Canche, Hardelot.

## Comprendre

**Naissance d'une station** – En 1837, les villageois s'essaient à l'élevage puis à la culture des topinambours, du seigle et même des patates. Fin 19$^{e}$ s., tandis que les arbres déploient leurs frondaisons, un homme d'affaires anglais, John Whitley, entrevoit le potentiel touristique du site. Quelques années plus tard, Allen Stoneham le fait aménager. Les premières résidences balnéaires apparaissent dès 1882, tracées par le géomètre Raymond Lens. L'appellation « Touquet-Paris-Plage » aurait été créée en 1912 par le directeur du *Figaro* pour désigner cette station lancée au 19$^{e}$ s. par son ami notaire Daloz. Entre 1900 et 1930, des affiches touristiques en font « l'Arcachon du Nord » et « le jardin de la Manche ».

**Le « style touquettois »** – Une nouvelle génération d'architectes apparaît dans l'Entre-deux-guerres. Elle donne naissance au « style touquettois moderne », bien représenté par Louis Quételart. Les formes des villas sont plus recherchées, la relation

Y. Tierny / MICHELIN

*Un coin d'ombre sur la plage du Touquet.*

entre l'habitat et l'environnement s'affine. Louis Quételart et ses confrères – Horace Pouillet, Henry-Léon Bloch… – exprimèrent brillamment des influences très diverses.

## Séjourner

### Digue-promenade A1-2

Formant un front de mer, elle comporte de nombreux jardins. Côté sud, elle aboutit à la **base nautique de char à voile** et à l'**Institut Thalassa**.

Dessiné par Quételart, l'**ancien plongeoir** (1948) a longtemps incarné la modernité du Touquet d'après-guerre. Il servit aussi de cheminée et d'horloge.

### Plage et port A1-2

La superbe plage, qui se découvre à marée basse sur 1 km et se prolonge sur 12 km jusqu'à l'embouchure de l'Authie, est faite de sable fin et dur – idéal pour le char à voile. Par une **route en corniche**, suivant le cordon de dunes, on arrive au **port de plaisance** et à la **base nautique** nord de la pointe du Touquet.

### Sports et distractions

Près du domaine de l'Hermitage, avec ses galeries marchandes, sont implantés le centre sportif, le casino du Palais et le palais de l'Europe, où se tiennent congrès et échanges culturels.

### Musée B2

*✆ 03 21 05 62 62 - juin-sept. : tlj sf mar. 10h-13h, 14h-18h, dim. 10h-13h, 15h-18h ; oct.-mai : tlj sf mar. 14h-18h, dim. 15h-18h - fermé j. fériés - 3,80 € (enf. 1 €), gratuit 1er dim. du mois.*

Collection d'œuvres de l'école d'Étaples (1880-1914). S'y ajoutent des toiles de Le Sidaner, une section d'art contemporain et des expositions photographiques temporaires.

### Le « jardin de la Manche »

Plantée en 1855 à l'initiative d'Alphonse Daloz, la forêt couvre 800 ha. Ses boisements de pins maritimes, bouleaux, aulnes, peupliers, acacias protègent du vent quelque 2 000 villas, de style anglo-normand ou résolument modernes. 45 km de pistes cavalières et 50 km d'avenues forestières réservées aux piétons traversent les bois et les quartiers résidentiels, aux jardins soignés. Quatre circuits pédestres balisés partent de la place de l'Hermitage *(voir l'encadré pratique)*.

Au sud de la forêt s'étendent trois parcours de **golf**. Le long de la Canche s'alignent l'**hippodrome**, le **centre équestre**, le **tennis club** (40 courts), le **stand de tir à l'arc** et l'aérodrome. Le quartier de la **Dune-aux-Loups**, près de l'estuaire de la Canche et de l'hippodrome, tient son nom des courants marins qui y refoulaient les noyés : ceux-ci étaient appelés *leu* en patois, terme qui a donné « loup ».

## Se promener

### PROMENADE À VÉLO★★

*Pour les possibilités de locations, voir l'encadré pratique. Boucle de 10 km, 1h environ. Très facile. Garer son véhicule sur les grands parkings du bord de mer. Remonter vers l'Aqualud par le boulevard du Dr-J.-Pouget pour rejoindre les dunes par la rue Joseph-Duboc. Monter la petite côte et suivre la route après le coude.* Entre les dunes coiffées d'oyats et la pinède, la route conduit à un point de vue étonnant sur l'estuaire de la Canche et les coteaux de Dannes-Camiers où s'élèvent de gigantesques éoliennes. *Traverser le grand parking jusqu'à la rue Jean-Ruet. Prendre ensuite à gauche le boulevard de la Canche qui longe l'estuaire. Passer le centre équestre et un lotissement.*

*Au croisement, suivre l'avenue du Golf qui croise l'avenue Vincent après un stop, puis l'avenue du Gén.-de-Gaulle après un feu. Prendre l'avenue Van-der-Meersch, sur la droite. Au rond-point, suivre la direction du Touquet-centre par l'avenue F.-Godin. S'engager ensuite dans l'avenue de Verdun qui monte légèrement sur la gauche (le sens interdit vaut pour les véhicules motorisés). Rejoindre par la 3e rue à droite l'avenue de l'Atlantique et longer le littoral pour revenir au point de départ.*

### BALADE 1900

En face de l'office de tourisme, installé dans le palais de l'Europe, l'imposant bâtiment blanc fut jadis l'hôtel de l'Hermitage. Il abrite aujourd'hui des logements et, au rez-de-chaussée, une luxueuse galerie commerçante.

*De la place de l'Hermitage, prendre l'avenue du Verger.*
« Champs-Élysées » miniatures, cette avenue reste le rendez-vous des élégantes. À droite, des parterres fleuris mettent en valeur des **boutiques** blanches, au style vaguement Art déco.
Plus loin, l'**hôtel Westminster** compte parmi les plus prestigieux établissements de la station. Sa façade de brique rose aligne ses rangées de fenêtres en saillie.
*Prendre l'avenue Saint-Jean au croisement de l'avenue du Verger.*
Ensemble éclectique, le **Village suisse** (1905) se donne un air médiéval, avec ses tourelles et créneaux; les arcades commerciales forment une terrasse à l'étage.
*Revenir jusqu'à l'hôtel et prendre l'avenue des Phares.*
Sur la droite, derrière l'hôtel, le **phare** de brique rose a été reconstruit par Quételart en 1949. Son fût octogonal est à faces incurvées, comme une colonne dorique.
*Traverser l'avenue des Phares et prendre la rue J.-Duboc pour rejoindre le boulevard Daloz.*

**SE LOGER**

Hôtel de la Forêt ........ (1)
Hôtel des Pelouses ........ (4)
Hôtel Le Chalet ........ (7)
Hôtel le Nouveau Caddy ........ (10)
Hôtel Les Embruns ........ (13)
Hôtel Red Fox ........ (16)
Hôtel Relais de l'Espérance ........ (19)
Hôtel Windsor ........ (22)

**SE RESTAURER**

Le Café des Arts ........ (1)
Le Nemo ........ (4)
Le Village Suisse ........ (7)
Pérard ........ (10)
Restaurant Côté Sud ........ (13)

Au n° 44 du boulevard Daloz, la **villa La Wallonne** marque le début du quartier animé et commerçant. Au n° 78, la façade bleue de la **villa des Mutins** (1925), résidence de Louis Quételart, présente deux pignons sur la rue de Lens. En face, au n° 45 du boulevard Daloz, la **villa Le Roy d'Ys** (1903) est une demeure d'aspect normand, à pans de bois et pierre de marquise.

L'**église Sainte-Jeanne-d'Arc**, édifiée en 1912 et restaurée en 1955, se pare de vitraux et de ferronnerie d'art. À côté, l'**hôtel de ville★** (1931), en pierres du pays et pans de bois cimentés, est flanqué d'un beffroi de 38 m. L'ensemble s'apparente au style anglo-normand. *Prendre la rue Jean-Monnet vers la plage.*

Au n° 50, la **villa Le Castel** (1904) opte pour un style néomédiéval associé à des éléments Art nouveau. La rue Jean-Monnet passe sous l'arche du **marché couvert,** (1927-1932) en forme de demi-lune, pour atteindre le boulevard Jules Pouget, en bord de mer, où se succèdent d'autres maisons de plaisance.

*Pour découvrir d'autres maisons 1900, dans un plus vaste périmètre, demandez le dépliant « promenade découverte » à l'office de tourisme (voir l'encadré pratique).*

## Aux alentours

### Stella-Plage

*8 km. Quitter Le Touquet par l'avenue F.-Godin et, à 5 km, prendre à droite la D 144.*

En arrière de la dune qui longe la plage, les villas de cette station, plus populaire que sa voisine, sont dispersées dans le bois qui prolonge celui du Touquet.

### Saint-Josse

*10 km au sud-est par la N 39, la D 143 puis la D 144.*

Vue sur Étaples. Situé sur une colline, le village possédait une abbaye fondée par Charlemagne en souvenir de saint Josse, ermite du 7e s. Dans le chœur (16e s.) de l'église, on vénère la châsse du saint.

À 500 m à l'est, la fontaine et la chapelle Saint-Josse, lieu de pèlerinage, se cachent dans un clos boisé.

## Le Touquet-Paris-Plage pratique

### Adresses utiles

**Office du tourisme du Touquet** – *Palais de l'Europe - pl. de l'Hermitage - 62520 - ✆ 03 21 06 72 00 - www.letouquet.com - avr.-sept. : 9h-19h, dim. 10h-19h ; oct.-mars : 9h-18h, dim. 10h-18h - fermé 1er janv. et 25 déc.*

**Office du tourisme de Stella-Plage** – *1397 pl. Jean-Sapin - 62780 - ✆ 03 21 09 04 32 - www.stella-plage.fr - juin-août : 9h-12h, 14h-19h (18h en juin) ; sept.-mai : 9h-12h, 14h-17h, dim. 9h-12h.*

### Visites

**Promenade « découverte »** – Distribué à l'office de tourisme, ce dépliant dévoile l'architecture de la station en 25 étapes.

**Promenades « nature »** – Également distribué à l'office de tourisme, ce dépliant propose 4 boucles balisées au départ de la place de l'Hermitage pour tous les marcheurs, de l'amateur au chevronné : « La Pomme de Pin » (2 à 3h), « Le Daphné » (3 à 4h), « La Feuille de Chêne » (4h30) et « L'Argousier » (1 journée).

**Balades à vélo guidées** – « Découverte du patrimoine architectural », « Découverte du patrimoine maritime », « 1914-1945 : Le Touquet au cœur de l'histoire » ou « Le Touquet et ses années folles » : 4 balades de 2h au dép. du palais de l'Europe à 10h, 2e dim. du mois et chaque dim. à 10h et merc. à 14h30 en juillet et août, muni de votre vélo.

### Se loger

⊖ **Hôtel Le Chalet** – *15 r. de la Paix - ✆ 03 21 05 87 65 - www.lechalet.fr - 15 ch. 30/65 € - ☕ 9 €.* À 50 m de la plage, une adresse pour le moins dépaysante ! Façade aux allures de chalet savoyard, coquettes chambres décorées sur le thème de la montagne ou de la mer et salle des petits-déjeuners ornée de sabots et vieux skis en bois. Charmant !

⊖ **Hôtel de la Forêt** – *73 r. de Moscou - ✆ 03 21 05 09 88 - fermé 15 déc.-15 janv. - 10 ch. 43/58 € - ☕ 6,50 €.* Ce petit hôtel familial est situé en centre-ville et à 500 m de la plage. Les petites chambres sont simples, rénovées, bien insonorisées et fort bien tenues.

⊖⊖ **Hôtel Les Embruns** – *89 r. de Paris - ✆ 03 21 05 87 61 - www.letouquet-hotel-les-embruns.com - fermé 15 déc.-14 janv. - 20 ch. 46/74 € - ☕ 7 €.* Près du rivage, avenante façade abritant des chambres en majorité rénovées ; celles ouvrant sur l'arrière sont plus calmes. Petit salon-bibliothèque.

⊖⊖ **Hôtel le Nouveau Caddy** – *130 r. de Metz - place du Marché-Couvert - ✆ 03 21 05 83 95 - www.lenouveaucaddy.com - fermé 3 sem. en janv. - 20 ch. 56/72 € - ☕ 8 €.* Donnant sur la place du marché, proche de la mer et des commerces, cet hôtel allie charme cosy et accueil chaleureux.

**Hôtel Windsor** – *7 r. Saint-Georges - 03 21 05 05 44 - www.hotel-windsor.fr - fermé 3-31 janv. - 28 ch. 60/70 € - 8 €.* Cet hôtel jouxtant la plage dispose de chambres neuves dont l'ampleur varie du simple au quadruple. Plaisant salon ; salle de petit-déjeuner au plafond peint.

**Hôtel Red Fox** – *60 r. de Metz - 03 21 05 27 58 - 53 ch. 61/108 € - 10 €.* Dans une rue animée, chambres pratiques, de taille variable, mansardées au dernier étage. Salle des petits-déjeuners éclairée par une verrière.

**Hôtel Relais de l'Espérance** – *561 av. d'Étaples, à Trépied - 62780 Cucq - 03 21 94 62 99 - www.hotel-relais-de-l-esperance.com - fermé 19 déc.-31 janv. et dim. d'oct. à mars - 10 ch. 50/80 € - 7 €.* Votre espoir d'un bon accueil ne sera pas déçu : non loin de l'aéroport du Touquet, des chambres actuelles et insonorisées vous attendent dans une atmosphère conviviale.

**Hôtel des Pelouses** – *Bd Edmond-Labrasse - 62780 Cucq - 7 km du Touquet - 03 21 94 60 86 - fermé déc. au 1er fév., dim. soir, lun. et mar. hors sais. et vac. scol. - P - 27 ch. 55/70 € - 8 € - rest. 22/35 €.* Nombreuses rénovations entreprises dans cette construction cubique située à 1 800 m de la plage, à l'écart de l'effervescence touristique. Chambres nettes et spacieuses. Le poisson figure en bonne place sur la carte du restaurant. Menus enfants.

## Se restaurer

**Restaurant Côté Sud** – *187 bd Jules-Pouget - 03 21 05 41 24 - fermé lun. mat., dim. soir hors sais. et merc. - réserv. conseillée - 11,50/29 €.* Face à la base nautique sud, agréable restaurant précédé d'une terrasse tournée vers la mer. La cuisine, traditionnelle, change au gré des saisons. Parmi ses spécialités, Sébastien Desrousseaux régalera de croustilles de gambas, bar aux asperges et jus de veau truffé, mi-gratin mi-soufflé aux framboises…

**Le Café des Arts** – *80 r. de Paris - 03 21 05 21 55 - www.lecafedesarts.fr - fermé mar. et merc. - 16/28 €.* Ce restaurant à la façade jaune et rouge abrite un intérieur tout aussi gai où l'on se régale de petits plats traditionnels bien tournés, élaborés à partir de produits frais, ce qui explique sans doute la popularité de l'adresse auprès des Touquettois. Un « must », en salle comme en terrasse.

**« Pérard » Restaurant - Poissonnerie - Traiteur - Bar à Huîtres** – *67 r. de Metz - 03 21 05 13 33 - www.restaurantperard.com - formule déj. 18/26 € - 9h-22h.* La soupe de poissons, disponible en bocaux chez de très nombreux mareyeurs, épiciers et traiteurs, est devenue une institution au Touquet. Celle de chez Pérard est la plus réputée… Le restaurant s'est agrandi d'un bar à huîtres et d'une terrasse d'été pour déguster en toute tranquillité les produits vendus à la poissonnerie. Décor des années 1970.

**Le Nemo** – *Bd de la Mer, Aqualud - 03 21 90 07 08 - www.lenemo.com - fermé déc.-janv. - 18,90/35 €.* Plongez 20 000 lieues sous les mers ! Ce restaurant vous invite à embarquer dans le vaisseau imaginé par Jules Verne. Tout y est : scaphandre, cartes marines, boiseries, laiton et bibelots marins. Plaisante terrasse dressée côté plage. Cuisine iodée.

**Le Village Suisse** – *52 av. Saint-Jean - 03 21 05 69 93 - fermé 2-21 janv., 29 nov.-9 déc., dim. soir d'oct. à Pâques, mar. midi sf juil.-août et lun. - 26/50 €.* Cet élégant restaurant aux allures de chalet suisse se trouve juste au-dessus des boutiques du « village ». Ses atouts ? Le confort de sa chaleureuse salle à manger, l'accueil courtois et la goûteuse cuisine variant au gré des saisons. Délicieuse terrasse pour les beaux jours.

## Que rapporter

**Pérard** – Pour la soupe de poisson *(voir la rubrique « Se restaurer »).*

**Magasin Atem** – *110 r. de Metz - 03 21 05 61 58 - http://atem.letouquet.free.fr - 9h30-12h, 15h30-19h - fermé janv., mar. apr.-midi et merc. sf pdt les vac. scol.* Pour se procurer un bon cerf-volant et l'entretenir.

## Sports & Loisirs

**Centre de char à voile** – *Base nautique Sud - Front de mer - 232 km de Paris - week-end 7 - 1/2 j. - 03 21 05 33 51 - 10h-12h, 14h-17h.* La belle plage du Touquet est un terrain idéal pour découvrir ce sport surprenant sur plus de 15 km de sable fin. Vous bénéficierez des conseils de Bertrand Lambert, quintuple champion du monde et recordman de vitesse (151,55 km/h). Cours d'initiation de 2h, stages pour les jeunes de 11 à 14 ans *(160 € licence FFCV comprise). Horaires selon les marées. Réservation une semaine à l'avance.*

**Centre équestre régional du Touquet** – *Av. de la Dune-aux-Loups - 03 21 05*

S. Sauvignier / MICHELIN

*15 25 - 9h-12h, 14h-18h. 19 €/h. Promenade de 2h « dunes et forêt » : tlj vac. scol. ; hors sais. : vend. 14h30, dim. 10h.* Ce centre, qui s'étend sur 50 ha dans la forêt, élève plus de 150 magnifiques chevaux, la plupart mis en pension par leurs propriétaires. Les 40 chevaux et poneys du club sont à votre disposition pour des balades plus ou moins longues, selon votre niveau.

**Golf du Touquet** – *Av. du Golf - A 16, sortie 26 - ✆ 03 21 06 28 00 - www.opengolfclub.com - été : 7h-20h30 ; hiver : 8h-19h30 - 45/60 €.* Trois beaux parcours (2 de 18 trous et 1 de 9 trous) : l'un tracé au cœur d'une forêt de pin, l'autre dans les dunes sauvages en bord de mer et le troisième, pédagogique, pour les stages.

**Boobaloo** – *38 r. Saint-Louis - ✆ 03 21 05 66 47 - ouv. w.-end, j. fériés et vac. scol. 9h-19h - fermé janv.* Locations de vélos. Les amusants petits véhicules à pédales sont parfaits pour se balader en famille…

**Institut Thalassa** – *Front de mer - ✆ 03 21 09 86 00.* Thalassothérapie et remise en forme.

**Parc d'attractions Aqualud** – *Bd de la Mer - ✆ 03 21 90 07 07 - www.aqualud.com - 10h15-17h45 (18h45 en juil.-août, nocturnes estivales 20h-0h) - fermé nov.-janv - 16,50 €.* Parc aquatique de 4 000 $m^2$ dont la partie couverte bénéficie toute l'année d'une température de 27 °C pour l'air et de 29 °C pour l'eau. Toboggans géants, rivière à bouées et à surprises, bassin à vagues, jacuzzi, Black Hole, Twister… et maîtres-nageurs pour rassurer les parents. Cafétéria.

### Événements

N'oubliez pas de demander à l'office de tourisme le programme des animations pour la saison en cours. Toute l'année sont organisés concerts, expositions, spectacles à un rythme soutenu.

**Enduropale** – L'une des plus célèbres courses moto en France, l'enduro du Touquet se déroule chaque année, sur la plage, le 1er ou 2e w.-end de fév.

**Festival international de musique** – Durant la 1e quinz. d'août, grand festival de musique mêlant classique, jazz, variété.

**Festival de la Côte d'Opale** – *Voir l'encadré pratique de la Côte d'Opale.*

# Tourcoing

92 357 TOURQUENNOIS
CARTE GÉNÉRALE B2 – CARTE MICHELIN DEPARTEMENTS 302 G3 – NORD (59)

**Ancien fief de la production textile aux côtés de Roubaix, Tourcoing s'est aujourd'hui spécialisé dans la vente de vêtements par correspondance, mais aussi dans les arts graphiques, l'imprimerie et le numérique. Cette ville dynamique affiche une volonté de réaménagement et d'embellissement. Sur le parvis Saint-Christophe, on foule un pavage où le porphyre du Trentin voisine avec le marbre de Carrare et de Vérone et la pierre de Soignies. Les berges du canal, la mairie et bien d'autres édifices ont profité du même bain de jouvence. De surcroît, la vie culturelle est riche : du musée des Beaux-Arts à l'hospice d'Havré en passant par le Fresnoy, la ville s'est résolument tournée vers l'art contemporain.**

**Se repérer** – Tourcoing appartient à la communauté urbaine Lille Métropole. Un périphérique entoure la ville. Au sud, le **pont hydraulique**, témoignage d'architecture industrielle sur le canal de Roubaix, accueille les automobilistes venant de Lille (N 356), Roubaix (D 9) ou Tournai (N 509). Le centre commerçant se situe entre l'église Saint-Christophe et la mairie, jusqu'à la rue de Gand.

**À ne pas manquer** – L'église Saint-Christophe ; l'hôtel de ville ; l'hospice d'Havré.

**Organiser son temps** – Comptez une demi-journée en ville.

**Pour poursuivre la visite** – Voir aussi Roubaix, Lille, Villeneuve-d'Ascq.

## Comprendre

**La laine et les « broutteux »** – Au Moyen Âge, les paysans élèvent des moutons et associent l'activité textile au travail de la terre. Cette activité est assez importante en 1360 pour que Tourcoing obtienne un sceau destiné à marquer sa draperie. L'institution d'une « franche foire », qui se perpétue depuis 1491, consacre sa place de bourg marchand. Lorsque la draperie décline, au 16e s., les artisans se spécialisent dans le peignage de la laine : la brouette, employée pour son transport, est l'un des emblèmes de la ville, dont les habitants sont surnommés les « broutteux ».

**La bataille de Tourcoing** – Les 17 et 18 mai 1794, la tentative d'invasion des coalisés (Prussiens, Autrichiens et Anglais) est habilement déjouée par les généraux Jourdan

**Le saviez-vous ?**

L'origine et le sens du nom Tourcoing sont incertains. Il pourrait venir de *tour ken*, « près de la source d'une rivière » en celte, ou de *tur oing*, « passage du bois ». La troisième option se contente de *tor* ou *tur*, « tour » ou « sommet » : la ville culmine à 40 m en plusieurs lieux.

L'humoriste **Raymond Devos** (1922-2006) a fait ses études dans un collège de Tourcoing, l'acteur **Ronny Coutteure** s'est formé à l'art dramatique au conservatoire, et **Brigitte Fossey** y est née.

Tourcoing accueille depuis 2003 une **École nationale des douanes**, aux côtés de Rouen et de La Rochelle, ainsi que la Direction nationale du recrutement et de la formation professionnelle dans ce domaine. Le bâtiment *(avenue Millet)*, tout en ondulations, a été conçu par Architecte Studio (Institut du monde arabe à Paris, Parlement européen à Strasbourg).

et Moreau. Mais la victoire est minimisée sur le plan intérieur du fait des rivalités au sein du Comité de salut public. L'importance réelle de cette bataille n'a été reconnue que récemment.

**L'ère industrielle** – Au 19e s., Roubaix-Tourcoing devient la capitale française du textile. Cet essor attire une main-d'œuvre venue de la Flandre belge, qui travaille dans les peignages, les filatures, les teintureries, les tissages. De 1789 à 1900, la population passe de 10 000 à 80 000 habitants. À l'industrie textile se sont ajoutées des activités comme l'imprimerie, les arts graphiques, l'agroalimentaire, la vente par correspondance.

**Arts contemporains** – Parallèlement, la cité est devenue un pôle artistique majeur avec l'École régionale supérieure d'expression plastique, l'Atelier lyrique de Tourcoing, dirigé par Jean-Claude Malgoire, le théatre de l'Idéal (scène du théâtre du Nord) et Le Fresnoy, un ancien centre de distractions populaires des années 1920 réaménagé par l'architecte Bernard Tschumi pour accueillir le Studio national des arts contemporains (expositions, concerts, spectacles - *voir l'encadré pratique*). Côté musique, Le Grand Mix rivalise, par sa programmation, avec les autres grandes salles de la métropole.

## Se promener

### Église Saint-Christophe

Au centre de la ville, cette église de style néogothique remaniée au 19e s. conserve des empreintes de chacune des époques de sa construction (porche et colonnes des 13e au 16e s.). Le clocher du 16e s., englobé dans le clocher actuel (85 m), abrite le **musée du Carillon** et un carillon de 62 cloches (le 4e plus grand de France). Du sommet *(200 marches)*, **panorama** sur la ville et les environs. *03 20 27 55 24 - mai-oct. : 1er et 3e dim. du mois 14h-18h - gratuit.*

OT de Tourcoing

*L'hospice d'Havré, transformé en centre culturel.*

### Chambre de commerce

*Place Charles-et-Albert-Roussel.* Ce superbe bâtiment de Charles Plankaert (1906) inspiré de la Renaissance flamande et dominé par un beffroi est, comme à Lille, révélateur de l'essor industriel et de l'activité commerciale de la ville à l'aube du 20e s. Le centre d'Art et d'Industrie, ainsi que le **centre d'Histoire locale** *(voir « Visiter »)* s'y sont aujourd'hui installés.

### Hôtel de ville

*03 20 23 37 00 - www.tourcoing.fr - ♿ - tlj sf w.-end et j. fériés 8h30-17h30 - gratuit.*
Ce monument du Second Empire est un parfait exemple de style éclectique. En façade, un blason surplombe chacune des trois portes. L'ensemble, de style Renaissance, rappelle le Louvre. La salle du conseil municipal est ornée de quelques grandes toiles historiques, dont *La Victoire de Tourcoing*.

### Maison du collectionneur

*Square Winston Churchill. Ne se visite pas.* Reconnaissable à son bow-window, cette maison (1911) de style flamand fut construite par l'architecte Jean-Baptiste Maillard pour le peintre Ernest Desurmont à partir d'éléments architecturaux anciens que le peintre avait collectionnés.

### Maison du Broutteux

*19 r. Jules-Watteeuw. Ne se visite pas.* **Jules Watteeuw**, dit « le Broutteux » (1849-1947), fut le chantre de sa ville. Son œuvre immense est entièrement écrite en patois, dont il a fixé l'orthographe et les règles. En 1909, ses concitoyens lui ont offert cette ravissante maison, bâtie sur le modèle alsacien, dont la façade a été décorée par ses amis peintres et sculpteurs.

Musée des Beaux-Arts, Tourcoing

*« 35 têtes d'expression », par Boilly.*

Une plaque de bronze est apposée sur sa maison natale, Grand'Place, et un monument lui est élevé dans le jardin de l'hôtel de ville.

## Visiter

### Hospice d'Havré

*100 r. de Tournai - tlj sf mar. 13h30-18h - fermé août et j. fériés - gratuit.*
Fondé en 1260 par Mahaut de Guisnes pour servir d'hôpital, cet ancien hospice a été reconstruit aux 17e et 18e s. Du monastère restent la chapelle avec son retable de style baroque, et le cloître avec ses culs-de-lampe sculptés. Depuis 2004, le lieu est transformé, en « Maison Folie » *(voir la partie « Comprendre la région »)*, dans le sillon de « Lille, capitale européenne de la culture ». Au programme, expositions, ateliers d'artistes, apéros-concerts…

### Musée des Beaux-Arts

*À droite de l'hôtel de ville. 03 20 28 91 60 - ♿ - tlj sf mar. 13h30-18h - fermé j. fériés, dernier lun. juil. - gratuit.*
Né à Tourcoing, le musicien Albert Roussel (1869-1936) a vécu une partie de sa jeunesse dans cet hôtel particulier, devenu musée en 1931. La disposition des œuvres, régulièrement repensée, se veut une confrontation thématique entre l'art ancien et l'art contemporain. Dans sa collection permanente, le musée compte un fonds d'œuvres de l'école du Nord des 16e et 17e s. (Rembrandt, Quellinus, Bouillon, Seghers, Rombouts) ainsi que des toiles du 19e s. (*35 têtes d'expression* de Boilly, *Portrait de Sarah Bernhardt* de Clairin). Parmi les sculptures contemporaines, remarquez **Kopft**, tête d'homme en fonte. La perception de cette œuvre de Markus Raetz (1992) varie selon le point de vue adopté : tournez autour de la sculpture…

### Centre d'Histoire locale

*03 20 27 55 24 - ♿ - tlj sf mar. 9h30-11h30, 14h-17h, w.-end. 14h-18h - fermé j. fériés - gratuit.*

Le hall d'accueil abrite des expositions temporaires d'histoire régionale. Dans les pièces contiguës sont exposés des objets issus de fouilles, des maquettes, un plan de la ville, des boiseries d'église, un ancien métier à tisser, etc.

### Musée du 5 juin 1944 « Message Verlaine »

*4 bis av. de la Marne, juste après le pont hydraulique. ✆ 03 20 24 25 00 - www.musee-du5juin1944.asso.fr - visite libre ou guidée (1h30) : 1er et 3e dim. de chaque mois 9h-12h, 14h-17h - 4,50 € (10-15 ans 2,50 €).*

Le blockhaus du commandement de la XVe armée allemande est devenu musée. C'est ici que fut décodé, le 5 juin 1944, le message de Radio-Londres annonçant le débarquement en Normandie : « Les sanglots longs des violons… » Dans une quinzaine de salles, on découvre le matériel de la guerre des ondes, une reconstitution du standard téléphonique et celle de la chambre-bureau du général Von Salmuth.

## Tourcoing pratique

### Adresse utile

**Office du tourisme de Tourcoing** – *Parvis Saint-Christophe - 9 r. de Tournai - 59200 - ✆ 03 20 26 89 03 - www.tourcoing-tourisme.com - tlj sf dim.-lun. et j. fériés 9h30-12h30, 13h30-18h30.*

### Transports

**Métro** – La ville de Tourcoing est reliée à la métropole lilloise et à Roubaix par le métro : 27mn suffisent pour rejoindre le centre de Lille et moins de 10mn pour Roubaix. 9 stations de métro desservent Tourcoing, du sud vers le nord, jusqu'à la frontière belge. Le métro circule de 5h30 à 0h (heure de passage à la gare de Lille-Flandres), toutes les 2mn aux heures de pointe et toutes les 4 à 8mn aux heures creuses.

**Tramway** – *✆ 0 820 424 040 - www.transpole.fr.* Tourcoing dispose aussi de 4 stations de tramway qui mettent Lille à 30mn du centre-ville. Elle est aussi desservie par des lignes de bus.

### Se loger

⊖⊖ **Hôtel Ibis** – *R. Carnot - ✆ 03 20 24 84 58 - www.accor.com - P - 102 ch. 49/63 € - ☕ 6,50 €.* Grâce à sa situation centrale, cet immeuble conviendra à ceux qui souhaitent profiter de l'animation urbaine. Préférez les chambres refaites. La carte du restaurant propose des recettes traditionnelles françaises et quelques plats plus exotiques.

### Se restaurer

⊖⊖ **La Baratte** – *395 r. Clinquet - ✆ 03 20 94 45 63 - www.la-baratte.fr - fermé 26 avr.-2 mai, 2-29 août, sam. midi, dim. soir et lun. - 25/78 €.* Ce restaurant n'est pas facile à trouver, mais insistez, vous ne serez pas déçu. Son décor campagnard joliment rafraîchi, sa grande cheminée, son accueil souriant et sa goûteuse cuisine en font une adresse prisée. Bon rapport qualité/prix.

### En soirée

**Le Fresnoy - Sudio national des arts contemporains** – *22 r. du Fresnoy - ✆ 03 20 28 38 00.* Centre de formation, de recherche et de production dans le domaine de l'audiovisuel, le Fresnoy accueille aussi des expositions et des manifestations artistiques et culturelles tout au long de l'année. Le bâtiment présente une architecture contemporaine qui a été primée aux États-Unis.

**Théâtre du Broutteux** – *11bis pl. Roussel - ✆ 03 20 27 55 24.* Le Théâtre du Broutteux (marionnettes flamandes à tringles) est situé dans l'ancienne chambre de commerce.

### Que rapporter

**Achats** – Pour faire de bonnes affaires (magasins d'usines textiles), se reporter à l'encadré pratique de Roubaix.

### Sports & Loisirs

**Parc arboretum du Manoir au Loup** – *300 rte de Neuville - 59250 Halluin - ✆ 03 20 38 56 30 - juin-juil. et sept. : tlj sf dim. 10h-12h, 14h-18h ; mai et oct. : tlj sf w.-end 10h-12h, 14h-18h - 5 € (enf. gratuit) - sur réservation.* 250 espèces de conifères issus des cinq continents se côtoient dans ce parc paysager de 5 ha, mêlant bois et étang.

### Événements

**Tourcoing jazz festival planète** – Tous les ans, à la mi-novembre, quelques grands noms de jazz, et toutes les sensibilités de cette musique, sont présents à l'occasion de ce festival qui allie concerts payants et gratuits.

**Franche foire** – Une foire thématique et historique est organisée chaque année en centre-ville et dans le parc Clemenceau de Tourcoing, aux alentours de la mi-mai - *se renseigner au ✆ 03 20 28 13 20 ou à l'office de tourisme.*

**Tourcoing Plage** – *Au bord du canal - Pont hydraulique - ✆ 0 805 400 070 (no Vert) - www.tourcoingplage.fr - 2e quinz. de juil.* Activités sportives et de loisir, animations et concerts gratuits.

**Les Gambrinales** – Fête de la bière, des produits du terroir et des traditions populaires, fin sept.-début oct.

# Valenciennes

**357 395 VALENCIENNOIS (AGGLOMÉRATION)**
**CARTE GÉNÉRALE C2 – CARTE MICHELIN DEPARTEMENTS 302 J5 – NORD (59)**

**Jean-Baptiste Carpeaux voisine au musée des Beaux-Arts avec Antoine Watteau, autre natif de Valenciennes. Il est vrai que cette cité a toujours cultivé le goût des arts… au point d'être surnommée « l'Athènes du Nord ». Elle s'enorgueillit d'un autre atout : la langue Lucullus, portion de bœuf fumée, coupée en tranches et recouverte de foie gras !**

**Se repérer** – Sur l'Escaut. Des boulevards entourent la cité qui n'a plus d'unité architecturale, ayant subi de graves dommages durant les deux guerres. L'A 2/E 19 dessert le sud et l'est de la ville. De Lille, l'A 23 rejoint le sud-ouest de la ville en traversant la forêt de Raismes-Saint-Amand-Wallers. De Tournai, prendre la N 507 puis la D 169 ; de Douai, la N 455 ; et de Maubeuge ou Bavay, la N 49.

**À ne pas manquer** – Le musée des Beaux-Arts ; la bibliothèque des Jésuites, dans la bibliothèque municipale ; la dégusation d'une langue Lucullus.

**Avec les enfants** – Le parc d'attractions « Le Fleury ».

**Pour poursuivre la visite** – Voir aussi Saint-Amand-les-Eaux et le Parc naturel de Scarpe-Escaut, le centre minier de Lewarde, Le Quesnoy, Bavay.

## Comprendre

**Des houillères à Toyota** – Proche du bassin houiller, Valenciennes fut la capitale de la sidérurgie et de la métallurgie du Nord. Aujourd'hui, la ville accueille des industries diverses : matériel ferroviaire, automobile, peintures, laboratoires pharmaceutiques, électronique, etc. L'université scientifique contribue à ce nouvel essor. La firme Toyota s'est récemment implantée aux environs, à Onnaing.

**L'Athènes du Nord** – Nombre d'artistes virent le jour à Valenciennes : les sculpteurs André Beauneveu, « imagier » de Charles V (14e s.), Antoine Pater (1670-1747) et Jean-Baptiste **Carpeaux** *(voir l'encadré)* ; le chroniqueur **Froissart** (14e s.) ; les peintres Antoine **Watteau** (1684-1721) et Jean-Baptiste Pater (1695-1736), fils du sculpteur, ainsi que Louis et François Watteau, arrière-neveu et petit-neveu d'Antoine.

### Le saviez-vous ?

Un certain Valentinus, notable romain qui s'installa sur les rives de l'Escaut, serait à l'origine du nom de la ville et de son développement.

## Se promener

### Maison espagnole B2 E2

Cette demeure du 16e s. à pans de bois et à encorbellement a été bâtie sous l'occupation espagnole. Restaurée, elle abrite l'office de tourisme.

### Église Saint-Géry A2

*Visite guidée sur demande au presbytère, ✆ 03 27 46 22 04.*

L'ancienne église des récollets (13e s.) a été remaniée au 19e s. Une restauration a rendu à la nef et au chœur leur pureté gothique d'origine.

À côté, dans le **square Watteau**, se dresse une fontaine dominée par une statue de Carpeaux figurant Watteau, né au 39 rue de Paris. L'**église Saint-Nicolas** est l'ancienne chapelle des jésuites convertie en auditorium ; elle possède une façade du 18e s. La **maison du Prévôt N.-D. A2 E1**, à l'angle de la rue Notre-Dame, est l'un des plus vieux édifices (15e s.) de la ville, en brique et pierre. Admirez l'élégance des fenêtres à meneaux, le pignon à pas de moineaux et la tourelle surmontée d'un clocheton.

## Visiter

### Musée des Beaux-Arts★ B2

*✆ 03 27 22 57 20 - ♿ - tlj sf mar. 10h-18h (20h jeu.) - fermé 1er janv., 1er Mai, lun. suivant 2e dim. sept., 25 déc. - 4,80 €, gratuit 1er dim. du mois.*

Ce musée, bâti au début du 20e s. et entièrement rénové, expose des œuvres des écoles flamande et française du 18e s. La sculpture du 19e s. est bien représentée, surtout avec Carpeaux.

**Peinture du 15e au 17e s.** – L'école flamande est à l'honneur. Dans la 1re salle, l'énigmatique tableau de Jerôme Bosch, *Saint Jacques et le magicien Hermogène* (panneau

### Carpeaux le prolifique

Sculpteur, peintre et dessinateur, Jean-Baptiste Carpeaux (1827-1875) remporte le Grand Prix de Rome en 1854. Devenu sculpteur officiel, il réalise des bustes pleins de finesse, des portraits du Second Empire, et participe au décor de monuments publics :

– *Le Triomphe de Flore*, bas-relief (pavillon de Flore au Louvre),
– *La Danse*, pour la façade de l'Opéra Garnier (musée d'Orsay),
– *Les Quatre Parties du monde* pour la fontaine de l'Observatoire à Paris,
– la statue de Watteau à Valenciennes *(ci-contre)*.

Un monument dû à Félix Desruelles lui a été élevé, avenue du Sénateur-Girard. D'autres œuvres sont exposées à Paris (Orsay et Petit Palais), Courbevoie (Roybet-Fould) et Valenciennes.

Y. Tierny / MICHELIN

double) côtoie le triptyque du *Jugement dernier* de Van Leyden et le *Banquier et sa femme* de Marinus Van Reymerswaele. Dans la veine fantastique, voir aussi la *Tentation de saint Antoine* de Jan Mandyn.

Les salles suivantes sont réservées au 17e s. et aux écoles hollandaise, française, italienne et flamande.

Dans la salle **Rubens**, le maître d'Anvers triomphe avec le triptyque du *Martyre de saint Étienne*, jadis dans l'abbaye de Saint-Amand, et deux toiles : *Élie et l'Ange* et *Le Triomphe de l'Eucharistie*. Cette galerie est consacrée à la peinture religieuse flamande, du maniérisme au baroque : *La Sainte Parenté* de Martin De Vos, *Le Calvaire* de A. Janssens, *Saint Augustin en extase* par De Crayer, *Saint Paul* et *Saint Matthieu*, deux têtes d'apôtres de Van Dyck, *L'Adoration des Mages*, triptyque du 16e s. de Coecke Van Aelst, et *La Déploration du Christ* de Pieter Van Mol.

Deux autres salles montrent l'évolution des genres : portrait (*Elisabeth de France* par Frans II Pourbus), nature morte (*Le Cellier* de Snyders, *La Pourvoyeuse de légumes* par Beuckelaer), scène de genre (*Les jeunes piaillent comme chantent les vieux*, de Jordaens) et paysage, avec Soens et Rubens.

**École française du 18e s.** – La 1re salle présente deux œuvres de Watteau, le portrait du sculpteur Antoine Pater et une toile de jeunesse. Remarquez le *Portrait de Jean de Jullienne*, ami et mécène de Watteau, par François de Troy, ainsi que le *Concert champêtre* et les *Délassements de la campagne* de J.-B. Pater, collaborateur de Watteau. Dans la 2e salle, toiles de Louis et François Watteau, dont *Les Quatre Heures de la journée*.

**Carpeaux** – Au centre du musée, un vaste espace baigné de lumière met en scène l'évolution de son art : sculptures monumentales, bustes… Les esquisses sur le thème de la femme et de l'enfant montrent son aptitude à traduire le mouvement. Quelques peintures évoquent la vie mondaine du sculpteur et ses qualités de portraitiste (autoportraits) ou de visionnaire. À côté, sculptures d'artistes contemporains : Crauk, Desruelles, Lemaire, Hiolle…

**École française des 19e et 20e s.** – Des grands formats illustrent le goût académique pour l'histoire : *La Mort du maréchal Lannes*, de Guérin, *Exécution de Marie Stuart*, de Pujol, *L'Épée de Damoclès*, d'Auvray, *Trait de la jeunesse de Pierre le Grand* (1828), de Charles de Steuben, et le *Dévouement de la princesse Sybille* (1832) de Félix Auvray. Le paysage est à l'honneur avec Charlet, Boudin, Rousseau et Harpignies. La section du 20e s. évoque les recherches d'artistes comme Herbin ou Félix Delmarle sur la ligne et la couleur.

**Archéologie régionale** – *Au niveau inférieur, dans la crypte.* Peintures murales découvertes à Famars (2e s.), bronzes (statue d'Éros de Bavay) et plat d'argent gallo-romain de Saulzoir ; bijoux et parures à décor d'émail cloisonné, peintures funéraires et gisants du Moyen Âge.

SE LOGER

Chambre d'hôte Château d'En Haut ................ ①

SE RESTAURER

Au Vieux Saint-Nicolas ............ ①

INDEX DES RUES

Albert-1er (Avenue) ................. 1
Amsterdam (Avenue d') ........... 2
Armes (Place d') ....................... 3
Gaulle (Place Gal de ) .............. 4
Lille (Rue de) ........................... 5
St-Géry (Rue) ........................... 6
Watteau (Square) ...................... 7

**Maison du Prévôt N.-D. ............... E1**
**Maison espagnole ........................ E2**

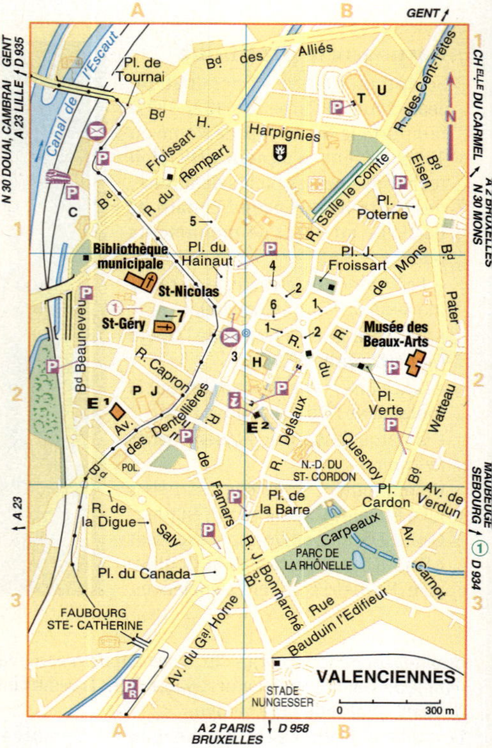


## Bibliothèque municipale A2

*℘ 03 27 22 57 00 - mar. et jeu. 14h-18h30, merc. et sam. 10h-12h, 14h-18h30, vend. 10h-20h - visite guidée (30mn) sam. 11h - fermé dim. et lun., j. fériés - gratuit.*

L'ancien **collège des jésuites** (début 17e s.) présente une façade de brique à parements de pierre, décorée au rez-de-chaussée d'œils-de-bœuf et de guirlandes Louis XVI. Au 1er étage, la **bibliothèque des Jésuites★**, dont le décor peint date du 18e s., est un vaisseau voûté rythmé par cinq arcs doubleaux qui reposent sur des corbeaux de style rocaille. Elle comprend 350 000 volumes : manuscrits, notamment *La Cantilène de sainte Eulalie* (le plus ancien poème français connu, écrit en langue d'oïl vers 880), incunables, imprimés rares du 17e au 20e s.

# Aux alentours

## Saint-Saulve

*2 km au nord-est. Quitter la ville par l'avenue de Liège, sortie 30.*

Achevée en 1966, la **chapelle du Carmel** *(1 r. Henri-Barbusse)* a été conçue d'après une maquette du sculpteur Szekely et les plans de l'architecte Guislain, qui ont privilégié les effets de volumes et l'emploi de matériaux modestes. La chapelle flanquée d'un clocher asymétrique s'élève un peu en retrait de la route. L'intérieur baigne dans une lumière très douce : au-dessus de l'autel, des vitraux non figuratifs mettent en valeur le jeu de formes géométriques. *℘ 03 27 46 24 98 - 9h-11h30, 13h-17h.*

### De la « réclame » à la « pub »

**Jean Mineur**, à l'origine de la « réclame » au cinéma, est né à Bruay-sur-l'Escaut. Il s'agissait à l'époque de rideaux publicitaires peints, puis de films publicitaires muets. En 1938, sa société s'installe sur les Champs-Élysées, à Paris. Le sympathique personnage du Petit Mineur fait son entrée dans les salles obscures en 1952, dessiné par Albert Champeaux. Il pose sa lanterne et projette son piolet au cœur d'une cible où apparaît le fameux numéro de téléphone 0001, créé en 1949 et surnommé le « Balzac ». Après plusieurs partenariats, avec Pathé-Cinéma, puis avec Cinéma et Publicité, la régie Médiavision voit le jour en 1971. Depuis, le Petit Mineur s'est légèrement transformé ; plus moderne, il prend sa place dans un nouveau scénario… tout en images de synthèse.

## Sebourg

*9 km à l'est par la D 934 vers Maubeuge ; prendre à gauche la D 59 à Saultain, puis à droite la D 350 à Estreux.*

Ce bourg rural s'étage sur les pentes de la vallée verdoyante de l'Aunelle. L'**église** (12e-16e s.) fait l'objet d'un pèlerinage à saint Druon, berger et ermite du 12e s. invoqué pour guérir les hernies. Dans le bas-côté droit, gisants (14e s.) d'Henri de Hainaut, sire de Sebourg, et de sa femme. *℘ 03 27 26 52 78 - visite guidée 9h-12h, 14h-18h30, sur demande auprès de l'association « Sebourg culture et traditions ».*

## Bruay-sur-l'Escaut

*5 km au nord par la D 935 et la D 75.*

L'**église** abrite le **cénotaphe** de sainte Pharaïlde, sœur de sainte Gudule : un bloc de pierre blanche du 13e s. représente une femme aux formes gracieuses. *Lun., jeu. et dim. 10h-12h ; vend. 17h-19h ou sur demande au 8 r. Clémentine-Decker, Mme Sabiaux (en face de l'église - ℘ 03 27 45 07 61).*

## Denain

*10 km au sud-ouest par la N 30.*

Le 24 juillet 1712, les villageois assistent à la victoire du maréchal de Villars sur l'armée du prince Eugène.

Dès 1828, la découverte de gisements de houille propulse ce bourg agricole au rang de centre industriel. Véritable gruyère, la cité possède jusqu'à 15 puits de mine. Le dernier, celui du Renard, dont le terril domine la ville, est exploité jusqu'en 1948. C'est dans cette ville et dans la région qu'**Émile Zola** est venu chercher son inspiration pour écrire *Germinal*. De l'ex-**coron Jean-Bart** *(av. Villars)* subsiste un bâtiment (1852) qui a été transformé en conservatoire de musique. Ici vécut le mineur et poète Jules Mousseron (1868-1943). La **cité Ernestine** *(se garer et entrer aux nos 138 et 140 de la rue Ludovic-Trarieux)* garde son atmosphère populaire : elle se compose de corons d'une vingtaine de logements. Au nord, la **cité Bellevue** forme un ensemble de maisons de porions (contremaîtres) et de chefs porions, parfois disposées de part et d'autre de fours à pain.

# Valenciennes pratique

### Adresses utiles

**Office du tourisme du Valenciennois** – Il est composé de 3 Maisons du tourisme : Pays de Condé *(voir Saint-Amand-les-Eaux)*, Valenciennes et Sebourg. Un seul numéro d'appel : *℘ 03 27 28 89 10.*

**Maison du tourisme de Valenciennes** – *1 r. Askievre - 59300 - www.ville-valenciennes.fr - lun. 14h-18h, mar.-sam. 9h30-12h, 14h-18h (juin-sept. : dim. 15h-19h) - fermé 1er janv., 1er Mai, 1er et 11 Nov., 25 déc.*

**Maison du tourisme de Sebourg et des trois vallées** – *R. des Écoles - 59990 Sebourg - mar. 14h-18h, merc. et sam. 9h-12h, 14h-18h, jeu.-vend. 14h-18h - fermé 1er janv., 1er Mai, 1er et 11 Nov., 25 déc.*

### Visite

**Bon à savoir** – L'office du tourisme de Valenciennes organise des **visites guidées** pour découvrir le patrimoine du Valenciennois.De mai à sept., profitez des « mardis de l'insolite », une visite originale de la ville, ainsi que des visites thématiques (1h30) le w.-end *(5 €).*

### Se loger

**Chambre d'hôte Château d'En Haut** – *59144 Jenlain - 6 km au sud-est de Valenciennes par D 934 et N 49 - ℘ 03 27 49 71 80 - www.chateaudenhaut.fr.st - ⊠ - 5 ch. 55/80 €* ☕. Ce château du 18e s. est remarquable par son décor (marqueteries, objets anciens et tableaux) et son accueil charmant. Les chambres, dotées de lits à baldaquin, s'ouvrent sur le parc. Bibliothèque et petite chapelle.

### Se restaurer

**Au Vieux Saint-Nicolas** – *72 r. de Paris - ℘ 03 27 30 14 93 - fermé 1 sem. à Pâques, 14 Juil.-15 août et merc. - 12,70/26 €.* Ce restaurant aménagé dans une maison de 1735 se trouve à deux pas de l'église Saint-Géry. Vous y dégusterez une cuisine traditionnelle.

### Sports & Loisirs

**Parc d'attractions Le Fleury** – *5 r. Bouchain - 59111 Wavrechain-sous-Faulx - ℘ 03 27 35 71 16 - www.lefleury.fr - juil.-août : 9h-19h ; mi-avr. à juin : se renseigner (en général 10h-18h) - fermé oct.-avr - 9,50 €.* Nombreuses attractions aménagées sur les 23 ha du parc, incluant des plans d'eau : minigolf, manèges, petit train, jeux aquatiques. Sur place, jardin des animaux, espaces sportifs, soufflerie de verre, restaurant et snacks.

### Événements

**Folies de Binbin** – C'est le carnaval de Valenciennes, avec défilés costumés, sortie du géant… Le 1er w.-end de sept.

**Carnaval de Denain** – Chaque année, l'après-midi du lundi de Pâques.

**Procession à N.-D. du Saint-Cordon** – Le 2e w.-end de sept., une grande procession est organisée pour faire le tour du quartier du Saint-Cordon. En 2008, millénaire de ce pèlerinage.

# Abbaye et jardins de **Valloires**★★

CARTE GÉNÉRALE A2 – CARTE MICHELIN DEPARTEMENTS 301 D5 – SOMME (80)

**Au creux du val d'Authie, parmi les bois et les prairies, l'abbaye est implantée dans un site d'une beauté particulière, selon la tradition cistercienne. Si l'on admire son église baroque, on aime à flâner dans ses jardins : un lieu enchanteur, où plus de 5 000 variétés de plantes s'associent en savants archipels selon la teinte de leurs feuillages, la subtilité de leur parfum, la présence de fruits ou d'épines…**

**Se repérer** – À Argoules, au nord du département de la Somme. Depuis Doullens, la D 938/D 119 longe la rive droite de l'Authie, que l'on traverse à Saulchoy ou Maintenay pour rejoindre la D 192 sur la rive gauche. Depuis Montreuil, Le Touquet, Le Crotoy ou Rue, rejoindre la N 1 vers Nampont-Saint-Martin, où l'on prend à droite la D 192.

**À ne pas manquer** – Dans les jardins, la perspective sur la roseraie et l'abbaye depuis le cloître végétal, le Jardin des îles et l'espace Lamarck. Dans l'abbaye, les boiseries de la sacristie, du grand salon et de l'orgue de l'église, les grilles du chœur.

**Organiser son temps** – On passe facilement une demi-journée sur le site. Venez le dimanche en fin d'après-midi, pour la visite insolite de l'orgue. La visite de l'abbaye peut être intégrée au circuit de découverte de la vallée de l'Authie.

**Avec les enfants** – Le jardin des Cinq sens ; le labyrinthe géant des Sept vallées à Buire-le-Sec.

**Pour poursuivre la visite** – Voir aussi la vallée de l'Authie, Rue, Crécy-en-Ponthieu, Hesdin, Montreuil-sur-Mer, Berck-sur-Mer.

## Visiter

### Abbaye★

*03 22 29 62 33 - www.abbaye-valloires.com - visite guidée (1h) mai-août : tlj 10h30, 11h30, 14h30, 15h30, 16h30, 17h30 (17h30 seult les w.-ends en sept.) ; mars-avr. et oct.-nov. : 11h30, 14h30, 15h30, 16h30 (16h30 seult les w.-ends en mars, oct.-nov.) - visite insolite de l'orgue en juil.-août : dim. 17h30 - 7,50 € (6-14 ans 5 €).*

Fondé au 12e s. par **Guy II**, comte de Ponthieu, le monastère cistercien accueille en 1346 les dépouilles des chevaliers tués à Crécy. Les bâtiments incendiés au 17e s. sont reconstruits au milieu du 18e s. sur les plans de **Raoul Coignart**. La décoration est l'œuvre du baron **de Pfaffenhoffen**, dit Pfaff (1715-1784), Viennois fixé à Saint-Riquier à la suite d'un duel qui l'avait obligé à quitter Vienne. L'abbaye est réputée être la seule abbaye cistercienne du 18e s. encore entière en France. Propriété de l'Association de Valloires depuis 1922, elle abrite aujourd'hui une maison d'enfants à caractère social, une résidence d'accueil temporaire pour personnes âgées et une hôtellerie *(voir l'encadré pratique)*.

**Logis abbatial** – Il est situé au-delà du colombier (16e s.), sur la façade est. Le grand salon est décoré de **boiseries**★ en chêne, de style rocaille Louis XVI. La galerie du cloître est voûtée d'arêtes. Au rez-de-chaussée de l'aile est se trouvaient le réfectoire et la salle capitulaire, à l'étage les appartements de l'abbé et les cellules. La sacristie conserve des toiles de Parrocel et de l'école de Boucher.

**Église**★ – « Elle ferait les délices de Mme de Pompadour mais saint Bernard n'y trouverait rien à redire » : cette remarque d'un voyageur illustre l'accord entre la sobriété de l'architecture et la finesse du décor. Une **tribune**★ sculptée de chutes d'instruments musicaux supporte l'**orgue (1)**. De chaque côté, les statues symbolisent la Religion. La balustrade et le petit buffet sont ornés

A. Cassaigne / MICHELIN

*Les superbes grilles de l'abbatiale.*

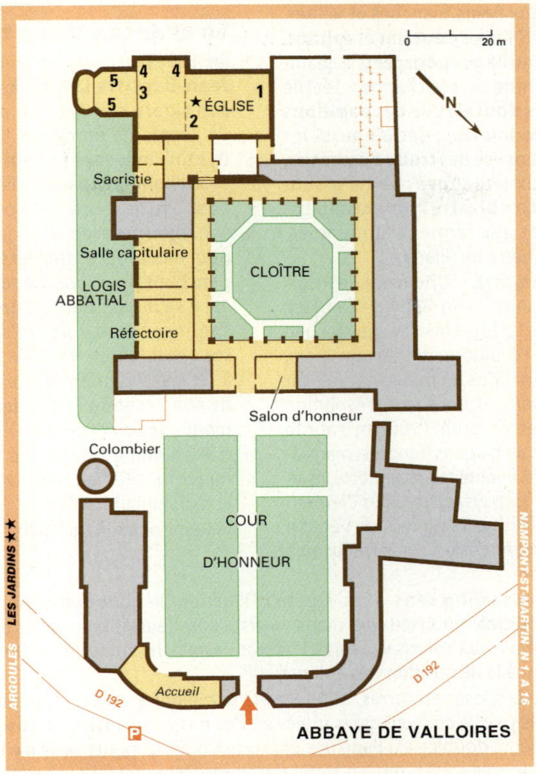


de putti et d'angelots musiciens. Des cariatides soutiennent le grand buffet, couronné par une statue du roi David entouré d'anges musiciens.

Les **grilles★★ (2)** du chœur comportent les armes de Valloires et le serpent d'airain de Moïse, préfiguration de la Crucifixion. Elles ont été forgées par Jean Veyren dit « le Vivarais » : ce serrurier de Corbie exécuta aussi les grilles de la cathédrale d'Amiens et celles du château de Bertangles. Deux anges adorateurs en plomb doré sont placés de part et d'autre du maître-autel **(3)**, que domine une suspension eucharistique de Jean Veyren en forme de crosse abbatiale. Deux anges blancs en papier mâché planent au-dessus de l'autel. Dans le croisillon droit se trouvent les gisants (16e s.) d'un comte et d'une comtesse de Ponthieu **(4)** ; dans le croisillon gauche, on aperçoit la baie par laquelle les moines malades suivaient l'office. Les stalles **(5)** sont sculptées de trophées religieux ; celles de l'abbé et du prieur, ornées de boiseries, encadrent l'entrée de la chapelle absidiale.

## Jardins★★

*✆ 03 22 23 53 55 - www.baiedesomme.fr - de déb. mai à mi-sept. : 10h-19h ; mi-mars à fin avr. et de mi-sept. à mi-nov. : 10h-18h - 5,90/7,80 € (6-16 ans 4,40/5,40 €).*

En 1981, le pépiniériste **Jean-Louis Cousin** décide de présenter au public sa collection de végétaux. Le paysagiste **Gilles Clément** dessine le domaine : en France, c'est le premier « jardin libre » où les plantes ne sont pas classées par espèces, mais selon leurs caractéristiques décoratives. En toute saison, ces jardins (8 ha) offrent des surprises, avec leurs 5 000 variétés de plantes et d'arbustes, pour la plupart originaires de l'hémisphère Nord et d'Asie.

**Jardin à la française** – Sa stricte ordonnance est une évocation de la rigueur cistercienne. Le cloître végétal est ceinturé d'ifs, rappel des colonnes de l'abbaye. Le jardin blanc (charmille, osmanthus…) est parallèle au jardin jaune (forsythia, potentille…).

**Jardin des îles** – Dans l'île d'**hiver**, érables et bouleaux déclinent de subtiles harmonies. L'île d'**or** abrite le sureau panaché et le noisetier corylus. L'île d'**ombre** réunit des plantes craignant le soleil, comme le mûrier pleureur. Près de l'île des **lilas**, la chambre des **cerisiers** regroupe les prunus. L'île d'**argent** voisine avec l'île des

**viornes**, aux fleurs blanches et velues. Voyez aussi l'île des **deutzias** et **spirées**, celle des **feuillages pourpres**, la chambre d'**automne** (érable, charme…) et l'île des **épines douces**. L'île des **papillons** (acacia, buddleia…) séduit aussi les abeilles. Dans l'île des **fruits décoratifs**, résistez aux tentations : certains sont toxiques ! Le **« bizarretum »** rassemble des plantes aux formes tourmentées, comme le hêtre tortillard.

**Espace Lamarck** – Originaire de Picardie, le botaniste Jean-Baptiste Lamarck (1744-1829) fut le premier à esquisser une théorie de l'évolution des êtres vivants, liée aux variations du milieu naturel sur le comportement. Consacré à l'évolution des espèces, ce jardin (3 000 m$^2$) abrite des plantes archaïques (fougère, magnolia…) et très évoluées (pâquerette, marguerite…). Le paysagiste Gilles Clément conte ainsi l'histoire du monde végétal depuis son apparition sur terre jusqu'à aujourd'hui.

### En avance sur son temps ?

Bien que peu connu du grand public, **Jean-Baptiste Lamarck** peut être considéré comme l'un des pères de l'écologie moderne. Il comprit très tôt l'influence néfaste que peut avoir l'homme sur son milieu naturel, donc sur lui-même : « L'homme, par son égoïsme trop peu clairvoyant pour ses propres intérêts, par son penchant pour jouir de tout ce qui est à sa disposition, en un mot par son insouciance pour l'avenir de ses semblables, semble travailler à l'anéantissement de ses moyens de conservation et à la destruction même de son espèce (…). On dirait que l'homme est destiné à s'exterminer lui-même après avoir rendu le globe inhabitable. »
*Système analytique* (1820).

**Jardin des Cinq sens** – Ses végétaux illustrent le goût (fraise, pomme…), le toucher (bourgeons poisseux des marronniers), l'ouïe (feuilles bruissantes du tremble), la vue (pétunia aux coloris variés) et l'odorat (jasmin, lis, menthe…). De nombreux ateliers sont à la disposition des enfants.

**Roseraie** – Disposés en carrés, 2 000 rosiers se mêlent à des légumes décoratifs et aux « simples » que cultivaient les moines à des fins médicinales. La **rose Jacques-Cartier** à fleurs doubles est l'une des plus odorantes. La petite **rose de Valloires** à fleur semi-double a été créée en 1992 : Catherine Deneuve est sa marraine. La **rose des Cisterciens** est née en 1998, à l'occasion du neuvième centenaire de l'ordre de Cîteaux. En 2004, la **rose de Picardie**, conçue en l'honneur du centenaire de l'Entente Cordiale, fut parrainée par la duchesse de Gloucester ; elle doit son nom à une chanson anglaise de 1916, qui, au cœur des combats, célébrait la paix et l'amour.

**Jardin bleu** – Les hibiscus voisinent avec l'indigo ou encore le chêne persistant du nord de la France.

**Jardin de marais** – Autour d'un canal artificiel – allusion à un bras de l'Authie qui traversait autrefois l'abbaye – se plaisent aulnes, bambous et peupliers.

## Aux alentours

### Labyrinthe géant des Sept Vallées à Buire-le-Sec

*4 km au nord. Traverser le pont ; à Maintenay, prendre la D 139. ✆ 03 21 90 75 25 - juil.-sept. : 11h-19h - 9 € (enf. 7 €).*

Dans ce labyrinthe végétal de 8 ha, petits et grands éprouvent le frisson de l'aventure. Pour pimenter le parcours, vous verrez des spectacles, participerez à des jeux et à des énigmes… Nocturnes chaque week-end de pleine lune.

## Abbaye et jardins de Valloires pratique

Voir aussi l'encadré pratique de la vallée de l'Authie.

### Se loger

**Hôtellerie de l'Abbaye de Valloires** – *80120 Argoules - ✆ 03 22 29 62 33 - www.abbaye-valloires.com - 17 ch. 50/110 € - ☕ 9 €.* L'abbaye abrite cette hôtellerie qui garantit calme et sérénité. Selon votre choix, vous séjournerez dans une grande chambre ou suite du 18$^e$ s. avec vue sur les splendides jardins à la française, ou les chambres des converts donnant sur le cloître, pour une ambiance plus monacale.

**Auberge du Gros Tilleul** – *Pl. du Château - 80120 Argoules - ✆ 03 22 29 91 00 - www.hotel-argoules.com - fermé 16 déc.-30 janv., dim. soir et lun. du 15 nov. au 31 mars - P - 16 ch. 75/95 € - ☕ 8,50 € - rest. 16/38 €.* Accueillante auberge blottie dans un jardin. Les chambres sont confortables et le restaurant agréable. Piscine chauffée (ouverte d'avril à octobre) et salle de remise en forme.

### Se restaurer

**La Table du jardinier** – *Jardin de Valloires - 80120 Argoules - ✆ 03 22 23 53 55 - www.baiedesomme.fr - ouv. 11 mars-13 nov. (12h-16h) - ⊄ - 19 €.* Dans l'enceinte du parc qui entoure l'abbaye, ce restaurant propose une carte complète de plats originaux, préparés à partir des produits du jardin. La soupe de légumes (qui changent tous les jours), à déguster chaude ou glacée, ravit même les enfants. Sorbets à la rose, vin de noix et kir à la violette. Délicieux !

**Auberge du Coq-en-Pâte** – *37 rte de Valloires - 80120 Argoules - ✆ 03 22 29 92 09 - fermé 10 janv.-1er fév., 27 juin-4 juil., 5-19 sept., dim. soir, merc. soir et lun. sf fériés - 20 €.* Coquette maisonnette proche de l'abbaye. Salle à manger égayée de gravures et peintures à thème animalier. Goûteux petits plats mi-traditionnels, mi-actuels.

### Que rapporter

**La Cité des artisans** – *2 r. Place - 62870 Buire-le-Sec - ✆ 03 21 81 83 94 - www. lacitedesartisans.com - juil.-août : 10h-12h, 14h30-19 ; avr.-juin, sept. et déc. : 14h30-19h ; oct.-nov. : w.-end 14h30-19h - fermé janv.-mars.* Ces 300 m² regorgent de stands : céramique, jouets en bois, bijoux, etc. Vente de produits régionaux : miel, confiture, bonbons…

### Événements

**Balades musicales** – Dans l'abbaye de Valloires, les visiteurs découvrent l'abbaye en parcours libre, rythmé par des concerts donnés dans différents lieux et salons (église, sacristie, salle capitulaire…), au même tarif qu'une visite normale. C'est tous les ans, le dernier dimanche de juin.

**Fête des Métiers** – *Se renseigner au ✆ 03 21 81 83 94 - www.lacitedesartisans. com.* Le rendez-vous des amateurs de métiers traditionnels et d'artisanat, le dernier dimanche de juillet à Buire-le-Sec.

# Abbaye de Vaucelles

CARTE GÉNÉRALE C3 – CARTE MICHELIN DEPARTEMENTS 302 H7 – NORD (59)

**Cette abbaye cistercienne, fondée en 1132 par saint Bernard, dépassait en dimensions toutes ses consœurs européennes. L'église, plus vaste que Notre-Dame de Paris, disparut à la Révolution. Cependant, la salle des moines et la salle capitulaire, aujourd'hui restaurées, respirent toujours la même sérénité.**

**Se repérer** – À 12 km au sud de Cambrai par la N 44, puis la D 96 ou la D 76-D 103 ; de Saint-Quentin, N 44 puis D 96 ; de Péronne, D 917, puis D 96. Par l'A 26/E 17, sortie 9, prendre la D 917 vers Cambrai, puis la D 96. Les vestiges de l'abbaye se trouvent sur la rive droite du canal de Saint-Quentin, entre Bantouzelle et Les Rues-des-Vignes.

### Le saviez-vous ?

Vaucelles vient de *vallis cellae*, « cellules de la vallée » (12e s.) : allusion aux bâtiments de pierre érigés par les moines pour remplacer les huttes de bois dans les marécages de la vallée de l'Escaut.

**À ne pas manquer** – La salle des moines et la salle du chapitre.

**Organiser son temps** – Environ 1h de visite, entre l'abbaye et les jardins.

**Pour poursuivre la visite** – Voir aussi Cambrai, Riqueval, le Cateau-Cambrésis.

## Comprendre

**Fondation cistercienne** – Le 1er août 1132, saint Bernard pose la première pierre de cette abbaye qui grandit sur un domaine offert en 1131 par le seigneur Hugues d'Oisy, brigand converti. La renommée du monastère est telle qu'au 13e s. il compte 300 moines de chœur, auxquels s'ajoutent environs 400 novices et frères convers. Son abbatiale, édifiée entre 1190 et 1235, servit de carrière à la fin du 18e s. Elle était la plus grande église du pays après Cluny : 137 m de long. Le maître d'œuvre, **Villard de Honnecourt**, né près de Cambrai au 13e s., a laissé un relevé très précis du chœur et du déambulatoire dans son carnet de croquis. Des fouilles ont révélé les fondations et un carrelage au niveau du déambulatoire.

**Les ravages de la Grande Guerre** – Pendant la Première Guerre mondiale, l'abbaye de Vaucelles est réquisitionnée par l'armée allemande, qui occupe la région. Elle devient caserne et grenier à céréales des armées du Kaiser. En novembre 1917, les Alliés lancent une offensive sur Cambrai et menacent l'abbaye. Les Allemands décident alors de pratiquer la « terre brûlée » et mettent le feu aux réserves de blé. Le palais abbatial, la porterie, qui marquait l'entrée dans le domaine, et le cloître du 12e s. sont détruits. Quelques jours plus tard, les Alliés pénètrent dans l'abbaye, ravagée. Depuis 1970, elle renaît de ses cendres grâce à une initiative privée, soutenue par les pouvoirs publics.

## Visiter

### Ancienne abbaye cistercienne

*☎ 03 27 78 50 65 - www.vaucelles.com - de mi-mars à mi-nov. : 10h-12h, 14h-17h30, dim. et j. fériés 15h-18h30 - fermé lun. (sf juil.-août) et 1er dim. sept. - 6 € (enf. 4,50 €). Visite audioguidée (haut-parleurs dans chaque salle).*

Le **bâtiment claustral** comporte quatre salles : le scriptorium, l'auditorium, la salle capitulaire à belles voûtes d'ogives et le passage sacré, qui doit son nom aux tombes des trois premiers abbés canonisés en 1179. Le **scriptorium**, grande salle reposant sur deux rangées de cinq colonnes chacune, est une belle illustration du premier art gothique. La salle servait aux moines copistes qui travaillaient à la constitution d'une des plus grandes bibliothèques de France, rassemblant quelque 40 000 ouvrages en 1760. Ceux-ci furent transférés à Cambrai pendant la Révolution et détruits au cours des deux conflits mondiaux. L'**auditorium**, seule salle où les moines pouvaient parler, permettait chaque matin aux responsables des chantiers agricoles de transmettre leurs consignes de travail. On y observe des stalles et les dalles funéraires de deux abbés de Vaucelles. La **salle capitulaire★** (ou salle du chapitre), bâtie en 1175, est une des plus grandes d'Europe. Les moines y lisaient chaque jour un chapitre de la règle monastique ; elle servait aussi à la communauté lors de l'élection des pères-abbés. Sa très bonne acoustique en fait aujourd'hui le lieu de nombreux concerts de musique classique. Dans le **passage sacré**, jetez un coup d'œil à la maquette de l'abbaye à son apogée, elle vous donnera une bonne idée de l'immensité de l'édifice. Le palais abbatial, du 18e s., est en cours de réhabilitation et devrait rouvrir au public fin 2008. Subsistent aussi des restes du mur d'enceinte qui courait sur 7 km.

### Jardins

Remaniés en 1997, les jardins de l'abbaye s'étendent sur 7 ha ; arboretum, potager et jardins fleuris ponctuent la visite. 1 600 pieds de lavandes tracent les plans de l'ancienne église, d'après des fouilles archéologiques réalisées en 1988. Entièrement « bio », les jardins ne sont entretenus que par des procédés naturels et respectueux de l'environnement.

## Aux alentours

Vers le pont sur l'Escaut et le canal de Saint-Quentin où s'élève une écluse double, des sites agréables sont fréquentés par les pêcheurs : c'est l'occasion d'y faire un pique-nique ou une jolie balade.

### Les Rues-des-Vignes

*4 km au nord par la D 103.*

L'**Archéo'site** réunit des reconstitutions d'habitats des époques gallo-romaine (cave du 2e s.), mérovingienne (nécropole des 6e-7e s. et taverne) et carolingienne (village et ateliers). Certaines illustrent les résultats des fouilles menées à l'emplacement de Vinchy, lieu de séjour des rois et hauts dignitaires francs (7e-8e s.). *☎ 03 27 78 99 42 - archeo.ruesdesvignes.free.fr - tlj sf lun. 9h-12h, 14h-18h, w.-end et j. fériés 14h-18h, visite guidée (2h) dim. 15h - fermé de mi-nov. à mi-mars - 5 € (enf. 4 €).*

## Abbaye de Vaucelles pratique

### Adresse utile

**Syndicat d'initiative des Rues-des-Vignes** – *Abbaye de Vaucelles - ☎ 03 27 78 50 65 - www.vaucelles.com - de mi-mars à mi-nov. : 10h-12h, 14h-17h30, dim. et j. fériés 15h-18h30 - fermé lun. (sf juil.-août) et 1er dim. sept.*

### Se loger

**⊖⊖ Chambre d'hôte Le Clos Xavianne** – *20 r. de Marcoing - 59159 Ribécourt-la-Tour - ☎ 03 27 37 52 61 - www.ferme.leriche.free.fr - ⊭ - 3 ch. 50/55 €* ☕. Cette ferme céréalière compte 3 chambres aménagées avec soin dans l'ancienne étable. Deux d'entre elles, à l'étage, dégagent une certaine élégance. Agréable suite au grenier. La grande cour donne sur un très beau jardin à l'anglaise. Véritable petit musée de vieux outils agricoles, installé dans une grange.

# Villeneuve-d'Ascq★

65 042 VILLENEUVOIS
CARTE GÉNÉRALE B2 – CARTE MICHELIN DEPARTEMENTS 302 G4 – NORD (59).

**Cette technopole, où l'on contemple une architecture postmoderne de brique, de bois et de verre, est le « poumon vert » de l'agglomération lilloise, avec ses parcs et sa chaîne de cinq lacs. Parmi les bâtiments novateurs, le musée d'Art moderne expose l'importante donation Masurel : œuvres de Picasso, Calder, Braque, Léger, Modigliani… On redécouvre aussi des fermes, avec leurs murs en « rouges-barres » : une tradition picarde.**

**Se repérer** – La ville se trouve à 8 km à l'est de Lille. Le VAL la relie au reste de l'agglomération lilloise. En voiture, quitter la N 227 à « Château de Flers ».

**À ne pas manquer** – Le musée d'Art moderne ; le musée des Moulins.

**Organiser son temps** – Prévoyez trois heures pour découvrir le patrimoine rural de la ville. Le musée d'Art moderne est fermé jusqu'en 2008.

**Avec les enfants** – Le musée de Plein Air ; le Forum des sciences - Centre F.-Mitterand ; les ateliers « musée en famille » au musée d'Art moderne.

**Pour poursuivre la visite** – Voir aussi Lille, Roubaix, Seclin, Tourcoing.

### Le saviez-vous ?

La ville nouvelle regroupe depuis 1970 les communes d'Annappes, Flers et Ascq, dont les centres anciens ont été conservés comme noyaux d'activité. Ascq a été gardé dans le nom de la ville en souvenir du massacre de 86 patriotes le 2 avril 1944.

La ville, qui regroupe la plupart des universités de la région, accueille quelque 50 000 étudiants et 2 300 chercheurs. Elle forme 10 % des ingénieurs français.

## Découvrir

### LE PATRIMOINE RURAL

#### Musée des Moulins

*R. Albert-Samain. ✆ 03 20 05 49 34 - www.aram-nord.asso.fr - visite guidée (1h à 2h) tlj sf w.-end et j. fériés 10h-12h, 14h-17h - fermé août et de mi-déc. à mi-janv. - de 2,50 € à 6 € selon la formule (enf. de 2 € à 4,50 €).*

Jusqu'au 19e s., la région lilloise comptait quelque 200 moulins. Depuis 1976, trois spécimens ont été réintroduits à Villeneuve-d'Ascq : le **moulin des Olieux** (1743) qui produisait de l'huile de lin, un **moulin à farine** (1776) et un moulin à eau. À deux pas, l'Association régionale des amis des moulins gère le **musée** qui permet de mieux comprendre le mécanisme de la minoterie. On y découvre les outils (18e et 19e s.) du charpentier, du meunier, du bûcheron… et une collection de meules.

#### Musée du Terroir

*12 carrière Delporte (accès par la rue du 8-Mai) - ✆ 03 20 91 87 57 - www.shvam.asso.fr - mars-nov. : tlj sf sam. 14h30-18h, dim. 15h30-18h (visite guidée 16h) ; fermé déc.-fév. - 3 € (famille 6 €).*

Dans le quartier ancien d'Annappes, la **ferme Delporte** est bâtie en brique et pierre de Lézennes. On y explique l'emploi des outils agricoles, la production d'artisanat traditionnel – forge, serrurerie, menuiserie, laiterie. Y sont également reconstitués les intérieurs d'une ferme (cuisine, chambre) et évoqués la vie dans les estaminets, les jeux, l'école…

Y. Tierny / MICHELIN

*Le moulin à farine de Villeneuve-d'Ascq.*

## Fermes d'antan

On compte plus de 70 fermes à Villeneuve-d'Ascq, dont les plus anciennes datent du 17e s. Elles présentent une architecture en rouges-barres, où alternent brique, pierre ou silex. La **ferme Lebrun** (1610) sert de pension à des chevaux de compétition *(r. de la Liberté)*. La **ferme du Grand Ruage** (19e s.) est toujours en exploitation *(r. Colbert)*. En revanche, beaucoup ont été reconverties, comme la grange de la **ferme Dupire**, transformée en salle de spectacle *(80 r. Yves-Decugis)*. La **ferme d'En Haut** héberge des ateliers d'artistes *(r. Champollion)*. La **ferme du Héron** (1816), à l'est du lac, est un centre de découverte de l'environnement (réserve naturelle d'oiseaux, verger expérimental…) : un point de départ idéal pour les balades « vertes » organisées par la ville *(chemin de la Ferme, ℘ 03 20 47 34 78)*.

## Musée de Plein Air

*143 r. Colbert - ℘ 03 20 05 59 41 - Paques au 1 nov. mer.-dim. 10h à 19h (fermeture des caisses à 17h en semaine et 18h dim.). Visites guidées le dimanche à 15h et 16h sur réservation - 5 € les jours d'animation (tarif réduit 3 €).*

Ce parc met à l'honneur le patrimoine rural du Nord : vingt-deux bâtiments sauvés de la ruine et déplacés ici rappellent qu'autrefois les « petites gens » surent élever des constructions parfaitement adaptées à leur métier sans l'aide d'architecte : chaumière, fournil, grange, charretil, estaminet, forge… Ce patrimoine vernaculaire est animé de démonstrations de savoir-faire traditionnels, d'animaux, d'expositions.

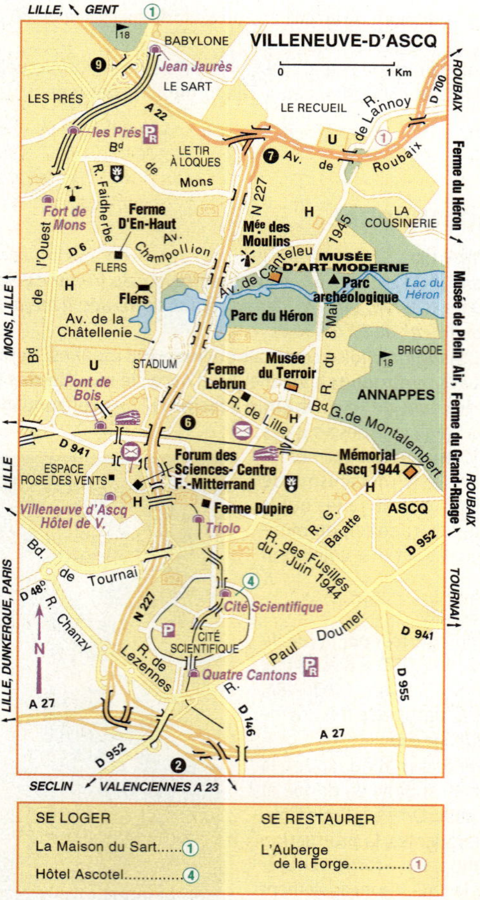


| SE LOGER | SE RESTAURER |
|---|---|
| La Maison du Sart……① | L'Auberge de la Forge……① |
| Hôtel Ascotel……④ | |

## Visiter

### Lille Métropole Musée d'Art Moderne, Brut, Contemporain (LaM)★★

*☎ 03 20 19 68 68 - www.musee-lam.fr. Réouverture prévue septembre 2010. Mar.-dim. 10h-18h - fermé 25 déc., 1er janv., 1er Mai - collection permanente 6 € (tarif réduit 4,50 €) ; avec expo temporaire 9 € (6 €).*

Agrandi et modernisé, l'ancien Musée d'Art Moderne Lille Métropole se redonne une jeunesse avec cette nouvelle appellation, après près de 4 ans de travaux. L'extension architecturale déployée à la manière d'une succession de plis contribue à la dimension paysagère et double la surface d'exposition initiale. Conçue par l'architecte Manuelle Gautrand, elle épouse le bâtiment de l'architecte Roland Simounet inauguré en 1983. Les travaux d'extension ont été entrepris afin de présenter en permanence la **collection d'art brut**, la plus importante collection publique en France, donnée en 1999 par l'association L'Aracine à la Communauté urbaine de Lille.

La bibliothèque Dominique Bozo, riche de 38 000 ouvrages dédiés à l'art moderne, à l'art contemporain et l'art brut, ouvre ses portes aux chercheurs, étudiants, enseignants et autres amateurs d'art. Des outils adaptés au jeune public et aux publics spécifiques (jeux, maquettes tactiles, parcours en langage des signes) feront du LaM une référence culturelle accessible au plus grand nombre.

Dans le parc de sculptures entièrement redessiné, on découvre des œuvres contemporaines : un mobile et un stabile d'**Alexandre Calder**, *La croix du Sud* (1969) et *Guillotine pour huit* (1936) ; et, de **Picasso**, *Femme aux bras écartés (1962)*, une idole en ciment et galets, à la fois colossale et fragile, qui semble flexible comme une feuille de papier.

**Collection Masurel** – Issue de la donation Geneviève et Jean Masurel, cette collection fut initiée en 1907 par Roger Dutilleul, oncle de Jean Masurel. Elle comprend plus de 230 œuvres du début du 20e s., surtout des toiles. L'une des premières toiles acquises par Dutilleul fut *Maisons et arbre* (1907) de **Braque**. La toile venait d'être refusée au Salon d'automne. Les Fauves (Rouault, Derain, Van Dongen), les naïfs (Bauchant, Vivin), les surréalistes (Miró, Masson), l'art cubiste et l'art abstrait sont bien représentés. Remarquez les toiles de **Braque** *(Les Usines de Rio Tinto à l'Estaque)* et de **Picasso** (*Homme nu assis* et *Tête de femme*). Pour la technique des papiers collés : *Tête d'homme* de Picasso et *Le Petit Éclaireur* de Braque.

Les œuvres de **Fernand Léger** illustrent bien l'évolution stylistique de l'artiste, du *Paysage* (1914) à sa maquette pour une peinture murale (1938), en passant par ses études de volume et des œuvres telles que *Femme au bouquet* ou *Nature morte au compotier.*

Une salle est dédiée à **Modigliani**, peintures, dessins et marbre blanc, *Tête de femme* (1913), le seul connu. Cette œuvre inachevée, hiératique, semble combiner des influences de l'art khmer et de la statuaire africaine. Ses portraits séduisent par le jeu des lignes et des couleurs, tout particulièrement « Nu assis à la chemise » (1917). Remarquez l'étirement des cous.

Parmi les peintres abstraits, citons **Kandinsky** et **Klee** ; **Nicolas de Staël** connut Roger Dutilleul par l'intermédiaire du peintre **Lanskoy**, protégé du collectionneur. D'autres artistes de l'école de Paris sont présents : **Charchoune**, **Buffet**, **Chapoval** et **Utrillo**.

### Parc archéologique Asnapio

*R. Carpeaux - ☎ 03 20 47 21 99 - ♿ - juil.-août, vac. scol. Toussaint et Pâques : mar.-vend. 14h-17h, dim. 15h-19h ; avr.-juin et sept.-oct. : merc. 14h-17h, dim. 15h-19h - fermé j. fériés (sf si dim.) - 3 € (enf. 2 €).*

Dans ce parc sont reconstitués des exemples d'habitat rural du nord de la France, depuis le paléolithique jusqu'au Moyen Âge : seule la villa gallo-romaine est « en dur » ; les autres bâtiments – habitations et ateliers, où l'on peut assister à des démonstrations techniques – sont construits en bois, torchis et chaume.

### Château de Flers

*☎ 03 20 43 55 75 - ♿ - mar.-vend. 9h-12h30, 14h-18h ; sam. 9h-12h - fermé dim. et j. fériés - gratuit.*

Les douves de ce château flamand (1661) étaient jadis enjambées par un pont-levis. Les bâtiments en brique avec chaînages de pierre, surmontés de pignons à pas de moineaux, abritent l'office de tourisme et un **Musée archéologique**. *☎ 03 20 43 55 71 - ♿ - mar.-vend. 14h30-17h30, 1er et 3e dim. du mois 15h-18h30 - gratuit.*

### Mémorial Ascq 1944

*77 r. Mangin, à Ascq - 03 20 41 13 19 - - juil.-août : mar.-jeu., dim. et j. fériés 14h-17h30 ; sept.-juin : merc., dim. et j. fériés 14h-17h30 - fermé lun., vend.-sam., 1er janv., 1er Mai, 25 déc. - 3 €.*

Ce musée commémore le massacre, dans la nuit du 1er au 2 avril 1944, de 86 habitants d'Ascq, dont le plus jeune avait 15 ans, ainsi que le procès des accusés allemands en 1949.

Le long de la voie ferrée, 86 pierres perpétuent la mémoire des disparus.

### Forum des Sciences - Centre François-Mitterrand

*1 pl. de l'Hôtel-de-Ville. 03 20 19 36 36 - www.forum-des-sciences.tm.fr - - tlj sf lun. 10h-17h30, w.-end et j. fériés 14h30-18h30 - fermé 1er janv., 1er Mai, 3 premières sem. sept., 25 déc. - 2 à 7 €, selon les activités, gratuit 1er dim. du mois.*

À travers des expositions temporaires sur des thèmes scientifiques, le Forum sensibilise aux nouvelles technologies. Dans l'espace-atelier pour jeunes, vous trouverez un espace d'éveil pour enfants de 3 à 6 ans et un centre de documentation. Enfin, le **planétarium**, hémisphère de 14 m de diamètre, propose une initiation à la lecture du ciel, des comètes, des planètes, de l'heure…

## Villeneuve-d'Ascq pratique

### Adresse utile

**Office du tourisme de Villeneuve-d'Asq** – *Château de Flers - chemin du Chat-Botté - 59652 - 03 20 43 55 75 - www.villeneuvedascq-tourisme.eu - mar.-vend. 9h-12h30, 14h-18h ; sam. 9h-12h - fermé lun., dim. et j. fériés.*

### Visite

**Visite guidée** – *Juil.-août : dim. ; sept.-juin : 1 dim. par mois - gratuit. Se renseigner à l'office de tourisme.*Visite guidée sous forme de balade pédestre.

### Se loger

**La Maison du Sart** – *64 av. de Flandre - 03 20 72 35 04 - fermé 2 sem. en août - - 2 ch. 45 € .* Il serait dommage de passer à côté de cette demeure 1930 pleine d'allure. Joliment pavé de marbre et garni d'un orgue d'église, le hall d'accueil débouche sur la salle à manger rustique. Chambres confortables malgré le petit désagrément de la salle de bains sur le palier. Adresse pratique, à prix doux.

**Hôtel Ascotel** – *Av. Paul-Langevin, cité Scientifique - 03 20 67 34 34 - www.ascotel.fr - P - 83 ch. 79/95 € - 11,50 € - rest. 16/27 €.* Cet établissement cubique en brique rouge se trouve en plein cœur de la cité scientifique et à proximité des principaux axes de circulation. Ses chambres jaune pastel sont spacieuses et bien équipées. Cadre moderne au restaurant.

### Se restaurer

**L'Auberge de la Forge** – *160 r. de Lannoy - 03 20 19 19 69 - www.auberge-de-la-forge.com - fermé le soir sf vend. et sam. - formule déj. et dîner 18 € - 14,50/30 €.* Cuisine traditionnelle et portions copieuses vous attendent dans cette auberge « de campagne » à la sortie de la ville. Les habitués viennent nombreux dans ce grand bâtiment pour déguster quelques spécialités flamandes, parmi lesquelles la carbonnade accompagnée de frites. Accueil et service bon enfant.

### Sports & Loisirs

**Découverte nature au parc du Héron** – *M° 1 (Pont-de-Bois), puis bus 41 (Contre-Escarpe) - 03 20 47 18 85.* Bateau, planche à voile et autres plaisirs nautiques au lac du Héron, randonnée et jogging dans les allées du parc, golf, poney-club et même cours de théâtre à la ferme Petitprez. Si vous venez en famille, arrêtez-vous à la ferme du Héron *(voir description dans « Découvrir »).*

### Événement

**Journée nationale des moulins** – Organisée par l'Association régionale des amis des moulins le 3e dimanche de juin.

# Villers-Cotterêts

10 128 COTTERÉZIENS
CARTE GÉNÉRALE B4 – CARTE MICHELIN DEPARTEMENTS 306 A7 – AISNE (02)

**Cette petite ville paisible, en pleine forêt de Retz, est née de la passion de François Ier pour la chasse à courre. Autour du château Renaissance, bâti dans les années 1530, se forma la ville dont le nom reste attaché à l'ordonnance de 1539 qui fit du français la langue administrative et juridique à la place du latin. Villers-Cotterêts vit défiler une légion de célébrités parmi lesquelles Henri II, Rabelais, Robert de Nerval et surtout les trois Dumas, dont la ville entretient le souvenir.**

**Se repérer** – Au sud de l'Aisne, entre les vallées de l'Ourcq, de l'Aisne, de la Crise et de l'Automne, Villers-Cotterêts se niche au creux de la belle forêt de Retz. De Paris (75 km) et Soissons (22 km), on rejoint la cité des Dumas par la N 2.

**À ne pas manquer** – Le château François Ier et son parc.

**Organiser son temps** – Sillonnez d'abord la ville sur les traces des Dumas ; visitez le château de François Ier (1h). Profitez ensuite de la forêt de Retz.

**Pour poursuivre la visite** – Voir aussi la forêt de Retz, La Ferté-Milon, l'abbaye de Longpont, le château de Pierrefonds, Morienval, Soissons.

### Le saviez-vous ?

Les armoiries de Villers-Cotterêts se parent d'azur, avec une salamandre d'argent. La tête contournée – celle-ci lance du feu par la gueule – est surmontée de la lettre F (François Ier) couronnée, accostée de deux H et K d'or (Henri II et Catherine de Médicis).

Connaissiez-vous l'adage « s'amuser comme à Villers-Cotterêts » ? On prétend qu'il remonte à l'époque où Diane de Poitiers réunissait sa « petite bande des dames de la cour » au château.

## Comprendre

**Naissance de l'état civil** – François Ier remplace le château royal du 12e s. par une demeure Renaissance achevée en 1535 et multiplie les dépendances.

C'est ici qu'il promulgue la célèbre ordonnance de Villers-Cotterêts (1539) : elle prescrit la substitution du français au latin dans les actes publics et notariés. Parmi les 192 articles figure l'obligation faite aux curés d'inscrire sur un registre les dates de naissance et de mort de chaque paroissien – auparavant, on devait recourir à la mémoire de témoins pour justifier de son identité. Il faudra attendre 1792 pour que la tenue des registres de l'état civil soit confiée aux municipalités.

**Un enfant des Isles** – Le premier des « trois Dumas » est le fils d'un colon de Saint-Domingue, le marquis Davy de La Pailleterie (1762-1806), et d'une femme de couleur, Marie-Cessette Du mas (travaillant « au mas »). Le marquis refuse de reconnaître l'enfant, qui devient dragon de la reine sous le nom de Dumas, puis général en 1794. Entre-temps, l'officier file le parfait amour avec une jeune Cotterézienne, mène une campagne en Égypte, mais se retrouve disgracié par Napoléon Ier pour ses opinions républicaines. Il se retire à Villers-Cotterêts et vit modestement. Sa mort survient quatre ans après la naissance d'Alexandre, le futur romancier. Plus tard, à un jaloux qui voulait l'offenser en faisant allusion à ses origines africaines, le truculent Alexandre rétorquera : « Eh oui, mon père était mulâtre, ma grand-mère était noire, et mon arrière-grand-père un singe. Vous le voyez, ma race commence là où la vôtre finit. »

**La jeunesse d'Alexandre Dumas** – Les années passent, très difficiles pour la veuve et son fils. Alexandre (1802-1870) trouve un emploi de clerc de notaire et recopie des actes jusqu'à l'âge de 20 ans. Sa mère lui annonce un jour qu'elle ne dispose plus que de 253 F. Il prélève 53 F et part à Paris. Il joue au billard le prix de sa place dans la diligence : le voici dans la capitale avec un pécule intact. Sa belle écriture le fait entrer au secrétariat du duc d'Orléans, futur Louis-Philippe. Ainsi débute une carrière littéraire qui s'est étendue du roman historique au fantastique, du théâtre au récit de voyage, du feuilleton jusqu'au livre de cuisine... Parmi plus de 300 œuvres, certaines font partie des grands classiques français, comme *Les Trois Mousquetaires* et *Le Comte de Monte-Cristo*.

**Dumas fils** – Dumas père aime sa voisine de palier, qui lui donne un fils en 1824, également baptisé Alexandre et dont la notoriété littéraire s'imposera avec *La Dame aux camélias* (1848), roman qui inspirera à Verdi sa belle *Traviata*.

# Se promener

### Parc du château de François Ier

Attribué à Le Nôtre, il garde les traits de sa composition des 17e et 18e s. (lignes d'ensemble des parterres et perspective de l'allée Royale). Au bout de l'allée, la porte blanche mène aux sentiers pédestres de la forêt, comme les Grandes Allées, sur le flanc droit de la pelouse.

### Sur les traces des trois Dumas

La place du Dr-Mouflier, ex-place de la Fontaine, apparaît dans *les Mémoires* de Dumas père. Outre l'hostellerie de son grand-père s'y trouvaient l'étude de maître Hennesson, où il recopiait les actes (Crédit Lyonnais), et le bureau de tabac de Mme Dumas. La **maison natale** de l'écrivain, signalée par une plaque, se trouve au 46 rue A.-Dumas. De part et d'autre de la porte du garage sont inscrits les titres de ses œuvres les plus connues. La rue débouche sur la place du même nom, où s'élevait sa statue de bronze : due à Carrier-Belleuse, élève de Rodin, elle a été fondue par les Allemands en 1914-1918. Il ne reste que la plume, déposée au musée. De cette place, on parvient au cimetière où reposent les Dumas, grand-père et petit-fils seulement, puisqu'à l'automne 2002, à l'occasion du bicentenaire de sa naissance, les cendres d'Alexandre Dumas père ont été transférées au Panthéon à Paris, rejoignant ainsi les grands hommes de la nation. Belle revanche pour un auteur paradoxalement desservi par l'immense succès littéraire de ses romans et longtemps considéré comme mineur par la critique. Une autre statue de Dumas, œuvre de Pierre Bouret, est visible dans le square rue L.-Lagrange.

**Musée A.-Dumas** – *✆ 03 23 96 23 30 - ♿ - tlj sf mar., dernier dim. du mois et j. fériés 14h-17h (dernière entrée 45mn av. fermeture) - 3,10 € (-12 ans gratuit).*

Trois salles évoquent le souvenir des Dumas. Exposition de lettres, romans, toiles, caricatures, bustes et objets, dont le costume d'académicien de Dumas fils.

### Fontaines

Trois jolies fontaines agrémentent la ville : fontaine de la Coquille, r. Pelet-Otto ; *Clapotis*, jeune fille accroupie due à Férenc Naguy, pl. de la Madelon ; fontaine de Diane, copie de la *Diane chasseresse* du Louvre, r. Léveillé.

# Visiter

### Château François Ier

*✆ 03 23 96 55 10 - mai-oct. : visite guidée (1h) tlj sf lun. 11h et 15h ; nov.-avr. : tlj sf dim. et j. fériés 11h et 15h - 4 € (-12 ans gratuit).*

En 1806, Napoléon affecte le château abandonné au dépôt de mendicité organisé pour le département de la Seine. En cachette, dès l'âge de dix ans, Alexandre Dumas s'y initie au maniement de l'épée, avec le père Mounier, un ancien maître d'armes.

Entrez dans la **cour d'honneur**. Au fond, le bâtiment central a été édifié sous François Ier, ainsi que les deux ailes qui l'encadrent. L'aile nord du château est d'époque Henri II. Sur la façade du logis principal se superposent deux ordres d'architecture : piliers ioniques et colonnes corinthiennes soutenant une suite de consoles feuillées. L'étage est troué d'une loggia peu profonde au-dessus de laquelle vous dévisage le portrait de François Ier.

Le **grand escalier★**, à double volée, est un chef-d'œuvre de la Renaissance (1535). Les sculptures des caissons de la voûte sont dues à l'école de Jean Goujon : F couronnés, salamandres, fleurs de lys. Les mêmes motifs ornent la salle des États, ancienne chapelle, dont les voûtes sont masquées par un faux plafond. Au bout de la galerie, l'**escalier du Roi**, contemporain du grand escalier, conserve des scènes mythologiques sculptées : un satyre barbu dévêtant une nymphe endormie, Vénus désarmant l'Amour, Hercule étouffant entre ses bras le lion de Némée.

# Aux alentours

### Montgobert

*10 km au nord-nord-est par la N 2 et la D 2 à gauche. Tourner ensuite dans une petite route vers Montgobert.*

Le **château de Montgobert** (18e s.), à la lisière de la forêt de Retz, appartenait à Pauline Bonaparte et à son mari, le général Leclerc, enterré dans le parc. Il abrite le **musée du Bois et de l'Outil** (collection d'outils). Aux étages, un espace est consacré à la forêt et à sa gestion. Exposition sur l'ONF et présentation des métiers du bois en forêt ; ateliers reconstitués. *✆ 03 23 96 36 69 - juil.-août : tlj sf mar. 14h-18h ; avr.-juin et sept. : sur RV en sem., dim. et j. fériés 14h-18h - 4 €.*

# Villers-Cotterêts pratique

## Adresse utile

**Office du tourisme de Villers-Cotterêts** – *6 pl. A.-Briand (face au château) - 02600 - ✆ 03 23 96 55 10 - tourisme.cc-villers-cotterets.fr - mai-oct. : tlj sf lun. 9h30-12h30, 14h-18h (sf 1er Mai) ; nov.-avr. : tlj sf dim. et j. fériés 9h30-12h30, 14h-18h.*

## Visite

**« En chemin avec Dumas et Racine »** – *Se renseigner à l'office du tourisme de Villers-Cotterêts ou à celui de La Ferté-Milon - ✆ 03 23 96 77 42.* Ce circuit en pays axonais, entre Villers-Cotterêts et La Ferté-Milon, vous entraîne sur les pas de deux grands écrivains picards, tout en présentant le riche patrimoine du sud de l'Aisne.

## Se loger

⊜⊜ **Hôtel Le Régent** – *26 r. du Gén.-Mangin - ✆ 03 23 96 01 46 - fermé dim. soir de nov. à mars sf j. fériés - P - 28 ch. 70/80 € - ☕ 8 €.* Ce relais de poste du 18e s., qui a conservé son décor d'époque, vous fera rêver aux diligences qui s'arrêtaient là. Entrez par le porche et admirez la cour pavée avec son abreuvoir. Chambres spacieuses en façade avec mobilier ancien.

## Se restaurer

⊜⊜ **Aux Menus Plaisirs** – *63 r. du Gén.-Leclerc - ✆ 03 23 96 30 84 - fermé merc. - réserv. conseillée - 14,50/24,50 €.* Si cette petite affaire a été reprise récemment, elle profite néanmoins de l'expérience du chef, acquise au fil du temps dans différentes cuisines de la région. De bons petits plats traditionnels, concoctés avec des produits frais et un service tranquille mais efficace. Bon rapport qualité-prix.

## Événements

**Semaines Alexandre Dumas** – *Se renseigner au ✆ 03 23 96 30 03.* Pour les fans, l'association Loisirs Culture Gastronomie organise les Semaines Alexandre Dumas, la 3e sem. d'oct.

# Mémorial canadien de Vimy ★

CARTE GÉNÉRALE B2 – CARTE MICHELIN DEPARTEMENTS 301 J5 – PAS-DE-CALAIS (62)

**Ce gigantesque mémorial se dresse sur le sommet de la côte 145, le point le plus élevé de la crête de Vimy, longue de 14 km. Il commémore l'assaut que quatre divisions du corps canadien y menèrent, le 9 avril 1917, pour reprendre ce verrou essentiel de la défense allemande.**

- **Se repérer** – D'Arras (11 km) ou Lens (6 km), accès par la N 17. De l'A 26, par la sortie 7, on gagne la N 17 vers Lens. Suivez les pylônes du monument.
- **À ne pas manquer** – La reconstitution du tunnel Grange et des tranchées ; le grand mémorial.
- **Organiser son temps** – Comptez deux petites heures sur le site.
- **Pour poursuivre la visite** – Voir aussi la colline de Notre-Dame-de-Lorette, Lens, Arras, le château d'Olhain.

## Visiter

Sobre et colossal, le **mémorial** (1936) s'élève sur un terrain concédé au Canada. Walter Seymour Allward mit onze ans à réaliser ce monument, qui rend hommage aux 66 655 Canadiens tués au cours de la Première Guerre mondiale.

Le monument repose sur une base de 11 000 t de béton renforcé de centaines de tonnes d'acier. 6 000 t de pierres calcaires ont été importées d'une carrière romaine de l'Adriatique pour ériger les pylônes et les statues sculptées.

À l'avant, la statue d'une femme triste incarne le Canada pleurant ses enfants. Tout en bas, un tombeau est recouvert de branches de laurier, d'un casque et d'une épée. De chaque côté du mur de façade, au bas des marches, apparaissent deux groupes de personnages sculptés : l'un illustre le Brisement du sabre et l'autre la Sympathie pour les victimes. L'enceinte porte les noms de 11 285 Canadiens tués en France sans sépulture connue.

Les deux pylônes – à feuilles d'érable pour le Canada, à fleurs de lys pour la France – symbolisent les sacrifices des deux pays ; au sommet, les statues de la Justice et de la Paix ; en-dessous, la Vérité, la Connaissance, la Vaillance et la Sympathie. Entre les pylônes et à leur base, un soldat mourant tend le flambeau à ses camarades.

Sur la pente de la colline, le réseau de **tranchées** canadiennes et allemandes a été restauré, ainsi qu'une partie du **tunnel Grange,** qui mesurait à l'origine 750 m. Le terrain est encore semé de trous d'obus et de cratères de mines.

*☎ 03 21 50 68 68 - visite guidée des tunnels (45mn) mai-oct. : 10h-18h ; nov.-avr. 9h-17h, visite guidée du champ de bataille (1h) sur réserv. (pdt tte la période des travaux de restauration du monument commémoratif) mai-nov. : 10h, 11h30, 13h45 et 15h15, visite libre tte l'année du Centre d'interprétation historique, des cimetières et des tranchées - gratuit.*

Au sud, **Neuville-Saint-Vaast** fut arraché aux Allemands par la 5e DI du général Mangin en juin 1915, après huit jours de combats acharnés.

### Le saviez-vous ?

La crête est si bien fortifiée par les Allemands que, de 1914 à 1917, tous les assauts des Alliés échouent. Le 9 avril, à l'aube, quatre divisions du corps canadien, appartenant à la III armée britannique du général Allenby, partent à l'attaque. La victoire, après trois jours de combat, est extrêmement coûteuse : 10 602 victimes, dont 3 598 Canadiens.

G. Crépel / MICHELIN

*La statue du mémorial canadien de Vimy.*

# NOTES

## NOTES

## NOTES

## NOTES

## NOTES

NOTES

## NOTES

# INDEX

**Amiens** : villes, curiosités et régions touristiques.
**Azincourt, bataille** : noms historiques et termes faisant l'objet d'une explication.
**Les sites isolés** (châteaux, abbayes, grottes...) sont répertoriés à leur propre nom.
Nous indiquons, entre parenthèses, le département (ou, éventuellement, le pays) auquel appartient chaque ville ou site.

## A



## B

## C

## D

## E



## F



## G

## M

## N



## O



## P

## Q



## R

## U



## V



## W



## Y



## Z

# CARTES ET PLANS

## PLANS DE VILLES



## PLANS DE MONUMENTS



## CARTE THÉMATIQUE



## CARTES DES CIRCUITS



## LES CARTES ROUTIÈRES QU'IL VOUS FAUT

Vous trouverez la liste complète des cartes Michelin qu'il vous faut pour voyager sur cette destination en p. 20.

**Changement de numérotation routière**

Sur de nombreux tronçons, les routes nationales passent sous la direction des départements. Leur numérotation est en cours de modification.

La mise en place sur le terrain a commencé en 2006 mais devrait se poursuivre sur plusieurs années. De plus, certaines routes n'ont pas encore définitivement trouvé leur statut au moment où nous bouclons la rédaction de ce guide. Nous n'avons donc pas pu reporter systématiquement les changements de numéros sur l'ensemble de nos cartes et de nos textes.

Dans la majorité des cas, on retrouve le no de la nationale dans les derniers chiffres du no de la départementale qui la remplace. Exemples : la N 16 devient la D 1016, la N 51 devient la D 951.

**Manufacture française des pneumatiques Michelin**
Société en commandite par actions au capital de 304 000 000 EUR
Place des Carmes-Déchaux - 63000 Clermont-Ferrand (France)
R.C.S. Clermont-Fd B 855 200 507


Compograveur : Michelin à Paris
Imprimeur : Tipografica Varese, Italie
Imprimé en Italie : 12-2009
Dépôt légal : 12-2009